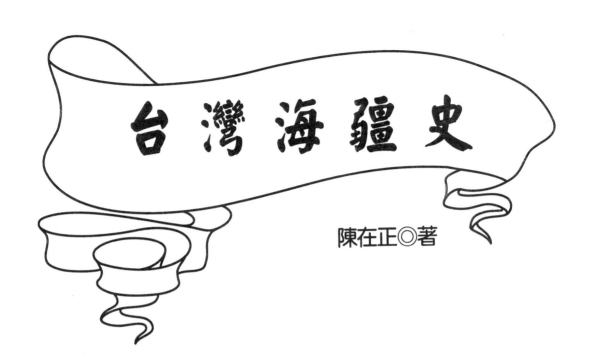

台灣海疆史

陳在正◎著

序

　　1951年我從廈門大學歷史系畢業後，留校從事中國近代史的教學和研究工作，1980年調入新成立的廈門大學台灣研究所後，開始專門從事台灣史的研究工作。從研究台灣史來說，也可以說我是半路出家。光陰荏苒，轉瞬20年過去了。20年來我的研究道路是怎樣走過來的呢？有那些體會呢？現利用出版拙著的機會，特追述如下：

　　開始，為了掌握第一手歷史資料，乃爭取與北京第一歷史檔案館合作，參加了主編《清代台灣檔案史料叢刊》。原計畫出版15輯，約400萬字。於1983年至1987年先後編輯出版了《鄭成功檔案史料選輯》、《鄭成功滿文檔案史料選輯》、《康熙統一台灣檔案史料選輯》三種，同時利用這些第一手檔案的史料，參閱其他公開出版的歷史資料，吸收台灣學者的研究成果，對鄭成功的抗清與復台，康熙統一台灣等重大歷史事件開展了研究，發表了一批論文。後因缺乏出版經費，整理與出版台灣檔案史料的計畫就中途夭折了，已蒐集到的太平天國時期台灣民變的檔案及洋務運動時期有關台灣海防的檔案，均無法出版。但研究工作仍繼續進行，利用檔案資料對近代台灣的海防、台灣建省與近代化等專題進行研究，繼續發表了一批論文。

　　進入90年代後，我的研究工作轉入蒐集地方文獻資料（如散藏在民間的大量譜牒資料），結合田野調查，對閩南早期移民台灣的歷史及大陸移民與台灣民間信仰等專題進行研究，也發表了一批論文。

　　通過20年來對台灣史的研究，首先深刻體會到，研究歷史必須掌握豐富的史料，經過考訂、核實，從歷史的實際出發，實事求是地進行客觀分析，才有可能接近歷史真實，以及對歷史事件或人物做出恰當的評價。基此，北京第一歷史檔案館所保藏的大量檔案，的確是研究明末至清末民初歷史的第一手資料，值得首先發掘和利用。我在台灣史的研究中，正是利用這些未公開發表的檔案資料，用

以糾正了鄭成功史事方面紀述的一些錯誤，而且對鄭成功與清政府的和戰關係及其得失做出較爲公正的評價。

又如，利用了康熙前期廷臣的大量題本，特別是當時福建總督姚啓聖的60多萬字的題本和文告，對康熙統一台灣能夠從決策、用人、出兵、統一、寧疆進行系統的考察和分析，對康熙的歷史做出較爲全面的評價，並對姚啓聖在統一台灣過程中的作用，做出較高的評價。

又如，利用從未被利用過的「一史館」外務部檔中所保藏的關於同治十三年（1874年）中日談判的「問答節略」檔案，能夠系統闡述中日雙方談判時關於對台灣內山領土主權的爭論的過程及雙方的觀點，肯定事件結束所簽訂的《北京專條》，不但不是「賣國外交」，而是在談判中始終堅持了台灣全島的領土主權屬於中國，最終迫使日方承認，所以在這一點上最後失敗的是日方而不是中方，由此對近六七十年來中外學者多數都認爲條約是公開承認或默認了琉球是日本屬國、斷送了琉球的主權的傳統觀點，提出了相反的意見。

又如，利用較爲豐富的歷史資料，特別是利用了《沈文肅公牘》（抄本）及左宗棠、劉銘傳奏摺等重要資料，系統考察了從1875年至1885年台灣建省方案的形成過程，並得出正是爲了加強海防才促進了台灣建省的實現，也促進了台灣近代化事業的開始的結論。

又如，利用了「一史館」未被公開利用過的一些軍機處錄副奏摺，及罕見的胡靖《琉球記》、齊鯤《航海八詠》、汪輯《使琉球雜錄》等資料，增加了台灣的附屬島嶼——釣魚島等島嶼自古是中國領土的論據。

其次，散藏在民間的大量譜牒資料是研究歷史學、社會學、人類學、民族學、人口學、民俗學等許多學科的重要資料，已越來越引起學術界的重視。譜牒資料是宗族的「百科全書」，是研究宗族發展史和移民史的第一手資料。90年代後我利用閩南地區及台灣地區的民間族譜資料，對閩南早期移民開發台灣的歷史作了一些個案的研究，可以補充移民史研究的內容。如利用南靖龜山所存各種莊氏族譜，及進行實地調查，又到台灣查閱50多種莊氏族譜，並到莊三郎派下集居地彰化縣竹塘鄉、二林鎮、南投縣草屯鎮、竹山鎮、嘉義縣溪口鄉、桃園縣蘆竹

鄉、宜蘭縣頭城鎮等地進行田野調查，共查出莊三郎派下在清代有300多人先後渡台。在調查與蒐集資料的基礎上，在台灣中研院民族學研究所莊英章教授的大力協助和指導下，合作撰寫了《南靖龜山莊氏宗族的發展及向台灣移民》，探討了龜山莊氏宗族的形成和發展過程，並探討了台灣莊氏分支宗族的形成及其特徵，提供學術界參考。

又如，根據同安兌山（今廈門市集美區後溪鎮兌山村）所存各種李氏族譜及實地調查，又到台灣查閱數十種李氏族譜，並到台北縣蘆洲鄉等地實地調查，查出關於李仲文派下在清代有400多人先後渡台，開發台北縣蘆洲、屏東縣萬丹等地，在調查和蒐集資料的基礎上，在蘆洲李宅古蹟管理委員會嚴秀峰主任委員的大力支持和協助下，撰寫了《同安兌山李氏宗族的發展及向台灣移民》，探討了兌山李氏宗族的形成和發展，特別對台灣兌山李氏移民的集居地蘆洲等地的開發，進行了探討，爲研究移民史的學者提供參考。

同時，利用族譜資料和實地調查，先後探討了平和心田賴氏宗族、壺嗣吳氏宗族、埔坪林氏宗族的形成和發展及其向台灣移民，並蒐集了部分開漳聖王派後裔的移民資料，還探討了白石丁氏的遷閩入台情況，可供移民史研究參考。

在研究閩台移民的基礎上，也對大陸移民與台灣民間信仰進行了個案研究。如平和心田賴氏移民將祖籍心田宮的保生大帝移祀台中賴厝里崇祀，同安兌山李氏移民將家鄉保生大帝神像移祀蘆洲。隨著閩南大量移民遷居台灣，閩南的民間鄉土保護神，保生大帝、媽祖、清水祖師等，變成台灣移民的保護神。本書還考訂了保生大帝廟、台南大小上帝廟的建廟年代，也對民間信仰與移民關係進行了一些探討，特別對台灣中部平埔族的漢化與媽祖信仰進行了探討。

另一個深刻體會是，研究台灣歷史，必須親自到台灣，進行實地調查和考察，廣泛蒐集各種歷史資料，同時還應與台灣史學界同行開展廣泛的學術交流。但由於人爲的原因，海峽兩岸從1949年以後已隔絕近40年，開始研究台灣史時，只能靠查閱地圖在大陸隔海研究台灣，未履其地，未睹其民，更談不上兩岸學者開展學術交流。我在1983年出版的《清代台灣檔案史料叢刊》的編輯說明中，就表露了這種遺憾的心情：「近年來台灣學者編輯出版了不少台灣檔案史料，我們

希望通過《叢刊》的編輯出版，能促進與台灣學者之間的互相交流。我們更殷切盼望不久的將來，能與台灣歷史學者合作編輯這項檔案史料，為研究台灣歷史提供更多的資料。」我當時甚至十分感慨地說過：「研究台灣歷史，卻沒有到過台灣，真是死也不瞑目。」在1986年，我們只好通過參加美國芝加哥大學舉辦的台灣問題研討會和在香港召開的台灣歷史國際學術會議，利用第三地與台灣學者接觸和交流。到1988年，情況有了轉變，當年8月台灣民間學術團體——台灣史研究會的部分會員衝破阻力來到廈門，與廈大台灣所一同舉行了「台灣研究學術交流會」，會後在大陸和台灣分別出版了《海峽兩岸首次台灣史學術交流論文集》（廈門）、《台灣史研究會論文集》（台北），接著台北中研院民族學研究所在以莊英章所長為首的一批學者，也先後來到廈門，進行了單向交流。1992年我與本校共五位人文科學教授受莊英章所長的邀請，第一次來到台灣參加了學術會議，實現了雙向的學術交流。這麼快就實現了登上寶島的宿願，這是始料不及的。之後，又於1993年、1997年、2000年春多次受邀到台灣參加學術會議，並與中研院民族學研究所、近代史所、台灣史所、台灣大學、台北師範大學、台灣政治大學、台中中興大學歷史系的學者直接進行學術交流，先後在台灣共停留130多天，曾分別到彰化、南投、嘉義、屏東、花蓮、宜蘭、台北蘆洲等地展開大陸移民在台灣的發展變遷史的田野調查，並到許多學術單位查閱了圖書資料，結識了許多台灣學者，也接觸了台灣省各姓淵源研究學會、各姓宗親會、各地同鄉會和各種寺廟管理委員會等各界朋友，瞭解了台灣的歷史和現狀，促進了研究工作的開展，獲益良多。

最後還有一點體會，就是研究歷史的方法，要跳出單純的從文獻而到文獻的研究方法。自90年代初與台北中研院民族學研究所合作進行閩台風俗的比較研究後，也學會採用問卷調查等方法蒐集資料，利用社會學等其他學科的研究方法來研究歷史，雖然僅僅是初步嘗試，但已嘗到了它的甜頭，值得進一步提倡。

以上就是20年來我研究台灣史的主要過程及幾點粗淺的體會。20年來研究成果並不多，除參加主編《清代台灣檔案史料叢刊》、《台灣歷史研究叢書》，並合著《清代台灣史研究》、《李友邦與台胞抗日》等著作和資料集外，還出版了

《台灣海疆史研究》專著，先後在各種報刊發表了60多篇近80萬字的台灣史論文，本書就是根據20年來研究台灣歷史的基礎上編寫而成，內容涉及鄭成功抗清與復台、鄭氏據台與康熙統一台灣、近代台灣海防、台灣建省與近代化、台胞抗日與台灣光復、閩台移民史、大陸移民與台灣民間信仰、釣魚島等島嶼的歷史與現狀等八個方面，從中國海疆史角度反映了台灣歷史的概貌。現結集出版，定名爲《台灣海疆史》，就教於史學界同仁，歡迎批評指正。

目錄

引言

  台灣是中國東南海疆門戶，自古以來是中國領土不可分割的一部分。

  台灣地區由台灣本島及蘭嶼（紅頭嶼）、綠島（火燒島）、琉球嶼、龜山嶼、彭佳嶼、釣魚島、黃尾嶼等22個附屬島嶼、澎湖群島64個島嶼組成，總面積36,006.2245平方公里，其中台灣本島35,789.3944平方公里，本島之附屬島嶼80.9659平方公里（包括釣魚島等8個島嶼6.1636平方公里）、澎湖群島126.8643平方公里[1]。其四極位置：極東境宜蘭縣頭城鎮赤尾嶼東端，東經124度34分零9秒，極西境澎湖縣望安鄉花嶼西端，東經119度18分零3秒，極南境屏東縣恒春鎮七星岩南端，北緯21度45分25秒，極北境宜蘭縣頭城鎮黃尾嶼北端，北緯25度56分21秒[2]。

  台灣地區四周環海，海岸線全長1,600.5290公里，其中台灣本島全長1,139.2483公里，本島之附屬島嶼長134.5173公里（包括釣魚列嶼長34.19公里），澎湖群島長326.7634公里[3]。台灣本島西部是一片平鋪的淺灘，東部則懸崖矗立，而北端基隆港與南部高雄港水深港闊，是天然的良港。台灣氣溫高，年均溫度南部約24度，北部約22度，雨量充足，年平均雨量達6,700公釐，土地肥沃，宜於農業、林業，海洋魚源豐富，地下礦藏眾多，主要礦產有煤、原油、天然氣、石灰石和大理石[4]，是一個寶島。

  台灣屹立在中國東南海上，為亞洲東部島弧之中堅，東臨太平洋，北臨東海，南隔巴令海峽與菲律賓相望，東北鄰接琉球群島，西隔台灣海峽與福建省毗連，可北連江、浙，南連粵、瓊，首尾呼應，構成一座海上長城，為中國東南海疆門戶。歷來被認為「乃江浙閩粵四省之左護」，「東南數省之藩籬」[5]，「近則為江浙閩粵之保障，遠則為燕齊遼口之應援，南北萬里，資其扼要」[6]。到了19世紀40年代以後，列強紛紛自海上入侵，台灣在中國海防上之地位更日益重要，負有守土之責的清朝邊疆官員已明確認識到，「台灣洋面居閩、粵、浙三界之

中，爲泰西兵船所必經之地，與日本、呂宋鼎足而立。彼族之所眈眈虎視者，亦以爲據此要害，北可以扼津、沽之咽喉，南可以拊閩、粤之脊臂」，結論是「惟台灣有備，沿海可以無憂，台灣不安，則全局震動」[7]，對台灣「宜爲中國第一門戶」[8]形成共識。光緒十一年九月（1885年10月）清廷接受了「台灣爲南洋門戶，七省藩籬」的海防重地的觀點，批准單獨建省。

長期以來，中國人民和歷代政府爲經營、開發台灣、爲加強台灣海防、保衛中國領土主權進行了不懈的鬥爭。

據地質學家研究，遠溯1萬年至200多萬年前的第四紀，台灣本屬大陸的一部分。遇冰期台灣即與大陸相連，成爲台灣大陸期，間冰期台灣海峽又淹水，出現台灣海島期[9]。台灣西南部大型哺乳類化石，距今2-3萬年左鎮人頭骨化石，距今5,000-15,000年長濱鄉八仙洞3,000多件石器及骨器等的發現，證明台灣古動物、古人類及先史文化是從華南經台灣海峽直接進入或傳入的[10]。人類學家、考古學家從對台灣新石器時代文化層發現的石器、陶器、骨角器等的研究，認爲台灣的先史文化十之八九屬於中國大陸的系統，斷定台灣先民多數來自中國大陸，少數自馬來群島輾轉移入[11]。台灣的古人類多已滅絕，現存的台灣先住民，有已漢化的平埔族，還有泰雅、賽夏、布農、鄒族、排灣、阿美、魯凱、卑南、雅美等9族，其中住居北部、中部山地之泰雅、賽夏、布農等族屬大陸文化系統，東部與平地各族屬南島文化系統，他們分別自大陸或馬來群島移入[12]。

根據文獻記載，三國時稱台灣爲夷州，吳黃龍二年（西元230年）春，孫權遣將軍諸葛直率領甲士萬人「浮海求夷州，……得夷州數千人還」[13]。這是關於經營台灣的最早紀載，時有丹陽太守沈瑩著《臨海水土志》，對台灣先民生產、生活及風俗等均有較具體的記載[14]。

隋代稱台灣爲流求，隋大業三年、四年（西元607年、608年）煬帝命羽騎尉朱寬二次招諭台灣。大業六年（610年）又命武賁郎將陳稜、朝散大夫張鎮州等率兵萬餘人經澎湖高華嶼（今花嶼）、鼊鼊嶼（今奎壁嶼）至台灣西部鹿港一帶，「虜其男女數千人，載軍實而還」。《隋書》東夷列傳流求國條，對台灣先民的風土、習俗有更爲具體的記載[15]。

唐至五代，古籍中罕見有關台灣的紀載。至宋代，則明確記載澎湖隸屬中國版圖，並戍兵防守。《攻瑰集》記載宋乾道七年（1171年）平湖（澎湖）「忽為島夷號毗舍耶者奄至，盡刈所種。初則每遇南風，遣戍為備，更迭勞擾」，郡守汪大猷「即其地造屋二百間，遣將分屯，軍民以為便，不敢犯境」[16]。《諸蕃志》亦記載：「泉有海島曰澎湖，隸晉江縣」[17]。明代《閩海贈言》亦記：「吾泉澎湖之去郡城，從水道二日夜程，……聞之澎湖在宋時，編戶甚蕃」[18]。至於台灣本島，宋時已有漢人入台或商或漁，清初笨港發現的宋錢可為佐證。

　　元代稱台灣為琉球，至元二十九年（1292年）、成宗大德元年（1297年），元代曾兩次派兵經略台灣。《元史》琉球傳記：「琉球在南海之東，漳、泉、興、福四州界內。澎湖諸島，與琉球相對」[19]。元至元末年已在澎湖設立巡檢司，並徵收鹽課。元汪大淵《島夷志略》澎湖條記載：「島三十六，……泉人結茅為屋居之。……煮海為鹽，釀秫為酒，採魚蝦螺蛤以佐食，……工商興販，以樂其利。地隸泉州晉江縣，至元年間立巡檢司，以周歲額辦鹽課中統錢鈔一十錠二十五兩，別無科差」[20]。據考證，澎湖巡檢司大約在至元二十九年至三十一年間（1992-1994年）設立[21]，當時已有居民200戶近千人定居，半耕半漁，並有商販往來，已置官設治，正式收入中國版圖。由於汪大淵曾隨海舶泛遊數十國，並曾親至台灣，當時台灣已成為往東洋針路的起點。《島夷志略》對台灣居民、習俗、物產均有概括的記載。

　　明代稱台灣為小流球或東番，亦有以台灣北部雞籠、中部北港、南部大員（台員、台灣）等地名泛指台灣全島者。天啟年間荷人據台後，以台灣名全島者日多。洪武二十年（1387年）為防倭防盜，「盡徙嶼民，廢巡檢，而墟其地」[22]。之後，澎湖、台灣及閩粵洋面成為曾一本、林道乾、林鳳等海上武裝集團活動之區，成為窮民、流民逃亡之所。「後內地苦徭役，往往逃於其中，而同安、漳州之民為最多」[23]。加上倭寇屢次入侵，澎湖在海防上的地位日益重要。嘉靖四十二年（1563年），俞大猷追擊林道乾至澎湖，道乾東遁台灣，大猷「留偏師駐澎島，時哨鹿耳門外」，道乾「從安平鎮二鯤身，隙間遁去占城」[24]。是為明代官軍剿寇台灣本島之始。台灣府縣誌記載，道乾曾活動於今高雄、嘉義、台中大甲

鎮、宜蘭蘇澳鎮沿海等地,實開後日漢人關台之先河。萬曆二年(1574年),在福建總兵胡守仁的追剿下,林鳳也從澎湖遁入台灣魍港(今嘉義市布袋鎮虎尾寮),守仁「因招漁民劉以道,諭東番合剿,遠遁」[25],是為明代官軍入台之第二役。

嘉靖末年,倭寇焚掠雞籠等地,萬曆二十年(1592年)日本豐臣秀吉犯朝鮮,且有侵擾雞籠、淡水的風聲,萬曆二十一年(1593年)日本果諭書「高山國」勸降,從此,海上的倭禍,由單純的倭寇益以日本官方之侵略,明廷又於澎湖設兵戍險,萬曆二十五年(1597年)正式設置游兵,隸福建南路參將澎湖游擊,駐廈門以遙領之。翌年增為二游,兵力935名,春汛於清明前10日出,三個月收,冬汛霜降前10日出,二個月收。後更有長戍之令,兼增衝鋒游兵。這是中國為了台灣問題所感受到日本的威脅,也是為了台灣問題所感到的中日間的最早危機。萬曆以來明廷已感到海禁反使倭寇、海寇坐大之非策,漸有開洋之議。萬曆二十一年(1593年)閩撫上通海之疏報可後,福建移民大量遷入澎湖,至明末,澎湖人口達五、六千人。時「瀕海之民,以漁為業,其採捕於澎湖、北港之間者,歲無慮數十百艘」[26]。

萬曆三十年(1602年),又有倭寇以台灣為巢穴,出擾東南沿海,「夷及商、漁交病,浯嶼沈將軍往剿,……倭破,收泊大員,夷目大彌勒輩率數十人叩謁,獻鹿饋酒,喜為除害」[27]。沈有容入台剿倭,是明代官兵入台之第三役,明兵搗其巢,殲其眾,大獲全勝。隨軍入台的陳第寫成《東番記》,是記載古代台灣民族、歷史、社會的又一重要文獻。

之後日人仍多次侵犯台灣,「閩中偵探之使,亦歲一再往」。萬曆四十五年(1617年)倭又侵犯台北沿海,遊船追剿至竹塹(新竹縣),乃明代官軍至台之第四役。

明崇禎九年(1636年)後,日人行鎖國之令,台灣倭患始告絕跡,前後擾害台疆達200年。

萬曆年間在日本從事貿易活動的海上冒險家海澄人顏思齊、陳衷紀、晉江人楊天生、南安人鄭芝龍等20多人結盟,於天啟元年(1621年)以思齊為首謀在日起事,事洩,駕船遁逃台灣,「入北港,築寨以居,鎮撫土番,分汛所部耕獵。

……芝龍昆仲多入台,漳泉無業之民,亦先後至,凡三千餘人」[28]。天啓五年思齊死後,眾推芝龍為首,乃略創制度,製旗幟,明威儀,嚴賞罰。天啓六年分割諸軍,立先鋒、左軍、右軍、衝鋒、後衛、游哨、監督、參謀等名號官職,所向官軍莫敵。時閩省饑饉,饑民多來相投,其勢漸大,從事墾殖與海上剽掠。崇禎元年芝龍受明廷招撫後,與據台荷人訂通商之約,興販東西洋,壟斷海上貿易。「就撫後,海舶不得鄭氏令旗不能往來,每船例入二(三)千金,歲入千萬計,以此富敵國,……所部兵自給餉,不虞於官」[29]。但芝龍降明後,其餘眾留台者尚多有人,與荷人共居不悖。崇禎三年,「閩地大旱」,芝龍經閩撫熊文燦允准,「招集流亡,傾家資,市耕牛、粟、麥分給之,載往台灣,令其墾闢荒土,而收其賦」[30]。這與過去私人移民活動不同,是中國政府第一次有計劃的、大規模的向台灣移民。時荷人雖已入侵6年,但中國政府仍認定台灣是中國領土,所以才有此次移民之舉。當時荷人人數有限,正需人力開發和擴大對華貿易,荷人二千居城中,漢人數萬居城外,頗能相安,荷人所能控制的地區僅限於台南一隅,有的學者認為:「當時最低限度,我們亦當說台島是中荷共有。」[31]可見顏、鄭開發台灣,其功不可歿。

自17世紀以後,台灣的殖民與反殖民、分裂與統一、侵略與反侵略的鬥爭進入更加激烈的時期,本書反映了這一激烈鬥爭的主要過程。

17世紀20年代初荷蘭和西班牙殖民者先後入據台灣,17世紀初崛起於我國東北的滿族旋於40年代初入主中原,面臨清兵入閩與荷蘭人占領台灣,鄭成功首先進行了抗清鬥爭,在抗清鬥爭受到重大挫折後,為了尋找抗清基地與反對荷蘭的殖民統治,毅然引兵東向,驅逐荷蘭殖民者收復台灣。

17世紀60年代初至80年代初,據守台灣的鄭經、鄭克塽拒絕和平統一,但仍堅持遙奉明朔,使當時中國大陸與台灣出現了20年的分治,雙方處於時戰時和的對峙局面。1674年鄭經趁「三藩之亂」進犯閩粵沿海地區,經海壇崇武海戰,鄭經棄金廈退守台灣,康熙乘勝出兵統一台灣。

進入19世紀,西方列強開始入侵中國,鴉片戰爭期間英軍多次侵擾台灣沿海,1874年新興的日本也出兵台灣,中法戰爭期間法國也把戰火燒到台灣,並占

領基隆和澎湖，為反對外國侵略、加強台灣海防，又進行了尖銳的鬥爭。

正當海疆危機日益嚴重時刻，為了加強台灣海防而促進了建省的實現，也促進了台灣近代化事業的開始。

1894年中日甲午戰爭的失敗，使台灣淪為日本殖民地，台灣人民進行了長期可歌可泣的反日鬥爭，經過1937－1945年八年中國抗日戰爭的勝利，台灣得到光復，重新回歸祖國懷抱。

1945年台灣光復時，被日本竊占的台灣的附屬島嶼──釣魚島等島嶼並沒有歸還中國，而是與琉球一起歸美國託管，而日本為覬覦和竊占釣魚島等島嶼仍長期進行了一系列的陰謀活動。目前，為保衛釣魚島等島嶼的領土主權仍存在著嚴重的鬥爭。

台灣是個移民社會，早期移民絕大多數來自閩粵二省，其中80％以上來自福建閩南。台灣的民間信仰與大陸移民特別是閩南漳、泉移民有密切關係，隨著大陸移民渡台開發台灣，隨身帶去祖籍地方神明的香火或金身，在台崇祀，祖籍鄉土保護神，變成台灣移民的保護神。本書對閩南漳泉若干村莊和若干姓氏的早期移民進行了個案研究，並對保生大帝、媽祖、清水祖師等民間信仰與移民的關係也進行了一些專題探討。

註釋

⑴ 台灣省文獻委員會主編，《重修台灣省通志》，卷二，土地志，轄境篇，第三章第19-20頁，1989年5月。

⑵ 同上書，第二章第7頁。

⑶ 同上書，第三章，第22-24頁。

⑷ 石再添主編，《台灣地理概論》，第5頁，台灣中華書局，1987年12月初版。

⑸ 施琅題為恭陳台灣棄留事本，《靖海紀事》，第120頁、122頁，福建省人民出版社，1983年10月。

⑹ 吳金奏摺，乾隆二年四月十一日，《明清史料》戊編，第1本，第40頁。

⑺ 丁日昌：請速籌台灣全局疏，《台灣文獻叢刊》，第288種，第80-82頁。

⑻ 李宗羲奏摺，同治十三年十一月十二日，《同治朝籌辦夷務始末》，卷100，第1-11頁。

⑼ 林朝棨，《台灣之第四紀》（下），《台灣文獻專刊》，第14卷，第2期（1963年7月），第45頁。

⑽ 宋文薰，《由考古學看台灣》，《中國的台灣》，第99-113頁，台北中央文化供應社發行，1986年11月。

⑾ 淩純聲，《古代閩越人與台灣土著族》，《台灣文化論集》（一），第1-3頁，台北中華文化出版事業委員會，1954年10月再版。

⑿ 衛惠林，《台灣土著族的源流與分類》，《台灣文化論集》（一），第31-45頁。

⒀ 《三國志》，卷47，孫權傳，中華書局，1959年。

⒁ 《太平御覽》，卷781，敘東夷條引，見張崇根，《臨海水土異物志輯校》，農業出版社，1981年。

⒂ 《隋書》，卷81，東夷列傳，流求國條，中華書局，1973年。

⒃ 樓鑰，《攻瑰集》，汪大猷行狀。

⒄ 趙汝适，《諸蕃志》，卷上，毗舍耶條，《台灣文獻叢刊》，第119種，第38頁。

⒅ 《閩海贈言》，陳學伊諭西夷記。《台灣文獻叢刊》，第56種，第34頁。

⒆ 《元史》，卷210，瑠球傳。

⒇ 汪大淵，《島夷志略》，澎湖條，《台灣文獻叢刊》，第119種，第75頁。

(21) 陳孔立，《元置澎湖巡檢司考》，中華文史學叢，1980年第二期。

(22) 顧祖輿，《讀史方輿紀要》，卷96。

(23) 林謙光，《台灣紀略》，附澎湖。

[24] 高拱乾，《台灣府志》，卷一，沿革。

[25] 《明神宗萬曆實錄》，卷26。

[26] 黃承玄，條議海防事宜疏，《明經世文編選錄》，第二冊，《台灣文獻叢刊》，第289種，第206頁。

[27] 陳第，《東番記》，《台灣文獻叢刊》，第56種，第27頁。

[28] 連橫，《台灣通史》，下冊，第508-509頁，北京商務印書館，1983年。

[29] 黃宗羲，《賜姓始末》。林麐庵《荷牐叢談》等書均記三千金。

[30] 吳偉業，《鹿樵紀聞》。

[31] 郭廷以，《台灣史事概說》，第1章，第16頁。台北正中書局，1954年3月。

第一章　抗清與復台

清鄭和談與鄭芝龍

自順治九年（1652年）至十一年（1654年），清政府與鄭成功之間進行了三次和談活動，本章著重考察鄭芝龍在和談活動中所產生的作用。

（一）清政府藉父脅子三次議和

順治八年（1651年），鄭成功恢復廈門後，於五月發動了對漳屬各縣的進攻，至翌年四月，先後攻克漳浦、雲霄、詔安、海澄、平和、長泰、南靖各廳縣，大敗浙閩總督陳錦馬步數萬大軍於江東橋，圍困漳州府城。同時，湖南、四川、廣西等地抗清戰爭正激烈進行，九年七月，大西軍攻克桂林，定南王孔有德兵敗自殺。清廷遂紛紛調兵支持西南戰場，並認識到長於海戰的鄭軍一時實難殲滅，乃對成功先採取「牢籠」策略，改剿為撫，以便集中兵力征服西南。九月十五日，授劉清泰為浙閩總督，並在敕諭中指出，「若成功等來歸」，「許以赦罪授官」[1]，積極著手招撫活動。

清政府對成功轉為以撫為主後，便把芝龍視為手中奇貨，企圖利用他來促成招撫計畫的實現，正如成功所揭露，清朝「實以奇貨視吾父」，「明明欲藉父以脅子」[2]。為此，清廷開始對芝龍父子採取籠絡措施。七月二十九日，命內大臣傳諭芝龍：「爾投誠有功，毋輕出城行走，恐人藉端誣陷。」[3] 八月初一日，又諭准芝龍改入鑲黃旗，並官其在京一子為二等侍衛。命兵部即行福建督撫，發給搬取來京妻、妾及兩男勘合，護送來京。[4] 時芝龍疏請留母黃氏、弟芝豹、三男世恩（16歲）在原籍看守祖墳，把正妻顏氏、妾黃氏、五男世襲（13歲）、六男世默（8歲）接入京城，並派伯舅黃藩及家人倪忠等八人往接。[5] 後黃藩等人在途中被賊劫殺，兵部所頒火牌俱失，十年（1653年）正月，又旨准補發勘合，並飭沿途官兵護送來京。[6] 其家屬於十一年四月動身，十月到京，最後改由世恩赴京，世襲留閩。這實際上是在籠絡、利用芝龍的同時，加強了對他的控制。

是時，清廷想重演明崇禎時「芝龍騷亂海上，官兵屢剿無功，後招撫芝龍，海患始息」的伎倆，決定讓芝龍出面誘勸成功就撫，要他作書，嚴諭成功、鴻逵等「率眾歸順」。因不敢貿然公開頒敕往諭，乃賜給總督「招撫成功」密敕一道，遣才幹官和芝龍家人先行試探，如成功願就撫，「即以督臣密敕宣示」[7]。於是先由芝龍派周繼武至廈門，轉告清朝欲來議和之意。新督赴任後，也根據密敕，繕一文書，咨送成功祖母轉遞，「以疏通關係」。文中內容「宣揚皇上覆載深恩」，並「陳述父子不應絕情」。劉清泰收到成功「仍甚驕橫」、「又無誠意」的回文後，仍疏請招撫要靠芝龍「效力」，認為利用「父子議論天理，則易於招撫」[8]。

清廷獲悉成功對閩撫張學聖、道員黃澍、總兵馬得功乘其遠出時偷襲搶掠廈門一事耿耿於懷，決定進一步追究罪責，在劉清泰陛辭時，已命「細加提防」、「秘密入告」。十一月都察院參奏「閩海之變，實張學聖貪穢啓之」，要求追究其「誤國釀亂」之罪。又奉旨著劉清泰「察明速奏」。劉清泰於十年二月二十八日密疏揭參，得旨：張學聖、馬得功、黃澍、王應元「俱革職」，「拿解來京，嚴訊具擬」[9]。這顯然是為了配合和談，促使成功就撫的一種行動。

在採取籠絡芝龍父子及派人試探的基礎上，清政府開始正式與成功進行第一次議和活動。於十年五月初十日，敕封鄭芝龍為同安侯，鄭成功為海澄公，鄭鴻逵為奉化伯，鄭芝豹為左都督。在敕諭中讚揚芝龍「首倡歸順」，但「賞未酬功」；指責多爾袞對芝龍「猜疑不釋，防範過嚴」；公開譴責地方撫鎮道「貪利冒功，妄行啓釁」，承認「廈門之事，咎在馬得功」[10]。並在給成功的專敕中，諭其「鎮守泉州等處地方，祿俸如例」[11]。旋特遣滿州章京碩色齎賜敕印，並令芝龍派表弟黃徵明及家人李德、周繼武、陳福、李春同往，賞賜他們衣服、鞋帽、銀兩，以示鼓勵。同時諭劉清泰派幹員密切配合。詔使一行於五月二十日動身，閏六月初一抵達福州，即將敕印交總督派員持送泉州，又令李德等齎芝龍手書，先行試探、勸和。八月在廈門見到成功後，黃徵明即「轉告其父識時遇主之事」，又勸說「君道不分畛域，務期海上不興風浪。此實為皇上之鴻仁，又開國之際，欲得承家之子者也」。勸說中動之以情，以堅成功拯救芝龍之心，「以盡忠孝之意」[12]。但成功拒絕受封，詔使返京，李德帶回覆信，十月十八日芝龍將覆信奏呈御覽。

此時清廷對成功「妄行索地，誇詐大言」雖十分惱火，但經過議政王大臣半個

月的討論後仍決定向成功讓步，又進行第二次議和活動。於十一月初六日敕封鄭成功為海澄公，掛靖海將軍印，並允給泉、漳、惠、潮四府駐兵。十一日差內閣侍讀鄭庫訥、兵部員外郎賈齊訥二使持敕印赴閩招撫，又由芝龍派李德、周繼武、李春等隨行。翌年正月，李德又齎芝龍手書至廈門，書中嚴諭成功「叩謝受封，以圖報效」，要他「忠孝兩全」，再一次施加壓力，脅子議和。成功遂於二月親到安平領受敕印，詔使及芝龍家人隨即北返，於六月初七日抵京。李德等帶回成功、鴻逵、芝豹、鄭彩、楊啓嚴等書信八件，初八日芝龍即題奏並上繳書信[13]。

　　成功雖接受敕印，但「其髮未剃」，「詔書尚未開讀」，且「屠掠索餉之文，日日見告」。劉清泰再次疏請諭芝龍「詳為密切家書一紙，速寄成功，使之一一仰體，始終稟承，不致逾越。則父子之忠孝有光大典，而內外之安攘並著奇勳」[14]。芝龍也疏請派次子世忠與欽差同往。六月二十五日濟爾噶朗等議覆，同意派世忠同去，開始進行第三次議和活動。七月初二日敕諭鄭成功：「念爾父鄭芝龍投誠最早，忠順可嘉。故推恩延賞，封爾公爵，給與敕印」。但「今據爾疏奏，雖受敕印，尚未剃髮」，著明白表態，「順逆兩端，一言可決」[15]。並派內院學士葉成格、刑部郎中阿爾善為詔使，持送敕書，與芝龍二子世忠、四子世蔭及家人李德、周繼武、李春等同往福建招撫，於八月二十四日抵達泉州。詔使抵福州後先差李德、周繼武到廈門報訊，抵泉後又諭世忠先赴廈門「打探叔、兄之順逆之心，以利傳旨」。據世忠回京後疏陳：「臣至彼處，上則陳皇上德意，下則轉告臣父之言，竭盡規勸，務期事成。」[16]詔使在泉月餘，世忠、李德等遞相往返廈門不下十餘次，反覆勸說。《先王實錄》對此有較詳細的紀載。如九月初七日記：「二使又令內侍蝦鄭渡舍、蔭舍來見，渡舍見藩，跪下涕泣淚漣稱，父在京許多斡旋，此番不就，全家難保，乞勉強受詔。」二十四日記：「夜，渡舍、蔭舍同周繼武、李德、黃徵明等又來，涕泣懇告曰，二使此番失意而回，大事難矣。我等復命，必無生理並太師老爺亦難。」但成功仍堅持不剃髮，和談以破裂告終。詔使亦於二十九日離泉回京復命。

　　綜觀上述可以看出，清政府決定招撫成功後，對芝龍進行了多方籠絡，並脅迫他利用父子關係勸說成功就撫，先令芝龍派人試探，以後每次議和又令芝龍持書勸說，並派親戚、兒子、家人同往，還動員其母黃氏、其弟鴻逵等從旁協助，動之以

父子之情，脅之以在京父弟之安危，在「藉父以脅子」上大下功夫。同時對成功也一再退讓，既封海澄公，又加掛靖海將軍印；既給泉州一府駐兵，又增四府。甚至承認成功等抗清係「保眾自全，亦非悖逆」。考慮到成功不願北上，主動表示來歸後即可用之海上，不必赴京。並先後三次派詔使入閩進行議和活動，可謂煞費苦心。清廷企圖招撫成功，並利用他來鎮壓其他山海抗清力量，實行「以海治海」政策，以便集中主要兵力征剿西南抗清武裝，並破壞西南與東南抗清軍的聯合，實現「一箭雙鵰」的如意算盤。

此時，清廷對成功雖轉為以和談為主，但實行的仍是剿撫兩用，且以武力為和談的後盾，進行和談後又增兵入閩，會同固山金礪發動了對海澄的大進攻。第三次和談期間，准劉清泰題請，於浙閩之間移駐大兵鎮守，並於八月初十日恢復馬得功為泉州總兵都督僉事。九月底，孟兵部所率領大兵已到仙霞關。正如成功所揭露：「前日劉部院與金固山一和一攻，今日葉、阿與清兵一剿一脅，前後同一轍也。」[17]

（二）鄭成功將計就計虛與委蛇

順治十年八月，芝龍差李德等齎手書告知「清朝欲賜地來和」時，成功曰：「清朝亦欲給我乎？將計就計，權措糧餉，以裕兵食也。」[18] 第一次和談期間，「以和議故，分遣各勳鎮就漳泉派徵樂助兵餉」，據《先王實錄》記載，在晉南、雲霄、龍岩、惠安、仙遊等地，徵餉七十五萬。十一年二月，第二次和談一結束，又以「和議方就，乘勢分遣各提鎮就福興泉屬邑派助樂輸」。恐督撫出兵相阻，於三月移書劉清泰稱：「以數十萬之眾按甲待和，雖議可俟，而腹不可枵。稍就各郡邑權宜措餉，以濟兵食可也。」[19] 六月，出師長樂等處「措餉養兵」，巡撫佟國器「馳書求情」。「藩不報，終亦不敢抗拒」[20]。計派漳屬餉銀一百零八萬，計派泉屬助餉七十五萬有奇 [21]。十一年浙閩總督也報告說：「自去年至今，成功派糧索餉，大縣不下十萬，小縣不下五萬。」[22] 同年二月，成功接受海澄公敕印後，同月十七日即「委官到饒平」，並與潮州總兵吳六奇發生武裝衝突。廣東巡撫會同兩廣、南贛總督及靖南、平南兩王聯銜馳奏稱：「臣等遠居省會，以皇上新封之爵臣委官，一旦相拒若此，臣等不寒而慄。」成功的迅速行動，弄得地方官「真假未分」，手足無措。同時，成功又派部屬在潮屬各地公開招兵。三月初二日，中沖鎮

副總兵陳林爲招募事告示稱：「本府奉藩主憲令、本鎮面諭，前往潮州府潮、揭二縣地方招募壯士，以靖地方之狡獪，安寧百姓之升平。」告示中規定帶兵五十名受劄哨官，一百名者受司總。每月給白米四斗，紋銀五錢。二月二十日，戎旗鎮下中營副將李增也稟報：「蒙委詔安、饒平等處招募，報效軍前，增無辭艱勞，直抵饒平。」有陳力、陳斌等十三人「各帶目兵共千餘名矣，合就請驗，迄發員將到營察點，以便給發行糧」。又有鎮下右營副將詹士甲稟報：「職已招募三百餘名，但未敢揚旗攢隊，一面整頓，一面密報。」[23]

可見成功所謂「將計就計」，即利用和談，在一系列緊張戰鬥之後贏得休整時間，擴軍、裕餉，爲下一步的軍事行動作必要的準備。這是成功同意和談的主要原因。

但成功所謂「將計就計」，還有另一層意思，因其父芝龍及其家屬、家丁近二百人（時在京家屬、家丁共一百多人，加上九年準備遷京的大小男女共五、六十人[24]）的生命被操縱在清廷手裡，成功爲了考慮他們的安全，不得不虛與委蛇。這也是成功同意和談的一個重要原因。

綜合鄭、清雙方的有關紀載，可以清楚看出成功在和談過程對清廷既堅持素志又虛與委蛇的態度。

十年正月，周繼武到廈門試探和議後，成功即覆信芝龍：「兒南下數年，已作方外之人」，「今騎虎難下，兵集難散。」[25]並專差李德持書齎京，對和談沒有公開拒絕。命李德所傳口語則更爲靈活，所以五月初十日敕諭稱：「書辭雖涉矜誕，口語具見本懷。」[26]十一月初六日敕諭稿還透露：「爾家人李德初至，持一紙書，見有歸命朝廷之意。」[27]經過這樣試探後才正式進行第一次議和活動。

同年五月，清廷派碩色齎「海澄公、一府之命」赴閩議和，從不同紀載可看出成功雖拒絕受封，但對和談表示了如下的態度。差李德持覆信送芝龍，主要內容有：一、針對芝龍手書要成功「移忠作孝」，覆信明確表示要「大義滅親，從治命不從亂命」；二、揭露清廷過去對芝龍的誘降；三、由於清兵對廈門的焚掠，故有漳泉之師；四、指出清廷勞師遠圖閩粵沿海之失策；五、提出如以三省相界，「則山海無竊發之虞，清朝無南顧之憂」[28]。給劉清泰回文，內容有：一、「不知有父久矣」；二、「其父犯有大過」；三、提出議給三省問題。面告黃徵明內容有：

「惟因兵多地少，難於安插。倘若裁減兵戈，一旦出征，何以制勝？故差李德進京奏請。」[29] 十一月初六日的第二個敕諭，提到第一次和談時，成功提出的問題和要求有十一點：一、有君擇臣，臣亦擇君之語；二、又云爾父爲貝勒所給，屈抑數年；三、又云一攻一議，二三其令；四、又云畀以三省，海寇責令管理防剿；五、又云三府屯兵，並轄三省沿海地方；六、又云島上諸紳籍沒已盡，道府縣視爲奇貨；七、又云公爲五等上爵，充總兵官，尚在提督之下；八、又云用人莫疑，疑人莫用；九、又云父致力於內，兒盡力於外，付託得人，地方安靜；十、又云獨當一面，無煩救援，不費金錢，超平西而上之；十一、又云八閩之地，非我不能守（最後二點原稿被刪去）。清廷也逐點加以解釋，並表示「爾即多所辭說，皆不計」[30]。上敕所列內容，許多點不見載於《先王實錄》所收成功覆芝龍書，可能係綜合覆信、給劉清泰回文以及向李德等傳詢口語所得。可見在第一次和談時，成功向清廷提出過相當廣泛而且棘手的問題和要求，但沒有公開反對和談，還表示如所求被接納，願代清廷代守南疆之意。

十一年正月，李德持芝龍手書到廈門轉告清遣鄭、賈二使來閩進行第二次和談時，成功即派常壽甯、鄭奇逢爲正副使，前往福州迎接。因「太師有命，欲其忠孝兩全也」[31]。詔使至泉，成功隨帶兵馬前往安平，與清使見面，同意接受敕印。是晚，大賜宴。逾數日，詔使即回京復命。除由黃徵明等帶回成功、鴻逵等書信多件外，據芝龍題本稱，成功有奏疏「具陳善後事宜」。黃徵明題本也稱：成功「具本鈐印，望闕叩謝」。兵部尚書噶達洪等題本也議稱：「俟成功拜受敕印、叩謝天恩本到達後，再行查核其情，酌議覆奏。」[32] 但《先王實錄》均未收載此次和談中成功的覆信和奏疏，現從有關上諭及題疏也可略窺其主要內容。七月初二日給成功敕諭稱：「今據爾疏奏，雖受敕印，尚未剃髮，冀望委畀全閩，又謬稱用兵屯紮舟山，就近發給溫、台、甯、紹等處錢糧，……乃復以未撤四府防兵爲辭」[33]。浙閩總督題本也指出：「無論其疏中情詞，總涉誇浮，稱揚毫無倫次。即云豪傑卓有表見，又云用人必視其才，信人必本其心。」、「又云四府兵餉二十萬，足養萬人，現在精兵數十萬，相隨多年。」、「又云北兵地險，不習馬甲徒勞。」、「又云入閩以來，錢糧無粒解。」、「更可異者，言海而以閩兵屯紮舟山，議餉而取給於浙之甯紹五府。」[34] 《先王實錄》也記載：「二使欲回京復命，乞示旨意。藩云兵馬繁

多，非數省不足安插，和則高麗朝鮮有例在焉。並馨外國寶貝以贈之。」芝龍題疏也提及：「欽派鄭、賈二臣去送敕印，鄭成功自安平出迎十餘里。……此外饋詔使以銀物等項，因內院鄭為正使，又補饋四百兩，派原副將吳文邦追送至京，詔使回京時，又送十里之外，以表其敬主之意。……且據各差官稟報，逆子已接印受封，皇上若撤滿漢官兵，更換鎮將品級，撥給四府安插兵丁，則啓印行事等語。至其發文行事，遵行我大清律等各節，皆無庸置疑。」[35] 可見雖接受敕印，並禮待詔使，但仍堅持索地增餉，不肯剃髮。撫局似定，但實際並沒有成功，仍是虛與委蛇。

　　十一年七月，清廷又派葉成格、阿爾善及芝龍次子世忠進行第三次和談。給成功敕諭強調，「爾自當剃髮傾心，義不再計」[36]。可見剃髮成為此次和談的突出問題。詔使到福州後，令李德、周繼武等先到廈門，告知欲照鄭、賈例，要成功派員去接。成功獲知詔使要他「先削髮，後接詔」，不肯派員迎接，只作小啓令周繼武往請。啓中表示自己「浪志海隅，使節方外，無意人世之功名久矣。」但對來使表示歡迎，且願當面商談，希望通過和談，「庶幾東南止戈」。八月二十四日，葉、阿到泉後轉告成功：「不剃頭，不接詔；不剃頭，亦不必相見。」[37] 成功答覆詔使：「欲接詔，欲剃髮，先接詔，安在安平署中，……須與詔使面議，十分妥當，奉旨命下，然後放心剃髮。」[38] 雙方相持不下，詔使在泉月餘，不果而歸。但成功對詔使始終熱情接待，數次派人入泉給二使送禮。而對原則問題，則絲毫不肯讓步。給世忠信中表白：「兄之堅貞自持，不特利害不能以動其心，即斧刀加吾頸，亦不能移吾志。何則，決之早而籌之已熟矣。」並囑「惟吾弟善事父母，厥盡孝道，從此以後，勿以兄為念。兄弟之間，各行其志」[39]。給芝龍覆書也表示：「修稟聊述素志，和議實非初心」[40]。當時詔使即向浙閩總督報告說：「鄭成功一云先要四府，敕諭僅指水陸遊寨，未言陸路。二則不奉東西調遣。三則不受部撫節制。恐如姜瓖、金聲桓、李成棟、海時行具以剃髮後激變。且未與張名振議妥，又比高麗之例不剃髮等語。」又報稱：「鄭成功不受詔、不剃頭，其意如山」。芝龍也題奏：成功「前則索地增糧，今又並不剃髮」[41]。世忠回京後向芝龍報告說，成功表示「剃髮乃身分大事，本藩自會定奪。誰人敢勸，那個敢言」。當時沈佺期也說：「藩主剃髮為令尊大人，我等剃髮又為誰人？況且同在海上數年矣。」[42] 可見成功堅持不剃髮，態度十分堅決，而且部屬也反對剃髮，和議終於決裂。

綜觀上述可以看出，成功在和談中始終堅持索地、增餉、不剃髮等原則，一開始在談判條件上就提出畀以三省這一清朝無法接受的要求，並非先求一府，允給一府後又求四府，允給四府後又求三省。如果和議照成功的條件實現，即委畀以三省沿海地方，不奉東西調遣，不受部撫節制，甚至提出如朝鮮例，不剃髮等，那也只是在清朝名義管轄下，在福建或閩浙粵沿海，出現一個對清朝高度獨立的地方政權。所謂按朝鮮例，成功原意係在其轄區內不剃髮，保持明室衣冠，並非指脫離中國而獨立，充其量也只是一個國家（中國）兩個政權（愛新覺羅氏與忠於明室的鄭氏）而已。這些條件，成功也明知不可能為清廷所接受。可見成功在和談期間對其抗清、恢復中興的事業仍忠貞不變，堅持了高度的原則性。

同時，成功在談判中，也採取了一些相當靈活的作法，如願意和清使和談，對詔使以禮相待，並接受了清朝的敕印，且具疏謝恩，陳言善後事宜。甚至在給芝龍、世忠信中，講了清朝若信兒言或兄言，則為清人；若不信兒言或兄言，則為明臣之類的話，這只能視為出自一時權宜的策略，或僅是一種藉口，因為父親生命均操在清廷之手。當時在成功，如何處理忠與孝成為突出的矛盾。父子之志雖不同，但父子之情仍在。清廷即利用這種關係逼脅成功就撫，地方官也口口聲聲以此挾成功「早結尊公父子忠孝之局」，而芝龍也屢諭成功「移忠作孝」。成功果以「芝龍在，持兩端，乃佯若受詔，而以嫚書謝」。並說「只因一人在北，不得不暫作癡呆耳」。[43] 因此，在和談期間不得已而與清廷虛與委蛇。如果這些努力達不到救父目的，忠孝無法兩全，則成功也明確表示：「萬一吾父不幸，天也，命也，兒只能縞素復仇，以結忠孝之局耳。」[44] 芝龍被囚禁後，成功還派丘賢等人赴京打探芝龍消息。[45] 被監禁甯古塔後，據清方密報，成功曾密議用武力劫獄。[46] 這都足以證明成功對芝龍仍存在父子之情。

在和談期間，成功不但堅持了原則性與靈活性相結合，並巧妙地利用和談為中興事業服務。弄得清朝地方官束手無策，進退兩難。「剿之，既恐有激變之名；而聽之，則各有疏防之責。」浙閩總督承認二年間為撫海一事，「日夜焦勞，寢食俱廢」。經過二年的和談，鄭軍進一步壯大了。劉清泰疏稱：「職揣今日之情形事勢，與當日踞海澄而圍漳者大不侔矣。豈一閩之力與職標孤軍可制其命者。」[47] 呼籲清廷增派援兵。談判一決裂，成功就主動出擊，連陷漳泉各屬邑，十二年

（1655年）正月攻陷仙遊，威脅福州省城。正如道員蘇弘祖指出：「始則限於撫局而不敢剿，繼則流突飄忽而不能剿，以故與民膏髓性命，兩年來傾竭於海澄公三字。」[48] 可見，成功通過和談已收到明顯的成效。但由於和談，延誤了南下勤王的時機，也推遲了北伐的日程表，加上羊山遇風的影響，到成功兵臨金陵城下時，西南抗清軍已被擊潰，清援軍已回師北上，鄭軍變成孤軍深入，勝利的希望也就少得多了，這亦為成功所始料不及。

（三）鄭芝龍主動獻策為清廷效勞

清廷利用鄭芝龍逼脅成功就撫，這是一方面；但也不應忽視芝龍為獻媚邀功而積極獻策，為清廷效勞的另一方面。芝龍隨著政治氣候的轉變而隨風使舵，在歷史上不乏其例。順治三年（1646年）清兵入閩，芝龍首先降清就是一個明顯的例子。他自己這樣表白：「臣聞皇上入主中原，揮戈南下，夙懷歸順之心，惟山川阻隔。又得知大兵已到，臣即先撤各地駐兵，又曉諭各府州積貯草秫，以迎大軍，並令左都督黃元巡等報臣欲歸降。……另出兵招撫兩廣。」[49] 還自述被挾北上的心情是：「如孺子之慕父母，欲不親依膝下其能已乎？」[50] 所以當時芝龍被「標為海寇歸順之楷模，並以之為誘餌」，「欲勸誘歸順之人」。芝龍降清時曾誘勸鴻逵、成功等同降，遭嚴詞拒絕，又圖「劫眾議和」。[51]

順治八年六月，即成功舉兵向漳屬各縣發動進攻不到一個月，芝龍已敏感地意識到自己的地位、利益受到某種威脅，即題奏稱：「臣知天意在清，故決心誠意歸附。……今在朝已五載，遵恩詔擬招撫事宜九條，恭謹具題，伏乞敕吏、兵二部核實施行，請旨。」上引係滿文標簽檔，原疏尚未見到，招撫九條的具體內容未能周知，但當時清廷執行武力鎮壓政策，並未接受招撫意見，也可證明招撫九條係芝龍主動擬定提出的。經過一年之後，閩南軍事形勢發生了重大變化，成功連陷漳屬數縣，久圍漳州府城，特別是到九年七月初得悉浙閩總督陳錦兵敗被殺，清廷震驚，才接受了芝龍招撫成功的建議。從招撫失敗後廷臣歸咎芝龍「欺瞞皇上，偽稱其弟、其子傾心歸順，故皇上降仁旨、頒誥敕以封其弟、其子」[52] 等看來，也從反面證明了芝龍對招撫的主動性。當時廷臣《密奏招撫鄭成功稿》及有關招撫敕諭，可以認為是接受了芝龍的招撫九條的內容。招撫九條主要內容至少包括：其弟、其

子傾心歸順，建議招撫；招撫後赦免其罪，量授官職，仍令駐廈門、泉州等處沿海地方，不必北上；閩廣海寇責令防剿，往來洋船仍著管理。重演芝龍降明時的「楷模」。十年五月敕諭海澄公稿指出：「即使海隅底定，防鎮亦必需才。與其另擇他人，豈如任用爾等？且爾父芝龍舉不避親，力為保任，朕因加之封爵，畀以事權，聿同開國之功，特賜承家之慶。」[53] 也可證明，委畀成功防海事權與芝龍保舉有關。顯然，在招撫成功的決策過程中，芝龍的確起了主動積極的作用。

招撫開始後，芝龍貽書、派人，密切配合詔使活動，及時呈報來往書信，並密切注視事態的發展，不時出謀獻策。如囑李德轉告成功：「如未投誠，先獻監國魯王。」十一年六月初，得知成功利用和談四出征餉時，芝龍主動派人持函斥責，收到成功覆信後即向朝廷報功說：「臣聞逆子因兵眾糧斷而至閩粵沿海派糧索餉，擾害百姓，於心不安，故派王裕、吳秦送文斥責，令其撤回官兵，靜候諭旨，勿許輕舉妄動，擾亂地方。今逆子鄭成功已覆信，又有臣母黃氏、表弟黃徵明、侄鄭泰等人書信，……理合恭呈御覽。」[54]

當成功接受敕印而未剃髮時，芝龍更主動上疏稱：「惟臣所慮者，僅剃頭一事也。……我子不懂我朝法令，且其五六名親信下官不願剃頭，從中梗阻挑唆，以致稽遲。窮臣荷蒙聖恩深重，又奉命會議，恨不能親揪鄭成功之頭剃髮。」疏中又說，經過苦思冥索，認為黃徵明與成功「叔侄自有芥蒂，萬難深談，難以說通。」建議派次子世忠與欽差同去，因「伊與鄭成功情如手足，朝夕相處，若上傳皇恩，下達父言，婉言開導，則鄭成功勢必心悅誠服。倘若眾官內有一二人阻撓歸順，鄭世忠即以君父之命，將其立斬，以過恣意妄為者。如此，鄭世忠全可速報奉命剃頭一事」。經議政王、內大臣等議得：「依其所奏，擬派鄭世忠與我差使同往鄭成功處」。奉旨：「王等所議是，著差鄭世忠。」[55]

鄭世忠同往招撫無成，和談決裂後，芝龍又貽書其弟鴻逵等，被興化城守副將滿進忠截獲，根據報告，芝龍書中內容有「勸弟歸順，不可效森侄行事貽累等語」。[56] 當世忠、周繼武等先後回京，芝龍又主動上疏揭發：「據來差家丁李德、周繼武曾對臣說，勿預是事，彼等面見大人，再直陳海上情形，便可再增一二府等語。此二人於臣面前尚敢妄言，則在成功處必有虛張詐誘，勾起成功之貪心」，「如此耽誤國家大事，延誤地方百姓，乃李德之罪也。」要求「皇上敕下滿洲大

臣，傳李德、周繼武、李春當面詳審，即可知海賊抗旨情形。若三人所言不實，世忠知道，可以講明。臣荷蒙皇上隆恩，粉身碎骨亦難報效」[57]。企圖把破壞撫局的罪責歸咎其家人，以保護自己。

綜觀前述可以看出，鄭芝龍被作為清廷藉父脅子就撫的工具，所處地位的確也十分被動，自稱「終日戰兢危懼」，但他也不放過一切有利時機，利用招撫以鞏固和提高自己的政治地位。在這方面，又表現出他的主動性。降清北上時曾為子弟「擁兵海上」而擔心；成功力量壯大威脅清廷在閩粵沿海的統治時，又為自己地位也受到威脅而憂慮。遂力圖通過招撫抬高自己及鄭氏家族的地位，以達到「縱子乘勢自固，伊藉此求榮」[58]的目的。果然開始招撫後，自己及弟、子均受封，出現「一門三爵，又授一職」的「恩榮」，他也大頌「天恩浩蕩」。

芝龍善變的政治態度，與他個人經歷、所受教育、思想品質等有關，但與其經濟利益關係尤為密切，《荷牐叢談》記載：芝龍降明後，「海舶不得鄭氏令旗，不能往來，每一舶稅三千金，歲入千萬計，龍以此居奇為大賈」。又記：「龍田園遍閩粵，自秉政以來，增置倉莊五百餘所。」所以「駑馬戀棧，遂進降表。」以此解釋芝龍叛明降清確是有識之見。《廣陽雜記》也記載：「鄭氏有五大商，在京師、杭、山東等處經營財貨，以濟其用。」和談決裂後，福建巡按朱克簡也揭稱：鄭氏「係閩省大戶，泉州乃其祖籍，臣所到之處俱經暗訪密查，各縣皆納田租。又逆賊在各府州縣村莊頗多，田租不可勝計」。[59]御史魏裔介也揭稱：「今臣訪聞得叛賊鄭成功父子田產，在海上者田有數萬頃，價值數十萬金，計每歲田租不貲。」[60]芝龍父子之海上貿易及田產實難截然劃分，在這一點上芝龍父子之間也存在有共同的利益。成功統治閩粵沿海，對保護芝龍的經濟利益也是十分有利的。芝龍降清後，對在清轄區蘇杭等處經商貿易也有不少方便之處。所以芝龍雖被挾北上，但鄭氏的經濟利益並沒有受到破壞，有的改由成功經營，有的仍由芝龍委人管理。就是在招撫期間，也在進行通商貿易等經濟活動。如芝龍管莊人許賜、黃鶴供認：十一年十一月二十四日出京時，「芝龍吩咐我們回家收租」。[61]商人李楚、楊奎也供認：於十一年十二月十一、十三等日「領同安侯鄭府令牌各一張」，牌內具有備寫本府商船一隻，裝載夏布、瓷器、鼎銚、蜜料等項，「前往暹羅通商貿易」，就於該地兌換椒、木、綿、蠟、蝦米、藤皮、明角等貨回澳，「以佐進京需用」。每牌

內掛號與同安侯之下用有篆文圖記二顆，二船共水手、商人一百三十五名[62]。

據有關記載，芝龍「爲人貪鄙，好利狡猾」。[63] 爲了保護既得利益，一身兼海商、海盜、地主的鄭芝龍，可以爲海盜橫掠海上，也可以歸順明朝而鎮壓同夥，又可以叛明而「首倡歸順」清朝。爲了維護鄭氏在安平等地的家產及控制海上貿易，他所夢寐以求的是能夠統治閩粵地區。洪承疇寄書招降芝龍，就是「許以閩越王之」[64]。博洛即發「鑄閩粵總督印以相待」而誘之，芝龍果大喜，不聽諫阻而單騎登陸降清。降清與其說是忠於清朝，勿寧說是忠於一己、一族之私利。招撫成功，他是希望在清朝管轄下成功能繼續統治閩粵沿海，由其子實現乃父統治閩粵保護鄭氏利益的夙願。當和談尚未最後決裂，芝龍已悉成功難於就範，預感到自己地位、利益甚至生命受到嚴重威脅，又想方設法擺脫困境。十二年三月二十日《清世祖實錄》記載：「兵科副理事官孫蘭疏請委用芝龍於東南，否則令其子弟赴經略軍前援剿。」現根據滿文檔案得知，這是芝龍於十一年夏，不惜用重資賄賂孫蘭爲其上疏，孫「爲迎合鄭芝龍，爲虎添翼，使其與子相會」，果疏請遣芝龍「往南省充任總督」。經大臣複審，「孫蘭貪財合謀具題是實，故將孫蘭仍遵前旨，監候秋斬」。

芝龍深悉，如果成功武裝力量被消滅，將嚴重威脅鄭氏家族的利益，因此希望招撫取得成功，且招撫後成功的力量仍能保存。所以芝龍在題疏中，有時也爲成功說些好話。如說成功「先言一府之地狹小，不足安插屬下官兵，尚在情理之中；旋又稱四府錢糧不敷十之一，所謂補地以足兵餉者，乃爲君主而平山海，並非爲己，可見其意亦非不善」。並列舉成功迎送詔使、親送大媽啓程來京後說：「若有如此親親敬主之心，則終非叛臣逆子。」[65] 芝龍又認爲成功稽遲剃髮，是因部屬「從中梗阻」所致，把談判失敗歸咎於李德、周繼武等人的破壞。當十一年清廷準備派大兵入閩，芝龍即先派人送告示八張到安平張掛，「著他母親並親戚人等不要出城」。正如清吏所揭露：「征閩大兵尚未抵境，而先發告示飛齎安平，雖云曉諭順逆，未免洩漏軍機。」[66] 芝龍是否有意向成功密通軍情，也確有可疑之處。可見，不但成功對芝龍存有父子之情，即芝龍對成功也不例外。不過在成功，父子之情服從於抗清、中興事業；而在芝龍，則服從於一己之地位、一門之私利而已。芝龍、成功父子二人政治氣節之高低，相去何啻霄壤！

（四）和談決裂鄭芝龍終被囚殺

　　清廷利用芝龍招撫成功，芝龍的命運與招撫成敗攸關。當成功領受敕印，和談有了進展時，廷臣對招撫仍有異議。有的提出，成功「雖然歸順，實懷二心」，肯定「將來為東南大患者必鄭成功也」[67]。有的指出，「鄭成功雖然就撫，而奉詔不恭，衣冠如舊」[68]。有的提醒說：「撫局之變，不可不防；剿局之備，不可不早。」[69] 到和談決裂，清廷轉撫為剿後，廷臣就紛紛揭參芝龍的罪狀。十八年十月，康熙帝新即位，輔臣專權，芝龍及其家屬十一人伏誅。

　　當時廷臣不但對招撫成功有不同意見，而且招撫失敗後對芝龍的生死存留問題，也存在分歧。芝龍雖被囚禁，仍有許多人疏請剪除芝龍，以十三年叛鄭降清旋封海澄公的黃梧，要求最為強烈。黃梧、李率泰、兵部、議政王、貝勒、大臣等多數中央和地方官吏認為「成功既不剃髮歸誠，不可仍留芝龍，以啟海上觀望之心」，主張鄭芝龍等人「俱應正法」。順治帝再次諭示：「鄭芝龍等法當處斬，向念其投誠功績，從寬禁錮」。今若「遽行正法，非朕前意」。所以決定仍著免死，以其流徙寧古塔地方。芝龍被流徙後，黃梧、李率泰等仍強調「鄭芝龍一日不殺，成功之心一日不死，群逆之意亦觀望不決。恐致仍中狡謀，貽禍沿海」。兵部亦議覆芝龍等「俱就寧古塔正法」，議政王等會議又同意兵部的意見。但順治帝「審酌再三，復令另議」。終順治之世，仍保留芝龍等生命。「念其投誠功績」，固是一個原因，但更主要的是因成功的力量仍嚴重威脅東南沿海，考慮留下芝龍，或仍有用處。十三年十一月，正當成功督師寧德三都時，順治帝就曾「敕芝龍自獄中以手書招成功」[70]。芝龍所派謝表、小八至三都跪告成功：「表等奉太師命，特來稟請和局一事，到此已久，恐太師度日如年，候回信復命難待耳。」十四年正月，成功給芝龍覆信揭露清朝「專用詐力」外，並再次提出清朝如能「安插我兵將，俾地廣足以處，糧裕足以養，何難罷兵息民。彼無詐，我無虞。如此則奉清朝之正朔，……文官聽部選，錢糧照前約。……將兵安插得宜，清朝自無南顧之憂」。成功公開表明，他所以這樣做，「無非為生民地而為吾父屈也」[71]。當時清廷已經採取集中打擊成功，而分化瓦解其部將，即「擒渠散脅」的招撫策略。順治帝死後，芝龍等被殺，有的記載是由於「四輔蘇克薩與芝龍有隙」[72] 的緣故，作者認為這也不是主

要原因，因為包括四輔在內的多數朝臣與地方官吏，早已多次要求殺芝龍，只是由於順治帝的反對才沒有實現。何況這時成功已遠征台灣，對清廷的威脅大為減弱，芝龍對清廷已沒有多大利用價值。因此，原來主張處死芝龍的意見必然在朝廷中占上風，芝龍等被殺也就不可免了。執行的是掌權大臣的原議，芝龍與個別大臣有隙或有影響，但不是主因。

　　當時廷臣對芝龍存留有不同意見，鄭氏內部對芝龍的安危，同樣存在分歧。每次芝龍差人均以不就撫芝龍生命難保勸成功，成功意見恰恰相反，認為就撫後芝龍的生命更難料。十一年第三次和談時，世忠與成功就此進行了一次爭論。《先王實錄》九月初七日記載：世忠泣求「此番不就，全家難保，乞勉強受詔」。成功答曰：「父既誤於前，我豈蹈其後？我一日未受詔，父一日在朝榮耀；我若苟且受詔削髮，則父子俱難料也。爾勿多言，我豈非人類而忘父耶？個中事，未易，未易。」[73]事實也確如成功所言，芝龍被挾北上後，被猜疑防範，「受屈七年，無階上訴，如啞口徒憂」[74]。由於成功力量壯大，清廷欲招撫才重用芝龍，被封同安侯。招撫失敗後，因成功有很大實力，較有遠見的順治帝始終主張保留芝龍生命。成功東征台灣，芝龍旋被殺，了結了他的一生。

評1647至1654年清鄭之間和戰關係及其得失

（一）本期交戰概況（1647年初至1654年9月）

　　順治三年（1646年）清征南大將軍博洛統大軍入閩，唐王走汀州被殺，鄭芝龍降清。成功遁入海，於十二月朔「定盟恢復」於烈嶼。[75]翌年初募兵南澳，「有眾三百人」[76]，移駐鼓浪嶼訓練。七月，「與彩、聯共攻海澄，不克」[77]。八月，會鄭鴻逵圍攻泉州，敗清提督趙國祚於桃花山。九月二十一日漳州副將王進援兵至，二十八日夜解泉州圍。[78]五年（1648年）四月十八日攻克同安[79]。七月，靖南將軍陳泰、浙閩總督陳錦等率援師至，八月二十六日同安陷。成功在銅山修船

練兵，「有眾數千人」。[80] 六年（1649年）十月十八日成功命部將「侵據雲霄，並解詔安圍」[81]。成功督師入潮州，破鸞澳、達濠、霞美、青林、南山，次第收平潮屬負固頑寨，下惠來縣，七年（1650年）正月下潮陽。六月攻潮州不克。八月十五日回至中左，殺鄭聯，「盡收其戰艦兵卒」[82]。有部眾「四萬餘人」[83]。

自成功南澳起兵，四年內經歷進攻海澄、泉州、同安、雲霄、詔安、潮陽、潮州諸戰役，目的在招兵徵餉，並取得金、廈作為抗清的主要基地。

同年十一月，成功再往潮陽征討不服追徵的頑寨，時黃文自行在來，報稱「有旨請藩入援」，[84] 遂於十二月督舟師赴粵勤王。八年三月至大星所，獲悉閩撫張學聖及黃澍、馬得功等乘虛攻襲廈門。「馬得功於三月初一就得了廈門」，張學聖、黃澍「於十二日至彼（廈門）」[85]。清兵大肆搶掠，被掠「寶物黃金，計近百萬」[86]。本月中旬奉命協防廈門的鄭鴻逵、施琅抵廈，不久清軍敗退，金廈基地失而復得。成功亦於四月一日趕回中左，初十日按失守罪斬鄭芝鵬、阮引、鄭芝莞等[87]。諸將股慄，兵勢復振，部眾「凡六萬餘人」[88]。乃積極向閩南、粵東發動進攻，略地取糧，以鞏固金廈基地，為實現「中興」打下基礎。

五月二十四日成功督師攻海澄浮宮，旋突入漳浦白埕、磁灶等地。二十八日敗漳州副將王邦俊所遣守兵七百餘人於嵩浦，殺死官兵二百九十七人。[89] 九月二十三日，再敗王邦俊、陳尚智於濠潯。[90] 十一月二十五日又敗楊名皋數千援師於同安小盈嶺。[91] 軍聲大振，漳屬各縣文武各官「或潛逃從逆，或開城降寇」。十二月十一日克漳浦，十五日克雲霄，十六日克詔安，翌年正月初三日克海澄，十二日克平和。三月初四日浙閩總督陳錦督馬步數萬前來，十三日被鄭軍擊敗於江東橋，退灌口，被家丁刺死。十四日克長泰，四月初二日克南靖。不到四個月，漳屬七縣相繼為鄭軍所得。[92] 成功督兵圍攻漳州府城，五月，殺退清浙鎮馬進寶援兵。時清集舟師數萬攻廈門，圖解漳圍，亦被陳輝等擊敗於崇武海面。九月十九日清調固山額真金礪統浙、直滿漢馬騎萬匹援閩，二十八日抵漳州。成功先於二十六日解漳州圍，退紮江東橋。十月初三日兩軍交戰，鄭軍先勝後敗，退守海澄。清軍「次第恢復」南靖、漳浦、平和、詔安各縣。[93]

(二) 四次和談經過（1652年9月至1654年10月）

　　順治八年（1651年）成功恢復金廈後，在爭奪海澄、漳州戰鬥中，屢敗清軍，久困漳州，連陷各屬邑。九年秋，清廷諸臣遂倡議對成功實行「招撫」政策。十月初九日順治帝給新任浙閩總督劉清泰的敕諭中指出：「鄭芝龍既久經歸順，其子弟即朕赤子，何忍復加征剿？若成功等來歸，即可用之海上，何必赴京？」令劉清泰「開誠推心，令彼悅服」、「歸順」，「許以赦罪授官」。[94] 又令芝龍寫信勸撫成功。順治十年（1653年）正月，芝龍所派周繼武到達廈門，傳達了「清朝欲議和，令藩議就」的來意。成功覆書稱：「今騎虎難下，兵集難散。」清廷認為第一次試探性的和談活動已有端倪，遂於三月初十日封鄭芝龍為同安侯，成功為海澄公，鴻逵為奉化伯，芝豹為左都督總兵官，並把「閩海地方保障事宜，悉以委託」鄭成功等。[95] 又派滿洲章京碩色會同黃徵明領李德、周繼武等四人持敕、印赴閩，命令劉清泰派幹員協助差官辦理撫事。八月，李德、周繼武等先齎芝龍手書來廈見成功，告以「清朝欲賜地來和，欽差二大人齎海澄公印、敕，以一府地方安插」。成功在覆芝龍書中揭露清廷「失信於吾父」的往事，以及「妄啓干戈，襲破我中左」的罪行，自稱「時下我兵數十萬，勢亦難散」，只有清方「實以三省地方相畀」，才可保證「山海無竊發之虞，清朝無南顧之憂」。[96] 劉清泰見成功不就和議，且徵派四出，亦於九月馳書成功促其速就和議，並另函鄭鴻逵促其勸和。成功置之不答，鴻逵婉言拒絕。第二次和談活動也就結束了。

　　同年十月十八日清帝接鄭芝龍關於成功、鴻逵「俱未受封」的報告後，斥以「鄭成功妄行索地，誇詐大言，其欲不可厭足」，令議政王大臣議奏。廷臣討論了半個多月，權衡利害得失，決定對鄭成功作進一步的讓步。於十一月初六日敕諭加封成功為海澄公，掛靖海將軍印，並增給「泉、漳、惠、潮四府」安插部眾，令成功「相機防剿」、「海上諸寇」。[97] 隨遣鄭、賈二使節與李德等南下入閩進行和議。二使於順治十一年（1654年）二月初七日與成功在安平相見。成功接受印敕，但詔書未開讀。又提出「兵馬繁多，非數省不足安插。和則高麗朝鮮有例在焉」。談判沒有結果。三月，成功馳書劉清泰，聲言「稍就各郡邑權宜措餉，以濟兵糧。」五月，成功再馳書劉清泰，提出「必有三省方就和」的條件，劉覆書要求成功「務必

開心見誠，勿得藏頭換面，勿再以不可告之言，必不可行之事，徒費口舌，徒滋論議，而終於坐失事機」，並以武力征剿相威脅。[98] 成功置之不答。第三次和談活動又告一段落。

　　這時，清廷不斷接到張名振入攻長江的警報，四月十七日又接劉清泰奏言鄭成功「其髮未剃」，「其詔未讀」，「其附從依附之眾……屠掠索餉之文，日日見告。」[99] 六月二十五日清廷採納和碩鄭親王等所議，決定遣內院學士葉成格、理事官阿山為使臣再進行一次和談活動，並令鄭芝龍次子世忠與使臣同往。[100] 七月二日順治帝在給鄭成功的「敕諭」中指出：「今據爾疏奏，雖受敕印，尚未剃髮，冀望委畀全閩，又謬稱用兵屯紮舟山，就近支給溫、台、寧、紹等處錢糧。詞語多乖，要求無厭。」最後警告說：「爾若懷疑猶豫，原無歸誠實心，當明白陳說，順逆兩端，一言可決。」，「如不歸順，爾其熟思審圖，毋貽後悔。」[101] 這已是接近最後通牒了。葉、阿二使於八月二十四日抵達泉州。據福建撫臣佟國器密奏稱：「詔使在泉一月餘，峻卻饋遺，敬持大體，往復傳諭，隨機應變，冀全撫局，可謂不遺餘力矣。而成功終無剃髮受撫之意。今詔使於九月二十九日從間道回延平。」[102] 證之《從征實錄》所記，情節、時日均相符合。當時成功給芝龍覆書中也詳述此次談判經過，指出雙方關於剃髮與接詔先後程序的爭執，揭露清使的舉動「明明欲藉父以挾子」。最後表示「萬一吾父不幸，天也，命也，兒只有縞素復仇，以結忠孝之局耳」。[103] 時鄭芝龍亦有信與鄭鴻逵，令勸成功受詔。鴻逵覆書：「弟受本朝寵遇，官居上爵，義無悖舊恩而貪新榮」，並告勸說無效，成功「素不聽吾兄之言，豈肯聽弟之言乎」。[104] 至此，二年的議和活動高潮也就宣告結束了。

　　清廷聽了葉、阿的回報，並批閱了芝龍呈交成功叔侄拒和覆信後，十月十八日議政王、貝勒、大臣會議指出：「鄭成功屢經寬宥，遣官招撫，並無剃髮投誠之意。且見伊父芝龍家書，語詞悖妄，肆無忌憚，不降之心已決。請敕該督、撫、鎮整屯軍營，固守汛界，勿令逆眾登岸，騷擾生民。遇有乘間上岸者，即時發兵撲剿。從之。」[105] 從此開始轉撫為剿。

（三）評本期和戰得失

台灣歷史學者對鄭成功初期的和戰關係及其得失有兩種不同的看法。一種意見認為，成功「過於堅守金廈基地，及其在漳屬各地殺敵洩恨，乃採『將計就計』、『以挾還挾』之策，……致對李定國之叠請會師，均未及時實施。而中清廷各個擊破之計，已伏下其以後在南京戰敗之徵兆。」[106]另一種意見認為，「無論清朝政府中央，或是福建一省的大吏，他們都瞭解成功的和議是一種手段，一種策略，但是他們卻不敢主動的跟成功破裂和談，只好雙方遷就，甘心受其擺布。成功智慧之高，方法之妙，於此可見一斑。」[107]作者認為要對這個時期和戰關係的得失，特別是和談的得失，作出較確切的評價，必須對和談的背景、和談的主要分歧和其破裂原因，以及和談對雙方戰爭所產生的作用……等進行全面的探討。

首先，從清廷提出和談與鄭接受和談的背景來看。所謂清「受擺布說」，首先忽視了清政府在這個時期從戰轉和與從和轉戰中的主動作用及其真實意圖。在芝龍降清時，鄭家各部擁兵海上並未引起清政府的重視，當時博洛要挾芝龍北上，芝龍說：「北上覲君，乃龍本願。但子弟多不肖，今擁兵海上，倘有不測奈何？」博洛答：「此與你無與，亦非吾所患也。」[108]翌年六月，清封博洛為多羅郡王時宣布福建「八府一州五十八縣地方悉皆平定。」[109]順治六年（1649年）靖南將軍陳泰奏報恢復鄭采所據福建州縣後，又一次宣布「福建全省已定」。[110]只是到了順治八年（1651年）下半年，由於成功在爭奪海澄、漳州各戰役中，屢敗入閩援師，陳錦敗死，才引起清廷震驚。在當時廷臣「密請區處海寇」的一個題本中，首先提出招撫成功的建議：

「海寇鄭成功等連陷數縣，圍困漳州府。目下固山額真金礦等率大兵到彼，自應旦夕掃除。但慮兵至即逃，兵回復犯，留兵戍守，措餉實難。且該省土賊處處生發，分兵防剿，又苦單弱。臣等竊察明朝崇禎年間，鄭成功父鄭芝龍騷擾海上，官兵屢剿無功，後招撫芝龍，海患始息。今鄭成功等較孫可望等諸賊，根株局面，種種不同。宣敕督臣劉清泰星馳赴任，察彼情形，量我兵力，能剿即剿，當撫即撫。……成功等作賊既

久，狼子野心，臣等非敢保其不叛，亦難必其就撫。但今湖南、川廣處
處用兵，力不暇及。且湖南之賊，或由江西，或由廣東，皆可通閩。萬
一勾聯狂逞，為禍愈大。故姑從招撫一策，先將此賊牢籠，息兵養民，
察其動靜，苟有反側，仍即剪除。」[111]

可以明顯看出，清政府招撫鄭成功的原因，首先，是由於鄭軍已在戰爭中不斷
壯大，雖沒有清吏所謊報的圍攻漳州時「聚集二十七萬之悍賊」，[112]但至少也有
六、七萬之多。這支抗清武裝長於海戰，一時實難殲滅，乃改剿為撫。其次，當時
清朝主要兵力用於征剿中南及西南的孫可望、李定國、劉文秀各部，調不出更多兵
力對付東南的抗清武裝。企圖通過招撫鄭成功，用於鎮壓其他山海抗清力量，實行
「以海治海」[113]政策，並可破壞西南與東南抗清軍的聯合，打的是「一箭雙鵰」的
如意算盤。正因為這樣，清廷才主動提出和談。

至於鄭成功方面，答應與清和談，固然曾考慮到其父芝龍等一家生死之權操諸
清廷之手，而虛與委蛇。但也不能忽視鄭軍當時在攻克漳屬各縣、圍攻漳州的一系
列緊張戰鬥之後，需要有補充兵源、軍需、糧餉並加強訓練的休整時間，為下一步
的繼續進攻作好必要的準備。據《從征實錄》記載，當順治十年（1653年）八月李
德等持芝龍信前來試探時，成功說：「清朝亦欲紿我乎？將計就計，權措糧餉以裕
兵食也。」這是成功接受議和的更主要原因，因芝龍羈京而出於應付，則是次要的
因素。在談判中成功堅持原則立場，堅持對等地位，反對「招撫」。他說：「和則
可矣，奈何曰撫？」[114]所以對常壽寧、鄭奇逢堅持賓主抗禮，反對腳門參謁，加
以表揚，稱為「能使」。和談雖由清方主動提出，但成功在具體談判中同樣有很大
的主動性。所謂「中計說」，否認了談判對成功實現「中興」事業的必要性，以及
在談判中所得到的實際好處。

其次，從和談的主要分歧及其破裂原因來看。和談沒有成功，終至決裂的主要
原因是什麼呢？有人根據成功在談判中不斷揭露清廷無誠意之言辭，斷定和議不成
的真正原因是由於清廷根本不可信。認為當時成功反覆認真考慮的並不是應不應降
的問題，而是可不可降的問題；從而認為成功抗清的堅定性遠較張煌言、李定國等
人為遜色。這個意見也很難令人信服，對成功之評價也欠公允；認為他接受和談是

有降清的思想，更是與歷史眞實相逕庭。

　　衆所周知，戰爭與和平本身都不是目的，而是實現一定政治目的的手段。戰爭無非是政治通過另一種手段（即暴力）的繼續，和平也是一定政治的表現。正如列寧所指出的：「戰爭是和平時期政治的繼續，和平是戰爭時期政治的繼續。」[115]清鄭雙方在謀求實現和平的談判中，對實現的是什麼樣的和平顯有不同的理解。應該說，和談的政治目的不同才是雙方最根本的分歧，可信不可信不是主要的。

　　就清方來說，對鄭和議實際是其一貫的剿撫兼施政策的一種體現。至於議和時提出的具體條件，有的是實現目的的權宜策略，有的則完全是一種藉口。前引樞臣建議對鄭改用招撫政策時指出，考慮到成功「屢次犯順，撫之無名」，建議在芝龍首先歸順、賞未酬功等問題上作文章，認為這樣「庶爲得體」。也考慮到要削奪成功兵權，「責令赴京歸旗，料彼不能從命，不必啓其疑懼」。[116]故清廷遂在敕諭中堂皇地說：「若成功等來歸，即可用之海上，何必赴京？」[117]劉清泰在對成功的勸和時也強調：「如懼投戈爲孤注，何妨擁其子弟而歸？倘疑赴闕爲畏途，何妨請命於桑土而守？」[118]清朝原只給泉州一府安插兵衆，後又益以三府，做了一定的讓步。爲了實現招撫的政治目的，具體條件是可以變化的。如按清政府的要求實現和平，將使遙奉明永曆年號的鄭軍所占領的地區，歸入清朝版圖，實現東南地區的統一，即實現在漢滿地主階級統治下的和平。

　　就鄭方來說，在與清談判中強調兵馬繁多，非數省不足安插，「又比高麗，不剃髮」。[119]甚至在覆芝龍信中說過「若清朝能信兒言，則爲清人；果不信兒言，則爲明臣而已」。給其弟世忠信中也說過相同的話。[120]有些條件或說法同樣係出自權宜的策略或是一種藉口，正如他給芝龍信中所說：「修稟聊述素志，和議實非初心。」但在堅持不剃頭、堅持多給土地安插兵衆，甚至「堅持不奉東西調遣」、「不受部院節制」[121]等清方難以接受的條件中，也反映了成功爲實現其「殺虜救民」、「恢復」、「中興」的政治目的。他有遠大的政治抱負，不甘偏安於一隅。戰與和都是爲實現這一政治目標的一種手段。所以，如按鄭成功的條件實現和平，將是驅逐滿族統治者，恢復以漢族地主階級統治下的和平。

　　可見，和談中的最根本分歧，在於雙方竭力堅持的政治目的不同，爭的是由誰來統一，由哪個階級進行統治的問題。是由滿族統治者爲首的滿漢地主階級實現統

一，君臨人民，還是由鄭成功爲代表的漢族地主階級進行統一，實現「中興」？當時雙方都堅持各自的政治目標，彼此無法妥協，注定談判的必然破裂。但雙方又想通過和談爲實現其政治目的，甚至想爭得比戰爭所得到的更多的東西。所以從雙方主觀意識方面來說，不存在單純的誰受騙「中計」或誰受「擺布」的問題。

再次，從和談過程中，雙方展開針鋒相對的鬥爭來看。本期清鄭雙方從戰到和與從和轉戰的過程，可以明顯看出剿撫兩手或戰和兩手的具體關係。雙方都是以剿（或戰）爲主，以撫（或和）佐剿（或戰），或「寓剿於撫」。[122] 在二年中進行的四次議和活動過程，雙方都運用剿撫或戰和兩手，開展了針鋒相對的鬥爭。

從清方來看。早在順治九年十月給劉清泰的敕諭中提出招撫鄭成功的同時，就已指出：「如執迷不悟，爾即進剿。」當時金礪尚陳兵海澄城下，繼派吳汝階、額黑里、吳庫里統率的滿洲大兵及烏金超哈客兵，也於順治十年三月初四日開抵福州，企圖會合金礪等「同心戮力，恢復澄邑，期擒渠魁，廓清疆宇」。[123] 果於第二次和談開始前的五月初，兩路數萬滿漢大軍發動了對海澄的進攻。奉招撫專命的浙閩總督劉清泰也使用勸誘威脅兩手來迫使成功就範。在其十年九月給鄭鴻逵書中說：「兼程入境，意欲早定海上之事，……以早結足下一門兄弟忠孝之局」，表示了和談的誠意。同時，又以「固山之兵，露刃於漳濱，南至之師，立馬於泉界，有不能頃刻待者」相威脅。在翌年五月繼續對成功表白：「不佞之唧命，意主於撫；固山之振旅，力主於攻。在足下誇浮恍惚，不佞爲敢執爲必撫，以止其攻？」公開扮演雙簧角色。他又在同年七月給清帝的報告中提出：「職以爲撫局之變，不可不妨，則剿局之備，不可不早。」要求皇上「特遣固山額眞一人，統領滿洲大兵，移鎮閩浙之間，撫局可成，既可陰銷其叵測，一不成而呼吸援應，猶不至孤危隔絕，如前督臣江東橋一戰之往事也。」[124] 到第四次談判破裂，順治十一年十月閩撫佟國器在密奏中指出：「以浙、閩、東粵近海各郡與其安插，並支糧餉，則是付東南半壁於跋扈不臣之手，將誰欺乎？」主張「非示之以威，則何知有恩？非迫之以剿，則何肯就撫？此不易之定理也」。劉清泰更明確指出：「成功之終不受撫，與終不可撫，已不待再計而決矣。倘於此而皇上不大張問罪之師，亟易撫局而爲剿，不但人心日聽其謠惑，並且地方日受其侵凌，全閩之事，有從此不可問者矣。」[125] 同年十月十八日，清廷就決心「發兵撲剿」。

以上這些事實，與清政府在和談中完全受鄭成功「擺布」的說法，顯然是有出入的。

再從鄭方來看。成功在談判過程始終堅持加強武裝、擴大土地、充實糧餉、不肯剃髮等基本條件，而且善於利用戰和兩手在和談期間壯大自己的力量。當十年正月獲悉清朝欲來議和後，即於三月遣定西侯張名振、忠靖伯陳輝率水師進入長江作戰，並作好迎戰金礪的準備。在保衛海澄的激烈戰鬥中，背水一戰，一舉擊敗清軍的進攻。五月初十日清封成功為海澄公，並派碩色齎敕印來進行和談。在詔使未到前的六月，成功又督師南下，攻打甌汀寨，並入揭陽，徵輸行糧，至八月始回。見到李德得知清朝欲賜地求和後，決定「將計就計，權措糧餉以裕兵食」。在第二次與第三次和談的空隙，利用「和議未就，徵派四出」。據《從征實錄》記載，自十年九月至十二月，先後在晉南、雲霄、龍岩、惠安、仙遊等地徵餉七十五萬，十一年又在泉屬各縣徵餉七十五萬。閩撫佟國器也報告，在十年至十一年的二年和談期間，成功「分布各偽鎮，率兵十萬，蠶食索餉」。「大縣不下十萬，中縣不下五萬，福屬興、漳、泉焚掠無餘」。[126] 同時，成功在談判中提出一府不夠安插，要求四府之地；清朝同意增給四府後，又提出三省的要求，並堅持不剃髮。針對清廷的剿撫兩手開展了鬥爭，爭取了主動。他在十一年九月底給芝龍信中明確指出：「前日劉部院與金固山一和一攻，今日葉、阿與清兵一剃一挾，前後同一轍也。兒此時惟有秣厲以待，他何言哉！」[127] 在和談的同時，已積極做好迎戰的準備。這些事實也與成功完全中了清朝和談之計的說法有出入。

最後，談談對本期和戰得失的看法。我們評價本期清鄭雙方和戰的得失，不應單純看其主觀的動機，應聯繫動機，著重考察其客觀效果。綜觀本期和戰的全部過程，清朝在戰和的轉化上均處於主動地位。但由於成功堅持原則立場，講究鬥爭策略，在具體的談判中採取了針鋒相對的鬥爭，變被動為主動，取得了一定的效果。迫得地方官吏手足無措，「剿之，既恐有激變之名；而聽之，則各有疏防之責」。浙閩總督承認到任二年，「其日夜焦勞，寐食俱廢者，惟此撫海一事」。[128] 如和談期間成功遣水師北征，「越溫、台、寧、紹，攻掠崇明，沖犯京口，往來金、焦、孟、瀆之間，如入無人之境。」[129]「橫肆狂逞，突入無忌」，[130]「焚毀鹽船二

百二十餘隻」；[131] 另遣顧忠入天津，焚奪運糧船百餘艘，使清廷大爲震懼，對清軍產生了一定的牽制作用。同時，利用和談在閩南各地徵餉，經過二年多的休整補充，兵力已超過十萬，比談判前大爲增強。和談末期，浙閩總督劉清泰向清廷報告說：「職揣今日之情形事勢，與當日據海澄而圍漳者大不侔矣。豈一閩之力與職標孤軍可制其命者。」[132] 他承認自己不是日益強大起來的鄭軍的對手，要求增派援兵。兩年的和談爲鄭軍向清軍發動主動進攻做好了較充分的準備。但清朝利用和談的二年期間，緩和了東南對鄭的戰爭，能夠集中更大兵力投入西南戰場。順治九年七月李定國攻陷桂林，定南王孔有德兵敗自殺；十一月再攻衡州，殺敬謹親王尼堪。本來這時西南戰場已經出現了轉機，可是鄭成功由於對清和談未能很好地利用這個機會。他爲了「示信於清朝」，遂「按兵不動」，對於西南的孫可望、李定國在軍事上沒有予以有力的牽制和配合。順治十一年五月李定國進攻粵東，二度要求成功會師。因與葉、阿談判正在進行，遂「以虜使在泉，令差暫住金門」。待談判破裂，推遲到十月十九日才遣林察、周瑞率舟師數萬南下，加上諸將畏縮觀望，至十二月定國自新會敗退後，鄭軍才到達粵海，不遇而還。以後李定國敗退雲南，旋被消滅，失去了會師的最後一次良機。同時，兩年的和談也推遲了成功的北征時間，到西南抗清軍被擊潰後再大舉北伐，變成孤軍深入，清廷也易於集中對付，勝利的指望當然大大減少了。

總之，清鄭雙方在和談中各有得有失。從和談局部來看，成功得多失少；而從雙方戰爭的整個戰略地位來看，清朝是小失大得，戰爭的結局對清朝更爲有利。但這並非受誰擺布或中誰之計問題，雙方主觀上都堅持爲實現自己的政治目標，發揮了主觀能動性。但歷史是不以人們的主觀意志爲轉移的，最後的得失是由鬥爭雙方的客觀形勢及各種因素的綜合平衡決定的。我們既不能以單純主觀動機來評價他們在歷史事件中所產生的作用，也不能不把動機與後果聯繫起考察，而單純地以成敗論英雄。

評1654至1661年清鄭之間和戰關係及其得失

（一）本期攻戰概況

1.清廷「征剿」鄭成功

　　順治十一年（1654年）清鄭之間第四次和談破裂後，雙方都積極準備進攻。清政府先於十二月初十日任命楊捷、馬得功、馬進寶任福建隨征右、中、左路總兵官，十六日命世子濟度為定遠大將軍，和巴爾處渾、吳達海、噶達渾等統率大軍征討鄭成功。

2.鄭成功進攻漳泉各屬邑並準備迎戰

　　鄭成功在談判破裂後，就對清主動發動進攻。除遣師南下勤王外，並於十二月一日因「漳州千總劉國軒、守備魏標等暗陷漳城」，派兵占領漳州。初二日鄭軍「數萬困迫同安，……城內士兵忽已叛降，趙國琪等夜半獻門」，守將楊其志、知縣于元鎮降，遂陷同安。[133] 漳泉屬邑十餘縣先後歸附。翌年正月初，攻破仙遊，福州省城憾動。閩撫佟國器要求「迅發滿洲大軍進剿，並敕廣東、南贛督撫調發潮州水師直抵廈門，與閩師首尾夾擊」[134]。在清兵未臨間隙，成功大整舟師，分所部為七十二鎮，設六官等加強領導機構，以俟征戰。順治十二年（1655年）五月，成功得知清朝援兵入閩，欲與濟度會攻思明，遂於六月抽回福、泉、興之兵；令將漳州府城、惠安、同安縣城及安平鎮墮毀，「使虜無城可恃，以便追殺」；遣黃廷率十二鎮由漳浦、詔安南下潮州，陷揭陽，取普寧，掠地徵餉；並分遣洪旭領十二鎮與張名振、陳輝等會師入長江，「搗其心腹，使彼不得併力南顧」[135]。十月陷舟山，把成功降。

3.清軍進攻廈門

　　同年九月，濟度率滿漢大軍三萬到省，並調本省綠旗兵「窺犯思明州」，成功空島以待。濟度知鄭軍有備，未敢貿然進攻。遲至順治十三年（1656年）四月自泉

港分艅來犯白沙、金門和思明。十六日在圍頭海戰中先被擊沉一船，忽狂風大作，清船被暴風飄散，收回不上十數艘，鄭軍大勝。清廷調兵遣將，準備一年多的廈門進攻戰，不終日而以慘敗告終。

4.閩安、舟山爭奪戰

擊敗濟度對廈門的進攻後，成功加緊練兵，並於閏五月傳令各鎮候令北征。六月二十五日黃梧降清，海澄被占[136]，延至七月初，成功遣師襲陷閩安鎮，「乘潮突犯省城」[137]。先是上年清廷據浙撫秦世禎疏報舟山失守，於十二月二十四日命伊爾德為甯海大將軍，統率將士征討舟山。閩安失守後月餘，伊爾德率水師大小五百餘船對舟山發動進攻，於「八月二十日誓師登舟，二十二日出洋殲剿，二十七日恢復舟山」[138]。鄭軍先勝後敗，陳六御、阮駿戰死。同月，成功率師北上，攻略連江、羅源、寧德等沿海縣邑。十二月二十九日甘輝、周全斌、馬信等在羅源護國嶺大敗阻截鄭軍北上的數千滿軍，統將阿格商被殺死。順治十四年（1657年）鄭軍繼續在閩浙沿海取糧，至七月再興師北征。八、九兩月先後克黃岩、台州、太平、天台、仙居各縣，「浙東甯紹金衢嚴處各府，在在震恐」。時浙閩總督李率泰偵知鄭軍精銳北上，九月命固山土賴、郎賽水陸合擊閩安鎮，並於「初三日發戰艘水師」「由羅星塔而進」。初七日，李率泰「親率陸兵分作二路，一由省東鼓山，一由南台，兩路並進，自初八、初九、初十等日攻打，接戰四晝夜，……攻克閩安，斬獲溺海者莫數」[139]。鄭軍「投誠大小官一百餘員」[140]，前提督右鎮余程「全師殉歿」。至是舟山、閩安鎮又先後歸清。

5.鄭成功二次北征南京

順治十四年十一月、十五年四月，成功兩次督師南下，先後攻破甌汀寨與許龍巢穴，克澄海縣，以免「北征有南顧之慮」。並在演武亭挑兵選將，整備船隻，重頒出軍十條禁令，於五月十三日督師北征。時有「甲士十七萬，鐵人八千，戰船八千，揚帆而進，號八十萬」[141]。六月，徇平陽、瑞安，圍溫州，全浙震動。時李率泰密商馬得功「相機進取白沙、㳍洲各賊巢，為牽制北上之勢」[142]。六月初四日半夜拔城，鄭軍「連日反攻，希圖復聚。先後凡二十日，歷經數十戰，皆被官兵剿魿殺溺生擒」[143]。七月，鄭軍舟船「一半駕泊舟山，一半逕往北行，聲言要犯定關、崇明等處」[144]。八月初十日，師次羊山遇風，損失極重。據李率泰九月十

七日疏報：「損壞船一千五六百隻，盔甲一萬三千有奇，逆子逆妾俱被淹死」[145]。鄭軍被迫停止北上長江，「分令溜入溫台各港，奪船取糧，再圖進取」。羊山遇風後，鄭軍經過半年多的整補恢復，至順治十六年（1659年）四月十九日，再次大舉北征。五月進入長江，六月十六日破瓜州，二十三日克鎮江，七月初四日進逼南京，初七日至觀音門，遂分兵圍困南京。克鎮江後又分遣張煌言、袁起震招撫江南、江北，聞風歸附者四府三州二十四縣[146]。七月二十二日，援甯清將蘇松水師總兵官梁化鳳從神策門偷襲鄭軍前鋒、中沖二鎮，余新戰敗被擒，全軍覆沒。二十三日清兵大隊夾攻觀音山，鄭軍大敗。本日晚成功傳令退師鎮江。八月十一日攻崇明不下，急南返，於九月七日回思明。準備多年的攻取南都、「刻期恢復」的計畫變成泡影。

6.清軍再度進攻廈門

鄭軍陷瓜鎮後，清廷於七月八日命內大臣達素為安南將軍，和索洪、賴塔統領官兵「征剿」鄭成功，未至而南京之圍已解。旋命達素、明阿達里進攻廈門，並命地方督撫「協力進搗廈門」[147]。李率泰咨調粵省蘇利、許龍兩鎮水師「定期於五月初八進發廈門」[148]。順治十七年（1660年）五月十日達素和同安總兵施琅出同安港，李率泰同黃梧出海澄港，集滿漢精銳數萬、戰船五百餘號，分水陸三路合攻廈門。成功以逸待勞，經過激烈的海戰，擊敗清軍的進攻。「時屍浮海岸萬餘，長髮者十二三，短髮者十七八」[149]。達素率殘兵回省，後吞金自盡。成功以南京戰敗餘勇，一舉擊潰清軍對廈門的大規模進攻。清朝企圖乘勝消滅鄭成功的計畫也宣告失敗。

本年七月二十四日，清命靖南王耿繼茂移駐福建，二十九日命都統宗室羅托為安南將軍，統領將士征討鄭成功。順治十八年（1661年）正月，順治帝死，一時未暇征戰，乃改取「以守寓戰」的消極防禦策略，實行禁海遷界。鄭成功也停止對清作戰，轉向驅荷復台的對外戰爭，於三月興師東征。十二月，荷蘭台灣長官揆一降，台灣收復。直至康熙元年（1662年）五月成功逝世，清鄭之間沒有發生戰爭，出現了暫時的和平停戰狀態。

（二）這一時期的和談和招降活動

1.鄭成功利用和談束縛清方的手腳

順治十一年清鄭之間和談破裂後，成功提出「以戰求和」的策略，並闡述說：「自常人觀之，必以戰則和不成，不知戰則和益速而信益堅，戰和自不相妨。清朝到底必來就和。此可爲智者道耳。」旋連攻漳泉各屬邑，至順治十二年正月攻陷仙遊。後成功令南安縣令周瓊致書閩撫佟國器，約其決一勝負，否則撤軍議和。同時又馳函泉鎮韓尚亮、泉州知府申偉抱，勸他們和平解決泉州問題。雖先後都被拒絕，但成功繼續利用和談束住清地方官吏手腳，確也起了一定的作用[150]。如清吏對鄭軍所占領的漳泉郡邑，「實因撫議牽制，未便肅伸征討[151]」。

2.濟度配合進攻廈門的和談活動

順治十二年九月，濟度率大軍到省後，知成功有備，停師泉州，繼續進行和談活動，想通過招撫鄭成功，「不勞大兵以清封疆」，先於十月初五、六日派員到白沙與鄭鴻逵談判，旋致書鄭成功，說：「公罪不大，若是投誠，……予保奏，免爾諸罪」，勸成功「剃髮投誠」。被拒，招撫活動遂告失敗[152]。

3.清軍配合阻截北征和談活動

順治十三年成功遣將攻陷閩安鎮，並率師攻略閩東沿海時，濟度一面發兵南攻銅山，一面遣阿格商率兵追至羅源阻截鄭軍北征，使用剿之一手。十一月清廷又示意鄭芝龍遣謝表、小八來三都見成功，「勸就和議」[153]。李率泰「亦差人來說退兵以就撫局」[154]，繼續使用撫之一手加以配合。阿格商敗死後，翌年正月，謝表、小八又到三都見成功，成功覆芝龍書中明確表示不肯「苟就和局，取笑當世」[155]。之後清方決定拋棄和談活動，轉向武力征討。

4.清廷「擒渠散脅」的招撫策略

清政府以鄭成功爲對象的和談一再破裂，轉向武力征討後，仍然沒有放棄剿撫兩手的政策，但在策略上卻有了明顯的改變。在順治十三年六月十六日給江、浙、閩、粤沿海四省督撫鎮的敕諭中，提出對鄭軍部將，「大開生路，許其自新」。要各督撫鎮廣出榜文曉諭：「如賊中僞官人等有能悔過投誠，帶領船隻、兵丁、家口來歸者，察照數目，分別破格升擢。更能設計擒斬鄭成功等賊渠來獻者，首功封以

高爵，次等亦加世職。[156]」這就是「擒渠散脅」的新策略。清廷以「先海濱而向化」的黃梧爲典型，把他超擢爲海澄公。[157]而對鄭成功則宣布要「一意捕剿」[158]，一度不提「招徠之語」。後經李率泰奏言「以撫佐剿，誠廓清海氛，計擒逆孽之要著，」才重申剿撫兼施的策略指出：「前因鄭成功罪惡深重，故令一意捕剿。若其黨與果有眞心來歸者，著仍加招撫。」[159]於是，繼黃梧之後，「聞風向化者，動以千百」。浙閩總督也認爲「圖賊之計，首在散黨」[160]。據濟度報告，海澄恢復後半年期間，陸續投誠「大小各官共五十二員，兵三千二十六名」[161]。這說明清朝的策略收到了一定的效果。

5.鄭成功南京敗退時的和談活動

順治十六年（1659年）八月初四日，成功自南京敗退至吳淞時，「遣禮都事蔡政往見馬進寶。進京議和事機宜，俱受蔡政知之」。初七、初八兩日成功大艍戰船先後「共計二千餘號，齊至崇明」。初九日「擁衆數萬，分頭二十餘股登陸，逼臨城下，四面圍困。初十日，……自四更打至十一日午時，……隨時退回」[162]。成功在議攻崇明時曾說：「我欲攻克崇明縣以作老營，然後行思明弔（調）換前提督等一枝，再圖進取。一則逼其和局速成，二則採訪甘提督等諸將生死信息，三則使虜知我師雖敗，尙全力攻城，不敢南下襲我。」[163]可見這次攻打崇明的原因之一就在於以戰逼和。當馬進寶遣中軍轉告攻城會影響議和時，成功即同意緩攻，說「留與爾主好題請說話也。」同月十二日即遣蔡政「往京議和」。可見當時戰是爲了和，仍是「以戰求和」思想的體現。而一戰一和，最根本的目的都是爲了施展緩兵之計，延緩清軍南襲廈門。這次由鄭成功主動提出的和談，由於清政府的拒絕而失敗了。馬進寶也被逮京審訊，罪名之一即是「代爲請降，巧行緩兵之計」[164]。

6.清廷配合進搗廈門的招撫活動

清廷拒絕和談後，於同年十月十日敕諭江浙閩粵各督撫鎮，號召鄭軍部將「若能幡然悔悟將鄭成功、馬信、李必、王戎、高謙等，或生擒明獻，或斬首來降，朕不但准予免罪，仍從優論功，賜以高爵厚賞。其有率僞官來歸者，亦與免罪，量加敘賚。……倘仍執迷不悟，大兵到日，玉石俱焚，雖悔無及矣」[165]。二十五日又口傳上諭：「如海賊鄭成功差人來投降書，仍係前番屢次謊稱投降，此等因由，不必具奏。如親身剃髮，自行綁縛來降情確，准題奏」[166]。繼續加強以政治瓦解鄭

軍部將，以配合達素對廈門的軍事進攻。進攻失敗後，又頒招撫鄭成功部下建功來歸詔，繼續開展瓦解鄭軍部將（這時馬信、李必、王戎、高謙亦在招撫之列）的招撫活動。[167]

（三）評本期和戰的得失

本期雖以攻戰爲主，但雙方仍然繼續採用招降納叛的政治瓦解工作。清政府對黃梧的降清，鄭成功對馬信、把成功的歸鄭都十分重視，賞賜優厚，並加重用。這個時期，鄭成功處於主動進攻地位，展開南征北戰，以北伐爲主攻方向。四次北上，攻閩安，攻台州、舟山，攻瓜鎭，圍南京。清軍也在被動中力爭主動，除前後二次進攻廈門外，其間還組織了對舟山、閩安、澄海、揭陽、白沙的反攻，構成清鄭雙方軍事較量的高潮。本期在進攻戰中，鄭軍取得較大勝利，但最後一次關鍵性的圍攻南京戰役卻失敗了。這是一次嚴重的挫折。此後鄭軍已無力北征。接著，清軍發動了一次進攻廈門的戰役也告失敗，此後暫時也無力剿海。雙方又出現暫時的休戰時期。

對本期清鄭和戰歷史的評價，特別是對成功數次北征的得失，台灣史學界也存在有不同的看法。有的學者認爲，自順治十一年至十六年的五、六年間，鄭軍「固執於沿海進取，成功本人及各將領均奔波於閩、浙、粵沿海各地，疲憊不堪，徒勞無功。除原有的金、廈、銅山、南澳外，實一無所取」，因而提出「戀戰沿海之失策」，是成功抗清失敗的一個重要因素[168]。另一些學者不完全同意這種看法。有的提出順治十二年前後，成功「爲清算他十年來的沿海經略，決意與清兵一決雌雄」，「決意遠征南京」，在「戰略上已經有重大的改變」。[169] 有的同意《小腆紀年》一書指出的，成功北征是「違衆獨斷，孤注一擲」[170]。如何正確評價成功這個時期的北征得失，是一個值得進一步探討的問題。

1.「戀戰沿海之失策」說商榷

鄭軍以金廈等沿海爲基地，以海戰爲主，使清軍難以對付，這是鄭軍的一大特點，也是一個突出的優點。這在順治十六年一月浙撫陳應泰的密疏中描述得十分詳細：

「竊照逆孽鄭成功……頻年以來，江浙閩粵橫肆突逞，……止恃其黨類繁多，憑依水穴，飄忽劫掠，歲無已時，遂為東南一巨寇。乃年來經劃，措餉籌兵，徵調絡繹，雖時有俘馘焚奪，然不得即繫縛逆首，淨絕根株者，則以敵我之情形迥別，而守禦之與進剿各有宜也。……夫賊之難於遽行撲剿者，緣彼以海為窟，以船為家。惟視風潮，瞬息千里。是以江浙閩粵，恣行剽掠。而兩年來浙之溫台寧象，窺伺無已。連舟宗南北，飄突不時。賊眾則以十數萬計，船則以數千計。兼有叛將馬信等為之煽惑勾引，在我沿海各汛處處可登。……浙省幅員千餘里，六郡濱海，在在當防。是我之兵力無所不備，則無所不分，我既備多而力分，賊乃以十數萬全力之勢，如風雨驟至，乘間窺其一域。……我之援兵無阻（？）無船，輒若望洋。是以我兵跋涉崎嶇於崇山峻嶺旬日之間者，賊舟宗掛船，旦夕可至。我之士馬未獲與賊決戰，而先已疲於奔命矣。」[171]

由上引揭帖可以看出鄭軍的特點和優點是：

(1)「以海為窟，以船為家」或「憑海為巢，倚船為窟」。即以金廈為中心的沿海島嶼為基地，建設海上武裝，長於海戰，使清軍「無插翅飛堵之能」[172]。即使清軍以後也加強了水師，但也是「小艦難敵大艦」[173]。鄭軍可以自由奔馳於海上。是故成功十分重視海上基地的鞏固與發展，初期專力向金廈南北周圍發展，即為鞏固基地而鬥爭。為了確保基地，成功有時不惜採取逆風侵討。即「春夏南風，則往潮惠劫掠，秋冬北風，則往福興劫掠。彼恐中左有急，好順風救護巢穴」[174]。

(2)「惟視風潮，瞬息千里」。由鄭軍「恃舟楫之長技，乘風濤之便利」，慣用「飄忽靡常」的突擊戰術[175]，常使清方感到「出我不意，攻我不備」[176]。如攻閩安、攻台州，都是清軍援軍未到而城已先陷。清軍陸路「跋涉旬日」，鄭軍師船「旦夕可至」，使清軍「疲於奔命」。

(3)清軍「備多力分」，而鄭軍可以集中兵力「乘間窺其一域」。即在戰役上經常集中超過清軍數倍的優勢兵力，以多勝少，常打勝仗。陳應泰在前疏中曾舉浙江為例：浙省額兵「三萬有奇」，加上「五省調防之兵一

萬」，兵力「似爲不少」。但「分派於沿海郡縣衛所五十餘城，並內地要隘及山魁湖寇出沒之處，又未見其多」。如「甯台溫郡城存兵不過二千餘人，其縣邑多者千餘人，少僅數百人，衛所只一二百人，而險要之地無城郭者，不過數十人、十數人，以備傳報」。浙省如此，其他閩粵江南沿海沿江情形也不例外。如當時一個吏部官吏自南昌登舟溯江而下江寧，「舟泊各處，只見有兵丁一二名者，甚有空堡而無兵丁者。自安慶以下更寥寥不可問矣」，就是江寧府城，在演武場操點水師，「兵丁不過二百餘，人皆老弱不堪，如同兒戲。且戰艦狹小」，他慨歎道「如此形狀，安望其對壘破敵，決勝於江海之上」？所以「海寇狂逞，如入無人之境」[177]。這應是當時的實際情況，也是清軍的一大弱點。

鄭軍由於具備上述種種特點及長處，被永曆帝譽爲「作砥柱於東南」。清方也承認其爲「東南一巨寇」。鄭軍能夠堅持抗清最久，與這些特點密切攸關。但鄭軍「以海爲長城」也有很大的局限性。首先陸戰就較清軍遜色，雖可主動攻略閩浙粵各省沿海地方，但旋得旋失。沒有一支強大的陸師，無法占領廣大的腹地。據清方報告，鄭軍「以船爲命，及至登陸，一見騎兵衝擊，遂望風披靡」[178]。同時以海島爲基地，「遠離巢穴，勢不能久」[179]。南京戰敗，與此有關。南京被圍，燕都震驚，而熟悉鄭軍情況的海澄降將蘇明即已指出：「海兵不能持久，不數日當有捷音」，果然，後三日，「而江寧捷報至」[180]。

應當指出，以海島爲基地，以海戰爲主的鄭軍作戰方法，是當時客觀條件決定的。時清已統一大陸大部分地區，成功起兵於海上，繼承芝龍海師基礎，部衆多漳泉沿海之人，軍餉的重要的來源之一是靠經商海上，客觀條件造成其十分重視海上基地，並在實戰中建成一支以海戰爲主的武裝。鄭成功只能依靠這些客觀條件，實踐他的「中興」抱負。歷史事實證明成功已很好地利用了這些客觀條件，怎能以失策責之？至於與西南李定國等會師不果，主要原因也不是由於「戀海作戰」的結果。

2.「孤注一擲」說商榷

鄭成功是一個有遠大抱負的政治家，他起兵抗清的奮鬥目標，從見諸《從征實錄》所收存的文告、書信中有：「北伐醜虜，肅清中原，以建大業」，「共湊恢復

之大業，而享無疆之福澤」，「刻期恢復，上報國恩，下救蒼生」，「實爲殺虜救民，恢復大事起見」，「總從報國救民起見，亦爲勳名富貴後來子孫計」，「中興之大事已定，我將士之勳名富貴在此一舉」，「大家俱上爲千古勳名，下爲身家顯榮」，「本藩數十年苦心，生聚教誨，……總皆從恢復起見」……等。可以看出，他雖遙奉明永曆年號，但並沒有正式提出「抗清復明」的口號，只籠統地提「恢復大事」、「恢復大業」。他雖有復明思想，但特別強調的是「中興」，即推翻滿族統治，恢復以漢族地主爲統治的政權，實現「中興之大事」，讓成功與起兵將領做「中興」名臣，本身及子孫得到「勳名富貴」。同時也可看出，他雖有「上報國恩」的忠君思想，但特別強調的是「下救蒼生」的「愛民」思想。成功在北征的布告中反覆強調「民爲邦本」，並說「自古做大事以得民爲本」，重視「收拾民心」。告示中嚴禁搶掠財物，姦淫婦女，特別對「江南效順百姓」，嚴令「敢有擅動民間一草一木者，本犯梟示，大小將領連罪不貸」，並指出雖不得已要「就地方取糧」，但要求「雖取民之中，必存愛民之意」。當然不容疑義，成功的「愛民」思想的性質是統治階級的「收拾民心」，是對被統治的順民的保護。台灣學者的文章中普遍強調成功的「抗清復明」和「忠君報國」思想，對其志在「中興」、「救民」的主導思想重視不夠。對其「上爲千古勳名，下爲身家顯榮」的封建的榮宗耀祖思想，更諱而不提了。

鄭成功「北伐醜虜，肅清中原，以建大業」的遠大抱負，是他多年來的「苦心」，早在舉兵海上時就下了決心，抗清恢復的意志是十分堅定的。但要實現他的「中興」大業，必須分步驟進行。初期以鞏固金廈基地爲中心的攻打閩南、粵東沿海，是實現「中興」的第一步。他在順治八年五月攻打海澄、漳浦時說過：「欲圖進取，先從漳起手，此番殺他一陣，則漳虜懾服，集兵裕餉，恢復有基矣。」順治十年三月爲了粉碎金礪的進攻，同意張名振派舟師直入長江的建議：「搗其心腹，虜無暇南顧，藩主得以恢復閩省，會師浙直，可指日待也。」可見第一步是先「恢復閩省」，接著再「會師浙直」。順治十一年十月遣師南下勤王的同時，發水師北征長江。在其給李定國書中解釋說：「水陸並進，規復金陵」。可見恢復浙、直，攻克南京，是實現「中興」的第二步。期望金陵破則「閩粵浙楚以及黔蜀之豪傑志士悉回應矣」[181]，以實現東南、西南抗清軍的大聯合，恢復半壁河山。順治十三年

覆李定國書中又指出：「現提水陸精銳，收復閩浙，熏風盛發，指日北向。……立洗腥膻之穴。然後掃清宮闕。（會）盟畿輔，豈不大符夙願哉」[182]。可見當時計畫攻克南京後，就要「掃清宮闕，（會）盟畿輔」，即會師北京，推翻清王朝，恢復漢族地主階級的統治。這是他實現「中興」的第三步，而且明確的說這是「夙願」。後來由於南京戰敗，隨著戰略的轉移，揮師東征，收復台灣。進兵北京的計畫沒有實現。

從以上的分析可以看出，北征長江是實現成功起兵時的「中興」抱負的一個步驟，不是清算了十年來沿海經略之失策後突然提出來的新戰略。北征是鄭軍力量壯大的必然結果，不能因其進攻南京失敗而認爲是「孤注一擲」。因此朱希祖先生批評「成功專取下策，不能高瞻遠矚，以赴時期。昧定國之良圖，棄全斌之上算，往往欲爲孤注之擲」[183] 等語，也是脫離當時客觀現實的可能性，而苛責於古人。鄭成功比他同時代的抗清將領高出一籌，正是他能高瞻遠矚，抱負遠大，而堅貞不屈地爲之奮鬥終生。

3.戰略地位的變化對北征失敗的決定性影響

成功北征南京的失敗，「中興」計畫的破產，與個人指揮錯誤當然也有關係。特別是順治十六年北征初期，攻無不克，如入無人之境，取得戰役的接連勝利後，嚴重滋長了勝而驕的輕敵思想，不聽諸將速攻南京城的多次進諫，竟採取「待援虜齊集，必撲一戰，激而殺之」的長期圍困的戰略，以致清軍援師雲集，鄭軍反被擊敗。同時，這與成功「凡事獨行獨斷，不與人商量」[184] 的自負個性也有關係。戰敗後成功自己承認，「是我欺敵之過，輕信余新所致也」。

但應該看到，北征之役先勝後敗，更加根本的原因是受全國抗清鬥爭總形勢的制約。起兵初期，清軍主要兵力是在對付西南抗清主力軍，這爲成功在東南的勝利發展創造了有利形勢。至順治十一年最後一次南下勤王不成，李定國敗退南寧，西南抗清形勢已起了不利的變化，東西會師已經不可能了。順治十四年孫可望與李定國「興兵相攻」[185]，十一月孫可望降清後抗清力量又大爲削弱。清廷於十二月命平西王吳三桂、征南將軍趙布泰、寧南靖寇將軍羅托分別由四川、廣西、湖南三路進攻貴州，五月，清三路大軍已先後進入貴州境內，大批抗清軍降清，西南抗清事業已分崩離析，一蹶不振。同月鄭成功開始的北征，雖攻下平陽、瑞安等地，「全

浙震動」[186]，對挽救西南頹勢起了一定的牽制作用。但因八月羊山遇風，耽誤八個多月的時間，至第二年四月才組織再次北征南京。這時雲南已被平定，羅托等官兵已開始撤回，清軍可以集中更大兵力對付鄭軍了。當成功由鎮江進逼江寧時，貴州凱旋之官兵有的已馳抵江寧，參加了南京戰役。據江南總督郎廷佐奏報：「海寇自陷鎮江，勢愈猖獗。於六月二十六日逼犯江寧，城大兵單，難於守禦。幸貴州凱旋梅勒章京噶褚哈、馬爾賽等統滿兵從荊州乘船回京，聞賊犯江寧，星夜疾抵江寧。臣同駐防昂邦章京喀喀木、梅勒章京噶褚哈等密商，乘賊船尚未齊集，當先擊其先到之船。喀喀木、噶褚哈等發滿兵乘船八十艘，於六月三十日兩路出勦，擊敗賊眾，斬級頗多，獲船二十艘，印二顆。」[187]五十八年以後康熙帝在回顧此事時，猶說鄭成功「進圍江寧時，滿兵甚少。值貴州回軍之副都統噶褚哈等至，同江寧將軍喀喀木合軍出東門，於明太祖陵南誘賊進三十里，大敗之，殲其眾」[188]，可見西南平定，清軍回師援寧起了重要的作用，八月初七日，安南將軍明安達里凱旋之軍也抵安徽荻港，迎戰楊文英等於南京上游的楊子江港口[189]。可以預測，即使成功順利攻克南京，也將會被先後趕到的各路援軍反包圍，變成孤軍深入內地，從事陸戰為主，同樣有覆滅的危險。所以，成功北征失敗起決定性影響的不是個人指揮上的失策，而是戰略地位的不利變化。當時成功不顧張煌言的忠告，羅子木的哭諫，大踏步地撤兵還廈，保存實力，這正是他的高明之處，不愧為才能卓越的指揮官。

4.戰爭勝負的最根本因素在於人心的向背

　　毛澤東指出，在戰爭中，「人心的向背，則是經常起作用的因素」[190]。鄭成功前期抗清鬥爭所取得的勝利，是與人民的積極支持分不開的。成功起兵時，福建正處在「義兵所在蜂起」的人民抗清高潮中。順治四年圍攻泉州時，「山海遍發，四面蜂起」，「民心欣叛」。[191]順治八年攻漳浦、雲霄時，「寨堡村民，舉家裏紅入夥」，「遍地皆賊」[192]。順治十一年十二月占領漳州後，「旬日之間，一郡十一縣相繼淪失。實起於瀕海一刁民神衿，暗通線索，揭竿附會，遙相煽惑，遂使攖城將吏，咸無固志，望風納款」[193]。除得到沿海廣大人民積極支持外，還得到部分地主紳衿的支持。至本期攻打閩粵浙沿海時，仍有人民回應，出現「山海交訌」局面，但規模與範圍已不如前。如順治十三年攻打閩安進逼省城之時，「寧化、清

流、歸化等處諸賊，亦即同時並起」。清朝地方官認為「閩中山賊在在竊發，隨剿隨起，皆由海逆鄭成功元兇未殄，招納四方亡命，密布上游，以為內應」，「山寇竊發，皆由鄭成功暗地號召，牽制我兵，得以恣其虐焰，所以山寇趁時而蜂起」[194]。這些舉義皆由成功組織號召的說法未必盡然，應該說多半還是自發的回應。順治十五年成功大舉北征後，堅持在閩西的抗清武裝，自稱總督提調水陸兵馬都督大元帥、鎮閩侯的溫丹初「率黨千餘」，「號召閩粵不軌之徒，回應海逆，以為聲援」[195]。時有成功部將蕭拱成之弟蕭拱平密書相通，故「溫逆與鄭逆勾連，山海賊情，呼吸相通」[196]。這時閩北也有林文等「外結海寇，內通奸佞」[197]。成功攻浙東沿海時，也出現有「勾煽山賊，偽牌偽票，四出紛紜」[198]的現象。順治十六年成功進入長江後，「土賊乘機哄起」[199]。出現上游四府三州二十四縣聞風歸附的可喜局面。但多屬局部、個別現象，有的是鄭軍攻打後才直接激起的。這時，東南人民的抗清高潮已經過去。

除直接回應外，沿海人民也在物資上對鄭軍積極支持。有的「領本販運，以資賊餉」[200]，有的「潛運麻、油、釘、鐵等項，以助鄭孽」[201]。鄭軍能夠堅持鬥爭，並取得重大勝利，正是由於得到人民各種形式的支持的結果。

隨著各地抗清武裝的先後被鎮壓，清政府進一步統一全國，越來越多的漢族地主歸附清朝，滿漢地主階級進一步結合，加強了對人民的統治。同時清廷開始改變初入東南時的大規模屠殺無辜的暴虐政策。如順治十三年後在敕諭東南、西南地方督撫中公開譴責「本朝開創之初，睿王攝政，攻下江浙閩廣等處，有來降者多被誅戮，以致遠方士民疑畏竄匿，從海逆鄭成功者實繁有徒」，乃改取廣布招徠，實行「恩威並用，討二懷服」的統治政策[202]。抗清力量因而日益瓦解，抗清思想也日益淡薄，而連年戰亂，民不聊生，隨著人民厭戰情緒的增加，對抗清戰爭的支持也就不斷削弱。李率泰先後三次入閩目擊民情日益凋敝的情況，就是一個典型的例子。他指出：「順治三年間（1646年），職隨征開閩時，竊喜地方殷盛甲於東南。比順治五年（1648年），職領兵恢閩，視三年時已減其半。今則五年復十不存一矣。……是以計里則百家無一戶之存，計戶則百人無十人之活……。不意極殷盛之名疆，遂成極凋敝之危地。」[203]

還應指出，鄭成功當時擁有一支一二十萬的武裝隊伍，長年徵派四出，對不服

徵輸的「逆寨」、「逆民」更焚殺無遺。在清統治區作戰時掠奪財物、婦女等現象也時有發生，有的是成功在文告中公開允許的。這樣，作為地主階級武裝的鄭軍與人民之間的矛盾也日益加深，必然會逐漸失去人民對它的支持。隨著後期鄭軍反民族壓迫的進步色彩的日益減退，而漢族地主階級與得到部分漢族地主擁護的滿州統治者之間爭奪統治權鬥爭的性質日益突出，人民對鄭軍的支持也逐漸削弱，渴望和平、統一的思想開始日占上風。南京慘敗，從軍事上說對鄭軍還不是致命的打擊，但當時政治上擁護全國統一已是大勢所趨，人心所向。這注定了鄭成功的抗清前途必然暗淡無光。

儘管如此，鄭成功初期的抗清是正義、進步的。他是中國歷史上一個有遠大政治抱負的政治家、傑出的軍事家。他有很強的組建軍隊、指揮作戰的能力，打了不少勝仗，軍事指揮一般也是正確的。北征與抗清的最後失敗，主要不是成功個人指揮失策造成的。歷史從來不是按某一個人或某個集團的意志隨心所欲創造的，而是由客觀的鬥爭形勢與歷史發展的趨向決定的。馬克思指出：「人們自己創造自己的歷史，但是他們並不是隨心所欲地創造，並不是在他們自己選定的條件下創造，而是在直接碰到的、既定的、從過去承繼下來的條件下創造」[204]。鄭成功在當時客觀環境所允許下，為實現「中興」事業已發揮了很大的個人主觀能動性，始終對自己的事業充滿了必勝信心，南京戰敗，也沒有絲毫動搖他的信念。但到後來，「恢復」的願望越成為主觀的空想，就越與人民要求統一的趨向背道而馳，使他在17世紀40、50年代的政治舞台上，充當了抗清悲劇的一個主角。正當他處在危亡時刻，能當機立斷，毅然轉向東征，實行戰略性的轉移，實現驅逐荷蘭侵略者，完成收復祖國神聖領土台灣的偉大歷史使命，成為中華民族歷史上一個傑出的民族英雄。鄭成功的愛國主義精神和光輝業績，永遠值得中國人民的敬仰和讚頌。

荷西的殖民統治與鄭成功收復台灣

（一）荷西的殖民統治

　　繼16世紀50年代葡萄牙人進占澳門、70年代西班牙人據有馬尼拉之後，16世紀末荷蘭人亦來到東方，1602年荷蘭聯合東印度的公司成立，授以設置軍隊、有宣戰、媾和、訂約及任命官吏、統治殖民地等特權，係壟斷貿易、代表政府在東方推行侵略政策的商業殖民地機構。同年6月，公司派提督韋麻郎率領兵船於1603年4月抵達萬丹，分擾澳門及大泥（北大年），1604年（萬曆三十二年）8月7日，韋麻郎率兵船二艘侵入澎湖，適值春汛已過，「汛兵已撤，如入無人之墟」，便在島上「伐木築舍，為久居計」[205]。這是荷人初次以武力強占中國的領土澎湖。接著一面遣人向漳州當局要求通商，一面便與沿海私商開展貿易。時閩撫徐學聚嚴禁通海，旋派總兵施德政與沈有容屯兵金門料羅灣，重申海禁，斷其接濟，並由沈有容於11月18日抵澎湖與韋麻郎開展談判，曉之以理，威之以兵，荷人終於12月15日退出，計澎湖總共被占據4個多月，至今馬公鎮猶遺存有「沈有容諭退紅毛番韋麻郎」碑。

　　1604年荷人退出澎湖後並不死心，一直企圖在閩粵沿海尋找一個據點開展對華貿易，同時便與葡、西開展競爭。1607年又遣提督馬提利夫率商船4艘至南澳求互市，被拒。1613年日本平戶荷蘭商館建議攻取台灣作為中日貿易的中轉站。1619年荷蘭東印度公司設總督府於巴達維亞（印尼雅加達），作為東洋貿易及行政的中心。1620年公司董事會致函巴達維亞總督柯恩，必須占領一處對華貿易的據點。當聞悉西班牙駐菲律賓當局已於1621年（天啓元年）作出派兵攻占台灣的決定後，1622年4月柯恩即向艦隊司令雷約茲下達了搶先攻占澳門，如果失敗則直接航向澎湖或台灣的指令，6月24日雷約茲率領的艦隊進攻澳門慘敗後，7月11日雷約茲率領部分艦隊駛入澎湖媽宮港（今馬公港），此時又值春汛已過，荷蘭人又輕易

地占領了澎湖。雷約茲對台灣、澎湖作了實地考察之後，並於8月1日評議會通過，決定在澎湖西南端之風櫃尾建造城堡，認為該島「不但為各島中最便利，而且葡萄牙人或西班牙人倘欲占領此地時，我處近漳州，且面對福爾摩沙島，並得以扼制其最便利之港灣，又有通台窩灣（安平）航路之利益」[206]。於8月2日開始動工，年底基本完成。在築城的同時，雷約茲又派人向福建當局要求互市，被拒絕後，決定採取武力迫使中國就範，先後派兵船犯六敖、中左，並攻掠鼓浪嶼，遭到明軍的「內外夾攻」而敗逃。今廈門鴻山寺仍留有天啟二年十月二十六日（1622年11月28日）都督徐一鳴等「到此攻剿紅夷」的石刻。1623年2月11日雷約茲抵福州與閩撫商周祚談判，關於談判內容，荷方記載：福建最高官員「以余等來自遠國，求與其國民貿易，故彼樂於准許余等在中國統治地域外另發現適當場所以前，暫留澎湖島，又約定出借水路嚮導人二人。因言如發現適當場所時，當率船舶數艘，前往該地，而彼等之臣民如來余等地域貿易，當予許可」[207]。而閩撫奏摺則稱：「今計止遵舊例，給發前引原販彼地舊商，仍留咬留吧（爪哇）市販，不許在我內地另開互市之名，諭令速離澎湖，揚帆歸國。如彼必以候信為辭，亦須退出海外別港以候。但不係我汛守之地，聽其擇便拋泊」[208]。12日閩撫即派千總陳士瑛、洋商黃合興乘船前往巴達維亞與荷蘭長官直接交涉。雷約茲亦於13日返澎湖，並先後派船到台灣試行貿易，10月派人在大員建造城牆，試圖久占。

同年7、8月，新任閩撫南居益到任，雷約茲航抵廈門與閩撫再次談判，南居益態度強硬，諭荷人必須從澎湖撤退。旋下令沿海戒嚴，禁止居民與荷人貿易。雷約茲再次派艦隊到福建沿海遊弋，又企圖用武力強迫通商。10月28日弗朗斯率領的4船抵浯嶼，南居益用計誘獲弗朗斯，並燒其艦，俘數十人，12月荷艦退回澎湖。1624年2、3月，明兵二次登陸澎湖，5月南居益復移檄副將俞咨皋等渡海，6月俞率兵抵澎湖，對荷人形成南北包圍之勢。8月初，接替雷約茲的宋克抵澎湖，向巴城總督報告：「我們若不肯輕易離開，他們將決心訴諸武力，他們的士兵將推進到我澎湖城構築堡寨，直到將我們從澎湖島逐出中國境外為止」。8月15日宋克派人與俞咨皋談判，俞答以「他除奉命將我們逐出澎湖外，別無其他任務」。這時由於海商頭目李旦來到澎湖從中斡旋，經過進一步商談，俞允諾荷人所提退出澎湖後允許「在大員和巴達維亞開展貿易」的要求。荷人提出正式簽約，俞認為荷人

「得到了他永遠承認在大員和巴達維亞自由貿易的信，應該感到滿足」[209]。8月18日荷人評議會決定撤離澎湖，26日開始拆城，9月全部退往台灣。荷蘭人第二次入侵澎湖結束了，而台灣卻被他們占據。南居益奏報稱：派兵進澎，「四面皆王師，樵汲俱絕，夷始驚怖，搖尾乞憐，搏顙歸命，拆城遁徙」[210]。沒有把與荷人談判及允諾之事報告朝廷。因此甘爲霖撰《荷蘭人侵占下的台灣》認爲：「台灣土地……是屬於中國皇帝，中國皇帝將土地賜給東印度公司，作爲我們從澎湖撤退的條件」[211]的說法是沒有根據的。而《巴城日記》1625年4月6日條則記：「中國人已獲准前往台窩灣（安平）與我方貿易，但宮廷並未公開許可，而軍門都督及大官則予以默認」[212]。所以「默認」荷人撤出澎湖後退往台灣進行貿易，是未經中國朝廷批准而係福建地方官的行爲，應是無效的。

荷蘭人入據大員後，對占據呂宋的西班牙人與中國航行貿易造成威脅，於是荷、西兩國的鬥爭，從西歐、南洋蔓延到了台灣。爲了擺脫困境，1626年5月（天啓六年四月），西班牙駐菲總督派遣瓦爾德斯率領300士兵的船隊入據雞籠港（今基隆），並在社寮島建築「聖救主」城，另在港後山上修建兩座炮台，台灣北部遂被西班牙人強占，與占據大員的荷蘭人形成南北對峙局面。

1624年荷人入據大員（安平）後，在島北高地重建城堡，取名奧倫治城（1627年改稱熱蘭遮城，中國則稱台灣城），後又經幾次改建，形成內城與外城。1625年荷人用布匹向先住民換取大員島對岸一片土地，建築普羅文查市，後來於該地增建一座城堡，取名普羅文查城（赤嵌城）。荷人以熱蘭遮城爲中心，建立起其殖民統治。

荷蘭東印度公司派駐台灣的最高長官稱台灣行政長官，第一任長官爲宋克，另設一評議會，爲最高決策機構。台灣長官之下設有政務員、稅務官、會計長、檢察官等職，這些人都由公司駐台的商務員擔任。荷人並在各個據點分駐軍隊，早期僅三、四百人，40年代後增至六、七百人，50年代增至近千人。同時還聘用一批神職人員到台傳教，作爲行政統治的補充。

荷人入據大員後，即以其地作爲轉口貿易的據點，收購中國大陸絲綢、磁器等商品，運往巴達維亞和日本等地出售，再將巴達維亞和日本各地運來胡椒、丁香、蘇木等返銷大陸或轉運其他各地，如1640年從台灣輸往日本、柬埔寨、印度、波斯

等地的貿易貨物達773萬盾，通過輾轉貿易，獲取厚利。同時也進行海上搶劫活動，把劫來的貨物作爲公司商品出售。當時出產絲綢、磁器的中國大陸，在轉口貿易中占重要地位，爲此荷蘭殖民者想方設法打通與大陸貿易的各種渠道，吸引、鼓勵商人、漁民進行兩岸貿易。在荷據時期，台灣與大陸間的兩岸貿易額是相當大的，每年從大陸來台灣的商船、漁船最少也有七、八十艘，最多達四、五百艘。如1636年11月至1638年12月自大陸開往台灣的船舶最少有914艘（其中商船334艘，漁船580艘），由台灣回大陸船舶計672艘（其中商船229艘，漁船443艘）[213]。因此認爲荷蘭據台後「台灣幾乎已成爲和中國不同的另外一個經濟圈」的看法，是完全沒有根據的。

荷人爲了加強其殖民掠奪，不斷擴大其殖民統治範圍。從1635年11月至1636年1月，先後征服麻豆、蕭壠、大目降、目加溜灣等四社（今台南縣麻豆鎮、佳里鎮、新化鎮、安定鄉），並圍剿小琉球社（今屏東縣琉球鄉），殺300多人，俘700餘人，其社遂滅。至1636年底荷人勢力擴展到南部琅璠，被迫與荷人簽約表示順服的村社達50多個。從1641年11月至1642年2月，繼征服貓兒幹社（今雲林縣崙背鄉）等台中西海岸南部5社，1642年又征服東部大巴六九、呂家等社（今台東縣卑南鄉），1642年8月攻占雞籠，驅逐西班牙人勢力。其統治範圍，以台南安平爲中心，南及琅璠，中部達雲林、彰化的一些地方，北部達淡水、基隆及宜蘭的一部分地方。至1650年，受控制的先住民達315村，15,249戶，68,657人，約占先住民總數40-50%，到1656年則降爲162村，8,294戶，31,200多人，約減少了一半[214]。

荷人對台灣施行的是最原始的殖民地政策，早期通過每個村選出的長老自行管理村務，1636年起定期召開由長老參加的地方會議，對先住民實行控制，1644年開始向先住民徵收鹿皮或稻穀等貢物。對漢人亦利用在商業貿易及墾殖活動中有力人物充任長老進行統治，爲了增加出口的農產物，鼓勵漢人移民開墾。如1636年通過巴城華僑蘇鳴崗從大陸有組織的招徠移民，同時分散、零星的移民也不斷增加，廈門、安海是大陸移民的兩個重要口岸。據荷方1638年記載，「在台灣的荷蘭人支配地區內，約有一萬至一萬一千名的漢人，從事捕鹿、種植稻穀與糖蔗以及捕魚等活動」[215]。1646年清兵入閩後，大陸向台灣的移民出現了高潮，據台灣長官費爾堡估計，1652年在台的漢人約1.5萬至2萬人[216]，至1661年，在大員附近，由於

「有很多中國人爲戰爭所迫，從中國遷來，於是形成一個除婦孺外，擁有二萬五千名壯丁的殖民區」[217]。從荷蘭人徵收的人頭稅計算，加上未納稅的人數估算，在台漢人實際人數達35,000人[218]。當時荷人在台灣實行「王田」制，宣布土地爲東印度公司所有，耕種「王田」，要繳納稅租，田園分上、中、下三則，每甲（約11市畝）上則田徵粟18石，中則田15石6斗，下則田12石2斗，上則園10石2斗，中則園8石1斗，下則園5石4斗，其稅率爲1/10（1644年前爲1/20），每年稻作稅達1萬多里爾，最高的達18,000里爾[219]。此外，凡7歲以上漢移民，每人每月要交納1/2或1/4里爾的人頭稅，50年代以後每年收入3-5萬里爾，另有村社貿易稅，每年收入2萬3千里爾，以上三種稅每年共收入7-9萬里爾，約占其賦租收入之86%以上。此外還有漁業稅、狩獵稅、宰豬稅、衡量稅、釀酒稅、市場稅、房屋稅、航運稅、薪炭稅、家畜稅及各種附加稅，對漢移民實行敲骨吸髓的剝削。

西班牙人1626年占領基隆後，也向周圍擴展勢力，1628年（崇禎元年）占領滬尾（今淡水），並築聖多明哥城，1632年（崇禎五年）一度進兵噶瑪蘭（今宜蘭）。也對其竊據地方積極經營，傳布宗教，設立學校，採販硫磺、鹿皮，開通了雞籠、滬尾間的陸路交通，並撫定沿路的番社，使雞籠成了呂宋和中國、日本互市的重要港口。1641年（崇禎十四年）荷蘭決計驅逐西班牙人出雞籠、滬尾，先致書勸降不成，軍艦進攻亦遭失利。翌年荷蘭乘菲律賓有事，雞籠守兵減撤，二度進兵，經過3個月的攻守戰，1642年9月4日（崇禎十五年）西班牙終於退出了台灣，結束了對台灣北部16年的殖民統治[220]。此後，荷蘭的殖民統治擴及全島。

荷蘭人在台灣的殖民統治，一開始就遭到台灣漢人及先住民的不斷反抗。1623年荷人初至一鯤身伐竹築寨之時，漢人曾策動200名先住民予以襲擊。隨著殖民壓迫和剝削的加深，終於1652年（清順治九年）爆發了郭懷一領導的有四、五千群衆參加的武裝起義。起義原計畫於中秋節發動，後因消息洩漏，提前於9月7日（陰曆八月初五日）發動。關於起義爆發的原因，府志記載：「紅毛肆虐，居民不堪，漢人郭懷一率漢民反叛」[221]。荷人也承認「島上中國居民認爲受公司壓迫過甚，渴望自由，他們受到國姓爺方面的鼓勵，認爲可以得到國姓爺的支持，於是舉行了一次危險的暴動」[222]。這是一次反荷蘭殖民統治的起義，起義群衆攻擊普羅文查城，燒毀公司房屋，荷人集中兵力實行鎮壓，並煽動一批先住民助戰，歷時半

個月，終被鎮壓，郭懷一中箭犧牲，數千群衆被殺。此次起義喚醒人民，爲鄭成功收復台灣打下基礎。

（二）鄭成功驅逐荷蘭殖民者收復台灣

1644年（明崇禎十七年，清順治元年），清兵入關，明統一政權宣告滅亡。明臣在南京另成立了南明政權，1645年金陵失守，唐王隆武帝即位於福州，得到鄭芝龍、鄭鴻逵的支持。1646年清兵入閩，芝龍降清，成功起兵抗清，以金、廈爲基地，經略閩海，二次舉兵北征。1659年（順治十六年）圍攻南京之役失敗後，轉向驅荷、復台的對外戰爭。1660年初，鄭成功在廈門「議遣前提督黃廷、戶官鄭泰督率援剿前鎭、仁武鎭往平台灣，安頓將領官兵家眷」[223]。旋因清兵即將來犯而暫緩行動。同年，荷人通事、漢人長老何斌逃回廈門，向鄭成功密進地圖，勸其攻取台灣，堅定了成功收復台灣的決心。1661年初，成功在廈門召開軍事會議，他說：「前年何廷斌所進台灣地圖，田園萬頃，沃野千里，餉稅數十萬。造船製器，吾民麟集，所優爲者。近爲紅夷占據，城中夷夥不上千人，攻之可垂手得者。我欲平克台灣，以爲根本之地，安頓將領家眷，然後東征西討，無內顧之憂，並可生聚教訓也」[224]。故早自粉碎清兵對廈門的進攻後，即先後派遣周全斌、馬信等各鎭兵馬南下和北上取糧，並傳令大修船隻，加緊籌備出征事宜，旋於4月21日率領25,000名乘坐400餘隻船隻從金門料羅灣啓航東征，22日抵澎湖，29日晚頂風出航，率軍直指鹿耳門，30日黎明抵鹿耳門口外，避開荷人炮火控制的大港，乘大潮直至赤嵌樓西北的禾寮港登陸。至下午1時半，在當地數千居民的幫助下，完成了登陸任務，並立即對普羅文查城採取分隔包圍之勢。荷蘭台灣長官揆一即派兵400名支持普羅文查城（赤嵌城），當晚守將下令發炮攻擊，翌日（5月1日），荷人從水陸兩路對鄭軍發動反攻，均遭慘敗。在海上，荷人最大的赫克托號戰艦被擊沉，並焚一艦；在陸路，上尉貝德爾（拔鬼仔）率領的118名荷蘭官兵被殲滅，鄭軍取得入台初戰的重大勝利。當日成功致函揆一：「澎湖島離漳州諸島不遠，故爲其所屬，大員亦接近澎湖島，故此地自應屬中國之統治。吾父一官將此地借給荷蘭人，吾今爲改良此地而前來，汝等嗣後不得再領有吾地。……否則汝等將悉於殺戮」[225]。5月2日後，成功同意與荷人進行談判，荷方提出的談判條件是：「願付賠款，要鄭成

功退出台灣，或荷方讓出台灣本島，但繼續居住大員。」鄭成功嚴正指出：「該島一向是屬於中國的。在中國人不需要時，可以允許荷蘭人暫時借居；現在中國人需要這塊土地，來自遠方的荷蘭客人，自應把它歸還原主，這是理所當然的事。」並重申：「堅定不移的目的，是要荷蘭人放棄全島。[226]」鄭成功在與荷方進行談判的同時，勸守將成城投降，並切斷水源，時赤嵌城孤城援絕，城中缺水缺糧，彈藥有限，難於堅守。5月4日守將獻城投降，鄭軍占領了赤嵌地區（今台南市）。5月25日，成功調集軍隊對拒絕投降的熱蘭遮城發起猛攻，未克，乃改變策略，留下一部分軍隊長期圍困熱蘭遮城，俟其自降，而將大部軍隊分派各地駐紮屯墾。9月16日又擊退巴達維亞派來由考烏率領的12艘船艦700多人的援軍，毀其二艦，殲敵一百餘人，迫使他們逃回爪哇。1662年1月，鄭軍對熱蘭遮城採取最後行動，一天用30門大炮向堡、城發射2,500發炮彈，首先攻下城西南高地的烏特勒支碉堡，熱蘭遮城便直接暴露在鄭軍炮火之下，荷方要求停火談判。成功遣通事李仲諭之曰：「此地非爾所有，乃前太師練兵之所。今藩主前來，是復其故土。……藩主動柔遠之念，不忍加害，開爾一面，凡倉庫不許擅用，其餘爾得珍寶珠銀私積，悉聽載歸」[227]。2月1日，荷方代表帶著用荷文寫成的18條的媾和條約（由揆一等28人簽名），鄭方代表帶著用漢文寫成的16條締和條約，來到大員市鎮的稅務所，各按本國的習俗舉行誓約、簽字、蓋章的儀式，然後互換條約，完成換約媾和的手續。荷文條約第2條規定：「熱蘭遮城及城外工事、大炮及其他武器、糧食、商品、貨幣及所有其他物品，凡屬於公司的都要交給國姓爺」[228]。成功所交漢文條約第2條的內容是：「按照所說的，該城堡所有的大炮、小炮、彈藥、現款，以及全部商品，都要毫無例外交給我。」[229]當時成功主要目的在收回這塊土地及該土地上的城堡與城堡內的武器財物，其他均同意荷方所提條款。這是台灣歷史上第一次按近代國際定約的正式手續簽訂的正式條約，過去認為成功接受荷蘭人投降書而未簽訂正式條約是錯誤的。2月9日約2,000荷蘭人分乘8艘荷蘭船撤出城外，17日駛離大員沿海，熱蘭遮城堡上升起了中國軍隊的旗幟，結束了荷蘭人長達38年的殖民統治。鄭成功驅逐荷蘭殖民者收復台灣的鬥爭，沉重打擊了西方殖民者在亞洲的擴張勢力，維護了國家的主權和領土的完整。「中國反侵略鬥爭和世界反殖民主義鬥爭在鄭成功身上結合起來了，他不僅是中國的民族英雄，同時又是對世界反殖民主義鬥爭中作出貢獻的傑出人物」[230]。

（三）鄭氏時期對台灣的經營、開發

　　1661年6月圍困熱蘭遮城之時，成功即著手台灣的治理、經營，首先改赤嵌地方為東都明京，設承天府，派楊朝棟為府尹，以新港溪為界，南北分設天興、萬年二縣，任莊文烈為天興縣事，祝敬為萬年縣事，改熱蘭遮城為安平鎮。這是台灣設置郡縣的開始。1662年6月23日（康熙元年五月初八日）成功病歿，子鄭經嗣位，1664年秋鄭經自金廈敗歸後，改東都為東寧，升天興、萬年二縣為州，又設南、北路及澎湖安撫司各一，以分理庶政，成一府二州、三司之局。基層分坊、里、社，在當時漢人移民的中心場所設東安、西定、甯南、鎮北4坊（今台南市區）、24里（今台南縣、市及高雄縣部分地方），坊設簽首，理民事，里設總理，理戶籍之事。此外南至琅璚、北至雞籠，多屬先住民住居的「番社」，間有漢民錯居，尚無村、莊、堡、里之設。

　　鄭軍登陸後一個月，除以少數兵力擔任圍城外，即將各鎮分派到汛地屯墾營盤田，至6月14日（五月十八日）正式宣諭：允許文武各官及總鎮大小將領家眷選擇荒地開墾種植，起蓋房屋，永為世業，以佃以漁及經商，「但不准混圈土民及百姓現耕田地」[231]。至荷人撤走後，即有計畫地實施「寓兵於農」的政策，除留勇衛、侍衛二旅以守安平、承天二處，「其餘諸鎮按鎮分地，按地開荒，……農則訓以武事；有警則荷戈以戰；無警則負耒以耕」[232]。改變了荷治時的土地制度，除將王田改為官田及由鄭軍屯墾的營盤田外，文武官田和私墾田園都屬於私人土地所有制，把大陸地主、佃戶的生產關係移植到了台灣。

　　成功率軍渡台後，清政府在沿海實行遷界、禁海政策，成功乃「馳令各處，收沿海之殘民，移我東土，開闢草萊，相助耕種」[233]。鄭經繼位後，也繼續招徠大批沿海流民，來台開墾。如1665-1669年間，就有福建平和、南靖、龍溪、漳浦的移民林新彩、陳匹、曾振成、張赫、石文宴、林萬、李培、劉叻、張連、曾強、賴健、杜閭、杜猛、杜養、張釗、莊行萬、曾記胡、陳寄及廖姓、李姓、張姓等多人入墾台灣中部的林圯埔（今南投縣竹山鎮）各村[234]。同時鄭經又遷徙一批罪犯及降鄭官兵來台。如1675年（康熙十四年）先後遷泉州洪承疇、漳州黃芳度家族眷口於雞籠、淡水[235]，1678年破海澄後，將副都統孟安等眷口及騎兵2000餘人，「載

過台灣，分配屯田」[236]。數年間，鄭經從大陸遷移到台灣的人口也有幾千人。鄭經繼續實行「寓兵於農」的政策，並向南北擴大開墾範圍。鄭氏時期由軍隊及私人開墾的土地，南路至今高雄市全部、高雄縣之中、南部與屏東縣部分地方，北路則包括今台南縣全部、嘉義縣大部及雲林、南投、彰化、台中、新竹、桃園、台北的部分地方，留下參軍莊、援剿中莊、援剿右莊、仁武莊、中沖莊、後勁莊、左營莊、前鎮莊、後營莊、左鎮莊、林鳳營莊、林圯埔、國姓埔等許多以鄭軍鎮、營或將領爲名的地名，有的還沿用到今天。

鄭氏經營台灣22年，台灣漢人人口達10-12萬人之間，其中鄭氏時代新增加爲5.6-5.8萬人。耕地面積達30,054甲，比荷據時代增加17,800甲，即擴大1.45倍。由於被沖毀或拋荒，到鄭氏退走時，實際可耕田園只有18,453甲[237]。

鄭成功入台後，十分注意對十多萬先住民的招撫工作。1661年登陸後，新化、善化、開化、感化等里，「土番頭目俱來迎附」，成功「令厚宴，並賜正副土官袍帽靴帶。由是南北路土社聞風歸附者接踵而至，各照例宴賜之，土社悉平懷服」。成功又「親臨蚊港，相度地勢，並觀四社土民男婦壺漿，迎者塞道。藩慰勞之，賜之酒食，甚是喜慰」[238]。同時巡視台南各大社，且遠至雲林、彰化一帶。1662年初，乃以監紀洪初辟等10人分管社事，專司「番政」，爲在台實行「理番」行政之始，時楊英乃上教土民務農之策，建議「於歸順各社，每社各發農□一名，鐵犁、耙、鋤一副，熟牛一頭，使教□牛犁耙之法，播種五穀割獲之方，聚教群習，……用心撫綏，家喻戶曉，恩威教導。墾多力耕者有賞，怠玩少作者有罰。……度其力量授田，然後計畝徵輸焉」[239]。鄭氏時期遠近歸順者數十社，殆遍全島。

王忠孝與鄭成功
——關於明遺臣與鄭成功關係的一個探討

　　王忠孝，字長孺，號愧兩，惠安沙格人。明萬曆二十一年（1593年）六月二十三日生，清康熙五年（1666年）四月二十八日（均係陰曆，下同）卒於台灣。鄭成功，明天啓四年（1624年）生，康熙元年（1662年）卒於台灣。忠孝與成功曾共事隆武帝，相處達十六年之久。關於忠孝與成功的關係，史籍極少記述。《泉州府志》〈王忠孝傳〉僅記：「丙戌（1646年）、丁亥（1647年）之歲入海不返，卒於台灣」[240]。《小腆紀傳》〈王忠孝傳〉也只記：「閩亡，依朱成功於廈門，……王師克廈門，復徙台灣，卒」[241]。現存未刊《惠安王忠孝公全集》抄本，卻提供了這方面的珍貴史料。本文擬以該抄本為主，對明末遺臣王忠孝與民族英雄鄭成功之間的關係，作一初步的考察。

（一）共事隆武帝

　　順治二年（1645年）閏六月，在鄭鴻逵、鄭芝龍及福建巡撫張肯堂、巡按吳春枝等擁戴下，唐王聿鍵即皇帝位於福州，以是年為隆武元年。八月，芝龍引長子森謁隆武帝，賜姓朱，賜名成功，儀同駙馬。明崇禎元年（1628年）進士、戶部河南貴州清吏司主事王忠孝，亦被推薦為廣東嶺東道，旋改授光祿寺少卿，年底入都陛見。自後忠孝與成功同事於隆武朝廷。

　　聿鍵接受監國後，決心「臥薪而望孝陵，嘗膽以圖統一」，與文武「誓復明疆」。即位後一再宣示要「御駕親征」[242]。但執掌全朝兵馬錢糧大權的芝龍兄弟，「方欲挾帝以自重」[243]，並「無效死興復之志」[244]，屢阻行期。十一月帝先命御營正、副先鋒鄭鴻逵、鄭彩分出浙東、江右，延至十二月初六日起駕親征。先後駐蹕建甯、延平，並欲移往江西，就贛督楊廷麟、楚督何騰蛟以佐中興，並擺脫鄭氏之控制。除重用堅決抗清之黃道周、路振飛、曾櫻、張肯堂、曹學佺等一批老臣外，

並開科取士，積極選拔新進。又令何吾騶、吳春枝簡練行在御營十標以自衛[245]。在隆武帝依賴鄭氏又力圖擺脫其控制的困境中，王忠孝與鄭成功都表示效忠明室，都受到隆武帝的信任和重用。

王忠孝就任後旋奉旨隨征，雖非言官，但不願緘默。於隆武二年（1646年）正月疏陳慎用人、審布置、核額餉、汰將領、清言路、實圖治六事，直言上述六個方面的種種弊端。疏末指出：「凡此六失，補救更圖，只在今日，否則因循度晷，……欲冀中興，不知何日，而況有不忍言不敢言者哉」。奉旨：「六款皆切中時弊，真實可行」[246]。旋於同月十三日特賜王忠孝尚方劍，令巡視仙霞關，並親自召見，面諭速行。因上年底馬金嶺失事，黃道周全軍陷沒，鄭鴻逵倉惶退屯仙霞，隆武帝震怒，故有是命。忠孝遵旨巡視仙霞、二渡等關及沿關附近的浦城、九牧、青楓嶺、廿八都、劉家墩等二十多個地方，「詳加曉諭」。「安戢兵民」。並會晤鄭鴻逵，「將臨遣天語，逐一宣諭」，並與其「再商守禦」。回行在後，又疏請敕鄭鴻逵「汰將並營，日夕整頓」，除嚴守各關外，宜選大將一員出關，「犄角牽制」，主張「守定議戰，以戰爲守」[247]。以後忠孝「凡所建言，皆切中時弊」，多被採納。旋進太常寺正卿，擢都察院左副都御史，協理院事，又帶管通政司事，深受重用。

鄭成功雖與芝龍爲父子，但政治態度迥異。芝龍爲維護一門既得利益，一面擁立隆武帝，同時早與清使私通，「密有歸款意」。而成功則始終忠於抗清恢復事業，堅貞不屈。一日見隆武帝愁坐，跪奏曰：「陛下鬱鬱不樂，得無以臣父有異志耶？臣受厚恩，義無反顧，誓當以死報陛下」[248]。帝嘉歎。親征後命以宗人府宗正協理行在宗人府事，旋命爲御營御武副中軍總統御營軍務，並掛招討大將軍印，賜尚方劍，鎮守仙霞關。隆武二年正月初，命成功發銳兵二千同輔臣光春往鉛山，爲鄭彩聲援。成功遂領兵出大定關。三月，敕成功招致鄭彩逃兵，勿令其驚擾地方百姓。四月，敕諭成功用力湖東，以便東西並舉，恢復江西。若鉛山告警，必行兼顧，以固崇關。又諭御營內閣：國姓成功巡關回來，迎駕暫至邵武，相機出關。時新撫永安、沙縣山寇頭目一萬多名，亦令聽成功節制。旋諭成功：「其總理中興恢御兵、餉、器中，統惟卿父子是賴」。五月，敕成功兼顧大安關，益兵防扼，恐有清騎突入。又諭成功：令粵東、粵西撫按各選兵一萬，「以資恢復中原」。六月，命成功親到漳、泉精募兵將，「立助恢復」，期限二十日[249]。從以上可看出，那裡

有警，就命成功到那裡鎮防，並以兵、餉、器三事重託。隆武帝似有意通過重用成功來影響芝龍，並稍分其權。成功在守關時曾上條陳：「據險控扼，揀將進取，航船合攻，通洋裕國」。[250] 隆武帝贊成功所奏，「言言碩劃，朕讀之感動」。六月封成功爲忠孝伯。

有的史籍記載，隆武二年三月，成功以母「病危」，「叩陛辭回安平」[251]。有的則記，七月「成功以母疾辭還安平」[252]。但從上述《思文大紀》所記看來，沒有跡象表明隆武二年上半年，成功曾離開過閩北。《海紀輯要》記載：八月，成功仍守衛仙霞關，屢請「速發餉濟師」，「皆不報」，關兵無糧，「成功不得已引還」[253]。王忠孝也記載，八月下旬在延平附近遇見成功「於舟次」[254]。說明成功只有六月奉旨回閩南招兵時，有機會回安平省親。招兵畢仍回閩北守關，堅守到最後才撤離。成功忠於隆武帝，忠於恢復中興事業，於此可見。

王忠孝與鄭成功，不但共事隆武帝，而且都忠心耿耿，始終不渝。

（二）合謀舉義抗清

八月，隆武帝從延平出奔江西時，隨行者僅何吾騶、郭維經、朱繼祚、黃鳴俊等少數廷臣，其中何、郭又於中途離去。向受隆武帝重用的王忠孝、鄭成功爲什麼都沒有隨駕從行呢？據王忠孝《自狀》記稱，決定移至江西時，被列隨駕，乃於五月間請假二個月返里治裝，七月假滿，「值寒疾，延擱半閱月」，八月抵福州，望後登舟還行在。時隆武帝已離開延平，因此沒有隨駕從行。但當隆武帝先前銳意出贛時，忠孝曾「力諫不可」，反對出關。他支持鄭鴻逵所陳閩北「關門險要」，「爲十可守，百不可出之議」。曾聯合一些廷臣奏請令鴻逵與成功「分域嚴備」，由諸臣「督餉督師」。但「上意堅不可挽」[255]。當清兵開始進贛入閩之時，江西形勢也岌岌可危，願意隨行者更寥寥無幾。忠孝返里後敕催隨駕六人，惟忠孝一人就道。但他行前請假，又遲遲返行在，這與他原來力諫不可出關的主張可能有關。忠孝堅持抗清，又不願隨駕入江西的行動與成功的觀點有些類似。當成功看到父叔「皆懷不測」，曾勸隆武帝「宜自爲計」。甚至勸帝「出關」，但自己又明確表示不願隨行。當時帝問：「汝能從我行乎」？成功答：「臣從陛下行，亦何能爲，臣願捐軀別圖以報陛下。此頭此血，總之已許陛下矣」。之後，「思文出關，賜姓遂入海」[256]。

個人認爲，此時成功不願隨駕也不可厚非，蓋南安鄭氏一門以海起家，長於海戰，並靠海上貿易以濟兵餉。離開沿海，深入大陸腹地，的確無所作爲，成功不久後勸阻其父北上降清的理由是：「虎不可離山，魚不可脫淵。離山則失其威，脫淵則登時困累」[257]。基於這種思想，故願「捐軀別圖以報陛下」，即利用鄭氏在海上的有利條件，在福建沿海繼續堅持抗清。以後的業績，證明了成功的看法是很有見地的。

關於成功曾與忠孝合謀舉兵一事，忠孝在《自狀》中曾有記載：八月「望後登舟，溯流而上，距行在所僅二程，清騎已乘虛而入，賜姓公交鋒不利，率師南下，遇余於舟次。語余曰：上已先四日行，劍南皆北騎，公將安之。因拉余旋福京，訂舉事」[258]。成功部將忠振伯洪旭所撰《王忠孝傳》也有記載：忠孝回延平行在時，「上已出蒞劍州。北岸皆毳帳，獨成功一軍未動。公望北哭，成功執公手曰：先生何之，吾叔侄在，捲土重來，未可知也。且歸再計」[259]。這些紀載說明，成功一軍堅持到最後才步步南撤，而且早已決心舉義抗清，並在福州與王忠孝合謀起兵。

芝龍於順治三年（1646年）十一月半北上降清，成功即於十二月舉兵海上，文稱「忠孝伯招討大將軍罪臣國姓」，旋往南澳募兵，有衆三百人（一說數千人），翌年屯軍鼓浪嶼，訓練士卒。時鄭彩也迎魯王至閩，先次廈門，後移長垣。清吏報告這時福建「海賊山寇，在在竊發」[260]。至順治四年（1647年）夏秋間，「八郡寇賊，四方蜂起」[261]。形成抗清高潮。七月，魯王攻福州，莆仙林蘭友（自芳）、福清林子野、林汝翥等起兵回應。八月，成功聯合鴻逵進攻泉州。晉江在籍御史沈佺期、光祿卿林橋陞、主事郭符甲（介庵）、推官諸葛斌、「皆舉兵應」，守西城將楊義，鄉宦郭必昌之子顯約爲「內應」[262]。王忠孝自返里後，因清兵搜捕緊，乃削髮入空門，以此爲掩護，「因得與同志商舉事」，也在此時舉義於惠安。《自述》稱：「鳩集千餘人，遂建旗鼓，南與賜姓叔侄、郭介庵、張沖至（正聲）相望，北與林自芳、林子野回應。而一時莆、惠蜂起，余師徒日盛，聲勢日振，莆、惠二城或內應或自遁，皆復我明土矣」[263]。但當時北有鄭彩及魯王，南有成功叔侄，忠孝「一師介其間，事事棘手」。而惠安又有鄭耀星「與鄭通譜，亦樹一枝」，糾合數萬，圍攻縣城，日與忠孝爲梗，製造內訌。五年春（1648年），因無糧，與鄭議暫

撤歸農，俟早熟有糧再招集，「別圖興復」。但「鄭口唯唯，心懷搗虛」。果於一日，「藉題構難，率兵襲余營，奪餉界。余時兵難猝集，去而之莆，……而余於莆、惠竟無餉地，姑解散師徒，決計渡海」[264]，歸依成功，起義旋敗。

自魯王入閩後，先後克服建寧、邵武、興化、福寧三府一州二十七縣，但內部不團結，鄭彩專橫朝政，於五年三月殺大學士熊汝霖、義興伯鄭遵謙，義軍很快瓦解。在陳錦、佟國器、李率泰督大隊清軍進攻下，所得郡縣盡失，抗清鬥爭受到挫折。

王忠孝總結丁亥（1647年）、戊子（1648年）間閩省抗清失敗的原因時說：「亥子之間，諸臣或抗志於幽阨，或糾合乎義旅，軍聲丕振，克復時聞。而事權不一，兵餉為艱，重以援（虜）踵至，薄旅難支。閩之所以幾復而旋失者以此」[265]。但獨成功一旅，以「國姓」相號召，遙奉永曆年號，忠於恢復中興事業，歸附者眾，隊伍日益壯大，成為東南抗清的砥柱。

（三）匡助恢復中興

鄭成功起兵後連年進攻閩南及粵東沿海各地，擴軍裕餉，至順治七年（1650年）併殺鄭聯後，已有部眾四萬多人，並取得金、廈為抗清基地。時明宗室及遺臣陸續來金、廈依成功者日眾，除王忠孝外，還有盧若騰、郭貞一、沈佺期、辜朝薦、徐孚遠、紀許國等多人，他們都把恢復大業寄望於成功。成功對他們也十分尊重，「軍國大事，輒以相諮」[266]。據記載，這批遺臣「也每以大義相鏃勵，成功娓娓聽，至終夕不倦。有大事，輒諮而後行」[267]。王忠孝就是這種關係的一個代表人物。

忠孝自順治五年兵敗避居鷺島，至康熙二年（1663年）十月離開，寓金、廈十六年。他給成功的書信中多次表示「仰冀旦晚光復」，贊成功為抗清「中流砥柱」，並稱「以第一流大業望台臺」[268]。不但寄厚望於成功，且盛讚其治績，指出：「賜姓力圖興復，秉鉞簡旅，藉茲島權輿，蓋大明日月繫焉。其區綰漳、泉，襟要衣冠，生齒甲於列邑。而樓櫓輻輳，貿遷訖於裔夷，殆儼然巨都也」[269]。對成功北伐時入長江，破瓜州、鎮江，「駸駸乎中原震動」，曾為之振奮。聞南京之役失敗也並不灰心，因看到「江南民心思明，所向如一，亦可卜（虜）運之將迄也」

[270]。忠孝寓廈期間「對鄭氏叔侄，凡軍國大事，有所籌策，多所匡救」。成功及鄭經對忠孝的生活也頗為關心，「饋遺無虛日」[271]。《王忠孝全集》抄本留下了不少有關忠孝與成功關係的史料，特別是忠孝匡助成功恢復中興大業的珍貴史料。茲歸納分述如下：

1.團結方面

在福建抗清義旅中，鄭氏一門占重要的地位。有定國公鄭鴻逵駐金門，建國公鄭彩、定遠伯鄭聯駐廈門，澄濟伯鄭芝豹居安平，忠孝伯鄭成功飄遊於鼓浪嶼、南澳等處。鄭彩奉魯王，成功仍奉隆武年號，後改遙奉永曆年號，鄭門內部各懷意見。忠孝在與曾櫻書中，提出做鄭門抗清力量的團結工作。書稱：「居恒有一宏願，鄭門現三大枝，各懷意見，指臂不靈，肯使同心協力，現在諸公日與周旋，老祖為一主盟，微論軍機可參末議，即民隱亦得時達，其如當事先自畛域何？責在吾黨，當積誠感動之」[272]。忠孝還直接寫書給鴻逵提出勸告說：「蓋閩粵義旗，惟尊府為先。匡扶伊始，指臂誼聯。而同枝相鬩，恐生觀釁。高明故自照悉，弟輩亦不禁隱憂耳」[273]。順治八年（1651年），成功責怪鴻逵渡清將馬得功離廈，自後叔侄不相往來。當成功準備北伐時，忠孝馳書規勸成功：「至親指臂，較為得力。或台旅遠行，而以令叔為居守之網維，亦甚親切」[274]。顯然，忠孝為鄭門團結操心，完全是為抗清恢復事業著想。

2.聯絡方面

忠孝寓廈後曾兩上疏於永曆帝，受封為兵部右侍郎，「初奉覲謁之旨，旋奉聯絡之旨」。自永曆七年至十四年又四次上疏於永曆帝，表現了他為聯絡西南和東南抗清力量的一片苦心。在永曆七年（1653年）六月的一疏中，建議永曆帝派師入閩，聯合成功恢復閩浙。疏稱：「勳臣鄭水師一枝，時相呼應，亦疲於奔命。倘藉皇上偏師入閩，懸賞給以鼓將士，耀赫濯以申約束，閩事其可為也。浙（事）盡在閩，閩平浙可指日復也」[275]。永曆十二年（1658年）二月一疏中，除表示了「雖聯絡未有成績，而百折不回，忍死以待中興」的決心外，又提出派遣重臣以加強聯絡，統一作戰步調。疏稱：「諸藩勳兵精餉裕，亦既協圖補浴，但進取規模，或恐意見各別。皇上宜專遣德望重臣一員，往諸藩商榷機宜。或並力江楚，或分取兩粵，廟算一定，指臂為聯，楚、粵可克奠也」。疏中還提出派員對降清明將吳三

桂、唐通等做爭取工作。認為雖「未必呼應，亦可用間設奇」[276]。永曆十三年（1659年）二月上疏稱：「惟望大師出楚出粵，捷音四布，俾皇靈遠暢，海內快瞻日月，是所早夜齋心而焚祝者也」[277]。永曆十四年（1660年）二月上疏報告成功北伐南京先勝後挫情形，除提出留師扼要守衛行畿外；建議「精銳宜疾馳廣西，順流下粵東，必有破竹之勢。然後從南雄取道江右，以圖江南，蓋（虜）之全力在楚，次在閩，避實擊虛，兵家之道宜爾也」[278]。王忠孝聯絡東西南抗清力量的努力，雖無甚成效，但他忠於永曆帝，矢志恢復中興的一片赤誠，值得讚頌。

3.建言方面

　　忠孝寓金、廈期間，同樣從關心恢復中興事業出發，凡有所聞見，輒向成功及其部將進言。如對成功征討南北負固頑寨，以擴疆裕餉，忠孝曾書面勸告，凡「瀕海居民，有前梗而今欲順者，不妨先示訓諭，使知悔輸。頑不能馴，鋤之未晚，勿遽勤台旅也」[279]。順治十二年（1655年）海壇林簡修復逞，成功令裴德發兵征討。忠孝也函勸「先示招徠，後行征剿」[280]。並致函奉命北伐的甘輝、萬禮說：「聞北發之師，節制實屬元戎。是行也，師徒繁多，勢當因糧於敵，至駐紮之地，民心亦宜收拾」[281]。當時忠孝最為關心的民間的負擔問題。沿海為清鄭爭奪之區，居民負擔極重。往往「一村而分山海二餉，各有所轄，民屬兩家之民」。且「正餉之外，題目繁多，民多有流竄者」[282]。故忠孝認為，「今做事所難者，餉耳，餉不足，必取之民。而委任希得其人，而奉行未免過當」[283]。當時惠安鄉民以餉額過重，曾具呈匍匐赴訴求減，忠孝也認為「敝里船餉什派，困憊已極」，曾代向鄭泰反映[284]。主張「當以凋敝減額為要務」[285]。並曾函告北征浙海的成功：「沿海生靈，皆外府專官撫輯，歲定額賦，寧輕勿重，輸納有經，是亦今日切務也」[286]。又在給甘輝信中指出：「大抵得城之後，不能不計餉糈，而亦以平定寬大為先。額數太多，則民力不堪[287]。忠孝除對征戰、兵餉等方面進言外，也向成功推薦人才。如薦陳鼎之子永華「有經濟之才」，成功即「用為參軍」[288]。

（四）讚頌東征復台

　　順治十八年（1661年）三月，鄭成功揮師東征，驅逐荷蘭殖民者，收復祖國領土台灣，為中華民族立下了巨大功勳。但當時多數明遺臣不理解成功這一壯舉。

如張煌言曾貽書勸阻、指責，認爲思明是「根柢」，台灣乃「枝葉」，「區區台灣何與於赤縣神州」。責成功「與紅夷較雌雄於海外」，「生既非智，死亦非忠」。規勸成功回旗北指，利用當時人民對遷海的不滿情緒，加以「激發」，認定這是推翻清朝統治的良機[289]。煌言同時還寫信給王忠孝、沈佺期、徐孚遠等，「勸其力挽成功」[290]。而忠孝對成功東征開始也不理解，也認爲遷海之際乃圖恢復的良機。他在答煌言書中說：「頃者，虜又虐徙海濱，所在騷然。乘此時一呼而集，事半功倍。而僻據海東，不圖根本，眞不知其解也」。又說：「今遷民無巢可棲，我爲之慰止疆理，從如歸市。足食足兵，以圖光復，此其時矣」[291]。康熙元年夏，未聞成功死訊前，煌言仍埋怨成功沒有回師「以報大仇」，且認爲成功在台「孤島孤軍，難以持久」，「萬一變生肘腋，進無所依，退無所往，有不忍言者矣」[292]。而忠孝於康熙三年入台後，對東征復台的看法，很快發生了變化。

二年十月，清克金、廈，忠孝先避居銅山，後鄭經招其同往台灣，陳永華、洪旭「俱贊余決，遂與俱東」。三年（1664年）三月初十日開洋，泊澎湖一月，四月初十抵東寧[293]。忠孝親至其地，目睹其境，開始對台灣的恢復與開發備加讚揚。《自狀》中記述：「東寧僻處海東，向爲紅夷所據，土夷雜處。……賜姓撫茲土，華人遂接踵而來，安平東寧所見所聞，無非華者。人爲中國之人，土則爲中國之土，風氣且因之而轉矣」[294]。並賦詩讚頌：「巨手劈洪濛，光華暖海東。耕耘師后稷，弦誦尊姬公。風俗憑徐化，語音以漸通。近年喜豐稔，開濟藉文翁」。[295]這是對成功父子開發台灣的歌頌。當煌言聞知成功於二年五月卒於台後，也歎曰：「已矣，吾無望矣」[296]。於三年所撰《祭延平王文》中，對成功也給予高度評價，譽其「勳追武肅，忠貫汾陽」。對成功復台功績也加以肯定。文稱「肇基東鄙，拓地南荒；乾坤獨闢，夷夏咸康。佇班師旅，終仗尊攘；夫何月掩，忽焉星亡」[297]。認爲成功死後，「秉鉞無人」，是抗清事業的巨大損失。

當時先後入台之明遺臣還有沈佺期、盧若騰、辜朝薦、郭貞一、紀許國等人，「爲鄭氏國老，凡有大事，待訪而行」。時稱「七公」，其後並卒於台灣[298]。王忠孝於康熙五年四月二十八日卒。在逝世前所自撰的《行狀》結尾說：「自信此生罔敢失節，因憶銓次，以志顛末。倘得中興好音，生還故里，望闕焚祝，沒齒無餘憾矣」[299]。在所留書面《遺囑》中稱：「即終於地下，我亦復何憾。只生平上無補

於國家，下無裨於生民，迭經遭君父大變，不能致身光復，以茲爲恨耳」[300]。臨終仍念念不忘於光復中興事業。

北京中國歷史博物館藏有鄭成功與王忠孝「對奕圖」一幅，上有「螺陽王忠孝拜手敬書」之「百字讚」。文曰：

> 儼乎其神，若有思；藹乎其容，若可即。蓋其氣吞湖海，胸藏甲兵。自爲秀才，便以天下爲己責，而況遭時艱危，能不奮然一擊。睹公雄姿，直欲一蹴而抵黃龍府，又何有於半壁。無忘以淝水之捷，足快人心，偶托賭墅以自適。公之勝算，早在局中，是豈尋常所測識[301]。

從「對奕圖」及「百字讚」可看出王忠孝對鄭成功的景仰，亦係兩人關係密切的實證。

《全集》除保存了忠孝與成功關係融洽的主導面外，也反映了關係中的不愉快及忠孝思想上的苦悶。如忠孝每歎「心屈於力，事阻於時」，聯絡工作「迄無成績」。雖「備極艱瘁，然於光復總無裨」。自稱「身在風波，無一事可開抱懷」，只好「潦倒餘年」[302]。他對成功與清廷和談也不理解，並在詩中透露出對國事憂傷之情。其《即事有感》一詩云：「共說和戎沸似口，個中情事誰分明。胡騎仲夏才鏖戰，漢將今朝可撤兵。恢國念深慚抱杞，匡時力殫空懸旌。樽前偶語疆場事，彈劍悲歌不勝情」[303]。曾發出「中原補浴伊何人」之慨歎。同時在現實生活中，忠孝也曾與鄭軍將領發生過齟齬。如忠孝曾置一小舟，搞點貿易，以濟家用。但船隻屢被徵借載兵，久拖不還，爲此曾與成功的舅舅發生過糾紛。在與友人書中自述處境是，「兀處荒礁，奮飛無地，開喉塞吮，都成罪端」。且曾以不被尊重而埋怨說：「此間秉鉞揚旌之雄，起家原無詩書氣味，視吾党紳佩如同贅疣，雖欲爲計大策，俯仰無從也」[304]。在上永曆帝奏疏中多次公開表露，「留滯海島，臣蓋有不得已於此也」；「旅棲多年，蓋有不得已於斯也」。也多次要求，「倘旦晚兩粵一線可通，必思匍匐趨赴。敢云匡濟，叩階墀而瞻雲日，余願畢矣」。並說：「祇此戀主一念，耿耿難忘」[305]。因朝謁之路不通，也考慮過離開金、廈遷移到沿海其他海島。這些都反映了忠孝與成功及鄭軍關係中，存在有不愉快的另一面。當時成功對寓廈明遺臣雖是尊重，但他們並不掌握實權，建言也不會都被採納，甚至有些

鄭軍將領輕視他們，視之如「贅疣」。成功與魯王的關係，也頗類此，因此曾引起部分魯王屬吏對成功的不滿，甚至對成功加以毀謗和中傷。這是明末清初南明抗清軍內部存在矛盾的反映。

據清代檔案考訂鄭成功史事十二則

楊英的《從征實錄》、阮旻錫的《海上見聞錄》、夏琳的《海紀輯要》、《閩海紀要》、《閩海紀略》、黃宗羲的《賜姓始末》、鄭亦鄒的《鄭成功傳》等書，是公認的研究鄭成功史事的重要文獻。但這些著述，對鄭成功史事日期的紀載，有不少缺漏或不詳之處。現擬根據清代官方有關鄭成功的檔案資料，略作分析，或能補充訂正諸書對一些重要史事日期的紀載。

（一）鄭成功圍攻泉州及撤圍的日期

順治三年（1646年，隆武二年）鄭成功起兵海上後，打了進攻海澄和圍攻泉州兩個戰役。關於鄭成功聯合鄭鴻逵圍攻泉州及撤圍日期，據清福建提督趙國祚於順治五年八月初六日報告說：

> 鄭鴻逵、鄭成功等於順治四年「八月內率眾糾合，一時山海並發，四面蜂起。……於九月初三日，山寇蟻聚，迫近郡城，海賊擁來，環攻溜石。防守參將解應龍奮力擊打，職即發兵應援。奈賊眾民叛，溜石已被賊陷，官兵潰亡。賊隨勢四方圍攻郡城，不暇一月。職時發官兵衝殺獲勝，賊恃船寨，未肯頃退。職遂密調漳州副將王進等帶領馬步官兵，於本月二十一日抵泉。職即撥在泉官兵協力合剿。連日攻破數十寨，奮斬逆賊不計其數，賊勢大敗。於本月二十八日乘夜奔逃，伏舟海上」。[306]

據此，鄭成功係於順治四年八月聯合鄭鴻逵等對清兵發動攻擊，於九月初三日攻克溜石後，遂圍攻泉州郡城。這和《閩海輯要》關於攻城日期的記載相一致。

《賜姓始末》七月會師圍攻之說疑誤。至於撤圍的具體日期,則爲九月二十八日,可補充諸書記載之不詳。

(二) 鄭成功攻克同安及其失守的日期

鄭成功起兵後打的第一個勝仗,是順治五年(永曆二年)攻克同安縣城,並設官治理。關於攻克同安的日期及失守的日期,據清福建巡按霍達於順治六年的報告說:

> 「同安縣於順治四年(筆者按:係五年之誤)四月初十日,逆賊攻城,該縣同防守官兵極力捍禦,不料漳、泉路斷,外無援兵。至十八日,鎮守副將廉彪、游擊折光秋、張珍是夜開西門引兵先去。知縣張效齡不能死守,亦遂棄城宵遁,攜印至漳州去訖,賊遂入城。……迨八月二十六日大兵攻城,剿賊殆盡,城始恢復。此同安失城之始末也。」[307]

另據福建巡按史於順治七年的報告中所引用同安知縣張效齡的口供:

> 「五年四月內,海寇攻圍城池,效齡因兵少無援,力不能支,遂同在官原任縣丞黎大鯤、典史王得道棄城逃往漳州府請兵救援,城即失陷。於八月二十六日恢復。」[308]

以上兩件檔案資料均記於順治五年四月攻克同安縣,霍達的揭帖並具體指出於四月初十日攻城,十八日攻克,這是可信的。《海上見聞錄》等書均記閏三月攻克,係指明曆。按該年清曆四月,爲明曆閏三月,《鄭成功傳》記三月攻克,誤。其他記載均無具體日期,檔案資料可補諸書記載之缺。

(三) 鄭成功攻克雲霄及盤陀嶺戰役的日期

順治六年(永曆三年)鄭成功攻克雲霄縣,是他起兵後的另一個勝仗。後因盤陀嶺截援之師被漳鎮王邦俊擊潰,守將中沖鎮柯宸樞及其弟中軍柯宸梅俱戰死,鄭成功退出雲霄,撤詔安圍,遂督師入粵東潮州等地。關於鄭成功此次南下之役的日

期，據順治六年十月清雲霄營中軍王時志報稱：「隨據兵丁王進忠在雲霄城內跑出報稱，張副將等在堡，賊中聞有王起俸督領衝鋒，已於十八日夜被賊攻陷等情。」另據張副將親丁王青自雲霄逃出，報同前事。據總兵王邦俊移報內稱：「雲霄失守，本鎮親領官兵於十月二十八日前往恢復，三十日進兵剿殺扼守盤陀關諸賊，當斬偽都督柯宸樞等。十一月初一日五鼓進兵，撥守雲霄偽國姓等賊深知盤陀關賊夥被剿，黃夜率黨下海。……正在料理防守間，又聞詔安縣被賊圍攻，本鎮即率馬步於初二日星夜救援。各賊聞知我兵將至，兼有防守該縣副將晉級備禦周密，遂於本日三更盡行遁走。隨據副將晉級報稱：十月二十九日，水陸逆賊數萬來攻縣城，……三十日，賊眾復來攻城，……十一月初一日復來攻城，職設伏以待，賊屢犯屢敗，計窮莫支，方行逃遁等情，轉報到道」。[309]

可見，鄭成功係於順治六年十月十八日攻克雲霄，並分兵圍攻詔安。三十日於盤陀嶺戰敗，十一月初一日從雲霄退兵，並撤詔安圍，督師入潮州。《從征實錄》記十月初十日克雲霄，二十八日盤陀嶺戰敗，疑誤。而《鄭成功傳》、《閩海紀要》等書記載正月或三月克雲霄，三月或四月盤陀嶺戰敗，似誤。《從征實錄》記十一月初一日撤詔安圍與檔案資料所記一致。

（四）鄭成功廈門基地失守及其收復的日期

鄭成功於順治七年（永曆四年）八月十五日回到中左，殺鄭聯，奪取金、廈為抗清的主要基地。同年十一月再度督師至潮陽，旋南下勤王。順治八年閩撫張學聖、興泉道黃澍、泉鎮馬得功乘虛攻陷廈門。關於廈門基地失守及收復的日期，從順治十一年刑部審訊張學聖等人的檔案資料中，可以得到明確的回答。據張學聖口供：「馬得功於三月初一日就得了廈門。隨於初四日馬得功報文廈門已得了。又云此城或毀壞或照常存留？我說還得我親自去看了再定。隨同道里往廈門去，於十二日到彼」。據馬得功口供：「巡撫在泉州府，於八年閏二月二十六日起程往漳州去。我送他二十里。巡撫對我說，你明日趕來，有事與你商量。我於次日趕至漳關縣，經過道上，即同道官往見。巡撫說，你可將廈門去取了。……隨與船七十隻，兵六百名。往前進時，廈門的兵民俱上船往海內逃避了，止有空城。我於三月初一日得城，城內沒有財物。於初二日報知巡撫。」[310]

另據福建巡按王應元揭帖內稱：「自三月十四日至二十五（日），且戰且守。陣亡官兵有聽用官方應武……。」[311]

據此，馬得功是在順治八年三月初一日攻下廈門。《從征實錄》記為三月十四日鄭成功廈門失守，似誤。張學聖、黃澍是在三月十二日到廈門。《海上見聞錄》等書則記三月初一日到廈門，亦誤。《海上見聞錄》記清兵攻廈門，其夜火光竟天，曾櫻於是夜自殺，時為二月十三日，疑係閏二月三十日之誤。因馬得功是在閏二月二十七日才接受攻打廈門的命令。《海紀輯要》等書記載曾櫻於二月三十日自縊，亦疑係閏二月三十日之誤。

關於清兵退出廈門的日期，據王應元揭帖自三月十四日至二十五日清兵「且戰且守」，則離廈日期應在二十五日或二十六日左右。這與《從征實錄》記鄭成功四月初一日回廈，清兵已渡海數日大致相符。《海上見聞錄》等書記前二日渡海，疑誤。

（五）鄭成功兩敗王邦俊於漳浦、大敗楊名高於小盈嶺的日期

順治八年鄭成功收復廈門後，便積極向廈門附近的閩南沿海發展，集兵裕餉，以鞏固金、廈基地，為實現中興打下基礎。首先督兵攻打海澄、漳浦屬地，兩次擊敗王邦俊於漳浦，並擊敗福建提督楊名高援漳之師於南安小盈嶺。關於以上三個戰役的日期，據清署分守漳南道右布政使周亮工復審駐防海澄之水師營防將邵惟真的報告中指出：「八年五月二十四日，海寇突犯浮宮，係海澄所轄，惟真率兵堵禦，賊漸引退，旋而突入嵩浦、磁灶內港，雖與澄境相接，然地屬漳浦。時王副將聞報，即發把總劉忠孝帶兵進剿，……乃劉忠孝等官兵於本月二十八日紮營嵩鋪地方，各將罔識地利，誤墮賊計，一時伏兵四起，我師失利。」[312]又刑部審訊王邦俊檔案也指出：「又海澄浮宮地方，先於八年五月二十四日海寇突入時，邦俊諭令防將邵惟真不可輕動，……至本月二十八日，被賊突入。」[313]這是清代檔案中關於鄭成功第一次擊敗王邦俊日期的記載。

據清刑部尚書巴哈納等題本載：「濠潯之失，在於八年九月二十四日。」[314]這是清代檔案中關於鄭成功第二次擊敗王邦俊的日期的記載。

據馬得功手本載：「詎賊於（十一月）二十四夜移踞小盈嶺口，憑依山險，排紮木寨數十座，阻絕泉、同大路。本鎮當即追至小盈攻殺一陣，仍即駐候提督

（按：指楊名高）親臨商剿。至二十五日寅時，蒙提督間道迅臨，與本鎮酌閱賊勢，各帥官兵分頭攻戰。……自辰至酉，奈山高路險，攻取不下，天晚分兵回同。」另副將侯全、參將馮君瑞等塘報中均肯定小盈嶺戰役是在十一月二十五日。[315] 這是清代檔案中關於鄭成功擊敗楊名高於小盈嶺日期的記載。

據以上檔案資料記載，鄭成功係於順治八年五月二十四日進攻海澄，二十八日一敗王邦俊於漳浦之嵩浦地方。又於同年九月二十四日再敗王邦俊於漳浦之濠潯地方，《從征實錄》、《海上見聞錄》等書記為五月二十二日進攻海澄，時間相差兩天。又記五月二十七日擊敗王邦俊於磁灶，時間又早了一天。又記九月二十五日再敗王邦俊於錢山，時間又遲了一天。兩次戰役的地點亦有不同。

至於鄭成功擊敗揚名高援師於小盈嶺的日期，應為同年十一月二十五日。《從征實錄》、《海上見聞錄》等書僅記月，缺日期。《閩海紀略》則記為十二月。

（六）鄭成功攻克漳屬七縣並圍困漳州的日期

鄭成功於順治八年兩敗王邦俊於漳浦，大敗楊名高於小盈嶺之後，軍聲大振，不到4個月，相繼攻克漳屬之漳浦、雲霄、詔安、海澄、平和、長泰、南靖7縣，並圍困漳州府城。關於漳屬各縣攻克的日期，清代檔案均有具體日期。

順治八年十二月十二日，據防守漳浦標中營逃回兵丁侯有功等、雲霄逃回兵丁楊二等口稱：「（十二月）十一日巳時，鄭成功率賊計有數萬，從舊鎮一帶突犯漳浦。……城內奸細回應，四面齊扒，於午時將縣城攻開」。同月二十二日，據琯溪地方練總林功報稱：「賊眾於十四日集犯雲霄，參將包泰亨自縊身死，中軍包胤出降」。同月十九日據守備賴策報稱：「詔安縣防守千總薛加祥、把總王撫民，本月十五夜聞海寇泊船海邊，即棄城逃廣，詔安失陷。」[316] 順治九年正月初七日，據王邦俊塘報：「水師營兵丁陳元德自海澄逃回，口稱初三日未時，賊船齊到海澄港口，署縣甘體垣、參將赫文興同中軍千把總等官，率兵帶船四十餘隻迎賊進城等情。」同月十四日午時，據鄉練林功報稱：「十二日漳浦賊夥二千餘，由小溪攻圍平和，至四更時分，攻破縣城，從東門進入。其縣官、防將不知下落等情。」[317]

又據福建按察使董應魁於順治十年提審王邦俊、陳尚智、安孝，查得各縣陷失月日為：「其漳浦係順治八年十二月十一日，雲霄係十二月十五日，詔安係十二月

十六日。又查得海澄係九年正月初三日，……平和係正月十二日，長泰係三月十四日，南靖係四月初二日。俱陸續被陷訖，查取的實在案。」[318]

據以上檔案記載，鄭成功克漳浦係在順治八年十二月十一日，而《從征實錄》等書記為十二月十五日，似誤。克海澄、長泰日期亦相差一天。而克詔安、平和僅記月，無日期。克雲霄、南靖則未書。檔案記載可補上書的缺漏。

至於鄭成功漳州撤圍的日期，據福建提督楊名高稱：平南將軍金礪等統率大兵「於（順治九年）九月十九日至泉州，二十一日與本提督同各將統兵進剿。乃至漳之龍江鋪，而逆賊鄭森盡撤賊兵屯紮於江東橋地方。我師……於九月二十八日直抵漳州北門外紮營」。又據王邦俊帖文：「為照孽寇鄭森鳩眾鴟張，攻圍漳州八閱月有奇。至九月二十八日，固山各大人同楊提督統兵抵漳而圍始解。」[319]據此，漳州撤圍時間是在清兵抵達龍江鋪、未抵漳州城之時，應在二十八日之前一、二日。這與《從征實錄》九月二十六日撤漳州圍的紀載基本相符。

（七）鄭成功取漳州破同安等地的日期

順治十一年（永曆八年）十月，第四次和談破裂後，清廷開始轉撫為剿，鄭成功也主動向清軍發動進攻，首先占領漳州，攻克同安，漳泉屬邑俱下。關於取漳州、克同安的日期，據清駐防同安水師參將揚其志於順治十三年閏五月啟本稱：「禍因十一年十二月初一日，漳州千總劉國軒、守備魏標等暗陷漳城。次日巳時，海賊數萬困迫同安。志嬰城固守，三次塘報赴泉請兵，而外援急迫未至，城內士兵忽已叛降，趙國琪等夜半獻門，賊兵擁入，眾寡不敵，身被羈執下海。」[320]

據此，鄭軍係於順治十一年十二月初一日進駐漳城。另一路鄭軍於同月初二日上午圍攻同安縣城，於是夜克之。《從征實錄》記十一月初二日取漳州，疑誤。《海上見聞錄》記十二月初一日夜取漳，與檔案記載一致。至於克同安的日期，各書均記月不記日，檔案資料記載初二日夜，可補諸書之缺。

（八）黃梧降清海澄失守的日期

關於海澄守將黃梧和副將蘇明降清、海澄失守的日期，據順治十三年七月初六日候代福建巡撫宜永貴揭帖稱：「本年七月初四日，據分守漳南道參議吳執中報

稱，六月二十五日辰時，據住鎮海澄黃梧、副將蘇明稟稱：據守海澄，於本月二十四夜三更時分舉事外，後沖鎮副將蘇明係已故左先鋒蘇茂胞弟，協同各督轄屬大小將領守城，並殲殺不順黨逆，金武、護衛等營逆衆，遊移城外。梧雖亦擊殺，恐偽國姓撥偽鎮來合，請大兵即日迅到。……又二十六日早寅時，鑲白旗蘇章京來府報稱：都督黃梧、副將蘇明投誠獻城，偽縣官歸順，各旗滿漢官兵已於二十五晚進城，登城看守。尚有小城餘黨未順，今早攻打，俟安插定妥，另文再報等因。」[321]

另據順治十四年四月初四日蘇明揭帖稱：「原管偽先鋒鎮兵，痛兄蘇茂被戮，職遂計謀分鎮海澄。到縣未幾，歸正愈切。首謀原管偽左沖鎮兵黃梧，幸誓同心。於順治十三年六月二十五日，合謀殺賊兵，剃頭獻城歸順。」[322]

據此，黃梧、蘇明係於順治十三年六月二十四夜反叛、二十五月上午向清吏稟請投誠，清兵於二十五晚進駐海澄城。故海澄失守日期應爲六月二十五日。《從征實錄》、《海上見聞錄》等書均記六月二十二日，疑誤。而《賜姓始末》記「六月二十四日，黃梧以海澄叛」。作爲黃梧反叛的日期，則是準確的紀載。

（九）鄭成功攻克閩安鎮及失守的日期

順治十三年六月海澄失守後，鄭成功乃密遣水師北上突襲閩安鎮，至翌年浙閩總督李率泰乘鄭成功北征浙海，督兵恢復閩安鎮。關於鄭成功攻克閩安鎮及失守的日期，據順治十四年十一月十二日福建提督馬得功揭帖稱：「竊惟閩安鎮自十三年七月十七日海逆突至攻陷，已經職於前疏內具題在案……（順治十四年）八月初十日，蒙督臣調赴省城，會商恢復。先以舟師圍攻羅星塔一寨，並截琅琦援路。於八月二十三日發職由陸路先行，……職揆度形勝，不由舊路，乃於鼓山高嶺誅茅闢道，以通軍行。蒙督臣親歷行間，指揮滿漢官兵，間道並進，同薄棋盤山安營，數面齊攻，水陸夾擊四晝夜。至九月十四日，七城並下。」[323]據固山額眞郎賽奏稱：「臣於到任之後，相度地勢，籌劃機宜，合兵進剿，幸藉皇上德威，於九月十五日恢復閩安鎮。」[324]

另據浙閩總督李率泰揭帖稱：「職遂於九月初七日，留撫按二臣內防奸宄，固守城地。會同固山臣土賴、郎賽並各梅勒臣等，海澄公臣黃梧、提督臣馬得功、鎮臣王之剛、蘇明並副參遊各將，先於初三日發戰艘水師，乘潮出江口，由羅星塔而

進。職等親統陸兵，分作二路：一由省東鼓山，一由南台，兩路並進。自初八、初
九、初十等日，我兵竭力效命，不避炮石，奮勇爭先，攻克閩安，斬獲溺海者莫
數。」[325]

據此，鄭成功係於順治十三年七月十七日攻克閩安鎮，於翌年九月初十日失
守。至九月十四日或十五日閩安鎮附近七城俱被清兵攻破。《從征實錄》、《海上
見聞錄》等記為九月十四日閩安鎮被清兵攻破，應是泛指閩安鎮附近各城寨全部被
攻陷的最後日期。其中羅星塔則早在九月初三日清水師即已進駐，而閩安本鎮則係
九月初十日被清兵攻破。

（十）鄭成功北征南京途次羊山遇風受挫的日期

順治十五年（永曆十二年）鄭成功大舉北征南京，師次羊山遇風，損失嚴重，
遂退兵，回舟山等地休整。北征南京的時間又推遲了半年多，此役對鄭成功的抗清
鬥爭影響頗大。關於羊山遇風的日期，順治十五年八月十七日浙閩總督李率泰報告
說：「據報本月初九日起至十一日止，颶風大雨，三日三夜，賊艘盡行飄沒，各處
零星不一。據供偽國姓不知飄往何處」。據中軍副將麻胤揚報告，十一日已發現大
風陸續刮來鄭軍大小船隻。[326]另據浙江水師鎮標左營游擊呂士基稟稱：「海逆偽
國姓於（順治十五年）八月十一日三更時分，從舟山諸處開船向羊山而行，忽遇颶
風大作，將賊船四散打開，漂沒及半，又有擱淺於龍山地方，獲船數隻，獲賊五六
百人。」[327]

據此，羊山颶風係發生在順治十五年八月初九日至十一日。清代檔案有的記颶
風覆舟係發生在十一日三更時分，有的記十一日已陸續發現大風刮來鄭軍船隻。這
可能由於鄭軍大綜舟師航行有先後，覆舟的日期有的在初十日，有的在十一日，但
都在這次颶風日期內。《從征實錄》所記八月初十日遇風覆舟與檔案所記基本一
致。而《海紀輯要》等書則記七月羊山遇風，顯誤。《海上見聞錄》七月條下記初
九日到羊山，初十日遇風，日期與《從征實錄》相同，但時間卻差了一月，疑七月
係八月之誤。

（十一）鄭成功東征台灣前遣大綜舟師南下粵東取糧及返廈的日期

順治十七年（永曆十四年）五月粉碎清兵對廈門的進攻後，七月遣周全斌、馬信督兵北征，「略地取糧」，「聯絡徵餉」，九月班回。接著又遣大師南下粵海取糧，這是出兵收復台灣前的準備工作。關於鄭成功此次南下取糧及回廈的具體日期，據順治十八年潮屬各地官吏報告：「閩寇十七年十一月內，聯綜南下，此時風汛正急。初七日由角石入潮陽棉田、門闢等處，意在逼犯炮台，以爲入揭取糧之計。……初八日……賊在棉田搶劫，……又打劫揭陽地美、石碑寨，……退出桑田、直浦、門闢、鳳山一帶。初九日，登岸漸入赤渡嶺、老岡、院前、橋頭、樹下等鄉。初十早，圍桑田，十一日劫赤水，……直至北岩地面，欲犯潮陽縣城」。「十一月十七日，據探賊船千餘俱到鮀浦、鷗汀，紛紛登岸」。「至十二月十七日，……移泊錢澳至達壕浦等處，斫取火柴下船各等情。」[328]

另據順治十八年正月初四日，協防游擊莊棟梁報，「有狡賊大小船隻盡綜海門以至和平、練江南門一帶海面」。正月三十日饒平總兵吳六奇偵得：「正月十四日，賊船二千餘隻，從大小金門直至拓林東界鹽埕墩登岸，欲來搶劫。」二月初八日碣石水軍左都督蘇利探報：「正月十四日小船復直入黃崗，大船由拓林馬頭登岸，屯綜黃崗，焚劫索餉」。又探得「鄭成功在廈門點夥黨，即欲親督船綜，又云欲南下迫潮攻打炮台，又云欲南下碣石、惠海等處取糧，又云欲上北往南京等語，紛紛訛揚等情」之報。又據潮州鎮道塘報：「各賊大綜船隻俱於正月二十三、二十四等日盡數揚帆出海，往大洋而去等情。」[329]

據此，周全斌所率領的南下粵海大綜舟師，係於順治十七年十一月初七日至潮陽角石登岸取糧，至順治十八年正月二十四日才離開粵海返廈。這次南下取糧的兵力共十四鎮，時間長達二個多月。《從征實錄》記十一月初二日離廈日期是可信的。但所記十二月調回，實際到翌年正月底才回到廈門。二月，鄭成功即提師綜金門城，「修理船隻，進平台灣」。並決定分首二程出發。首程於三月二十三日從料羅灣開駕。南下粵海取糧的左武衛鎮、左、右虎衛鎮、驍騎鎮、中沖鎮、後沖鎮、宣毅前、後鎮、援剿後鎮均首程參加收復台灣之役。而英兵、遊兵、殿兵等鎮則參加二程於五月初到達台灣。所以說南下粵海取糧是收復台灣的直接準備行動。

（十二）馬信棄台州歸附鄭軍及在台灣病逝的日期

原清台州副將馬信歸附鄭軍後，在征戰中屢立戰功，後授提督親軍驍騎鎮，成為鄭成功的一員得力部將。順治十八年隨鄭成功收復台灣，後病逝於台灣。關於馬信棄台州歸鄭的日期，據順治十三年七月十五日護理分巡紹台兵道印務嚴州府知府吳興宗呈稱：「至十三年正月十二日，信乃帶領馬步兵丁數十，藉名巡查沿海，先往港口地方與國寶打話而回。夜至三更，占坐興善門，傳報道府廳縣各官，口稱海賊臨城，請議堵剿。各官齊至，信乃變臉，先將臨海縣丞劉希聖開刀殺死，又將李通判砍一刀，隨將帶管兵巡道副使傅夢籲、知府劉應科、通判李一盛、知縣徐玨、照磨李應龍，俱一齊捆縛下船。十三日，劫放府縣庫款，……十四日，賊粽三百餘號始進泊台州江下，擁衆入城。……至十五日，馬信連賊粽遁出，即有定鎮高都司入城招撫，人民方定。此馬逆叛變之情形也。」[330]

據此，馬信系於順治十三年正月十二日夜舉事，十四日迎進鄭軍，十五日棄台州隨鄭軍回廈門。《從征實錄》記順治十二年十二月十四日馬信到廈門謁鄭成功，受封賞。疑誤。《海上見聞錄》記十二月洪旭入台州港招馬信歸，亦似誤。惟《賜姓始末》記順治十三年正月十一日棄城歸附，二月到廈謁成功，日期雖也有出入，但比較接近檔案的紀載。但係約請洪旭入台州，並非「納降舟山」。

馬信隨鄭成功收復台灣，後病逝於台灣。其逝世日期據滿文秘本檔靖南王耿繼茂題本稱：「康熙元年九月初四日，據鎮守海澄左路總兵官董大勇呈稱，據僞左虎衛官何自台灣寄信內稱，叛賊馬信已於八月十九日在台灣病故等因。初五日，又據該總兵官呈稱，初六日自廈門起程來議降之楊來嘉，亦言馬信已於台灣病故等情。」[331]

據此，馬信死於康熙元年五月十三日之說，值得懷疑。據滿文秘本檔記載係死於八月十九日，即距鄭成功去世已整整一百天了。

註釋

[1] 李光濤編，《明清檔案存眞選輯》，三集，圖版六十九；《先王實錄》所錄除成功、鴻逵改「某等」外，內容相同；《清世祖實錄》所載，文字有個別出入。

[2] 楊英，《先王實錄》（校注本），永曆八年九月，福建人民出版社，1981年12月。

[3] 《清世祖實錄》，順治九年七月二十九日。

[4] 《清世祖實錄》，順治九年八月初一日。

[5] 《明清檔案存眞選輯》初集，圖版八十九。

[6] 噶達洪題本，順治十年正月十九日，《鄭成功滿文檔案史料選譯》（簡稱《滿檔》，下同），第9-10頁，福建人民出版社，1987年9月。

[7] 《鄭成功檔案史料選輯》，第44頁，陳在正、陳孔立、朱金甫主編，福建人民出版社，1985年6月。

[8] 劉清泰題爲招撫鄭成功事本，順治十年四月初九日，《滿檔》，第12頁。

[9] 《清世祖實錄》，順治十年二月二十八日。

[10] 《明清史料》（丁編）第一本第87頁。

[11] 《清世祖實錄》，順治十年五月十七日。

[12] 黃徵明題爲鄭成功已領敕印事本，順治十一年六月初八日，《滿檔》，第38-39頁。

[13] 鄭芝龍題爲詔使帶回鄭成功等人書信事本，順治十一年六月初八日，《滿檔》，第37-38頁。

[14] 《鄭成功檔案史料選輯》，第89-91頁。

[15] 《清世祖實錄》，順治十一年七月初二日。

[16] 鄭世忠題爲奉旨傳諭帶回鄭成功等書劄事本，順治十一年十二月二十九日，《滿檔》，第78-79頁。

[17] 楊英，《先王實錄》，永曆八年九月。

[18] 楊英，《先王實錄》，永曆七年八月。

[19] 楊英，《先王實錄》，永曆七年八月至十一月、八年三月。

[20] 楊英，《先王實錄》，永曆八年六月。

[21] 楊英，《先王實錄》，永曆八年十一月。

[22] 劉清泰爲鄭成功終不受撫事揭帖，順治十一年十月二十六日，《鄭成功檔案史料選輯》，第106-109頁。

[23] 《鄭成功檔案史料選輯》第85-87頁。

[24] 《明清檔案存眞選輯》三集，圖版七十一。

[25] 《先王實錄》，永曆七年正月。

[26] 《清世祖實錄》，順治十年二月二十八日。

〔27〕敕諭鄭成功稿，《明清檔案存眞選輯》三集，圖版六十九。

〔28〕《先王實錄》，永曆七年八月。

〔29〕黃徵明題爲鄭成功已領敕印事本，順治十一年六月初八日，《滿檔》，第38-39頁。

〔30〕《明清檔案存眞選輯》三集，圖版六十九。

〔31〕《先王實錄》，永曆八年正月。

〔32〕噶達洪等題爲詔使交回原頒敕印事本，順治十一年六月初八日，《滿檔》，第41-42頁。

〔33〕《清世祖實錄》，順治十一年七月初二日。

〔34〕浙閩總督殘件，《明清史料》（己編）第三本第221頁。

〔35〕濟爾噶朗等題爲勸降鄭成功事本，順治十一年六月二十五日，《滿檔》，第44-45頁。

〔36〕《清世祖實錄》，順治十一年七月初二日。

〔37〕《先王實錄》，永曆八年八月。

〔38〕《先王實錄》，永曆八年九月。

〔39〕鄭成功覆世忠書，《先王實錄》，永曆八年九月。

〔40〕《先王實錄》，永曆八年八月。

〔41〕濟爾噶朗等題爲鄭成功父子書信來往事本，順治十一年十一月十八日，《滿檔》，第63-70頁。

〔42〕鄭芝龍題爲鄭世忠等勸降鄭成功事本，順治十二年正月初十日，《滿檔》，第82-83頁。

〔43〕宋轅文，《東村記事》，鄭成功：《台灣外紀》，順治十一年九月十七日條。

〔44〕《先王實錄》，永曆八年九月。

〔45〕《先王實錄》，記曆八年九月。

〔46〕參見《鄭成功檔案史料選輯》，第235頁。

〔47〕劉清泰爲早備剿局事揭帖，順治十一年七月，《鄭成功檔案史料選輯》，第102-103頁。

〔48〕《明清史料》（己編）第3本，第277-280頁。

〔49〕鄭芝龍題爲招撫兩廣事本，順治四年四月，《滿檔》，第1頁。

〔50〕《明清檔案存眞選輯》，三集，圖版七十二。

〔51〕宋轅文，《東村記事》，平夷侯周崔芝。

〔52〕彭常庚題爲請除鄭芝龍事本，順治十二年正月二十八日，《滿檔》，第87-88頁。

〔53〕《明清史料》（丁編）第一本，第87頁。

〔54〕鄭芝龍題爲鄭成功復信事本，順治十一年十一月初七日，《滿檔》，第63頁。

〔55〕濟爾噶朗等題爲招撫成功事本，順治十一年六月二十五日，《滿檔》，第44頁。

〔56〕《明清史料》（甲編）第四本，第355頁。

〔57〕鄭芝龍題爲鄭世忠等勸降鄭成功事本，順治十二年正月初十日。《滿檔》，第82-83頁。

〔58〕楊國永題爲清除鄭芝龍事本，順治十二年正月三十日。《滿檔》，第90-92頁。

〔59〕朱克簡題爲清查鄭氏家產以資軍餉事本，順治十三年四月二十九日，《滿檔》，第245-246頁。

〔60〕《鄭成功檔案史料選輯》，第181-183頁。

〔61〕《鄭成功檔案史料選輯》，第171-174頁。

〔62〕《鄭成功檔案史料選輯》，第231-235頁。

〔63〕林繭庵，《荷牐叢談》卷四。

〔64〕張遴白，《難遊錄》。

〔65〕濟爾噶朗等題爲勸降鄭成功事本，順治十一年六月二十五日，《滿檔》，第44-45頁。

〔66〕《鄭成功檔案史料選輯》，第171-174頁。

〔67〕《鄭成功檔案史料選輯》，第88-89頁。

〔68〕《清世祖實錄》，順治十一年五月十三日。

〔69〕《鄭成功檔案史料選輯》，第102-103頁。

〔70〕鄭芝龍傳，《清代七百名人傳》，第二編。

〔71〕《先王實錄》，永曆十一年正月。

〔72〕阮旻錫，《海上見聞錄》，順治十八年十月。

〔73〕《先王實錄》，永曆八年九月初七日。

〔74〕《明清檔案存真選輯》三集，圖版七十二。

〔75〕黃宗羲，《賜姓始末》，丙戌十二月條。

〔76〕阮旻錫，《海上見聞錄》，永曆元年。

〔77〕川口長孺，《台灣鄭氏紀事》，正保四年。

〔78〕「趙國祚揭帖」，順治五年八月六日，《鄭成功檔案史料選輯》（簡稱《鄭檔，下同》），第10頁。

〔79〕「霍達揭帖」，順治六年三月，《鄭檔》，第16頁。《海上見聞錄》、《賜姓始末》均記閏三月克同安。按是年無閏三月，顯誤。

〔80〕阮旻錫，《海上見聞錄》，永曆二年。

〔81〕「陳錦揭帖」，順治七年正月，《鄭檔》，第21-22頁。《從征實錄》記十月初十日進雲霄，二十八日盤陀嶺敗，十一月初一入潮州，疑誤。

〔82〕阮旻錫，《海上見聞錄》，永曆四年。

〔83〕鄭亦鄒，《鄭成功傳》，順治七年。

[84] 楊英，《從征實錄》，永曆四年十一月條。本文凡未註明出處之引文，均引自本書。

[85] 「巴哈納等題本」，順治十年，《明清史料》丁編78-82頁。《從征實錄》記三月十四日廈門陷，《海上見聞錄》記張學聖、黃澍三月初一日到廈門，均誤。

[86] 「鄭鴻逵覆鄭芝龍書」，見《從征實錄》，永曆八年九月條。

[87] 此係綜合《海上見聞錄》、《從征實錄》二書意見。前書記「斬芝鵬、阮引等以徇」；後書記「殺芝莞、阮引」。

[88] 鄭亦鄒，《鄭成功傳》，順治八年。

[89] 「順治八年五月海寇突入白埕殘件」，《明清史料》丁編第44頁。《從征實錄》記磁灶屬海澄誤；記二十二日攻磁灶，王邦俊率馬步兵數千人，疑亦誤。

[90] 「刑部審問王邦俊殘件」，《明清史料》己編第215-219頁。《從征實錄》記二十五日戰於錢山。

[91] 「碩子等題本」，順治八年，《明清史料》丁編第54-56頁。《從征實錄》記此役戰況頗詳，未記具體日期，只云「是日，名皋……三股來犯」。

[92] 「刑部審擬王邦俊題本」，《明清史料》己編167-171頁。攻克漳屬七邑的時間，《從征實錄》有的不詳，有的有出入，如記十二月十五日克漳浦，疑誤。

[93] 「查報漳州解圍功次殘件」，《明清史料》，丁編第75-77頁。

[94] 《清世祖實錄》，順治九年十月初九日。

[95] 《清世祖實錄》，順治十年五月十日。

[96] 「鄭成功覆鄭芝龍書」，見《從征實錄》，永曆七年八月條。

[97] 《清世祖實錄》，順治十年十一月六日。

[98] 「劉清泰二次復鄭成功書」，均見《從征實錄》，永曆八年三月、五月條。

[99] 「劉清泰奏本」，順治十一年四月十五日，《明清史料》，甲編第329頁。

[100] 《清世祖實錄》，順治十一年六月二十五日。

[101] 《清世祖實錄》，順治十一年七月二日。

[102] 「劉清泰揭帖」，順治十一年十月，《明清史料》丁編106-107頁。

[103] 「鄭成功覆鄭芝龍書」，見《從征實錄》，永曆八年九月條。

[104] 「鄭鴻逵覆鄭芝龍書」，見《從征實錄》，永曆八年九月條。

[105] 《清世祖實錄》，順治十一年十一月十八日。

[106] 金成前，《鄭成功南京戰敗與征台之役》，《台灣文獻》，第二十五卷第一期。

[107] 陳三井總纂，《鄭成功全傳》第三章第四節，90頁，一九七九年六月台北出版。

[108] 林馧庵，《荷牐叢談》，卷四。

[109] 《清世祖實錄》，順治四年六月二十日。

[110] 《清世祖實錄》，順治六年四月二十五日。

[111] 「密奏區處海寇稿」，《明清史料》丁編第66頁。

〔112〕「查報漳州解圍功次殘件」，《明清史料》丁編第75-77頁。

〔113〕「佟國器覆鄭成功書」，見《從征實錄》永曆九年正月條。

〔114〕劉獻廷，《廣陽雜記》，卷二。

〔115〕列寧，《資產階級的和平主義與社會黨人的和平主義》，《列寧選集》第二卷。

〔116〕「密奏區處海寇稿」，《明清史料》丁編第66頁。

〔117〕《清世祖實錄》，順治九年十月初九日。

〔118〕「劉清泰與鄭成功」，見《從征實錄》永曆七年九月條。

〔119〕「佟國器密奏疏稿」，見《明清史料》丁編106-107頁。《從征實錄》永曆八年二月條，記有「和則高麗、朝鮮有例在焉」；《廣陽雜記》卷二記有「請以安南、朝鮮之例，不廢貢職」，可見這是事實，不必諱避，問題是應如何分析。

〔120〕「鄭成功覆鄭芝龍書」，「與鄭世忠書」，均見《從征實錄》永曆八年九月條。

〔121〕「劉清泰揭帖」，順治十一年十月，《明清史料》丁編第106-107頁。

〔122〕「馬國柱揭帖」，順治十一年五月，《鄭檔》，第100頁。

〔123〕「張學聖揭帖」，順治十年三月二十二日，《鄭檔》，第52頁。

〔124〕「劉清泰揭帖」，順治十一年七月，《明清史料》甲編第544頁。

〔125〕「劉清泰揭帖」，順治十一年十月，《明清史料》丁編第106-107頁。

〔126〕「劉清泰揭帖」，順治十一年十月，《明清史料》丁編第106-107頁。

〔127〕「鄭成功覆鄭鄭芝龍書」，見《從征實錄》永曆八年九月條。

〔128〕「劉清泰題本」，順治十一年四月十五日，《明清史料》甲編第329頁。

〔129〕「孫珀齡題本」，順治十一年四月二十六日，《鄭檔》，第91頁。

〔130〕「噶達洪題本」，順治十一年三月七日，《鄭檔》，第78頁。

〔131〕「劉昌題本」，順治十二年二月二十九日，《鄭檔》，第113頁。

〔132〕「劉清泰揭帖」，順治十一年七月，《明清史料》甲編第544頁。

〔133〕「楊其志啓」，順治十三年閏五月，《鄭檔》，第161頁。《從征實錄》記十一月初二日進漳城，十二月破同安縣，均誤。

〔134〕《清世祖實錄》，順治十一年十二月十九日

〔135〕此處成功所遣南北征討的兵力，均據《從征實錄》永曆九年六、七月條所記。與《海上見聞錄》同年七月條「率二十余鎮北上」、「率二十余鎮南下」的記載有出入，待考。

〔136〕「宜永貴揭貼」，順治十三年七月六日；「蘇明揭貼」，順治十四年四月初四日，見《明清史料》甲編，第400、414頁。黃梧於二十四夜三更舉事，二十五日獻城降清，《從征實錄》記二十二日，誤。

〔137〕「李率泰揭貼」，順治十三年十月，《鄭檔》，第193頁。

〔138〕「陳應泰揭貼」，順治十三年十二月一日，《鄭檔》，第198頁。

〔139〕「李率泰揭貼」，順治十四年九月，《鄭檔》，第224頁。《從征實錄》永曆十一年九月條記閩安鎮於九月十四日被攻破。

〔140〕《清世祖實錄》，順治十四年九月二十七日。

〔141〕夏琳，《海紀輯要》，永曆十二年五月條。

〔142〕"劉漢祚揭貼"，順治十五年六月十日，《明清史料》甲編，第425頁。

〔143〕「劉漢祚揭貼」，順治十五年十一月一日，《鄭檔》，第266頁。

〔144〕「陳應泰揭貼」，順治十五年七月十九日，《鄭檔》，第245頁。

〔145〕「趙國祚題本」，順治十七年五月初六日，《鄭檔》，第350頁。

〔146〕黃宗羲，《賜姓始末》，己亥年。

〔147〕「李率泰揭貼」，順治十六年十月，《明清史料》甲編，第462頁。

〔148〕「吳六奇定期進發廈門殘件」，《明清史料》丁編，第265頁。

〔149〕阮旻錫，《海上見聞錄》順治十七年五月條。

〔150〕鄭成功與佟國器、韓尚亮、申偉抱等人書及佟、韓、申等人覆書，均見《從征實錄》永曆九年五月條。

〔151〕「佟國器揭貼」，順治十二年四月二十二日，《明清史料》丁編，第112頁。

〔152〕濟度與鄭成功與佟國器、韓尚亮、申偉抱等人書及佟、韓、申等人覆書，均見《從征實錄》永曆九年正月條。

〔153〕楊英，《從征實錄》，永曆十年十一月條。

〔154〕阮旻錫，《海上見聞錄》，永曆十年十二月條。

〔155〕鄭成功覆鄭芝龍書，見《從征實錄》永曆十一年正月條。

〔156〕《清世祖實錄》，順治十三年六月十六日。

〔157〕《清世祖實錄》，順治十三年九月二十日。

〔158〕《清世祖實錄》，順治十四年三月二十二日。

〔159〕《清世祖實錄》，順治十四年五月十二日。

〔160〕「李率泰揭貼」，順治十三年十二月，《明清史料》甲編，第406頁。

〔161〕《清世祖實錄》，順治十四年正月十二日。

〔162〕「鄭成功崇明繼潰揭貼」，順治十六年，《明清史料》丁編，第233頁。

〔163〕楊英，《從征實錄》，永曆十三年八月條。

〔164〕《清世祖實錄》，順治十七年六月二十七日。

〔165〕「佟國器揭貼」，順治十六年十一月十五日，《明清史料》甲編，第463頁。

〔166〕「佟國器揭貼」，順治十六年十一月十五日，《明清史料》甲編，第479頁。

〔167〕見「招撫鄭成功部下建功來歸詔」，《明清史料》丁編，第252頁。

〔168〕金成前，《鄭成功南京戰敗與征台之役》，《台灣文獻》第25卷第1期。

〔169〕廖漢臣，《延平王北征考評》，《台灣文獻》第15卷第2期。

[170] 陳三井總纂，《鄭成功全傳》，第124頁。

[171] 「陳應泰揭帖」，順治十六年一月二十日，《鄭檔》，第271-272頁。

[172] 「陳錦揭帖」，順治八年十一月六日，《鄭檔》，第33頁。

[173] 「馬國柱揭帖」，順治十一年五月，《鄭檔》，第100頁。

[174] 「李率泰揭帖」，順治十三年十二月，《明清史料》甲編，第406頁。

[175] 「陳錦揭帖」，順治八年十一月六日，《鄭檔》，第33頁。

[176] 「敷陳坐困鄭成功計議揭帖」，順治十四年十月十六日，《鄭檔》，第225頁。

[177] 「郭一鄂揭貼」，順治十二年四月，《鄭檔》，第128頁。

[178] 「佟國器揭帖」，順治十六年五月六日，《鄭檔》，第290頁。

[179] 「烏赫等題本」，《明清史料》己編，第522-524頁。

[180] 阮旻錫，《海上見聞錄》，順治十六年七月條。

[181] 江日昇，《台灣外紀》順治十四年四月條。

[182] 鄭成功順治十一年、十三年二次與李定國書，均載《從征實錄》，前書記在永曆八年十月條，後書誤排在永曆八年二月條下。

[183] 朱希祖，《明延平王戶官楊英從征實錄·序》。

[184] 「郎廷佐揭帖」，順治十七年正月十四日，《明清史料》己編，第529-531頁。

[185] 《清世祖實錄》，順治十四年十一月二十四日。

[186] 《清世祖實錄》，順治十五年六月二十七日。

[187] 《清世祖實錄》，順治十六年八月初一日。

[188] 《清聖祖實錄》，康熙五十六年九月二十二日。

[189] 《清聖祖實錄》，順治十六年八月十二日。

[190] 《目前形勢和我們的任務》，《毛澤東選集》（合訂本），第1142頁。

[191] 「趙國祚揭帖」，順治五年八月六日，《鄭檔》，第10頁。

[192] 「碩子等題本」，《明清史料》丁編，第54-56頁。

[193] 「兵部題本」，《明清史料》，己編，第246頁。

[194] 「李率泰揭貼」，順治十三年十月，《鄭檔》，第190-194頁。

[195] 「成性揭帖」，順治十五年八月，《鄭檔》，第247頁。

[196] 「佟國器揭帖」，順治十五年十月二十七日，《鄭檔》，第256頁

[197] 「李率泰揭帖」，順治十六年六月，《鄭檔》，第293頁。

[198] 「趙國祚揭帖」順治十六年二月。《明清史料》甲編，第443-444頁。

[199] 「蘇弘祖揭帖」，順治十七年二月，《鄭檔》，第339頁。

[200] 「成性揭帖」，順治十五年十月，《明清史料》己編，第436-438頁。

[201] 「佟代題本」，順治十二年十月十五日，《明清史料》己編，第249-250頁。

[202] 《清世祖實錄》，順治十三年六月十六日、七月二十四日。

〔203〕「李率泰揭帖」，順治十三年十二月，《明清史料》甲編，第406頁。

〔204〕《路易·波拿巴的霧月十八日》，《馬克思恩格斯選集》，第1卷，第603頁。

〔205〕《明史》，列傳一〇一，和蘭。

〔206〕郭輝譯，《巴達維亞城日記》，第一冊，序說，第12-13頁，省灣省文獻委員會，1989年6月再版。

〔207〕郭輝譯，《巴達維亞城日記》，第一冊，序說，第14頁。

〔208〕《明熹宗實錄》，卷30，天啓三年正月二十四日條。

〔209〕《巴達維亞城日誌》，《鄭成功收復台灣史料選編》（增訂本），第230-233頁，福建人民出版社，1982年3月。

〔210〕《澎湖信地仍歸版圖殘件》，《明清史料》，戊編，第一本，第2頁。

〔211〕《鄭成功收復台灣史料選編》，第95頁。

〔212〕郭輝譯，《巴達維亞城日記》，第一冊，第41-42頁。

〔213〕曹永和，《台灣早期歷史研究》，第212-213頁，台北聯經出版事業公司，1979年7月。

〔214〕轉引楊彥傑，《荷據時代台灣史》，第3章，第86-87頁，江西人民出版社，1992年9月。

〔215〕曹永和，《台灣早期歷史研究》，第63頁，聯經出版事業公司，1979年7月。

〔216〕轉引楊彥傑，《荷據時代台灣史》，第5章，第163頁。

〔217〕C. E. S.，《被忽視的福摩薩》，《鄭成功收復台灣史料選編》，第122頁。

〔218〕楊彥傑，《荷據時代台灣史》，第5章，第165頁。

〔219〕同上書，第194-198頁。

〔220〕郭廷以，《台灣史事概說》，第2章，第28-29頁，台北正中書局，1954年3月。

〔221〕蔣毓英，《台灣府志》，卷十，災祥附兵亂條。

〔222〕C. E. S.，《被忽視的福摩薩》，《鄭成功收復台料史料選編》，第124頁。

〔223〕楊英，《先王實錄》（校注本），第223頁，福建人民出版社，1981年12月。

〔224〕楊英，《先王實錄》（校注本），第244頁。

〔225〕程大學譯，《巴達維亞城日記》，第3冊，第279頁，台灣省文獻委員會，1990年6月。

〔226〕《鄭成功收復台灣史料選編》，第153-154頁。

〔227〕江日昇，《台灣外記》，卷之五，第167頁，福建人民出版社，1983年8月。

〔228〕江樹生，《鄭成功和荷蘭人在台灣的最後一戰及換文締和》，《漢聲》45期，第73頁，1992年9月台北。

〔229〕同上，第78頁。

〔230〕南木，《三百多年前的公案渙然冰釋》，《讀書》，1993年第7期，第8頁。

〔231〕楊英，《先王實錄》（校注本），第253-255頁。

〔232〕江日昇，《台灣外記》，卷之五，第169頁。

〔233〕江日昇，《台灣外記》，卷之五，第170頁。

〔234〕莊英章，《林圯埔》，台北中研院民族學研究所專刊乙種第8號，第26-27頁。

〔235〕江日昇，《台灣外記》，卷之七，第237頁、第242頁。

〔236〕同上書，卷之八，第279頁。

〔237〕陳孔立，《清代台灣移民社會研究》，第二篇，第88-89頁，廈大出版社，1990年10月。

〔238〕楊英，《先王實錄》（校注本），第250頁、第252頁。

〔239〕楊英，《先王實錄》（校注本），第260頁。

〔240〕乾隆《泉州府志》，卷四十五。

〔241〕徐鼐《小腆紀傳》，卷五十七，《台灣文獻叢刊》，第138種（簡稱《文叢》（138），下同）。

〔242〕《思文大紀》，《文叢》（111）。

〔243〕黃宗羲，《賜姓始末》附錄一，《文叢》（25）。

〔244〕王夫之，《永曆實錄》，卷二十一。

〔245〕《思文大紀》，《文叢》（111）。

〔246〕《惠安王忠孝公全集》抄本（簡稱《忠孝全集》，下同），卷三至四，疏奏類。

〔247〕同上。

〔248〕夏琳，《海紀輯要》，卷一，《文叢》（22）。

〔249〕《思文大紀》，《文叢》（111）。

〔250〕江日昇，《台灣外記》，卷二。

〔251〕同上。

〔252〕沈云，《台灣鄭氏始末》，卷一，《文叢》（15）。

〔253〕夏琳，《海紀輯要》，卷一，《文叢》（22）。

〔254〕王忠孝，《自狀》，《忠孝全集》，卷二。

〔255〕洪旭，《王忠孝傳》，《忠孝全集》，卷十二，傳志類。

〔256〕劉獻廷，《廣陽雜記》，卷二。

〔257〕江日昇，《台灣外記》，卷二。

〔258〕王忠孝，《自狀》，《忠孝全集》，卷二。

〔259〕洪旭，《王忠孝傳》，《忠孝全集》，卷十二，傳志類。

〔260〕「趙國祚揭貼」，順治五年八月初六日，《鄭檔》，第9-11頁。

〔261〕福建巡撫周世科揭帖，順治五年六月二十九日到，《文叢》（168）。

〔262〕陳衍，《台灣通紀》，卷一，《文叢》（120）。

〔263〕王忠孝，《自狀》，《忠孝全集》，卷二。

[264] 王忠孝，《自狀》，《忠孝全集》，卷二。

[265] 《忠孝全集》，卷四，疏奏類。

[266] 李瑤，《繹史摭遺》，卷四，徐孚遠，《文叢》（132）。

[267] 邵廷采，《東南紀事》，卷十一，鄭成功，《文叢》（96）。

[268] 《忠孝全集》，卷八，書翰類。

[269] 《忠孝全集》，卷一，文類。

[270] 《忠孝全集》，卷四，疏奏類。

[271] 洪旭，《王忠孝傳》，《忠孝全集》，卷十二，傳志類。

[272] 《忠孝全集》，卷八，書翰類。

[273] 同上。

[274] 同上。

[275] 《忠孝全集》。卷四，疏奏類。

[276] 《忠孝全集》，卷四，疏奏類。

[277] 同上。

[278] 同上。

[279] 《忠孝全集》，卷八，書翰類。

[280] 《忠孝全集》，卷八，書翰類。

[281] 同上。

[282] 同上。

[283] 同上。

[284] 同上。

[285] 同上。

[286] 《忠孝全集》，卷八，書翰類。

[287] 同上。

[288] 江日昇，《台灣外記》，卷四。

[289] 《上延平王書》，《張蒼水詩文集》，《文叢》，（142），第30-31頁。

[290] 全祖望，《張公神道碑銘》，《張蒼水詩文集》，《文叢》，（142），第224頁。

[291] 《與張玄箸書》，《忠孝全集》，卷八，書翰類。

[292] 《南疆繹史》，列傳十六，張煌言，《文叢》（132）。

[293] 《自狀》《忠孝全集》，卷二。

[294] 《東寧上帝序》，《忠孝全集》，卷二。

[295] 《忠孝全集》，卷十一，詩類。

[296] 全祖望，《張公神道碑銘》，《文叢》（142），第224頁。

[297] 《張蒼水詩文集》，《文叢》（142），第61頁。

〔298〕連橫，《台灣通史》，卷二十九，列傳一。

〔299〕《忠孝全集》，卷二。

〔300〕《忠孝全集》，卷二。

〔301〕《福建畫報》，一九八二年第三期。

〔302〕王忠孝，《自狀》，《忠孝全集》，卷八。

〔303〕《忠孝全集》，卷十一。

〔304〕《忠孝全集》，卷八。

〔305〕《忠孝全集》，卷三至卷四，書翰類

〔306〕趙國祚揭帖，順治五年八月初六日，《鄭檔》，第10頁。

〔307〕霍達揭帖，順治六年三月，《鄭檔》，第16頁。

〔308〕《明清史料》己編，第78-79頁。

〔309〕陳錦揭帖，順治七年正月，《鄭檔》，第21-22頁。

〔310〕《明清史料》丁編，第79-82頁。

〔311〕《明清史料》，己編第138頁。

〔312〕《明清史料》，丁編第44頁。

〔313〕《明清史料》，己編第168-171頁。

〔314〕《明清史料》，己編第212-213頁。

〔315〕《明清史料》，丁編第54-56頁。

〔316〕《明清史料》丁編，第54-56頁。

〔317〕《明清史料》己編，第118-119頁。

〔318〕《明清史料》己編，第168-171頁。

〔319〕《明清史料》丁編，第75-77頁。

〔320〕楊其志啓，順治十三年閏五月，《鄭檔》，第161頁。

〔321〕《明清史料》甲編，第400頁。

〔322〕《明清史料》甲編，第414頁。

〔323〕《明清史料》丁編，第181頁。

〔324〕《明清史料》己編，第416-421頁。

〔325〕李率泰揭帖，順治十四年九月，《鄭檔》，第224頁。

〔326〕《明清史料》己編，第428-429頁。

〔327〕趙國祚題本，順治十七年五月初六日，《鄭檔》，第353頁。

〔328〕李棲鳳題本，順治十八年八月二十六日，《鄭檔》，第386-392頁。

〔329〕車克等題本，順治十八年五月十五日，《鄭檔》，第381-385頁。

〔330〕《明清史料》己編，第362-363頁。

〔331〕靖南王耿繼茂題本，康熙元年九月初九日批，《鄭檔》，第446頁。

第二章　分治與統一

海壇崇武海戰與鄭經棄金廈退守台灣

（一）鄭經進犯閩粵沿海與清軍議攻金廈殲滅鄭經在沿海的勢力

鄭成功逝世後，據守台灣的鄭經、鄭克塽雖拒絕和平統一，但仍堅持遙奉明朔，使中國當時大陸與台灣出現了20年的分治，雙方處於時戰時和的對峙局面。

康熙十二年（1673年）十一月，吳三桂在雲南舉兵反清，十三年（1674年）三月，耿精忠在福建回應，退守台灣的鄭經也應吳、耿之約，稱兵西向，進攻閩粵沿海，先後攻下漳、泉、惠、潮等七府之地。十五年（1676年）耿精忠降清後，配合清軍大舉進攻鄭經，這時鄭軍已成為東南地區清軍的主攻對象。十六年（1677年）春，七府之地盡失，鄭經退守金廈。

十七年（1678年）二月，鄭經又會集舟師，命劉國軒督軍對玉洲、石碼等處發動進攻，大敗清軍。三月，攻占海澄，繼陷長泰、同安、南安、惠安、永春、德化、安溪、平和、漳平九縣，分軍包圍漳州、泉州府城，與清軍對峙。五月，當鄭軍久圍海澄時，福建總督郎廷相、提督段應舉以庸懦無才被革職，調江寧提督楊捷為福建全省水陸總兵官，擢布政使姚啓聖為福建總督，按察使吳興祚為福建巡撫。清軍經過一番整頓，從七月到十月，先後恢復平和、惠安等所失九縣，鄭經退守海澄及金、廈。

自十六年鄭經退守金、廈後，清廷即欲乘勝取金、廈，並諭調荷蘭夾板船協攻，旋以鄭軍發起新的進攻而中止。鄭軍進攻再次被擊退後，康親王傑書等又疏奏，戰艦水師未備，荷蘭船隻未至，「勢難急圖」。十八年（1679年）二月奉旨：「宜乘此兵力，速行進討」[1]。三月又諭康親王等：「宜親取廈門、金門，速靖海氛，不必專候荷蘭舟師」[2]。

要與鄭軍作戰，特別是要取金、廈，主要依靠水師力量。「此時水戰更重於陸戰，以陸攻水，斷難淨絕根株，若欲以水攻水，而無總統重臣，何能削弱禍亂」

[3] ？故十七年七月底楊捷一抵福州，即於八月初一日疏奏，「今日水陸俱在用兵，有萬難兼顧之勢」，要求按舊制復設水師提督[4]。總督姚啓聖也疏請復設水師提督，「令其專練水兵」，「以便水陸夾攻廈門」[5]。巡撫吳興祚也疏請募水師，造戰船，「直搗巢穴，掃蕩鯨波」[6]。十一月詔准楊捷專管陸兵，並調京口將軍伯王之鼎爲福建水師提督[7]。時岳州水師總兵萬正色以閩人習海上事狀，上疏條陳閩海戰守機宜。十八年四月奉旨從優加太子少保，調爲福建水師總兵官，改調王之鼎爲四川提督，旋補授萬正色爲水師提督，「委以破滅海賊，進取廈門、金門等處事宜」[8]。經督、撫、將軍、提督等商議，定是年冬或翌年春初進取廈門、金門。

爲了配合軍事進攻，在這個期間，清方曾對鄭經進行過幾次招撫活動，姚啓聖特在漳州設修來館，懸重賞，分化瓦解鄭軍官兵。清廷也再行遷界，申嚴海禁，絕其交通。閩督且遍貼告示，曉諭民人知悉：舟師齊集，「當即進兵廈門」，「自後不許再將米穀輸納資賊」[9]。並曉諭界外居民遷入內地，如十二月初二日告示稱：「本部院親統滿漢官兵，不日進剿海賊，界外居民速宜攜帶眷口，搬入內地，安分樂業」[10]。

十二月，督撫等大集舟師，議定以水師勢單，「欲以十路進攻，互爲聲援」。萬正色統領舟師，由定海趨海壇，一路迫進廈門；姚啓聖、吳興祚、楊捷等調度陸兵，分從海滄、嵩嶼、潯尾、石潯等處進攻，「與舟師水陸並進，並力搗共舉廈門賊巢」[11]。時水師除了前後二營已設官兵外，又將新募水師萬餘人增置援剿左、右、前、後四鎮，詔准分授林賢、陳龍、黃鎬、楊嘉瑞爲總兵官，並於十二月內分配官兵上船，先由閩安鎮駕出定海大洋操練，擬於十九年（1680年）正月中旬乘風時便利，刻期征進，準備一舉殲滅鄭經據守金、廈及沿海島嶼的勢力。

（二）關於水師出兵海壇的一場爭論

海壇、崇武一帶福建沿海島嶼與港灣，係廈門的北部屏藩。清初鄭成功父子據守廈門期間，成爲清鄭雙方水師進攻或捍衛廈門的海防重鎮。康熙十九年（1680年），清軍進攻廈門，亦以水師進攻海壇（今平潭）發其端，並以崇武洋面爲決戰之所，爲攻取廈門立下了首功。

十九年正月初七日，閩督接准兵部密咨十八年十二月二十日上諭：進取廈門、金門，其事所關最為重大，既少前堅固大船，而荷蘭國船兵又未曾到，以我小船入海，誠恐萬一不能如意。著議政王大臣詳議具奏。議覆：前取金門、廈門既和荷蘭國船兵破賊，今亦應用荷蘭國船兵合力舉行。請敕督、撫、將軍、提督詳商妥確具題。二十一日奉旨：依議；速行[12]。

當福建督、撫、將軍、提督奉旨諮商會銜具題時，對水師進兵海壇問題展開了一場書面的爭論，爭論主要在總督姚啓聖與水師提督萬正色之間進行。

萬正色在回咨中稱：荷船未必即到，縱能速到，亦在五六月間；三四月南風盛發，定海水師乃屬下風，難以征進；水師操練已熟，已可作戰。並擬於正月中旬先取海壇，再商取廈門。楊捷在回咨中表示：「似應稍俟荷蘭國夾板船到日，合力夾擊，以仰體上諭慎重之意」。吳興祚接奉上諭時，也認為「不可輕舉妄動，或致疏虞」。

正月十四，姚啓聖再諮商吳、萬時，明確反對即日進兵海壇。理由是：水師兵力如可以取海壇，則竟可臨廈門，似當訂期各路水陸並進，「早奏蕩平」。「若量力審勢尚不可以取廈門，似不若仍駐定海，暫養銳氣，似無暫駐海壇徘徊中路之事」。強調此一戰「關係閩省安危」，不可輕進。萬正色則加以反駁說：先進兵海壇、再諮商搗穴，「此實師行次第而進之議，安肯中路徘徊，致煩疑慮」。他認為金、廈「原非高城饒野必爭之地，不過逆賊竊踞巢穴，要在掃除逆黨為急耳。今逆黨厚集海壇，本提督擬就海壇先滅眾寇，暫據停泊」。主張消滅鄭軍水師兵力，為此役作戰的主要目的。他責問說：「若必責以保其必勝，顧此失彼，機至不征，時來不戰，即再持三五年，竟是如此工夫，其如國事民生何哉？」認為條件基本具備，即可進兵。時吳興祚先於十二日到定海閱視水師，然後明確表示，水師提督提出先攻取海壇，「誠非孟浪」。主張「乘風汛之順利，船隻之堪用，無待荷蘭船到，先水陸進攻賊窟之為得也」，支持萬正色先進兵海壇的觀點。而楊捷仍堅持「似當仰遵上諭，稍俟荷蘭船兵尤為穩妥」，繼續支持姚啓聖反對出兵海壇的觀點。姚啓聖也不同意萬正色以消滅敵軍有生力量為海壇作戰的目的，認為「海壇之賊可以智走，不可以力取也，若必極力攻海壇，計斯下矣」。繼續強調要「細思上諭深遠，回慮卻顧，必計萬全，秋間大計似為正當」。

由於雙方堅持己見，無法會銜具題。吳興祚遂毅然單銜具題，拜疏出師，並移咨總督。疏稱：「今議定提臣萬竟率水師攻取海壇，臣親統臣標兵疾赴同安縣，……分路進取廈門」。並定於正月二十四日動身赴同安[13]。萬正色也疏奏，已與巡撫「決計進討」，議定「吳興祚率標兵馳赴同安，為臣聲援。……臣定於二月初四日進取海壇」[14]。姚啓聖也將督撫提之間關於進兵海壇的分歧意見，如實具題。並奏稱：「提臣楊捷與臣定議，將新配水師再操演半載，俟荷蘭國船至，一同進發」。經王大臣等會議後，詔准出兵海壇，並令姚啓聖、楊捷分撥水陸官兵，「以策應進剿之師」[15]。由於吳、萬的意見得到了朝廷的支持，進兵海壇的爭論也就解決了。

　　海壇進兵爭論的性質及主要分歧的原因是什麼呢？姚啓聖的回答是：「臣與昭武將軍管提督事臣楊、巡撫臣吳、水師提督臣萬報國之心實同，而意見微有各異，撫臣與水師提臣則急於滅賊，不候紅毛船到，即行進兵者也。將軍提臣與臣則欲新配水師再行操練半載，容臣漳州添造船兵練熟，撫臣同安添造船兵齊熟，俟紅毛船到，一同進兵者也。[16]」的確，他們之間對收復海壇、金、廈，消滅鄭經在沿海的勢力，意見是一致的。分歧的性質不是要不要收復失地，而是何時收復的問題。吳、萬主張立即出兵，姚、楊主張再等半年以後。吳、萬主張依靠自己的力量收復，姚、楊主張俟荷蘭船到再進行收復。因此，要不要借助外國舟師，是這次爭論的一個主要分歧點。而要借助荷蘭夾板船力量，原是傑書、姚啓聖及清廷的共同想法，但清廷從糜費軍餉甚多，要求速靖海氛出發，下過「不必專候荷蘭舟師」的諭旨，觀點有過搖擺。而姚啓聖則始終堅持要依靠荷船協助，多次疏請諭調。如十八年正月提出「迅調荷蘭舟師來會，方可大舉」[17]。七月又疏奏，「向年攻取廈門，實藉紅毛之力居多」。「請差專員捧齎敕諭調取紅毛夾板，以尊國體，早奏蕩平」[18]。接到十二月二十日上諭後，更加堅持荷船未來，不能輕進。萬正色也承認，「若待荷蘭國船並力合攻，兵力加厚，固為萬全」，對戰爭有好處。但他根據當時的這種主客觀條件，主張不必等候荷船，依靠自己的兵力，可以出征。

　　當時督撫提之間對借調荷蘭舟師的意見分歧，是由於對當時敵我雙方力量的估計，特別是對自己水師力量的估計不同而引起的。姚啓聖認為「賊船繁多，恃水飄突。……若欲平海，必須厚集舟師」[19]，特別是要依靠水師。「如水師戰勝，賊自敗走台灣；如水師不勝，賊仍盤踞廈門」[20]。他對鄭軍水師二百餘號駐紮海壇，一

百號駐紮臭塗等處，強調要「萬分慎重」，所以主張海壇鄭軍只「可以智走，不可以力取」。他認為福建水師力量薄弱，不能克敵制勝，多次疏請調江浙師船來閩征討。對王之鼎、萬正色先後任水師提督也抱懷疑態度，一再推薦施琅為水師提督。朝廷認為萬正色堪任水師提督加以議駁後，仍疏請施琅以靖海將軍總統水師事務，「使將軍、提督並收得人之效」[21]。他既對萬正色任水師提督抱不信任的態度，對萬正色所統領的剛訓練不久的新募水師，能否戰勝鄭軍水師更加懷疑。這在姚啟聖的咨文中多次有所流露。如說：「提督實止孤軍，而且新配下船，操練未久」。又說：「但以新湊官兵，未經久練，海壇一不可得，則逆風難歸，四海五湖，此船將不可問」。主張一面增練水師，一面等待外援。

萬正色、吳興祚的態度，卻與姚啟聖迥然不同。萬正色認為「我師操演既熟，鼓勵已就，將士踴躍爭先，皆樂一戰」。吳興祚也認為水師「將士齊心奮勵，新船堅固且大，與舊船連綜衝擊，操勝可恃」。他們對水師能戰勝敵人，都充滿了信心，主張不必等候荷蘭舟師，即可進兵。他們之所以滿懷信心，是由於確信自己一方具備諸多有利條件。如萬正色指出：「苟在我天時既順，人和既得，地利既審，以順討逆，以仁伐暴，便可前征。」他認為當時清方已經具備了這些條件，反對因坐待外援而一再拖延師期。

萬正色當時「急於滅賊」，堅持立即出征，除相信戰勝敵人的主客觀條件已基本具備外，還由於作為晉江人，對於福建沿海人民連年慘遭戰亂，特別是在「三藩之亂」期間，又成為清、耿、鄭三方爭奪之區，民情十分凋敝，有較深的瞭解。從當時當地的實際出發，敢於對上諭提出不同的意見。他說：「捧讀聖諭，敢不益加慎重。但思海寇鴟張，荼毒日甚，生民水火，刻望徯蘇」。表示「總期救民利主，上報國恩，他所不計」。姚啟聖雖也表白「本部院急於滅賊之心，如焚如溺」，但卻認為「若至今秋大戰，相去不過七閱月，此中敵愾亦未必遽有所增，民情亦未必倍有所苦也」[22]。對民情的體恤，與萬正色還是有一定程度的差別。他與楊捷更多地從欽遵十二月二十日的上諭出發，強調「必計萬全」，不願意冒風險。

綜上所述可以看出，關於出兵海壇的分歧，實質上是由於彼此對敵我雙方力量估計的不同，也反映了彼此對盡速結束戰爭、以疏民困的迫切程度存在感情上的差異。爭論的是進兵海壇的日期問題，實際上是對規取金、廈時期的分歧。

當巡撫、水師提督決定拜疏出師後，姚啓聖即表示「不敢以意見稍異，略為退諉」。當即會商楊捷等會集滿漢水陸官兵，「候撫提二臣訂期到日，奮勇誓師，分路夾擊聲援」[23]。尚能顧全大局，比較妥善地解決了督撫提之間出現的分歧。

（三）海壇崇武洋面海戰的經過

在海壇一帶，鄭軍原有朱天貴統率的水師二百餘號駐紮，十八年十二月，聞清軍大集舟師準備進攻金、廈後，鄭經又增撥師船一百號北上堵禦，並命右武衛林陞為總督，左虎衛江勝、樓船右鎮朱天貴為左、右副總督，將船隻分泊海壇、南日、湄洲、崇武、臭塗一帶，以抵禦清軍之進攻[24]。清軍方面，原有水師額兵2萬人，由吳興祚募足，後姚啓聖又增撥14,000名，除分派興化、晉江、同安、漳州各營外，由萬正色親率新舊戰艦240隻，配坐官兵、炮手28,580名，齊集定海，並聯絡大小船50隻，鄉勇三千餘眾[25]。因此，清鄭雙方投入海壇崇武海戰的實際船隻，各約三百左右，官兵約三萬餘人，實力不相上下。

清軍水師的作戰方案，基本上是按萬正色在岳州水師總兵任內所上閩海戰守機宜一疏提出的原則制定的。萬疏稱：「閩地負山枕海，賊蹤出沒無常。今宜擇官兵習於陸路者分布要害，使賊不得登岸；精於水戰者率戰艦自萬安鎮諸處順流攻擊，直抵金門，塞海澄以斷其歸路。賊自廈門來援者，則從金門掩擊。……又設法招撫，善為安置，則投誠日多，賊黨日散」[26]。海壇崇武海戰方案，萬正色即按水陸夾攻原則部署的。戰前萬正色即咨姚啓聖、楊捷「迅調陸兵先據圍頭處所，安設炮火，使上下賊綜不得寄泊」[27]。楊捷即會同總督「咨行各鎮營，飛調陸路官兵，先據圍頭要口，安設大炮，聲援夾擊，令上下往來賊艘不得停泊，以便水師官兵進取」[28]。姚啓聖也咨吳興祚「暫駐福清海岸，為水師聲援」[29]。部署已畢，水陸夾攻為特點的海壇崇武之役的戰幕旋即拉開了。

1.海壇海戰

萬正色於二月初四日出兵進取海壇，出發前令在興化的朱天貴從叔丙坤齎書往招天貴，而「洩其言於海上」。聲言分前鋒兵為二股，鳥船由外洋進，趕繪小船由內洋進。天貴分兵堵禦。初六日，水師抵海壇洋面，正色乃分前鋒兵為六隊，直衝而入，正色親率巨艦繼之，天貴迎戰，「正色佯置天貴取他舟，諸偽將以天貴有異

志，各懷觀望」[30]。清師奮勇爭進，又以輕舟繞出其左右，並力夾攻，炮火齊發，清軍獲勝，進泊海壇，天貴退據南日、湄洲諸澳。據萬正色疏報，是役「擊沉賊船十六艘，溺水死者三千餘人」[31]。

2.崇武海戰

萬正色出師前已預計到，清軍進兵海壇，占其上風，「賊必退崇武」。已照會吳興祚「督陸路諸將，沿海各島駐紮，施放炮火攻打，勿使賊船得以灣泊取水，則彼自亂」[32]。進泊海壇後即咨會楊捷：「今海壇既破，先奪所恃。……但賊艅敗遁，會艅崇武，並力堅防」，約陸師「襲渡廈門」，準備「上下夾攻」。萬正色把崇武海戰作為「乘虛襲擊攻取」廈門的「大舉」[33]。

朱天貴退據南日等澳後，萬正色也即咨會吳興祚「統帥由陸路聲援」。於二月十四日親率大艅自海壇進兵，鼓勵將士「乘銳攻擊」，「奮勇尾追」，鄭軍「望風披遁」，水師進泊平海，與巡撫吳興祚會師。這時朱天貴聯合林陞、江勝、黃應、黃德等水師三百餘號，「並力堅據崇武」。而吳興祚也先於二月十七日抬運紅衣大炮，直抵崇武沿岸設伏炮擊，令鄭軍「取水路絕，驚惶遊移，棲泊不安」。萬正色也於二月二十日乘風順自平海揚帆南下，鄭軍「分列大洋，數股迎接」。萬正色又指揮將士分作六股攻擊。「自巳至酉，鉤搭大戰，犁沉賊舟大小一一二隻，賊潰飄海面大洋外，遂克獲崇武，安泊船隻」。

二十日午時，鄭軍乘南風大發，又「徑會各港逆艅前來拚命死戰」，吳興祚仍於崇武沿岸炮擊聲援，萬正色預揮兩股占據上風，以兩股從下風誘戰，以中兩股沖艅炮擊，上下夾至，又獲勝仗。據萬正色疏報：「犁沉賊舟一十七隻，燒毀六隻，擒獲三隻，陣斬偽總兵吳丙、偽驍翼營副將林勳、偽副領薛春、偽翼將林熊、俞碩籌、方國發等，陣斬賊兵六百餘人，活擒五十二名，擊沉、溺死賊兵二千五百餘眾，得獲器械、偽印節、火藥、旗幟等項。」崇武二次海戰，鏖戰二日夜，鄭軍敗退，清軍乘勝追至泉州港，「又得臭塗地方」[34]。

時林陞、朱天貴欲率全隊水師寄泊圍頭，奈沿邊海岸被吳興祚率陸軍勁旅密布屯紮，安炮守禦，無處灣泊取水，遂傳集諸鎮會議，林陞認為舟師「樵汲維艱，意欲全艅暫退守料羅」。朱天貴認為退避會搖動軍心，主張將船隊分泊海壇、石排洋等處，然後「密令小哨，窺其疏防之處，樵汲接應」。江勝、陳諒等都贊同朱天貴

的意見，但林陞堅持自己是總督，「當聽吾指劃，不從眾議，傳令全師退泊料羅」[35]。

由此可見，海壇崇武海戰中，由於清水師水陸夾擊，互相聲援，恢復海壇、南日等沿海島嶼和港澳，取得了很大的勝利。萬正色在戰後題疏中作了如下的概括：「是役也，破海壇，取湄洲、南日、平海，攻復崇武、臭塗，皆賊所連年據扼邊海要地以肆毒螫者，幸賴我皇上威靈，一旦肅靜，而福、興、泉沿邊居民獲安衽席矣。[36]」金、廈北部屏藩盡失，清軍水師即將南下，自此可與陸師互相呼應，於是金、廈兩島陷入水陸夾攻的境地。

（四）面臨水陸夾攻鄭經棄金廈退守台灣

水師克海壇進泊平海後，楊捷率陸兵於二月十七、十八兩日攻拔烏嶼橋至海滄一帶鄭軍據點。水師攻克崇武後，姚啓聖即會楊捷等於二十三日破陳洲、玉洲、灣腰樹、石碼、觀音寨等十九寨，二十四日恢復海澄縣[37]。時傑書亦遣軍恢復大嶝、小嶝地方[38]。吳興祚在崇武、泉州等沿岸配合水師夾攻後，於二十六日會同喇哈達等由同安進兵，恢復沔洲、潯尾[39]。這時廈門、金門對岸周邊據點，悉為清軍所控制，滿漢各路大軍已逼臨廈門。

待進泊泉州港的水師即將南下，姚啓聖等遂調撥官兵準備進攻廈門，議定總督姚啓聖、平南將軍賚塔、漳浦總兵趙得壽，率滿漢大軍從嵩嶼進兵；巡撫吳興祚、甯海將軍喇哈達、同安總兵王英、興化總兵曾承，率滿漢大軍從潯尾進兵；昭武將軍管陸路提督事楊捷、福甯總兵黃大來、漳州總兵吳三畏，率鎮標官兵從海澄一路而進。據楊捷飛報克取廈門一疏稱：「三路訂期二月二十六日一齊追擊，逆賊聚艍迎敵。我兵大炮擊破賊船甚多，斬殺淹死在海洋之中，難以千百計數。……隨於二月二十七日亥時克取廈門。[40]」吳興祚也疏奏：「分兵三路徑渡廈門，逆賊潰敗，二十八日進廈門城，安撫人民，即遣官兵進取金門。[41]」萬正色也疏奏進兵金、廈情況稱：於二月二十七日自泉港分遣舟師，以林賢為左路先鋒，以陳龍為右路先鋒，以黃鎬、楊嘉瑞及閩安協副將田萬侯及督標官兵為中路正艍，三路並發，二十八日至圍頭，「乘夜直搗料羅，賊拚命奪取生路。時值昏黑，汪洋巨浪難以攻擊，即於二十九日早尾追，賊逆飄洋遠遁。臣沿海長驅兩日夜，搜逐無蹤，而外洋

絕域，未便窮追。遂於三月初二日至金門出示安民，初三日進泊廈門，與各陸臣會師。而閩海逆巢，一概廓清矣」[42]。姚啓聖也於三月初七疏奏：「臣等統兵水陸併進，既恢復海澄，復連克金門、廈門兩島，皇上洪福齊天，致使海氛屏跡」[43]。

值得指出，以上奏疏所報，經過陸師三路大軍的激戰而攻克廈門，經過水師兩日夜的追逐敵船而克金、廈，都是不真實的，實際上鄭經已於二十六日率各鎮舟師棄金、廈而遁，清軍係不戰而克金、廈。

據《台灣外記》記載，二月二十三日林陞率全艅退泊金門料羅灣，二十四日早鄭經聞報大驚，即遣人馳告劉國軒：「邇海壇征帆業退料羅，是思明將危，海澄何用？速當回師，以商進止」。國軒遂棄諸寨並海澄縣城，乘夜出廈門見經。二十六日鄭經又接報康騰龍獻汭洲降，清師不日將水陸合攻廈門。二十七日巳刻，全島人民鼎沸，各自逃竄，經見人心已變，令將演武亭花園所有輜重、寶玩悉運過台。時陳昌業密通啓聖，準備「劫經獻功」，被識破後遂率兵降清，鄭經也已揚帆東向。協理五軍都督吳桂同信武鎮黃瑞分頭傳諭百姓，勿得驚慌。是夜三更遣人「請大師過廈門安撫百姓」，清軍於二十七日分道出廈門[44]。

《海上見聞錄》也記載，「國軒回至廈門，知勢不可為，收拾餘眾下船，百姓遮道跪留。二十六日兵變擄掠，世藩焚演武亭行營，盡率諸將登舟。協理五軍吳桂聚卒據廈門，以待清兵」[45]。

《海紀輯要》也記載，二月二十二日，世子聞林陞退屯金門，以為戰敗，急馳諭令國軒回。有云「思明既失，海澄何用？」國軒遂棄澄入廈。「世子懼為人所圖，焚演武亭行宮，輜重、寶玩悉毀於火，踉蹌下船，遁回東甯（時為二月二十六日）」[46]。

以上各書所記細節雖有所不同，時間也有些出入，但主要情節都相同，均言鄭經聞林陞水師退金門，即匆忙調回劉國軒，而海澄旋失。又倉皇先棄金、廈而退澎湖，清軍遂乘虛而入。可以斷定這些記載是可信的。當時指揮作戰的清軍將領的奏疏、咨文亦可證實這點。楊捷二十六日疏報：二十四日守海澄總兵蘇侃「願意投誠」，「接引入城」，「率偽兵共二千一百八十七名投誠」[47]。二十七日楊捷《為咨會遣發官兵攻取廈門逆穴事》文稱：陳昌於二十六日午時遣周天奇等「前來納款」。至二十七日酉時，陳昌「率領所轄大小船隻百餘號，官兵五千餘員名，並移

帶眷口到海澄城外登岸投見」。又有總兵吳桂、羅士珍先遣通判葉光寰等「前來投誠，請領旗號，並請發兵迎援」，吳桂等「隨各帶官兵、船隻、眷口前來投誠」。並報稱「廈門兵民紛紛搖動，亟宜乘時進兵攻取，桂與士珍願為前部」[48]。楊捷即遣中軍參將馬勝等各帶領官兵，乘坐吳桂等帶來的大船，會同吳桂、羅士珍等官兵，乘坐八漿船隻為頭敵先進；並令陳昌乘坐原帶船隻為二敵。並由督標在海澄將軍三員中酌派一員帶兵協同進取廈門。當夜登陸廈門後，有防守廈門偽總兵黃瑞、張雄、吳國俊等率領偽兵投誠[49]。出兵時楊捷咨會姚啓聖文中聲明，「本應先期咨會，然後發兵，因事機貴速，恐往返耽遲。故一面遣發，一面咨會。尤祈貴部院星速酌發官兵，隨後接引，以收全效可也」[50]。

以上鄭清雙方資料都證明，廈門並不是清軍攻打下來的，而是由鄭軍降將陳昌、吳桂等請進來的，而且還是乘這些降將的船隻進來的。並沒有發生過「逆賊聚艘迎敵」等海戰，也沒有真正出現過三路大軍合攻的戰鬥局面，更談不上「十路進兵」或「七路進兵」了[51]。

至於金門，退泊料羅的林陞接鄭經命各鎮收拾束歸諭令後，秘而不宣，即帶船兵悄悄先遁澎湖。朱天貴聞清軍進駐廈門後，也率師退銅山，不久帶兵二萬餘及船三百餘隻降清。當萬正色於三月初二至金門時，金門也已是一座空城了。

顯而易見，楊捷疏報攻克廈門時「斬殺淹死在海洋之中，難以千百計數」，含糊其詞，顯係虛報軍情。萬正色疏報尾追敵船，「賊拚命奪取生路」，雖也是虛捏之詞，但他在另一題疏中承認自臭塗以後，「實無殺賊數目可以造報」[52]。相比之下，還算比較老實了。而姚啓聖在為造報有功人員履歷清冊的一個咨文中，乾脆說：「二十七日亥時，恢復廈門、金門各島。[53]」這與楊捷二十九日還疏稱：「查探賊船尚有三百餘隻，現泊料羅等處，尚思狂逞。應俟水師提臣船兵到日，會商夾剿。[54]」更是自相矛盾，同樣係冒報軍功。

海壇崇武海戰，據萬正色所報，鄭軍水師折船40餘隻，損眾6,000餘人，可見並未受到致命的打擊。由於鄭經聞報退兵，即匆忙調回劉國軒，直接加速了海澄的陷落，又聞報清師水陸將進攻廈門，又倉皇棄金廈而退守澎湖，這都屬指揮的失誤。所以回台後其母董夫人責其無能，致「七府連敗，兩島亦喪」[55]。但也應該看到，鄭經決定放棄金廈，與當時清水陸大軍雲集，兵臨城下，內部士無鬥志，眾叛

親離有關。當清水師進兵海壇後，鄭經的親幸角宿鎮施明良及施琅之子施世澤等早已暗通清軍，「欲爲內應」，「乘機欲舉事」[56]。他們約定「在省城船到，賊必發兵出救，乘其空虛，密糾同志擒獲鄭逆歸命」。由於書辦呂運出首，二月十八日被擒，二十三日兩家七十三口被殺[57]。接著蘇侃獻海澄降，陳昌又圖「劫經獻功」。可見清陸師逼圍廈門的同時姚啓聖等所積極進行的招撫活動，從政治上分化瓦解鄭軍，以動搖其軍心，的確起了很大的作用。鄭經棄金、廈顯與「懼爲人所圖」密切有關。

同時我們也可以看到，清水師在海壇崇武海戰中，擊潰鄭軍水師，占領海壇、崇武、臭塗等沿海島嶼與港灣，廈門北部的屏藩盡失。「廈門一時震動，百姓惶惶」，鄭經已看到清軍不日即將水陸合攻金、廈，兩島實難久守。因此決定退守澎、台。可見海壇崇武海戰對清軍規復金、廈，起了巨大的促進作用。戰爭的結局證實了萬正色、吳興祚等戰前預計的正確。吳興祚認爲，「一得海壇，則賊之門戶已隳，賊心自然崩潰，乘勝進取金門、廈門，遂可不遺餘力」[58]。萬正色在戰後疏奏中回顧當時的想法是，「且料逆賊雖結綜海壇，恃爲外固，臣以順天救民之師，氣銳心一之衆，加以上風臨之，海壇必破，既破海壇，先聲已奪，則海澄自潰，金門、廈門自危。次第長驅，便可席捲」[59]。吳、萬的作戰方案，在戰爭中完全得到實現。

鄭經退回台灣後，縱情花酒，不預政事，並於二十年（1681年）正月病故，由幼子克塽繼位。時政出多門，文武解體。康熙帝遂於六月初七日下令：「鄭錦既伏冥誅，賊中必乖離擾亂，應乘機規取澎湖、台灣」[60]。可見，海壇崇武海戰促進了金、廈的恢復，從而也加速了清廷決策收復台灣。

（五）關於議敘戰功的分歧與康熙帝的評論

十九年三月清廷接姚啓聖等疏報克十九寨，於十五日奉旨：「在事有功人員，著議敘具奏，該部知道」。[61] 接二月二十六日楊捷恢復海澄縣城疏報，旋奉旨：「可嘉，著議奏。該部知道」[62]。又接楊捷二月二十七日疏報克服廈門，旋奉旨：「覽卿奏，今日滿漢官兵進剿海逆，擊敗賊衆，恢復廈門。具見調度有方，將士奮勇，可嘉，在事有功人員著議敘具奏。兵部知道」[63]。同時接吳興祚恢復廈門疏

報，「得旨嘉獎，下部議敘」[64]。又接萬正色進兵金、廈疏報，奉旨：「覽卿奏，率領舟師進剿海逆，直抵金門、廈門，卿倡先平海，攻克海壇、崇武、臭塗等處，賊勢窘迫，克奏捷攻。具見籌劃周詳，調度有方，深爲可嘉。著從優議敘具奏。兵部知道」[65]。

兵部對萬正色等恢復金、廈進行議敘時，出現了波折。當兵部侍郎溫岱十九年五月奉旨前往福建詳議海防設兵問題時，姚啓聖向其跪陳恢復海壇及金、廈時，萬正色先與朱天貴密約投誠，然後進兵，「以致各島敗遁，恢復空地，並無殺賊攻克之處」。溫岱回京，兵部據其言入奏。並奏請「應俟提督萬正色、巡撫吳興祚明白回奏之日再議」[66]。二十年二月初五日康熙帝聽部院各衙門面奏政事時，將此事提出討論。現將《康熙起居注》關於當時討論情況的記載引錄如下：

「上問曰：爾等云何？明珠奏曰：萬正色、吳興祚初時即欲恢復廈門、金門，姚啓聖等猶謂未可。今廈門等處皆正色等奮力克取，臣等之意，應嚴飭該部敕下另議。李蔚、杜立德奏曰：此事關係封疆大臣，若有功者反令回奏，非所以鼓舞將士，理應嚴飭該部。上曰：然。既已拓取疆域，若止令另議，恐立功者皆爲灰心。這二本著擬嚴旨來看」[67]。

第二天（初六日）遂諭兵部：

「進剿海賊一案，原係吳興祚、萬正色會同定議，不俟荷蘭國船隻，即奮勇前往，志靖海氛。萬正色領水師先行出洋，吳興祚率陸師互爲聲援，驅除海逆，克奏膚功。爾部乃稱萬正色與朱天貴密約投誠，任意妄奏，以爲濫冒軍功，殊屬不合。著遵前旨，即行議敘」[68]。

旋經兵部議覆，並於四月二十三日奉旨：敘克復海壇、廈門、金門功，給福建巡撫吳興祚拜他喇布勒哈番又一拖沙喇哈番，水師提督、太子少保；左都督萬正色拜他喇布勒哈番；授援剿左鎮總兵官林賢、右鎮總兵官陳龍、前鎮總兵官黃鎬、後鎮總兵官楊嘉瑞爲左都督，參將以下各給世職有差[69]。

關於對姚啓聖等議敘也出現了分歧。早在十九年三月，兵部對姚啓聖攻克十九寨題疏擬票時就引起爭論。《康熙起居注》有如下記載：

「為福建總督姚啓聖攻取海賊十八寨（按：應為十九寨）事。上曰：這本止票知道了，似覺太輕。索額圖奏曰：進剿事宜係提督萬正色首先題請，姚啓聖止於策應，若即要議敘，恐屬過當，故擬票知道了。上曰：萬正色自當從優議敘，但此舉雖係正色首倡，姚啓聖亦曾戮力援剿。若啓聖不效力，正色亦無可如何。今全無敘錄，恐將士解體，可仍著議敘」[70]。

但翌年四月，發生了左都御史徐元文疏劾姚啓聖在溫岱面前誣陷吳興祚、萬正色平海軍功，並揭其阻撓海壇進兵等事。提出「克海賊者有功，則妒功者自應有罪」。疏入，命啓聖回奏。啓聖在回奏中對阻撓海壇進兵等事——作了解釋，並陳述自撫臣、提臣出師後，即會同楊捷等攻取烏嶼、海滄、十九寨等處，「上下夾攻，以分賊勢」，以聲援水師之進攻。並在疏中承認：「撫臣、提臣拜疏出師，則平賊之首功已定。……臣任閩三載，雖無妒功之心，實有溺職之罪，伏祈敕部嚴加議處，另簡賢能」。疏入「報聞，下部知之」[71]。清廷仍認為姚啓聖等陸師聲援有功，對徐元文疏劾姚啓聖一案遂不加追究。

旋經兵部議覆，十二月初九日奉旨：敘恢復海澄、廈門、金門、十九寨功，授昭武將軍福建提督楊捷三等阿達哈哈番，加趙得壽、黃大來、吳三畏為左都督，給一拜他喇布勒哈番。其副將以下，分別議敘[72]。二十一年二月十三日又奉旨：敘恢復海澄、廈門、金門功，給福建總督姚啓聖拜他喇布勒哈番又一拖沙喇布哈番[73]。由於出現了分歧，敘功工作前後經歷了二年方告結束。

康熙帝從恢復海壇、金、廈過程，已看出萬正色與姚啓聖「素不相合」，不但進兵前進行了爭論，而且進兵後也配合聲援不力。萬正色原約進兵崇武時，乘鄭軍「上危下虛」，即「上下夾攻」廈門，「會期合舉」。但姚啓聖卻等水師攻克崇武、臭塗後才出兵進攻十九寨及海澄，鄭經逃歸台灣後才進兵廈門。戰後姚啓聖又告了萬正色一狀，引起敘功的分歧。但精明果斷的康熙帝，既首先肯定了萬正色、吳興祚首倡進兵並水陸互相聲援之功，也同時肯定了姚啓聖等陸師「戮力援剿」之力，能夠比較公正地妥善地處理了督撫提之間出現的分歧，使矛盾沒有進一步的發展。

論康熙統一台灣

康熙二十二年（1683年），清政府收復台灣，統一中國，這是康熙統治時期為中華民族作出的重大貢獻之一。現擬著重探討康熙帝愛新覺羅·玄燁在實現台灣與大陸統一過程中所產生的作用，並從這一角度對他進行評價。

（一）決策

台灣與大陸的統一在康熙二十二年實現，作為當時最高封建統治者的康熙帝，無疑地產生了促進作用。康熙為實現台灣歸清曾做了許多工作，而在適應形勢的發展變化及時作出決策方面，則產生了舉足輕重的作用。

康熙時代對退據台灣的鄭氏集團，仍然是採取「剿撫兼施」的傳統政策。但隨時勢不同，有時主要訴之於武力，有時則強調招撫。

康熙初年，鄭經仍占領廈門、銅山等沿海島嶼，清廷對鄭氏集團一度招撫失敗後，主要採取武力平定的方針。康熙二年十月，清軍一舉攻克廈門、金門，翌年初進兵銅山，鄭經遂退據台灣。清政府旋命福建水師提督施琅統舟師於四年出征澎湖，遇風而返。此後清廷遂決定撤兵，轉主招撫。六年六月，清政府第一次派總兵孔元章至台灣招撫，不果而歸。當時朝柄由鰲拜等人所把持，論者或謂撤兵係出於鰲拜等人的旨意，而康熙則對施琅多方加以保護。這種觀點忽視了鄭經退據台灣後清廷改取招撫為主的方針，是當時國內形勢所決定的這一基本事實。這時經過長期戰亂，瘡痍滿目，民生凋敝，政局未穩，最高統治集團正忙於內爭；陸戰驍勇的滿洲八旗，也無力遠渡重洋征討台灣。這是清政府對鄭經從戰爭轉為招撫的重要原因。同時，清廷對施琅所統率的福建水師產生疑忌，也對作出這一決策產生了很大的促進作用。康熙親政後，於八年又派大臣明珠、蔡毓榮等至泉州，遴選興化知府慕天顏加以卿銜，第二次渡台議撫。康熙在敕諭中令差官向鄭經宣示：「果遵制剃髮歸順，高爵厚祿，朕不惜封賞。即台灣之地，亦從彼意，允其居住。」[74]說明

康熙仍然繼續執行前幾年的招撫政策，作了很大的讓步。

　　當然，康熙與鼇拜等人對鄭經的政策雖然相同，但出發點卻迥然差異。鼇拜等人守舊苟安，熱衷於爭權擴地，畏懼風濤，消極招撫。而康熙則是一位頗有作爲的君主，親政後即致力於醫治戰爭創傷，安定民生，鞏固中央集權。除鼇拜及其同黨之後，積極獎勵墾荒，興修水利，整頓吏治，並籌劃解決「三藩」等問題。二十多年後康熙回顧這段歷史時說：「朕聽政後，以三藩及河務、漕運爲三大事，書宮中柱上。」[75] 證實了康熙此時由於要集中精力解決內政問題，所以對鄭經採取招撫，加以羈縻，並令兩廣、福建等局部地區遷界，力圖緩和沿海緊張局面，創造暫時的和平安息時期，以達到「庶幾恩迄遐方，兵民樂業，干戈不用，海疆乂安」[76] 的目的。但由於台灣地區當時爲清軍武力所不及，對鄭經的經濟也未嚴加封鎖，鄭經果恃波濤之險，安於割據一隅，議終無成。「數年間，海上亦相安無事。」[77] 康熙爭取暫時休戰生息的策略，收到了一定的成效。和局維持到十二年十二月，由於平西王吳三桂發動叛亂而被破壞。

　　康熙十三年三月，靖南王耿精忠回應吳三桂在福建倡亂，鄭經也乘機配合吳、耿稱兵西向，侵擾閩粵沿海，清鄭之間又處於戰爭狀態。初期，耿鄭交惡，鄭經主要對耿軍作戰，而康熙則集中兵力進剿「首倡叛亂」的吳三桂，對耿精忠則剿撫兼施，對鄭經則著重於撫。八月，康熙在給新任福建總督郎廷佐的諭旨中明確指出：「郎廷佐入閩之日，海寇宜用撫、耿精忠宜用剿或用間，相機便宜以行。」[78] 對吳、耿、鄭採取了區別對待的方針。

　　康熙十五年，耿精忠、尚之信先後降清，康熙即令他們隨大兵征討，立功自效。這時鄭經已成爲東南地區清軍的主攻對象。十六年，鄭經連失漳、泉、惠、潮等七府之地，退遁廈門、金門。十七年，鄭經又命劉國軒統兵數萬對海澄發動進攻，大敗清軍，繼陷長泰、同安等地。八月，吳三桂死於衡州，清軍分路進攻，吳軍節節敗退，清政府遂興大兵進攻鄭經。這個期間雖也進行過幾次招撫活動，並再行遷界，申嚴海禁，也都是爲了配合軍事上的進攻。十九年二月，清軍先克海壇，繼克金、廈，三月，克銅山，鄭經再次退守台灣。清鄭之間的形勢又出現了新的變化。

　　對鄭氏集團是乘勝進兵攻取抑或再行招撫，清政府又面臨重要的抉擇。時福建

總督姚啓聖奏請「親往澎湖、台灣攻取」，水師提督萬正色則主張「不可輕議進兵，以滋勞擾」，宜「徐行招納，必自歸誠」[79]。在閩官員多數同意萬正色的意見。八月初四日，康熙問大學士、學士對進剿意見如何，明珠回奏：「閩疆新定，逋逃殘寇姑徐俟其歸命。再若梗化，進剿未晚。」[80]翌日，康熙諭兵部：「台灣、澎湖暫停進兵，令總督、巡撫等招撫賊寇。如有進取機宜，仍令明晰具奏。」[81]論者或謂這是康熙對攻台方針的動搖，未必盡然。蓋此時西南對吳世璠的戰爭尚在緊張進行，對鄭經的新的對策正在籌劃，尚未確定。故康熙同意暫停進兵，先行招撫，並準備隨時聽取「進取機宜」，以便捕捉戰機，再下決心。

這樣的時機很快就到來了。康熙經過多方考慮醞釀，特別是得悉鄭經死後，文武解體，眾皆離心，認為平定台灣的條件已經成熟，遂於二十年六月初七日下令：「宜乘機平澎湖、台灣。」[82]當時促使康熙做出這一重大決策，至少有這幾方面因素：

第一，當時尚之信已賜死，耿精忠已調京。章泰、賴塔、蔡毓榮等諸路大軍已先後進入雲南，圍攻省城，吳逆指日可滅。經過八年戰爭，至此「三藩」問題已基本解決，有暇集中力量來解決海上鄭氏集團了。正如康熙後來追憶：「邇者滇黔底定，逆賊削平，惟海外一隅，尚梗王化。爰以進剿方略諮詢廷議。……朕念海氛不靖，沿海兵民弗獲休息」，特命將「整兵進征」[83]

第二，鄭氏集團退據台灣後，長期騷擾東南沿海，特別是吳、耿等叛亂期間，鄭經乘機攻占閩粵七府之地。如康熙十七年海澄之役，清軍死亡萬餘，署前鋒統領希佛陣亡，副都統穆黑林、提督段應舉自盡，「閩省震恐」，清廷為之震動。促使康熙下決心徹底解決鄭氏集團問題。正如康熙對施琅所說的，「海氛一日不靖，則民生一日不寧。爾當相機進取」，「以靖海疆」。[84]

第三，康熙十七年後，清廷為了收復海澄，攻克金廈，「此時水戰更重於陸戰」，必須「以水攻水」[85]，才能收效。

康熙同意福建督撫提的多次疏請，恢復福建水師提督，募練水師，配造戰艦，且在攻克海壇、金廈、銅山諸海戰中，已收明效。康熙在任命施琅為水師提督時指出：「今諸路逆賊俱已殲除，應以見在舟師破滅海賊。」[86]可見，由於有了這樣一支有戰鬥力的水師隊伍，攻克台灣才有可能實現。

第四，獲悉鄭氏集團內部變亂詳情，對促使康熙最後下決心冒風濤之險，渡海出征解決台灣問題，產生了重大的作用。先是康熙二十年四月，姚啟聖先後收到台灣傅為霖、廖康方密稟，鄭經已於正月二十八日病故，監國鄭克𡒉三十日被絞死，二月初一日，鄭經之次子、年方12歲的鄭克塽繼位，由其叔鄭聰攝政。時「陳、馮互相爭權，劉擁重兵主外，叔姪相猜，文武解體，政出多門，各懷觀望」。傅為霖指出：「主幼國虛，內亂必萌；內外交並，無不立潰。」廖康方要求：「賊勢內亂，機實可乘，速懇發兵救民水火。」這些報告與姚啟聖「密探相符」。姚與喇哈達等集水陸各鎮總兵官公同會商後，立即聯銜向康熙建議：「會合水陸官兵，審機乘便直搗巢穴。」但「台灣孤懸海外，處處皆險，統師遠剿，時地難測，非臣等所敢擅定也」[87]。要求康熙作出最後決策。康熙接到報告後，於六月初七日與大學士、學士等會議後指出：「進取台灣事情關係重大，著該將軍、總督、巡撫、提督等同心，速乘機會滅此海寇。」[88]當日即發布諭旨：「鄭錦既伏冥誅，賊中必乖離擾亂，宜乘機規定澎湖、台灣。總督姚啟聖，巡撫吳興祚，提督諾邁、萬正色等，其與將軍喇哈達、侍郎吳努春同心合志，將綠旗舟師分領前進，務期剿撫並用，底定海疆，毋誤事機」[89]。用兵力攻取台灣的正式命令下達了，但並不放棄「剿撫併用」的方針。

二年後，康熙的這一決策就全部得到實現，顯然是正確的決策對實現台灣與大陸的統一產生了重要的作用。

（二）用人

正確的決策要由「賢能」的官員來執行。康熙一貫重視用人之道。認為「從來有治人，無治法，為政全在得人」[90]。「得一人則事治，失一人則事敗」[91]。他在多年聽政中認識到，用人「必才德兼備為佳，若止才優於德，終無補於治理耳」[92]。把是否忠於封建王朝的政治標準，列為用人的首要條件。

當鄭經成為清軍在東南沿海的主要作戰對象後，慣於陸戰的原來清軍將領已不能勝任新的任務。康熙十七年海澄戰役中清軍慘敗，這一點便充分暴露出來了。康熙及時將福建總督郎廷相、提督段應舉解任，巡撫楊熙亦以年老罷官休致。五月，擢升屢立戰功的福建布政使姚啟聖為福建總督，吳興祚為福建巡撫，並調江寧提督

楊捷為福建水陸提督總兵官。他們果不辜負康熙的簡任，配合康親王傑書在恢復平和、惠安、同安、長泰、海澄等漳泉所屬十縣及克取金、廈戰役中，做出了自己的貢獻。

要戰勝「以海為家」的鄭氏集團，要有一支善於海戰的水師隊伍，恢復康熙七年所裁水師提督，招募水師，便被提到日程上來。早在康熙十五年底，郎廷相即已提出必須照舊設立水師提督，招募水兵一萬名。十七年，楊捷、姚啓聖也先後提出水陸「萬難兼顧」，要求「另設水師提督」[93]，「令其專練水兵，熟習慣戰……以便水陸夾攻廈門」[94]。此時任命熟諳水道稱職的水師提督人選，成為實現康熙對台決策的一個關鍵性問題。正如姚啓聖指出的：「目下剿賊平海，全賴水師提督一官。……是總督、巡撫、陸路提督不過相助為理，而決勝成功，實水師提督一人任也。」康熙為了挑選「才德兼備」的水師提督，三年間先後三易其人。的確是為「求一勝任水師提督者，亦可謂博覽旁求，費盡苦心矣」[95]。當時矛盾焦點在於，施琅究竟是否適合擔任水師提督。

早在姚啓聖任福建布政使時，即向康親王保舉過施琅「堪任水師提督」，以後聽說琅有子姪在海，「且當日撤回原自有因」，也就「不敢力保」[96]。康熙遂於十七年十一月調京口將軍王之鼎佩定海將軍印，提督福建水師。旋以滇黔餘逆進逼川西，改授王為四川提督。十八年，湖廣岳州水師總兵官萬正色攻克岳州後，條陳閩海水陸戰守機宜，深得康熙嘉許，於四月諭調萬正色為福建水師總兵官，令率所部官兵赴閩。六月，姚啓聖以「大舉及期」，再次上疏保舉施琅，並指出：「施琅即有一子在海，尚有六子在京，其京中家口數百，豈肯為一子而捨六個兒子與數百口家眷乎？」同時且有通省文武各官、副將王英等及鄉紳洪承畿等甘具「保結」[97]。七月，當得悉已任命萬正色為水師提督之後，姚啓聖又題請「施琅以將軍總統水師事務，……萬正色可移調廣東」[98]，力圖改變康熙對萬正色的任命。康熙於八月初一日、十三日，先後兩次加以批駁：「該督所請遣發原任提督施琅之處，應無容議。」[99]「提督萬正色以岳州水師總兵官任內，在洞庭殺賊立功效力茂著，堪任水師提督，特揀補授。相應將此疏無容議。」[100]堅持原議，拒絕任用施琅。從熟悉水戰及台灣情形來看，施琅的確是更為合適的水師提督人選，康熙屢次批駁姚啓聖的保薦，也並非是對施琅的才幹缺乏瞭解，主要是對他的疑慮未盡

消。康熙當時對施琅是否符合「才德兼備」條件，尚無把握。

　　萬正色到閩後，反對要等候荷蘭國船到才出兵的意見，於康熙十九年正月率水師攻克海壇，巡撫吳興祚率陸師聲援，並會同喇哈達、姚啓聖攻克金、廈，不辜負康熙的委任，又立了戰功。但自克金、廈之後，萬正色反對出兵台灣，主張「沿海設戍，以固疆隅」[101]。面對台灣海峽的洶湧波濤，萬正色畏縮不前，難寄征討重任。當康熙二十年六月康熙已決策出兵澎湖、台灣後，任用稱職的新的水師提督人選，已是刻不容緩。到七月二十八日，康熙就斷然作出任命施琅的決定。在給議政王大臣的諭旨中指出：「原任右都督施琅係海上投誠，且曾任福建水師提督，熟悉彼處地利、海寇情形，可仍以右都督充福建水師提督總兵官，加太子少保，前往福建……克期統帥舟師，進取澎湖、台灣。其萬正色改爲陸路提督，諾邁還京候補。」[102]關於這一任命的原因，據康熙本人後來回憶：「萬正色前督水師時，奏台灣斷不可取，朕見其不能濟事，故由施琅替換，令其勉力進剿。」[103]康熙二十六年康熙召見施琅時也回顧說：「三逆反叛，虐我赤子，旋經次第平定。惟有海寇遊魂，潛據台灣，尚爲閩害。欲除此寇，非爾不可。爰斷自朕衷，特加擢用。」[104]這裡隱諱了康熙最後下決心擢用施琅，是在施齊、施亥一案眞相大白，完全打消了對施琅的疑慮之後。當康熙十九年四月，姚啓聖題請優恤施齊、施亥時，康熙同意兵部所議：「施齊等俱授海賊僞職，今不便據家人一語爲憑遽議，相應行令該督俟剿滅海賊之日，詳加查明，具題再議可也。」此時問題尚未弄清，對施琅的疑慮也就不會完全消除。一貫力保施琅的姚啓聖並不從此罷休，又向瞭解內情的巡撫、將軍、同安總兵及海上投誠官員作了廣泛的瞭解，證實施齊等確是爲了「擒鄭逆獻廈門以報本朝」，被書辦、家人呂運、吳芳等「出首事露」，十九年二月十八日被囚金門蓼羅，二十三日「兩家七十三口盡被磔殺」。同年十二月，姚啓聖再次題請「從優恤獎，以慰忠魂」，明確指出：「是施齊等謀擒被殺，已經萬耳萬目，昭著天壤，歷歷可憑，實非家人一語而已也。此雖謀擒之功未遂，而鄭經因之內變，內外夾攻，賊衆奔走，金、廈全收，揆厥所由，二人之功似不可泯」。[105]至此，此案的眞相已經大白。二十年七月，李光地也推薦施琅：「他是海上世仇，其心可保。又熟悉海上情形，其人還有謀略，爲海上所畏。」[106]接著，康熙遂下了任命施琅的諭旨。由此可見。姚啓聖的一貫力保，李光地最後的保薦，對康熙任用施琅

都產生了不小作用。有的著述認為，施琅的起用，全出於姚啓聖的密奏；有的則認為應歸功於李光地的首先保舉。從上述施琅被任用的曲折過程看來，這些看法都有片面性。應當指出，產生決定作用的還是康熙本人。當康熙決策攻取台灣，萬正色又反對進兵，同時已完全消除了對施琅的疑慮之後，任命施琅就成為理所當然的事了。

康熙經過縝密考慮，決定擢用執行平海決策的官員後，就對他們十分信任。如任用姚啓聖為閩督後，康熙對閣部大臣說：「閩督今得人，賊且平矣。」[107] 任用施琅後，「舉朝大臣以為不可遣，去必叛」。康熙卻堅信施琅不去，「台灣斷不能定」[108]。康熙二十年，左都御史徐元文受人指使，疏劾姚啓聖妄借庫銀貿易、克軍餉、朘民膏等六款，康熙則加以回護：「觀姚啓聖回奏，俱係已經題結之事。……今事平之後，乃為追論，於事何益？蔡毓榮、董衛國等今亦有追論者，若亂時之事，今追論不已，何異高鳥盡良弓藏，狡兔死走狗烹乎？」[109] 康熙用人之道，於此可見一斑。

在平海期間，康熙調動全國力量，予以有力支持。同時，對閩省督撫、提督所提出的合理要求，都給予積極支持。凡是對統一台灣有點用處的人才，都予以錄用。為了進一步明瞭康熙的用人政策，這裡不妨舉幾個例子加以說明。

當施琅赴任後，提請侍衛吳啓爵「隨征台灣」，兵部議「不准行」。康熙則說：「吳奇（啓）爵在京不過一侍衛，有何用處？若發往福建或亦有益。著照施琅所請行。」[110]

當姚啓聖請將平和縣失守游擊王廷祐等免其從前之罪，加以錄用，兵部議「不准行」。康熙就說：「今值進剿台灣，正在用人之際，著王廷祐等隨征台灣大兵效力贖罪。」[111]

當姚啓聖請用守備潘賢「進剿台灣」，康熙「允行」後，潘又固辭不往，康熙同意兵部議「革職交刑部」。後來潘賢又叩閣請往，兵部仍議「交與刑部」。康熙則說：「潘顯（賢）妻子四十餘口俱在台灣，因此叩閣請往福建，該督復為題請，可遣赴閩省，其可用與否，聽該督酌量行之。」[112]

從以上幾個例子已可看出，不論是身邊的侍衛，還是罪吏，或已交部議處的原台灣商人，如對統一台灣有可用之處，康熙都同意予以錄用。當時像這樣部議不

准、康熙特准錄用的例子出現過不少，康熙也覺察到廷臣多拘泥於舊章，對福建督撫、提督支持不力，特把統一台灣時期的用人政策加以明確諭示。他在施琅疏請將聯絡營僉事陳子威、通判陳瀛題請實授，吏部議覆「不准行」一事時指出：「今進取台灣，正在用人之際，福建總督、提督、巡撫凡有所請，俱著允行。朕此旨爾衙門識之，如遇此等事，即擬准行票簽來奏，切勿遺漏。」[113]

康熙對所任用的將吏十分信任，大力加以支持，不束縛他們的手腳，讓他們得以充分施展其才能。但也並非無原則放縱、遷就。這從康熙不同意施琅為了排斥朱天貴，疏請將朱天貴並原帶兵丁發回平陽原汛，特諭「朱天貴官兵應留後為大兵聲援」[114]一事即可得到說明。不久，朱天貴在澎湖海戰中英勇「捐軀報國」，姚啓聖在回顧此事時感慨地說：「不負皇上神明獨斷者矣。」[115]

在康熙的重用、支持下，姚啓聖、施琅在統一台灣的事業中，都做出了巨大的貢獻，他們成為康熙統一台灣決策的忠實執行者。

（三）出兵

奉旨克期進取澎湖、台灣的水師提督施琅，於康熙二十年十月初六日抵達廈門視事，經過一年零七個月之後，才正式從銅山出兵攻取澎湖。其間關於出兵的日期曾多次推遲，除了種種客觀原因外，這與前方將領之間關於如何進兵存在有不少分歧有關。如利用南風抑利用北風進兵，由水師提督負責專征抑督撫、提督同征，就是姚啓聖與施琅之間展開爭論的兩個突出問題。康熙對這些分歧問題的處理是否妥善，將直接影響統一台灣事業的成敗。

姚啓聖一貫堅持於多春利用北風進兵，施琅開始主張利用輕北風，以後則堅持乘南風進兵。二十一年五月，雙方在銅山力爭了十多天，以後寧海將軍喇哈達等許多將領也參加了爭論。據姚啓聖事後疏陳，他堅持南風不如北風者有三：一、澎湖、台灣北風澳多，如北風進兵，可以分綜攻擊。南風只娘媽宮一處可以灣泊。二、澎湖在台灣之北，如乘南風攻取澎湖後，不能逆風取台灣。如乘北風攻取澎湖後，可長驅直取台灣。三、如乘南風，取澎湖後不能取台灣，六、七、八月颱風不時發生，有阻糧之慮。[116]而施琅自採納了熟悉海島港門風潮險易的海商陳昂意見後，主張：「南風之信，風輕浪平，將士無暈眩之患。」[117]當時多數將領贊同乘

北風分綜進兵，施琅自己承認：「不便違抗，姑聽督臣展期，實非臣之本意。」[118]喇哈達等即以「總督、提督稱南風不如北風，五月內停其進兵，俟十月內進兵」入奏[119]。有的論著據此斷定：由於施琅的意見「曾遭到姚啓聖等人的強烈反對，師期因而延緩了一年」[120]。把延期出兵的責任完全推到姚啓聖等人的身上，這是不符合事實的。如果說主要由於施琅未爭到專征諭旨，不願出兵，藉故拖延師期，是否更符合歷史眞實呢？

要爭到專征權，是施琅上任後最爲關心的問題，卻是延期出兵的關鍵所在。施琅一到閩，就馬上上疏說：「臣職領水師，征剿事宜，理當獨任。」[121]康熙同意巡撫吳興祚有刑名、錢糧諸務，「不必進剿」。但堅持「總督姚啓聖統轄全省兵馬，同提督施琅進取澎湖、台灣」[122]。修改了原來由將軍、督撫、提督同心合征的意見，但不同意由施琅一人專征。這時施琅即上疏展期，提出「當此冬春之際，颶颱時發，我舟驟難過洋。臣現在練習水師，又遣間諜通臣舊時部曲，使爲內應，請俟明年三、四月進兵」[123]。這時，他主張利用「輕北風進兵」。姚啓聖主張利用北風，所以提出就在十、十一、十二月儘快出兵，並主張由澎湖、淡水兩路出兵，互相配合。[124]出兵前需要整船練兵等準備工作，施琅這時延期出兵的要求也有合理的地方，得到康熙的允准。到了三月，準備工作已就緒之後，施琅又上《密陳專征疏》，一面提出督臣「生長北方」，「汪洋巨浪之中，恐非所長」，要求「督臣宜駐廈門，居中節制，別有調遣。臣得專統前進」。同時又改口說：「春夏之交，東北風爲多，我船儘是頂風頂流，斷難逆進。……所以前議輕北風之候，猶恐未能萬全。……莫如就夏至南風成信，連旬盛發，從銅山開駕，順風坐浪，船得聯綜齊行。」[125]過了17天，姚啓聖在喇哈達處看到施琅的密疏後，也針鋒相對地上疏反駁說：「臣雖生長北方，然今出海數日……亦安然無恙，不嘔不吐，何以知臣出海竟無所長？」並十分憤慨地表示：「臣寧願戰死於海，而斷不肯回廈門偷生者也。」[126]這時，關於專征的分歧已十分尖銳。康熙此時仍堅持督提同征，對藉故延期出兵，深表不滿。但不強令進兵。他說：「今促其進兵，豈有不進之理。如深入失利，其一身死不足惜，但恐損兵，甚爲可惜。」[127]至期，施琅又奏：「夏至南風盛發，不可進兵，請至十月大舉。」康熙令議政王大臣會議，「僉謂師期不便屢遷」，應檄姚啓聖、施琅「克期於夏至後進取台灣」。康熙認爲「進剿海寇，關係重

大」，務將形勢、敵情審察確實，「如有可破可剿之機，著協謀合慮，酌行剿撫，毋失機會」[128]。不同意強下進兵命令。在各方的壓力下，姚啓聖、施琅都同意於五月初到銅山俟機進取台灣。康熙原傾向於利用北風進兵的，認為這時進兵「似乎太急」，但仍不強令進止，並諭示：「既已進兵，應於金門、廈門等要害之處，添兵防禦，以壯聲威」[129]，加以積極支持。前面已提到，在銅山候風期間，姚、施之間關於利用南風或北風問題，展開了一場大爭論。但這次進兵不成，並非由於施琅的南風主張被否決，主要「以風大不得前」。施琅只好移泊雲霄避風，同意展期。康熙也諭告姚、施：「若目前風大，未便進剿，即統官兵回汛，整飭舟師，相機再舉。」[130] 從以上敘述可以看出，施琅關於風向問題並無定見，從反對冬春北風，到利用輕北風，又改夏季南風，再改十月北風，顯係專征權未爭到手，藉故拖延。

七月，施琅再次疏請「獨任臣以討賊」，並保證「事若不成，治臣之罪」[131]。八月初，康熙接到施琅的密奏後很生氣地說：「前雖屢次啓奏進兵，只以風不順利為辭，延遲日月，踟躕不進。今又題請不令總督進兵。為臣子者，凡事俱應據實啓奏，如此苟且妄奏，是何道理！海道進取難以遙度，今不難催令進兵，萬一失事奈何。」諭示：「此本暫留，且看總督如何具奏。」[132] 過了兩個月，當大學士等又將施琅題請「自行進剿台灣事」提出來請旨時，康熙已改變了口氣：「進剿台灣事宜，關係甚重，如有機會，斷不可失。當度勢乘機即圖進剿。」並令議政王大臣會議具奏。議政王大臣隨即「議准提督施琅請自行進剿。」康熙問大學士等：「爾等之意何如？」明珠回奏：「若以一人領兵進剿，可得行其志，兩人同往，則未免彼此掣肘，不便於行事。照議政王所請，不必令姚啓聖同往，著施琅一人進兵，似乎可行。」康熙考慮到督提意見分歧，的確對出兵不利，改變了態度，同意多數大臣的意見，由施琅相機自行進剿。但強調指出：「進剿海寇關係緊要，著該督撫同心協力攢運糧餉，毋致有誤。前經姚啓聖題定武弁功罪條例，著專交施琅遵行。」[133] 施琅於十月二十八日接奉專征諭旨後，過了五天，於十一月初三日即統舟師北上興化平海衛澳，又主張利用北風進兵。且說：「順風坐浪，直抵澎湖，占據上風上流，為制勝之要著。」[134] 後因刮東風及東南風，又收兵回汛。到康熙二十二年四月，又堅持「用南風破賊，甚為穩當」[135]。這再次說明施琅並不堅持非南風進兵不可。事實上，無論南風或北風都是要擔風險的，冬天較少颱風，但北風剛硬，驟

發驟息。夏天如風平浪靜，出海固佳，但颱風時發，更有全軍覆沒的危險。有的著述把施琅出兵前對李光地所說的，「夏至前後二十餘日，風微夜靜，海水平如練，可以拋舟泊洋，聚而觀釁，舉之必矣」[136]，認為是符合科學的結論，那是沒有充分根據的。康熙二十一年五月在銅山候風時，正值夏至前後，也因「風大不得前」。施琅在向康熙報告澎湖大捷時也承認：「稽古以來，六月時序，澎湖無五日和風，即驟起颶颱，怒濤山高，變幻莫測，三軍命懸，悉聽之天。」攻克澎湖後，施琅也提出：「應少待八月或十月，利在北風，進取萬全。」[137] 這與姚啓聖所言，乘南風取澎湖後不能直取台灣的意見正好符合，在澎湖候風幾個月間，如颱風發作，糧餉斷絕，仍有很大的危險。朱希祖先生說，施琅此役係「徼幸取勝」，也不無道理。我們自不能以成敗論英雄，澎湖之戰打勝了，就認為施琅的一切主張，都是完美無缺的。

從上述看來，康熙對屢以風不順利為藉口，多次推遲出兵日期，是不滿意的。但他始終採取審慎態度，對利用風向問題不輕率表態，堅持海道進取不同陸路，難以遙度，尊重統兵將領的意見，不強令進兵。使統帥可以因時制宜，施展其才幹，對進兵是有利的。至於總督與水師提督之間關於專征的爭執，的確彼此含有爭功的因素，但應看到，更主要的是他們都志切平海，誓為朝廷立功。正如姚啓聖表示：「剿滅台灣，原臣素志。」[138] 施琅也表示：「即赴湯蹈火，臣志所不辭。」[139] 康熙考慮到當時分歧的實際情況，修改了原來的諭旨，批准由施琅負責專征，姚啓聖負責催趲糧餉和招撫等工作，亦是有利於出兵的權宜之策。督撫、提督明確分工，再三諭示要同心協力。這樣，保護了他們的積極性，對保證出兵勝利也是十分必要的。

除前方將領中關於如何進兵存在分歧外，當時在廷臣中也有一股反對進兵台灣的勢力。由於多次延期出兵，師老無成，反對派就再度抬頭。二十一年（1682），康熙下了「酌行剿撫」之旨後五月，戶科給事中孫蕙即條陳「台灣進兵宜緩」。康熙覽奏後說過：「朕覽此本，意以其言為當。」[140] 這與康熙傾向於利用北風，認為五月進兵太急有關，並非對進兵台灣有所動搖。他同意兵部議覆「俱無庸議」[141]，支持出兵。七月，左都御史徐元文奏：「請暫停台灣進剿。」尚書梁清標奏：「今天下太平，凡事不宜開端，當以安靜為主。」這是由於「彗星上見，政事

必有闕失」，康熙要臣僚提朝政「應行改革」意見引起的。康熙隨下諭旨：「近總督姚啓聖疏稱十月進剿台灣，可暫行停止，俟十月後再行定奪。」[142] 據此，有的論著就評論說：「康熙二十一年五月至七月，戶科給事中孫蕙、戶部尚書梁清標、左都御史徐元文等相繼上疏請『暫停台灣進剿』，康熙再度動搖，又下詔『十月進剿台灣，暫行停止』。」[143] 這裡把康熙諭旨斬去「近總督姚啓聖疏稱」之頭，去掉「俟十月後再行定奪」之尾，原意便被曲解成康熙下令「停止十月進剿台灣」，因而得出「康熙再度動搖」的結論。其實康熙諭旨原意是說，最近姚啓聖已經提出暫停進兵台灣，要求到十月再進兵。你們現在（七月）提出暫停進兵的意見可以同意，等十月到了，看看姚啓聖他們如何打算再考慮。康熙在這裡是對負責指揮平台的總督的尊重，不是對進兵台灣決策的動搖。讓我們看看《康熙起居注》關於此事的記載就更加明白了。七月二十八日記：「左都御史徐元文言：福建總督姚啓聖、提督施琅自去年率兵進剿台灣，至今尚無成效，百姓供應軍需極為困苦，應敕該督提暫行停止。……上曰：……近總督姚啓聖疏稱，十月進剿台灣。此暫行停止攻取台灣之處，俟十月後再行定奪。」[144] 這裡並不是暫行「停止十月進兵台灣」，而是說徐元文提出的暫行停止攻取台灣的意見，要到十月後再決定。果然，一到十月初六日，康熙就下諭旨：「海寇固無能為，鄭錦在時，猶苟延抗拒。鄭錦死，首寇既除，餘黨彼此稽疑，各不相下，眾皆離心，乘此撲滅甚易。施琅相機自行進剿，極為合宜。」[145] 從這裡怎麼能得出康熙再度動搖的結論呢？

為了保證進兵的勝利，在準備出兵前後，康熙又採取了一系列的措施。如處斬或凌遲處死叛將尚之信、祖弘勳、耿精忠、曾養性、劉進忠等，吳世璠屍傳首京師，徹底解決了「三藩」問題。又如下諭敘克海壇、金廈功，給姚啓聖、吳興祚拜他喇布勒哈番；命喇哈達等福建大兵撤返京師，以「恤兵養民」；准姚啓聖奏，「其進取台灣各官准加一級，俾各奮勉圖效」[146]。同時，令將姚啓聖所定《武弁功罪賞罰條例》交施琅執行。這些措施對安定後方秩序，鼓舞前方官兵士氣等方面，都產生了積極的作用。

六月十四日施琅出兵澎湖後，經過十六日、二十二日兩次激烈的海戰，劉國軒澎湖守兵二萬餘人，雙帆艍船二百餘號，大部被殲滅。陸地守將楊瑞「見水軍已敗，率偽官一百六十五員，偽兵四千六百五十三名，全軍降」[147]。劉國軒等少數

官兵及大小30餘船隻從吼門遁歸台灣。此役總兵朱天貴殉國，清兵死329名，傷1,800餘名。康熙接到澎湖捷報後，即傳諭「應遣在京大臣一員或司官一員，將福建不拘何項錢糧令其隨宜給發」，以保證攻台官兵的給養。並許照雲南例，征台「官員俱加一級，兵丁盡加恩賞」[148]。不久，又對死事總兵朱天貴加以優恤，並讚揚「施琅之功甚大」，「實為可嘉」[149]。

由於康熙能夠妥善地解決了進兵澎湖時期所出現的問題，對進兵有關事宜多方加以支持，重視鼓舞官兵士氣，這都對保證出兵的勝利產生到重大的作用。

（四）統一

澎湖攻克後，姚啓聖疏請宜「乘勝直搗台灣」。理由是：「臣思海賊若止小敗退回，攻剿台灣，斷須九、十兩月乘順北風分途進剿。今我兵鏖戰多時……海賊所有精銳，盡行斬溺，所有船隻，盡行焚毀。是賊今日之敗，幾成全軍覆沒，則乘勝直搗台灣，似不宜遲。復令海賊將台灣隘口收拾堅固，使後日驟難攻克也。」姚並「馳書報琅，言當速進」[150]。過了半個月，姚啓聖又以施琅先後所調陸兵及督標捐膳官兵至15,000餘人，朱天貴新經陣亡，要求康熙批准他「親自統帶陸兵、捐兵相機進剿」。並說：「賊非死戰，必走呂宋，誠未可輕易視之。」[151]當時駐兵澎湖的施琅則堅持出兵前提出的作戰方案：「我師暫屯澎湖，扼其吭，拊其背，逼近窠穴，使其不戰自潰，內謀自應。」[152]他曾對李光地說，不戰自潰的計畫能否實現，關鍵要看是否劉國軒親自統兵守澎湖。如係「命將守澎湖，吾此行尚須兩番功夫，澎湖破，劉尚據守相拒。如守澎湖，一舉成功矣，蓋一敗，則吾勝勢直前，彼不能敵矣」[153]。劉國軒澎湖主力被殲滅後，施琅又提出，當時被炮打損破壞的戰船需要「整葺」，「也未得乘勝搗剿」[154]。而且「台灣港道迂迴，南風狂湧，深淺莫辨，似應少待，八月或十月，利在北風，進取萬全」[155]。所以主張「急令招徠」，如遇拒絕，再督師進攻。當時有人問施琅：「鄭氏有仇於公，今敗殘之餘，譬如釜魚籠鳥，何不急撲滅以雪前恨？」他回答說：「噫！吾為國為民耳，豈沾沾私怨為？若能銜璧來歸，當力疏奏赦其罪，毋苦我父老子弟幸矣。」[156]他遂多方善待投誠官兵。閩粵展界大臣杜臻的巡視報告記載施琅的招撫作法：「得降者皆厚撫之，錄所獲水軍創殘八百人，給以糜粥酒殽，遣醫為裹敷藥。召見之日：『……

今縱汝歸，復見父母妻子。汝今歸，爲我告台灣人速來降，尚可得不死，少緩，則爲澎湖之續矣』。」[157] 由於施琅所統水陸官兵「逼臨門庭，安插投誠，撫綏地方，民人樂業，雞犬不驚。台灣兵民，聞風俱各解體」[158]。「爭欲自拔來歸，禁之不能止」。而劉國軒自澎湖敗還，「固已膽落，至是見人情大率已解散矣，始決計勸克塽歸附」[159]。鄭克塽等也泣相告曰：「民心既散，誰與死守？浮海而逃，又無生路。計唯有求撫之著耳。」[160] 遂於閏六月初八日遣鄭平英等齎書表，到澎湖施琅軍前求撫。閩督也於七月初二日出《諭台灣官民》文告：「爾等既眞心向化，悉衆輸誠……官照原銜分別題授，酬以爵祿；兵丁入伍、歸農，各聽其便。如百姓原係內地人民流入台灣者，均聽各歸原籍；如係土著，生長彼地，聽從仍居台灣。兵民安堵，秋毫無犯。」[161] 具體闡述了招撫政策。康熙明知台灣可以「指日殲滅，立見廓清」[162]。但還是同意實行招撫方針，爭取台灣和平歸清。康熙認爲若「不許之投誠，則彼或竄處外國，又生事端，不若撫之爲善」[163]。他對派往料理台灣兵餉的工部侍郎蘇拜、郎中明格里黨愛等說：「更念以兵力攻取台灣，則將士勞瘁，人民傷殘，特下詔旨招降。倘其來歸，即令登岸，善爲安插，務俾得所。」[164] 並於七月二十七日特頒赦詔招撫：「爾等果能悔過投誠，傾心向化，率所屬僞軍民人等悉行登岸，將爾等從前抗違之罪，盡行赦免，仍從優敘錄，加恩安插，務令得所。煌煌諭旨，炳如日星，朕不食言。」[165] 八月十五日，康熙接到施琅題報，鄭克塽於七月十五日再遣馮錫珪、劉國昌等至軍前請繳冊印投誠。二十九日又接施琅題報，已於八月十三日抵鹿耳門，劉國軒、馮錫范率文武官員到軍前迎接。向其宣讀赦詔後，鄭克塽等「歡呼踴躍，望闕叩頭謝恩」[166]。並悉於十八日削髮。「其各鄉社百姓以及土番，壺漿迎師，接踵而至」[167]。施琅即廣貼《諭台灣安民生》告示，勸諭台灣地方官員、百姓、土番人等知悉：「各宜樂業，無事驚心。收成在邇，農務毋荒。貿易如常，墾登有禁。官兵違犯，法在必行。人民安生，事勿自緩。」[168] 康熙認爲：「鄭克塽盤踞海島，歷年已久。今我兵進攻，克取澎湖，窘迫之極，方繳僞冊印來歸。然能改心易慮，率僞官兵人民納土投誠，亦屬可嘉[169]。歡迎鄭克塽等率台歸清。台灣與大陸比較順利地實現了統一。

　　閩督姚啓聖、水師提督施琅，在實現康熙統一台灣決策過程中都做出了巨大的貢獻。正如姚啓聖向康熙疏陳時指出施琅的主要功績：「泣血誓師，親身督戰，分

撥調度，井井有方。以致兩戰皆捷，大敗海賊，焚斬殆盡。」[170] 又說：「今日出任水師討賊者，提臣也，血戰而克澎湖，遂底定台海者，亦提臣也。提臣之勳，眞莫大焉。」[171] 特別是兵臨澎湖時，施琅能不挾怨殺降，也重視招撫工作，克澎湖後堅持不戰而克台灣，尤具卓識。而施琅也向康熙報告說姚啓聖在澎湖戰役中做出了巨大的貢獻：「捐造船隻，捐養水兵，與臣共襄大舉。仍又親來廈門彈壓，殫心催趲糧餉，挽運不匱。加以厚資犒賞將弁，三軍莫不激勵思奮。今日克取澎湖之大捷，皆督臣賞賚鼓舞之功，乃有此成效也。」[172] 特別是姚啓聖在設間招撫方面，多年來做了大量的工作，先有施齊、施亥等謀獻鄭經，後有傅爲霖聯絡蔡愷等十一鎮謀同時發難，起兵內應。[173] 後來，清朝所修官書也評述說：「戰功屬靖海侯施琅，而平日招攜設間，以離賊心，則啓聖之力爲多云。」[174] 比較客觀地肯定了他們兩人的主要功績。康熙敍平台功，加授施琅靖海將軍，封靖海侯，世襲罔替。在事官員著再加一級，兵丁再賞一次，以示特加優渥」[175]。後來又諭吳英等十七員、藍理等十四員以「血戰破敵，功在首先」，除已補授外，其餘著「遇缺先用」[176]。朱天貴追諡「忠壯」。

但康熙賞功始終不及姚啓聖，這是什麼原因呢？至今仍是一個疑案。從現在資料看來，此事顯與姚啓聖與施琅之間後期矛盾表面化，施琅不斷在康熙面前說姚啓聖的壞話有關。如揭秋季餉銀誤期四十多天，朱興等十三船私自逃回，特別是對督撫派員到台招撫極爲不滿，向康熙告狀說：「是均軍國之事，故作兩途歧視，毋乃有輕國體而貽笑於逆衆者乎？」[177] 乃親派吳啓爵、常在赴京面奏。吳啓爵等於九月初一日到京，初九日，康熙藉姚啓聖請開墾廣東等沿海荒地等八本一事，大罵姚啓聖「近來行事頗多虛妄，當施琅進兵時，不及時接濟軍需，每事掣肘，所造戰船徒費錢糧，多不堪用。又屢奏捐助銀十七八萬兩，大約虛冒居多。況姚啓聖並無勞績，而奏內妄自誇張，稱臣與提臣如何調度」[178]。這些多係莫須有罪名，且與姚啓聖題本內容沒有直接關係，顯係藉題發揮，發洩對姚啓聖的十分不滿。可以推測，這些就是吳啓爵等誣陷姚啓聖的罪名。康熙斥姚啓聖上述八個題本，「明係沽名市恩，殊爲不合」，這也可能是吳啓爵誣陷姚啓聖的另一罪名。姚啓聖爲統一台灣事業捐助數十萬兩不但無功，且被加上「虛冒」罪名。過了兩天，當議論姚啓聖讓功一疏時，康熙又罵說：「姚啓聖並未渡海進剿，今見台灣歸順，海寇蕩平，妄

言曾保舉施琅，顯為無益虛辭，明欲以施琅功績為己有也。」加上素與姚啓聖不睦且偏祖施琅的明珠、王熙等又從中挑撥，說「姚啓聖並無功績，乃言以己之功讓予施琅，是即欲以施琅之功歸之於己耳」。康熙遂下了「姚啓聖前有議敘之旨，應停止」的不公正諭旨。[179] 在姚啓聖的讓功疏中，的確也有意列舉了自己的功績，流露出不平之氣。但所陳都是事實，並無虛冒。頗為精明的康熙，為什麼偏聽偏信後顛倒黑白至如此嚴重地步呢？有的文章指出，當時康熙是為了削弱姚啓聖的勢力和影響，藉口姚啓聖妄奏開墾廣東等省沿海荒地等事，在大學士簽票前即先數說姚啓聖的過錯。這個問題值得進一步探討。當姚啓聖死後，兵部題請姚啓聖修理船隻、兵器浮冒錢糧47,000餘兩，「應行追賠」之時，同一個康熙卻說：「姚啓聖後來居官亦好，其攻取台灣時，亦效有勞績，著免其追賠。」[180] 對姚啓聖的態度又有了變化。

康熙二十三年，鄭克塽、劉國軒、馮錫範等奉命至京，康熙念其「納土歸誠」，授鄭克塽公銜，劉國軒、馮錫范伯銜，俱隸上三旗。並令工部「撥給房屋、土地。」[181] 施琅特別保薦劉國軒「見機立主歸命，遂使我師不用戰攻，而得全國，其功亦不少。倘荷皇上開恩，授以爵秩，當有可見效之才也」[182]。侍衛吳啓爵到台灣時曾當面對劉國軒說：「島上英傑，唯君一人耳。然所謂英傑者，在識時務。」吳到京後又面奏：「國軒傾心歸命，挾以必從之勢，故臣得畢事而歸。」[183] 康熙遂特授「首先歸命」的劉國軒為直隸天津總兵官，後來親自召見，並對他說：「爾劉國軒身為渠黨，乃能仰識天時，勸令鄭克塽納土來歸，朕心嘉悅，授爾總兵官之任。聞爾家口眾多，棲息無所。……命特賜爾第宅，俾有寧居，以示優眷。」[184] 其他投誠官兵也加以妥善安插，完全兌現了赦詔中「仍從優敘錄，加恩安插，務令得所」的諾言。

（五）寧疆

台灣歸清後，首先面臨的是棄留問題，需要康熙最後決策。

攻克澎湖後，施琅先後兩次題請台灣「或去或留，臣不敢自專，合請皇上睿奪」，或「敕差才能戶、兵二部，會同督撫主裁料理」。[185] 抵達台灣後又一次題請：台灣「應去應留……仰冀迅賜睿奪，俾得欽遵奉行」[186]。這時施琅對棄留問

題，還沒有提出自己的看法。當時，「廷議以其孤懸海外，易藪賊，欲棄之，專守澎湖」[187]。閩督姚啓聖在康熙二十二年八月十七日的題疏中，就提出反對這種「遷其人，棄其地」的主張。他回顧了過去漠視台灣的危害：「姑爲一時暫安之策，棄金廈而不守，置台灣而不問，以至耿逆變亂，鄭逆鼓棹相應，占奪惠、潮、漳、泉、興、汀七府，燎原之勢，幾不可制。」認識到割據台灣的鄭氏集團不消滅，則「五省之界不能還，六省之海不能開，沿海長鯨，後患無底」。因此指出：「今幸克取台灣矣，若棄而不守，勢必仍做賊巢，曠日持久之後，萬一蔓延再如鄭賊者，不又大費天心乎？……況台灣廣土衆民，戶口十數萬，歲出糧錢似乎足資一鎮一縣之用，亦不必多費國帑。此天之所以爲皇上廣輿圖而大一統也，似未可輕言棄置也。」同時也指出，澎湖明季即委游擊帶兵輪班防守，「今亦應踵而行之，成唇齒輔車之勢」[188]。到了十二月二十二日，施琅親歷其地作了一番實地調查之後，也上疏明確陳明自己的看法，指出台灣「實肥饒之區，險阻之域」，乃「江浙閩粵四省之左護」，歸清後可以「資皇上東南之保障，永絕邊海之禍患」。他詳細披陳了棄留之利害，特別強調荷蘭垂涎圖占其地是一個嚴重後患。他說：「紅毛無時不在涎貪，亦必乘隙以圖。一爲紅毛所有，則彼性狡黠，所到之處，善能鼓惑人心。……必合黨夥窺窺邊場，迫近門庭，此乃種禍後來。沿海諸省，斷難晏然無慮。」他還批駁了棄台灣、守澎湖的錯誤論調，主張「台灣、澎湖一守兼之」，是「守台灣則所以固澎湖」。最後明確表示：「台灣一地，雖屬多島，實關四省之要害。勿謂彼中耕種，尤能少資兵食，固當議留；即爲不毛荒壤，必藉內地挽運，亦斷乎不可棄。」[189] 施琅此時對台灣地位的認識，要比同時代的其他人高出一籌。魏源認爲其「誠深知遠慮之言」[190]，實非過譽。

自姚啓聖、施琅先後上疏後，都察院左都御史趙士麟等也交章上言，「俱以台灣不宜棄」[191]。康熙將施琅《恭陳台灣棄留疏》交議後，很快得到「議政王、貝勒、大臣、九卿、詹事、科道會議准行」。二十三年正月二十一日，康熙又問漢大學士：「爾等之意若何」？李霨、王熙奏曰：「據施琅奏內稱，台灣有地數千里，人民十萬，則其地甚要，棄之必爲外國所據，奸宄之徒竄匿其地，亦未可料。臣等以爲守之便。」接著康熙也明確諭示：「台灣棄取，所關甚大。鎮守之官三年一易，亦非至當之策。若徙其人民，又恐失所；棄而不守，尤爲不可。」要議政王大

臣等「再行確議具奏」[192]。過了六天，明珠回奏，議政王大臣等認爲：「上諭極當。提臣施琅目擊彼處情形，請守已得之地，則設兵守之爲宜。」[193] 可見當時在棄留爭論中，施琅經過實地調查後態度最堅決，對清政府的最後決策所起的作用也最大。但有的著作認爲：「當時棄而不守之論頗爲盛行，康熙本人也拿不定主意，特派工部侍郎蘇拜到福建與當地督撫及施琅等會商具奏。……只有施琅一人堅決反對，他上了一封《陳台灣棄留利害疏》……此疏上後，康熙交上『議政王大臣等議，仍未決』，又召請大臣面問。」[194] 從上述關於棄留爭論的過程看來，這些論述與當時事實有明顯出入。作者爲了突出施琅一人的功績，有意無意貶低了康熙、姚啓聖及其他贊成留守的官員的作用。

首先，抹殺了姚啓聖比施琅早四個月就明確表示了應守台灣的意見，而施琅當時僅要求康熙決策，自己並沒有表態。「只有施琅一人堅持反對」之說自不能成立。

其次，施琅棄留之疏上後，議政王大臣等會議即已「准行」，是議已決，而非「議政王大臣等議，仍未決」。康熙又召諸大臣面詢，是慎重其事，也不是因爲「議未決」。開始時由於朝臣對台灣的情況知道得很少，所以反對留守的人較多，致「廷議未決」。經姚、施先後題請後，很快得到多數朝廷官員的支持，多數都同意留守台灣，堅決反對的只有李光地等個別官員。

再次，攻克澎湖後，因施琅對台灣或去或留拿不定主意，要求康熙「睿奪」，或派內大臣一員與督撫會議「定奪」，得到康熙的俯准，於同年七月派蘇拜往福建料理軍前糧餉及協商有關事宜。康熙經過一段時間的瞭解後，特別是聽取了姚、施的疏陳後，對棄留問題已是胸有成竹。這從施疏交議政王大臣討論之前，康熙與李光地的一次談論可以得到說明。據李光地記載：「海上初平時，予赴官進京，上即問云：『如今台灣已平，姚啓聖、施琅欲郡縣其地如何？汝來時曾見之否？』奏云：『來時曾見之，臣議論與之不合。』上問云：『如何不合？』……曰：『應棄。』上曰：『如何棄法？』曰：『空其地，任夷人居之，而納款通貢。即爲賀（荷）蘭有，亦聽之。』……上云：『目下如何？』曰：『目下何妨，以皇上之聲靈，幾十年可保無事。』上曰：『如此且置郡縣。若計到久遠，十三省豈能長保爲我有耶？』」[195] 可見康熙是反對棄置，傾向於留守的。他交議政王大臣討論後又多

次面詢大學士、學士意見，是因為「台灣棄取，所關甚大」，在決策前持慎重態度，並非「拿不定主意」。

台灣棄留解決後，康熙同意在台灣設一府三縣，設巡道一員分轄，隸福建。府曰台灣，附郭為台灣縣，南為鳳山縣，北為諸羅縣，由台廈兵備道分轄。同時台灣設總兵一員，副將二員，駐兵8,000。澎湖設副將一員，駐兵3,000。[196] 並升參領楊文魁為第一任福建台灣總兵官。在楊文魁陛辭時，康熙面諭：「台灣遠在海隅，新經底定」，「彼處新附兵丁以及土人、黑人，種類不一」，「爾蒞任，務期撫輯有方。宜用威者懾之以威，宜用恩者懷之以恩。總在兵民兩便，使海外晏安，以稱朕意」[197]。台灣自經設治駐兵後，「瀕海遠疆，自茲寧謐」[198]，中國東南海疆得到進一步的鞏固。

康熙根據台灣歸清後的新形勢，同意地方督撫的疏請，取消了戰爭年代所實行的遷海、禁海等政策，先後諭旨展界與開放海禁。

先是當施琅率舟師抵台灣後，姚啟聖即向康熙提出，應考慮「因時制宜，期垂萬世，為久安長治之策」[199]。首先提出：「現議輸誠，是率土之濱，罔不臣服，茲邊界宜復一事，所當立為亟請。」因「自遷界後，不獨五省之民失業流離，傷損國家賦稅，二十年來何止幾千百萬」。「損國病民，誠為可惜」。要求康熙敕廣東、浙江、江南、山東、北直五省之界，「聽民開荒復業，六年之外照例起徵。不惟上可以增國課，下可以遂民生，並可以收漁鹽之利於無窮矣」[200]。接著廣東、廣西總督吳興祚也疏請「廣州等七府沿海地畝，招民耕種」。康熙見疏後指出：「前因海寇未靖，故令遷界，今若展界，令民耕種採捕，甚有益於沿海之民。吳興祚所奏極是。其浙閩等省亦有此等事情……著遣大臣一員前往展立界限……勿誤來春耕種之時」[201]。十月二十八日，據戶部提名，康熙決定派「吏部侍郎杜臻、內閣學士石柱往廣東、福建勘海界，工部侍郎金世鑑、副都御史雅思哈往勘江南、浙江海界」[202]。杜臻、石柱於十一月動身，翌年五月竣事。據石柱回京奏報，閩粵兩省沿海居民「皆擁聚馬前稽首歡呼，沿途陸續不絕」。並訴說：「我等離去舊土二十餘年，毫無歸故鄉之望矣。幸皇上神靈威德，剷平寇盜，海不揚波，我等眾民得還故土，保有室家，各安耕獲，樂其生業。不特此生仰戴皇仁，我等子孫亦世世沐皇上洪恩無盡矣。」[203] 可見，康熙及時決定沿海展界，得到沿海人民的熱情讚頌。

康熙二十二年姚啓聖在題本中也提出：「沿海六省聽民採捕，以資生計。洋販船隻照舊通行，稅宜從重，禁宜從寬。使六省沿海數百萬生靈均沾再造，而外國各島之貨殖金帛入資富強，庶幾國用充足，民樂豐饒。」[204] 但開禁一事，當時阻力不小。有些沿海督撫認為：「台灣、金門、廈門等處，雖設官兵防守，但係新得之地，應俟一二年後，相其機宜後再開」。廷臣也以「海上貿易自明季以來原未曾開，故議不准行」。康熙指出：「先因海寇，故海禁未開為是。今海寇既已投誠，更何所待。」並說：「百姓樂於沿海居住者，原因可以海上貿易捕魚之故。」諭責「邊疆大臣當以國計民生為念。今雖禁海，其私自貿易者何嘗斷絕。今議海上貿易不行者，皆由總督、巡撫自圖便利故也」[205]。二十三年九月，康熙諭大學士等：「向令開海貿易，謂於閩粵海邊生民有益，若此二省民用充阜，財貨流通，各省俱有裨益……故令開海貿易。」[206] 康熙開放海禁的決定，同樣得到沿海人民的熱烈擁戴。

在清政府決定展界、開禁後，閩粵沿海人民在和平環境中從事勞動，社會經濟較快地得到恢復和發展。20年後，一個目擊者指出，閩粵沿海「界外疆場或或，禾麥棲棲」，「一望良疇」。他不無感慨地說：「向日遷界之苦，余所親見。今日還界之樂，余又親見。」當地居民告訴他：「台灣未平，此皆界外荒區，平後而荒煙野草復為綠畦黃茂，圮牆阤垣復為華堂雕桷。微將軍（按：指施琅）平海，吾等無以安全於永久也。將軍為國家復數千里之財賦，蘇數百萬之生靈。」[207] 這裡是為了歌頌施琅而發的，但以之讚頌康熙，卻更加適合。台灣歸清後，由於人為的鴻溝消除了，大陸人民通過各種方式移居台灣者日眾，土地大量開發，台灣的封建經濟較快地得到發展。台灣海峽兩岸人民間的交通、貿易關係，也進一步密切起來。據雍正初年記載：「今則人居稠密，農工商賈各遂其生。……況舟帆四達，上通江、浙，下抵閩、廣，往來商艘殆數千計。」[208] 台灣的米、糖等產品大批運到大陸沿海各港，內地的磁器、布匹、茶葉、藥材等大量物品也源源接濟台灣。東南海疆「海不揚波」，人民「安生樂業」，出現了和平寧謐的氣氛。康熙得以集中精力反擊沙俄對東北的侵略，並粉碎噶爾丹叛亂集團。所以，統一台灣對中華民族的發展，祖國邊疆的鞏固，都有十分深遠的影響。

（六）評價

　　鄭克塽率台歸清，台灣與大陸實現了統一，群臣都歸功於康熙，歌功頌德。負責專征的水師提督施琅上疏：「此番澎湖克捷，台灣就撫，實賴我皇上洪福齊天，威靈遠播，乃克見成效。」[209] 閩督姚啓聖也上疏：「台灣現在納地請降……邊陲效順，四海向風，我皇上直超百王而軼千古。」[210] 是年十月，九卿、詹事、科道聯合上疏請上康熙尊號。其疏云：「三逆既滅，仍命攻剿台灣。廟略指揮，決勝萬里，披其閫奧，抉其腹心，遂使海孽窮蹙無策……歸命乞降。……今恭遇台灣蕩平，海宇寧一，尤爲殊常大慶。伏乞俯允臣等所請，恭上尊號，以協神人之休，慰臣民之望。」[211] 康熙不同意給他上尊號，他說：「台灣屬海外地方，無甚關係。……即台灣未順，亦不足爲治道之缺。……朕但願以平易之道，圖久安長治，不願煩擾多事。」[212] 第二天，明珠等再奏：「諸臣皆言……今皇上指授廟略，剿撫兼施，海逆遂爾向化……皇上功德實越古昔帝王，非加上尊號，無以慰臣民仰戴之願，伏望勉從臣等之請。」康熙還是不同意，並說：「海賊乃癬疥之疾，台灣僅彈丸之地，得之無所加，不得無所損。若稱尊號，頒赦詔，即入於矜張粉飾矣。是不必行。」[213] 應該如何正確評價康熙在統一台灣這一重大歷史事件上的功績呢？是按他的臣子們的頌詞，把一切功勞都歸他一人，不惜把他美化和神化呢？還是按康熙反對上尊號時所說的，台灣「無甚關係」，便認爲他的功績也無足重輕呢？這是值得加以探討的。

　　在這裡，首先引證一段普列漢諾夫關於如何看一個偉大人物的論述：「一個偉大人物之所以偉大……而是因爲他自己所具備的特性使他自己最能致力於當時在一般和特殊原因影響下所發生的偉大社會需要。……偉人確實是發起人，因爲他的見識要比別人的遠些，他的願望要比別人的強烈些。……他把先前的社會關係發展過程所引起的新的社會需要指明出來；他擔負起滿足這種需要的發起責任。」[214] 這段精闢的論述對我們評價康熙是富有啓發的。

　　康熙在統一台灣這一歷史事件中，是有巨大的歷史功績的。最主要之點在於：17世紀70年代至80年代初，中國封建社會發展過程「一般和特殊原因影響下所發生的偉大社會需要」——平定「三藩」和統一台灣等歷史任務，康熙先後順利地加

以解決了。康熙不但把這「新的社會需要指明出來」，成為解決這些需要的「發起人」，而且在解決這些事件過程中產生了巨大的促進作用。他那握有至高無上權力的封建皇帝的地位，以及他的雄才大略、果斷勤敏的特性，使他最適合於擔負這些歷史重擔。當康熙親政後主要解決「三藩」、河務、漕運等任務時，對台灣鄭氏集團採取招撫羈縻的正確方針；「三藩」問題基本解決後就及時提出克取澎湖、台灣的任務。當康熙「以進剿方略諮詢廷議，咸謂海洋險遠，風濤莫測，長驅制勝，難計萬全」時 [215]，他能排除阻力，毅然作出決策。當台灣歸清後，朝中大臣及地方官吏多主張「宜遷其人，棄其地者」，康熙經過調查瞭解後，堅決作出在台灣設置郡縣、派兵駐守的決策，把台灣納入清朝版圖。這些都顯出「他的見識要比別人的遠些，他的願望要比別人強烈些」。康熙所以能夠做到這一點，除了他個人的聰明才智外，更重要的是他能夠比較虛心地傾聽臣僚的意見。如鄭經死後，採納了姚啓聖等宜乘機直取台灣的正確建議；台灣平定後，又能聽取姚啓聖、施琅等人的意見，及時作出留守台灣、沿海展界和開放海禁等果斷的決定。當康熙作出每一重大決策之前，都能先讓議政王大臣等充分進行議論，並反覆與大學士、學士等交換意見，最後才當機立斷，作出決策。這些正確的決策，是適應當時社會發展的，客觀上也一定程度地符合廣大人民的利益。但當時的勞動人民主要是農民，他們喘息在封建制度的殘酷壓迫和剝削之下，處於無權地位。正如馬克思指出的：「他們不能代表自己，一定要別人來代表他們。他們的代表一定要同時是他們的主宰，是高高站在他們上面的權威，是不受限制的政府權力，這種權力保護他們不受其他階級的侵犯，並從上面賜給他們雨水和陽光。」[216] 17世紀中葉後，中國東南沿海人民（包括台灣人民），苦於清鄭之間長期對抗，連年戰爭，渴望和平安定，希望消除台灣海峽的人為鴻溝，廢除損國病民的遷界和海禁等政策，能夠過著「家給人足」、「安居樂業」的日子。這些要求和願望當時只能通過比較關心民瘼的地方官吏和自稱時刻以「國計民生為念」的康熙加以曲折的反映。正是在這個意義上，康熙統一台灣等決策反映了人民的要求，因而也順應了社會的發展趨勢。所以，我們應充分肯定康熙的巨大歷史功績。

康熙關於統一台灣的決策所以能夠實現，既不在於他「洪福齊天，威靈遠暨」，也不在於他「廟略指揮，決勝萬里」，而在於他善於選用「才德兼備」的「賢

能」官員。革職知縣姚啓聖,不到五年,被擢升爲福建總督;有子侄在海上、長期受疑忌的施琅,最後被委爲專征重任。這都是突出的例子。更難能可貴的是,康熙對被選用的官員十分信任,並予以大力支持。如康熙規定,在進取台灣時期,福建總督、提督、巡撫「凡有所請,俱著允行」,作爲一個原則,要各部欽遵執行。康熙還多次在廷臣面前強調指出:「自軍興以來,凡陸地關山阻隘,相度形勢,以爲進止,朕往往能懸揣而決。海上風濤不測,涉險可虞,是以朕不強之使進,數降明旨言其難克。」[217] 可見,康熙對自己不熟悉或沒有把握的事情,不亂下諭旨,往往不加遙制。這既是對前線指揮官的尊重,也是對客觀實際的尊重。在一個操有生殺予奪大權,可以爲所欲爲的皇帝身上,能夠做到這一點是十分可貴的。如對出兵澎湖前督提之間關於利用南風或北風的爭論,他雖有傾向,但一直沒有輕率表態。對施琅等藉口風潮不順多次推延出兵的日期,他心中雖然很生氣,但始終堅持審慎態度,不強令進止,只是勸諭姚啓聖、施琅要相機進取,不要錯過時機。這樣,使負責進取台灣的福建總督、水師提督可以因時因地制宜,發揮他們的才幹,能夠在統一台灣事業中做出各自的貢獻。

我們並不否認,康熙決策進取台灣及爲此所採取的種種措施,都是從鞏固封建統治這一狹隘階級目的出發的,並不是主觀上爲了中華民族的發展或勞動人民的利益才這樣做的。如康熙認爲「進取台灣事情,關係重大」,當時最主要的出發點是爲了消滅長期與其對抗,企圖推翻清王朝的政敵,爲愛新覺羅王朝「圖久安長治」之計。康熙口頭上口口聲聲說,他決心進兵台灣,是因爲台灣鄭氏「肆行騷擾,濱海居民迄無寧日」[218],「中外兵民皆屬赤子,何忍聽其久罹水火,不加拯救」[219]。聲明興師問罪是爲了「海宇昇平,人民樂業」[220]。這也同樣是爲了更有效地統治和奴役勞動人民,達到鞏固封建政權這一地主階級的自私目的。但這些並不妨礙我們對康熙完成統一台灣事業,應該給予高度的評價。因爲正是在康熙統治時期,解決了時代給人們提出的新歷史任務。這一任務的實現,鞏固了東南海疆的安寧,客觀上對台灣海峽兩岸社會經濟的發展,都起了一定的積極作用,產生了深遠的歷史影響。這些當然是遠遠超出了康熙當時狹隘的個人動機和地主階級的階級利益。但我們對統一台灣這一歷史事件重大意義的肯定,與康熙本人對這個意義是否認識並沒有多大關係。所以康熙自己所說的台灣「得之無所加,不得無所損」之類

台灣地位無關緊要的話，以及廷臣的諂媚讚詞，都不能作為我們對康熙評價的主要依據。何況康熙有些話是在反對給他上尊號，強調應「力行實政，無取崇尚虛文」時說的，而且當時台灣的地位也遠非後來那麼重要。我們也不應忘記康熙同時說過「進取台灣事情關係重大」、「台灣棄取所關甚大」之類相反的話。在評價時應全面考察，客觀分析。更重要的是，我們對一個歷史人物進行評價時，「不是看他的聲明，而是看他的行為；不是看他自稱如何如何，而是看他做些什麼和實際是怎樣一個人」[221]。既要考察歷史人物的動機，更主要要看歷史事件的客觀後果，要從動機和後果加以全面考察。

總之，從康熙提出統一台灣的決策，決策實現過程中他的活動和作用，以及這一歷史事件的長遠影響來考察，康熙是一個頗有作為的英明君主，是對中華民族的發展作出重大貢獻的傑出人物。從荷蘭殖民者手裡收復台灣的鄭成功，與從鄭成功後裔手中統一台灣的康熙，他們的地位是敵對的，但從鞏固東南海疆，維護祖國的統一角度來看，他們的事業又是互相繼承的。鄭成功、康熙都不愧是中華民族發展史上的偉大人物，永遠值得中國人民的尊重和紀念。

施琅以戰逼和統一台灣的決策

康熙二十二年（1683年）清政府實現了台灣與大陸的統一，這是中華民族發展史上的一個重大的歷史事件。作為實現這一任務的前線軍事指揮官、福建水師提督施琅，也為中華民族的發展作出了重大的貢獻。現擬著重探討施琅一貫堅持以戰逼和統一台灣的決策的形成過程，並從其軍事的實踐來論證這一決策的正確性。

康熙三年（1664年）鄭經退守台灣後，清政府曾數次派官前往招撫，力爭實現大陸與台灣的和平統一。如康熙六年（1667年）清政府派總兵孔元章渡台招撫，康熙八年（1669年）又派刑部尚書明珠、吏部侍郎蔡毓榮至泉州，遴選興化知府慕天顏、都督僉事季佺再次渡台招撫。鄭經均拒絕削髮，在覆孔元章書中聲稱：「東寧遠在海外，非屬版圖之中，……王侯之貴吾所固有，萬世之基已立於不拔，……

不佞亦何慕於爵號，何貪於疆土，而爲此削髮之舉哉？」[222] 而康熙帝亦明確詔示：「至比朝鮮不剃髮，願進貢投誠之說，不便允從。朝鮮係從來所有之外國，鄭經乃中國之人，若因居住台灣，不行剃髮，則歸順悃誠，以何爲據？」但表示其他方面可以讓步，「果遵制剃髮歸順，高爵厚祿不惜封賞。即台灣之地，亦從彼意，允其居住。庶幾恩訖遐島，兵民樂業，干戈不用，海疆乂安，稱朕奉天愛民，綏懷遠人之至意」。[223] 但當時鄭經以恃台灣海峽有波濤之險，爲清軍兵力所不及，安於據守一隅，仍堅持「議照朝鮮例，稱臣奉貢，不削髮登岸，議竟不成。而數年間，海上亦相安無事」。[224]

康熙十三年（1674年）鄭經乘吳三桂、耿精忠先後在雲南、福建倡亂，也稱兵西向，侵擾閩粵沿海，破壞了和局，清鄭之間又處於戰爭狀態。康熙帝當時主張對「首倡叛亂」的吳三桂厚集兵力征剿，而對耿精忠、鄭經則採取區別對待的方針。他對新任福建總督郎廷佐諭示：「郎廷佐入閩之時，海寇宜用撫，耿精忠宜用剿或用間，相機便宜以行」。[225] 以便實行各個擊破。在三藩之亂期間，爲配合軍事進攻，康親王傑書及閩督姚啓聖又對鄭經進行了六次招撫活動，但鄭經錯誤估計了當時的形勢，又以無理要求，藉詞拒絕。直至康熙十九年（1680年）鄭經再次退守台灣之前，談判終無結果。

施琅不同意對台灣鄭氏集團一味主和，主張應「因剿寓撫」，即以戰爭爲主，配合招撫。在康熙三、四年二次出兵攻打澎湖因遇風而受挫後，於康熙四年五月施琅仍上疏提出「澎湖乃通往台灣之要衝，欲破台灣，必先攻取澎湖」的戰略方針。指出：

「臣又挑選精兵，候有南風訊息，即將約期復征。雖弗敢論定其成效，唯臣竭誠效命，矢志滅賊。倘蒙天賜良機，使臣飛渡澎湖，則將扼據咽喉，進逼巢穴。又擇中堅處所設立大營，晴則望見台灣大山。果能如是，非但天時風勢歷歷在目，且可伸展才智之處出奇制勝，屆期方可論定相機進剿之策。」[226]

當康熙六年孔元章招撫失敗後，施琅又於是年十一月上疏稱：

「今臣思選拔將士，修葺船隻，操練習熟，紀律嚴明，成算在胸，故敢慮勝而動。蓋澎湖為台灣四達之咽喉，外衞之藩屏，先取澎湖，勝勢已居其半。是役也，當剿撫並用。舟師進發，若據澎湖島以扼其吭，大兵壓近，賊膽必寒。遣員先宣朝廷德意，如大憝勢窮，革心歸命，抑黨羽離叛，望風趨附，則善為渡過安插，可不勞而定。倘執迷不悔，甘自殄絕，乃提師進發，次第攻克，端可鼓收全局矣」〔227〕

康熙七年正月初十日奉旨：渡海進剿台灣逆賊，關係重大，不便遙定。著提督施琅作速來京，面行奏明所見，以便定奪。施琅於四月上京前夕，以「為迎旨盡陳所見，緣係克取海上情形，面奏難盡，謹詳瀝披陳，仰祈睿鑑事」為由上疏稱：

「鄭經得馭數萬之眾，非有威德制服，實賴汪洋大海為之禁錮。如專一意差官往招，則操縱之權在乎鄭經一人，恐無率眾歸誠之日。若用大師壓境，則去就之機在乎賊眾，鄭經安能自立？是為因剿寓撫之法。大師進剿，先取澎湖以扼其吭，則形勢可見，聲息可通，其利在我。仍先遣幹員往宣朝廷德意，若鄭經迫之勢窮向化，便可收全績。倘頑梗不悔，俟風信調順，即率舟師聯綜直抵台灣，拋泊港口以牽制之。發輕快船隻往南路打狗港口，一股往北路蚊港、海翁窟港口，或用招誘，或圖襲取，使其首尾不得相顧，自相疑惑，疑則其中有變。賊若分則力薄，合則勢蹙。那時用正用奇，隨機調度，登岸次第攻擊。臣知己知彼，料敵頗審，率節制之師，賈勇用命，可取萬全之勝。倘賊踞城固守，則先清剿其村落黨羽，撫輯其各社土番，窄狹孤城，僅容二千餘眾，用得勝之兵，而攻無援之城，使不即破，將有垓下之變，賊可計日而平矣」〔228〕

施琅的主張未被採納，遵旨留京，乃裁福建水師提督，授以內大臣。施琅在京十三年中，仍密切關注台灣形勢的變化。康熙二十年（1681年）正月鄭經病逝，監國鄭克壓旋被絞死，扶年僅十二歲的鄭經幼子克塽繼位，由其叔鄭聰攝政。時鄭氏集團內部「叔侄相猜，文武解體，政出多門，各懷觀望」〔229〕。康熙帝遂斷然決定出兵台灣，並於七月任命施琅以右都督充福建水師提督總兵官，加太子少保，前往

福建，「克期統帥舟師，進取澎湖、台灣」[230]。十月，施琅抵達廈門視事，並於康熙二十一年（1682年）三月上疏密陳征台戰略等有關事宜：

「臣日夜磨心熟籌，莫如就夏至南風成信，連旬盛發，從銅山開駕，順風坐浪，船得聯綜齊行，兵無暈眩之患，深有得於天時、地利、人和之全備。逆賊縱有狡謀，斯時反居下風下流，賊進不得戰，退不能守。澎湖一得，更知賊勢虛實，直取台灣，便可克奏膚功。倘逆孽退守台灣，死據要口，我師暫屯澎湖，扼其吭，拊其背，逼近巢穴，使其不戰自潰，內謀自應。不然，俟至十月，乘小陽春時候大舉進剿，立見蕩平。此乃料敵制勝所當詳細一一披陳者也」。[231]

施琅經過十七、八年的「日夜磨心熟籌」，提出首先攻克澎湖，「因剿寓撫」，即以戰逼和統一台灣的戰略方針。據此，制訂了具體的作戰方案。第一步，以清軍水陸部隊首先攻克澎湖，消滅鄭軍主力，「扼據咽喉，進逼巢穴」、「大兵壓近，賊膽必寒」，他認為這樣「勝勢已居其半」。第二步，占領澎湖後，引而不發，「遣員先宣朝廷德意」，使台灣鄭氏集團「望風歸附」，「使其不戰自潰，內謀自應」，爭取實現以戰逼和、和平統一台灣。第三步，若鄭氏集團「頑梗不悔，……即率舟師聯綜直抵台灣，拋泊港口以牽制之」。並分兵南路打狗港口（今高雄港）和北路蚊港（今雲林台西鄉）、海翁窟港口（今台中縣大安港），「使其首尾不得相顧」，然後「登岸次第攻擊」。若鄭軍「據城固守」，「則先清剿其村落黨羽，撫其各社土番」。「大舉進剿，立見蕩平」。這是施琅經過多年的調查研究，深思熟慮而後提出的符合客觀形勢的戰略方針和作戰方案。

軍事實踐證實了施琅所擬定的統一台灣的戰略方針和作戰方案的正確性。康熙二十一年（1682年）十月，清廷批准了施琅專征台灣的請求後，施琅旋即率舟師抵興化平海衛澳，「相機進剿」，於十二月曾二度開洋，皆因風勢未順收回平海。翌年五月，康熙又促施琅出兵，施琅即於康熙二十二年六月十四日（1683年7月8日）率水陸官兵二萬多人，大小戰船二百多隻，出征澎湖，經過十六、二十二日兩次激烈的海戰，殲滅鄭軍水師主力萬餘人，守將劉國軒遁歸台灣，澎湖島上4,800多陸兵也不戰而降，遂克澎湖諸島。

攻克澎湖後，閩督姚啓聖上奏稱：「今我兵鏖戰多時，海賊大敗，克服澎湖，海賊所有精銳盡行斬溺，所有船隻盡行焚毀。是賊今日之敗幾成全軍覆沒，則乘勝直搗台灣，似不宜遲。復令海賊將台灣隘口收拾堅固，使後日驟難攻克」[232]。而施琅則堅持出兵前所提「我軍暫屯澎湖，扼其吭，拊其背，逼近巢穴，使其不戰自潰，內謀自應」的作戰方案，奏請緩攻台灣，一面修理船隻，補充兵員；一面通過「安插投誠，撫綏地方，民人樂業，雞犬不驚，台灣兵民聞風解體」[233]，對台灣鄭氏集團開展和平攻勢。史籍關於施琅寬待傷殘及歸附官兵的紀載很多，如記：「降者畀以衣，餓者給以餉，死者殮之，傷者醫之，不願入伍者惟便，悉載歸台，以示寬大」[234]。同時，派原劉國軒副將坐營曾蜚前往勸撫劉國軒。當被送歸的官兵到台後，「輾轉相告，歡聲動地。諸偽將偽兵聞之，爭欲自投來歸，禁之不能止。劉國軒自澎湖敗還，固已膽落，至是見人情大率已解散，始決計勸克塽歸附矣」[235]。鄭克塽亦泣告曰：「民心既散，誰與死守？浮海而逃，又無生路，計唯有求撫之著耳」[236]。乃先後兩次派差官到澎湖施琅軍前求撫。康熙帝雖明知鄭克塽等係因窘迫之極才被迫來歸，但他於七月二十七日對議政王、貝勒、大臣說：「若不許其投誠，則彼或竄處外國，又生事端，不若撫之為善」。並對派往料理台灣兵餉事宜的工部侍郎蘇拜、郎中明格里、黨愛等說：「更念以兵力攻取台灣，則將士勞瘁，人民傷殘，特下詔招降。倘其來歸，即令登岸，善為安插，務俾得所」[237]。批准了和平招撫方案，歡迎鄭克塽率台歸清。並於當日特頒赦詔招撫：「爾等果能悔過投誠，傾心向化，率所屬偽軍民人等悉行登岸，准爾等從前抗違之罪，盡行赦免，仍從優敍錄，加恩安插，務令得所。煌煌諭旨，炳如日星，朕不食言」[238]。施琅遂於八月十三日抵達台灣，時「各鄉社百姓以及土番，壺漿迎師，接踵而至」[239]。施琅向鄭氏集團宣讀赦詔後，鄭克塽等「歡呼踴躍，望闕叩頭謝恩」[240]。並於十八日削髮歸順。施琅即廣貼《諭台灣安民生》告示，勸諭台灣地方官員、百姓、土番人等知悉：「各宜樂業，無事驚心。收成在邇，農務毋荒。貿易如常，壟登有禁。官兵違犯，法在必行。人民安生，事勿自緩」[241]。在這之前，閩督姚啓聖也發出《諭台灣官民》文告：「爾等既真心歸化，悉眾輸誠，……官照原銜分別題授，酬以爵祿。兵丁入伍、歸農，各聽其便。如百姓原係內地人民流入台灣者，均聽各歸原籍；如係土著，生長彼地，聽從仍居台灣。兵民安堵，秋毫無犯」

[242]。具體闡述了招撫政策。台灣與大陸比較順利地實現了統一。康熙二十三年四月十四日（1684年5月27日）清政府決定在台灣設一府（台灣府）三縣（台灣、鳳山、諸羅），設官駐兵。並取消戰爭年代所實行的遷界、禁海政策，先後諭旨展界與開禁。此後，中國的海防進一步得到鞏固。而施琅統一台灣的戰略方針和作戰方案，也圓滿地得到了實現。

康熙年間清政府統一台灣的過程又一次證明，只有兵力達到足以攻克對方城池，以武力為基礎和後盾，進行瓦解敵軍的和平攻勢，加上客觀環境及人心趨向等條件，和平統一才有可能實現。正如施琅所指出的，如在武力不及的條件下，「如專一意差官往招，則操縱之權在乎鄭經一人，恐無率眾歸誠之日」。這是一條符合歷史發展規律的唯物主義原則，可供後人借鑑。

清代前期台灣的開發

台灣歸清後，首先面臨的是棄留問題，需要康熙帝最後決策。當澎湖攻克後，施琅先後兩次題請台灣「或去或留，臣不敢自專，合請皇上睿奪」；或「敕差才能戶、兵二部，會同督撫主裁料理」[243]。當抵達台灣後，又一次題請：台灣「應去應留，……仰冀迅賜睿奪，俾得欽遵奉行」[244]。而閩督姚啓聖則早在1683年10月7日（康熙二十二年八日十七日）已明確表示反對棄置其地：「今幸克取台灣矣，若棄而不守，勢必仍做賊巢，……況台灣廣大眾民，戶口十數萬，歲出糧錢似乎足資一鎮一縣之用，亦不必多費國帑，此天之所以為皇上廣興圖而大一統也，似未可輕言棄置也」。同時也指出，澎湖明季委游擊帶兵輪班防守，「今亦應踵而行之，成唇齒輔車之勢」。[245] 1683年10月3日，施琅親歷台灣作了一番實地調查之後，於12月29日內渡福州參加特派大臣蘇拜所召開的台灣善後會議，會中對台灣棄留意見不一，時啓聖已病逝，施琅堅主應留，乃於1684年2月7日單銜上《恭陳台灣棄留疏》，反對棄置台灣。疏中明確指出：「部臣、撫臣未履其地，去留未敢遽決」，而「臣奉旨征討，親歷其地，備見野沃土膏，物產利富，……實肥饒之區，險阻之域。……此誠天以未闢之方輿，資皇上東南之保障」。強調「台灣一地，雖

屬外島，實關四省之要害。勿謂彼中耕種，尤能少資兵食，固當議留；即爲不毛荒壤，必藉內地挽運，亦斷乎不可棄」[246]。經姚啓聖、施琅前後上疏反對棄置台灣後，都察院左都御史趙士麟等也交章上言，俱以台灣不宜棄，後經議政王等會議，都主張應設兵守之爲宜，康熙也認爲「台灣棄取所關甚大，……若徙其人民，又恐失所，棄而不守，尤爲不可」[247]。遂決定設官戍兵治理台灣。

　　1684年5月27日（康熙二十三年四月十四日）清政府下詔在台灣設一府三縣，設巡道一員分轄，隸福建省。府曰台灣，附郭爲台灣縣，南路爲鳳山縣，北路爲諸羅縣，澎湖則置巡檢。縣之下設坊、里、鎮、社、莊，台灣縣轄4坊15里，鳳山縣轄7里2莊12社1鎮，諸羅縣轄4里34社。台灣府歸台廈兵備道分轄，兵備道分駐台灣、廈門兩地，兼理提督學政及按察司的事務。武官方面，設台灣總兵官1員，水師副將1員，陸師參將2員，兵8000名；澎湖設水師副將1員，兵2000名。陸兵由福建鎮協抽調，水師由福建海壇、金門、閩安三協鎮及廣東南澳鎮抽調，三年瓜代，輪流戍台，謂之班兵。林爽文起義被平定後，戍兵增至13,000多名，至道光初年，全台兵力增爲16營，兵丁14,600多名，戰船90多隻，分駐南北各地。清廷授蔣毓英爲首任台灣知府，楊文魁爲首任台灣總兵官。台灣自設治駐兵後，中國東南海疆得到進一步的鞏固。

　　隨著台灣的開發，清政府也不斷加強對台灣的治理。康熙末年朱一貴起義被平定後，乃改分巡台廈兵備道爲分巡台廈道，並增設巡台御史一職，赴台督察文武吏治。乾隆末年罷御史巡察之制，改命總督與巡撫、水師、陸路二提督每年輪值一人巡台。同時於1723年（雍正元年）析諸羅半線以北爲彰化縣和淡水廳，1727年（雍正五年），又改分巡台廈道爲分巡台灣道，並增設澎湖廳，成一府四縣二廳之局。嘉慶年間噶瑪蘭迅速開發，移民激增，於1821年（嘉慶十七年）正式增設噶瑪蘭廳，成爲一府四縣三廳。

　　台灣歸清後，清政府在台設置府縣，派兵駐守，並諭旨展界、開放海禁，但又執行消極的治台政策。首先，限制人民渡台，規定渡台須經審驗批准，嚴禁私渡，並禁攜眷渡台。1732年（雍正十年）曾准台灣居民搬眷過台。1740年（乾隆五年）又加廢止，以後屢開屢禁，至於偷渡的禁令，直到道光年間仍一再重申。但實際的情況是「例禁雖嚴，而偷渡者接踵」。據1760年（乾隆二十五年）閩撫吳士功的報

告，自乾隆二十三年十二月起至二十四年十月止，七個月間共盤獲偷渡民人25案，老幼男婦999名。至未被查獲者及行賄放過者，當十倍或數十倍於這個數目。換言之，只福建一省，偷渡者當以萬計，廣東尚不在內[248]。其次，嚴禁漢民越界入山開墾，自漢移民大量移墾後，旋引起與先住民的矛盾和衝突。1721年（康熙六十年）朱一貴事件後，地方官在逼近先住民處所，豎石為限，各設隘寮，派駐隘丁，嚴禁漢民私自越界開墾。1738年（乾隆三年）閩浙總督郝玉麟奏請查明番漢地界，劃界立石。1752年（乾隆十七年）、1755年（乾隆二十年）、1815年（嘉慶二十年）又多次補立界石，屬禁漢民越墾。但這與偷渡禁令一樣，有名無實。1722年（康熙六十一年）藍鼎元指出：「今則群入深山，雜耕番地，雖殺不畏，甚至傀儡內山、台灣山後、哈仔難、崇爻、卑南覓等社，亦有漢人至其地與之貿易，生聚日繁，漸廓漸遠，雖屬禁不能止也」[249]。由於大量漢移民越界侵墾，引起1804年（嘉慶九年）潘賢文率西部彰化、台中、苗栗、岸里、阿里史、東螺、大甲、吞霄等8社先住民千餘人越內山遷徙噶瑪蘭，1823年至1861年（道光三年至咸豐十一年）間台灣中部30多社先住民先後被迫遷入埔里。

康熙後期開墾流移之眾，延袤二千餘里，台灣的開發大有一日千里之勢，及至乾隆年間，台灣西部、北部、南部之平原及山坡多被開發，迨及嘉慶年間進入山地開發，道光以後漸及東部後山。由於大量閩粵移民入台，台灣的人口激增。至1763年（乾隆二十八年）達66萬多人，1782年（乾隆四十七年）達91萬多人，1811年（嘉慶十六年）達190萬多人（以上數字均包括先住民在內）[250]。清代台灣移民大多數從事墾拓，由於台灣隱田現象嚴重，據大大縮小了的統計，1685年（康熙二十四年）開墾田地達18,454甲，1735年（雍正十三年）達50,517甲，1755-1762年（乾隆二十至二十七年）達61,917甲，清末達361,417甲[251]。在墾拓過程，形成業戶、佃農和現耕農及一田二主的大小租制度。主要農產品是大米、糖，後來增加茶、樟腦，分別輸往大陸和日本等地市場，並由大陸輸入棉布、綢緞、藥材、五金、雜貨、手工業品以及建築材料，到乾隆年間出現了一批操縱貿易的郊商，如著名的北郊蘇萬利、南郊金永順、糖郊李勝興，另有泉郊、廈郊、鹿郊、港郊、藥材郊、布郊等多種名目。據康熙末年修的《台灣縣誌》記載：「來往商艘，歲殆以數千計」[252]連橫《台灣通史》也記載：「自乾隆間，貿易甚盛，出入之貨，歲率數

百萬元，而三郊為之主。……各擁鉅資，以操勝算，南至南洋，北及天津、牛莊、煙台、上海，舳艫相望，絡繹於途，皆以安平為往來之港」[253]。隨著經濟的發展，先後在台灣南部、中部、北部沿海港口，形成三個商業中心，所謂一府二鹿三艋舺。

清代前期，除先住民外，在台灣已形成與大陸共同性為主但也有其特殊性的移民社會，即由閩粵移民組成的以地緣性為主的社會群體。在人口結構上，多數居民是從閩粵移來，人口增長較快，男子多於女子；在社會結構上，移民基本上按照不同祖籍進行組合，形成了地緣性的社會群體，一些豪強之士成為業主、富戶，其他移民成為佃戶、工匠，階級結構和職業結構都比較簡單；在經濟結構上，由於處在開發階段，自然經濟基礎薄弱，而商品經濟則比較發達；在政權結構上，政府力量單薄，無力進行有效的統治，廣大農村主要依靠地主豪強進行管理；在社會矛盾方面，官民矛盾和不同祖籍移民間的矛盾比較突出，在一定程度上掩蓋了階級矛盾，加上遊民充斥，匪徒猖獗，動亂頻繁，社會很不安寧[254]。反對官府的起義和分類械鬥事件經常發生，如1721年（康熙六十年）的朱一貴起義，1787-1788年（乾隆五十一年至五十三年）的林爽文、莊大田起義，1832年（道光十二年）的張丙起義，以及不同類型的械鬥數十起，所謂「三年一小反，五年一大亂」。這是清代前期台灣移民社會的特點。在與母體社會的關係上，「由於台灣居民多數來自閩粵二省，在語言、風俗、文化等方面和閩粵二省一脈相承，在生產方式，生活方式上也基本相同，所以在感情上、傳統上和母體社會有著密切的關係」[255]。這是清代前期台灣移民社會與大陸社會的共同性。但台灣移民社會還處在組合過程中，到了清代後期便向定居社會發展。

在中國歷代政府及人民的長期經營和開發下，台灣人民包括先住民與大陸人民在共同的生產鬥爭和階級鬥爭中患難與共，已成為中華民族大家庭的一員。自19世紀40年代以後，在外國資本主義列強的入侵及1895年後日本帝國主義占領的50年間，台灣人民進行了不屈不撓的反侵略、反殖民統治的鬥爭，為保衛中國東南海疆、維護祖國領土主權作出了重大的貢獻。

註釋

[1] 《清聖祖實錄》，康熙十八年二月初九日。

[2] 《清聖祖實錄》，康熙十八年三月十五日。

[3] 姚啓聖題爲請復設水師提督事本，康熙十七年九月初一日，《康熙統一台灣檔案史料選輯》（簡稱《康檔》，下同）第165頁，福建人民出版社1983年8月出版。

[4] 楊捷奏，水師請設等事疏，《平閩記》第12-13頁，《台灣文獻叢刊》第98種（簡稱《文叢》(98)，下同）。

[5] 姚啓聖題爲請復設水師提督事本，《康檔》，第165頁。

[6] 《清史稿》（中華書局一九七七年二月出版），列傳47，第9861-9864頁。

[7] 《清聖祖實錄》，康熙十七年十一月二十六日。

[8] 議政王等題復姚啓聖舉薦施琅事本，康熙十八年七月二十八日，《康檔》第185頁。

[9] 姚啓聖：申嚴海禁，康熙十八年二月初三日，《憂畏軒告示》。

[10] 姚啓聖：曉諭界外居民，康熙十八年十二月初二日，《憂畏軒告示》。

[11] 姚啓聖題爲訂期進攻海壇廈門事本，康熙十九年二月，《康檔》第198-207頁。

[12] 姚啓聖題爲訂期進攻海壇廈門事本，康熙十九年二月，《康檔》第198-207頁。

[13] 姚啓聖題爲訂期進攻海壇廈門事本，康熙十九年二月，《康檔》第198-207頁。

[14] 《清代官書記明台灣鄭氏亡事》，康熙十九年二月癸未（二十三日），《文叢》(174)。

[15] 《清代官書記明台灣鄭氏亡事》，康熙十九年二月癸未（二十三日），《文叢》(174)。

[16] 姚啓聖題爲訂期進攻海壇廈門事本，康熙十九年二月，《康檔》第198-207頁。

[17] 《清聖祖實錄》，康熙十八年二月初十日。

[18] 議政王等題復姚啓聖請差專員敕調紅毛夾板船隻事本，康熙十八年七月二十八日，《康檔》第185-186頁。

[19] 姚啓聖：飛調鳥船，康熙十八年六月，《憂畏軒奏疏》。

[20] 姚啓聖：特舉能臣，康熙十八年六月，《憂畏軒奏疏》。

[21] 議政王等題復姚啓聖請施琅以將軍總統水師事務本，康熙十八年八月十一日，《康檔》第187-188頁。

[22] 姚啓聖題爲訂期進攻海壇廈門事本，康熙十九年二月，《康檔》第198-207頁。

[23] 姚啓聖題爲訂期進攻海壇廈門事本，康熙十九年二月，《康檔》第198-207頁。

[24] 姚啓聖題爲訂期進攻海壇廈門事本，康熙十九年二月，《康檔》第198-207頁。

[25] 姚啓聖題爲訂期進攻海壇廈門事本，康熙十九年二月，《康檔》第198-207頁。

[26] 萬正色傳，《文叢》（230）第547-592頁。

[27] 姚啓聖題為訂期進攻海壇廈門事本，康熙十九年二月，《康檔》第198-207頁。

[28] 楊捷奏，剿殺海逆咨督院，康熙十九年二月二十日，《平閩記》第226-229頁。

[29] 秦松齡：吳興祚行狀，《文叢》（230）第524-530頁。

[30] 萬正色傳，陳衍，《福建通志列傳選》，《文叢》（195）第148-151頁。

[31] 《清聖祖實錄》，康熙十九年二月二十三日。

[32] 江日昇，《台灣外記》（福建人民出版社一九八三年八月出版），康熙十九年二月條。

[33] 楊捷奏，會師搗巢咨水提，康熙十九年二月二十五日，《平閩記》第224頁。

[34] 萬正色疏，乾隆《泉州府志》第73，紀兵，附錄。

[35] 江日昇，《台灣外記》，康熙十九年二月條。

[36] 萬正色疏，乾隆《泉州府志》第73，紀兵，附錄。

[37] 楊捷奏，會師搗巢咨水提，康熙十九年二月二十一日，《平閩記》第229-230頁。

[38] 姚啓聖題為訂期進攻海壇廈門事本，康熙十九年二月，《康檔》第198-207頁。

[39] 《清聖祖實錄》，康熙十九年三月十六日。

[40] 楊捷奏，飛報克服廈門等事疏，康熙十九年二月二十九日，《平閩記》第74-75頁。

[41] 《清聖祖實錄》，康熙十九年三月十六日。

[42] 萬正色：討平逆巢疏，《文叢》（95）第284-285頁。

[43] 姚啓聖題為詳議平海善後條款事本，康熙十九年八月，《康檔》第219頁。

[44] 江日昇，《台灣外記》，康熙十九年二月條。

[45] 阮旻錫，《海上見聞錄（定本）》，庚申‧康熙十九年二月。

[46] 夏琳，《海紀輯要》，庚申‧永曆三十四年（1680年）二月，《文叢》（22）。

[47] 楊捷奏，飛報恢復海澄等事疏，康熙十九年二月二十六日，《平閩記》第72-74頁。

[48] 楊捷奏，咨會遣發咨督院，康熙十九年二月二十七日，《平閩記》第230-231頁。

[49] 楊捷奏，飛報克服廈門等事疏，康熙十九年二月二十九日，《平閩記》第74-75頁。

[50] 楊捷奏，咨會遣發咨督院，康熙十九年二月二十七日，《平閩記》第230-231頁。

[51] 原訂十路進攻，後潮州一路奉旨停其來閩，泉州一路與同安合併，改為八路，除水師一路外，陸師為七路進攻。參閱《康檔》第204-205頁。

[52] 萬正色：疏辭金廈戰功，《文叢》（95）第288-289頁。

[53] 楊捷奏，飛報克服廈門等事疏，康熙十九年二月二十九日，《平閩記》第74-75頁。

[54] 楊捷奏，飛報克服廈門等事疏，康熙十九年二月二十九日，《平閩記》第74-75頁。

[55] 江日昇，《台灣外記》，康熙十九年二月條。

[56] 阮旻錫，《海上見聞錄（定本）》，庚申‧康熙十九年二月。

〔57〕姚啓聖題為優恤施齊施亥以慰忠魂事本，康熙十九年十二月二十二日，《康檔》第225-231頁。

〔58〕姚啓聖題為訂期進攻海壇廈門事本，康熙十九年二月，《康檔》第198-207頁。

〔59〕萬正色奏，討平逆巢疏，《文叢》（95）第284-285頁。

〔60〕《清聖祖實錄》，康熙二十年六月初七日。

〔61〕楊捷奏，飛報大捷咨督院，康熙十九年八月二十七日，《平閩記》，第253頁。

〔62〕楊捷奏，飛報恢復海澄等事疏，康熙十九年二月二十六日，《平閩記》，第72-74頁。

〔63〕楊捷奏，飛報克服廈門等事疏，康熙十九年二月二十九日，《平閩記》，第74-75頁。

〔64〕《清聖祖實錄》，康熙十九年三月十六日。

〔65〕萬正色奏，疏辭金廈戰功，《文叢》（95），第288-289頁。

〔66〕《清聖祖實錄》，康熙二十年二月初六日。

〔67〕《康熙起居注》（中華書局1984年8月出版），第659-660頁。康熙二十年二月初五日。

〔68〕《清聖祖實錄》，康熙二十年二月初六日。

〔69〕《清聖祖實錄》，康熙二十年四月二十三日。

〔70〕《康熙起居注》，第511頁，康熙十九年三月十四日。

〔71〕姚啓聖傳，《文叢》（230），第532-537頁。

〔72〕《清聖祖實錄》，康熙二十年十二月初九日。

〔73〕《清聖祖實錄》，康熙二十一年二月十三日。

〔74〕《敕諭明珠、蔡毓榮等》，康熙八年九月，《明清史料》丁編第三本，第272頁。

〔75〕《清史稿》卷二七九《靳輔》。

〔76〕《敕諭明珠、蔡毓榮等》，康熙八年九月，《明清史料》丁編第三本，第272頁。

〔77〕阮旻錫，《海上見聞錄(定本)》，康熙八年條。

〔78〕《清聖祖實錄》，康熙十三年八月初六日。

〔79〕《清代官書記明台灣鄭氏亡事》，《文叢》第174種，康熙十九年八月初五日條。

〔80〕《漢文起居注》，康熙十九年八月初四日，陳在正、陳孔立、朱金甫主編，《康熙統一台灣檔案史料選輯》（簡稱《康檔》，下同），第315頁，福建人民出版社，1983年8月。

〔81〕《清聖祖實錄》，康熙十九年八月初五日。

〔82〕《清聖祖實錄》，康熙二十年六月初七日。

〔83〕《清聖祖實錄》，康熙二十二年九月初十日。

〔84〕《漢文起居注》，康熙二十年八月十四日，《康檔》，第319頁。

〔85〕姚啓聖，《請復水師提督》(康熙十七年九月初一日)，《憂畏軒奏疏》卷二。

〔86〕《清聖祖實錄》，康熙二十年七月二十八日。

〔87〕姚啓聖，《密探台灣》(康熙二十年五月十九日)，《憂畏軒奏疏》卷四。

〔88〕《漢文起居注》，康熙二十年六月初七日，《康檔》，第318頁。

〔89〕《清聖祖實錄》，康熙二十年六月初七日。

〔90〕《漢文起居注》，康熙十八年九月二十九日，一史館。

〔91〕《漢文起居注》，康熙二十三年七月十一日，一史館。

〔92〕《聖祖仁皇帝》卷二三，《大清十朝聖訓》。

〔93〕張玉書，《楊公捷墓誌銘》，《碑傳集》卷十四。

〔94〕姚啓聖，《請復水師提督》(康熙十七年九月初一日)，《憂畏軒奏疏》卷二。

〔95〕姚啓聖，《特舉能臣》(康熙十八年六月)，《憂畏軒奏疏》卷三。

〔96〕姚啓聖，《特舉能臣》(康熙十八年六月)，《憂畏軒奏疏》卷三。

〔97〕姚啓聖，《特舉能臣》(康熙十八年六月)，《憂畏軒奏疏》卷三。

〔98〕《議政王大臣等題本》(康熙十八年八月十一日)，《康檔》，第187頁。

〔99〕《議政王大臣等題本》(康熙十八年七月二十八日)，《康檔》，第185頁。

〔100〕《議政王大臣等題本》(康熙十八年八月十一日)，《康檔》，第188頁。

〔101〕清代官書記明台灣鄭氏亡事》，《文叢》（174），康熙十九年八月初五日條。

〔102〕《清聖祖實錄》，康熙二十年七月二十八日。

〔103〕《漢文起居注》，康熙二十三年七月二十二日，《康檔》，第334頁。

〔104〕《漢文起居注》，康熙二十六年七月十五日，一史館。

〔105〕姚啓聖，《請恤用間忠魂》(康熙十九年十二月二十二日)，《憂畏軒奏疏》卷四。

〔106〕李光地，《榕村語錄續集》卷十一。

〔107〕全祖望，《姚公神道第二碑銘》，《鮚埼亭集》卷十五。

〔108〕《清聖祖庭訓格言》。

〔109〕《漢文起居注》，康熙二十年七月二十四日，《康檔》，第319頁。

〔110〕《漢文起居注》，康熙二十年十一月初八日，《康檔》，第319頁。

〔111〕《漢文起居注》，康熙二十年十二月初三日，《康檔》，第320頁。

〔112〕《漢文起居注》，康熙二十年八月十四日、十二月初十日，《康檔》，第319頁。

〔113〕《漢文起居注》，康熙二十二年七月初七日，《康檔》，第323頁。

〔114〕《漢文起居注》，康熙二十二年三月十二日，《康檔》，第322頁。

〔115〕姚啓聖，《飛報鎮臣奮勇陣亡》(康熙二十二年六月二十三日)，《憂畏軒奏疏》卷五。

〔116〕姚啓聖，《剿海機宜》(康熙二十一年五月二十一日)，《憂畏軒奏疏》卷五。

〔117〕施琅，《決計進剿疏》，《靖海紀事》。

〔118〕施琅，《決計進剿疏》，《靖海紀事》。

〔119〕姚啓聖，《議撤滿兵》，(康熙二十一年七月初一日)，《憂畏軒奏疏》卷五。

〔120〕陳碧笙，《台灣地方史》，中國社會科學出版社，1982年第1版，第90頁。

〔121〕《清聖祖實錄》，康熙二十年十月二十七日。

〔122〕《清聖祖實錄》，康熙二十年十月二十七日。

〔123〕《清聖祖實錄》，康熙二十一年四月十七日。

〔124〕姚啓聖，《夾擊台灣》(康熙二十年十月十六日)，《憂畏軒奏疏》卷四。

〔125〕施琅，《密陳專征疏》，《靖海紀事》。

〔126〕姚啓聖，《驚聞奏改師期》(康熙二十一年三月二十九日)，《憂畏軒奏疏》卷五。

〔127〕《漢文起居注》，康熙二十一年三月二十六日，《康檔》，第320頁。

〔128〕《清聖祖實錄》，康熙二十一年四月十七日。

〔129〕《漢文起居注》，康熙二十一年五月二十一日，《康檔》，第321頁。

〔130〕《清聖祖實錄》，康熙二十一年五月二十八日。

〔131〕施琅，《決計進剿疏》，《靖海紀事》。

〔132〕《漢文起居注》，康熙二十一年八月初四日，《康檔》，第321頁。

〔133〕《漢文起居注》，康熙二十一年十月初六日，《康檔》，第322頁。

〔134〕施琅，《舟師北上疏》，《靖海紀事》。

〔135〕施琅，《海逆日蹙疏》，《靖海紀事》。

〔136〕李光地，《榕村全書》，第34冊。

〔137〕施琅，《飛報大捷疏》，《靖海紀事》上卷。

〔138〕姚啓聖，《驚聞奏改師期》(康熙二十一年三月二十九日)，《憂畏軒奏疏》卷五。

〔139〕施琅，《決計進剿疏》，《靖海紀事》。

〔140〕《清聖祖實錄》，康熙二十一年五月二十一日。

〔141〕《漢文起居注》，康熙二十一年六月十七日，《康檔》，第321頁。

〔142〕《清聖祖實錄》，康熙二十一年七月二十八日。

〔143〕陳碧笙，《台灣地方史》，第88頁。

〔144〕《漢文起居注》，康熙二十一年七月二十八日，《康檔》，第321頁。

〔145〕《清聖祖實錄》，康熙二十一年十月初六日。

〔146〕《漢文起居注》，康熙二十年十二月初一日，《康檔》，第320頁。

〔147〕杜臻，《粵閩巡視紀略》卷六。

〔148〕《漢文起居注》，康熙二十二年七月初七日，《康檔》，第323-324頁。

〔149〕《漢文起居注》，康熙二十二年閏六月二十六日，《康檔》，第323頁。

〔150〕姚啓聖，《捐完器械》(康熙二十二年閏六月初五日)，《憂畏軒奏疏》卷五。

〔151〕姚啓聖，《請轄陸兵》(康熙二十二年閏六月二十日)，《憂畏軒奏疏》卷五。

〔152〕施琅，《密陳專征疏》，《靖海紀事》。

〔153〕李光地，《榕村語錄續集》卷九。

〔154〕施琅，《齎書求撫疏》，《靖海紀事》下卷。

〔155〕施琅，《飛報大捷疏》，《靖海紀事》上卷。

〔156〕施德馨，《襄壯公傳》。

〔157〕杜臻，《粵閩巡視紀略》卷六。

〔158〕施琅，《齎書求撫疏》，《靖海紀事》下卷。

〔159〕杜臻，《粵閩巡視紀略》卷六。

〔160〕阮旻錫，《海上見聞錄（定本)》，康熙二十二年條。

〔161〕姚啓聖，《諭台灣官民》(康熙二十二年七月初二日)，《憂畏軒文告》。

〔162〕《清聖祖實錄》，康熙二十二年七月十四日。

〔163〕《漢文起居注》，康熙二十二年七月二十七日，《康檔》，第324頁。

〔164〕《漢文起居注》，康熙二十二年七月二十八日，《康檔》，第324-325頁。

〔165〕《清聖祖實錄》，康熙二十二年九月二十日。

〔166〕《清聖祖實錄》，康熙二十二年九月初十日。

〔167〕施琅，《舟師抵台灣疏》，《靖海紀事》下卷。

〔168〕施琅，《諭台灣安民生示》，《靖海紀事》下卷。

〔169〕《漢文起居注》，康熙二十二年九月初十日，《康檔》，第326頁。

〔170〕姚啓聖，《攻克澎湖》，康熙二十二年閏六月，《憂畏軒奏疏》卷五。

〔171〕姚啓聖，《請辭優敘》(康熙二十二年九月初六日)，《憂畏軒奏疏》卷一。

〔172〕施琅，《飛報大捷疏》，《靖海紀事》上卷。

〔173〕全祖望，《姚公神道第二碑銘》，《鮚埼亭集》卷十五。

〔174〕《八旗通志》卷八《姚啓聖》。

〔175〕《清聖祖實錄》，康熙二十二年九月初十日。

〔176〕《漢文起居注》，康熙二十五年二月二十五日，《康檔》，第337頁。

〔177〕施琅，《齎繳冊印疏》，《靖海紀事》下卷。

〔178〕《漢文起居注》，康熙二十二年九月初九日，《康檔》，第326頁。

〔179〕《漢文起居注》，康熙二十二年十月十一日，《康檔》，第327頁。

〔180〕《漢文起居注》，康熙二十三年九月十三日，《康檔》，第335頁。

〔181〕《清聖祖實錄》，康熙二十三年十二月十三日。

〔182〕施琅，《舟師抵台灣疏》，《靖海紀事》下卷。

〔183〕阮旻錫，《海上見聞錄(定本)》，康熙二十二年條。

〔184〕《清聖祖實錄》，康熙二十四年二月二十八日。

〔185〕施琅，《飛報大捷疏》、《台灣就撫疏》，《靖海紀事》下卷。

〔186〕施琅，《舟師抵台灣疏》，《靖海紀事》下卷。

〔187〕魏源，《聖武記》卷八。

〔188〕姚啓聖，《輿圖既廣請立規模》(康熙二十二年八月十七日)，《憂畏軒奏疏》卷五。

〔189〕施琅，《恭陳台灣棄留疏》，《靖海紀事》下卷。

〔190〕魏源，《聖武記》卷八。

〔191〕《清代官書記明台灣鄭氏亡事》，《台灣文獻叢刊》第一七四種，康熙十九年八月初五日條。

〔192〕《漢文起居注》，康熙二十三年正月二十一日，《康檔》，第330頁。

〔193〕《漢文起居注》，康熙二十三年正月二十七日，《康檔》，第330-331頁。

〔194〕陳碧笙，《台灣地方史》，第98頁。

〔195〕李光地，《榕村語錄續集》，卷十一。

〔196〕《清聖祖實錄》，康熙二十三年四月十四日。

〔197〕《清聖祖實錄》，康熙二十三年五月十八日。

〔198〕《清聖祖實錄》，康熙二十二年九月初十日。

〔199〕姚啓聖，《請賜采擇》(康熙二十二年八月十七日)，《憂畏軒奏疏》卷六。

〔200〕姚啓聖，《請復五省遷界》(康熙二十二年八月十七日)，《憂畏軒奏疏》卷六。

〔201〕《漢文起居注》，康熙二十二年十月二十一日，《康檔》，第328頁。

〔202〕《清聖祖實錄》，康熙二十二年十月二十八日。

〔203〕《漢文起居注》，康熙二十三年七月十一日，《康檔》，第332-333頁。

〔204〕姚啓聖，《請開六省海禁》(康熙二十二年八月十七日)，《憂畏軒奏疏》卷六。

〔205〕《漢文起居注》，康熙二十三年七月十一日，《康檔》，第333頁。

〔206〕王先謙，《東華錄》，康熙二十三年九月初一日。

〔207〕陳遷鶴，《靖海紀事·陳序》。

〔208〕《清初海疆圖說》，《台灣文獻叢刊》第一五五種，第99頁。

〔209〕施琅，《台灣就撫疏》，《靖海紀事》下卷。

〔210〕姚啓聖，《請賜采擇》(康熙二十二年八月十七日)，《憂畏軒奏疏》卷六。

〔211〕《清代官書記明台灣鄭氏亡事·跋》。

〔212〕《漢文起居注》，康熙二十二年十月初十日，《康檔》，第326頁。

〔213〕《漢文起居注》，康熙二十二年十月十一日，《康檔》，第327頁。

〔214〕 普列漢諾夫，《論個人在歷史上的作用》，三聯書店，1961年11月版。

〔215〕 《清聖祖實錄》，康熙二十二年九月初十日。

〔216〕 《馬克思恩格斯全集》第8卷，第217頁。

〔217〕 《漢文起居注》，康熙二十二年閏六月二十六日，《康檔》，第323頁。

〔218〕 《清聖祖實錄》，康熙二十二年十月初十日。

〔219〕 《清聖祖實錄》，康熙二十二年七月二十七日。

〔220〕 《清聖祖實錄》卷三，康熙六十一年十一月。

〔221〕 《馬克思恩格斯選集》第1卷，第579頁。

〔222〕 鄭經覆孔元章書，永曆二十一年六月二十三日，《康檔》，第70頁。

〔223〕 敕諭明珠、蔡毓榮等，康熙八年九月，《康檔》，第85頁。

〔224〕 阮旻錫，《海上見聞錄（定本）》，福建人民出版社，1982年，第54頁。

〔225〕 張本政主編《清實錄台灣史資料專輯》，福建人民出版社，1993年，第16頁。

〔226〕 施琅題為舟師進攻台灣途次被風飄散擬克期復征事本，康熙四年五月初六日，《康檔》第51頁。

〔227〕 施琅題為邊患宜靖乘便征取台灣事本，康熙六年十一月二十四日，《康檔》第78頁。

〔228〕 施琅題為台灣剿撫可平機宜事本，康熙七年四月，《康檔》第80頁。

〔229〕 姚啟聖題為報明鄭經病故克𡒊被殺等事本，康熙二十年五月十九日，《康檔》第232頁。

〔230〕 《清實錄台灣史資料專輯》，第50頁。

〔231〕 施琅題為密陳征台戰略師期並請專征事本，康熙二十一年三月初一日，《康檔》第242頁。

〔232〕 姚啟聖題為追剿台灣難緩、缺乏器械難遲事本，康熙二十二年六月初五日，《康檔》第281頁。

〔233〕 施琅題為鄭克塽專差齎書求撫事本，康熙二十二年閏六月十一日，《康檔》第283頁。

〔234〕 施士偉，《襄壯施公傳》，轉引自施偉青《施琅評傳》，廈門大學出版社，1987年，第196頁。

〔235〕 杜臻，《澎湖台灣紀略》，台灣文獻叢刊第104種，第10頁。

〔236〕 《海上見聞錄（定本）》，第78頁。

〔237〕 《康熙起居注》，中華書局，1984年，第二冊，第1034－1035頁。

〔238〕 《清實錄台灣史資料專輯》，第57-58頁。

〔239〕 施琅題為恭報舟師已抵台灣及亟需糧餉事本，康熙二十二年八月十九日，《康檔》

第303頁。

〔240〕《清實錄台灣史資料專輯》，第59頁。

〔241〕施琅，《靖海紀事》，福建人民出版社，1983年，第114頁。

〔242〕姚啓聖，《憂畏軒文告》，康熙二十二年七月初二日。

〔243〕《靖海紀事》，上卷，第90頁，下卷，第102頁。

〔244〕《靖海紀事》，下卷，第111頁。

〔245〕姚啓聖，《憂畏軒奏疏》，卷五，康熙二十二年八月十七日。

〔246〕《靖海紀事》，下卷，第120-124頁。

〔247〕《康熙起居注》，第二冊，第1127頁。

〔248〕轉引郭廷以，《台灣史事概說》，第四章，第101頁，第105頁。

〔249〕藍鼎元，《平台紀略》，《台灣文獻叢刊》，第14種，第30頁。

〔250〕陳孔立，《清代台灣移民社會研究》，第一編，第8頁。

〔251〕陳孔立，《清代台灣移民社會研究》，第一編，第9頁。

〔252〕陳文達，《台灣縣志》，卷一，輿地志，海通。

〔253〕連橫，《台灣通史》，卷二十五，商務志，第443-444頁。

〔254〕陳孔立，《清代台灣移民社會研究》，第一篇，第19-20頁。

〔255〕同上書，第49-50頁。

第三章　近代台灣海防

1840 至 1970 年間歐美列強覬覦和侵犯台灣的活動

1874 年日本出兵台灣所引起之中日交涉及其善後

沈葆楨、李鴻章對 1874 年日軍侵台的態度

1874 年中日《北京專條》辨析

1874-1875 年清政府關於海防問題的大討論與對台灣地位的新認識

中法戰爭前後的台灣海防

1840至1970年間歐美列強覬覦和侵犯台灣的活動

（一）鴉片戰爭期間英軍五次侵犯台灣沿海的領土

英國政府爲了保護可恥的鴉片貿易，攫取更多的侵略權利，於1840年2月任命喬治‧懿律和查理‧義律爲正副全權代表，並任懿律爲侵華英軍總司命，率領戰艦於6月抵達澳門，封鎖廣州海口，並北犯閩、浙沿海等省，鴉片戰爭正式爆發。1840年6月至1842年8月的戰爭期間，英軍曾五次侵犯福建省台灣府的沿海領土，先後被台灣軍民擊退。

戰前，台灣是英國走私鴉片最猖獗的地區之一。當1839年中國政府開展嚴厲禁煙運動後，英國鴉片販子再次叫囂必須占領中國沿海的某些島嶼，如當時逃回倫敦的威廉‧查甸提出：「我們必須著手占領三四個島嶼，譬如台灣、金門和廈門，或只占領後兩處，而截斷通台灣的貿易」；詹姆斯‧馬地臣則「主張占領台灣」，拉本德等向外交大臣巴麥尊建議：「要是認爲台灣太大，兵力不夠占領，則占領廈門和金門，……從那兒可以截斷台灣的貿易」。1839年10月，巴麥尊指示義律：「陛下政府現在的想法是：……占領舟山群島中的一個島，或廈門鎮，或任何其他島嶼，凡是能夠用做遠征軍的供應中心和行政基地，並且將來也可以作爲不列顛商務的安全根據地的就行」。由於熟悉中國沿海情況的人對台灣問題存在「意見分歧」，「有人主張占領，有人反對」[1]，這種矛盾心態影響了戰爭多次波及台灣，但台灣並非主要戰場。

1840年6月戰爭爆發後，7月初英艦炮擊廈門，繼陷定海。17日有英兵船一艘駛至台南鹿耳門外馬鬐隙深水外洋遊弋，護安平協副將江奕喜等督同各師船攔擊，英船「放炮回拒」，「旋向西南大洋而逃」[2]。

1841年英國內閣改任璞鼎查爲全權公使，增調援軍擴大對華戰爭，8月攻陷廈門後，大舉北犯，連陷定海、鎮海、寧波三城。同時，分遣三艘兵船侵犯台灣

沿海。9月27日有英兵船一艘納爾不達號駛至雞籠（基隆）洋面停泊，30日闖入口門。對二沙灣炮台連發兩炮，打壞兵房一間。艋舺營參將邱鎮功督率守將開炮還擊，三沙灣炮墩亦放炮接應，立見英船「桅折索斷，隨即退出口外，海湧驟起，沖礁擊碎」。據台灣鎮道奏報，是役共斬敵32人，生擒133人，繳獲大炮10門及火藥、大小炮子一批，圖冊多件[3]。

　　同年10月19日，復有英三桅兵船一艘駛進雞籠口外的萬人堆洋面，「聲言索還」英俘，該地居民不應，兵勇亦埋伏不動。27日，英船「突進口門，直撲二沙灣炮台，大炮齊發」，攻破炮台石壁，燒毀營房二座。守軍「開炮回擊」，擊斃英兵2人，附近各堡壯勇亦趕到助戰，翌日英船退出外洋北竄[4]。

　　1842年初，璞鼎查在浙江舟山得悉英船在雞籠被擊破，多人被俘，隨命顛林等率兵船多艘往台「探聽」，「相機行事」。3月11日英船抵達大安港，淡水、彰化廳縣接鎮道密劄：「懍遵不與海上爭鋒之旨，惟宜以計誘其擱淺，設法殲擒」。遂僱募漁船「誘從土地公港駛進，果為暗礁所擱」。守兵施放火炮，奮力攻擊，埋伏兵勇齊起殺敵，是役擊斃侵略軍數十人，生擒顛林等49人，繳獲大炮13門，鳥槍28杆，短刀、腰刀54把，其中有浙江營鑴號鳥槍8杆，腰刀27把[5]。

　　同年4、5月間，復有十數隻英船在台灣滬尾（淡水）、中港、五汊（梧棲）港、香仔挖、樹苓湖、大秀房洋面遊弋，勾引沿海草烏船數十隻為嚮導，侵擾台灣南北洋面，沿海軍民積極防堵，水師船亦開炮轟擊，擊沉草烏船多隻，英船「亦在洋開炮攻打」，後見「無隙可乘，潛引大幫遁去」[6]。

　　姚瑩概括鴉片戰爭台灣戰役是：英人「五犯台灣，不得一利。兩擊走，一潛遁，兩破其舟，擒其眾而斬之」[7]。並指出，「卒得保守巖疆，危而獲安，未煩內地一兵一矢者，皆賴文武士民之力」[8]。英船五次侵犯台灣均被擊退，是台灣軍民積極籌防備戰，英勇捍衛領土主權的結果。

（二）鴉片戰後英國的開港活動與藉口樟腦事件占領安平

　　鴉片戰爭失敗後，清政府於1842年8月與英國簽訂了近代史上第一個不平等條約——《南京條約》，戰爭宣告結束。接著又陸續簽訂中美《望廈條約》、中法

《黃埔條約》等不平等條約，外國資本主義在中國攫取了五口通商、協定關稅、領事裁判權、片面最惠國待遇等一系列侵略權益。戰後航經台灣海峽的外國商船日益增多，歐美列強覬覦台灣、侵犯中國領土主權的事件隨著接連發生。首當其衝的是打開中國門戶的英國。

五口通商後，福州、廈門兩口與台灣僅一水之隔，時有英船在淡水、雞籠洋面遊弋，英國海軍提督及廈門英領事館人員均先後至台調查、勘視，其真正目的則為台灣的開港通商與採購煤炭，企圖把台灣作為其商業的一個供應站，據香港報導，英使兼香港總督文瀚以福州港口「虧折甚多，思換台灣作為港口」。清廷聞報下諭：「台灣為懸海要區，……豈容洋人到彼，藉貿易為窺伺？」著閩浙總督劉韻珂密諭台灣鎮道「嚴密防備」[9]。英國覬覦台灣的活動雖一時受阻，但仍伺機而動。1856年終於藉口「亞羅號事件」向中國再次發動武裝進攻，翌年法國亦藉口傳教士被殺與英國聯盟出兵，英法聯軍侵華戰爭是第一次鴉片戰爭的繼續。戰後簽訂的中俄、中美、中英《天津條約》，均規定增開台灣為通商口岸，中法《天津條約》及以後與丹麥、荷蘭簽訂的《天津條約》，更規定台灣、淡水為通商口岸。約中規定准許外人在通商口岸任便出入通市，亦可隨意租地蓋屋、設立棧房，建造廟堂、醫院、墳塋。1861年台灣正式開港，1862-1864年淡水、台灣（安平）兩口相繼設關開市，並增加雞籠、打狗（高雄）二個外口，實際擴大為四口。開埠後華洋商教衝突不斷發生，樟腦事件即一突出事例。

樟腦為台灣特產之一，原為美商獨占收購特權，開港後漸被英商怡和、鄧特洋行替代，樟腦成為外商爭奪的目標。1863年台灣兵備道陳懋烈上任後，倡議實行樟腦官賣，由官辦腦館直接收購，轉賣外商，禁民間私自輸出。外國洋行聯合反對，先通過英駐安平領事出面交涉，要求廢止樟腦專賣制度，台灣兵備道吳大廷不許，英公使繼向總理衙門交涉，亦無結果。但外商蔑視中國主權，竟違約潛入內山不通商口岸收購，私運出洋。如怡和洋行英商必麒麟於1866年擅至台中梧棲私開洋棧，收購樟腦，並與當地山胞簽訂「經過領事正式簽字認可」的合同。當1868年6月私運價值6,000元之樟腦出口時，被鹿港同知洪熙恬扣留，英署領事傑美遜乃出面交涉，要求放行，台灣道梁元桂駁以樟腦係屬官營，不得私自購

運。8月，必麒麟未經允准，又違約潛至梧棲，反誣台灣道「非法的壓迫歐洲人，並且破壞條約」。他一手拿槍，一手拿一份中文本的《天津條約》，「作為和平的武器」，尋釁滋事。梁元桂下令拘捕，必麒麟竟開槍拒捕，並潛逃至淡水[10]。鹿港同知標封其私設洋棧時，查獲大炮兩尊，解運府城。當時又發生華洋交毆以及數起教案，英署領事吉必勳屢次「請調兵船，要挾索賠」，先後有英船三艘開赴安平、打狗分泊。閩浙總督於10月底派興泉永道曾憲德渡台處理，正在議結期間，吉必勳與武官茄當率軍艦兩艘到安平示威，張貼告示，聲稱「奉文管轄中國地方，肆行恫嚇」[11]。11月23日，茄當警告中國兵船須於當天下午六時前退出安平，繼又告協防安平副將江國珍限24小時內退出安平，並牽去澎湖領餉師船，擄去管駕孫廣才及水兵2人。台灣鎮總兵劉明燈調集水陸師準備應戰，茄當聞訊又要求安平市內清兵於一小時內撤退，否則炮轟市街。25日下午三時，英艦在港開炮7次，深夜又率兵登岸，突入安平協署，殺死兵勇11人，傷13人，並焚毀軍裝局、火藥庫，江國珍倉促應戰，受傷後自殺殉職。茄當聲稱係「奉命打仗」，以「開炮逼城」相威脅，索去贖銀4萬元。安平被英軍占領後，曾憲德旋偕台灣府知府葉宗元邀集各洋官「按約逐層嚴詰」，吉必勳「強詞狡辯」。至12月1日雙方達成協定，英方允退還紳商所交質銀4萬元，並送還所劫擄師船和弁兵，以及所占協署房屋[12]。但茄當又堅執索取賠償兵費1萬元。中方則答應廢止樟腦官營，允外商自由收購，賠償怡記洋行損失6,000元，撤換道台、鹿港同知、鳳山知縣等地方官員，承認傳教師在台各地有傳教、居住之權。繼又訂立外商在台採辦樟腦具體條款，並由台灣道將「現議裁撤官廠，任聽華洋商民自行買賣，免其禁止」事，出示曉諭腦戶商民，「一體遵守」[13]。在英方武力脅迫下，完全答應了其種種無理要求，違約妄行、侵犯主權之案，卻以屈辱遷就了結。英軍武裝占領安平達一星期之久，方於12月2日退出。事後經閩浙總督英桂等奏請，總理衙門出面交涉，英駐華公使阿禮國於1869年1月覆照稱，已將吉必勳解任，茄當所索兵費亦如數退還，但又把安平事件的發生，歸咎地方官對英民「所受冤抑」沒有「早為伸理」[14]所致，以推卸責任。

（三）美國陰謀占領台灣與藉口船難事件出兵琅璚

鴉片戰後五口通商，日益增多的外國商船在台灣海峽遭風觸礁之事經常發生，僅1850年至1867年間，據統計外國船隻遭難者達30多起，其中英船最多，約占半數，德、美次之。1853年，美商基頓‧賴伊因其兄姆斯‧賴伊所乘船隻，於1848年在台灣近海失蹤，請求美駐華代理公使巴駕代為搜索，並建議美國政府「占領台灣的這一部分土地並且保住它」，因台灣為「商業航路必經之地，是應該由美國來保護的」。他表示：「對這地區的殖民地化工作，我很願意負責，只要美國政府應允承認我和保護我」[15]。巴駕對此建議「深刻同感」，並報本國政府，於是有1854年美國東方艦隊司令貝理派馬其頓及沙布萊號船艦抵達雞籠，調查失船事件及台煤礦藏。雖然調查結果，「島之附近從未聞有美國人或輪船遭難情事，亦無遇難船員留於島內」，但貝理回國後與巴駕一致竭力主張占領台灣，作為美國的居留地或殖民地，同時成為美國在東方的海軍根據地。他說：「這個富麗的島嶼，雖然名義上隸屬中國版圖，實際是獨立的。」美國「只要付給普通的購買費，我們就可以在島上獲得土地及重要特權的讓予，包括煤礦開採權利在內」。並認為「不需要華盛頓政府的其他保護，只要駐泊在中國及日本海的美國艦隊之一二船艦不時在島上出現，一個興旺的美國居留地就可以很快地建立起來。」同時指出，台灣在海軍及陸戰上的有利位置，是值得考慮的另外一點。「該島直接地面對著中國的許多主要商業口岸，只要在該島駐泊足夠的海軍，它不但可以控制這些口岸，並且可以控制中國海面的東北入口」。他說：「一個國家需要殖民地，正如它需要商船一樣。」[16] 但因當時總統的改選，官員的更換，特別是當時美國黑奴問題已漸趨嚴重，無暇向外擴張領土，加上遠東關係也日趨複雜，英、德等國亦在覬覦台灣，美國不能不慎重行事，巴駕、貝理占領台灣的建議才沒有被採納。

1856年亞羅號事件發生後，時任駐華公使的巴駕又提出由美、英、法「三國分割台灣、舟山及朝鮮的建議，把台灣的商業大門無限制地打開」。1857年3月他給國務院的秘密報告中說：「該島不會很長遠地留在中國統治下是可能的，如果

該島一旦與中國斷絕政府關係，……則美國顯然應占有該島，特別是從勢力均衡的原則來看，應該如此」[17]。同時他給英駐華公使包令函稱：「我有理由代表美國政府提出占領台灣的優先權利」，第一，由於美國公民與台灣官吏「已經簽訂過合同」（指樟腦專利合同）；第二，美國公民「已經在該島開闢居留地，並且美國國旗在那裡懸掛了一年以上」[18]。當時美國海盜式商人拉畢雷寫信告訴巴駕：「準備立即在台建立永久居留地的計畫」者，有賴伊兄弟公司、威廉士及安通公司，由於台灣淡水、雞籠等地的城牆久已失修，大炮也失去效用，只要「有武裝齊全的250人，就可以奪取和占領其地」[19]。他建議「把台灣變為一個獨立的殖民地，或至少在美國保護下的一個獨立的和弱小的政府」[20]。但由於當時美國總統不相信對華關係須採取戰爭這一最後手段，只同意增派海軍，拒絕侵占台灣。

台灣開港後的1861年底，曾發生美國雙桅帆船遇風在嘉義布袋嘴擱淺被劫掠事件，1862年又發生美國三桅帆船航經台灣海峽遇風漂至淡水西南擱淺被劫掠事件，但都得到和平解決，沒有釀成事端。直至羅妹號事件發生，則被藉口作為侵犯中國主權的重大事端。1867年3月，美國三桅帆船羅妹號自汕頭開往牛莊，中途遇風漂至台灣南端七星岩觸礁沉沒，船長以下14人駕划逃生，在琅璚登陸後被龜仔角山民戕害13人，僅一華籍水手脫險後至打狗報告英領事，英署領事賈祿一面致函台灣道吳大廷，請飭地方官究辦，同時派軍艦至出事地點調查。英軍登陸後即遭山民阻擊，該艦發炮轟擊後即返航。吳大廷聞報便飛飭鳳山縣查辦，同時函覆英領事時推諉稱：「生番不歸地方官管轄，嗣後請飭外國商人謹遵土牛之禁，不可擅入生番境界，以免滋事。」鳳山知縣吳本傑與賈領事晤商時亦告知，「該處山海險阻，不便進兵」，「意謂可以息事」[21]。4月1日，美國駐廈門領事李仙得（一譯李讓禮）聞報，即赴福州向閩浙總督吳棠、閩撫李福泰提出交涉，要求嚴懲凶徒。督撫僅命通商局總辦尹西銘等函請台灣府葉宗元查明，轉報台灣道緝凶懲辦，並力戒美領事切勿自行帶兵查拿，以防節外生枝。15日李仙得從福州乘美艦亞士休洛號前往台南出事地點，抵台後即照會台灣鎮總兵劉明燈、台灣道吳大廷，要求派兵會剿。鎮道又推諉稱：「台地生番，穴處猓居，不隸版圖，為王化所不及。我國早有土牛之禁，士庶商民不准擅入。……除再飭鳳山營、縣派

撥兵役設法查辦外，所有貴國兵船會辦此案之處，請不必行」[22]。認爲這樣就可使美方「知難而止」。但亞士休洛號21日仍開赴琅璚，企圖與山民直接交涉，終以無人敢上岸傳遞消息而作罷，旋返航廈門。

4月6日香港報刊報導羅妹號失事消息後，香港美領事阿倫立即據以報告國務院，並建議奪占台灣。所提理由爲：一、適應日益增長的商務利益需要，美在東方應有自己的商港或軍港；二、歐洲英、法等國在東方已領有基地多處，近英、俄「且有攫取台灣島的野心，美國更不應到處讓人占其先著」；三、台灣「適於作爲美國控制中國與日本海的基地」，並可成爲歐美對華商務的安全孔道；四、「中國領有台灣領土不及一半，且有名無實，東部及南部地區仍爲生番居地，維持獨立」；五、美國「有識之士」曾極力主張「購取台灣，建立美國居留地與港口」，並願意「貢獻所需要的借款」[23]。

美國駐北京領事館得到羅妹號失事報告後，於4月23日照會總理衙門，要求拿辦殺人罪犯，並聲明已通知美國艦隊派兵船前赴台灣，商同地方官查辦，並函報國務院。總署即飛咨閩省督撫飭台灣地方官「趕緊查辦」。並告以「生番雖非法律能繩，其地究係中國地面，與該國領事等辯論，仍不可露出非中國版圖之說，以致洋人生心」[24]。這是對台灣鎮道推諉「生番」地區不隸版圖之說的駁斥和糾正。6月，美國務院先後收到香港、廈門領事及北京公使報告後，即訓令駐華公使蒲安臣查明事件真相，表示美國「絕不希圖占領台灣或其部分地方」。但美國亞細亞艦隊司令柏爾認定台灣島上隸屬於中國的地方，僅限於西部海岸、琅璚以及東北部的蘇澳等處，其餘東部及東南部全爲「生番」居地，該地並無政府。在未接到國務院命令前，即決定親自率領艦隊前往查辦，於6月7日率領哈德福號及懷俄明號由上海啓航，挑選登陸官兵181人，配備登陸作戰的武器用品，到台後並邀英商必麒麟以通譯官身分隨往，13日從龜仔角登陸，「被生番詐誘上山，從後兜拿」，副艦長麥肯基「受傷斃命」，士兵「被傷者數人」。美軍受挫後，於翌日回航上海，聲言「回國添兵，秋冬之間再來剿辦」[25]。美軍敗退後，旋有自稱羅妹號艦長亨德夫人之親戚名荷恩者，單身冒險深入龜仔角尋找亨德夫人之遺骸及遺物，經月餘仍空手而回，乃求助於必麒麟，於8月3日從打狗出發，深入林暖

山地，找到亨德夫人遺骸及一些遺物，用款贖回[26]。

　　美軍登陸受挫後，李仙得旋照覆台灣鎮道，責其答應「自行查辦」，是「空說不辦」。責其推諉凶徒「並非華民」、遇害地點「未收入版圖」之謬誤。認為兩百多年來，中國人在台灣的活動地區由兩岸以至東岸，「事實上從未承認生番領有其現住土地的主權」，「生番」地區的物產如樟腦等且成為官府的專賣品，故「所謂生番地區不屬中國管轄的說法，實毫無根據」[27]。此時閩省督撫亦認識到此案「不容以推諉而生枝節」，決定派前任台灣鎮總兵曾元福赴台協同辦理。李仙得亦以為遇難船員收屍領回為名，赴台活動。劉明燈等於9月10日帶兵500名南下，27日抵達琅璚，懸賞密拿，「祇期拿獲凶番數名，盡法懲治，即可以謝洋人」而結案。由於「該番負固不出」。才決定於10月12日進紮龜鼻山，準備「分路並擊」[28]。時附近閩粵莊民及平埔族深恐戰事一旦發生，難免玉石俱焚，乃請求罷兵，和平解決。李仙得乃提出：歸還羅妹號船隻物件；歸還荷恩所付亨德夫人遺骸的贖款；嗣後遇風船隻應盡力相救，洋人一名被殺要「生番」五人償命；南端海灣龜仔角高阜設立炮台；琅璚添設文官一員，炮台設武官一員及駐兵等八項要求[29]。並於10月10日率同必麒麟等前往火山地方，與十八社酋長卓杞篤晤面，直接進行談判。李問：「何以殺害美國人？」卓答：「很久以前龜仔角土民曾被白人殘殺殆盡，僅剩3人（一說2人），以致世世挾仇。此次又見白人復來，乃悉予殺害，以報宿仇。我等沒有船可以追捕白人，這是最好的復仇方法」。李問：「將來預備怎麼辦，」卓答：「倘若你們為武力解決而來，我們要抵抗。倘若希望和平解決，則我們以後將永久的和平。」會談後雙方認定：嗣後船上設旗為憑，各國商船遭難，「該番妥為救護，送交閩粵頭人，傳送地方官配船內渡。如再被生番殺害，閩粵頭人當立保結幫拿兇犯解究」。之後，李仙得即提出「願為和息，懇請撤兵，免於深究」。台灣鎮道亦「俯如所請」。當取具閩粵莊頭人張清等11人、四重溪莊「熟番」李快盛等出具保結，並議訂章程10條而回[30]。清廷終於接受李仙得的要求，在龜鼻山設立炮台，派兵丁及該處莊丁看守，羅妹號事件至此結束。為了加強防務，將鳳山縣屬的興隆里巡檢改駐枋寮，撥千總一員，兵100名駐紮，「經理護洋防番各事」。並在閩粵各莊及平埔族住區選舉正副隘首2人，

隘丁50名，分設隘寮，逐段防護，歸合防理番同知管理，「如遇船隻遇風，隨時救援」[31]。事後李仙得呈報美國務院的報告中說：「此行打開了美國與中國南部生番直接交往的門徑，……又達到保持美國聲威播及中國的任務」[32]。認爲此事意義重大。1868年2月，李仙得又偕同必麒麟再次進入琅瑀「番社」，再次與卓杞篤會晤，重申上年所約各款，並擬成告示交卓杞篤張貼，同時贈送手槍、紅羽緞、千里鏡、戒指等一批禮物，卓杞篤亦設宴接待，盡歡而散[33]。李仙得兩次深入內山，蒐集了大批資料，被視爲山地政務方面的專家。李仙得的活動造成台灣當局和山地人是兩個不相隸屬的團體的假象，並藉此強調山地人處於獨立地位的觀點，一再鼓吹占領台灣山地人所居住之地區。因其建議不被美使館採納，1872年遂辭職回國，終被日本所用，在牡丹社之役扮演了非常重要的角色。

（四）英德商人占墾大南澳

台灣開港後，少數西洋冒險家企圖在台灣富饒之區闢建新殖民地，英德商人占墾大南澳即一突出事例。

戰後德國亦早已注視台灣，1865年俾士麥內閣內務部長愛倫堡發表《普魯士殖民政策》一文，主張派遣軍艦占領台灣東部港口爲海軍基地。1868年有德國漢堡商人美利士在淡水開設洋行，經營海運和鴉片貿易，自稱爲漢堡駐淡水領事，與英人荷恩（亦譯康或荷爾那）勾結，給荷恩資金和執照，令其占墾大南澳（宜蘭縣南澳鄉）。5月，荷恩組織英、美、德、墨西哥、葡萄牙等國人五、六名，赴大南澳一帶查勘山場林木，署噶瑪蘭通判丁承禧加以勸阻，仍不肯折回。荷恩又用鹽、布等結交當地山民，並與當地平埔族婦女結婚，率部分山民一同進入大南澳。後以當地無人應招，又回雞籠續僱工匠約百餘人，並募壯勇20餘名，攜帶炮械在大南澳建築土堡一所，中蓋草瓦屋20餘間，又在附近之小南澳築一土圍，中蓋瓦屋3間，草棚10餘間。伐取之木，陸續運赴雞籠。丁承禧見此違約妄爲與侵占領土無異，乃往見美利士及英領事，詰以不應違約占墾、伐木。美利士初則諉爲英人所爲，繼而「藉詞大南澳爲生番地界，不應蘭廳查問」。丁駁以「蘭廳管理民番，即番地亦地方官所轄，豈容不問」？美利士又諉言一二月後再議。丁承禧

復往詰英駐滬尾領事，答稱「大南澳地屬內山生番之界，非蘭廳所轄之地，……未便禁其勿往」。經閩省督撫咨呈總署出面交涉，1869年3月總理衙門照會英、德兩國使臣，責以通商口岸，「和約所載，只准各國商人在中國地方貿易，至山場土產各有其主，斷無可以任令外國人自行採取之理」，要求將該洋人「嚴行懲辦」。嗣接德國使臣李福斯、英國使臣阿禮國先後照覆已「戒飭查禁」，但美利士、荷恩等仍「毫無儆畏」，繼續在大南澳伐木墾荒。1869年春，美利士更親赴大南澳「生番」社內視察兩日，復到蘇澳之南風澳起蓋草屋3間，為往來寓所，繼續擴大墾伐規模，並時常由滬尾、雞籠運載食物接濟荷恩，且私運軍火赴蘇澳等處販賣[34]。3月間，總理衙門再次給英、德使臣照會，指出「似此背約妄行，殊於通商大局有礙」。聲言已行文閩省督撫著台灣鎮道「自行拿辦」，「如敢恃強抗拒，……只好傷斃無論」[35]。旋又接閩省督撫咨函稱，接奉公使諭禁之後，荷恩等「愈肆橫行」，由滬尾回至大南澳，又帶來黑人4名，添募壯勇40名，揚言要招募180名之多。並將附近山民所砍藤、薯榔「按百擔抽二十擔，貼補勇糧」，以致「蘭民懷恨，欲往拆堡相鬥」。美利士更「桀驁不馴，恣行悖謬」，在滬尾包攬事端，鞭毆民人王廳等，且「誣及善良，大為該處百姓之害」。而英國署領事額勒格里不但不為查禁，反「意存袒護」。復先以大南澳乃「不入中國版圖，該洋人與生番和睦，墾地開堡，並非強搶霸占」；繼又從該洋人「動用鉅款開闢墾地」，應請地方官「變價賠償」為詞。雖經滬尾通商委員再三辯論。「無如堅執如前」。5月4日，英國巡洋火輪兵船駛泊蘇澳，並往大南澳示威，至7日始行離去。督撫在咨函中嚴正指出：「查生番所居之地，皆隸中國界內，大南澳並非通商口岸，洋人固不准私往向生番租地開墾，其地亦非生番所能擅租」[36]。總署據此又照會英、德兩國公使，嗣再次覆咨閩省督撫：美利士、荷恩等「如敢恃強抗拒，傷斃無論，自應及早驅除，以消全台之患[37]」。10月，奉旨派道員黎兆棠署理台灣道員之缺，飭其赴台履任，「妥慎籌辦」。由於總理衙門疊次出面力爭，英、德使臣「自知理屈，會劄撤退」。於9月27至10月26日，兩次將大南澳、南風澳堡屋內各物運回雞籠口，其留守堡屋之洋人以及勇丁，至11月4日一律撤回。荷恩本人在最後一次撤退中，船遇大風沉沒溺斃，美利士亦因而破產，此一違約占墾、侵犯

中國台灣領土主權的嚴重事件，乃告結束。地方官亦將該處房屋、土堡焚燒、拆卸，牆基毀平。事後閩浙總督英桂、福建巡撫卞寶第認識到，英、德商人占墾大南澳，「意在勾結生番，徐圖侵占，實爲東南邊疆之患」。令黎兆棠督飭丁承禧「酌議章程」，「妥籌防範」，以杜外人「復啓覬覦之心」[38]，以固海防。

1874年日本出兵台灣所引起之中日交涉及其善後

日本自1854年開國訂約與1868年明治維新以來，國力日益增強，向外擴張論也甚囂塵上。有人鼓吹「北割滿洲之地，南收台灣、呂宋諸島」，出現所謂大陸政策與南進政策的區分。侵韓論是大陸政策的體現，侵占台灣則是南進政策的首選目標。1874年日本公然出兵攻打台灣牡丹、高士佛等社，就是南進政策的一次實施，也是對中國領土主權的一次嚴重侵犯。本文擬利用當時中日雙方的來往照會及談判節略等重要檔案資料，探討日本出兵台灣事件所引起之中日交涉的經過、內容及善後措施，並以中日關於台灣內山領土主權爭論爲重點，兼評所簽訂的中日《互換條約》，大膽提出個人的不同觀點，以就正於史學界同仁。

（一）1874年日本出兵侵犯台灣與清政府的加強戰備

1874年日本出兵登陸琅璚（今屏東縣恒春鎮），侵攻牡丹、高士佛等社，是蓄謀已久的侵略行動，琉球國及日本備中州船難事件僅僅是一種藉口而已。1871年9月，日本政府主動與中國簽訂《修好條規》後二個月，有琉球貢船三艘遇風漂至台灣[39]，其中八重山一艘漂至台灣南部一小島遇救，船員45名被安全送至台灣府城。另太平山二艘，一艘漂到台灣南部山胞住區，船員也脫險回琉，一艘漂至台灣南部八瑤灣觸礁沉沒，船員69人中，3人淹斃，66人登陸後，其中54人被高士佛、牡丹兩社居民殺害，餘12人由漢人劉天保、楊友旺營救，由鳳山縣派人送至府城，與先至那裡的八重山船員一起被送到福州琉球館，由閩督按例優待，

並於翌年6月安排送回琉球。這原是尋常的船難事件，日本竟以此作爲侵台的一種藉口。首先於1872年冊封琉球王尙泰爲「藩主」，強迫確立日、琉的宗藩關係，作爲侵犯台灣的根據，亦爲其併吞琉球野心的初步實現。同年9月，返國途經日本的美國駐廈門領事李仙得（李善德），在美國駐日領事德朗的積極引薦下，與日本外務大臣副島種臣多次密談，慫恿日本侵占台灣，並提供有關台灣的照片、海圖、地圖等資料，堅定了日本侵占台灣的決心。

　　1873年，日本以換約及慶賀同治帝親政爲名，派副島外務卿來華，李仙得以顧問名義隨行。換約、覲見事華，副島於6月21日特派外務大臣柳原前光至總理衙門，試探清廷對台灣山胞戕害琉球船民一事的態度。總署大臣毛昶熙、董恂答以「本大臣只聞悉生蕃曾掠琉球國民，並不知此事與貴國有何相干。按琉球本係我朝之藩屬，當時琉球人有自生蕃處逃出者，我朝命官曾予救恤，後轉往福建，經我總督仁愛倍加，俱已送還其本國」。柳原問：「貴國對狂暴虐殺琉民之生蕃又曾做何處置？」毛答：「該島之民向有生熟兩種，其已服我朝王化者爲熟蕃，已設府縣施治：其未服者爲生蕃，姑置之化外，尙未甚加治理」。又說：「生蕃之橫暴未能制服，是乃我政教未逮所致。」[40] 日本即死抓住其中的一些話，作爲侵台的藉口。

　　同年3月初，日本備中州人佐藤利八、兵吉、權吉、潔介等4人「乘小船運鹽，在洋遇風，船隻沉沒，鳧水上岸」，進入鳳山後山加那突地方，「當有土番頭目陳安生往救，邀入伊家住宿，給與飯食，經商人李成忠查知，與該番目陳安生協護日本人四名」前往鳳山縣，該縣「遂即妥爲安置，一面賞給該番目陳安生呢羽等件，並給還住宿用費，俱不敢受。……所有利八等四名，一面製給衣履服物，以示矜恤，即令海東雲輪船送至上海，由局委員護送上海道衙門，就近查明附便轉送回國」。當時日本駐上海領事品川忠道謝函稱：「其所以垂憐而撫恤之者，至密且周，澤及鄰民，曷勝感激。」後日本外務大臣亦來謝函稱：「蒙貴國官民救護本國難民利八等四名，同獲生全，厚德深仁，有加無已，感佩莫名。」並剳令品川領事「查明救護利八等四名之貴國各官，備禮相酬，略申謝悃」[41]。當時「並未提及有某社被搶衣物等情，乃本年四月初八日據日本中將西鄉照會閩

督，以生番嗜殺，行劫該國遭風備中州民人利八等四名口，是以往攻其心」[42]。

　　1874年1、2月間，日本政府擬定通過《台灣蕃地處分要略》，作為指導侵台活動的綱領。2月18日，前參議後藤新平發動佐賀之亂，為轉移內部矛盾，防止類似事件再次出現，更加緊侵台的準備。於3月先派樺山資紀、水野遵等往台灣琅璚、柴城等地調查，並繪製地圖。4月，日本政府組織「台灣生蕃探險隊」，授陸軍中將西鄉從道為「台灣蕃地事務都督」，參議大隈重信為「台灣蕃地事務長官」，陸軍少將谷幹城、海軍少將赤松則良為參軍，陸軍中佐佐久間左馬太和少佐福島九成為參謀，並聘請李仙得為顧問，僱用美國海軍少校凱瑟爾參與機謀，美國陸軍中尉華遜指導建築陣地工事，租用英、美船隻載運軍隊、武器彈藥，開往台灣。5月7日，日軍在琅璚社寮登陸，18、19日巡哨日軍與保力、四重溪一帶居民開始交鋒，22日，西鄉從道到達琅璚。當日，日軍200餘人進攻石門，受到當地先住民的激烈阻擊，斃日軍6人，傷20人，牡丹社酋長阿祿父子等16人陣亡，石門被占。6月2日，日軍1,300餘人分三路，分別從楓港、石門、竹社夾攻牡丹等社，牡丹、高士佛等社迎擊後即退入後山，日軍攻入牡丹、高士佛、加之來、竹仔四社，居民茅屋盡被焚毀。繼又派人深入內山誘降，至7月中旬，日軍完成了討伐、征服和誘降的任務，戰事至此已告基本結束。日軍遂於龜山等地蓋建營房，建立「都督府」，實行屯田、植林，作久踞之計。

　　當清廷聞悉日本將出兵台灣後，於5月14日下詔：「生番地方本係中國轄境，豈容日本窺伺？」遂派沈葆楨帶領輪船、兵卒，「以巡閱為名」，前往台灣，「相機籌辦」[43]，並派福建布政使潘霨幫同籌劃。當得悉日軍已登陸台灣後，旋於29日改授沈葆楨為欽差辦理台灣等處海防兼理各國事務大臣，所有福建鎮道等官均歸節制，江蘇、廣東沿海各口輪船准其調遣，「著即體察情形，或諭以情理，或示以兵威，悉心酌度，妥速辦理」[44]。沈葆楨接受諭旨後，於6月3日與閩省將軍、督撫聯銜會奏《會籌台防摺》，提出聯外交、儲利器、儲人材、通消息等四項保台措施。6月14日上諭：「均著照所議行。並准其將閩省存款移緩就急，酌量動用」[45]。沈葆楨於6月14日抵台，經與鎮道會商後，認為當時「應辦者三事，曰舌戰，曰預防，曰開禁」。主張「預防與舌戰必同時並舉」。[46]認為「設防之

事，萬不容緩」，一到台即積極部署南北防務，準備仿西洋新法，修築安平炮台，令鎮道「添招勁勇，著力訓練，多籌子藥、煤炭，以備不虞」[47]。並請調福建陸路提督羅大春，增防台灣。沈葆楨與日方接觸、辯論並觀察日軍在台行動後，認識到日軍有久踞之意，「非有大支勁旅，不肯就我範圍」[48]。遂於7月4日奏調洋槍隊增防台灣。為了加強海上防衛力量，又再次奏請購買鐵甲船，認為「陸恃准軍，水恃鐵甲船，方為萬全之策」[49]並強調「台地民心可用」[50]同意招募漁人、鄉勇、「生番」，加以訓練，以增強防務。後招土著、壯勇500人，駐鳳山，命名為「安撫軍」[51]。7月28日，清廷准調洋槍隊5,000人赴台，嗣准李鴻章奏請，於8月1日改調武毅銘軍提督唐定奎所部13營合計6,500人，分批渡台。以台灣鎮總兵張其光、台灣道夏獻綸分防南北二路，並令署鎮曾元福組訓南北鄉團。9月下旬淮軍開始抵台後，令駐防鳳山。海上則以揚武、飛雲、安瀾、靖遠、鎮威、伏波等6艘兵艦常駐澎湖，福星1號駐防台北。在日本方面，7月9日下令陸軍省作戰爭準備，並擬好對中國作戰計畫。雙方積極備戰，劍拔弩張，武力對峙。

（二）日本挑起台灣內山領土主權等問題的爭論

日本侵略軍到達廈門後的第二天（5月3日），福島九成向廈門同知呈遞西鄉從道4月13日致閩浙總督照會提到：「台灣土蕃之俗，自古嗜殺行劫，不奉貴國政教，海客罹難是樂。……邇年我國人民遭風漂到彼地，多被慘害。……是以我皇上委本中將深入蕃地，招彼酋長，百般開導，殛其凶首，薄示懲戒，使無再蹈前轍，以安良民。」附片中具體提出出兵的理由是：「明治4年12月，我琉球島人民66名遭風壞船，漂到台灣登岸，是處屬牡丹社，竟被蠻人劫殺，54名死亡，12名逃生，經蒙貴國救護送回本土。又於明治6年3月，我備中州人佐藤利八等4名，漂到台灣卑南蠻地，亦被劫掠，僅脫生命，幸蒙貴國恤典，送交領事，旋已回國。……茲我政府獨怪土蕃倖人之災，肆其劫殺，若置不問，安所底止，是以遣使往攻其心。」[52] 由此，日本在武力侵台的同時，在外交上挑起了中日關於台灣內山領土主權及中、日與琉球關係的一場爭論。

爭論貫穿台灣事件的全部過程，現分前後二期敘述。

1.前期（1874年5月至7月）

　　前期以軍事行動為主，外交活動為輔。日本在出兵前即規定：「在處分之際，以切實完成討番撫民的任務為主，而把因此來自清國方面的一二爭論為客」[53]。故在出兵的同時，特派柳原前光為新任駐華公使，並於5月底抵達上海。柳原先與署江蘇布政使應保時、蘇松太道沈秉成「反覆辯論」，後幫辦台灣防務潘霨也與柳原「連次詰難」[54]。閩浙總督5月8日收到西鄉從道照會，於5月11日、6月2日先後給西鄉照會，總理衙門也於5月11日、6月2日給日本外務省照會，沈葆楨到台後，於6月20日也給西鄉從道照會，並派潘霨等與西鄉等進行辯論。前期的爭論主要在上海、台灣兩地進行。

　　爭論的主要內容，係關於台灣內山領土主權問題。針對日方給閩督照會所提台灣內山為清政府「政權所不及」，故「視之為無主之地」的論點，5月11日閩督在覆照中明確聲明：「台灣全地，久隸我國版圖，雖其土著有生熟番之別，然同為食毛踐土已二百餘年。……雖生番散處深山，……文教或有未通，政令偶有未及，但居我疆土之內，總屬我管轄之人。」並列舉萬國公法內容，論證「台灣為中國疆土，生番定歸中國隸屬，當以中國律法管轄，不得任聽別國越俎代謀」。申斥日方並未與總理衙門商允作何辦理，「遽行命將統兵前往，既與萬國公法違背，亦與同治十年所換和約第一、第三兩條不合」。又針對日方所謂琉球、備中州屬民遭風被害的出兵藉口，照會也加以駁斥：「備中州遇風難民，前由生番送出，並未戕害一人，當經本部堂派員送滬，交領事官送還。」至於琉球島，「即我屬國中山疆土，該國世守外藩，甚為恭順，本部堂一視同仁，已嚴檄該地方官，責成生番頭人，趕緊勒限交出首凶議抵」。照會最後重申：「總之，台灣在中國，應由中國自辦，毋庸貴國代謀。……應請貴中將撤兵回國，以符條約，以固邦交」[55]。同日，總理衙門致日外務省照會聲明，台灣內山「地土實係中國所屬」，責問日方興師台灣，「何以未據先行議及」[56]。當5月27日閩督接台灣鎮道稟報，日軍在台軍事行動已經開始，「不肯即日回兵」，復於6月2日照會西鄉，再次重申「琅璠番社人物、地方確歸中國轄屬，證據歷歷分明，可核者三」：一、南路琅璠十八社，向歸鳳山縣管轄，每年徵完「番餉」二十兩有奇（後經台

灣道補報係51兩），載在《台灣府志》；二、台灣設立南北路理番同知，專管「番務」，每年由該同知入內山犒賞「生番」鹽布等物；三、柴城又名福安街，建有福公康安碑廟。接著指出：「證據確鑿，歷來已久，特以禮記不易其俗，不易其宜，故向來中國不全繩以法律而已。」而兩國《修好條規》第三條所云：「兩國政事禁令各有異同，其政事應聽己國自主，彼此均不得代謀干預」。查「台灣生番久屬中國，其不全繩以法律者，即政事禁令各有異同之一端」，故「按約應聽中國自主，貴國不得代謀干預。況兩國所屬邦土不可稍有侵越，第一條顯有明文，尤宜共相篤守」。指責日方在琅璚、柴城一帶，「於我設立隘寮之疆土，徑行登岸紮營，於我納食糧之番民，竟行接仗爭鬥，於條約各款種種不合」。針對日方藉口上年使臣到京曾對總理衙門說過，「以生番非中國所管及，此舉早經商明，故爾前來」，照會責問有無公函、照會等憑據。「如當時未立有憑，應請貴中將撤兵回國，不得於中國所屬邦土地方久駐兵旅，以符條約」[57]。沈葆楨於6月20日給西鄉照會中也聲明：「生番土地，隸中國者二百餘年。」並駁斥以琉球難民被戕爲侵台藉口之一時指出：「無論琉球雖弱，亦儼然一國，盡可自鳴不平。」駁斥佐藤利八等人財物被劫掠爲侵台又一藉口時指出：「夫鳧水逃生，何有餘貲可劫？天下有劫人之財，肯養其人數月不受值者耶？即謂地方官所報難民口供不足據，貴國謝函俱在，並未涉及劫掠一言。貴國所賞之陳安生，即卑南社生番頭目也。所賞之人，即所誅之人，貴國未必有此政體。」責其「以怨報德」。最後嚴正指出：「無論中國版圖尺寸不敢以與人，即通商諸邦豈甘心貴國獨享其利？」沈葆楨又派潘蔚等從22日至26日與西鄉、佐久間左馬太等人進行多次辯論，西鄉等咬定「蕃社非中國版圖，中國各書中均有記載，即英、美、荷諸國人皆有此說，並有地圖。」當詢其地圖及各書所載交出一看，西鄉「又復枝梧」[58]，又推說：「當此時豈邊聞書籍上之空論乎？以所目擊辨明之亦何妨」[59]。潘蔚等即將所帶《台灣府志》檢出「內載生番各社歲輸番餉之數，與各社所具切結，令其閱看，彼反變羞爲憤」。又轉話題，「斷斷以所用兵費無著爲言」[60]。有意避開主權問題的爭論，意欲轉入具體解決方案的商討。

先是潘蔚離滬渡台時，柳原告以西鄉奉敕限辦三事：第一，「捕前殺害我民

者誅之」；第二，「抵抗我兵爲敵者殺之」；第三，「番俗反覆難制，須立嚴約，定使永遠誓不剿殺難民之策」[61]。6月7日，潘爵覆告柳原，關於處理意見的第一、二條，牡丹等社已被剿殺懲辦完畢，此後「如再有滋事者，應由中國派兵查辦，事屬可行」。第三條所云，「中國自當照約竭力保護」[62]。7月1日，潘爵又函告柳原，「第三條之議，今本幫辦業經辦定」，並將各「番社」所具切結「照錄附寄」，要柳原「速即請示貴國早爲撤兵，以俾中國派兵設汛，永相保護而敦和好」[63]。但日本當時既定的方針是以軍事進攻爲主，規定「領事不管蕃地徵撫之事，負責侵撫事項者不管交涉之事」。其策略是「在空言推託、遷延時日之際，就完成其事，即是不失和好的機靈外交之一法」[64]。據此，柳原與西鄉互相推託，西鄉說：「我奉本國政府命令，往辦土番耳，貴國政府如有異議，只向柳原公使議辦可也」[65]。柳原則推諉「專爲通商和好而來，與西鄉從道之往台灣，各辦各事」。並謂西鄉從道「亦有全權，不能聽其指揮」。兩江總督李宗義已看出「意在遷延時日」[66]。當時中國方面也寄望於外交談判，主張「釁不我開」。李鴻章主張「不外諭以情理，示以兵威」[67]。沈葆楨也同意「戰備一集而後理或可行，否則脣舌無濟也」[68]。都主張採取以軍事爲後盾、外交爲手段的策略，對付日軍侵台事件。但沈估計「將來必不免於一戰」[69]，充分作了打仗的思想準備，而李則始終寄望於外國出面干涉，迫使日本撤兵，一再聲言「勿遽聲罪致討」[70]。援軍渡台後，李又勸沈「祇自紮營操練，勿遽開仗啓釁」[71]。所以雙方均按兵不動，出現中日在台武力對峙的局面。

2.後期（1874年8月至10月）

7月中，柳原奉命前往北京，15日，在日本政府給他的訓令中，要他採用外交手段索賠、罷兵。8月1日，日本方面又任命大久保利通爲全權大臣，於9月趕到北京，與總理衙門王大臣進行談判，雙方後期的爭論，是在北京談判時展開的。

7月底柳原至北京後，於8月7日至月底與總理衙門進行了四次談判，並來往照會多件，在談判與照會中，雙方進行了口頭與文字的爭論。8月7日，柳原在給恭親王奕訢照會中，仍堅持「貴國從前棄蕃地於化外，是屬無主野蠻，故戕害我琉球民五十數名，強奪備中難民衣物，憫不知罪，……何乃置之度外，從未懲

治，是無政教，又無法典焉」。所以日本「振旅伐之也」[72]。文祥在當日的第一次談判會上即明確回答：「台灣是中國邦土，自一定若說野蠻，是我們邦土的野蠻，如要辦，亦該我們自己辦。」又指出：「今日照會所謂野蠻一層，須知野蠻是中國野蠻，不應別國去伐，應聽中國辦理。」柳原責問：「既是貴國所屬邦土，從前殺人之慘，何以不辦？」文祥答：「說中國不辦，從前日本有照會否？既無照會，則琉球我們自己屬國，已經地方官辦理。」柳原答辯：「琉球是貴國屬國，日本國渠亦是屬國已久，琉球國王那時有告狀來，日本國不得不替他辦。」沈桂芬答：「不得不辦，亦要看是誰家地方。」柳原云：「自己本國人亦到台灣看起那裡實不是中國地方，把中國人的頭放在牆邊，算不得中國地方。」文祥答：「大皇帝大度如天，不繩以法律，如此等地方甚多，都要如此說亦難了。」接著毛昶熙、董恂問：「外務省文書提毛、董大人旨趣是何道理（按指6月25日外務省照會稱出兵台灣是根據往年副島入朝時，派柳原詢問毛、董兩大臣，『而按其旨趣今甫下手而已』云云）？……彷彿你們之去，是我們主意。」柳答。「外務省文不周到。……外務省來文於兩位大人見柳原時光景，但知云毛大人、董大人在座，是以言及。」董問：「何以言據其旨趣下手，是我使之也？」柳答：「外務省不是如此解。不過云此事見兩大人說過，不曾說指使。」沈桂芬問：「固非指使，亦未答應，何以有此言？」柳答：「不過說上年告訴過。」沈問：「到底毛、董大人答應否？」柳答：「沒有答應，總署衙門從無應許之話。」談判中文祥也指出。「去年副島大臣來時，經毛、沈、董大臣送行時，言及兩國邦土不可稍有侵越，副島大臣言固所願也。」沈補充：「在衙門宴時及送行時俱說過，副島大臣所答亦同。」柳原云「是有」[73]。當場揭穿了利用柳原上年會見毛、董談話的內容，作為日本出兵侵台這一藉口。

8月13日，董恂、沈桂芬、崇綸等前往答拜柳原時又進行了會談，當時日本派來的外務省行走田邊太一與日駐廈門領事福島九成剛到京，也來謁見。柳原云：「彼此公文往來，徒費筆墨，不如面商一定局。」董、沈答：「能如此便好。」鄭永甯傳柳原話云：「日本朝廷以琉球島向歸所屬，如同附庸之國，視如日本人一樣。其人被生番傷害，日本是應前來懲辦的。」沈、崇云：「貴國人受

害一事，內中並無人命。」柳云：「搶其衣物，幾乎致死，幸有人救了，後承貴國官送回。」沈等指出：「日本朝廷視生番爲無主者，大約以先是不知道，如今想已明白生番實係中國地方，貴國民人如有被害之事，應行文中國，由中國辦理。」柳云：「本國朝廷以此事副島前次說過，西鄉到閩後又照會李制台，並不算錯。」董云：「從前副島派柳原來署，雖提起生番，不過說將來要去查，並無帶兵剿辦的話。」柳云：「彼時貴衙門卻無不准去查的話。」董云：「那時副島曾說過生番非中國所屬邦土，日後必要去征伐的話否？」柳答：「副島大臣實未說過。」沈云：「那時如副島說生番非中國所屬邦土，日本是要侵越的，本衙門必有辯論。」最後鄭傳柳原話云：「日本既已帶兵到生番地方，應如何歸著，刻下柳原之意是要求各位大人示以定見，好令田邊回覆本國。」董、沈等答：「我們自當回明王爺，並告知各位中堂大人。我們先有一言奉覆，生番是中國地方，必應由中國辦理。」[74] 同日，恭親王給柳原覆照中，對「生蕃爲無主野蠻」之說，進一步加以駁斥：「查台灣府志非爲今日與貴大臣詳辯而始有此書也。內載雍正三年歸化生蕃一十九社輸餉折銀一節，牡丹社即十九社之一，亦在琅𤩝歸化生蕃十八社中，治本等六十五社即卑南覓之七十二社，志書所列蕃社指不勝屈，皆歸台郡廳縣分轄，合台郡之生蕃，無一社不歸中國者。又恭載乾隆年間裁減蕃餉聖諭，復譯其風俗，載其山川，分別建立社學等事。蕃社爲中國地方，彰明較著若此。貴大臣即以爲野蠻，亦係中國野蠻，即以爲野蠻有罪應辦，亦爲中國所應辦。若謂其戕害琉球民，則琉球國應請命於朝廷；若謂強奪備中難民衣物，則何年月之事，何人被奪何件衣服，應由貴國大臣照會本衙門辦理。」[75] 照會對台灣內山是中國地土作了具體的闡明。同月15日，柳原又照會辯解，繼續堅持。17日雙方又在總署進行談判，恭親王奕訢云：「以我兩國唇齒比鄰同文之邦，無論誰家勝負，總不是我兩國之利。既明此道理，即不必辯論。今日肺腑的話是講了結，今日之事我中國不肯令貴國下不了場，貴國亦不可令中國下不了場。」又引「鬩牆禦侮之義」相勸。20日柳原忽來函告知：「昨本大臣特奉本朝來諭云：夫我伐番義舉，非惡其人，非貪其地，務爲保恤己民起見，並以惠及他國爲利，所以不憚鉅費，漸次綏撫，設官施政，道德齊禮，一歸風化。……著該公使即向該

國政府以明本朝心跡，並請確答覆文繳回等因。」信末要求「貴國別有何等設施方法，指明後局，使本國此役不屬徒勞，可令下得了場，以固睦誼，是本大臣肺腑之望」[76]。言外之意，主要目的在索兵費。22日總署覆函指出：「生番所居既屬中國輿地，自應由中國撫綏施政。」駁斥其在台「設官施政」之非是，並回答其「下場辦法」曰：「台灣生番確是中國地方，若問後局方法，則曰惟有貴國退兵後，由中國妥為查辦，查辦既妥，各國皆有利益」[77]。之後雙方又通過照會、函件闡明各自的觀點，30日又舉行了一次會談，雙方互相堅持。這時全權大臣大久保利通已在途，談判不可能有實質性的進展。爭論內容一史館所藏《七月十九日問答記》及《七月二十日文祥給日本柳原節略》有具體記載，限於篇幅不贅。

9月10日大久保利通到京，11日柳原照會總署，要求訂期拜晤，並附隨員22名、隨從10名的名單，12日總署照約定9月14日開始會談，至10月底，大久保與總署王大臣又進行了七次會談，並來往照會多件。開始幾次談判，大久保亦從否認清政府對台灣東部山地擁有主權入手，以便為討價還價地步。在14日的第一次談判中，鄭永寧傳大久保話云：「柳原到京後，聞有許多議論，朝廷不放心，恐鬧出不好的事來，故又特派大久保來京說個明白，把此事辦好了，以後更要和好。」並表示以前中國照會、信函都已看過，柳原從前與王爺、各位大人說的話也已知道了，由於「柳原的話看生番為無主野蠻，中國以生番為中國的版圖，是以分開了，合攏不來」。大久保又說：「朝廷原來的主意與柳原從前說過的話，如今不必再說，他再請教貴國有何主意，他亦另有個主意，以便彼此熟商。」恭親王、文中堂答云：「大久保大臣有自己的主意說來看。」大久保問：「生番是中國地方，不知中國有多少工夫用在生番地界上？」又問：「貴國可曾設官設兵？」「中國有生番地方，有何憑據？」文祥答以「台灣生番是中國一處，中國如生番者，內外各地不一而足，用過工夫深淺及一切分別之外，其意甚深，一時說不盡。」並舉廣東瓊州黎子為例。又答以「已有設官設兵之處，所有內山設官設兵，須斟酌時候。」「番地」屬中國，「有志書可考」。奕訢補充：「志書即是憑據，書是舊時印的。」沈桂芬補充：「生番向中國納糧，便見得是中國地方。」大久保又問：「完糧交與何人？」沈答：「由頭目交州縣。」又問：「如牡丹社

交與何縣?」崇綸答:「交與鳳山縣。」大久保隨遞福島九成與台灣「土番」問答筆記一本,內有「田園由其自主及有人願為協力之意」。寶鋆、沈桂芬指出:「節略內有生員二字,生員者秀才也,即歸台灣道考試,即是我們作工夫之處。」文祥云:「園子是他們自己開的荒地,故說不是官地。……無論官私產,都不能說不是中國地方」[78]。16日、19日雙方又進行二次會談,繼續對生番地方政教實不實進行辯論,大久保引用萬國公法,認為凡政教不及之地,不得列入版圖。他說:「生番地方中國亦沒有親切工夫,所說是中國版圖,都是空話,與萬國公法不合。」文祥答以「我們所定條約內,有彼此不得干預政令一條,如今大久保說我們政令不好,豈非是干預麼。至大久保所說萬國公法,並無中國在內,不能以此責備中國。……我們彼此總要抱定條約辦事,不可空談議論」。大久保強辯說:「日本視生番雖屬中國管轄,其人凶頑,毫無禁令,故要帶兵去辦他,不是干預中國公事」[79]。經過口頭和文字的反覆辯論,大久保仍堅持「未繩以法律之民,未設立郡縣之地」,不得「稱該地在版圖之內」[80]。在10月5日的第四次會談中,又圍繞「生番是無主野蠻」進行辯論時,董詢指盤中桃云:譬如此盤桃明明是我的,你問我是何處買的,多少錢買的,何人送的,那一顆樹上結的,我一一確切詳細說明,可相信矣,又必問我此一桃皮上之毛共計有多少根,如此詰問有是理乎?如不說出桃皮上之毛數目,即不算我的,有是理乎?」並反問鄭永寧:「你能知你的鬍鬚多少麼?」鄭答:「不知。」董云:「你答不出數目,我能說此鬍子是無主野毛麼?」文祥云:「無論如何說,不能說生番不是中國地方。大久保既保全和好,應辦和好的事。」又說:「我所說的都是真實話,沒有一句虛假。說到萬萬年,若想把生番地方辯論了去,是斷不能的。彼此的事要自行了結,不可令外人笑談。」[81]至10月10日,大久保在照會中又累牘連篇,仍事辯論,強詞奪理,並以回國相威脅。但在照會末也提出:「貴王大臣果欲保全好誼,必翻然改圖,別有兩便辦法」[82]。16日文祥致函大久保:「貴大臣如真欲求兩便辦法,彼此自可詳細熟商」[83]。同日,總署在給大久保的照會中嚴肅駁斥台灣內山不屬中國版圖的種種謬論外,並答以「本王大臣原係唯好是圖,歷次皆告以妥結此案不再辯論者,即係兩便辦法」[84]。同日,大久保致覆信給文祥稱。

「本大臣深念兩國交誼，爲兩國生靈計，所以臨去倦倦，特行詢及，貴衙門如果另有兩便辦法，本大臣豈不樂聞」[85]。雙方遂訂18日舉行第五次會談，文祥因病未參加，乃致函給大久保，勸其「兩相讓未有不解之結，兩相執未有不償之事，此古今不易之定理。台番之事，中國念切鄰誼，自始至終，在在相讓，……如貴大臣仍只顧一面，於極相讓之中，仍復相持，則本大臣決其事必不成。若能平心商酌，有直截了當之語，不只顧全一面，將此事便兩面皆可下場，庶不至與兩便之說相背」[86]。當天的會談有重大的進展，雙方停止有關內山領土主權的爭論，轉入兩便辦法的具體協商，又經過十多天的反覆商談，至10月底終於達成協定，同意簽約、撤兵。

（三）中日簽訂《互換條約》與日軍撤出台灣

爲了幫助正確地理解條約的內容，現將雙方末期關於簽訂條約談判的過程，較詳細的加以敘述。

從當時談判的經過看來，10月18日（九月初九日）和20日（九月十一日）的兩次談判，有重大的進展。18日的第五次會談開始時，雙方都要對方先告知「兩便辦法」的內容，「往返相擠七八次」後，大久保終於先開口曰：「日本以人命甚重，是以決意往辦生番，以生番爲無主野蠻，要一意辦到底。是本來的用意。旋因中國說該處是中國地方，往返文函面論已過，本大臣以一意辦去竟非和好辦法，我兩國並未失和，只得轉了一灣，另思辦法，方不失兩家和好。日本此舉非貪土地，非爲錢財，總是爲人命至重，費多少力量辦去，數月以來費用多少，傷亡兵勇多少，病歿多少，此數月中有許多事體，且伐木開路費多少財力，實是我國開闢的地方，此時須有名目，方可使本國兵回去。所有費用，理應由生番償給，但生番無此力量。目下急欲定局，亦不能多延時日。中國必有應酬我國辦法，可以送本國兵回去，亦非中國做不到之事。此即本大臣所擬兩便辦法也。」

沈桂芬：「今將中國所謂兩便辦法，一一告知。」
大久保：「請教。」

董詢：「日本從前兵到台灣番境。因係認台番為無主野蠻，並非明知是中國加兵。我想不知中國地方加兵，與明知中國加兵不同。此一節可以不算日本的不是。今既說明地屬中國，於貴國退兵之後，中國亦可不再提從前加兵之事。」

大久保：「中國之政教實不實，此後亦不再提。」

中方又告以：「此事由漂民而起，日本兵退之後，仍由中國查辦，如有案內漏網之人，查出仍為懲辦。」

大久保：「日本兵不能空手而回，中國必有應酬送他回去的辦法。此事如允，即一切乾乾淨淨，請問可否，即要定準。」

接著中方「各位大人復商明，為之說破撫恤二字，遂告之曰：還有案中被害之人或其家屬，查明實情，大皇帝恩典予以酌量撫恤。撫恤此係中國格外美意，至於費用一層，不應向中國議及，中國實有不便也」。

「此時大久保、柳原、鄭永寧操土音相商許久，大久保曰：被害民人及其家屬，大皇帝恩典撫恤，但現在不日回國，即須定局，何能再待查辦。……總期將前議一層辦理，使日本兵不至徒勞，可以回去，實係中國力量能辦之事，非強中國以所難，即望定奪可否？」

沈桂芬：「今我兩國並未失和，並未打仗。如何能講償費。中國不在錢之多寡，而事關體制，有礙於中國，實為不便，豈得謂兩便辦法。」[87]

10月20日繼續舉行第六次會談，大久保說：「前日對四位大人說的話，自己心裡以為兩便，王爺、中堂、大人以為不便，以為礙難，既有礙難，不好勉強。但我國於生番之事，累次說過，因為人命，有此義舉，要辦到底。而今既有貴國的話，自然和好為重。商量好了，一直辦到底，於兩國和好云何。是以要有名目，方好回去，貴國亦好辦理生番之事。」

雙方又交談了很久，文祥表示「我兩國要永遠相交，萬萬年相交。」大久保又說：「如今要兩國和好，若無名目，朝廷不能回覆，百姓亦不能回覆。」

董恂：「我們前日的話，所想兩便，還是爲貴國的份上多。……若論中國一邊，此話已有爲難了。人將謂日本不知彼處爲中國地方，難道總理衙門亦不知之，任日本隨便兵來兵去。我們百姓亦都要責問我們，何以如此辦法。我們所以能對朝廷能對百姓者，就爲日本是仗義而來，可算無不是處。」

沈桂芬：「仗義而來，亦必仗義而去。」

文祥：「大久保所説非貪其地，非爲錢財，要辦得乾乾淨淨，這三句話我們最佩服。」

大久保：「如日本退兵後若何辦法，放心不下。」

沈桂芬：「是必有漏網之人，查出要辦他，被害之人，要撫恤他。」

大久保：「要求寫一詳細明白辦法。」

沈桂芬：「已經繕寫，寫畢當交閱。」

接著又繼續交談一段後，大久保還是強調「如沒有明白的話，便不能回覆」。中方也反覆加以說明。這時鄭永甯「起立向董大人背指大久保曰，他要問明數目」。即點破大久保急於想知道撫恤的數目。董答：「今日必不能定。」時周章京家楣向鄭永甯曰：「我明告你，兵費斷斷不行。大久保大臣已明白了，即換一名目，而其數亦近於兵費，誰看不出，亦萬萬不能爲此自騙騙人之事，必不能如此辦，撫恤眞是撫恤，非一日所能定。」時《辦法四條》已「酌就」，交鄭永甯轉遞大久保、柳原閱看。四條是中日《互換條約》的基礎，是正確理解條約內容的重要資料，現照錄如下：

1. 貴國從前兵到台灣番境，既係認台番爲無主野蠻，並非明知是中國地方加兵。夫不知中國地方加兵，與明知中國地方加兵不同。此一節可不算日本的不是。
2. 今既說明地屬中國，將來中國於貴國退兵之後，中國斷不再提從前加兵之事，貴國亦不可謂此係情讓中國之事。
3. 此事由台番傷害漂民而起，貴國兵退之後，中國仍爲查辦。

4.貴國從前被害之人，將來查明，中國大皇帝恩典酌量撫恤。[88]

大久保閱畢後云：「四條都看過了，要婉商之，求諸位大人體諒，在此原極相信，此時看兩邊辦法極好，將來或辦不足，以此回報頗難，轉負貴國美意。」又云：「一二三四條都明白，都相信。但將此作公文帶回，不能取信於人。」雙方又進行了辯論，彼此「說不攏」。沈問：「如今說不攏，我們亦以為可惜，不知四條中到底有何不詳細？」鄭永寧傳話云：「大久保大臣意思，公文上只要如此，但各位大臣有何傳諭，可否叫鄭永寧來說。總是要第四條下有一個註解的，意是大約數目，不在公文上寫，自己知道，有了這一張，大久保可以告人了。」沈云：「萬不可說如何方退兵。」大久保云：「退兵是退兵，不過是公文以外，另一張信就是了，……亟於回國，請早為傳諭。」[89]仍然是急於知道撫恤的數目。

後因撫恤數目，雙方又發生分歧，日方一開口要索洋銀二、三百萬元，至少亦須銀二百萬兩。在23日舉行的第七次談判會上，沈桂芬云：「大久保大臣所說數目太遠，從前說過並非兵費，亦不是以撫恤換兵費名目，是我大皇帝格外優待貴國之意，固不妨從豐。然大久保所說之數實在太遠。」鄭永寧傳話云：「大久保說這一番事情可算兩國一件大事，從前日本不知生番是中國地方，兵到番界係為人命起見。如今大久保到此，聽了許多的議論，心非木石，豈不明白，且耳內亦有所聞。……大久保所說數目，實係兩便之意。各位大人要給撫恤，尚須查明，而又無數目，他實在不能回去。」鄭又云：「起先議論日本辦生番的事，是為民命，辦到半途，中國說是中國地方，大久保來華，後來亦就不說生番是無主野蠻了。」[90]由於撫恤數目不能定，談判又一度決裂，大久保與柳原於25日各遞交照會，聲稱要離京回國。大久保在照會中又重提台灣內山不屬於中國，以「懲番之舉非可中沮」[91]相要脅。後經英國公使出面調停，中方也明確表態給予的撫恤及償費數目，25日日方與英使商討後也提出三條處理意見，27日總署將三面議明各條底稿照錄覆送大久保，30日大久保覆函表示同意，遂於10月31日（同治十三年九月二十二日）正式簽訂《互換條約》；其內容如下：

「照得各國人民有應保護不致受害之處，應由各國自行設法保全，如在何國有事，應由何國自行查辦。茲以台灣生番曾將日本國屬民等妄為加害，日本國本意為該番是問，遂遣兵往彼，向該生番等詰責。今與中國議明退兵並善後辦法，開列三條於後：

1. 日本國此次所辦，原為保民義舉起見，中國不指以為不是。
2. 前次所有遇害難民之家，中國定給撫恤銀兩。日本所有在該處修道、建房等件，中國願留自用，先行議定籌補銀兩，別有議辦之據。
3. 所有此事兩國一切來往公文，彼此撤回註銷，永為罷論。至於該處生番，中國自宜設法妥為約束，以期永保航客不能再受凶害。

另有《互換憑單》，規定中國先准給撫恤銀10萬兩，日軍於12月20日全行退出後，中國准給日本在台修道、建房等費用銀40萬兩[92]。

《互換條約》簽訂後，大久保於11月7日到滬向江海關領取撫恤銀10萬兩，旋動身赴台，於16日到琅璚傳諭退兵。翌日，向沈葆楨提出《蕃地交代事宜節略》五條，沈遂派台灣知府周懋琦前往辦理接收事宜。計接收營房130多間，板片1,200多片。12月16日清政府向日方付款40萬兩，日軍亦於20日全部退出，中日台灣事件宣告結束。據日人統計。此役前後7個月，日方共動用兵力3,658人，戰死12人，負傷17人，病死561人，支出軍費361萬日元，另加船舶購買費共771萬元。中國付款50萬兩，合日幣78萬元，約占支出的十分之一[93]。

（四）沈葆楨、丁日昌加強海防和維護台灣主權的善後措施

日軍侵犯台灣，東南海疆出現危機，清廷為之震動。台灣事件平息後，從1874年11月至1875年5月，清政府內部進行了一次關於海防問題的大討論。通過討論，在用人、練兵、簡器、造船、籌餉等方面，提出了加強海防的措施。文祥在奏摺中提出「惟防日本為尤亟」[94]，也得到多數人的贊同。李鴻章也指出，日本近年「改變舊制」後，「其勢日強」，故敢「稱雄東土，藐視中國，有窺犯台灣之舉」。他認為「泰西雖強，尚在七萬里以外，日本近在戶闥，伺我虛實，誠為中

國永久大患 [95]。李宗羲也提出「台灣一島,形勢雄勝,與福州廈門相爲犄角,東南俯瞰噶羅巴、呂宋,西南遙制越南、暹羅、緬甸、新加坡,北遏日本之路,東阻泰西之往來,宜爲中國第一門戶,此倭人所以垂涎也」[96]。之後,清政府開始重視加強以禦外爲主的台防措施。

1.沈葆楨加強台防的措施

　　自沈葆楨受命辦理台灣等處海防大臣後,即已採取一些加強台灣防務的措施。台灣事件結束後,沈葆楨於12月23日會同幫辦潘霨上「全台善後事宜並請旨移駐巡撫」摺,針對日本侵略事件中所暴露的有關海防等問題,提出善後措施:

（1）移駐巡撫,添設郡縣:沈在善後摺中指出,「年來洋務日密,偏重在於東南,台灣海外孤懸,七省以爲門戶,其關係非輕。」主張「欲固地險」,必須「先修吏治」。經過「夙夜深思,爲台民計,爲閩省計,爲沿海籌防計」,提出「必仿江蘇巡撫分駐蘇州之例,移福建巡撫駐台而後一舉而數善備」。他列舉巡撫駐台「有事可以立斷」、「統屬文武,權歸一尊」等十二便。強調「台地向稱饒沃,久爲異族所垂涎,今雖外患暫平,旁人仍眈眈相視,未雨綢繆之計,正在斯時」。認爲「山前山後其當變革者,其當創建者,非十年不能成功」,必須「先得一主持大局者,事事得以綱舉目張,爲我國家億萬年之計」[97]。移駐巡撫摺1875年4月24日雖經奉旨批准,但沒有實行,由於閩中督撫持有不同意見,且移駐也存在實際困難。巡撫王凱泰提出「省台不能分家」,若巡撫「長駐海外,將變成台灣巡撫,提餉呼應不靈」。主張仿照直督駐津之例,往來兼顧。得到沈葆楨的贊同,認爲「往來兼顧,亦時勢所不得不然」[98]旋會同福州將軍、閩浙總督上奏,於8月28日旨准實行「省台兼顧」方案。後王凱泰提出閩撫「冬春駐台、夏秋駐省」,經沈葆楨同意後覆奏,11月27日諭旨「著照所請辦理」[99]。

　　沈葆楨在善後摺中提出台灣「前後山可建郡者三,可建縣者有十數,固非一府所能轄。欲別建一省,又苦器局之未成」[100]。他於1875年1月前往鳳山履勘琅璚形勢後,上奏琅璚「擬即築城設官,以鎮民番而

消窺伺」摺[101]。2月17日，詔准在琅璚設恆春縣。7月，沈又上「台北擬建一府三縣」摺，認為「台北口岸四通，荒壞日闢，外防內治，政令難周，擬建府治，治轄一廳三縣，以便控馭而固地方」[102]。1876年1月16日上諭：「沈葆楨等所奏各節，係因時制宜起見，自應准如所請。」准於台北艋舺地方，添設知府一缺，名為台北府，仍隸於台灣兵備道。附府添設知縣一缺，名為淡水縣。裁汰竹塹地方的淡水廳同知，改設新竹縣知縣一缺。並於噶瑪蘭廳舊治，添設宜蘭縣知縣一缺。改噶瑪蘭通判為台北分防通判，移紮雞籠。台灣南路同知移紮卑南，北路同知改為中路，移紮水沙連，各加「撫民」字樣[103]。此時台灣由一府四縣三廳，增為二府八縣四廳。即增設台北府，合原來的台灣府為二府，新設恒春、淡水、新竹、宜蘭四縣，合原來的台灣、鳳山、嘉義、彰化四縣為八縣，增設雞籠、卑南、埔里三廳，合原來的澎湖廳為四廳。添設郡縣後，加強了對台灣南北內山的行政管理，以維護台灣全島的主權。

(2) 開山「撫番」，招墾開禁　在日軍侵台期間，沈葆楨為了「絕彼族覬覦之心，以消目前肘腋之患」，即著手「一面撫番，一面開路」[104]。事件結束後，在會銜所上「會籌全台大局」疏中提出，「為會籌全台大局，撫番開路，勢難中止」，並指出「人第知今日開山之為撫番，固不知今日撫番之實以防海也」。此舉不但「關係台灣安危，而且關係南北洋全局」。要求通過長期的努力，達到「盡番壞而郡邑之，取番為而衣冠之」。強調「經營後山者為防患計，非為興利計。為興利盡可緩圖，為防患勢難中止」。因為「外人之垂涎台地，非一日亦非一國也。去歲倭事，特嚆矢耳」。如果「後山一帶，我不盡收版圖，彼必陰謀侵占」[105]。為了加強台防，主張繼續「開山撫番」。開山分三路進行，北路自蘇澳至歧萊，開路205里；南路由赤山至卑南175里，由射寮至卑南214里；中路由林圮埔而東，經一年而至璞石閣，共265里。打通山前至山後的路線，準備與自歧萊而南的北路接連。開山過程，沿途築設碉堡，派兵屯營，安撫「良番」，平服「凶番」。

在開山過程中，清政府同時募民隨往耕墾。沈葆楨認為「今欲開山不先開墾，則路雖通而仍塞」，但「欲招墾不先開禁，則民裹足而不前」。於 1875 年 1 月奏請開「嚴禁內地民人渡台之舊例」，開「嚴禁台民私入番界之舊例」，並懇弛「對鐵、竹兩項」的「舊禁」[106]。2 月 25 日奉旨：「沈葆楨等將後山地面設法開闢，曠土亟須招墾，一切規制，自宜因時變通。所有從前不准內地民人渡台各例禁，著悉與開除。其販買鐵、竹兩項，並著一律弛禁，以廣招徠」[107]。實行多年的舊禁廢除，對進一步開發台灣起了很大的促進作用。

（3）整頓營務，充實軍備：沈葆楨奉命來台督辦防務後，發現「台地班兵不可用」[108]。由於「積久弊生，班兵視為畏途，往往僱倩而來，伍籍且不符，何有於技勇」？乃奏請「將台澎班兵疲弱者先行撤之歸伍，其曠餉招在地精壯充補」[109]。日軍退後，於 1875 年 8 月奏請仿淮楚軍營制而歸併台地營伍，以 500 人為一營。南路九營專顧鳳山、台灣、嘉義三縣；中路三營專顧彰化縣；北路三營專顧淡水、宜蘭縣；澎湖兩營專管澎湖。「均各認真訓練，扼要駐紮」，歸巡撫統轄。台灣鎮總兵撤去「掛印」字樣，並歸巡撫節制。又提出「台地延袤一千餘里，處處濱海，陸防之重尤甚於海」。奏將安平台協水師三營改為陸路。鑑於舊有水師編制，戰船僅能巡緝捕盜，已不合台灣防海需要，奏將水師各營拖罾艇船 8 號「裁撤」，請調「閩廠現造輪船，分撥濟用」[110]。1876 年 2 月 6 日上諭：「所奏各節，係為因時制宜起見，自應准如所請」[111]。付之實施後，台灣武備、營制乃益趨健全。

為了加強台防，沈葆楨曾多次奏購鐵甲船，認為「百號之艇船，不敵一號之大兵輪船」[112]。沈巡台後所奏仿西洋新法興建的安平炮台，於 1874 年 10 且興工，1876 年 9 月竣工，為中國最早用混凝土所建新式炮台。炮台城門上沈親書「億載金城」，並在台南、旗後海口鑿山壘土，建炮台六座，「以固海防」。同時又購炮 10 尊，駐兵 800 名於東港炮台，以加強南部防務。此外，澎湖為台、廈命脈，日軍侵台時，沈

命副將吳奇勳添募新勇一營，並購大炮10尊，以加強防衛[113]。同時在台郡興建軍裝局及火藥局，將備防時所購買洋炮以及軍火器械等項，「慎為存儲」[114]。台灣軍備的改進，已逐漸邁向軍事近代化道路。雖由於時間短促，有的剛開始進行，有的僅是計畫，並未付之實施，但沈葆楨的加強防衛措施，奠定了台灣近代化海防的基礎。

2.丁日昌加強台防的措施

為了會同沈葆楨妥籌台灣善後事宜，閩撫王凱泰於1875年6月渡台，一面履勘，一面與沈面商實行「省台兼顧」方案。王於11月8日內渡後，不久即病逝。清廷於12月降旨以丁日昌為福建巡撫，並諭其於冬春移駐台灣。丁於1876年春上任後，忙於在省整頓吏治，未克渡台，乃將台事委台灣鎮道主持，並奏派水師提督彭楚漢、福甯鎮總兵吳光亮前往整頓。

1876年，西班牙駐華公使伊巴里重提1864年索威拉納號商船遭風舊案，要求賠償。總理衙門加以駁斥後，其頗有重演日本逞兵台灣之勢，又引起台灣海防的緊張。總署函咨沿海各省加強防範。丁日昌遂於11月專摺密陳「請速籌台事全局」摺，系統地闡述了對加強台防的意見。奏摺分析台灣所處的形勢及在國防中的重要地位，並指出台北已上升為重要地區。摺稱：「台灣洋面居閩、粵、浙三界之中，為泰西兵船所必經之地，與日本、呂宋鼎足而立，彼族之所眈眈虎視者，亦以為據此要害，北可以扼津、沽之咽喉，南可以拊閩、粵之脊臂。」認為「惟台灣有備，沿海可以無憂，台灣不安，則全局殆為震動」。指出：「以臣愚見，台灣若不認真整頓、速籌備禦之方，不出數年，日本必出全力以圖規取。」如何速籌備禦呢？「故為台灣目前計」，必須購中小鐵甲一二號，「以為游擊之用」；練水雷數軍，「以為防阻之用」；造炮台數座。「以為攻敵之用」；練槍炮隊各十數營，「以為陸戰之用」；購機器、開鐵路、建電線，「以為通信、運貨、調兵之用」；購機器、集公司，「以為開礦、開墾之用」。摺末提出「速派威望素著知兵重臣，駐台督辦，並派熟悉軍火大員，辦理後路糧台，寬籌糧餉，購買外洋鐵甲船、水雷、槍炮等件，以資備禦，而裕接濟」[115]。上述所提，除鐵路一項外，所提購船、練兵、修建炮台、架設電線、開礦、招墾諸務，都是繼承沈葆楨加強台

防的措施。丁日昌所提這些措施，也都是首先從加強台防出發的。如丁主張「兵事與礦事相爲表裡，礦不興則無財，無財則餉何由足？礦不興則無煤、鐵，無煤、鐵則器何自而精」？認爲開礦可以杜絕外人覬覦，且可興利、籌餉。認爲「外人之所以垂涎台灣者，以有礦利」故，自己興辦礦務，「垂涎之根既絕，則窺伺之念自消」。又說「輪路（鐵路）開，礦務興，則兵事自強，而彼族之狡謀亦自息」[116]。上諭肯定丁日昌所擬辦各項，「亦屬目前應辦之事」[117]

　　1876年，西班牙以商船遭風舊案，「聲稱欲派兵船來台」，同時台灣「生番未靖」，鎮道皆病，「台事無人主持」[118]。丁日昌遂於11月30日「力疾渡台」，實地履勘後，感到設備未齊，水師力量不足，立即請調楚軍總兵方耀一軍赴台，並添築炮台，另請李鴻章、沈葆楨分撥兵輪及西炮，並再次奏購鐵甲船二三號以及水雷、大炮、快槍，預練精銳軍隊二三十營，「以備緩急」。1877年3月6日奉旨，「陳奏各件，洞中窾要，亟應次第舉行」，並諭調登瀛洲、元愷輪船二號，「迅飭赴台調遣」。所請撥借格林行炮40尊，克虜伯等大炮30多尊，均著李鴻章、沈葆楨「照數撥給」。至所請專派知兵重臣、熟悉工程大員之處，「應毋庸議」[119]。但購買鐵甲船每號需銀百萬兩，以款項無著，一再拖延。丁日昌與沈葆楨一樣，籌購鐵甲船充實台訪的計畫，也未能實現。台海防務仍靠閩廠所造輪船巡防。丁日昌巡視台境後，強調鐵路、礦務對台防的重要，所上奏摺中，列舉不舉辦輪路、礦務之十害，與興辦輪路、礦務之十利及無可慮者七事。沈葆楨在覆奏中認爲，鐵路一端，「實爲台地所宜行」[120]。李鴻章覆奏亦稱，非鐵路，電線，「亦無以息各國之垂涎」[121]。諭旨：「審度地勢、妥速籌辦。」1877年，沈葆楨拆毀吳淞鐵路，丁日昌奏准將鐵軌移至台灣旗後。沈葆楨給友人函牘中稱：「旗後至鳳山剛三十里，無內河可通，正當化無用爲有用，使人人習知其利，再另做一條達郡城，此禹生中丞意也。」[122]台灣鐵路興築計畫，在丁日昌籌辦下，逐漸具體化了。從10月開始，由登瀛洲載運鐵軌，後又派萬年青、海鏡參加運輸，翌年初「鐵路全數運台」[123]。但最後也因經費不足，林維源兄弟所捐50萬元又被挪借晉、豫賑災之用，無法興工。丁日昌乃退求其次，改辦馬車路。認爲「縱不及輪路之迅速，然裝運兵勇，往來亦不致十分遲滯」，且「所需經費，亦只二三十

萬，僅輪路十分之一二」[124]。旋經朝廷批准，並撥款興辦。同年8月，丁日昌回籍養病，台灣的鐵路及馬車路均未能建成，運到旗後的吳淞鐵路鐵軌，有的記載爛在地裡，有的記載1883年運回大陸供修築開平鐵路之用。

關於台灣陸路電線的架設，丁日昌建議移福州至廈門已成之線，架設基隆達恆春電線。丁渡台後又將建電線的具體計畫上奏，決定先修旗後至府城，再修府城至雞籠的陸路電線[125]。諭准照辦後，於8月自郡城興工，10月完成。共有兩線，台灣府至安平，台灣府至旗後，計共長95里，11月開始對外營業。這實為中國最早的陸上電線。

丁日昌渡台後，即往雞籠察看所開的煤礦，繼續經營沈葆楨興辦的官營西式煤礦的計畫，旋飭台灣道葉文瀾督同委員悉心辦理，並建議開採硫磺、煤油、鐵礦。同時奏請在香港、廈門、汕頭等地設立招墾局，每月派定官輪船數次招集客民開墾，並計畫「將來精壯者勒以軍法，使為工而兼為兵」。而「弱者給以田疇，既有人而自有土」。這樣，「百姓既可免流亡之患於目前，國家又可收富強之效於異日」[126]。一舉數得，在丁日昌的籌劃下，已為台灣礦務、墾務的開展，奠下了良好的基礎。

丁日昌對台灣海防的建設，不主張以「開山撫番」為主，他認為「台事以禦外為要，外侮既清。擇生番之尤凶者大舉剿辦，則撫局自永遠可諧」[127]。他經營海防的目標，在如何鞏固海防力量以禦外，以期台灣海防不但自立自足，更可屏衛東南海疆。在他的悉心籌劃下，設電線，興礦務，加強軍事力量，繼沈葆楨之後，為建設台灣近代海防，進一步奠定了基礎。

結論

1874年5月日本出兵侵犯牡丹社的同時，特派柳原前光為新任駐華公使，開展外交活動。當時日方採取以軍事行動為主，外交活動為輔的方針。清政府也採取「諭以情理，示以兵威」、「預防與舌戰並舉」的方針，即以加強戰備為後盾，力爭通過外交談判解決爭端。可見，中日雙方都採取軍事和外交兩手段，不過日方初期則側重於軍事行動，所以出現中日在台武力對峙的局面。

柳原於5月底抵達上海後，根據軍事為主的方針，故停留上海不肯北上。因此由日軍犯台所引起的中日交涉，便截然分為前後兩個階段。前期自5月至7月，除來往照會、函件爭論外，口頭談判主要在上海、台灣兩地進行。由於日方的策略是「在空言推託、遷延時日之際」完成軍事行動，作為「不失和好的機靈外交之一法」，即出兵犯台而不宣戰。因此負責外交的柳原前光與負責軍事的西鄉從道互相推託，「意在遷延時日」，談判沒有什麼進展。後期自8月至10月，由在北京的總理衙門恭親王奕訢、軍機大臣、大學士文祥、寶鋆、部院大臣毛昶熙、董詢、沈桂芬、崇綸等，先後與柳原、大久保進行談判。牡丹社事件所引起的中日之間的談判，前後進行了10多次，並來往照會、函件多件，時間長達半年之久。

　　出兵後西鄉從道給閩浙總督的公開照會中，藉口出兵的理由是琉球島人民在牡丹社「被蠻人劫殺」，備中州人民在卑南「亦被劫掠」，並咬定台灣「土番」「不奉貴國政教」、「為無主之地」、「屬無主野蠻」，因此圍繞台灣內山領土主權這一中心及中、日、琉的關係等問題，中日雙方進行了一場爭論。從前文所介紹的中日交涉經過及爭論的內容可以看出，中方在爭論中堅持的基本觀點是：一、「台灣全地久隸我國版圖」，「生番土地隸中國者二百餘年」，中國「有自主之權」，有事「應由中國自行議辦」，「無庸別國越俎代謀」，要求日方「撤兵回國，不得於中國所屬邦土地方久駐兵旅，以符條約」。並列舉《台灣府志》等種種紀載加以論證；二、琉球「即我屬國中山疆土，該國世守外藩」，有事盡可「自鳴不平」，「與日本無干」。揭露日方以此作為出兵藉口的虛偽性；三、日本備中州遇風難民被「生番」頭目所救，「由生番送出，並未戕害一人」，日方「謝函俱在，並未涉及劫掠一言」。揭露日方歪曲事實作為出兵另一藉口的真面目。可見，中方在辯論中態度明確，理直氣壯，觀點比較鮮明。而日方態度反覆，強詞奪理。到了後期，由於雙方都急於和平解決爭端，談判內容主要圍繞索償的名目及數目展開討論。

　　日本出兵後，外交上處於比較孤立的地位，在國內也遭到參議兼文部卿木戶孝允等人的反對，面臨的困境也越來越大。登陸士兵不服台灣當地水土，6月中旬後犯病者日多。同時清政府也不斷增援台灣，並進行「開山撫番」，以維護全島

的主權。使日方認識到長期占領與開發台灣，並非易事。鑑於武力侵服之路已走不通，便主要寄望於外交談判解決問題。7月中日本政府訓令柳原赴北京，8月初又任命大久保利通爲全權大臣，急於通過外交手段達到索賠、罷兵的結局。而清政府在加強戰備的同時，也一貫寄望於外國能出面交涉或調停。李鴻章一再聲言「勿遽開仗啓釁」，害怕戰端一開，「即操勝算，必擾各口，恐是兵連禍結之象」[128]。同時清政府也害怕「持之日久，又恐日本兵在番界乘暇勾結番族，轉固壘深溝，爲備我之地」。所以「總抱定和好之意」[129]。故聞柳原北上談判時，於8月2日將台灣事件始末緣由照會各國，並抄錄中日間歷次來往照會，希望列強能給日本施加壓力，早日和平解決爭端。在雙方息戰求和的思想指導下，雙方都願意作出了讓步。所以在英使調停下，終於10月底達成協定，於10月31日簽訂了中日《互換條約》，於12且20日日軍全部退出台灣，中日台灣事件宣告結束。

長期以來，中外學者多數認爲《互換條約》中有「台灣生番曾將日本國屬民等妄爲加害」，「日本出兵原爲保民義舉起見，中國不指以爲不是」等內容，是斷送了琉球的主權，是承認日本出兵台灣的正當性。得出這樣結論的原因之一，在於把琉球國漂民被殺作爲日本出兵的唯一原因。因此認爲條約中「日本國屬民等」指的就是琉球國遇難漂民，得出了斷送琉球主權的錯誤結論。同樣把「原爲保民義舉起見，中國不指以爲不是」，理解爲是承認日本侵台的正當性。但從前文所介紹的談判內容及簽約經過聯繫起來觀察，史學界的上述看法，顯然對條約內容作了嚴重的扭曲，應加辨明。

究竟「日本國屬民」及「保民義舉」之「民」是不是專指琉球國漂民呢？1874年2月提出的《台灣蕃地處分要略》內部文件中，的確只提出兵是爲了「報復殺害我藩屬琉球人民之罪」[130]。但很快認識到爲琉球國漂民遇難而出兵的藉口站不住腳，同年4月給西鄉從道的詔諭中，已將出兵的理由改爲：明治四年，「我琉球人民漂流至台灣番地，爲當地土人所劫殺者達五十四人」。又明治六年，「我小田縣下備中州淺口郡居民佐藤利八等四名漂流其地，衣類器財亦被掠奪」[131]。4月10日日本寺島外務卿給英國公使巴克斯覆函，亦解釋出兵是因明治四年、六年二起「或被劫殺，或則衣服器財被掠奪」[132]。4月13日西鄉給閩浙總督

公開照會亦琉球與備中州兩案並提。5月大政大臣三條實美奉旨布告通國上諭，亦兩案並提[133]。日軍在台灣登陸後的安民布告也是被殺、被劫兩案並提，所以出兵「進入番地，戕其凶首」[134]。以後所有給中國照會、函件也都一直兩案並提。5月11日閩督及總署給西鄉和外務省的照會，6月2日閩督再次給西鄉的照會，以及6月20日沈葆楨給西鄉的照會，也都兩案並駁。以後中方給日方的歷次照會以及在談判桌上的辯論，也都兩案並駁。中方一再指出琉球是中國藩屬，與日本無干，始終沒有承認琉球漂民是日本國屬民，照會及談判中始終把琉球國民與日本人民嚴格區別。如7月22日總署給柳原的照會指出。「琉球曾受生番之害，應由琉球國請中國處治」。至「貴國人民曾經受害，兩國既有條規，如有其事，尤應明言某年月日，某人在某處若何被害，照會本衙查辦」[135]。這裡是把「琉球國」與「貴國」嚴格區別，處理的方法亦異。當時日本實際已處在內外交困境地，中國則以逸待勞，處於較主動地位，而當時談判是在平等的狀況下進行，壓力不大，且日本比中國更急於了結。正如沈葆楨正確的指出：「大久保之來，其中情窘急可想。……鄙意堅與相持，……欲速了結之意，當在彼，不在我」[136]。在這樣的情況下，不可能在條約中突然塞入中國一向反對的內容，而承認琉球國民是日本國屬民。因此條約中的「日本國屬民」只能理解是佐藤利八等4人。在這裡確也存在含糊不清之處。即加一「等」字，而提「日本國屬民等」。當然可以理解指日本國屬民利八、兵吉、權吉、治介等，但也可以理解指日本備中州船民和琉球國遇難船民等，即包括條約第二條「前次所有遇害難民之家」。既然日本的藉口是琉球與備中州兩案並提，為什麼在條約中卻隻字不提琉球呢？這應歸功於通過辯論日方作了讓步，中方的觀點占了上風的結果。既然條約中隻字沒有提到琉球或琉球漂民，說條約斷送了琉球主權，有什麼法理根據呢？清人王韜在《琉球向歸日本辨》一文中早已指出：「至討罪台灣，尤昧於理。其始託言劫掠小田縣民，繼乃及琉球漂民，我朝大度包容，勉徇英國公使之請而成和議。其所定條款兩端，未嘗一字及琉球，載在盟府，人所共見。乃遂欲以此指琉球為日本屬地，掩耳盜鈴，其可笑八也」[137]。梁伯華教授在《台灣事件與琉球問題的關係》一文中也指出：「日本的侵台，琉球漂民事件是遠因，小田縣漂民事件是近因，而不是單由

琉球漂民事件而促成的，這點在詮釋1874年中日北京和約的條文有著很重要的意義。」他認爲「縱觀全約並無半字提及琉球，若謂中日北京專約是解決琉球問題的法理根據，則爲何不在約中清楚言明？事實上，所謂「保民義舉」中所指的「民」，也是大有商榷及爭論的餘地」。他的結論也是「琉球問題亦沒有因此約而得到解決」[138]。

《互換條約》中雖沒有隻字提到琉球，但流球漂民遇難問題畢竟是日本出兵的一個藉口，辯論中不可能完全避開。在後期的爭論中，雙方都力圖避提琉球漂民字眼，一般都是提「漂民」、「遇難船民」等籠統的字眼，實際上是指所有被殺被劫的漂民，既包括日本小田縣民，也包括琉球船民。「保民義舉」的「民」就是如此。而且條約中只提「妄爲加害」，可以包括被殺的琉球漂民，也可以包括被劫的小田縣民。這些籠統含糊的提法，個人認爲這與後期清廷官員對中、日、琉關係的看法有所變化有關。琉球中山王國早在明初就向中國稱臣納貢，其歷代國王均受中國皇帝冊封，爲我國外藩。但至明末，薩摩藩以武力侵入琉球，以後亦視琉球爲自己「屬國」。但中國政府對琉球與中、日實際已存在的兩屬關係，卻茫然不知。當日軍登陸台灣後，台灣道在給閩省總督、將軍的稟文中稱：「外間傳言，謂日本係爲琉球遭風被戕一案，意圖報復而來。然琉球係我屬國，與彼何干？彼謂琉球係其所屬，我實不知，亦從未據琉球人言及。此層自可姑置勿提，如彼置啄。再與辯論」[139]，當時的閩浙總督、總署給日本的照會，持的就是這種觀點。相反，日本對中、日與琉球實際存在的兩屬關係十分清楚，特別自1872年冊封琉球王尙泰爲「藩主」後，琉球已在日本實際控制之中，開始時也不願與中國辯論「兩屬」問題。在出兵前已明確規定：「清國如以琉球曾對該國遣使納貢爲由，發揮兩屬之說，以遑顧不理，不應酬其議論爲佳，蓋控制琉球之實權，皆在我帝國。……目前不可與清政府徒事辯論」[140]。但在中國歷次照會中一再堅持琉球是中國藩屬與日本無干的情況下，柳原在北上前於7月1日給總署的照會中指出：「琉球島原爲我薩摩藩附庸，目今統歸大政，……豈容生蕃一味蠻殺，乃欲興師伐蕃，以盡義務」[141]。指出係爲藩屬民人被殺而出兵。7月22日總署在覆照中則稱：「查琉球國與中國禮部時有文件往來，官員亦常來中國。如琉球曾受生蕃之害，應由琉球國請中國處置。即謂琉球與貴國素有往來，貴國必欲與聞其

事，亦應照會本衙門辦理」[142]。覆照沒有對琉球是「薩摩藩附庸」作正面反駁，卻實際承認琉球是與中、日兩國都有往來的鄰邦，日本可以「與聞其事」，但必須照會中國辦理。在8月7日與柳原第一次談判時，當文祥提到琉球是「我們自己屬國」時，柳原即答曰。「琉球是貴國屬國，日本國渠亦是屬國已久」[143]。在8月13日的第二次談判時，柳原又提出：「日本朝廷以琉球島向歸所屬，如同附庸之國，視如日本人一樣，被生番傷害，日本是應前來懲辦的」[144]。對日方一而再地聲明琉球也是日本屬國時，中方都沒有加以公開的反駁，這顯然與當時已承認琉球是與中、日兩國都有往來的鄰邦有關，也可以說實際已默認琉球與中日的「兩屬」關係。其實時人王韜早已說過：「據理而言，琉球自可為兩屬之國，既附本朝，又貢日本」[145]。由於琉球漂民54人被殺是日本出兵的一個重要藉口，雙方要想避開這一問題也很困難。因此中方在「義舉」上大作文章，讓日本可以下得了台。這在10月20日與大久保第六次談判中，中方所提《節略共五條》的內容可以看出。《節略》指出：「我們因貴國兵丁到台灣，本衙門並不較量此事，在中國已難以對天下人矣。幸而從前貴國有義舉之說，此時作為貴國先不知番土係中國地方，故為復仇仗義而來。今日既知係中國地方，中國又允為自辦，又為修好仗義而去。有此名目，在中國尚有說以解。」又指出：「貴國仗義而來已為榮矣，仗義而去則更榮矣。……中國地方之番民，竟被他國帶兵來查辦，請問中國辱不辱，一辱豈肯再辱」。董恂也指出：「我們所以能對朝廷能對百姓者，就為日本是仗義而來，可算無不是處」[146]。所以「保民義舉」的「民」是可以包括小田縣及琉球國遭難漂民，實際上琉球有54人被殺，占更重要的地位。所謂「義舉」，指「復仇仗義」，可以包括為友好鄰國打抱不平，「可算無不是處」。但「復仇仗義」也不許侵越中國版圖，這是日本的不是，然以《辦法四條》又指出：「不知中國地方加兵，與明知中國地方加兵不同，此一節可不算日本的不是。」當時中國急於和平了結，強調睦鄰為重，「總抱定和好之意」，對日本採取「予以體面，不令認錯」[147]的方針，並給予豐厚的撫恤金和營地的修建費，作了很大的讓步。而當時日方已處於內外交困境地，更急於體面收場，同樣也作了很大的讓步。大久保在9月19日的第三次談判中已承認「日本視生番雖屬中國管轄，其人凶頑」，所以出兵。在10月18日的第五次談判中，大久保又承認「日本此舉非貪土地，非為錢

財，總是爲人命至重」。經過辯論說明，承認「生番」地方屬中國，表示「中國之政教實不實，此後亦不再提」。在10月20日的第六次談判中，對包括「生番」地區「地屬中國」的《辦法四條》，表示「一二三四條都明白，都相信」。在10月23日的第七次談判中，又表示來華後「聽了許多議論，心非木石，豈不明白」，所以來北京後「就不說生番是無主野蠻了」。後期談判中，在中日雙方互相讓步下，終於達成協定。在《互換條約》中，明確規定：「該處生番，中國自宜設法妥爲約束」，公開承認「生番」住區屬中國領土。在整個談判過程中國始終沒有承認琉球漂民是日本屬民，條約中也沒有半字提及琉球，因此認爲條約出賣了琉球的主權是沒有法理根據的。大久保本人「在簽約後在自己12月15日的紀載中，也表示中日北京專約內容與日本對琉球主權的聲明拉不上法理關係」[148]。而且正如沈葆楨指出的，「琉球雖弱，亦儼然一國」。且於1854年、1855年、1859年先後與美、法、荷等國分別簽訂條約，具有獨立國地位，中國也無權出賣琉球的主權。但日本後來卻曾利用《互換條約》作爲併吞琉球的藉口，正如以琉民被害作爲侵台的藉口一樣。1875年3月，大久保聽從法籍法律顧問巴桑拿的進言，開始將1874年北京專約曖昧的條文詮釋歪曲，「解釋成保民義舉乃中國承認琉球屬日，以便作爲日本對琉球侵略的張本及所謂法理根據」[149]。藉口不等於事實。蓋日本自明治維新以後，國力日強，便主張向外擴張，而琉球首當其衝。先廢王改藩，後廢藩置縣，併吞琉球。琉球係由於日本蓄意侵略而亡，並非中日《互換條約》所斷送。

當北京談判開始後，欽差大臣沈葆楨對總署「急於求撫」曾十分擔心。在給福建巡撫王凱泰函中指出：日本「其主貪心不戢，內變將生，暴師日久，非我之患而彼之患耶，但得總署堅忍持之，必有成議。若冀將就了事，愈將就愈葛藤矣」[150]。在給李鴻章函中又指出：「柳原既入，田邊接踵而來，即其國自知支撐不住，總署能堅持成議，勿遷就之，其歸我範圍也決矣。」接著給吳桐雲觀察函亦言：「倭營死病相繼，猶勉強支撐，其主以虐濟貪，亡可翹足而待。甚望總署堅與相持，無以欲速爲急」[151]。可見沈葆楨對當時形勢看得很清楚，如按他的辦法繼續堅持，談判結局將對中國更加有利。但沈最後也認爲以「賞恤了結，甚爲得體」。並認爲加強海防已屬刻不容緩之事。經過「夙夜深思」，乃上《全台善後事

宜並請旨移駐巡撫摺》，針對台灣事件所暴露出來的弱點和問題，提出移駐巡撫、添設州縣、開山撫番、整頓軍務等一系列善後措施。於日軍登陸的琅璠添設恆春縣，同時新設淡水、新竹、宜蘭三縣，雞籠、卑南、埔里三廳，以加強對台灣內山的行政管理。針對「番民」殺害漂民並消除列強覬覦之心，大力實行「開山撫番」，以維護台灣的領土和主權。1875年12月繼任閩撫丁日昌也提出加強台防的一系列措施，有的已付之實施。沈葆楨、丁日昌為台灣近代化奠定了初步基礎。這是接受了日本出兵台灣事件的教訓，而取得的積極成果。對此，郭廷以教授把重視日本、重視海軍、重視台防概括為中國當局的三大「覺悟」[152]，頗有見地。

沈葆楨、李鴻章對1874年日軍侵台的態度

1874年日本出兵台灣，5月14日（三月二十九日）總理船政大臣沈葆楨奉旨巡閱台灣，29日旋授為欽差辦理台灣等處海防兼理各國事務大臣，直接負責處理日軍侵台事件。在日軍侵台期間，大學士、直隸總督李鴻章與沈葆楨及總理衙門均保持密切聯繫，相互頻繁通訊。本文擬以沈、李間來往函牘為主，分析並比較他們對日軍侵台事件的態度，從一個側面瞭解洋務派官僚與資本主義列強之間的關係。

（一）沈、李認為台灣全境（包括「生番」住地）都屬中國領土，明確表示反對日軍的入侵

沈葆楨於6月14日動身履台後，在給侵台日軍將領西鄉從道的照會中，明確指出「生番土地隸屬中國二百餘年」，嚴厲斥責日軍無理入侵，堅決表示「中國版圖尺寸不敢以與人」[153]。李鴻章也聲言台灣「後山之北已開關置汛不少，處處與生番連界，洵不得謂非中國所屬」[154]，也明確表示「尺地不可與人」[155]。可見沈、李維護台灣領土、反對日軍入侵的態度都是鮮明的。他們準備通過什麼途

徑、採取什麼方式反對入侵呢？沈在接受授命諭旨後給閩浙總督李鶴年的信中，即指出固民心、聯外交、豫邊防、通消息等四點意見[156]，這成為6月3日與閩省將軍、督撫會奏的主要內容。沈抵台與台灣鎮道等會商後，認為當前應辦者三事，「曰舌戰，曰預防，曰開禁」。「舌戰」則派幫辦台灣事宜、福建布政使潘霨等人持照會及日本駐華公使柳原前光的信件，到琅𤩝面詰西鄉從道，與其進行辯論。同時沈認為「若恃此而不備，斷難戢其貪心」，主張「預防與舌戰必同時並舉」。為此遂積極部署南北防務，準備修築安平等炮台。至於「開禁」係指對「生番」住地實行「改土歸流」，沈認為須待日兵退後「乃可舉行」[157]。自台事發生後，李於6月2日致沈函中也指出反對日軍入侵的辦法，「亦不外諭以情理，示以兵威二語」[158]。可見沈、李都主張交涉與備防兩手並用，並以加強防備作為談判的後盾。但沈早已計及日人十分「狂悖」，在覆李函中指出，日人「非情理所能諭，恐亦非虛聲所能懾，只有步步踏實做去，庶幾冀有得當之日」[159]。當與日方接觸辯論並觀察日軍舉動後，沈進一步認識到日軍有久踞之意，非有大支勁旅，不肯就我範圍，遂於7月4日奏調洋槍隊增防台灣，而李則早在6月15日、25日兩次致沈函中指出，單騎赴台，徒恃數隻輪船，「豈能徒手嚇賊」，已主動建議奏調駐徐州的銘軍唐定奎部十三營赴台聲援，如不足，則準備續調駐陝西的銘軍劉盛藻部為後援[160]。同時，為了加強海上的防務力量，沈又奏請購買鐵甲船，多次在函牘中表明，「陸待淮軍，水待鐵甲船，方為萬全之策」[161]。當他接到李允調淮軍的信後稱，「捧讀之餘，大喜過望，時雨之師，於今見之」。對李允調淮軍及慨撥銅炮、火龍、火藥等，欣稱「貧兒暴富，陸路可恃，惟水路仍極盼鐵甲船」[162]。在首先加強台灣防務力量的措施中，沈強調「台地民心可用，當事能拊循而激厲之，足以敵愾」[163]。因此他同意招募漁人、鄉勇、生番，加以訓練，以增強防務的力量。如曾招土著、壯勇五百人駐鳳山，命名為「安撫軍」[164]。但他又反覆強調說，「團練可助勝，而不可救敗」[165]。李也提過「台灣民俗強悍可用」[166]，但又說「團結人心之計，似仍空談。即如台灣民氣素勁，而琅𤩝附近為倭人所奸脅，大半附從。……推之各口情形，為漢奸勾賊易，為團練驅賊難」[167]。沈、李對人民力量都存有不同程度的輕視，李還明顯表露出敵視的態度。

（二）沈、李在對日戰與和問題上存有重大的意見分歧

沈葆楨認爲「釁端既肇，⋯⋯恐非戰無以爲守」[168]，估計對日「將來不免於一戰」[169]。於6月3日致李函中分析說，日軍如果戰敗「生番」，「必踞其地，而我之戰事起」；日軍如挫敗，「必以商民接濟爲詞，我之戰亦起。」沈的意見是，「目下中外且各與之切實辯論，遷延歲月。待吾事之集，算出萬全。如其侵我土地，戕我人民，則雖利器未齊，不得不伸天討。師直爲壯，古人不我欺也。從來玩歲愒日者必亡，窮兵黷武者必亡」[170]。沈在8月10日奏疏中公開提出，利用六、七月間台地颱風時作，琅璚難泊輪船，「倘我陸兵業已厚集，乘此烈風暴雨，一鼓作氣，併力合劍，彼雖有鐵甲船不得近岸，孤軍援絕，不難盡殲之海隅」[171]。但李鴻章的態度與沈有明顯區別，他認爲「向來辦理洋務，皆爲和戰兩議舉棋不定所誤。鄙見則謂明是和局，而必陰爲戰備，庶和可速成而經久」[172]。他主張加強戰備，但始終反對開仗。他曾對美國新任駐華公使艾忭敏說，以中國兵將之衆，斷不至畏在台日兵三四千人，「姑且忍氣耐煩，實爲保全和局」[173]。李反覆函告沈，「此事關係中國通商全局」，「公但勿遽聲罪致討，如調兵、儲器，固我邊防，壯我聲勢，倭人必滋疑懼」，即添兵力，「只在本境紮營操練，其氣已吞日人，而仍日與議和，以懈其志」[174]。又說，「即我戰備齊集，似未便先與開仗，致啓釁端」[175]。李在致總署函中也強調說，「鴻章亦迭函勸其只自紮營操練，勿遽開仗啓釁。並密飭唐提督到台後進隊不可孟浪[176]。李認爲如果開仗，「即操勝算，必擾各口，恐是兵連禍結之象」[177]。所以反覆叮嚀沈要「堅守定見，忍辱負重，勿稍憤急」[178]。當時沿海多數督撫均與李持相同的觀點，都「惟恐台地兵到開仗」[179]。沈於8月13日致李函中說，「各路勸勿開仗之信，紛至遝來，且有雲恐銘軍忍不住者。紳民則日以請戰爲言」。接著他表態說，「晚斷不敢貪圖戰功，即物議亦不敢瞻顧。銘軍經我公密授機宜，當亦不輕率從事。惟至有關國體民生者，則又不敢膠柱鼓瑟矣」[180]。沈在致其他友人函中也表示，「斷不敢喜事以貪戰功，亦不敢畏事而傷國體」[181]，「惟彼若再擾生番，則又不能膠柱鼓瑟矣」[182]。沈在8月下旬覆李函中，談到籌購鐵甲船的經費碰到困難而憤慨地

說，「只有率苦求一戰之軍民，惟力是視，或者冀得一當。否則，裹革而歸，於心慰矣」[183]。沈也承認「不戰屈人洵爲上策」[184]，在函牘中表白過，「弟亦甚不欲戰，所以必調洋槍隊，購鐵甲船者，冀彼知難可退耳」[185]。但沈根據當時的敵情，充分作了打仗的思想準備，且下了爲抵禦外族入侵而犧牲的決心。李的態度與沈迥然不同，他更多地寄希望於外交談判解決爭端，特別冀望通過其他列強的出面干涉，逼使日本和平撤軍。爲此他先後與法國駐華公使熱福禮、美國副領事畢德格、美國公使艾忭敏等進行接觸，要求他們出面調停。可見李把加強備防主要作爲有利於談判的手段，醉心於「保全和局」，始終反對用武力把入侵國土的日軍驅逐出境。

（三）沈、李對台事的結局及善後問題同樣存在意見分歧

沈葆楨早在7月4日（五月二十一日）的奏疏中就已指出，「倭奴……貪鷲之念，積久難消。退兵不甘，因求貼費；貼費不允，必求通商」。但他明確表示「此皆萬不可開之端，且有不可勝窮之弊。非益嚴徹備，**斷難望轉圜**」[186]。李對沈的意見抱十分懷疑的態度，他在7月19日（六月初六日）致沈函中說，「大疏以貼費、通商皆萬不可開之端，殊爲明斷。然以兵威逼令自退，未知果辦到否？」接著轉告沈，「文博翁謂恐須辦到通商」[187]。8月26日（七月十六日）李又函告沈，文祥「爲倭事強起，早欲以通商爲歸宿地步」[188]。李在此雖沒有正面對沈提出反對意見，僅抬出文祥略施壓力。但他在同一天給總署的函中，卻把自己的觀點表白得十分透澈。他認爲「目前彼此均不得下台，能就通商一層議結，洵是上乘文字。好在台灣係海外偏隅，與其聽一國久踞，莫若令各國均沾，但通商章程必須妥立」。李在這裡所宣揚的完全是英國駐華公使威妥瑪的觀點。威妥瑪當時在給日意格的一封密信中說過，「誠使台土通商，不特日本不敢垂涎，即他國詎能希冀」。所以李承認英使的觀點與總署「懸擬將來歸著，以落到通商地步爲妙，適相吻合」[189]。李認爲「東西各國垂涎台灣番地已久，終慮我國勢難獨守」[190]。因此把開放通商作爲台事的歸宿，幻想引進英美列強來牽制日本。李在7月間就曾把由江海關道沈秉成所擬反映美、德領事意見的《銷兵芻言》抄寄給沈，

內容包括集股僱洋人開採番礦、讓外人在台設立公司、分令各國占地等三條，李也認爲這是根據總署辦到通商結局之說「推衍而出」的。沈在覆函中嚴厲指出，「《銷兵芻言》第三條竟是獻地，第二條喧賓奪主，亦流弊滋事。第一條似可師其意，而各國分任又於事體窒礙。……鄙意利可分諸人，權必操諸我。若只圖目前了事，台灣作俑，雲南等處援以爲例，抱薪救火，拒虎得狼，何嘗不禍在目睫耶」[191]？但李認爲日本意在占地、貼費二端，落到通商「必非所願」。因此他要求法國駐華公使出面斡旋，除「占番地」、「貼兵費」二條「斷不可行」外，請他想出別的方法「調停下台」。李也向總署建議說，「萬不得已，或就彼因爲人命起見，酌議如何撫恤琉球被難之人，並念該國兵士遠道艱苦，乞恩犒賞餼牽若干，不拘多寡，不作兵費，俾得踴躍回國」[192]。沈致李函指出，「貼費、通商流弊恐不在台，將立見於滇、蜀」[193]。他認爲淮軍陸續到台後，「倭奴……心甚惴恐，且爲天所棄，病疫者多，雖勉強支持，恐不能久」[194]。因此反對遷就求和，尤其反對訂「城下之盟」。他認爲「遷就求和，倘入其殼中，必得一步又進一步」[195]。沈對總署「急於求撫」十分擔心，在函牘中反覆表示「但願總署堅與相持，彼自情見勢屈。倘遷就以圖了事，恐愈遷就愈葛藤矣」[196]。又說「倭營……亡可翹足而待，甚望總署之堅與相持，無以欲速爲念」[197]。8月間給李信中也強調說，「其國亦自知支撐不住，總署能堅持成議勿遷就之，其歸我範圍也決矣」[198]。但總署還是「急欲了結」，在威妥瑪的調停下，終以撫償方式議結，於10月31日（九月二十二日）雙方簽訂《北京專條》，事件遂告平息。

10月29日（九月二十日）李致沈函中已透露說，「總署恐大久保之速行決裂也，允以從優給恤銀十萬兩，倭兵退後所棄房屋、器具等件歸之中國，由尊處會查，酌給四十萬兩」。並指出「今乃以撫恤代兵費，未免稍損國體，漸長寇志」[199]。沈於11月17日（十月初九日）也接到總署函告台事業已定局。沈認爲「賞恤了結，甚爲得體」[200]他給閩撫王凱泰函表示，「敵軍自退，一矢未加，動款百餘萬，尚呼不足，思之亦自覺駭然」[201]。深感內疚。李則向總署表示，「台灣之事經鈞處與威使再四酌議，力持定見，折衷妥辦，銷患方萌，欽服無似」[202]。另給友人函指出，「東南海防太空，不得不將就息事。此後當再商實力自強之法，

以杜覬覦」[203]。認爲加強海防，已屬刻不容緩之舉。沈也於12月18日（十一月十日）上台灣善後奏摺，提出必須繼續開山、撫番、開人民渡台、入山之禁，增設府縣，並建議閩撫移駐台灣，以便大力整頓吏治，同時還準備在台試辦開採煤鐵等事宜。所有這些措施，都是從加強台灣海防出發，以抵禦外族入侵爲主要目的。沈強調「台地向稱饒沃，久爲他族所垂涎。今雖外患暫平，旁人仍眈眈相視，未雨綢繆，正在斯時」[204]。日軍侵台事件給清政府敲起了警鐘，認識到「海防亟宜切籌」，若仍蹈因循故習，「後患不堪設想」[205]。從此在清廷內部開始進行了一次關於海防問題的大討論，台防也開始受到重視。

（四）對沈、李等洋務派官僚與資本主義列強之間的關係的一點看法

從上述可以看出，沈葆楨，李鴻章等洋務派官僚與日本等外國侵略勢力之間存在有一定的矛盾，且與其進行了不同程度的鬥爭。沈、李的這種態度是與他們對當時國際形勢及我國所面臨的處境的認識直接有關。19世紀70年代以後，世界資本主義開始由自由資本主義向壟斷階段即帝國主義階段過渡，列強之間爭奪殖民地的鬥爭日趨激烈。資本主義列強開始從海上和陸路窺伺中國邊境，民族矛盾開始逐步上升爲主要矛盾。新的形勢對沈、李都產生了一定的影響，台事平息後沈認識到，「年來洋務日密，偏重於東南，台灣海外孤懸，七省以爲門戶，其關係非輕」[206]。李也認識到，「今則東南海疆萬餘里，各國通商傳教，來往自如，麇集京師及各省腹地，陽托和好之名，陰懷吞噬之計。一國生事，諸國勾煽，實爲數千年來未有之變局，……又爲數千年來未有之強敵」。提出「窮則變，變則通。蓋不變通則戰守皆不足恃，而和亦不可久也」。冀望「使天下有志之士，無不明於洋務，庶練兵，製器、造船各事，可期逐漸精強」[207]。沈也提出「自強之方，聞善則徙，所謂窮則變，變則通，通則久也」。他認爲「練兵、簡器、造船爲自強之目，籌餉、用人爲自強之綱，而貫夫綱目之中者，則持久之精神與持久之作用」[208]。沈強調他力主購買鐵甲船，「並不單爲台防，亦非只防日本。得此一船，各海口自東北至西南，皆有恃無恐」[209]。又在奏疏中稱，「臣等之汲汲於戰

備者,非為台灣一戰計,實為海疆全局計,願國家無惜目前之巨費,以杜後患於未形。彼見我無隙可乘,自必帖耳而去」[210]。可見當時興起的洋務運動,實為我國地主階級為維護其統治的一種自救運動,由於其階級地位決定了運動帶有濃厚的妥協性,但不能否認它具有抵禦外來侵略的一面。像李鴻章這樣抱能戰能守而後和局可久,備防的目的是為了保持中外相安的和平局面,主張「目前固須力保和局,即將來器精防固,亦不宜自我開釁」[211]的防禦派,對他們的抵禦措施或行動,我們也應予以實事求是的肯定,不能概斥之為適應侵略者需要的賣國行為。同時也應看到,民族矛盾的上升,必然促進了統治階級內部人物的分化,這時統治階級中又開始湧現出主張對外國侵略給予積極反擊的抵抗派,沈葆楨就是這樣的一個抵抗派人物,雖然不久前他是鎮壓太平天國革命的劊子手。沈在負責處理日軍侵台事件中,能夠比較堅決地維護我國台灣的領土主權,敢於與侵略者進行鬥爭。他不但具有保衛國土的愛國思想,且有積極加強防務以抵禦外族入侵的愛國行動,更值得我們加以讚頌。從沈、李等洋務派官僚對日軍侵台事件所抱的態度這一事例,又一次論證了筆者在另一篇論文中所持的觀點:那種認為中國地主階級被打擊一次,就心甘情願當帝國主義走狗的看法,是不符合歷史事實的。他們也經歷過抵抗──失敗屈服──再抵抗──再失敗屈服以至於徹底投降的曲折歷程,同時在統治階級內部,也始終存在著抵抗與妥協投降的競爭,近百年的中國近代史也貫穿著這樣的過程[212]。

1874年中日《北京專條》辨析

(一) 1874年中日簽訂《北京專條》

日本自1868年明治維新後,國力增強,便開始向外擴張。1874年以琉球國及日本備中州兩起船難事件為藉口出兵台灣,是其南進政策的一次實施,也是對中

國領土主權的一次嚴重侵犯。

　　1871年日本太平山（宮古島）一艘貢船遇風漂至台灣南部北瑤灣觸礁沉沒，船員69人中，3人淹斃，54人被高士佛、牡丹兩社山胞殺害，12人遇救生還。此原是一起尋常的船難事件，歷史上曾屢次發生。此時日本竟以此作為侵台、侵琉的一種藉口，首先於1872年冊封琉球王尚泰為「藩主」，強迫確立日、琉的宗藩關係，作為侵犯台灣的根據，亦為其吞併琉球野心的初步實現。1873年來華換約的日本外務卿副島種臣又派外務大臣柳原前光至總理衙門試探清廷對琉球船民被殺一案的態度，抓住「生番」未服「王化」，「姑置之度外」[213] 等一些話，歪曲為台灣後山為「無主野蠻之地」，作為出兵台灣的一種藉口。1873年日本備中州人佐藤利八、兵吉、權吉、治介等4人乘小船運鹽，在洋遇風漂至鳳山後山卑南一帶地方，由山胞頭目陳安生救護送還，翌年日人亦以「生番嗜殺，行劫該國遭風備中州民人利八等四名口，是以往攻其心」[214]，作為侵台的又一藉口。1874年1、2月間，日本炮製《台灣蕃地處分要略》，作為指導侵台活動的綱領。並於3月間先派樺山資紀、水野遵等往台灣琅璚、柴城等地調查，繪製地圖。4月，日本政府組織「台灣生蕃探險隊」，授陸軍中將西鄉從道為「台灣蕃地事務長官」，陸軍少將谷幹城、海軍少將赤松則良為參軍，陸軍中佐佐久間左馬太和少佐福島九成為參謀，並聘請美國原駐廈門領事李仙得為顧問，先後派兵3,600多人，在琅璚社寮登陸，攻打牡丹、高土佛等社，並在龜山等地蓋營房，建立「都督府」，實行屯田、植林，作久踞之計。

　　當清廷聞悉日將出兵台灣後，於5月14日諭派在閩之船政大臣沈葆楨帶領輪船、兵弁，往台「相機籌辦」，並派福建布政使潘蔚幫同籌劃。當得悉日軍已登陸台灣後，旋於同月29日改授沈葆楨為欽差辦理台灣等處海防兼理各國事務大臣，赴台辦理。沈於6月14日抵台，經與台灣鎮道會商後。認為當時「應辦者三事；曰舌戰，曰預防，曰開禁」。主張「預防與舌戰必同時並舉」[215]。遂積極部署南北防務，並先後奏調福建陸路提督羅大春及洋槍隊增防台灣。日本也下令陸軍省作戰爭準備，並擬好對中國作戰計畫。雙方積極備戰，劍拔弩張，武力對峙。

　　當時中日雙方都採取軍事和外交兩手，日方在出兵台灣的同時，特派柳原前

光爲新任駐華公使，開展外交活動。清政府也採取「或諭以情理，或示以兵威」[216] 的方針，以加強戰備爲後盾，力爭通過外交談判解決爭端。雙方先後在上海、台灣，進行外交談判。日方在出兵前即規定：「在處分之際，以切實完成討蕃撫民的任務爲主，而把因此來自清國方面的一二爭論爲客」。即採取軍事行動爲主，外交活動爲輔的方針。其策略是「在空言推拖牽延時日之際，就完成其事」[217]。7月中柳原奉令前往北京，主要採取外交手段，索賠、罷兵。8月初又派大久保利通爲全權大臣，於9月10日到京，與總理衙門王大臣進行談判。中日雙方先後經過10多次的談判和數十封照會、函件的辯論，歷時半年，終於在英國公使積極調停下，於1874年10月31日（同治十三年九月二十二日）由恭親王奕訢與大久保利通正式簽訂《北京專條》。其主要內容如下：

照得各國人民有應保護不致受害之處，應由各國自行設法保全，如在何國有事，應由何國自行查辦。茲以台灣生番曾將日本國屬民等妄爲加害，日本國本意爲該番是問，遂遣兵往彼，向該生番等詰責。今與中國議明退兵並善後辦法，開列三條於後：

1. 日本國此次所辦，原爲保民義舉起見，中國不指以爲不是。
2. 前次所有遇害難民之家，中國定給撫恤銀兩，日本所有在該處修道、建房等件，中國願留自用，先行議定籌補銀兩，別有議辦之據。
3. 所有此事兩國一切往來公文，彼此撤回註銷，永爲罷論。至於該處生番，中國自宜設法妥爲約束，以期永保航客不能再受凶害。

另有《會議憑單》，規定中國先准給撫恤銀10萬兩，日軍於12月20日全行退出後，中國准給日本在台修道、建房等費用銀40萬兩[218]。

（二）中外學者對中日《北京專條》的評論

中外學者研究歷史的立場與觀點雖異，但對1874年所簽訂的中日《北京專條》的評論，數十年來基本是一致的。如：

李鼎新在所著《中國近代史》（1933年撰寫，1950年11月新9版，上海光明

書店發行）一書中評論稱：「英人恐中日開戰，妨害英國商務，遂由英公使威妥瑪居中調停，締結中日條約。……自此約締後，日本遂從中國攫奪了琉球。條約上雖未明認割琉球於日本，但第一條實已默認琉球為日本屬邦，且事前其他帝國主義亦已承認琉球為日本所有，這樣當然毫無疑問的使琉球變成日本帝國主義合法的殖民地了。」（第94-95頁）

范文瀾在所著《中國近代史》（上冊，1947年延安1版，1953年9月修訂8版，北京人民出版社）一書中評論稱：「1874年滿清與日本訂立北京專約，承認『台灣生番將日本國屬民殺害』，日本出兵是『保民義舉，中國不指以為不是』，等於承認五百年來忠實的藩國琉球是日本屬國，又賠償日本兵費五十萬兩。」（第234頁）1955年9月北京9版將「等於承認」一句修改為「事實上承認琉球是日本的屬國」。（第220-221頁）

蕭一山在所著《清史》（1980年1月新1版，台灣商務印書館）一書中評論稱：「因和約第一條說：『日本此次征台灣，係保民義舉，中國不認為不是。』這不是已經默認琉球為日本屬地了嗎？」（第152頁）同時在所著《清代通史》（1980年修訂5版，台灣商務印書館）也評論稱：「是役也，日本死傷六百餘人，糜費七百餘萬兩，然所得僅此，而仍自以為勝利以清廷不啻默認琉球為其屬國也。」（第131頁）

郭廷以在所著《台灣史事概說》（1988年初版，台灣正中書局）一書中評論稱：「條約則於序文中明言『台灣生番曾將日本國屬民等妄加殺害』，並於第一條確定『日本此次所辦，原為保民義舉起見，中國不指以為不是』，等於承認琉球為日本所有，日本有權保護琉球，引起了此後中日的爭議，五百餘年來我們的屬國終於遭受吞併。」（第163頁）

泰勒・丹涅特在所著《美國人在東亞》（1959年，北京商務印書館出版，據1941年美國版本譯出）一書評論稱：「在1874年解決台灣糾紛的中日條約中，日本狡猾地列進下述一語：『茲以台灣生番曾將日本國屬民妄為加害，日本國本意為該番是問，遂遣兵往彼，向該生番等詰責』。條約中也敘明日本在這樣事情上的作法是公正的。這樣日本也就把中國琉球群島的宗主權連根推翻了，因為條約中

所提到日本屬民就是琉球水手。據日本方面的論斷，中國的主張已經在國際法上再沒有立腳點了，可是當中國人發現他們受了騙的時候，他們就怒不予以承認。」（第377頁）

　　費正清主編的《劍橋中國晚清史》（下卷，1985年2月，北京中國社會科學出版社譯本）評論稱：「這事的最後解決辦法是中國同意賠款50萬兩（合75萬美元），其中以10萬兩賠償琉球的受害者，以40萬兩用來收買日方在台灣島上構築的營房；這一讓步含蓄地承認日本對琉球的主權。」（第106頁）

　　劉培華在所著《近代中外關係史》（上冊，1986年7月，北京大學出版社）一書中評論稱：「在這個包括三條內容的條約中，清朝政府被迫承認日本侵台為『保民義舉』。日本武裝進攻台灣，本是赤裸裸的侵華暴行，而清朝政府居然應允『不指以為不是』。不但如此，條約中甚至還明確寫著，台灣居民『曾將日本國屬民等妄為加害』。這不啻公開承認琉球是日本的領地。此外還給日本『撫恤』等銀50萬兩，實際上這是『以撫恤代兵費』。」（第263頁）

　　陳碧笙在所著《台灣地方史》（1982年8月，中國社會科學出版社）一書中評論稱：「約中『茲以台灣生番曾將日本國屬民等妄為加害』，日本此次出兵『原為保民義舉起見，中國不指以為不是』等語，實際上等於承認琉球是日本的屬國。」（第152頁）

　　張海鵬等主編的《中國近代史》（下冊，1991年，安徽人民出版社）評論稱：「在《北京專條》中，大久保利通十分狡猾地加進台灣居民『曾將日本國屬民等妄為加害』、『日本國此次所辦原為保民義舉』等語句，無異要中國承認琉球為日本屬國，為日本進一步吞併琉球提供藉口。」（第764-765頁）

　　賈亦斌主編的《論台獨》（1993年5月，北京團結出版社）評論稱：「1874年5月西鄉從道率兵進攻牡丹社，……一向注視台灣的英美兩國立即作出要出兵干涉的姿態。清政府見勢，於當年8月（？）同日本簽訂了《中日台灣事件專約》，清政府為此事答應賠償日本50萬兩銀子，並承認琉球屬於日本。日本才撤兵作罷。可見此事的焦點在琉球，至於台灣，作為賠款方的中國被確認了對台灣的主權，只不過是以一種屈辱的方式表現出來而已。」（第102頁）

其他著作類似的評論還很多，如評論稱：「條約中承認日本此舉為『保民義舉』，琉球被害國民為日本『難民』，這等於承認了琉球為日本的領土。」（苑書義等著，《中國近代史新編》中冊，第2292頁，1988年）「第一條承認『日本此次所辦，原為保民義舉起見，中國不指以為不是』，等於正式承認日本有權保護琉球之結果，五百多年來我國之藩屬，遂以一紙被斷送其命運，豈不可歎乎？」（《台灣省通志》，卷三，政事志外事編，第116頁）「根據條約的第一款，中國竟默認琉球為日本的屬地，而放棄了琉球的宗主權。」（陳致平，《中華通史》（十一），第395頁）特別是在「文革」期間編寫的論著，更大大升級，批判稱：「日本侵略中國，中國反而出錢賠償，這種倒行逆施的賣國外交，大大縱容了日本侵華的野心。」（《近代中國史稿》，第387頁，1976年，北京）

　　從前引學術界關於中日《北京專條》的評論可看出，近六七十年來，中外學者均認為條約承認「琉球難民」為「日本國屬民」或「日本難民」，這是「事實上承認」、「默認」、「不啻公開承認」琉球是日本的「屬國」、「領土」，中國「放棄了對琉球的宗主權」，或「含蓄地承認日本對琉球的主權」，對日本「侵華暴行」承認是「保民義舉」，「不指以為不是」，是承認日本侵台的「作法是公正的」，是「正當的」。這些評論與法國巴桑拿（大久保與清談判的法律顧問）1875年3月對條約的歪曲是一致的。他說：「1874年日清兩國締結的條約，最幸福的成果之一，就是使清帝國承認了日本對琉球島的權力。」因為在條約的字面上把遇難的琉球人民「稱作日本臣民」[219]也與美國馬士在1917年所著的《中華帝國對外關係史》（第二卷）一書所言「協定中對於日本的先前行動被認為是正當的」[220]這一觀點相雷同。而「文革」期間，則被批判為「倒行逆施的賣國外交」。這些都是對中日《北京專條》內容的嚴重扭曲，不可不加以辨明。

（三）《北京專條》內容辨析

1.「日本國屬民」指的就是「琉球被害國民」嗎？

　　前引著作都認為條約中的「日本國屬民」指的就是「琉球被害國民」或「琉球難民」，有的著作在介紹條約內容時，不提「日本國屬民」原文，而直接改稱

「琉球被害國民」，有的把給「遇害難民之家」的「撫恤銀兩」，直接改爲「給琉球難民的撫恤銀兩」。條約中隻字未提及「琉球」二字，爲什麼會得出這樣的看法呢？這是由於他們在論述中都把琉球船民遇害作爲日本出兵的唯一原因或唯一藉口，所以把「日本國屬民」與「琉球難民」等同起來，認爲「日本國屬民」指的就是「琉球難民」。這與歷史事實不符，首先應加辨明。

1874年2月日本制定的《台灣蕃地處分要略》內部文件中，的確只提出兵是爲了「報復殺害我藩屬琉球人民之罪」。[221] 但很快認識到光提爲琉球國船民遇害而出兵的藉口站不住腳，同年4月5日給西鄉從道詔諭中，已將出兵的藉口改爲：明治四年，「我琉球人民至台灣藩地，爲當地土人所劫殺者達五十四人」，又，明治六年，「我小田縣下備中州淺口郡縣民佐藤利八等四名漂流其地，衣類器財亦被劫奪」[222]。同月10日寺島外務卿給駐日英公使巴克斯覆函亦解釋出兵是爲了明治四年、六年琉球與小田縣兩起漂民「或被劫殺，或則衣服、器財被掠奪」[223]。5月太政大臣三條實美奉旨布告通國上諭，同樣是兩起並提。出兵到達廈門遞送4月10日西鄉給閩浙總督照會附片亦提：「明治四年十二月，我琉球島人民六十六名遭風壞船，漂到台灣登岸，是處屬牡丹社，竟被蠻人劫殺，五十四名死之，十二名逃生；……又於明治六年二月（三月）我備中州人佐藤利八等四名漂到台灣卑南蠻地，亦被劫掠，僅脫生命。……我政府獨怪土著幸人之災，肆其劫殺，若置不問，何所底止，是以遣使往攻其心，……不得已則稍示膺懲之勢耳」[224]。日軍登陸台灣後的「安民布告」，也是琉民被殺與日人被劫兩案並提，作爲「進入番地，戕其凶首」[225] 的藉口。以後日本給中國的所有照會、函件，也都一直兩案並提。5月11日閩浙總督給西鄉的照會，對出兵藉口也針鋒相對地加以駁斥：日本「備中州遇風難民，前由生番送出，並未戕害一人，當經本部堂派兵送滬，交領事官送還。……其琉球島即我屬國中山國疆土，該國世守外藩，本部堂一視同仁，已嚴檄該地方官責成生番頭人，趕緊勒限交出首凶議抵。總之，台灣在中國，應由中國自辦，毋庸貴國代謀。……應請貴中將撤兵回國，以符條約而固邦交也」[226]。6月3日閩浙總督再次給西鄉照會及同月20日沈葆楨給西鄉照會，也都兩案並駁。以後中方給日方的歷次照會以及在談判桌上的辯論，也都兩案並駁。中方

一再指出琉球國是中國藩屬，與日本無干，始終沒有承認琉球國漂民是日本屬民，雖然日方屢次在照會中把琉球國民自稱爲「我琉球人民」，中方在照會及談判中，始終把琉球國民與日本人民加以嚴格區別。如7月22日總理衙門給柳原前光的照會指出：「琉球曾受生番之害，應由琉球國請中國處置。……至貴國人民曾經受害，兩國既有條規，如有其事，尤應明言某年月日某人在某處若何被害，照會本衙門查辦。」[227] 這裡就是把「琉球國」與「貴國人民」嚴格區別，處理的方法亦異。當時日本實際已處在內外交困境地，中國則以逸待勞，處於較主動地位。談判是在平等的狀況下進行，壓力並不大，而是日本更急於了結爭端，擺脫困境。在這樣的情況下，不可能在條約中突然塞進中國一向反對的內容，而承認「琉球國民」是「日本屬民」。因此條約中的「日本國屬民」，只能理解是指佐藤利八等4人，而非指琉球國民。但在這裡也存在著含糊不清之處，即加一「等」字，而提「日本國屬民等」。當然可以理解爲指日本國屬民利八、兵吉、權吉、治介等，如西鄉給閩浙總督照會中所提日本「備中州人佐藤利八等四名」，但也可以理解爲指日本國備中州船民和琉球國遇難船民等，即包括條約第二條「前次所有遇害難民之家」。即使如此，也不能得出日本國屬民就是指琉球國民的結論。

2.認爲條約「承認日本對琉球的主權」、「承認琉球是日本領土」，有何法理根據？

　　既然日本出兵台灣的藉口是琉球國船民與日本備中州船民兩案並提，清方也是兩案並駁，而《北京專條》中又隻字未提「琉球」二字，因此認爲條約是「承認日本對琉球的主權」、「承認琉球是日本領土」或中國「放棄對琉球的宗主權」……等結論，顯然缺乏法理根據。

　　琉球國船民被殺確是日本出兵台灣的一個重要藉口，而中國又始終沒有承認琉球是日本屬國，爲什麼條約中卻隻字不提琉球呢？這是由於中方在談判中堅持琉球是我藩屬，「毋庸貴國干預」，「台灣在中國，應由中國自辦」，「琉球雖弱，亦儼然一國，盡可自鳴不平」[228]。最後日方作了讓步，乃避提琉球問題。同時也在談判後期，日方也公開堅持琉球雖是中國「屬國」，但也是日本「屬國」，李鴻章建議「不必提琉球，免致彼此爭較屬國」[229]。清方也力圖避開爭論琉球屬國問題。不管原因是什麼，條約中既然隻字沒有提到琉球，說條約「承認琉球是

日本領土」、中國斷送了琉球的「主權」等斷言，不存在任何法理根據。「在簽約後在自己（大久保）12月15日的記載中，也表示中日北京專約內容與日本對琉球主權的聲明拉不上法理關係。……大久保利通在談判時一心一意想將台灣危機立刻解決，他甚至千方百計避免將琉球問題扯入交涉之中，以免節外生枝」[230]。只是到了1875年3月，大久保聽從他的法籍法律顧問巴桑拿的進言，才開始將1874年北京專約曖昧的條文詮釋歪曲，解釋成「保民義舉」乃中國承認琉球屬日，以便作為日本吞併琉球的「法理根據」。但「這個歪曲了的詮釋，並非大久保1874年談判和約時原有的意思。更非清政府的本意」[231]。藉口不等於事實，事實是日本自明治維新後開始向外擴張，而琉球則首當其衝。先廢王改藩，後復廢藩置縣，吞併琉球。所以琉球係由於日本蓄意侵略而亡，並非中日《北京專條》所斷送。清廷雖以琉球為藩屬，但只保持朝貢與冊封的鬆散關係，不干涉其內政。1854年、1855年、1859年琉球曾先後與美、法、荷等國分別簽訂條約，具有獨立國地位，即「琉球雖弱，儼然一國」（沈葆楨語），清政府也無權出賣琉球的主權。

清人王韜在《琉球向歸日本辨》一文中早已指出：「至討罪台灣，尤昧於理。其始託言劫掠小田縣民，繼乃及琉球漂民，我朝大度包容，勉徇英國公使之請而成和議。其所定條款兩端，未嘗一字及琉球，載在盟府，人所共見。乃遂欲以此指琉球為日本屬地，掩耳盜鈴，其可笑八也」[232]。海外學者梁伯華教授在《台灣事件與琉球問題的關係》一文也指出：「日本的侵台，琉球漂民事件是遠因，小田縣漂民事件是近因，而不是單由琉球漂民事件而促成的，這點在詮釋1874年中日北京和約的條文有著很重要的意義。」他也認為「縱觀全約並無半字提及琉球，若謂中日北京專約是解決琉球問題的法理根據，則為何不在約中清楚言明？事實上，所謂『保民義舉』中所指的『民』也是大有商榷及爭論的餘地」。他的結論是「琉球問題亦沒有因此約而得到解決」[233]。所以，認為條約中「日本國屬民」指的就是「琉球國民」的錯誤前提，必然得出了條約「承認琉球是日本領土」的錯誤結論，這是需要加以辨明的。

3.「保民義舉」就是承認日本「侵華暴行」的正當性嗎?

中日《北京專條》雖沒有提及琉球,但琉球漂民54人被殺,是日本出兵的一個重要藉口,雙方在談判中要想避開這個問題也很困難。後期的談判中,雙方都力圖避提琉球漂民字眼,一般都只提「漂民」或「遇難船民」等籠統的字眼,實際上是既指日本小田縣民,也包括琉球船民。「保民義舉」的「民」,就是指此,即條約第二條所提「所有遇害難民之家」。為了讓日本體面地下得了台,當時清方乃在「義舉」上大作文章。所謂「義舉」,指「復仇仗義」,可以包括為友好鄰國打抱不平。這在10月20日與大久保談判中,中方所提《節略共五條》的內容可以看出。《節略》指出:「我們因貴國兵丁到台灣,本衙門並不較量此事,在中國已難以對天下人矣。幸而從前貴國有義舉之說,此時作為貴國先不知番土係中國地方,故為復仇仗義而來。今日既知係中國地方,中國又允為自辦,又為修好仗義而去。有此名目,在中國尚有說以解。」又指出:「貴國仗義而來已為榮矣,仗義而去則更榮矣。……中國地方之番民,竟被他國帶兵來查辦,請問中國辱不辱,一辱豈肯再辱。」董恂也指出:「我們所以能對朝廷能對百姓者,就為日本是仗義而來,可算無不是處。」[234] 但「復仇仗義」也不許侵越中國版圖,這當然是日本的不是,但中國所擬解決爭端的「兩便辦法」四條,對此又作了解釋。《辦法四條》內容如下:

‧貴國從前兵到台灣番境,既係認台番為無主野蠻,並非是明知中國地方加兵。夫不知中國地方加兵,與明知中國地方加兵不同。此一節可不算日本的不是。

‧今既說明地屬中國,將來中國於貴國退兵之後,中國斷不再提從前加兵之事,貴國亦不可謂此係情讓中國之事。

‧此事由台番傷害漂民而起,貴國兵退之後,中國仍為查辦。

‧貴國從前被害之人,將來查明,中國大皇帝恩典酌量撫恤。[235]

《辦法四條》道出了「保民義舉,中國不指以為不是」條文的原意,也是對中日《北京專條》條文的最好詮釋。當然這些解釋帶有嚴重的妥協性,但絕非承

認日本「侵華暴行」的正當性。談判中清方一直堅持「台灣全地，久隸我國版圖，……不得任聽別國越俎代謀」。[236] 並舉兩國《修好條規》第三條規定：「兩國政事各有異同，其政事應聽己國自主，彼此不得代謀干預。查台灣生番久屬中國，……按約應聽中國自主，貴國不得代謀干預。況兩國所屬邦土不可稍有侵越，第一條顯有明文，尤宜共相篤守。」一再要求西鄉「撤兵回國，不得於中國所屬邦土地方久駐兵旅，以符條約」[237]。清方自始至終沒有承認日本侵台的正當性，根據不知不罪的原理，所以對出兵台灣「不指以為不是」，這點亦須加以辨明。

4.談判過程清方對中日與琉球關係的認識起了變化

中日《北京專條》中出現「保民義舉」等曖昧言詞，與清方在談判過程對中日與琉球關係的認識產生了變化有關。琉球中山王國早在明初就向中國稱臣納貢，其歷代國王均受中國皇帝冊封，係中國外藩。但至明末，日本薩摩藩以武力侵入琉球，以後亦視琉球為自己「屬國」。但中國政府對琉球與中日同時存在的朝貢關係，卻茫然不知。當日軍登陸台灣後，台灣道在給閩浙總督、福州將軍的稟文中稱。「外間傳言，謂日本係為琉球遭風被戕一案，意圖報復而來。然琉球係我屬國，與彼何干？彼謂琉球係其所屬，我實不知，亦從未據琉球人言及。此層自可姑置勿提，如彼置喙，再與辯論」[238]。當時閩浙總督、總理衙門給日本的照會，持的就是這種觀點。相反，日本對中日與琉球實際存在的「兩屬」關係卻十分清楚。特別自1872年冊封琉球王尚泰為「藩主」後，琉球已在日本實際控制之中，談判初期日方也不願與中國辯論「兩屬」的問題。在出兵前已明確規定：「清國如以琉球曾對該國遣使納貢為由，發揮兩屬之說，以遽顧不理，不應酬其議論為佳。蓋控制琉球之實權，皆在我帝國。……目前不可與清政府徒事辯論」[239]。但在中國歷次照會中一再堅持琉球是中國藩屬與日本無干的情況下，柳原在進京前於7月1日給總理衙門的照會中開始公開指出：「琉球島原我薩摩藩附庸，目今統歸大政，……豈容生蕃一味蠻殺，乃欲興師伐蕃，以盡義務」[240]。表明係為藩屬人民被殺，有權出兵過問。7月22日總理衙門在覆照中則稱：「查琉球國與中國禮部時有文件往來，官員亦常來中國。如琉球曾受生番之害，應由琉球國

請中國處置。即謂琉球與貴國素有往來，貴國必欲與聞其事，亦應照會本衙門辦理」[241]。照會沒有對琉球是：「薩摩藩附庸」作正面反駁，卻實際承認琉球是與中日兩國都有往來的鄰邦，日本可以「與聞共事」，但必須照會中國辦理。在8月7日與柳原在北京第一次談判時，當文祥提到琉球是「我們自己屬國」時，柳原即答曰：「琉球是貴國屬國，日本國渠亦是屬國已久」[242]。在8月13日的第二次談判時，柳原又提出「日本朝廷以琉球島向歸所屬，如同附庸之國，視如日本人一樣，被生番傷害，日本是應前來懲辦的」[243]。表明日本有權過問其「屬國」琉球船民被害事。對日方一而再地聲明琉球也是日本「屬國」時，清方都沒有加以公開反駁，這顯然與當時清已承認琉球是與中日兩國都有往來的鄰邦有關，也可以說已默認琉球與中日實際存在的「兩屬」關係。其實，清人王韜也早已說過：「據理而言，琉球自可為兩屬之國，既附本朝，又貢日本」[244]。由於默認琉球是與中日實際存在「兩屬」關係的鄰邦，所以談判時在「保民義舉」上大作文章，讓日本體面下台。

5. 《北京專條》是中日雙方讓步妥協的產物，並非「賣國外交」

　　前已指出，1874年日本出兵台灣是其南進政策的一次實施，日本及琉球漂民遇害只是一種藉口。日軍征服牡丹、高士佛等社後，於龜山蓋建營房，建立「都督府」，實行屯田，作久踞之計，企圖長期占領台灣內山領土。但自出兵後，日本在外交上處於比較孤立的地位，國內也遭到一些人的反對，面臨的實際困難越來越多，登陸士兵患病死亡者日多。同時清政府也不斷增援台灣，進行「開山撫番」，以維護全島的領土主權。這些使日方認識到長期占領與開發台灣，並非易事。鑑於武力征服之路已走不通，便寄望於通過外交談判解決問題。7月中，柳原奉命進京，15日，日本政府給他的訓令中，要他採用外交手段索賠、罷兵。8月1日，日方又任命大久保利通為全權大臣，趕到北京，與總理衙門繼續談判，急於了結爭端，擺脫困境。沈葆楨對當時的這種形勢就看得十分清楚，他在給友人信中多次提到：「柳原既入，田邊接踵而來，即其國自知支撐不住，總署能堅持成議，勿遷就之，其歸我範圍也決矣。」又說「倭營死病相繼，……亡可翹足而待。甚望總署堅與相持，無以欲速為急」，又說「大久保之來，其中情窘急可

想，……欲速了結之意，當在彼，不在我」[245]。當時大久保急於體面收場，在9月19日的第三次談判中，一改過去口口聲聲「生番為無主野蠻」的說法，而承認「日本視生番雖屬中國管轄，其人凶頑，毫無禁令，故要帶兵去辦他，不是干預中國公事」[246]。在10月18日的第五次談判中，大久保又承認：「日本此舉，非貪土地，非為錢財，總是為人命至重，費多少力量辦去，數月以來費用多少，傷亡多少，病殁多少，……此時須有名目，方可使本國兵回去」[247]。否認企圖占領台灣，強調為了「人命至重」而出兵，只求給以體面收場。經過辯論，承認山胞住區「地屬中國」。在10月23日的第七次談判中，又表示來華後「聽了許多的議論，心非木石，豈不明白」，所以，「後來亦就不說生番是無主野蠻了」[248]。只強調「日本兵不能空手而回，中國必有應酬送他回去的辦法。此事如允。即一切乾乾淨淨」[249]。這時日本已承認台灣內山是中國領土，只要求體面罷兵回國。可見當時日方也做了重大的讓步。

當時清方也急於和平了結爭端，談判中反覆強調中日兩國是「唇齒比鄰同文之邦，無論誰家勝負，總不是我兩國之利。……我中國不肯令貴國下不了場，貴國亦不可令中國下不了場」，又引「鬩牆禦侮之義」[250]相勸。10月18日文祥給大久保函勸其「兩相讓未有不解之結，兩相執未有不償之事，此古今不易之定理。台番之事，中國念切鄰誼，自始至今，再再相讓，無以復加」[251]。同月20日談判中，文祥又一次強調「我兩國要永遠相交。萬萬年相交」[252]。基於睦鄰為重，對日本「總抱定和好之意」。採取，「予以體面，不令認錯」[253]的方針，並給予豐厚的撫恤金和在台營地修建費，做了更大的讓步，談判中存在很大的妥協性。如李鴻章給總署及沈葆楨等函中，反覆強調要「忍辱負重，勿稍憤急」，要調台軍隊「只自紮營操練，勿遽開仗啟釁」。認為如果開仗，「即操勝算，必擾各口，恐是兵連禍結之象」[254]，因此主張「遷就求和」。這種嚴重的妥協立場應加批判，但始終沒有承認日本侵台的正當性，更談不上是「倒行逆施的賣國外交」了。

（四）歪曲日侵台事件史實為台獨主張辯護的言論必須批判

1874年中日《北京專條》的條文長期被中外學者所扭曲，已見前述。近二十

多年來又出現歪曲日侵台事件的歷史，為台灣獨立主張辯護的言論。如1971年在美國出版的一本名為《台灣的獨立與建國》（作者陳隆志）的書，鄭南榕加以改編、翻印，改名《台灣獨立的展望》，於1987年在台灣出版，列入《自由時代系列叢書》第14號。該書第一編第二章以「台灣不是中國的一部分」為標題，以1874年日本侵台事件為例子，作為「台灣不是中國的一部分」的「最好說明」。文稱：

「1683年，……清帝國雖將僻處海外的台灣併入版圖，但對古來未隸屬中國版圖的台灣僅維護有名無實的關係。1871年日本侵台事件是最好的說明。當時，琉球人漂流到台灣，為土著殺害，日本向清國要求賠償，但清帝國以台灣為化外之域，台灣人為化外之民，不在中國管轄之列為理由。拒絕賠償。日本乃興兵征台，砍殺土著，清帝國並未過問。遲至1887年清帝國才將台灣設為行省」[255]。

上引寥寥數行，僅一百多字，卻錯誤百出，歷史被歪曲成面目全非。

真實的歷史真相是：1871年11月發生琉球宮古島一艘貢船遇風漂至台灣南部被高士佛、牡丹兩社山胞殺害54人事件，過了二年，1873年來華換約並慶賀同治帝親政的日本副島外務卿，於6月21日曾派外務大臣柳原前光等至總理衙門，試探清廷對台灣「生番」殺害琉球難民事件的態度。當時總署大臣毛昶熙、董恂答以「本大臣只聞悉生蕃曾掠害琉球國民，並不知此事與貴國何干。按琉球本係我朝之藩屬，當時琉球人有自生蕃處逃出者，我朝命官曾予救恤，後轉往福建，經我總督仁愛倍加，俱已送還其本國」。柳原問：「貴國對狂暴虐殺琉民之生蕃又曾作何處置？」毛等答：「該島之民向有生熟兩種，其已服我朝王化者為熟蕃，已設府縣施治；其未服者為生蕃，姑置之化外，尚未甚加治理。」又說：「生蕃之橫暴未能制服，是乃我政教未逮所致」[256]。日方抓住「生番」為「政教未逮」的「化外」之民等語，曲解為台灣內山為清政府「政權所不及」的「無主之地」，作為1874年出兵台灣的重要藉口之一。對此，閩浙總督於5月11日給西鄉從道覆照中即明確聲明：「台灣全地，久隸我國版圖，雖其土著有生熟番之別，然同為食毛踐土已二百餘年。……雖生番散處內山，文教或有未通，政令偶有未及，但居我疆土之內，總屬我管轄之人。」並列舉萬國公法內容，論證「台灣為中國疆

土，生番定歸中國隸屬，當以中國律法管轄，不得任聽別國越俎代謀。……應請貴中將撤兵回國，以符條約，以固邦交」[257]。同日，總理衙門致日外務省照會也聲明。「查台灣一隅，僻處海島，其中生番人等，向未繩以法律，故未設立郡縣，即禮記所云不易其俗、不易其宜之意，而地土實係中國所屬。中國邊界地方，似此生番種類者，他省亦有，均在中國版圖之內，中國亦聽其從俗從宜而已」[258]。6月2日閩浙總督再次照會西鄉重申「琅璚番社、人物、地方確歸中國轄屬，證據歷歷分明」：

1. 南路琅璚十八社，向歸鳳山縣管轄，每年徵完番餉20兩有奇（後經台灣道補報係51兩），載在台灣府志。

2. 台灣設立南北路理番同知，專管番務，每年由該同知入內山犒賞生番鹽布等物。

3. 柴城又名福安街，建有福公康安碑廟。接著指責日方：「於我設立隘寮之疆土，徑行登岸紮營，於我納食糧之番民，竟行接仗爭鬥，於條約各款種種不合」[259]。以後清廷在與日方長達半年的交涉談判中，始終堅持台灣全島是中國疆土，最後大久保利通也承認「生番屬中國管轄」，「生番」住區「地屬中國」，後來也「不說生番是無主野蠻」了，只強調「日本兵不能空手而回，中國必有應酬送他回去的辦法」。在雙方互相讓步下，終於10月31日簽訂中日《北京專條》，其第三條規定：「至於該處生番，中國自宜設法妥為約束，以期永保航客不能再受凶害。」在條約中，明確承認台灣的領土主權屬於中國。這就是發生在1874年日本侵台事件的簡要過程。

反觀陳隆志所寫《台灣的獨立與建國》一書涉及日侵台事件的170多字中，錯誤與歪曲之處有如下列：

1. 台灣自古是中國領土的一部分，遠的不說，1661年（順治十八年）民族英雄鄭成功揮師東征，驅逐荷蘭殖民者，收復台灣，並改台灣為東都，設一府（承天）二縣（天興、萬年），台灣已是中國版圖的一部分。1873年柳原

前光到總理衙門探詢時，也承認「在鄭氏後裔統治時，該島成爲中國領土」[260]。陳書所言台灣「古來未隸屬中國版圖」，是信口雌黃，毫無根據。

2.1683年（康熙二十二年）清政府統一台灣後，於翌年在台灣設一府（台灣府）三縣（台灣、鳳山、諸羅），隸福建省；雍正元年、五年，又先後增設彰化一縣，淡水、澎湖二廳，成爲一府四縣二廳；嘉慶年間又增設噶瑪蘭廳，成爲一府四縣三廳。怎麼能說台灣統一後清政府與台灣「僅維持有名無實的關係」呢？

3.1871年9月日本與中國簽訂《修好條規》與《通商章程》，並未發生日本征台事件。陳書「1871年日本征台事件」顯係1874年之誤。

4.1873年柳原到總署探詢時，董恂、毛昶熙只說「生番」姑置之化外。1874年中日談判時，清方一直強調「台灣全地久隸我國版圖」，「生熟番」均爲「食毛踐土」之民。對「生番」「向未繩以法律」，「姑置之化外」，乃按「禮記不易其俗、不易其宜之意，而地土實係中國所屬」，牡丹等社歸鳳山縣「管轄」。陳書卻歪曲爲「清帝國以台灣爲化外之域，台灣人爲化外之民，不在中國管轄之列」。就是當年日本征台，也僅捏稱「生番」住區爲「無主野蠻之地」，也不敢否認廣大漢移民開發地區及平埔族（「熟番」）住區是中國領土。陳書卻敢捏稱整個台灣「不在中國管轄之列」，真是言日本侵略者所不敢言，竟敢如此大膽地歪曲歷史，令人震驚。

5.1873年柳原到總署探詢是爲了尋找侵台的藉口，並未提到「要求賠償」之事，也不存在清方「拒絕賠償」。至於因清方「拒絕賠償，日本乃興兵征台」，更是無稽之談。琉民被殺是日本出兵的一個藉口，向外擴張，轉移國內矛盾，企圖占領台灣，才是征台的主因。

6.日征台事件發生後，清廷即任命沈葆楨爲欽差辦理台灣等處海防兼理各國事務大臣，赴台辦理。沈到台後先後奏調福建陸路提督羅大春及淮軍唐定奎部6500人增防台灣，並採取加強戰備的一系列措施，進行「開山撫番」工作，中日之間進行了多次談判。事件結束後又進行善後事宜，奏請閩撫移駐台灣（後實行閩撫冬春駐台，夏秋駐省的省台兼顧方案），增設台北一

府，新置恆春、淡水、新竹、宜蘭四縣，移設雞籠、卑南、埔里社三廳，成為二府八縣四廳，加強對台灣內山的行政管理。並繼續進行「開山撫番」、招墾開禁、整頓軍務、充實軍備等各項措施，以維護台灣全島的領土主權。怎麼能瞎說清政府對日侵台事件「並未過問」呢？

7.清政府於1885年10月12日（光緒十一年九月初五日）下詔「著將福建巡撫改為台灣巡撫，常川駐紮」[261]，是台灣建省的開始。1887年10月劉銘傳與閩浙總督楊昌濬會銜奏請台灣添設郡縣摺，分全省為三府一州，共領十一縣五廳，至此閩台分治，台灣建省完成，並改台灣巡撫為福建台灣巡撫。陳書認為「1887年清帝國才將台灣設為行省」，也不夠確切。

《台灣的獨立與建國》（在台出版時改為《台灣獨立的展望》）一書多方歪曲歷史真相後，自鳴得意地認為1874年日侵台事件是證明「台灣並不是中國的一部分」及清政府與台灣「僅維持有名無實的關係」的「最好說明」，從前文分析可看出，這是偽造歷史，根據真實的歷史，日侵台過程，清政府在照會及談判中一再強調「台灣全地，久隸我國版圖」，「生番」住區「地土實係中國所屬」，「生番」同是「食毛踐土」的中國人民。而且日方最後也不得不承認台灣「地屬中國」，並在條約中明文規定「該處生番，中國自宜設法妥為約束」，承認了中國對台灣的領土主權。可以說日本侵台事件是證明「台灣是中國的一部分」的「最好說明」。鄭南榕吹捧陳隆志所作《台灣的獨立與建國》一書，是「台灣獨立理論的經典之作」[262]，而加以改編、翻印，在台灣推銷，顯係別有用心。最近高興地看到，賈亦斌主編的《論台獨》一書，已對該書利用日侵台事件兜售其台獨觀點進行了批駁。不足的是沒有對該書歪曲日侵台事件的歷史加以揭穿，而且史實上也有不確切或疏忽之處（如簽訂條約時間誤為1874年8月，如說當時英美作出出兵干涉的姿態，清政府見勢即與日本簽約，也不確切），且囿於傳統說法，認為條約「承認琉球屬於日本」，只是以「一種屈辱的方式」，「中國被確認了對台灣的主權」[263]。批判顯得不夠理直氣壯，不夠堅決有力。

1874-1875年清政府關於海防問題的大討論與對台灣地位的新認識

　　同治十三年三月（1874年5月），日軍侵犯台灣，東南海疆出現危機，清政府受到很大震動。九月，中日雙方簽訂《北京專條》，事件始告平息，接著總理各國事務奕訢等聯銜上《海防亟宜切籌》一摺[264]，以日軍侵台事件爲戒，提出加強海防的六條意見。當日奉旨密諭濱海沿江各督撫、將軍籌議，從此在清政府內部開始進行了一次關於海防問題的大討論。通過討論提出了加強海防的種種措施，突出了台灣在海防中的地位，對以後台灣的建省產生了促進作用。本文將探討這次大討論的脈絡和原委，評述討論的主要內容、清政府對加強海防的意見及對台灣地位的新認識等，爲瞭解台灣建省提供背景資料。

（一）海防大討論的簡單過程

　　同治十三年九月二十七日（1874年11月5日），清政府將奕訢等亟籌海防原摺由六百里密諭李鴻章、李宗羲、沈葆楨、王文韶等十五位沿海沿江督撫、將軍，著「詳細籌議，將逐條切實辦法，限於一月內覆奏。此外別有要計，亦即一併奏陳」[265]。十月十三日總理衙門又將丁日昌前擬海洋水師章程六條，奏准飭下沿江督撫等議覆，彙入該衙門前奏，「仍於一月內一併妥籌覆奏」[266]。同時總理衙門以陝甘總督左宗棠「留心洋務，熟諳中外交涉事宜」，也請他「籌議切實辦法，以爲集思廣益之助」[267]。光緒元年正月二十九日總理衙門奏稱，各督撫覆奏已先後到齊，請飭下廷臣「悉心詳細切實會議」，當日奉旨「著派親郡王同大學士、六部、九卿悉心妥議，限一月內覆奏」[268]。後來又將奕訢、世鐸等奉旨覆議奏摺及于凌辰、王家璧、郭嵩燾、薛福成等條陳，再發交總理衙門討論。總理衙門又向熟諳洋務官員徵詢意見，討論的範圍不斷擴大。截至四月底，各督撫等議覆摺片、清單及有關官員的條陳已超過七十件。同時，總理衙門又與留心時事的

京官及先後來京的大臣李鴻章、英翰、曾國荃、楊岳斌、丁日昌以及郭嵩燾等，「面爲詢稽、詳悉探討」[269]，在比較廣泛徵集意見的基礎上，總理衙門王大臣經過「悉心擬議」後，於四月二十六日將《遵議籌辦海防各事宜》摺一件並附單二件「恭呈御覽」[270]。同日降旨將加強海防措施的上諭由六百里密諭二十九位沿海沿江及有關省份的督撫、將軍。歷時七個月的海防討論遂告一段落。

（二）海防大討論的主要內容

這次海防大討論主要內容包括要不要加強海防、爲什麼要加強海防、如何加強海防等方面，現分述如下：

1.要不要加強海防及海防與塞防的關係

在討論中沒有出現公開反對加強海防的意見，這是由於上諭對奕訢等原奏已明確肯定「均係緊要機宜」，但反對的意見實際上還是存在的，它以通政使于淩辰、大理寺少卿王家璧二人的覆奏爲主要代表。于淩辰認爲「洋人之所長在機器，中國之所貴在人心」，提出「不可購買洋器、洋船，爲敵人所餌取；又不可仿照製造，暗銷我中國有數之帑項擲之汪洋也」。因洋人機器「皆奇巧有餘、實用不足」，主張只要「用天下武勇，何所不誅」？指責李鴻章、丁日昌臚列洋人造船、簡器最詳，是「挾以必行之勢」，倡設洋學局，是「直欲不用夷變夏不止」[271]。王家璧提出大兵輪及鐵甲船、蚊子船並水雷等項，「不但毋庸購買，亦不必開廠製造，更毋庸往外國製造」，主張只要就我能辦之砲台、輪船、槍炮，參以我們常用之艇船、舢板、快蟹、長龍等船，火箭、刀矛、弓矢及易得之鋼鐵各炮，「練習不懈，訓以忠義，水陸兵勇互相應援，即足以固江海之防矣」。反對「事事師法洋人，以逐彼奇技淫巧之小慧，而失我尊君親上之民心」[272]。正如文祥密陳疏所指出的，當時有一種人，「往往陳義甚高，鄙洋務爲不足言。……是以歷來練兵、造船、習機器、天文、算學諸事，每興一議，而阻之者多」[273]。王文韶也指出，在外患面前，「迂拘而不通時變者」輒主「洋人以勢力勝，中國以禮義勝」[274]。當時類似于淩辰、王家璧這樣反對積極加強海防的還大有人在，據于淩辰估計像他那樣「恥爲夷人之心」的人「猶十居八九」[275]，他們反對造船、簡器等重

要措施，沉緬於「以禮義勝」的自我陶醉之中，加強海防自然成爲一句空話。

　　討論中關於如何處理加強沿海防務與西北進兵新疆的關係，出現了重大分歧，引起海防與塞防的爭論。李鴻章強調海防的重要性，他在《覆奏海防條議疏》中提出：「新疆不復，於肢體之元氣無傷，海疆不防，則腹心之大患愈棘」。因此主張「已經出塞及尚未出塞各軍，似須略加核減，可撤則撤，可停則停。其停撤之餉即勻作海防之餉」[276]。與此相反，湖南巡撫王文韶則強調塞防，他認爲「西洋各國俄爲大，去中國又最近」，前已「攘我伊犁殆有久假不歸之勢」。如果「我師遲一步，則俄人進一步；我師遲一日，則俄人進一日」。認爲「事機之急，莫此爲甚」。主張「目前之計，尚宜以全力注重西征」[277]。

　　加強海防與塞防，都是針對當時邊疆危機要解決外患問題而發的，分歧在於主要外患來自何方？更具體的說，當時對中國威脅最大的敵人究竟是俄國還是日本或西歐列強？署山東巡撫、漕運總督文彬主張防日、防俄二者兼顧，他認爲：日本仍在「練兵修武」，「其心叵測，已可概見」。但俄國與中國「壤地相接」，「其國既強，其志亦愈隱而愈險，患雖未形，必須早爲預備」。所以他強調操練陸隊，「既可固守海疆，又可爲預防俄夷地步」[278]。山東巡撫丁寶楨則主張防俄爲主，防日爲次，他說：「臣年來所私憂竊慮寢食不安者，則尤在俄羅斯，而日本其次爲者也」。理由是俄國「水陸皆通中國，而水路較各國爲近，陸地則東北直與黑龍江、新疆各處接壤，形勢在在可虞」。他的結論是「各國之患，四股之病，患遠而輕；俄人之患，心腹之疾，患近而重」。針對這兩種對立的意見，光緒元年二月初三日上諭指出：「刻下情形如可暫緩西征，節餉以備海防，原於財用不無裨益。惟中國不圖規復烏魯木齊，則俄人得步進步，西北兩路已屬堪虞。且關外一撤藩籬，難保回區不復嘯聚，肆擾近關一帶。關外賊氛既熾，雖欲閉關自守，勢有未能。現在通籌全國，究應如何處理之處」，著軍機大臣「酌度機宜，妥籌具奏」[279]。這雖係徵詢意見，但已有必須防俄的傾向性意見。於是于凌辰表示同意丁寶楨、文彬、王文韶、吳元炳等「力陳俄患可虞」的意見，王家璧也認爲「防俄尤爲切近」。「全力注重西征」爲「當今要務」。

　　陝甘總督左宗棠對海防、塞防問題尤爲關注，他當時在督辦大軍入疆糧餉轉

運事宜，看到奕訢等亟籌海防原摺就擔心西征糧餉受到影響，在其上總理衙門書中表示，「若沿海各省因籌辦海防急於自顧，紛紛停緩協濟，則西北有必用之兵，東南無可指之餉，大局何以能支」。[280] 接到徵詢海塞防意見諭旨後，於三月初七日上《覆陳海防塞防等及關外剿撫糧運情形摺》，主張「東則海防，西則塞防，二者並重」。但他又認爲泰西諸國「其志專在通商，非必別有奸謀」。海防所需輪船等項閩局可自造。「購船之費可省」。而傭船之費「可改爲養船之費」。所以海防「始事所需，與經常所需，無待別籌」。海防之應籌者，惟「水陸練軍最爲急務」。由此可見他雖然提出海防、塞防並重，而實際上卻是偏重塞防。他批駁李鴻章「議停撤出關之餉勻作海防」的觀點，指出：「若此時即擬停兵節餉，自撤藩籬，則我退寸而寇進尺。不獨隴右堪虞，即北路科布多、烏里雅蘇台等處亦未能晏然。是停兵節餉於海防未必有益，於邊塞則大有所妨」。左宗棠讚賞王文韶「萬一俄患日滋，則海疆之變相逼而來」的觀點，但不同意俄國有領土野心的看法，認爲俄「非如尋常無教之國，謂將越烏垣江廟挾逆回與我爲難，冒不韙而爭此不可必得之瘠壤，揆之情勢，殆不其然」[281] 在給友人信中也解釋說：「俄是有教名邦，當無納我叛回與我爭地之事，朝廷終不釋然」[282]。

可見海防塞防的爭論，雖與對形勢的看法有關，但爭奪經費的分配則是一個關鍵。所以爭論在負有海防與塞防重任的李鴻章與左宗棠之間進行最爲激烈。李鴻章在給劉秉璋函中爲自己的觀點辯護說：「西師不撤，斷無力量兼謀東南，此所已知者也。」並指責主張新疆「必可復必可守」是「何異盲人坐屋內說瞎話」[283]。他給鮑源深函中亦說：「西陲恢復無期，已成無底之壑，……二者兼營，則皆無成」[284]。經費矛盾固是事實，但李鴻章強調海防而忽視塞防且對恢復新疆持悲觀論調是十分錯誤的。左宗棠批駁李鴻章「撤西防以裕東餉，不能實無底之囊，而先壞萬里之長城，不其僨矣」[285]。主張「我能自強，則英俄如我何！我不能自強，則受英之欺侮，亦受俄之欺侮，何以爲國？自款議定後，均知以自強爲急，迄今未敢自信其強。……吾輩誤國之罪，可勝數乎」[286]？愛國憂國之忱，溢於言表。郭嵩燾在條陳中對爭論的看法是：「主東南海防者，則謂宜緩西北；主西北邊防者，又謂宜緩東南。是皆持之有故，言之成理。而以愚見度之，其隱憂

皆積而日深，有未可偏重者」。他也主張「兼顧水陸之防」[287]。而浙江巡撫楊昌濬認為：「當此關外方殷，滇、黔善後未了，……若同時籌辦防海，事端甚大，用款更多，誠有難兼顧之勢」[288]。當時討論主要在沿江、沿海督撫中進行，多數贊成首先加強海防。有些論者把海防與塞防的爭論，歸結為「實質上是愛國與賣國的鬥爭」，很難令人信服。

2.為什麼要加強海防及「攘外」與「安內」的關係

大臣們從日本侵犯台灣事件中普遍認識到加強海防的迫切性，奕訢等原摺已明確指出：日本以一小國「尋釁生番」，而「備禦已苦於無策」。倘遇西洋各國「一朝之猝發，而弭救更何所憑」！所以「今日而始言備，誠病其已遲；今日而不再修備，則更不堪設想矣」[289]。湖廣總督李瀚章指出：「自海口通商以來，各國難免覬覦。日本尋釁生番，是其明證」[290]。大學士文祥指出：日本擾台「已幾兒震動全局。若泰西強大各國環而相伺。……更不知若何要挾，若何挽回」？他列舉了當時俄人逼於西疆，法人計占越南，緊接滇、粵，英人由印度入藏及蜀等事實指出：「馭外之端為國家第一要務」；現籌「自強之計」，「為安危全局一大關鍵」[291]。李鴻章也指出：今則東南海疆萬餘里，各國通商傳教。「陽託和好之名。陰懷吞噬之計。一國生事，諸國搆煽，實為數千年未有之強敵」。「若先時備預，倭兵亦不敢來。烏得謂防務可一日緩哉」[292]，楊昌濬指出：「日本犯台事雖議結，而覆霜堅冰，難保不日後藉端生釁」。「故為將來禦侮計，非預籌戰守不可。即為保目前和局計，亦非戰守有恃不可」。亦主張「整飭海防各師」，洵為當務之急」[293]。

督撫們在覆奏中，普遍從海疆危機的新形勢出發，檢討了過去對海防不重視，或僅停留在口頭上缺乏實際行動的錯誤。總署原奏指出，庚申之後，「人人有自強之心，亦人人為自強之言，而迄今仍並無自強之實」。盛京將軍都興阿也指出，當時「中外臣民因皆有臥薪嘗膽之心，蓄銳以俟之志。乃迄今沿海各處之防務仍無把握，……幾於日久相安」[294]。升任兩廣總督英翰、安徽巡撫裕祿合奏摺中分析說：「庚申以後，各省或因腹地未靖，兵力被分；或因協款過多，餉力較絀。是以各求戒備之策，而尚未臻久遠之謀。以致小醜跳梁，上勞宸念」。也主張

「海防本爲今日全局第一要務」[295]。禮親王世鐸等指出：「竊思庚申以來，夷人恣意橫行，實千古未有之變局，亦天下臣民所共憤。正宜臥薪嘗膽，精求武備，爲雪恥復仇之計。況上年倭人覬覦，有事『生番』，雖暫就和局，難保必無後患。故籌辦海防一事，實爲今日不可再緩之舉」。「海防爲最要之圖」[296]。醇親王奕譞也提出「夷務爲中原千古變局，海防爲軍旅非常之舉。今日立辦，固非先著；若再因循，將何所恃？誠如原奏所稱，爲不可再緩之事，亦不容一誤之事」。故各疆臣覆奏及丁日昌條陳，「僉以海防爲應辦」[297]。

在這樣的歷史條件下，人們很自然地把加強海防與防止日本侵略聯繫起來，把日本看作是當時中國最主要的外敵。文祥指出：「日本與閩、浙一葦可杭。倭人習慣食言，此番退兵即無中變，不能保其必無後患」。主張目前「惟防日本爲尤亟」[298]。此摺得到多數人的贊同。如李鴻章認爲「防日尤亟」觀點「洵屬老成遠見」。因爲日本自近年「改變舊制」後，「其勢日強」，故敢「稱雄東土，藐視中國，有窺犯台灣之舉」。「泰西雖強，尚在七萬里以外，日本則近在戶闥，伺我虛實，誠爲中國永久大患」[299]。所以，加強海防的大討論主要爲了禦外，首先爲了對付日本，並預防從海上前來侵略的泰西列強。這是多數參加討論者的看法。

19世紀70年代以後，世界資本主義開始由自由資本主義向壟斷階段即帝國主義階段過渡，列強之間爭奪殖民地的鬥爭日趨激烈，亞洲地區成爲其擴張爭奪的重要目標。資本主義列強紛紛從海上、陸地窺伺中國，我國海疆、邊疆危機日益嚴重，民族矛盾開始上升爲主要矛盾，階級矛盾由於大規模的農民起義被血腥鎮壓而趨向相對的緩和，提出加強海防、塞防、邊防，就是清朝封建統治者對這一新形勢的一種反應。大臣們加強海防的奏摺，是要求清朝最高當局及時從過去鎮壓太平天國起義和捻軍起義以對內鎮壓爲主的政策中轉變過來，進行調整，積極加強國防力量，以便對付列強的可能侵犯。如有的主張：「海防固最重水師，而水師宜變通舊制」。因爲各省舊練水師，「止可爲捕盜之用，不足爲禦侮之資」[300]。連李鴻章也認爲，不但八旗、綠營、弓箭、刀矛、抬鳥槍等舊法，「斷不足以制洋人，並不足以滅土寇」。就是他所經營的直隸練軍，近雖「兼習洋槍、小炸炮」，但「以剿內寇尚屬可用，以禦外患實未敢信」[301]。當然，他們提倡加強海

防，出發點都是爲了維持封建統治。但不可否認，他們之間的看法還有所區別。多數人持傳統的「能守而後能戰，能戰而後能和」的觀點。如世鐸在聯銜會奏中指出：「蓋自古中國之馭外夷，必能戰能守而後和局可久也」。備防的目的爲了保持中外相安的局面。但也不能否認，這時統治階級中又湧現出一些對外國侵略主張給予積極反擊的抵抗派人物，如左宗棠、沈葆楨以及中法戰爭時期的劉銘傳等人，雖然他們幾乎都是不久前鎮壓過國內人民起義的劊子手。這是由於民族矛盾的上升，促進了統治階級內部人物的分化。這在中國近代史上是屢見不鮮的事。對這些抵抗派人物的抵抗行動，不能因爲他們手上曾沾滿過人民的鮮血，而一概予以否定。就是對主張保持和局而強調以防禦爲主的防禦派，也不能一概抹煞，而斥之爲適應帝國主義需要的賣國行爲。他們看到了外患的嚴重，提倡加強國防力量，說明封建地主階級與帝國主義的矛盾還是存在的，有時還很尖銳，甚至還會激化。80年代、90年代接連爆發的由地主階級領導的中法戰爭、中日戰爭就是最好的證明。對於他們的抵禦措施或行動，那怕是消極的防禦，也應予以實事求是的肯定。那種認爲中國地主階級被打擊一次就甘心情願當帝國主義走狗的看法是不符合歷史事實的。他們也經歷過抵抗——失敗屈服——再抵抗——再失敗屈服以至完全屈服的曲折歷程。近百年的中國近代史也貫穿著這樣過程。

也應指出，所有參加加強海防討論的大臣們，在提倡「攘外」的同時，始終沒有忘記或忽視「安內」，即對人民的殘酷鎮壓，這是封建地主階級與人民敵對的階級地位決定的。但在對外與對內關係上，他們之間的意見也並不完全一致。一般說來，沿海的督撫比較強調「外患」，內地及沿江的督撫比較強調「內憂」。這在對待海防與江防的關係上也表現出來。如江蘇巡撫吳元炳認爲：「禦外之道莫切於海防，海防之要莫重於水師」[302]。浙江巡撫楊昌濬也明確表示海防「比江防爲尤急」。而安徽巡撫裕祿則強調要「籌辦江防」以「自固藩籬」。盛京將軍都興阿也提出，「以本省之款，練本省之兵，分布各城，呼應較靈。庶可先清內患，以禦外侮」[303]。側重海防與江防的分歧，影響防務措施的各個方面，這種分歧在如何加強海防問題上又會表現出來。

3.如何加強海防及海防與陸防、購買與自造、開源與節流、使用與培養、人與武
  器等關係

　　總理衙門擬籌海防應辦事宜摺初稿原提練兵、備船、簡器、設廠、籌餉五
條，議定上奏時修改補充爲練兵、簡器、造船、籌餉、用人、持久六條，作爲加
強海防「緊要應辦事宜」。參加討論的絕大多數官員對原奏六條「均以爲亟應籌
辦」，咸稱「均係辦理至計」（世鐸等），「洵爲當務之急」（楊昌濬），「洵爲救時
要策」（李鴻章）。認爲「各條宏遠精密，無少罅隙」（左宗棠），「海防之大用，
具備於此」（郭嵩燾）。但對各條具體內容仍有不同看法，出現了不少具體的分
歧。

　　關於練兵。原奏提出「陸路之兵固須益加訓練，外海水師尤當亟事精求」，
強調首先要練外海水師。丁日昌所擬水師章程建議南、北、中三洋設水師三大支
[304]，楊昌濬、文彬等皆贊同這一意見。但左宗棠對此提出了異議。他認爲水師
「若劃爲三洋，各專責成，則畛域攸分，翻恐因此貽誤。分設專閫，三提督共辦一
事，彼此勢均力敵，意見難以相同。七省督撫不能置海防於不問，又不能強三提
督以同心，則督撫亦成虛設。主張「合七省同籌」[305]。

　　關於沿海七省之間防務的關係。李鴻章認爲直隸之大沽、北塘、山海關一
帶，「係京畿門戶，是爲最要」；江蘇吳淞至江陰一帶，「係長江門戶，是爲次
要」。主張「京畿爲天下根本，長江爲財賦奧區，但能守此最要、次要地方，其餘
各省海口、邊境略爲布置，即有挫失，於大局尙無甚礙」[306]。左宗棠認爲七省爲
一海，如人之一身，天津爲人之頭項，大江、三江入口之口爲腰脊，台灣、定海
爲左右手之可護頭項、腰脊，「皆亟宜嚴爲之防」[307]，比較重視台灣在海防的地
位。世鐸等會奏也同意京畿、長江、台灣等門戶「均宜嚴密設防」。

　　討論中涉及水師與陸師亦即海防與陸防的關係問題。原奏、丁日昌條陳及多
數督撫覆奏都贊同要「水陸並重」，但側重點仍有不同。如楊昌濬認爲「陸軍固宜
整理，水軍更爲要圖」。李鴻章認爲「扼要險隘，護守炮台，陸軍亦宜並重」。但
「籌辦江海之防，水師最關緊要」。李宗羲同意「今日練兵，仍以水陸兼統爲主」。
但他認爲「自古有海防，無海戰」。外人「涉重洋而來，志在登陸」。所以「尤宜

急練陸兵之法」。主張「陸兵爲禦敵之資，以輪船爲調兵之用」[308]。王文韶也認爲「水師固不可廢，而所重尤在陸防。防亦不必遍設，而所重專在扼要」[309]。強汝詢也贊同「今日海防計，必重在陸兵」[310]。

重海防或重陸防的分歧有各種原因，其中原因之一是與對外戰爭中海戰與陸戰、攻與守的看法有關。如秦緗業在《海防議》中指出：「洋人長於水戰，而不長於陸戰；長於火器，而不長於兵器」。主張「我乃反其道而行之」，則「惟有精練水陸兩軍，擊之口內而已」。兩軍練成後，俾屯適中扼要之地，有事馳援各口，不必駕駛輪船禦之海上，但少設兵勇力守炮台」[311]。王文韶認爲「防海之要，以守爲體，以戰爲用。守之所恃者，重在炮台，戰之所恃者，重在輪船」。丁寶楨也認爲「海疆之事，能守即爲能戰」。他們強調在對外戰爭中應注重防禦，注重陸戰，故偏重於練陸師。反之，如丁日昌等主張「揚威海面」，與敵「海上爭鋒」。則強調必須購買大兵輪，練外海水師。

討論中也涉及對舊兵勇的看法，是汰舊募新抑保留、訓練舊軍隊，即新與舊的關係問題。李鴻章主張現有陸軍應「認眞選汰，一律改爲洋槍炮隊」。劉坤一則主張在現有沿海水師兵士中「酌募新軍」[312]、奕譞強調「萬不可漸撤舊制之師，議添難散之勇，用期經久無弊」[313]。但可「汰弱練強」。

關於簡器、造船。原奏在簡器、造船兩條中提出，凡巨炮、洋槍、兵船及鐵甲船，採取「現在急於成軍，不能不購之外國」與「以後自行製造擴充」相結合的辦法。丁日昌所擬水師章程也提大兵輪、根缽輪「初則購買，繼則由廠自製」。建議三洋各設一大製造局，製造各種軍器。討論中在購買與製造關係中，多數同意急用先向外國購買，將來我國自行仿造。有的指出「爲利用計，暫宜購之外洋；爲經久計，必須制自中土」（李瀚章）。有的說：「若不一面購買，一面製造，則始終受人把持，終無自強之日」[314]。世鐸等會奏也同意洋槍、洋炮、水炮台、水雷等「西人最精」，「亟須購辦」，但「仍當精求製造之法」。劉坤一認爲設廠自造「實爲防禦外侮探源之策」[315]。

郭嵩燾提倡「令沿海商人廣開機器局」[316]，王文韶則主張「機器局除製造軍用所需外，其餘宜一切禁止，不得仿製各項日用器具」。理由是「機器盛行，則失

業者漸眾，胥天下爲遊民，其害不勝言矣」[317]。李鶴年也認爲「製造兵船本爲自強起見，近欲兼造商船，與初意不符，此意似應停止」[318]。

關於籌餉。原奏提出須先籌目前開辦之費供「濟急之用」，再設法「開源節流」，供「經久之用」。討論中丁日昌認爲海防各營「將來持久，固非數萬萬不能，即此時開辦，亦恐非千餘萬不可」。多數督撫意見以洋務釐金供濟急之用，經久之費則於開源節流中求之。

至於如何開源節流也有不同看法。丁日昌提出勸植桑茶，開煤鐵之礦，辦輪船招商局等開源籌款辦法，且認爲「開礦一層，尤爲目前軍事、餉事第一要務」。薛福成提出「體恤商情，曲加調護，務使有利可獲」，這樣，「將來繳價造船之商自必源源而來」，貿易既盛既可「隱分洋人之利」，又可「權其常稅，專養兵船」[319]。劉坤一認爲「開源之道無事他求，但於丁漕正供及現設稅釐切實報銷，不使州縣侵挪、兵役中飽，可期日有起色」[320]。丁寶楨指出，國家餉需「以錢糧、關稅爲大宗」，「若捨此而別求之開煤挖礦，非不獲利於一時，而地方一竭，無業之輩能聚而不能散，勢必釀成事端。是欲籌餉以禦外侮，轉致內患叢生，外侮亦無從籌禦，此則事之必當計較萬全也」[321]。世鐸等覆奏的態度是：「各省所議如增鹽釐、借洋款、開礦廠等事，深恐流弊易滋，諸多窒礙，此議之不可行者。李鴻章所議專提部存及各海關四成洋稅爲目前開辦之需，楊昌濬所議於各省釐金項下每年酌提一二成存儲備用，此議之可行者。第現在財力未充，勢難大舉，祇可量我之力，擇要籌辦，不可過事鋪張」[322]。

關於用人。原奏指出練兵、簡器、籌餉各事，「一不得人，均歸虛費」。討論中大家都同意「用人一條，最關緊要」[323]。如「將領不得其人，有兵如無兵」[324]。

討論中首先涉及如何對待新與老、華與洋的關係問題。有的提在京官或地方官中挑選「能辦海防之勳臣宿將」（奕譞），或先於中外大臣中專任一二人「（王文韶），有的提就由「南北洋大臣督辦海防，以重事權」（李鶴年），李瀚章認爲軍興以來著名宿將，「或宜於陸路，不宜於水師；或熟於內江，不熟於外海」。他強調「英才輩出，亟宜博求新進，教練成材」。李宗羲強調「用兵最忌暮氣，宜用年壯

氣銳、素有遠志、未建大功之人」。討論也涉及洋人在辦海防中的作用問題。當時訓練水陸新軍，設廠造船都離不開洋人，購船購炮也多由洋人代辦。李鴻章主張依靠總稅務司赫德等人購買船炮。文彬也提出無論華人洋人，有能創新者給予厚賞。認爲「洋人嗜利，必有爲我用者，此以敵攻敵之法也」。對此有人表示懷疑。李宗羲指出，「欲自強而恃西人以爲強，亦必不可恃矣」。于凌辰更堅決反對，提出凡「諂事夷人者立予罷斥」。王凱泰、李宗羲等人還提出發揮海外華人的作用問題。主張「有奇技異能者送回中國，優給薪資，酌予獎勵」，有「幹濟之才」者，可「派爲練首，令其團練壯丁」，「發其同讎之念」。

討論中還涉及使用現有人才與培養儲備將來待用人才問題。丁日昌主張從各地現有人才中招聘「目前濟變之人」，同時提倡同文館、廣方言館以及出洋學生精研圖學、算學、化學、電器、兵器、機器、工務、船務、政務各目，以便「儲將來有用之人」[325]。李鴻章、周盛傳都提出嗣後凡有海防省份，均宜「創立洋學局」，另開「洋務進取一格」[326]。「與正途出身無異」。創設洋學局培養海防人才的意見受于凌辰，王家璧等人的猛烈抨擊。

關於持久。原奏提出海防之事一經議定，開辦之後「應如何一心一力歷久堅持之處，尤宜同盡公忠，永維大局」。討論中都認爲持久極爲重要。有人指出謀事往往廢於中途者，「一誤於局中之怠忽，一誤於局外之阻撓」（李瀚章），有人認爲不能持久是由於「任事不專」與「求效太速」（丁日昌）。應如何方能持久，也提出了各自的看法。有的提「政貴有恆，方能持久」（文彬），「定議之後即應堅持」（劉坤一）；有的提「天下事惟愼於其始，而後能爲繼，則可久」。有的提「有治法者尤貴有治人，得人而後可以持久」（王凱泰）。

如何加強海防的討論中，除對六條措施發表不同看法外，還涉及六條之間相互關係及其重點問題。大家都肯定六條是「救時要策」外，也闡述了六條之間的關係。如李宗羲指出：原奏六條「相爲表裡」，「要必餉足而後可以造船，可以簡器，可以練兵。尤必得人而後可以言籌餉，可以言持久。」他認爲「以用人、持久兩條爲前四條之要領」[327]。朱采認爲「就六議而論，有人而後有餉，有餉而後兵可練，船可造，器可簡。故以用人爲首，籌餉次之，練兵、造船、簡器又次

之。若持久，則無事可指而貫徹於五事之中」[328]。王文韶則認爲「練兵、簡器、造船、籌餉，其末也；用人、持久，其本也」。但他認爲「大本」則「尤在皇上之一心」。李鶴年指出「海防之策，甚重於練兵、製器、籌餉、用人四事，四者之中仍以用人爲急務，而尤在專其責成」。奕譞同意「以用人、持久爲要領，爲根本，爲制治之鴻圖」。楊昌濬則同意「用人、籌餉二者尤爲緊要」。李鴻章、周盛傳認爲六條之中所未易猝辦者，「人才之難得，經費之難籌，畛域之難化，故習之難除」。都興阿則認爲「自強之道，實不外乎練兵、求財、籌餉、製器而已」。世鐸等會奏也認爲原奏六條「均係辦防至計」，而「其要尤在用人、籌餉、練兵數大端」。對六條的重點存在有不同的看法。

討論中還涉及人與武器、軍備與吏治人心的關係問題。有的認爲「制勝者器，而用器者人」（王文韶），「法待其人而行」（劉坤一）；有的認爲「籌餉爲兵、器、船三者之根本，用人、持久又爲兵、器、船三者之實用」（丁寶楨）；有的又認爲「簡器、造船、防陸、防海末也；練兵、選將、豐財、和眾，方爲末中之本。修政事、革弊法、用才能、崇樸實，末也；正人心、移風俗、新主德、精爱立，方爲本中之本」[329]。有的倡言「自古覘國勢者，在人材之盛衰，而不在財用之贏絀；在政事之得失，而不在兵力之強弱。未聞以武器爲重輕也」。主張「仍汲汲以修政事、造人材爲本」（李宗羲）。有的強調「練兵、製器、造船、理財數者皆末也，至言其本，則用人而已矣」（郭嵩燾）。多數人認爲，人與武器、吏治與軍備，是本與末的關係。也有人持武器不如外國，則戰守皆不可恃的失敗主義論調。大抵頑固派更強調人心，但忽視武器的作用，陷入主觀唯心論的泥沼；而洋務派則誇大武器的作用，忽視人的主觀能動作用，又陷入唯武器論的錯誤。

（三）清政府對加強海防的意見

總理衙門歸納了各方面討論的意見後，於光緒元年四月二十六日上《遵議籌辦海防事宜摺》，同日，清廷下了一道加強海防的上諭，密寄沿海、沿江及邊疆有關督撫[330]。這是這次海防大討論的總結。茲扼要介紹如下：

上諭重申海防關係緊要，「亟宜未雨綢繆，以爲自強之計」。但強調「事屬

創始，必須通盤籌劃，計出萬全，方能有利無害」。提倡應「逐漸舉行」，「擇其要者，不動聲色，先行試辦，實見成效，然後推廣行之」。這樣「經費可以周轉，乃為持久之方」。並提出加強海防的幾條具體措施。

1.對海防統帥提鎮人選及其職責的意見

上諭指出南北洋地面過寬，必須分段督辦，以專責成，決定派李鴻章為督辦北洋海防事宜，沈葆楨督辦南洋海防事宜。職責是擇要籌辦所有「分洋、分任練軍、設局及招致海島華人諸議」，悉心經理「如何巡歷各海口，隨宜布置，及提撥餉需，整頓諸稅」等事。上諭告誡各省督撫「務當事事和衷共濟，不得稍分畛域」。總理衙門覆奏初稿中原提簡派李鴻章、丁日昌為欽差督辦海防大臣，並請飭令原派辦理海防大臣沈葆楨「同心籌劃，共濟艱難」[331]。但在正摺中刪去了具體人選，只提「簡派分段督辦海防事宜大臣兩員，專理其事」[332]。諭旨最後簡派李鴻章、沈葆楨，未提及丁日昌。關於海防提鎮將領大員，覆奏同意由沿海各督撫於水師久經戰練、洞悉洋務者核實保奏，並請飭下由督辦大臣遴選任用。解決海防人選被認為是一關鍵問題，他們認為「六條均係海防要計，而其要尤在用人」。因此指派專人負責海防，成為上諭的最主要內容，作為大討論的一個主要成果。

2.對練兵的意見

上諭決定南北兩洋分洋創練水師，至於「陸軍須歸併訓練」。著各督撫「量更舊汛，合營並操，劃一訓練，限一年內辦理就緒，奏請派員查閱」。總理衙門覆奏只「擬請先就北洋創設水師一軍，俟力漸充，就一化三，擇要分布」，與各督撫奏立三洋水師之意相符。上諭定分南北兩洋辦理海防，但實際仍著重建立北洋水師。覆奏明確提出「防海之計，兼恃陸軍，所有議准水陸兼練，並選練陸軍、裁汰綠營疲弱額兵及疲弱勇營歸併訓練，均應籌辦」。覆奏初稿中還規定沿海及內地所練陸軍「應十分之四練習洋槍洋炮」。上諭只強調兼併訓練陸軍，未提洋槍、洋炮應占比例。對如何訓練水師，如何裁汰舊營兵勇，未作重點強調，同意覆奏意見。

3.對簡器、造船的意見

上諭指出鐵甲船需費過巨，如實利於用，准「先購一兩隻，再行續辦」。覆

奏初稿原提水師一軍中應設鐵甲船若干隻，擬先購中小鐵甲船八隻，長江水師購買中小鐵甲船二隻。正摺中改提「應設兵輪船若干隻」。覆奏中關於簡器與造船的具體內容、購買與自造的關係等意見，上諭也未加強調。覆奏初稿在簡器條中原有批駁反對購買洋器的一段話：「因外國之器較利而用之，亦非用夷變夏。中國欲謀制敵，而用敵之所長，更不得謂苟徇夷欲」。正摺刪去，只提「祇因外國之器較利，不能不用其所長」一句，上諭對此沒有表態。

4.對籌餉的意見

上諭指出海防經費著戶部、總理各國事務衙門妥議具奏。並著總管內務府大臣裁汰浮費，戶部、工部於應發款項力杜浮冒，各省公私各費要督撫實力撙節，以裕國用。開採煤鐵事宜，先在磁州、台灣試辦。覆奏初稿中對籌餉曾提出「先其急，核其實」兩條原則，並擬出具體辦法是：擬提已經解部洋稅六成之一、四成之一，如六成已無復存，即專提四成之一。又擬提以後洋稅六成之一、四成之一，又擬提各省厘稅十之二，又擬提各省厘捐省份現在存款十之五，又擬整頓厘稅、鹽課、海關各稅、內地關卡、各府州縣落地稅，擬稽查先荒後熟未課之田及已設各關未歸戶部之稅。要求督辦海防大臣會同督撫「各議詳細辦法，實力釐剔，涓滴歸公，清中飽而歸實用。俾開辦有資，經久有藉。」表示出對籌餉這一關鍵問題的決心。但在正摺中具體籌款辦法均刪去，只提籌餉的兩條原則，並要求對如何酌提洋稅、厘金，如何整頓丁漕、鹽務等提出意見。上諭對籌辦海防開辦經費僅著戶部、總理衙門妥議具奏，未提具體意見，反映了對籌辦海防經費決心不大。對節流提了原則意見，對開源只提試辦開礦。對討論中提出的允許人民自行開礦、造船等帶有資本主義色彩的意見，覆奏及上諭都沒有涉及，實際上是持反對態度。

此外，上諭還提出加強江防、邊防、塞防的意見。指出：「海防與江防相表裡。著彭玉麟、楊岳斌會商辦理」。又指出雲南、四川、廣東、廣西、福建各邊境，「均有洋人窺伺」，著各督撫「整頓吏治、軍政，留意交涉事件，以固邊防」。覆奏具體指出加強邊防原因，係由於自英占緬甸、法踞安南、日本脅制琉球，「均為進窺中國之計，與俄患相似」。上諭又指出此次議奏，有關係西北及防

範俄人事務，業由總理各國事務衙門抄寄左宗棠閱看，即「著該大臣通盤籌劃，以固塞防」。覆奏中提及討論中「或謂西北、東南力難並營，或謂西北邊防綦要」的分歧意見，但清廷早已於三月二十八日降旨左宗棠以欽差大臣督辦新疆軍務，即已決心西征，收復全疆。上諭還提到東三省「為根本重地，尤應加意整頓」，著該將軍、都統等「切實籌劃」。並將主張加強東三省防務的醇親王摺二件，丁寶楨、文彬摺各一件，抄給該將軍等閱看，要他們「迅速覆奏」。總理衙門覆奏指出，「俟該將軍覆奏後，再照醇親王此次所奏，請旨簡派大員，會同妥商辦理」。

通過海防問題大討論，當時中國的處境及加強防務的各種問題都被提出來了，提出了海防、江防、邊防、塞防以及東三省防務。許多矛盾也揭開了，如固定有限的經費收入如何分配就是一個十分現實的問題。在這種種矛盾面前，總理衙門覆奏及四月二十六日上諭，對加強海防的態度和決心，比起上年九月二十七日原奏及上諭都有了後退。當時原奏批判了庚申以來「人人為自強之言，而迄今仍並無自強之實」，警告說「若再不切實籌備，後患不堪設想」。十二月同治帝崩，李鴻章晉京叩謁梓宮時，西宮皇太後曾召見三次，李鴻章的印象是：「悲傷迫切之至，大有厲精圖治之意」[333]。但作為討論總結的四月二十六日上諭卻十分強調「講求實際」，「逐漸舉行」，「不動聲色，先行試辦」等等，由加強南北中三洋海防，最後定為南北二洋，實際只重視北洋一洋。總理衙門覆奏主要以醇親王及禮親王等王大臣會議意見為基礎，比覆奏初稿又後退了許多。強調「中外交涉事件，不外羈縻、設防二層」。即主張羈縻與設防並重，上諭也強調「勿得輕啓釁端，以致不可收拾」。主要目的為了保持和局。在討論中江防、邊防、塞防及東三省防務既已提出，也是實際存在的問題，不能不加以肯定。這樣在加強防務問題上全面鋪開，加強海防的重點被沖淡。而且海防屬於「未雨綢繆」性質，進兵新疆是正在進行的軍務，刻不容緩。辦防需要經費，而經費主要用於塞防，海防變成口頭上重要，實際上無足輕重了。海防上的退縮與邊防、塞防等的鋪開，從清廷來說，都是為了維護統治階級狹隘利益，因此海防只重視威脅京畿的門戶，即天津附近的北洋防務。在海防與塞防爭論正在激烈展開之時，清廷接受了左宗棠收復新疆的意見，並任命左宗棠為欽差大臣督辦新疆軍務。但清廷與左宗棠的

出發點並不完全一致。左宗棠雖也是從維護地主階級的統治出發，但他較有遠見，更多地考慮了地主階級的長遠利益，他堅主保衛新疆客觀上是符合國家與人民的利益，帶有強烈的愛國主義性質。而清廷主要考慮俄國侵略新疆，進一步將危及蒙古及東北，對京師形成重大威脅。接受了王文韶、文彬、丁寶楨等所陳「防俄尤為切近」的觀點。正如左宗棠以後明確概括指出的那樣：「是故重新疆者，所以保蒙古，保蒙古者，所以衛京師」[334]。左宗棠與李鴻章關於塞防與海防的意見相對立，但清廷在塞防問題上，從保衛京師安全的立場出發，採納了左宗棠進兵新疆的意見；而在海防問題上，同樣從保衛京畿的立場出發，採納了李鴻章加強北洋海防的意見。清政府最高當局的決策，是從目前的狹隘的階級利益出發的。討論中起舉足輕重作用的是奕譞、世鐸及洋務派的大官僚，頑固派代表于淩辰、王家璧等少數人反對洋務的觀點被「三人占從二人為斷」的原則所否定，總理衙門覆奏稱「礙難如議辦理」，應「無庸置議」。通過討論後採取的加強國家防務措施，反映了邊疆危機嚴重、民族矛盾上升期間，對清朝封建政府政策的重大影響，與60年代國內階級矛盾尖銳期間，加強軍備主要為了對內鎮壓的政策有所區別。這時加強海防、邊防的主要鋒芒，顯然是為了針對外患。雖然其目的重在保和局，以防禦自救為主。因此，對清政府這些加強海防措施的作用，應加具體分析，適當肯定。簡單地斥之為適應外國侵略者需要的「賣國行徑」，也是缺乏說服力的。

（四）清政府對台灣地位的新認識

同治十三年日軍侵犯台灣及由此引起的海防大討論，促使清政府對台灣地位的認識產生了新的變化。

1.台灣從防內為主地區轉為禦外為主地區

康熙二十二年清政府實現台灣與大陸統一之後，由於台灣係「海外地方」，且係「彈丸之地」，拿它與大陸陸地接壤的邊境相比，在塞防為主的年代，台灣在國防上的地位遠沒有後來那麼重要。事實也是如此，清政府在統治台灣以後一百五十多年中，始終沒在發生過嚴重的外患，而不斷發生的倒是人民反清鬥爭，所

謂「三年一小反，五年一大反」。所以歷來統治者認爲台灣是個「多亂」之區，並由此得出的結論是，「台灣之患率由內生，鮮由外至」。道光二十年鴉片戰爭爆發後，台灣的地位開始發生變化，由於英軍數次侵擾台灣、廈門，閩浙總督開始認識到「閩洋緊要之區，以廈門、台灣爲最，而台灣尤爲該夷歆羨之地，不可不大爲之防」。[335]之後三十年間，先後發生過美艦侵犯琅瑀、英軍炮轟安平、英德商人占墾大南澳等覬覦台灣的活動，但這些事件多與通商有關，或僅企圖占領台灣的一個港口作爲貨棧之用，對東南各省並未形成多大的威脅。但使清政府認識到，台灣一地「番民雜處，易啓釁端」[336]。認爲主要由於少數奸民或番民煽誘，「以致洋人藉端生釁」。只要「禁遏內奸」，就可「以絕後患」[337]。特別是在19世紀50至60年代，與大陸太平天國革命及少數民族起義相呼應，台灣也接連發生了李石、林恭、戴潮春等多次反清反封建鬥爭，清政府加深了台灣「人情獷悍……喜亂好動，習爲故常」的看法，主張「必須設法鎮撫，方可日久相安」[338]。同治十一年八月，當日本國內已在藉口前一年發生的牡丹社事件醞釀興兵犯台時，清政府仍在強調「台灣孤懸海外，民情浮動，彈壓巡防，在在均關緊要」[339]。其主要鋒芒仍是防內。從防內轉向禦外爲主的眞正轉捩點是同治十三年的日軍襲擊牡丹社，不宣而戰，引起清廷的極大震驚。在大討論中許多人贊同「馭外之端國家第一要務」，禦外中又以「防日本爲尤亟」，而防日、禦外，台灣則首當其衝。清政府在諭旨中指出：「台灣之事現雖權宜辦結，而後患在在堪虞。……亟宜趕緊籌劃，以期未雨綢繆」[340]。負責籌辦台灣善後事宜的沈葆楨也奏稱：「台地向稱饒沃，久爲他族所垂涎。今雖外患暫平，旁人仍眈眈相視。未雨綢繆，正在斯時」[341]。繼任福建巡撫丁日昌的看法具有代表性。他指出「台灣民情浮動，相傳無十年不反之說。遠者姑不必論，即自道光十二年土匪張丙之案起，至同治三年土匪戴萬生之案止，內連道光二十二年防海一案，計叛案八起」。自同治十三年，日本琅瑀事起，台灣辦理海防，事雖議結，但日本「今乃雄踞東方，眈眈虎視……彼其志豈須臾忘台灣哉？現已斷我手足，必將犯我腹心」。他認爲「台事以禦外爲要」[342]。這些看法得到總理衙門及清廷的肯定，認爲「洞中窾要」。從此以後台灣被認爲是以禦外爲主的地區。

2.台灣上升為我國海防要地

日軍犯台事件，暴露了日本把侵占台灣作為其進一步侵略中國大陸的基地，台灣在中國海防上的地位才顯得日益重要。清初，有識之士雖早已指出，台灣乃「江浙閩粵之左護」，「東南數省之藩籬」[343]。有的更進一步指出，台灣「近則為江浙閩粵之保障，遠則為燕齊遼口之應援」[344]。乾隆帝口頭上也承認過台灣「實為數省藩籬，最為緊要」[345]。但當時係指「海盜」利用台灣騷擾沿海而言，以防內為主。在水師不大發達的年代，來自海上的威脅並不嚴重。到了19世紀70年代，在列強環伺時代，來自海上的威脅就嚴重得多了。在海防大討論中，許多督撫都十分明確地指出了我國所面臨的這種新形勢。沈葆楨指出，「年來洋務日密，偏重在於東南。台灣海外孤懸，七省以為門戶，其關係非輕」[346]。丁日昌也指出，「東南七省之逼近海洋，為洋舶之所可朝發夕至者。……從古中外交涉，急於陸者恒緩於水，固未有水陸交逼，處處環伺如今日之甚者也」。而日本「覬覦台灣，已寢食癮寐之不忘」，主張應加強防衛，「以固東南樞紐」[347]。李宗羲則從更廣泛的範圍考察台灣的重要地位。他在覆奏中說：「台灣一島，形勢雄勝，與福州、廈門相為犄角。東南俯瞰噶羅巴、呂宋，西南遙制越南、暹羅、緬甸、新加坡。北遏日本之路，東阻泰西之往來，宜為中國第一門戶。此倭人所以垂涎也」[348]。當時沿海督撫多同意北、東，南三洋設水師三大枝，福建、廣東為一枝。王凱泰更主張南洋水師「分闈於台灣」[349]。左宗棠雖反對設三洋提督，但也承認台灣、定海各島如人之「左右手」，「亟宜為之防」[350]。王大臣及六部、九卿奉旨討論時接受了台灣「為中國第一門戶」的看法。認為與京畿門戶，長江門戶「均宜嚴密設防」[351]

海防大討論告一段落後，地方將軍督撫的奏摺中進一步闡述了台灣在海防上的重要地位。文煜、李鶴年、王凱泰、沈葆楨等會奏中指出：「外人之垂涎台地，非一日亦非一國也。去歲倭事，特噶矢耳。自法郎西據安南，英吉利據印度、新加坡等處，南洋各處漸為所收，遂使遠隔數萬里之豺狼，得以近吾臥榻」。而「台地閩左屏藩，七省門戶」，「中土之藩籬也」。「藩籬既撤……，則蛇蠍之毒將由背膂而入我腹心，……不能不為塞門瑾戶之計」[352]。丁日昌也分析說：

「台灣洋面居閩粵浙三界之中，為泰西兵船所必經之地，與日本、呂宋鼎足而立。彼族之所眈眈虎視者，亦以為據此要害，北可以扼津、沽之咽喉，南可以拊閩、粵之脊脅」。他的結論是：「惟台灣有備，沿海可以無憂；台灣不安，則全局震動」[353]。沈葆楨指出丁日昌所陳，「誠洞見癥結，綢繆未雨之苦衷，非故危言聳聽者也」[354]。總理衙門奉旨議覆摺中完全同意了丁日昌的觀點，指出「台灣孤懸海外，其地與日本及日斯巴尼亞所屬之小呂宋鼎足而立，其洋面毗閩粵浙三界之中，為泰西各國船隻所必經之地，以形勢而論為南洋之尾閭，即可作北洋之捍蔽。是經營台灣實關係海防大局」[355]。清政府同意大臣們關於台灣地位的分析，贊同「丁日昌所奏各件洞中窾要，亟應次第舉行」[356]。可見，在民族危機日益嚴重的新形勢面前，台灣在海防上的重要地位，已開始為沿海督撫、朝廷大臣及清廷所瞭解，這是對台灣地位的一種新認識。

3.加強以禦外為主的防務措施

自沈葆楨受命辦理台灣等處海防大臣後，即已採取了一些加強台灣防務的措施。海防大討論開始後，大學士文祥奏請「全台事宜應如何布置？均宜經劃周妥，以善將來」[357]。旋奉旨著沈葆楨、文煜、李鶴年、王凱泰等「悉心籌商」[358]。根據沈葆楨等建議，清政府批准增設台北府，改淡水廳為新竹縣、噶瑪蘭廳為宜蘭縣，增設恒春、淡水兩縣。令福建巡撫冬春駐台，夏秋駐省。繼續實行開山、撫番，開人民渡台、入山之禁[359]。並批准先在台灣試辦「開採煤鐵事宜」[360]。後來諭旨又指出：「丁日昌所擬購鐵甲船、練水雷軍、造炮台、練槍炮隊、開鐵路、建電線、購機器、集公司各條、亦屬目前應辦之事」，著李鴻章、沈葆楨等「妥密籌商，速議具奏」[361]。侍郎袁保恒更提出「改福建巡撫為台灣巡撫，常川駐守」的建議[362]。當時關於加強台灣防務的種種建議，有的未獲批准，有的批准後開始實行了，有的雖經批准而沒有實行。儘管如此，亦可說明清政府對台灣防務已引起較大的重視。通過中法戰爭法軍侵犯台灣的再一次教訓，台灣建省及若干加強防務措施的建議都得到實現。

通過以上對清政府加強海防大討論的回顧與分析，使我們對台灣建省的背景有這樣一種認識：加強海防的需要促進了台灣建省的實現。

中法戰爭前後的台灣海防

（一）戰前的台灣海防

　　1874年，日本出兵侵犯台灣，東南海疆出現危機，清廷大爲震驚。事件平息後，受命辦理台灣等處海防大臣沈葆楨提出移駐巡撫、添設郡縣、開山「撫番」、招墾開禁、整頓營務、充實軍備等一系列加強海防的措施。1875年12月，丁日昌繼任閩撫，充分認識到台灣在中國海防中所處的重要地位，認爲「惟台灣有備，沿海可以無憂；台灣不安，則全局殆爲震動」，主張「認眞整頓，速籌備禦之方」，提出購鐵甲船、練水雷軍、造炮台、練槍炮隊、購機器、開鐵路、建電線、開礦開墾等加強台防的具體措施。[363] 1876年11月底丁日昌「力疾渡台」，巡視台灣南北防務。1877年5月，暫行接辦台灣防務的福建船政大臣吳贊誠亦於6月渡台，視察台灣旗後、安平、恆春、卑南等地防務後奏稱：「刻下海防靜謐，台地事宜當以後山開墾爲急務。」[364] 1878年7月，吳贊誠署福建巡撫後，又於9月再次渡台，抵達花蓮港，親赴加禮宛等處勘察、撫輯先住民，並巡視雞籠、艋舺、竹塹、彰化、嘉義等地，「訪求利弊」，於12月返省。吳贊誠對台防的措施，主要放在對後山的開發和「撫番」方面，對丁日昌策劃的各項建設，均未能繼續充實、完成，如棄置海濱的吳淞鐵路鐵軌，令其鏽腐，煤礦開採亦不得力。這時台灣海峽稍爲平靜，清廷又恢復有事時由督撫輪赴台灣巡查的舊章，從閩撫每年「冬春駐台」的方案後退了，繼任閩撫李明墀在任期間並未渡台巡查台灣防務，並於1879年6月調任湖南巡撫，清廷改任勒方奇爲閩撫。

　　1879年，日本先「阻梗琉球入貢」中國，繼於4月宣布琉球爲沖繩縣，公開吞併琉球。同年，俄國以伊犁問題決定向中國沿海及東北要區施加壓力，1880年派艦隊駛抵日本長崎及海參威。當時盛傳日俄將勾結，合而謀我，東南及台灣海

防又趨緊張。3月准李鴻章奏請，清廷允先購鐵甲船一隻，「專歸台灣調撥防守」[365] 後因英國不肯轉售而中止。7月又下諭：「聞俄近與日本乘機聯絡，現在琉球事尚未定議，台灣一帶著何璟、勒方奇先事預防。」[366] 時張之洞奏稱：「日本滅琉球，乃垂涎台灣之漸。」[367] 李鴻章亦奏稱：台灣一島「內則遮罩閩、粵、江、浙諸省，外則控扼日本、琉球、呂宋諸島……故論中國海防者，當以台灣為第一重門戶。」指出「東洋有事，台灣實當要衝」。並密陳自改行督撫輪駐，兩年「未聞有渡台之舉」。認為閩省督撫何璟、勒方奇「皆廉慎有餘，才略不足」，奏請將「足智多謀」的貴州巡撫岑毓英調閩「督辦台灣防務」，仍循「冬春駐台、夏秋駐省」之例，「就地設法籌餉練兵，久之必有成效」[368]。由於台防又趨緊張，勒方奇遂於11月渡台，並於1881年1月上奏視察滬尾、基隆、安平、旗後各海口，飭令修建基隆炮台、布置營伍、「撫恤民番」等情形。密陳旗後「為台灣南路要區」，議開港「是乃自撤藩籬，情同誨盜」。巡查後山先住民後，建議撫馭「番社」，「莫若合民番而妥設團防」，使其「不至為敵所資」[369]。勒方奇重點放在「預防勾結內訌」上，對台防建設也未提出其他積極的措施。這時，清廷又認為「台防緊要」，對治台人選亦重新考慮，旋准李鴻章所奏，於1881年5月調岑毓英為閩撫，令其「將台灣防務悉心規劃」，「務期有備無患」。[370] 同時詔令劉璈為台灣道，以加強台防。

　　岑毓英接奉諭旨後，即攜帶親兵2,000名赴任，並將黔鑄開花銅炮8尊運台，以加強防衛力量。旋於9月初渡台巡查，劉璈亦於同月東渡，10月2日接任。岑到台經過實地勘察後，提出：「台灣之事，當以省刑薄斂、固結民心為上；分路屯兵、嚴守陣地次之；添紮營壘、保守海口炮台又次之。而三者俱宜相輔而行，不可偏廢。」並將所帶2,000名精兵全數調台，合併為四營，與劉璈所帶楚勇一營及台地原有兵制，合計11,000名，除留守澎湖及各海口、前後山外，奏請擬分為三小軍，分屯台南、台北及中路彰化，「以備緩急之需，無事則認真操練，有事則互相應援」[371]。並明定海上交通用輪船自五虎口徑渡基隆，派「琛航」、「永保」兩船輪流渡往基隆、滬尾，凡來往官兵及省台文報，均由輪船渡送，「以免遲誤機宜」[372]。岑於10月25日回省，12月28日又再次渡台，1882年1月抵大甲

溪一帶勘察，認為台灣府城偏於一隅，不易顧及北路，建議台灣府、道移設彰化東大墩（今台中市），居中控制，預定作為將來的省會。並督修大甲溪河堤，以利交通。2月回台北府城後，又督同官紳布置修築城垣，添築炮台、營碉各事，於4月28日內渡。岑毓英的布防重點在台灣北部，這與沈葆楨注重南部防務的情形，已有所改變。清廷本欲藉重其才以固海防，應付日本，但日本當時並沒有藉中日琉球一案侵擾台灣，而法國卻積極謀占越南北境，中國西南邊防十分緊張，清廷乃於6月調岑毓英署雲貴總督，以前任廣東巡撫張兆棟署福建巡撫。

中法關於越南的爭執，前後將近十年，1882年後，形勢益形嚴重。張兆棟接任後，於12月28日渡台巡視南北各路防務。1883年5月，清廷正式任命張為福建巡撫。時法人攻占順化河岸炮台後，迫脅越南議約十三條，中國南北海防更趨緊張。9月，清廷諭令實力籌辦南北防務，12月17日又下諭：「法人侵占越南，外患日亟」，「閩省台澎等處，在在堪虞」，著閩省督撫「同心籌劃，備豫不虞」[373]。時福州將軍穆圖善等奏陳台地防務單薄，要求增援。18日清廷又諭令左宗棠酌撥練勇數營渡台，歸劉璈調遣。左宗棠旋派楊在元、楊金龍、章高元等4營，赴台協防。1884年1月，清廷又諭調前陝甘總督楊岳斌駐閩會辦海防事宜，並委楊在元署台灣鎮總兵。負責台灣防務的台灣兵備道劉璈接奉辦防上諭後，旋覆奏稱：台灣海防「必倚內山為靠，非靜鎮於內，斷難捍禦於外」，故「外防緊，內防仍不容稍鬆」，要求增兵、籌餉，並主張「論海防於今日，不求角力於水面，祇求制勝於陸路」。提出添募壯勇9,000人，合足20,000人，「輔以水陸團練，方資分布」。旋把兵勇分南、北、中、前、後五路，分布各汛地，採取「量地分管，可專責成」[374]。同時修築炮台、建營壘、購新槍、置水雷，以加強軍備。但由於各種因素限制，台灣海防的實力仍很有限，遂予法人以可乘之機。1876年西班牙的恫嚇，1879年出現的俄、日警聞，結果俱是虛驚，而中法越南爭端，終釀成實禍，閩台成為中法戰爭海戰的一個主要戰場。

（二）戰爭期間的台灣防務

1884年6月以後，法國已把戰火燒到中國東南沿海一帶，要在中國本土開闢

第二戰場，以脅迫清政府屈服，其主要目標是福建省城福州和台灣島的基隆。6月26日，清廷特諭前直隸提督劉銘傳著賞給巡撫銜督辦台灣事務，所有台灣鎮道以下各官均歸節制。劉銘傳於7月16日抵達基隆，查勘形勢後於25日上奏稱：「綜計台灣防務，台南以澎湖爲鎖鑰，台北以基隆爲咽喉……皆非兵船不能扼守。」要求調派兵輪增防。同時在基隆外海口門鱗墩、社寮兩山各築炮台一座，別建護營一座，「以遏敵船進口之路」。並準備在滬尾、蘇澳等口「次第設防」。又在淡水海岸埋地雷，在港口敷設水雷，在打狗港沉埋土石，填塞港口，在澎湖媽宮港敷設鎖鏈，攔阻敵船。當時全台防軍共40營，台北僅有孫開華所部3營、曹志忠所部6營，而台南則擁有31營，「南北緩急懸殊，輕重尤須妥置」。劉銘傳乃從台南飭調淮軍舊部章高元2營至台北，作爲護隊 [375]。並重新布置各地兵力，改以台灣北部爲備防重點。

自7月下旬以後，時有法國兵船巡泊基隆洋面，至8月5日，法國兵船突然猛轟基隆炮台，守軍督炮還攻，揭開台灣保衛戰的序幕。敵艦自辰至午猛攻不息，毀基隆炮台前壁，火藥房亦爆炸，守軍旋退出。是役「傷亡弁勇六十餘人」。劉銘傳認識到「非誘之陸戰，不足以折彼凶鋒」，即令部隊移退後山，避開法軍炮火。第二天，法國侵略軍四五百人登岸向曹志忠營猛撲，曹率隊迎戰，劉銘傳即督率章高元、鄧長安等繞襲其東、西面，實行「兩路夾攻」。結果敵軍大潰，撤回艦上。是役「法兵傷亡百餘人……我軍傷亡才數人」。基隆保衛戰，轉敗爲勝。劉銘傳考慮到「敵人船堅炮利」，若再增兵、增船，曹志忠部離海過近，「難支敵炮」，決定令曹營「移紮後山，以保兵銳」，並拆八堵煤礦機器，移至後山，將礦房燒毀，「以絕敵人窺伺之心」[376]。

法軍在基隆受挫後，除留下少數兵艦封鎖基隆洋面外，海軍提督孤拔指揮的10艘軍艦，悄悄轉移到馬江，於8月23日(光緒十七年七月初三日)發動突然襲擊，閩海艦隊全軍覆沒，馬尾造船廠及沿江炮台亦被擊毀。同月28日清廷發布上諭，對法宣戰。馬江戰後，法軍掌握了台灣海峽的制海權，法艦不斷窺擾基隆、滬尾等地洋面，至9月底已集中兵艦11艘，旋於10月1日法軍第二次進攻基隆，並分艦進犯滬尾。劉銘傳衡量當時軍事形勢後，認爲滬尾當基隆後路，離府城根

本重地只30里，「倘根本一失，前軍不戰自潰，必至全局瓦解，莫可挽回。不得不先其所急，移師後路，藉保省城」。乃令曹志忠、章高元率部撤離基隆，「馳救滬尾」[377]。8日，法國陸戰隊600人，在猛烈艦炮掩護下，猛撲滬尾陣地，提督孫開華督軍分路迎擊。中午，法軍發出「彈藥用罄，損失重大，我們非撤退不可」[378]之信號後，即撤回艦上。是役雙方互有傷亡，據劉銘傳奏報：「斬首二十五級，內有兵酋二人，槍斃三百餘人……溺海者更七八十人。」清軍「陣亡哨官三員，傷亡勇丁百餘人」[379]。曾經參與侵台戰爭的嘉圖所記傷亡數字與此雖有出入，但承認滬尾之戰是「最嚴重的敗戰」，並說：「淡水的敗戰突然發生，它一方面使我們看出中國兵力的強大；一方面也使我們明白局勢的危險。這次敗戰是難以補救的，從陸上進攻淡水成了一種瘋狂之舉。」[380]

當法軍攻占基隆後，改變原擬「取地為質」而升級為「割地」，叫囂「基隆一地應讓與法國，以為法國水師在中國海面屯踞之處」，有的更提出「占據全台」。茹費理內閣海軍部長電示孤拔：「可俟占領基隆後，再行率領各艦進攻中國北部。」但法軍不久便發現所占領的基隆，無非是一片廢墟和荒灘，且經常受到中國軍隊的偷襲和反擊。法軍被牽制在基隆，成為一個「悲慘堡壘」[381]。自滬尾重挫後，法軍士氣低落，軍心渙散。孤拔遂於10月20日宣布，自23日起封鎖台灣南北海口。

自基隆被占後，清廷對台灣安危異常關切，除催促新授欽差大臣左宗棠、閩浙總督楊昌濬迅速上任、竭力保全台灣外，並諭令江南及閩粵各省派兵、濟械，急援台灣。海面被法艦封鎖後，確使台灣防務蒙受嚴重影響，但閩台沿海的船民，也組織起來進行「偷運」，接濟台灣。12月，南洋派出五輪赴援，1885年2月在浙江洋面被法艦截擊，二船沉沒，三船折返上海。3月1日，左宗棠所派王詩正部援軍衝破封鎖，抵達台北。李鴻章所派聶士成所部淮勇800多人，亦於3月初抵台，並運去大批槍械、彈藥。同月16日，楊岳斌亦自泉州繞渡台東卑南，於19日抵達府城。自上年12月起，法國援軍也陸續抵達台灣，法軍不時出擊暖暖等地，曹志忠、林朝棟率部迎擊，展開月眉山區攻防戰，雙方互有傷亡。3月4日，法軍大舉南犯清軍陣地，經過4天的激戰，清軍死亡千餘人，法軍亦傷亡190餘

人。清軍退保五堵、七堵，基隆河北面的月眉山、深澳坑、暖暖等地失守，戰火迫近台北府城，但法軍威脅清廷議和的目的仍沒有完全達到。3月29日，孤拔遂率艦隊炮擊澎湖，並自蒔里澳登陸，31日占領媽宮，澎湖全島俱陷。法軍占領澎湖，既是爲了擾亂南北海面上交通，給清廷以進一步的威脅；同時也是爲了掩護其撤退的一種行動。早在1月28日法國海軍部致孤拔密電中就說：「爲著緩和我們放棄台灣島所生的結果起見，政府決定占領澎湖群島。」孤拔在覆電中也說：「提督完全瞭解，政府主張占領澎湖，目的僅在潤色以後的台灣撤退。」[382]

3月28日，西南戰場的馮子材、蘇元春、王德榜等三路清軍進攻諒山，翌日克服諒山，大敗法軍，31日茹費理內閣被迫辭職。4月2日，孤拔收到巴黎令其增援越南戰區的急電，計劃自基隆撤退。但此時清廷卻一味急於求和，竟然在諒山大捷與法軍愁困台北「悲慘堡壘」的情況下，答應在1884年4月簽訂的《天津條約》的基礎上，簽訂新的和約，於4月6日(二月二十一日)宣布停戰。法軍於6月2日撤離基隆，7月21日撤離澎湖，侵略軍頭子孤拔亦於6月11日死於澎湖。中法戰爭竟乘戰勝後而屈辱收場。

（三）戰後建省與加強台灣海防的措施

中法戰爭期間，法軍利用其海上優勢，先後占領基隆和澎湖，封鎖台灣洋面，全國爲之震驚。這次戰爭對中國海防產生了重要影響，戰爭暴露了清政府在軍事上的突出弱點，不但海軍力量十分薄弱，而且台灣海防尤不可恃，一旦援絕，難以自守。戰後，清政府內部進行了一次加強海防和台防的討論，於1885年10月12日（九月初五日）奉慈禧太後懿旨二道：一道詔設總理海軍事務衙門，並派醇親王奕譞總理海軍事務，「所有沿海水師悉歸節制調遣」，並派奕劻、李鴻章「會同辦理」，善慶、曾紀澤「幫同辦理」，先從北洋「精練水師一支」，由李鴻章專司其事。另一道諭旨准台灣改設行省，諭旨指出：「台灣爲南洋門戶，關係緊要，自應因時變通，以資控制。著將福建巡撫改爲台灣巡撫，常川駐紮。福建巡撫事，即著閩浙總督兼管。」[383]設立海軍衙門與台灣建省的上諭同日頒發，並非出於偶然，這是當時清政府加強海防的二個重要內容。九年前未經認真討論即被

議駁的袁保恒改設台灣巡撫的建議，在中法戰爭後清廷急於加強海防的新形勢下，經左宗棠再次陳奏，終於為清廷所接受。可以說，加強海防，促進了台灣建省的實現。當時督辦台灣防務的福建巡撫劉銘傳，認為台灣單獨建省的條件尚未成熟，曾上摺奏請暫緩改省，未被清廷接受，但同意添設藩司一員，並准照新疆例，改福建巡撫為福建台灣巡撫。

台灣成為中國的第20個行省，劉銘傳為首任福建台灣巡撫。

台灣建省後，劉銘傳積極在台推行加強台灣海防的措施，以維護國家的主權。現分述如下：

1.添設府縣

1886年7月劉銘傳與總督楊昌濬會銜所上建省事宜十六款一摺中，已提出確定省會、調整行政區域、設官分治等問題。1887年10月，「撫番」、擴疆工作大致辦有頭緒後，復與楊昌濬會銜上《籌議台灣郡縣分別添設裁撤》摺，提出台灣南北相距七百餘里，東西近者二百餘里，遠者或三四百里，雖經沈葆楨請設台北府縣，「粗有規模」，但「非一勞永逸之計」。如山前彰化、嘉義、鳳山、新竹、淡水等縣，縱橫多至二三百里，「倉卒有事，鞭長莫及」。山後中北兩路延袤三四百里，「並無專駐治理之員，前實後虛，亦難遙制」。劉銘傳於上年曾親赴中路沿途勘察地勢，乃「就山前後全局通籌」，提出了添改廳縣方案。即將原台灣府改為台南府，台灣縣改為安平縣，合嘉義、鳳山、恆春三縣及澎湖廳，共領四縣一廳；分彰化東北之境設首府曰台灣府，新設台灣、雲林、苗栗三縣，合原有的彰化縣及埔里廳，共領四縣一廳；北部台北府仍領淡水、新竹、宜蘭三縣和基隆一廳；後山添設台東直隸州。進一步加強了中北路山前山後的統治力量。統計全省三府、十一縣、三廳、一州[384]，初步奠定了今天台灣行政區的基礎。

2.設防練兵

台灣是一個海島，海防建設首重兵艦、輪船的購置。楊昌濬、劉銘傳原建議在台澎建立一支海軍，以保衛台澎及東南沿海。後清廷決定先建北洋海軍一支，原定為台灣購置的四艘鐵甲快船，亦被編入北洋艦隊，劉銘傳乃退求其次，續請北洋分撥快船到台備用。如1884年曾在香港定造南通、北達、前美小輪三號，分

撥澎湖、安平及滬尾各海口，用以緝捕、運輸及通文報之用。1885年又購如川小輪一號，供南北各海口遣用。1887年復於英國承造飛捷水線船一艘，供修理電線及運輸之用。

同時，自1886年開始，劉銘傳開始在澎湖、基隆、滬尾、安平、旗後各海口，仿西洋新法興修炮台，計澎湖、基隆、滬尾、安平、旗後五海口「共造炮台十座」[385]，並添購後膛阿姆士頓鋼炮31尊，以加強炮台的防務。劉銘傳又奏請先購沉雷60、碰雷20，使「海防利器水雷與炮台相資為用」[386]。劉鑑於法艦封鎖台灣時，內地武器彈藥難以接濟的教訓，決定在台自行仿造槍械彈藥，於1885年秋設軍裝機器局於台北大稻埕，以小機器廠製槍彈，大機器廠造炮彈，並在廠西建造軍械所，以存儲軍械，繼設火藥局於大龍峒。

劉銘傳又提出整軍練兵，他認為「台灣軍務，久號廢弛」，「非講求操練不可」。決定防軍均改用洋槍，聘外國教習教練，且於台北設總營務處，直屬巡撫，統轄全台軍務，以「嚴定營規，堅明約束」。並與藩司沈應奎等詳酌，除鎮標練兵不計外，防軍擬留35營，其分布：台南合澎湖15營，台北合宜蘭15營，中路新竹、嘉、彰擬派5營[387]。調整全台兵力，重新布防，以加強陸路防守的兵力，並加強了後山的防衛力量。1886年又奏請澎湖副將與海壇鎮總兵對調，並奏調吳宏洛為澎湖總兵，以加強澎湖的海防[388]。

3.修鐵路、架電線以利調兵與通文報

劉銘傳為了鞏固海防，極力倡辦鐵路等新式交通事業。早在1880年就倡議在中國興辦鐵路，中法和議甫成，即請開辦鐵路，「良以台疆千里，四面濱海，防不勝防。鐵路一成，即骨節靈通，首尾呼應」。他特別指出：「此中利害，自非身親大難，未易決其深微。」[389]1887年4月劉又奏稱：「鐵路為國家血脈，富強至計，捨此莫由。」並強調：「若鐵路既成，調兵極便，何處有警，瞬息長驅，不慮敵兵斷我中路。」他認為：「鐵路之利，不獨目前有裨於海防、建省、橋工三事，將來更可添大宗入款，充海防經費要需。」[390]計劃鐵路路線起自基隆至台南，其築路計畫7月10日經清廷批准後，即設台灣鐵路總局於台北大稻埕，旋興工先修台北至基隆段，翌年台北至新竹段亦開工，1891年11月基隆至台北段竣

工，長20英里（約32公里)。劉銘傳離職後，台北至新竹段工事遲緩，至1893年12月竣工，長42英里(約68公里)。自基隆至新竹，全長62英里(約100公里)。這是中國自行集資、自行主辦、自行控制全部權益的第一條鐵路，不但對加強台防有積極的意義，而且在近代中國鐵路史上，也具有重要的地位。

同時，劉銘傳對海上交通，亦苦心經營，1886年至1889年先後購置「威利」、「威定」等輪船多號，並開始建築基隆港口，旗後、安平亦計劃建港，又購挖泥船二號，供疏浚港口之用。在他努力經營下，海上交通亦粗具規模，平時供通商貿易之用，戰時可供運兵運械之用，有利於海防的加強。

鑑於台灣「孤懸海外，往來文報屢阻風濤」，1886年9月劉銘傳奏稱，「水陸電線實爲目前萬不可緩之急圖」[391]。遂在台北設立電報總局，命張維卿爲總辦。由於經費支絀，於1887年春先架設台北至基隆、滬尾的陸線，同年秋敷設安平至澎湖、滬尾至福州川石的水線，年底裝置完畢，閩台兩省先行通報。繼又架設台南經彰化至台北的陸線，至1888年3月，與基隆、滬尾兩線接通。至此，台灣水陸電線全部竣工，總計水陸電線共1,400餘華里，分設川石、滬尾、澎湖、安平水線房4所，添設澎湖、彰化、台北、滬尾、基隆報局5處，加上台南、安平、旗後原設報局3處，共有水陸電報局8所。[392] 從此台灣的通訊大爲改善，對海防、民生均有大裨益。

4.開山「撫番」，安內以防外

清廷決定立即在台建省後，劉銘傳在奏摺中指出：「現既詔設台灣巡撫，必先漸撫生番，清除內患，擴疆招墾，廣布耕民，方足自成一省。」[393] 又指出：「既設行省，不能不闢土分治，緝匪安良，斷非撫番不可。」[394] 決定把撫番工作，提前進行。劉銘傳認爲：「以防務論，台疆千里，防海又須防番。萬一外寇狒臨，陰結番民，使生內亂，腹心之害，何以禦之？誠令全番歸化，內亂無虞，外患雖來，尚可驅之禦侮。既可減防節餉，又可伐內山之木以裕餉源。此撫番之不容緩者也。」[395] 顯然，其目的是爲了安內以防外，以鞏固海防。遂於1885年12月奏明開辦「撫番」事宜，於1886年5月，設撫墾總局於大科嵌（今桃園縣大溪鎮），自任撫墾大臣，以林維源爲總辦，全台分南、北、東三路，分設撫墾局及

分局，從事「撫番」、招墾工作。從1886年6月起，經過數個月的努力，招撫後山南北兩路「生番」218社，「番丁」5萬餘人。前山各軍亦續撫260餘社，薙髮者3,800餘人，「均各次第歸化」，可墾田園十萬畝。[396]

5.多方籌劃海防經費

建省份治、加強海防需要大筆經費，長期靠閩省及鄰省接濟，終非長久之計。1886年5月劉銘傳提出，財用「不能不就地籌劃，期於三五年後，以台地自有之財，供台地經常之用，庶可自成一省，永保岩疆」[397]。為了清除積弊，增加財政收入，劉銘傳決定首先從清賦入手。從1886年開始實行清丈至1888年全部告竣啟徵新賦，歷時三年。據劉銘傳1890年6月奏稱，清丈後的現定糧額年徵銀512,969兩，隨徵補水平餘銀，加以官莊租額，共銀674,448兩有奇，比較清丈前的舊額溢出銀491,502兩[398]。因此，清賦的結果，不但查清地籍、戶籍，使賦率及土地所有權得到較合理解決，而且增加了大筆財政收入，可供海防及各項建設之用。

除清賦外，劉銘傳在整頓稅收方面，也取得很大的成績。據胡傳1893年2月17日在《台灣日記與稟啟》中所記：「自設行省以來，增田賦、榷百貨、採礦、蒸腦、淘金、開煤，歲入近二百萬。」蔣師轍1892年7月1日在《台遊日記》中亦記：「田賦所出與夫關榷雜稅，歲入率二百萬金。」故當時台灣的財政收入，每年從90萬兩增至200萬兩左右，增加一倍多[399]，成績頗為可觀。

此外，劉銘傳將山地的樟腦、硫磺等特產的製造、輸出，收歸官營，設腦礦總局，並置分局於要地，分掌其事務。1886年至1887年，先後設立或恢復伐木局、煤務局、煤油局等民用企業，又招上海、蘇州、浙江之富紳投資，設立興市公司於台北大稻埕，並鋪設台北市街，作為市場貿易的中心。劉銘傳於1889年3月的奏摺中提出，「欲自強必致富，欲致富必經商」，乃特派公正廉明之大員認真督理，舉凡絲、茶、煤、鐵、紡織、種植及一切礦務、墾務、製造各務，「招集股商富戶，……使之分頭認辦」，自信「行之數十年，物阜民康，無敵於天下，此所謂商戰從容而屈人者也」。摺中還指出：「不聚斂於民者，不能不藏富於民；不與民爭利者，不能不與敵爭利。」[400]劉銘傳在倡辦實業籌措海防經費時，謀求

「商戰」、「與敵爭利」，已具有抵制列強經濟侵略的思想，同時他還先後創辦了「番學堂」、西學堂和電報學堂，創辦新式教育的主要目的，也是爲了培養精通近代科學、善於對外交涉的人才，以鞏固台灣海防。

總之，劉銘傳戰後在台灣的種種措施，其出發點首先是爲了「庶幾孤島自強，固七省海疆門戶」，進而「思以一島基國富強」[401]。即爲了海防的鞏固與國家的富強。在劉銘傳的努力經營下，台北冠蓋雲集，輻輳環聚，迅速成爲商務繁盛的近代化城市，台灣出現了「百業俱興」的局面，不但直接增強了海防力量，而且促進了經濟的發展，使台灣成爲當時全國的一個先進省份。由於經濟、交通、貿易的發展，建省分治後，也加強了與大陸的經濟聯繫。可以說，沈葆楨是台灣近代化建設的倡導者和奠基人，而劉銘傳則是台灣近代化的實幹家和集大成者，其貢獻尤大。連橫謂「其功業足與台灣不朽」，誠非過譽。

總之，加強海防，促進了台灣的近代化改革，而近代化改革的成就，又反過來增強了台灣的海防力量。這是當時台灣歷史的一個突出的特點。

註釋

[1] 嚴中平，《英國鴉片販子策劃鴉片戰爭的活動》，《近代史資料》，1958年，第4
期，第34-52頁。

[2] 姚瑩，《東溟文集》，中國史學會主編，《鴉片戰爭》，第4冊，第484-485頁。

[3] 《籌辦夷務始末（道光朝）》（簡稱《道末》，下同），第38卷，第1-4頁，1929年故
宮博物院抄本影印。

[4] 《道末》，第42卷，第21-23頁。

[5] 《道末》，第47卷，第10-12頁。

[6] 姚瑩，《東溟奏稿》，卷三，《台灣文獻叢刊》（簡稱《台叢》，下同），第49種，第
94頁。

[7] 姚瑩，《東溟奏稿》，卷三，《台叢》，第49種，第104-106頁。

[8] 《鴉片戰爭》，第4冊，第529頁，第527頁。

[9] 《大清文宗顯皇帝實錄》，第14卷，道光三十年七月二十六日。

[10] 必麒麟，《老台灣》，第17章，《台灣研究叢刊》，第60種，第104-106頁。

[11] 《籌辦夷務始末（同治朝）》（簡稱《同末》，下同），第62卷，第29-34頁。

[12] 《同末》，第62卷，第29-34頁。

[13] 台灣省文獻委員會編，《台灣省通志》，卷三，第129-130頁。

[14] 《同末》，第63卷，第87-89頁。

[15] 卿汝楫，《甲午戰爭以前美國侵略台灣的資料輯要》，《近代史資料》，1954年，第
3期，第162頁。

[16] 《近代史資料》，1954年，第3期，第158-161頁。

[17] 《近代史資料》，1954年，第3期，第173-174頁。

[18] 《近代史資料》，1954年，第3期，第178頁。

[19] 《近代史資料》，1954年，第3期，第163-166頁。

[20] 《近代史資料》，1954年，第3期，第174頁。

[21] 《同末》，第49卷，第42－46頁。

〔22〕 轉引黃嘉謨，《美國與中國》，第6章，第204頁，1979年11月台北中研院近史所出版。

〔23〕 轉引黃嘉謨，《美國與中國》，第6章，第206-207頁。

〔24〕 《同末》，第50卷，第15-17頁。

〔25〕 《同末》，第49卷，第42-46頁。

〔26〕 《老台灣》，第15章，第94-97頁。

〔27〕 轉引黃嘉謨，《美國與中國》，第6章，第212-213頁。

〔28〕 《同末》，第54卷，第26─29頁。

〔29〕 《中國台灣生番前與美國立約條款》，清末民初報刊叢編之四，《萬國公報》（一），第34頁。

〔30〕 林子候，《台灣涉外關係史》，第4章，第265頁。

〔31〕 《同末》，第56卷，第16-19頁。

〔32〕 《同末》，第67卷，第1-4頁。

〔33〕 林子候，《台灣涉外關係史》，第4章，第265頁。

〔34〕 李讓禮，《台灣番事》，《台叢》，第46種，第13-15頁。

〔35〕 《同末》，第66卷，第20-42頁。

〔36〕 《同末》，第66卷，第20-42頁。

〔37〕 《同末》，第68卷，第1-2頁。

〔38〕 《同末》，第71卷，第24-25頁。

〔39〕 莊司萬太郎，《牡丹社之役與李善德之活躍》，《台灣文獻》，第10卷，第2期，1959年6月出版。

〔40〕 《日本外交文書》，第6卷，第178-179頁。

〔41〕 《日本利八等遭風恩怨矛盾》，中國第一歷史檔案館（簡稱一史館）外務部檔，2155號。

〔42〕 《外國船隻在生番地方遭風彙抄》，一史館，外務部檔，2153號。

〔43〕 《大清穆宗毅皇帝實錄》（簡稱《穆宗實錄》）；卷364，同治十三年三月二十六日。

[44] 《穆宗實錄》，卷365，同治十三年四月初六日。

[45] 《同治朝籌辦夷務始末》（簡稱《同治始末》，卷94，同治十三年五月初一日。

[46] 《沈文肅公牘》（抄本），巡台一，頁7。

[47] 《同治始末》，卷94，同治十三年五月二十五日。

[48] 《沈文肅公牘》，巡台一，頁18。

[49] 同上，頁25。

[50] 同上，頁3。

[51] 王元穉，《甲戌公牘抄存》，台灣文獻叢刊第39種，頁107。

[52] 《日本外交文書》，第7卷，頁29-30。

[53] 東亞同文會編，《對華回憶錄》（胡錫華譯），頁39，北京商務印書館，1959年。

[54] 《同治始末》，卷94，同治十三年五月十五日。

[55] 《日本外交文書》，第7卷，頁78-79。

[56] 同上書卷，頁72。

[57] 《日本外交文書》，第7卷，頁101-103。

[58] 《日本外交文書》，第7卷，頁146。

[59] 同上書、卷，頁136-137。

[60] 《同治始末》，卷95，同年十三年六月初八日。

[61] 《日本外交文書》，第7卷，頁106。

[62] 同上書、卷，頁112－113。

[63] 同上書、卷，頁116。

[64] 胡錫年譯，《對華回憶錄》，頁39。

[65] 《日本外交文書》，第7卷，頁109。

[66] 《同治始末》，卷94，同治十三年五月十五日。

[67] 《李文忠公全集》，朋僚函稿，卷14，同治十三年四月十八日。

[68] 《沈文肅公牘》，巡台一，頁17。

[69] 同上，頁11。

〔70〕《李文忠公全集》，朋僚函稿，卷14，同治十三年五月二十四日。

〔71〕《李文忠公全集》，譯署函稿，卷2，同治十三年六月十九日。

〔72〕《日本外交文書》，第7卷，頁177。

〔73〕《六月二十五日問答節略》，一史館，外務部檔，2155號。

〔74〕《董、沈、崇、成、夏大人答拜柳原回答節略》，一史館，外務部檔，2155號。

〔75〕《日本外交文書》，第7卷，頁185-186。

〔76〕《照錄七月初九日柳原信》，一史館，外務部檔，2155號。

〔77〕《照錄給日本柳原信》（七月十一日），一史館，外務部檔，2155號。

〔78〕《八月初四日問答節略》，一史館，外務部檔，2155號。

〔79〕《八月初四日問答節略》，一史館，外務部檔，2155號。

〔80〕《照錄日本大久保照會》（八月十七日），一史館，外務部檔，2155號。

〔81〕《與日本大久保、柳原公使問答節略》，一史館，外務部檔，2155號。

〔82〕《日本外交文書》，第7卷，頁263。

〔83〕同上書、卷，頁272。

〔84〕《照錄給日本大久保照會》，一史館，外務部檔，2155號。

〔85〕《日本外交文書》，第7卷，頁275。

〔86〕《日本外交文書》，第7卷，頁277。

〔87〕《重陽面談節略》，一史館，外務部檔，2155號。

〔88〕《九月十一日面談節略附四條》，一史館，外務部檔，2155號。

〔89〕同上。

〔90〕《九月十四日與大久保問答節略》，一史館，外務部檔，2155號。

〔91〕《日本外交文書》，第7卷，頁302-305。

〔92〕《同治始末》，卷98，同治十三年九月二十二日。

〔93〕黑龍會編，《西南紀傳》，上卷一，頁782，轉引自莊司萬太郎《牡丹社之役與李善德之活躍》。

〔94〕文祥，《敬陳管見摺》，載《同治始末》，卷98，同治十三年十月二十八日條。

[95] 《同治始末》，卷99，同治十三年十一月四日。

[96] 《同治始末》，卷100，同治十三年十一月十二日條。

[97] 沈葆楨抄呈總理衙門《全台善後事宜》摺稿，一檔外務部全宗。

[98] 《沈文肅公牘》，巡台五，頁131、136、146。

[99] 《德宗實錄》，卷20，光緒元年十月三十日。

[100] 沈葆楨，《福建台灣奏摺》，載《台灣文獻叢刊》，第29種，頁3。

[101] 《福建台灣奏摺》，頁23-25。

[102] 《福建台灣奏摺》，而55。

[103] 《德宗實錄》，卷24，光緒元年十二月二十日。

[104] 《福建台灣奏摺》，頁1。

[105] 《道咸同光四朝奏議選輯》，載《台灣文獻叢刊》，第288種，頁73-76。

[106] 《福建台灣奏摺》，頁12-13。

[107] 《德宗實錄》，卷3，光緒元年正月初十日。

[108] 《沈文肅公牘》，巡台一，頁11。

[109] 《同治甲戌日兵侵台始末》，《台灣文獻叢刊》，第38種，頁29。

[110] 沈葆楨，《請改台地營制摺》，載《台灣文獻叢刊》，第29種，頁62-64。

[111] 《德宗實錄》，卷24，光緒元年十二月二十日。

[112] 沈葆楨，《覆議海洋水師片》，載《台灣文獻叢刊》，第29種，頁17。

[113] 《同治甲戌日兵侵台始末》，頁64。

[114] 沈葆楨，《報明台郡城工完竣片》，載《台灣文獻叢刊》，第29種，頁37。

[115] 《台灣文獻叢刊》，第288種，頁80-82。

[116] 中國史學會主編，《洋務運動》（二），頁350-352，上海人民出版社，1961年4月。

[117] 《德宗實錄》，卷43，光緒二年十一月十九日。

[118] 《丁禹生政書》（香港，1987年8月），頁620、頁610-611。

[119] 《德宗實錄》，卷46，光緒三年正月二十二日。

〔120〕 沈葆楨，《籌商台灣事宜疏》，載《台灣文獻叢刊》，第288種，頁82。

〔121〕《李文忠公全集·奏稿》，卷29，頁2。

〔122〕 沈葆楨，《覆郭筠仙欽使》，載《沈文肅公牘》，督江十一。

〔123〕 同上書，督江十三。

〔124〕 中國史學會主編，《洋務運動》（二），頁370，上海人民出版社，1961年4月。

〔125〕《洋務運動》（六），頁334-335。

〔126〕《丁禹生政書》，頁635-636。

〔127〕《洋務運動》（二），頁352。

〔128〕《李文忠公全集》，朋僚函稿，卷14，同治十三年六月十六日。

〔129〕 一史館藏朱批奏摺，外交類，4-252-13號。

〔130〕《日本外交文書》，第7卷，頁1。

〔131〕《日本外交文書》，第7卷，頁19。

〔132〕 胡錫年譯，《對華回憶錄》，第43頁。

〔133〕《日本外交文書》，第7卷，頁109。

〔134〕 伊能嘉矩，《台灣文化志》（中譯本），下卷，第96頁，台灣省文獻會，1991年6月。

〔135〕《日本外交文書》，第7卷，頁161。

〔136〕《沈文肅公牘》，巡台二，頁16。

〔137〕《台灣文獻叢刊》，第292種，頁280。

〔138〕 黃康顯主編，《近代台灣的社會發展與民族意識》，頁242-245，香港中華出局，1987年12月。

〔139〕《台灣文獻叢刊》，第39種，頁261。

〔140〕《對華回憶錄》，第39頁。

〔141〕《日本外交文書》，第7卷，頁141。

〔142〕 同上書、卷，頁161。

〔143〕《六月二十五日問答節略》，一史館，外務部檔，2155號。

〔144〕《董、沈、崇、成、夏大人答拜柳原問答節略》，一史館，外務部檔，2155號。

〔145〕《台灣文獻叢刊》，第292種，頁281。

〔146〕《九月十一日面談節略》，一史館，外務部檔，2155號

〔147〕奕訢等奏，一史館，硃批奏摺，外交類4-252-13號。

〔148〕黃康顯主編，《近代台灣的社會發展與民族意識》，頁242-245。

〔149〕同上書，頁246。

〔150〕《沈文肅公牘》，巡台一，頁45。

〔151〕《沈文肅公牘》，巡台二，頁3、6。

〔152〕郭廷以，《台灣史事概說》，第六章，第五節，第164頁，台北正中書局，1954年。

〔153〕《籌辦夷務始末（同治朝)》，第94卷。

〔154〕《李文忠公全集·譯署函稿》，卷二。

〔155〕《李文忠公全集·朋僚函稿》，卷十四。

〔156〕《沈文肅公牘》（抄本），巡台一。

〔157〕同上。

〔158〕《李文忠公全集·朋僚函稿》，卷十四。

〔159〕《沈文肅公牘》（抄本），巡台一。

〔160〕《李文忠公全集·朋僚函稿》，卷十四。

〔161〕《沈文肅公牘》（抄本），巡台一。

〔162〕同上。

〔163〕同上。

〔164〕《台灣文獻叢刊》，第39種，第107頁。

〔165〕《沈文肅公牘》（抄本），巡台一。

〔166〕《李文忠公全集·朋僚函稿》，卷十四。

〔167〕同上。

〔168〕《沈文肅公牘》（抄本），巡台一。

〔169〕 同上。

〔170〕 同上。

〔171〕 《籌辦夷務始末（同治朝）》，第96卷。

〔172〕 《李文忠公全集‧譯署函稿》，卷二。

〔173〕 同上。

〔174〕 《李文忠公全集‧朋僚函稿》，卷十四。

〔175〕 同上。

〔176〕 《李文忠公全集‧譯署函稿》，卷二。

〔177〕 《李文忠公全集‧朋僚函稿》，卷十四。

〔178〕 同上。

〔179〕 《沈文肅公牘》（抄本），巡台一。

〔180〕 同上。

〔181〕 同上。

〔182〕 《沈文肅公牘》（抄本），巡台二。

〔183〕 同上。

〔184〕 《沈文肅公牘》（抄本），巡台一。

〔185〕 《沈文肅公牘》（抄本），巡台二。

〔186〕 《籌辦夷務始末（同治朝）》，第95卷。

〔187〕 《李文忠公全集‧朋僚函稿》，卷十四。

〔188〕 同上。

〔189〕 《李文忠公全集‧譯署函稿》，卷二。

〔190〕 同上。

〔191〕 《沈文肅公牘》（抄本），巡台一。

〔192〕 《論台事歸宿》，《李文忠公全集‧譯署函稿》，卷二。

〔193〕 《沈文肅公牘》（抄本），巡台二。

〔194〕 同上。

〔195〕《沈文肅公牘》（抄本），巡台三。

〔196〕《沈文肅公牘》（抄本），巡台二。

〔197〕同上。

〔198〕同上。

〔199〕《李文忠公全集・朋僚函稿》，卷十四。

〔200〕《籌辦夷務始末（同治朝）》，第97卷。

〔201〕同上。

〔202〕《李文忠公全集・朋僚函稿》，卷十四。

〔203〕同上。

〔204〕《台灣文獻叢刊》，第29種，第1-5頁。

〔205〕《清穆宗實錄》，同治十三年九月二十七日。

〔206〕《台灣文獻叢刊》，第29種，第1-5頁。

〔207〕《籌辦夷務始末》（同治朝），第99卷。

〔208〕沈葆楨，《籌議洋務摺》，《沈文肅政書續編》，卷上。

〔209〕《沈文肅公牘》（抄本），巡台二。

〔210〕《沈文肅公牘》（抄本），巡台三。

〔211〕《籌辦夷務始末》（同治朝），第99卷。

〔212〕陳在正，《1874－1875年清政府關於海防問題的大討論與對台灣地位的新認識》，
《台灣研究集刊》，1986年第1期。

〔213〕《日本外交文書》，第6卷，第178-179頁。

〔214〕《外國船隻在生番地方遭風彙鈔》（同治十、十二年），北京第一歷史檔案館，外務
部檔2155號。

〔215〕《沈文肅公牘》（抄本），巡台一，第7頁。

〔216〕《穆宗實錄》，同治十三年四月初六日。

〔217〕胡錫年譯，《對華回憶錄》，第39頁。

〔218〕王鐵崖編，《中外舊約章彙編》（第一），第342-343頁，北京三聯書店，1957年。

〔219〕信夫清三郎，《日本外交史》，第154頁。

〔220〕馬士，《中華帝國對外關係史》，第二卷，第300頁，北京三聯譯本，1958年。

〔221〕《日本外交文書》，第7卷，第1頁。

〔222〕《日本外交文書》，第7卷，第19頁。

〔223〕胡錫年譯，《對華回憶錄》，第43頁。

〔224〕《日本外交文書》，第7卷，第30頁。

〔225〕伊能嘉炬，《台灣文化志》，下卷，第198頁。

〔226〕《日本外交文書》，第7卷，第78-79頁。

〔227〕《日本外交文書》，第7卷，第161頁。

〔228〕《日本外交文書》，第7卷，第78、103頁。

〔229〕《李文忠公選集》，第一冊，第71頁。《台灣文獻叢刊》，第131種。

〔230〕黃康顯，《近代台灣的社會發展與民族意識》，第237-239頁，第245-246頁。

〔231〕黃康顯，《近代台灣的社會發展與民族意識》，第237-239頁，第245-246頁。

〔232〕王韜，《琉球向歸日本辨》，《台灣文獻叢刊》，第292種，第280頁。

〔233〕黃康顯，《近代台灣的社會發展與民族意識》，第242-245頁。

〔234〕《九月十一日面諭節略附四條》，一史館，外務部檔2155號。

〔235〕《九月十一日面諭節略附四條》，一史館，外務部檔2155號。

〔236〕《日本外交文書》，第7卷，第78頁。

〔237〕《日本外交文書》，第7卷，第102-103頁。

〔238〕《甲戌公牘鈔存》，第261頁，《台灣文獻叢刊》，第39種。

〔239〕胡錫年譯，《對華回憶錄》，第39頁。

〔240〕《日本外交文書》，第7卷，第141頁。

〔241〕《日本對外文書》，第7卷，第161頁。

〔242〕《六月二十五日問答節略》，外務部檔2155號。

〔243〕《七月初二日答拜柳原問答節略》，外務部檔2155號。

〔244〕王韜，《琉球向歸日本辨》，《台灣文獻叢刊》，第292種，第281頁。

[245] 《沈文肅公牘》（抄本），巡台二，第3頁、16頁。

[246] 《八月初九日問答節略》，外務部檔2155號。

[247] 《重陽面談節略》，外務部檔2155號。

[248] 《九月十四日與大久保問答節略》，外務部檔2155號。

[249] 《重陽面談節略》，外務部檔2155號。

[250] 《照錄七月初九日日本柳原信》，外務部檔2155號。

[251] 《日本外交文書》，第7卷，第277頁。

[252] 《九月十一日面諭節略附四條》，一史館，外務部檔2155號。

[253] 奕訢等奏摺，一史館，外交類4-252-13號。

[254] 《李文忠公選集》第一冊，第55、56、59頁，《台灣文獻叢刊》本，第131種。

[255] 陳隆志作、鄭南榕編，《台灣獨立的展望》，第17-18頁，1987年台灣自由時代出
版社出版。

[256] 《日本外交文書》，第6卷，第178-179頁。

[257] 《日本外交文書》，第7卷，第78-79頁。

[258] 《日本外交文書》，第7卷，第73頁。

[259] 《日本外交文書》，第7卷，第101-103頁。

[260] 薛光前等主編，《近代的台灣》，第103頁。

[261] 《德宗實錄》，光緒十一年九月初五日。

[262] 陳隆志作、鄭南榕編，《台灣獨立的展望》，第3頁，1987年台灣出版。

[263] 賈亦斌主編，《論台獨》，第102頁，1993年5月，北京團結出版社。

[264] 奕訢等奏，請敕議海防六事疏，《台灣文獻叢刊》，第288種，《道咸同光四朝奏
議選輯》，第1本，第40-45頁。

[265] 《大清穆宗毅皇帝實錄》（簡稱《穆宗實錄》，下同），第371卷，第20-21頁，同治
十三年九月二十七日。

[266] 奕訢等奏，《籌辦夷務始末（同治期）》（簡稱《同治朝始末》，下同），第98卷，
第29頁，同治十三年十月十三日（奏摺送呈御覽及朱批日期，下引該書均同）。

[267] 奕訢等奏摺及附片，光緒元年正月二十九日，《洋務運動》，第1冊，第102-106

頁。

〔268〕《大清德宗景皇帝實錄》（簡稱《德宗實錄》，下同），第3卷，第22頁，光緒元年正月二十九日。

〔269〕周家楣：擬奏覆海防事宜疏，《期不負齋全集》政書一，第19-27頁。

〔270〕奕訢等奏摺及附單、附片，光緒元年四月二十六日，《洋務運動》，第1冊，第144-153頁。

〔271〕于淩辰奏摺及附片，光緒元年二月二十七日，《洋務運動》，第1冊，第120-123頁。

〔272〕王家璧奏摺及附片，光緒元年二月二十七日，《洋務運動》，第1冊，第124-135頁。

〔273〕周家楣：擬代文博川中堂陳疏（一），（二），《期不負齋全集》政書一，第34-41頁。

〔274〕王文韶奏，《同治朝始末》，第99卷，第52-61頁，同治十三年十一月十一日。

〔275〕于淩辰奏摺及附片，光緒元年二月二十七日，《洋務運動》，第1冊，第120-123頁。

〔276〕李鴻章：籌議海防疏及附呈，同治十三年十一月初二日，《李文忠公全集》，奏稿，第24卷，第10-25頁。

〔277〕王文韶奏，《同治朝始末》，第99卷，第52-61頁，同治十三年十一月十一日。

〔278〕文彬奏，《同治朝始末》，第98卷，第31-35頁。同治十三年十月十九日。

〔279〕《德宗實錄》，第4卷，第2-3頁，光緒元年二月初三日。

〔280〕左宗棠：上總理各國事務衙門，《左文襄公全集》，書牘，第14卷，第46-53頁。

〔281〕左宗棠：覆陳海防塞防及關外剿撫糧運情形摺，《左文襄公全集》，奏稿，第46卷，第32-41頁。

〔282〕左宗棠：與陳舫仙廉訪，《左文襄公全集》，書牘，第15卷，第36-37頁。

〔283〕李鴻章：覆劉仲良中丞，《李文忠公全集》，朋僚函稿，第15卷，第3頁。

〔284〕李鴻章：覆鮑源深，《李文忠公全集》，朋僚函稿，第15卷，第10頁。

[285] 左宗棠：答兩江總督沈幼丹制軍，《左文襄公全集》，書牘，第15卷，第68-70頁。

[286] 左宗棠：與兩江總督沈幼丹制軍，《左文襄公全集》，書牘，第15卷，第63-64頁。

[287] 郭嵩燾：條議海防事宜，《洋務運動》，第1冊，第136-144頁。

[288] 楊昌濬奏，《同治朝始末》，第99卷，第34-41頁。同治十三年十一月初四日。

[289] 奕訢等：請敕議海防六事疏，《台灣文獻叢刊》，第288種，《道咸同光四朝奏議選輯》，第1本，第40-45頁。

[290] 李瀚章奏，《同治朝始末》，第100卷，第13-17頁。同治十三年十一月初四日。

[291] 周家楣：擬代文博川中堂陳疏（一），（二），《期不負齋全集》政書一，第34-41頁。

[292] 李鴻章：籌議海防疏及附呈，同治十三年十一月初二日，《李文忠公全集》，奏稿，第24卷，第10-25頁。

[293] 楊昌濬奏，《同治朝始末》，第99卷，第34-41頁。同治十三年十一月初四日。

[294] 都興阿奏，《同治朝始末》，第98卷，第42-44頁。同治十三年十月二十日。

[295] 英翰、裕祿奏，《同治朝始末》，第99卷，第2-12頁。同治十三年十一月初三日。

[296] 世鐸等奏摺，光緒元年二月二十七日，《洋務運動》，第1冊，第118-120頁。

[297] 奕訢奏摺，光緒元年二月二十七日，《洋務運動》，第1冊，第116-118頁。

[298] 文祥：敬陳管見摺，《同治朝始末》，第98卷，第40-41頁，同治十三年十月二十八日。

[299] 李鴻章又奏，《同治朝始末》，第99卷，第32-34頁，同治十三年十一月初四日。

[300] 王凱泰奏，《同治朝始末》，第99卷。第44-51頁，同治十三年十一月十一日。

[301] 李鴻章：籌議海防疏及附呈，同治十三年十一月初二日，《李文忠公全集》，奏稿，第24卷，第10-25頁。

[302] 吳元炳奏，《同治朝始末》，第100卷，第43-44頁，同治十三年十一月二十七日。

[303] 都興阿奏，《同治朝始末》，第98卷，第42-44頁。同治十三年十月二十日。

[304] 張兆棟：奏呈丁日昌擬海洋水師章程六條，《同治朝始末》，第98卷，第23-27頁。原件見丁日昌，《撫吳公牘》，第25卷，第1-10頁，光緒三年九月刊。

[305] 總理衙門照錄左宗棠簽注丁日昌條陳單，光緒元年正月二十九日，《洋務運動》，第1冊，第111-115頁。

[306] 李鴻章：籌議海防疏及附呈，同治十三年十一月初二日，《李文忠公全集》，奏稿，第24卷，第10-25頁。

[307] 總理衙門照錄左宗棠覆函，光緒元年正月二十九日，《洋務運動》，第1冊，第106-110頁。

[308] 李宗羲奏，《同治朝始末》，第100卷，第1-11頁，同治十三年十一月十二日。

[309] 王文韶奏，《同治朝始末》，第99卷，第52-61頁，同治十三年十一月十一日。

[310] 強汝詢：海防議，《洋務運動》，第1冊，第362頁。

[311] 秦緗業：海防議，《洋務運動》，第1冊，第368-370頁。

[312] 劉坤一奏，《同治朝始末》，第100卷，第22-28頁，同治十三年十一月十七日。

[313] 奕訢奏摺，光緒元年二月二十七日，《洋務運動》，第1冊，第116-118頁。

[314] 李鴻章：代陳丁日昌議覆海防事宜疏，光緒元年，《台灣文獻叢刊》，第288種，第45-68頁。

[315] 劉坤一奏，《同治朝始末》，第100卷，第22-28頁，同治十三年十一月十七日。

[316] 郭嵩燾：條議海防事宜，《洋務運動》，第1冊，第136-144頁。

[317] 王文韶奏，《同治朝始末》，第100卷，第28-30頁，同治十三年十一月十七日。

[318] 李鶴年奏，《同治朝始末》，第100卷，第18-22頁，同治十三年十一月十四日。

[319] 薛福成：應詔陳言，《洋務運動》，第1冊，第155-161頁。

[320] 劉坤一奏，《同治朝始末》，第100卷，第22-28頁，同治十三年十一月十七日。

[321] 丁寶楨奏，《同治朝始末》，第100卷，第31-42頁，同治十三年十一月二十五日。

[322] 世鐸等奏摺，光緒元年二月二十七日，《洋務運動》，第1冊，第118-120頁。

[323] 同上。

[324] 吳元炳奏，《同治朝始末》，第100卷，第43-44頁，同治十三年十一月二十七日。

[325] 李鴻章：代陳丁日昌議覆海防事宜疏，光緒元年，《台灣文獻叢刊》，第288種，第45-68頁。

[326] 周盛傳：謹擬覆陳總署籌辦海防原奏六條，《洋務運動》，第1冊，第372-377

[327] 李宗羲，《同治朝始末》，第100卷，第1-11頁，同治十三年十一月十二日。

[328] 朱采：海防議，同治十三年多，《洋務運動》，第1冊，第333-352頁。

[329] 朱采：覆許竹篔，同治十三年多，《洋務運動》，第1冊，第352-354頁。

[330] 《德宗實錄》，第8卷，第8-10頁，光緒元年四月二十六日。

[331] 周家楣：擬奏覆海防事宜疏及附單。《期不負齋全集》，政書一，第19-27頁。

[332] 奕訢等奏摺及附單、附片，光緒元年四月二十六日，《洋務運動》，第1冊，第一冊，第144-153頁。

[333] 李鴻章：致李宗羲，《李文忠公全集》，朋僚函稿，第14卷，第38頁。

[334] 左宗棠：遵旨統籌全局摺，光緒三年六月十六日，《左文襄公全集》，奏稿，第50卷，第75-78頁。

[335] 鄧廷楨奏及上諭，《道光朝夷務始末》，第11卷，第37-38頁。

[336] 《穆宗實錄》，第187卷，第23頁，同治五年十一月二十四日。

[337] 《穆宗實錄》，第276卷，第9頁，同治九年二月初五日。

[338] 《穆宗實錄》，第205卷，第21頁，同治六年六月十二日。

[339] 《穆宗實錄》，第388卷，第12頁，同治十一年八月初十日。

[340] 《穆宗實錄》，第372卷，第21頁，同治十三年十月二十八日。

[341] 沈葆楨：請移駐巡撫摺，同治十三年十一月十五日，《台灣文獻叢刊》，第29種，《福建台灣奏摺》，第4-5頁。

[342] 丁日昌奏，光緒二年十二月十六日，《洋務運動》，第2冊，第346-353頁。

[343] 施琅：恭陳台灣棄留疏，康熙二十二年十二月二十二日，《靖海紀事》，第120-124頁，福建人民出版社1983年10月第一版。

[344] 吳金奏摺，乾隆二年四月十一日，《明清史料》戊編，第1本，第40頁。

[345] 連橫，《台灣通史》，卷三，經營紀，第51頁，商務印書館1983年10月修訂第2

版。

[346] 沈葆楨：請移駐巡撫摺，同治十三年十一月十五日，《台灣文獻叢刊》，第29種，《福建台灣奏摺》，第4-5頁。

[347] 李鴻章：代陳丁日昌議覆海防事宜疏，光緒元年，《台灣文獻叢刊》，第288種，第45-68頁。

[348] 李宗羲奏，《同治朝始末》，第100卷，第1-11頁，同治十三年十一月十二日。

[349] 王凱泰奏，《同治朝始末》，第99卷。第44-51頁，同治十三年十一月十一日。

[350] 左宗棠：上總理各國事務衙門，《左文襄公全集》，書牘，第14卷，第46-53頁。

[351] 世鐸等奏摺，光緒元年二月二十七日，《洋務運動》，第1冊，第118-120頁。

[352] 文煜、李鶴年、王凱泰、沈葆楨：會籌全台大局疏，光緒元年，《台灣文獻叢刊》，第288種，第73-76頁。

[353] 丁日昌：請速籌台事全局疏，光緒二年，《台灣文獻叢刊》，第288種，第80、82頁。

[354] 沈葆楨：籌商台灣事宜疏，光緒二年，《台灣文獻叢刊》，第288種，第82-83頁。

[355] 奕訢等奏，光緒三年二月二十四日，《洋務運動》，第2冊，第353-362頁。

[356] 《德宗實錄》，第46卷，第13-14頁，光緒三年正月二十二日。

[357] 文祥：敬陳管見摺，《同治朝始末》，第98卷，第40-41頁，同治十三年十月二十八日。

[358] 《穆宗實錄》，第372卷，第21頁，同治十三年十月二十八日。

[359] 《德宗實錄》，第24卷，第4-5頁，光緒元年十二月二十日；第20卷，第17-18頁，光緒元年十月三十日；第3卷，第4-5頁，光緒元年正月初十日。

[360] 《德宗實錄》，第8卷，第8-10頁，光緒元年四月二十六日。

[361] 《德宗實錄》，第43卷，第3頁，光緒二年十一月十九日。

[362] 袁保恆：密陳夷務疏，王延熙等編輯《皇朝道咸同光奏議》，洋務類，交涉，第17卷，第25-26頁，1902頁，上海久敬齋石印。

[363] 《道咸同光四朝奏議選輯》，《文叢》第288種，第80-82頁。

〔364〕《吳光祿使閩奏稿選錄》，《文叢》(231)，第7頁。

〔365〕《德宗實錄》，卷一○九，光緒六年二月二十一日。

〔366〕《德宗實錄》，卷一一四，光緒六年二月二十四日。

〔367〕《清光緒朝中日交涉史料選輯》，《文叢》(210)，第34-35頁。

〔368〕《文叢》(288)，第130-131頁。

〔369〕《清光緒朝中日交涉史料選輯》，《文叢》(210)，第64-65頁。

〔370〕《德宗實錄》，卷一二九，光緒七年四月初八日。

〔371〕《岑襄勤公遺集‧奏稿》，卷一七，第20-21頁。

〔372〕《岑襄勤公遺集‧奏稿》，卷一七，第23頁。

〔373〕《德宗實錄》卷一七四，光緒九年十一月十八日。

〔374〕劉璈，《巡台退思錄》，《文叢》(21)，第219-222頁。

〔375〕《劉壯肅公奏議》，卷三，《文叢》(27)，第165-166頁。

〔376〕《劉壯肅公奏議》，卷三，《文叢》(27)，第168-172頁。

〔377〕嘉圖，《法軍侵台始末》，台銀73種，第28頁。

〔378〕《劉壯肅公奏議》，卷三，《文叢》(27)，第174-175頁。

〔379〕《劉壯肅公奏議》，卷三，《文叢》(27)，第176頁。

〔380〕嘉圖，《法軍侵台始末》，台銀73種，第28-29頁。

〔381〕韋慶遠，《論1884-1885年反法侵略的台灣保衛戰》，《台灣研究集刊》，1984年第1期。

〔382〕《法軍侵台始末》，第95頁。

〔383〕《德宗實錄》，卷二一五，光緒十一年九月初五日。

〔384〕《劉銘傳撫台前後檔案》，《文叢》(276)，第124-125頁。

〔385〕《劉壯肅公奏議》，卷五，第266-267頁。

〔386〕《劉壯肅公奏議》，卷五，第263-264頁。

〔387〕《劉壯肅公奏議》，卷二，第147頁。

〔388〕《劉壯肅公奏議》，卷五，第247頁；卷六，第287頁。

〔389〕《劉壯肅公奏議》，卷二，第128頁。

〔390〕《劉壯肅公奏議》，卷五，第269-271頁。

〔391〕《劉壯肅公奏議》，卷五，第256頁。

〔392〕《劉壯肅公奏議》，卷五，第259頁。

〔393〕《劉壯肅公奏議》，卷二，第156頁。

〔394〕《劉壯肅公奏議》，卷四，第233頁。

〔395〕《劉壯肅公奏議》，卷二，第148頁。

〔396〕《劉壯肅公奏議》，卷四，第220-221頁。

〔397〕《劉壯肅公奏議》，卷七，第303-304頁。

〔398〕《劉壯肅公奏議》，卷七，第323頁。

〔399〕鄧孔昭，《台灣通史辨誤》，江西人民出版社1990年4月版，第133-134頁。

〔400〕中國史學會編，《洋務運動》(六)，第249頁。

〔401〕《劉壯肅公奏議》，卷首，第10頁，第60頁。

第四章 台灣建省與近代化

論沈葆楨加強台灣海防倡導台灣近代化的功績

從閩撫移駐的提出到台灣建省的實現

台灣建省與近代化的探討

論沈葆楨加強台灣海防倡導台灣近代化的功績

　　沈葆楨是中國19世紀60年代興起的洋務運動的主要代表人物之一。他主持福建船政局及海軍學堂近十年，造輪船10多艘，培養了一批航海人才。1875年擔任兩江總督期間又積極參加興辦北洋水師，爲創辦中國近代化的海軍奠定基礎。特別是1874年日軍入侵台灣後，沈葆楨受命爲欽差辦理台灣等處海防兼理各國事務大臣，在一年多的時間裡，兩次巡台，積極加強台灣防務，開山「撫番」，開禁招墾，移駐巡撫，添設郡縣，整頓營伍，興辦新式企業，爲加強台灣海防、捍衛中國領土主權、倡導台灣近代化作出巨大貢獻，其歷史功績應予充分的肯定。

（一）1874年日軍侵台時加強台灣海防，捍衛中國的領土主權

　　1874年沈葆楨接詔辦台防後，即與閩省將軍、督撫聯銜上奏會籌台防摺，提出聯外交、儲利器、儲人才、通消息等項保台措施。6月中旬抵達台灣後又提出當時「應辦者三事：曰舌戰，曰預防，曰開禁」，主張「預防與舌戰同時並舉」[1]。他認爲「設防之事，萬不容緩」，一到台灣即積極布置南北防務，決定仿西洋新法修築安平炮台，令鎮道「添招勁勇，著力訓練，多籌子藥、煤炭，以備不虞」[2]，並請調福建陸路提督羅大春增防台灣。沈與日方接觸並觀察日軍在台行動後，認識到日軍有久踞之意，「非有大枝勁旅，不肯就我範圍」[3]，遂奏調洋槍隊增援台灣。爲了加強海上防衛力量，又再次奏請購買鐵甲船，認爲「陸恃淮軍，水恃鐵甲船，方爲萬全之策」[4]。他強調「台地民心可用」[5]，同意募漁人、鄉勇、「生番」，加以訓練，以增強防務。後招土著、鄉勇500人，駐鳳山，命名爲「安撫軍」[6]。旋經清廷諭准，調武毅銘軍提督唐定奎所部13營合計6,500人，分批渡台。命台灣鎮總兵張其光、台灣道夏獻綸分防南北二路，又令署鎮曾元福組訓南北鄉團。9月下旬淮軍開始抵台後，令駐防鳳山。海上則調揚武、飛雲、靖遠、鎮威、伏波等6艘兵輪常駐澎湖，福星一號駐防台

北，積極備戰，與侵台日軍武力對峙。

　　沈根據上諭「著即體察情形，或諭以情理，或示以兵威，悉心酌度，妥速辦理」[7]，同意「戰備一集而後理或可行，否則唇舌無濟也」[8]，主張採取以軍事為後盾，以外交為手段的策略，解決日軍侵台事件。日軍入台時，日軍統帥西鄉從道曾致閩浙總督照會，以1871年台灣牡丹社殺害琉球漂民54人及1873年卑南社劫掠日本備中州佐藤利八等漂民4人為出兵藉口，聲言台灣內山係「無主之地」，台灣先住民「自古嗜殺行劫，不奉貴國政教」，故出兵「薄示懲戒」。[9]因此日本在用武力侵台的同時，在外交上挑起了中日關於台灣內山領土主權及中日與琉球關係的一場爭論。閩浙總督與總理衙門也於5月份別給西鄉和日外務省覆照，加以駁斥，聲明「台灣為中國疆土，生番定歸中國隸屬，當以中國律法管轄，不得任聽別國越俎代謀」[10]。沈葆楨於6月20日也給在台的西鄉照會，嚴正聲明「生番土地，隸中國者二百餘年」。並斥以琉球難民被戕為侵台藉口：「無論琉球雖弱，亦儼然一國，盡可自鳴不平」；同時駁斥日本以佐藤利八等人財物被劫為侵台另一藉口：「夫鳧水逃生，何有餘貲可劫？天下有劫人之財，肯養其人數月不受值者耶？即謂地方所報難民口供不足據，貴國謝函俱在，並未涉及劫掠一言。貴國所賞之陳安生，即卑南社生番頭目也。所賞之人即所誅之人，貴國未必有此政體」，責其「以怨報德」。照會最後嚴正指出：「無論中國版圖，尺寸不敢以與人。」[11]沈又派幫辦潘霨等從6月23日至26日與西鄉、佐久間左馬太等人進行多次談判，並從台灣府志中檢出「內載生番各社歲輸番餉之數，與各社所具切結，令其閱看」，彼啞口無言，又轉換話題「齗齗以所用兵費無著為言」[12]，有意避開領土主權問題的爭論。但當時日本既定方針是以軍事進攻為主，外交活動為輔，其策略是「在空言推託、牽延時日之際，就完成其事，即是不失和好的機靈外交之一法」。[13]所以在談判時西鄉與新任日本駐華公使柳原互相推託，「意在遷延時日」。[14]沈估計中日「將來必不免於一戰」。[15]日軍如打敗先住民，「必踞其地，即我之戰事起」；日軍如挫敗，「必以商民接濟為詞，我之戰亦起」。沈主張「目下中外且各與之切實辯論，遷延歲月，待吾事之集，算出萬全。如其侵我土地，戕我人民，則雖利器未齊，不得不伸天討。師直為壯，古人不我欺也。從來

玩歲愒日者必亡，窮兵黷武者必亡」。[16] 以後又在奏摺中公開提出，利用夏秋間台地颱風時作，琅璕難泊輪船，「倘我陸兵業已厚集，乘此烈風暴雨，一鼓作氣，併力合剿，彼雖有鐵甲船不得近岸，孤軍援絕，不難盡殲之海隅」。[17] 沈充分作了打仗的各種準備。而當時參加主持外交的李鴻章卻再三聲言「勿遽聲罪致討」[18]，迭函勸沈「只自紮營操練，勿遽開仗啓釁」。[19] 害怕如果開戰「即操勝算，必擾各口，恐是兵連禍結之象」。[20] 而沈卻在給友人函中堅決表示：「斷不敢喜事以貪戰功，亦不敢畏事而傷國體。」[21] 在給李鴻章覆函中表示：「只有率求苦戰之軍民，惟力是視，或者冀得一當。否則，裹革而歸，於心慰矣」。[22] 可見，沈反對日本侵略的態度比李鴻章等人要堅決得多，而且作了為抵抗外敵而犧牲自己的思想準備。

日本出兵台灣後，外交上處於較孤立的地位，在日本國內也遭到參議兼文部卿木戶孝允等人的反對，面臨的困境也越來越大。登陸的士兵不服當地水土，6月中旬後犯病者日多。同時清政府也不斷增兵台灣，欽差大臣沈葆楨在台積極加強戰備，並進行「開山撫番」，以維護台灣全島主權。日方認識到長期占據台灣並非易事，鑑於武力征服的路已走不通，便寄希望於通過外交談判解決問題。7月中日方訓令一直停留上海觀望的柳原公使赴北京，8月初又任命大久保利通為全權大臣，意欲通過外交手段達到索賠、罷兵的結局。而清政府在加強戰備的同時，也一貫寄望於外國能出面交涉調停。中日雙方在息戰求和思想的指導下，都願意作出讓步。當北京談判開始後，欽差大臣沈葆楨對主持外交的總理衙門「急於求撫」曾十分擔心，在函牘中反覆表示：「但願總署堅與相持，彼自情見勢屈。」[23] 在給閩撫王凱泰函中即指出：「其主貪心不戢，內變將生，暴師日久，非我之患而彼之患耶，但得總署堅忍持之，必有成議。若冀將就了事，愈將就愈葛藤矣。」[24] 在給李鴻章函中又指出：「柳原既入，田邊接踵而來，即其國自知支撐不住，總署能堅持成議，勿遷就之，其歸我範圍也決矣。」接著給吳桐雲觀察函亦言：「倭營死病相繼，猶勉強支撐，其主以虐濟貪，亡可翹足而待。甚望總署堅與相持，無以欲速為急。」[25] 可見沈對當時的形勢看得很清楚，如按他的辦法繼續堅持，談判結局將對中國更加有利。但總署還是「急於了結」，在英使威

妥瑪的調停下，終以撫償形式議結，於10月31日中日雙方簽訂了《北京專條》，12月20日日軍全部退出台灣，日軍侵台事件遂告平息。

日本入侵台灣，是對中國主權和領土完整的一次重大挑戰，是一次嚴重的邊疆危機。經過這場鬥爭，日本的挑戰受到挫敗，《北京專條》表明整個台灣的主權都屬於中國。沈葆楨在這場鬥爭中做出了重要的貢獻。

（二）日本侵台事件結束後加強台防的善後措施，開創台灣近代化進程

台灣事件平息後，沈葆楨於1874年12月上《全台善後事宜並請旨移駐巡撫》摺，針對日本侵台事件所暴露的有關台防等問題，提出了種種善後措施。

1.移駐巡撫，添設郡縣，促進台灣政治的近代化

沈在善後摺中指出：「年來洋務日密，偏重在於東南，台灣海外孤懸，七省以為門戶，其關係非輕。」主張「欲固地險」，必須「先修吏治、營政」。經過「夙夜深思，為台民計，為閩省計，為沿海籌防計」，提出「必仿江蘇巡撫分駐蘇州之例，移福建巡撫駐台而後一舉而數善備」。他列舉巡撫駐台「有事可以立斷」、「統屬文武、權歸一尊」等十二便。強調「台地向稱饒沃，久為異族所垂涎，今雖外患暫平，旁人仍眈眈相視，未雨綢繆之計，正在斯時」。認為「山前山後其當變革者，非十年不能成功」，必須「先得一主持大局者，事事得以綱舉目張，為我國家億萬年之計」。[26] 移駐巡撫摺1875年4月雖經奉旨批准，但沒有實行，由於閩中督撫持有不同意見，且移駐也存在實際困難。巡撫王凱泰提出「省台不能分家」，若巡撫「長駐海外，將變成台灣巡撫，提餉呼應不靈」，主張仿照直督駐津之例，往來兼顧，得到沈葆楨的贊同，認為「往來兼顧，亦時勢所不得不然」。[27] 旋會同福州將軍、閩浙總督上奏，於8月28日旨准實行「省台兼顧」方案。後王凱泰提出閩撫「冬春駐台，夏秋駐省」，經沈葆楨同意後覆奏，11月27日諭旨「著照所請辦理」。[28]

沈葆楨在善後摺中提出台灣「前後山可建郡者三，可建縣者有十數，固非一府所能轄。欲別建一省，又苦器局之未成」。[29] 他於1875年1月前往鳳山履勘琅

瑯瑀形勢後，上奏琅瑀《擬即築城設官，以鎮民番而消窺伺》摺[30]。2月17日，詔准在琅瑀設恆春縣。7月，沈又上《台北擬建一府三縣》摺，認為「台北口岸四通，荒壤日闢，外防內治，政令難周。擬建府治，治轄一廳三縣，而便控馭而固地方」。[31] 1876年1月16日上諭：「沈葆楨等所奏各節，係因時制宜起見，自應准如所請。」[32] 此時台灣由一府四縣三廳，增為二府八縣四廳，即增設台北府，合原來的台灣府為二府。新設恆春、淡水、新竹、宜蘭四縣，合原來的台灣、鳳山、嘉義、彰化四縣為八縣。移設雞籠、卑南、埔里社三廳，合原來的澎湖廳為四廳。添設郡縣後，加強了對台灣南北內山的行政管理。沈的移駐巡撫和添設郡縣，為台灣建省創造了條件。

2. 開山撫「番」、招墾開禁，促進台灣先住民社會、經濟的近代化

在日軍侵台期間，沈葆楨為了「絕彼族覬覦之心，以消目前肘腋之患」，即著手「一面撫番，一面開路」。[33] 事件結束後，在會銜所上《會籌全台大局》摺中提出，「為會籌全台大局，撫番開路，勢難中止」。並強調指出，「人第知今日開山之為撫番，固不知今日撫番之實以防海也」，認為此舉不但「關係台灣安危，而且關係南北洋全局」，要求通過長期的努力，達到「盡番壤而郡邑之，取番眾而衣冠之」。並強調「經營後山為防患計，非為興利計。為興利盡可緩圖，為防患勢難中止」，因為「外人之垂涎台地，非一日亦非一國也。去歲倭事，特嚆矢耳」，如果後山一帶，「我不盡收版圖，彼必陰謀侵占」。[34] 為了加強台防，主張繼續「開山撫番」。開山分三路進行，北路自蘇澳至岐萊，開路205里；南路一由赤山至卑南175里，一由射寮至卑南214里；中路由林圮埔而東，經一年而至璞石閣，共265里。打通了山前至山後的路線，準備與自岐萊而南的山路接連。開山過程，沿途築設碉堡，派兵屯營，安撫「良番」，平服「凶番」。

在開山過程中，同時募民隨往耕墾。沈認為「今欲開山不先開墾，則路雖通而仍塞」，但「欲招墾不先開禁，則民裹足而不前」。乃於1875年1月奏請開「嚴禁內地民人渡台之舊例」，開「嚴禁台民私入番界之舊例」，並墾弛「對鐵、竹兩項」的「舊禁」。[35] 2月25日奉旨：「沈葆楨等將後山地面設法開闢，曠土亟須招墾，一切規制自宜因時變通。所有從前不准內地民人渡台各例禁，著悉與開

除。其販買鐵、竹兩項，並著一律弛禁，以廣招徠」。[36] 實行多年的舊禁廢除，對進一步開發台灣，起了很大的促進作用。通過「開山撫番」，招墾開禁，對東部先住民居住的山區推廣了政令，確立了治權，促進了東部山區的開發，也促進了先住民的漢化，實際上是促進了先住民社會、經濟的近代化。

3.整頓營伍、充實軍備，使台灣逐步向軍事近代化的道路

沈葆楨奉命來台督辦防務後，發現「台地班兵不可用。」[37] 由於「積久弊生，班兵視爲畏途，往往僱傭而來，伍籍且不符，何有於技勇」？乃奏請「將台澎班兵疲弱者，先行撤之歸伍，其曠餉招在地精壯充補」[38]。日軍撤退後，於1875年8月奏請仿准楚軍營制而歸併台地營伍，以500人爲一營。南路九營專顧鳳山、台灣、嘉義三縣；中路三營專顧彰化；北路三營專顧淡水、宜蘭縣；澎湖兩營專管澎湖。「均各認眞訓練，扼要駐紮」，歸巡撫統轄。台灣鎮總兵撤去「掛印」字樣，並歸巡撫節制。沈又提出「台地延袤一千餘里，處處濱海，陸防之重尤甚於海」，奏將安平台協水師三營改爲陸路。鑑於舊有水師編制，戰船僅能巡緝捕盜，已不合台灣海防需要，奏將水師各營拖罾艇船8號「裁撤」，請調「閩廠現造輪船，分撥濟用」。[39] 1876年2月6日上諭：「所奏各節，係爲因時制宜起見，自應准如所請。」[40] 付之實施後，台灣的武備、營制乃益趨健全。

爲了加強台防，沈曾多次奏購鐵甲船，認爲「百號之艇路，不敵一號之大兵輪船」。[41] 沈巡台後所奏仿西洋新法興建的安平炮台，於1874年10月興工，1876年9月竣工，爲中國最早用混凝土所建新式炮台。在炮台城門上沈親書「億載金城」。沈又在台南旗後海口鑿山壘土，建炮台6座，「以固海防」。同時又購炮10尊，駐兵800名於東港炮台，以加強南部防務。此外，澎湖爲台、廈命脈，日軍侵台時，沈命副將吳奇勳添募新勇一營，並購大炮10尊，以加強防衛。[42] 同時又在台郡興建軍裝局及火藥局，將備防時所購買洋炮以及軍火機械等項，「愼爲存儲」。[43] 台灣軍備的改進，已逐步邁向軍事近代化的道路。雖由於時間短促，有的剛開始進行，有的僅是計劃，並未付之實施。但沈加強防衛措施，奠定了台灣近代海防的基礎。

4.倡辦煤礦等新式企業，促進台灣經濟的近代化

台灣基隆的煤礦早受外人注意，沈葆楨在主持福建船政局時曾派員駐台採購煤炭及木料，當時就已提出由船政局自行開採之議。1868年沈曾派船政局煤鐵監工法人來台勘察，但因牽涉多方，未付諸行動。至日軍侵台，沈巡台更清楚全台之利，以煤礦為始基，奏請廣開台煤，並鼓勵民間煤窯的開採。台事平息後，沈聘英籍礦師翟薩在北部台灣一帶勘察，並籌購全副開礦機器，準備開辦西式煤礦。沈致力掘煤外，復擬煉鐵，並建議開採石油，並委丹麥人架設閩台電線。沈遷任江督離台後，架設電線、開採煤礦等工作由丁日昌付之實施，1877年9月基隆煤礦開始出煤。這是全國最早投產的新式大煤礦。沈倡導開辦新式企業，促進了台灣經濟的近代化。

5.督江期間沈大力支持丁日昌開發台灣加強台防的措施，並密切注視日本覬覦釣魚島等島嶼的陰謀活動

閩撫王凱泰於1875年冬病逝後，由丁日昌繼任。1876年11月丁日昌專摺密陳《請速籌台事全局》摺，系統地闡述了對加強台防的意見，丁提出必須購中小鐵甲船一、二號，練水雷數軍，造炮台數座，練槍炮隊各數十營，購機器，開鐵路，建電線。[44] 丁所提加強台防措施，除鐵路一項外，他如購船、練兵、修建炮台、架設電線、開礦、招墾諸務，都是繼承沈葆楨加強台防的措施，自然得到沈的大力支持。就是丁新提的修築鐵路，同樣得到沈的大力支持。1877年沈葆楨拆毀英國人私建的吳淞鐵路，丁日昌建議將鐵軌移至台灣旗後，供修築台南鐵路之用。沈十分贊成：「旗後至鳳山三十里，無內河可通，正當化無用為有用，使人人可知其利。再另做一條達郡城，此禹生中丞意也。」[45] 可見沈拆毀吳淞鐵路主要出於保護中國主權，並非反對修築鐵路。台灣鐵路興築計畫，在丁日昌籌辦下，逐漸具體化了，並開始付之實施。從1877年10月開始，沈派登瀛舟運送吳淞鐵軌至台南，以後又加派萬年青、海鏡參加運輸，至1878年初，「鐵路全數運台」。[46] 但最後因經費不足，同年8月丁日昌回籍養病，築路計畫未能實現。一說器材被堆放在台灣海岸爛掉了，一說1883年這些鐵軌載回上海，運往北方，供修築開平鐵路之用。至1887年由劉銘傳奏准修築基隆至台南鐵路，先修台北至基

隆段，1891年竣工，計28.6公里。1888年台北至新竹段亦開工，延至1893年竣工，計78.1公里。[47] 這是全國最早一批自建的鐵路，是自行集資、自行主辦、自行經營的第一條鐵路。

自1879年4月日本用武力併吞琉球之後，即開始覬覦、竊占琉球姑米山以西與台灣本島之間附屬島嶼如釣魚島等的陰謀活動。這引起時任兩江總督沈葆楨的擔心，當時他就指出：「台灣與琉球中間島嶼華離之地尚多，一併置戍，力必不及。棄之，則頗涉忽近圖遠之嫌，終於無所歸宿。」[48] 沈所提對我國領土釣魚島等島嶼應注意保護的意見是很有遠見的。果不出所料，不久日本福岡人古賀辰四郎開始經營琉球近海的海產，1885年前後登上釣魚島並提出租借該島的申請。日本內務省也密令沖繩縣對釣魚島等島嶼進行實地勘查，準備建立國標，企圖竊占。9月6日《申報》刊登了一則《台島警信》，揭露了日本的陰謀：「高麗傳來消息，謂台灣東北邊之海島，近有日本人懸日旗於其上，大有占據之勢。」[49] 由於當時清朝建立海軍衙門和設立台灣省，表現出對海防的重視，因此，日本外務大臣井上馨認為：「此際匆忙公開建設國標，必招致清國之疑惑」[50]，而不得不中止了在釣魚島建立國標、企圖竊占的陰謀活動。一直窺伺九年之後，1894年12月中日戰爭日本取得決定性勝利並決定進軍台灣，認為有利時機已到，遂於1895年1月由內閣通過了竊占釣魚島等島嶼的決定，並企圖通過《馬關條約》割讓台灣全島及所有附屬島嶼的條文，使侵占合法化。上述事實說明，沈葆楨開其端、丁日昌等繼其後、劉銘傳集大成的加強台灣海防的措施，對保衛台灣起了積極的作用。

綜觀前述，沈葆楨任欽差大臣加強台防期間，通過建新式炮台、購買洋炮等加強軍備措施，並整頓營伍，使台灣邁向軍事近代化道路；移駐巡撫、添設郡縣，為建省創造了條件，促進了台灣政治近代化；進行開山「撫番」、招墾開禁，促進了台灣先住民社會、經濟的漢化與近代化；倡辦新式企業、支持丁日昌修築鐵路，促進了工業、交通的近代化。因此，沈葆楨成為台灣近代的倡導者和奠基人。丁日昌繼承了沈葆楨的近代化措施，推進了台灣近代化的步伐。而劉銘傳則是台灣近代化的實幹家和集大成者。在甲午戰爭前，台灣這一邊疆新建的行省，

已後來居上，成爲全國洋務運動中的先進省份。

從閩撫移駐的提出到台灣建省的實現

　　同治十三年（1874年），日軍侵犯台灣，東南海疆出現危機，清廷震驚。事件平息後從九月開始，在清政府內部開始進行了一次關於海防問題的大討論，圍繞要不要加強海防及海防與塞防的關係，爲什麼要加強海防及「攘外」與「安內」的關係，如何加強海防及海防與陸防、購買與自造、開源與節流、人才的使用與培養、人與武器等關係展開了大討論，歷時七個月，在比較廣泛徵集意見的基礎上，於光緒元年（1875年）下了一道上諭，從海防統帥提鎮人選、練兵、簡器、造船、籌餉等方面提出加強海防的各種措施，通過這次海防大討論，促使清政府對台灣海防地位的認識產生了新的變化。台灣從過去防內爲主的地區轉變爲禦外爲主的地區，上升爲我國海防要地，並採取了加強以禦外爲主的防備措施。如繼續實行開山、撫番，開人民渡台、入山之禁，添建府縣，由一府四縣三廳增爲二府八縣四廳。即增設台北府，合原來的台灣府爲二府，新設恆春、淡水、新竹、宜蘭四縣，合原來的台灣、鳳山、嘉義、彰化四縣爲八縣，增設雞籠、卑南、埔里廳，合澎湖爲四廳。並批准先在台灣試辦開採煤鐵事宜，諭准丁日昌（1823－1882）所議購鐵甲船、練水雷軍、造炮台、練槍炮隊、開鐵路、建電線、購機器，雖然這些建議不少沒能實行，但亦可說明這時清廷對台灣防務已引起較大的重視，對以後台灣的建省起了促進作用[51]。

　　正是在這一背景下，爲了加強對台灣的行政管理，沈葆楨（1920－1989）首先提出了福建巡撫移駐台灣的新方案，此後福建巡撫及其他廷臣又先後提出巡撫分駐、總督移駐、簡派重臣督辦、改設台灣巡撫等不同方案，而清廷則實行閩撫「冬春駐台、夏秋駐省」的方案。三年後，又恢復舊章，仍實行督撫輪赴台灣巡查的方案。直至光緒十年（1884年）爆發了中法戰爭，清廷再次震驚，於是在中法戰爭結束後，又在清政府內部進行了一次關於加強海防問題的討論，通過討論，

再次肯定了台灣在中國海防中的重要地位。在這一新的形勢下，左宗棠（1812-1885）重議改福建巡撫為台灣巡撫，旋奉旨允准，翌年並改為福建台灣巡撫。光緒十三年（1887年）添設府縣，建省的規模初具。

從同治十三年至光緒十三年（1874-1887年）是台灣建省的準備時期，也可說是過渡時期，本文擬較系統地考察上述各種治理台灣政治體制形式提出的背景及其演變過程，以便瞭解台灣建省是在怎樣的情況下正式實現的，並可說明正是為了加強海防的需要，促進了台灣建省的實現。

（一）沈葆楨主張閩撫移駐台灣

同治十三年十一月十五日（12月23日）沈葆楨在台灣上《請移駐巡撫》摺，提出自己對台灣善後意見。奏摺指出：

「綜前後山之幅員計之，可建郡者三，可建縣者有十數，固非一府所能轄。欲別建一省，又苦器局之未成。而閩省向需台米接濟，台餉向由省城轉輸，彼此相依，不能離而為二。……臣等再四思維，宜仿江蘇巡撫分駐蘇州之例，移福建巡撫駐台，而後一舉而數善備。」摺中列舉巡撫移駐，「有事可以立斷」、「統屬文武，權歸一尊」、「黜陟可以立定」、「法令易行」、「貪黷之風得以漸戢」等十二便。

移駐方案的提出，主要為了適應加強海防、大力整頓台灣吏治的需要。沈葆楨已看到台灣「七省以為門戶」，時雖外患暫平，「旁人仍眈眈相視」，認為「未雨綢繆之計，正在斯時。」要加強海防，進行開山、撫番等任務十分繁重，尤其吏治、營政、民風等積弊重重，須「力加整頓」。主張「欲固地險，在得民心，欲得民心，先修吏治、營政」，而「整頓吏治、營政之權操於督撫。」但「總督兼轄浙江，移駐不如巡撫之便。」當時沈葆楨也考慮過「欲別建一省」，又「苦器局之未成」，且閩台相依「不能離而為二」，所以主張先實行巡撫移駐的過渡性方案。正如疏末強調：經過「夙夜深思，為台民計，為閩省計，為沿海籌防計，有不得不出於此者。」[52]

沈葆楨奏請閩撫移駐以加強治理台灣的意見，的確是經過「夙夜深思」、

「再四思維」後才提出的，這從現存的《沈文肅公牘》（抄本）中可以看得更加清楚。同治十三年十月，即正式上善後摺前一個月，他在給閩撫王凱泰（？-1875）函中就已指出：「倭兵退後，台防須上善後條陳，躊躇累日，正苦無從著筆，而總署又有飭議沿海六條之疏。如此大文，何從交卷，寢饋俱廢，莫得窾竅，我公何以教之。」[53]

同月，給李鴻章（1823－1901）函中也提及：「善後大難，躊躇久之，迄不知所下手處。瀕海設防，內山撫番，籌費之難，人所共見。而吏治、營政、民風積重難返，雖有鉅資，目前呼應不靈，轉瞬又皆成弊竇，此非語言文字之所能達也。……道之於廳縣，鎮之於將備，能羈縻之，使不大越範圍，則善矣，無從徹底整頓。蓋重洋遠隔，摸風捉影，疑謗易生，而鎮道兩不相統，下各有所恃，上各有所諉。若照從前積習，推行於內山，殊恐利未集而害已隨之。欲興利而杜弊，竊計非閩撫移駐台灣不可。」

可見，沈葆楨提出巡撫移駐，首先著眼於大力整頓吏治。當時即已提出移駐有十點好處，內容與正摺「十二便」有些出入，著重點有所不同，可看出他思想的形成過程。茲不贅引述如下：「如江南巡撫之分駐蘇州，一舉而數善備。民間疾苦與神奸巨蠹，耳目周知，應恤應禁，令出惟行，無所牽制，一也。吏治優劣，可以就近考核，不搖於傳聞異辭，二也。營政隨時講明，切究訓練，方有實際，三也。陋規擇尤裁革，民困可以漸蘇，獄訟隨時清理，民隱可以上達，賭煙、械鬥、紮厝頹風可以消息，四也。開山墾田費難聚集，長駐於此，從容布置，日計不足，月計有餘，五也。每開一處，設官分汛亦以次遞舉，六也。煤鐵等礦伺便而行，地方官不敢畏難因循，不致輕率滋弊，七也。事權統一於一尊，鎮道無專擅之嫌，亦無連雞之患，八也。漸漬不驟，生番不致驚疑，九也。屹然坐鎮，官民不敢以五日京兆見待，亦無兩姑為婦之難，十也[54]。十條已包括了移駐巡撫「十二便」的主要內容，但正摺更加系統化，且把移駐巡撫後可加強對台灣的直接治理，可解決鎮道兩不相統的弊病，提到更為突出的地位。「十善」亦以整頓吏治、營政，興利除弊為中心內容，這是他考慮巡撫移駐的重要因素。這種思想在函牘中曾反覆強調過。如說：「台灣開山善後之舉，非窮年累世不能告

蔵，其根源要在吏治，更非部民所能整頓。遠隔重洋，與省垣消息恒經月不通，船政尤難兼顧，此間似須移駐，次第辦理，方能日起有功也」[55]。疏稿草就後，抄送李鴻章徵求意見，並再次表明：「挽回州縣、營汛積習，非更張不可，請移巡撫一疏，非意存推諉，實事理不得不然。」[56]

當時台灣事務主要歸總督管理，為什麼不提出移駐總督或採取其他辦法以加強台灣的行政管理呢？函牘中也補充說：「總督兼轄浙江，此間孤懸，恐鞭長莫及，若派部民前往，倘時時侵督撫之權，不特勢有不行，於理亦有所不可。」[57]對巡撫移駐的方案，當時《申報》上曾發表文章提出異議，而主張「不如移駐提督駐紮台灣，既可收行伍同胞同澤之效，並可復省會相維相係之規。……果使委任得人，似較巡撫駐台而百弊叢生者幾同霄壤矣。」[58]但李鴻章卻認為，巡撫移駐台灣之議，「洵屬經久大計」，聲稱自己年前赴京時，並曾「力陳於當道」。[59]羅大春也認為「移駐巡撫之議，是又台事一大關鍵。」[60]

移駐摺於同年十二月十一日（1875年1月18日）交議後，旋由吏部會同總理衙門議覆，「准將福建巡撫移紮台灣地方，」於光緒元年三月十九日（1875年4月24日）具奏，結果雖然是奉旨「依議」。[61]但由於閩中督撫持有不同意見，且移駐也確實存在著實際困難和矛盾，最終並沒有實行，而是改行巡撫分駐兼顧省台的新方案。

（二）王凱泰主張巡撫兼顧省台

巡撫分駐兼顧省台的方案，沈葆楨是贊同的。那麼，究竟是什麼原因促使沈葆楨改變了經過深思熟慮後提出的原議呢？是否因自己已奉兩江之命即將離台，而遷就閩撫的意見呢？由於現存史料不多，這一轉變過程還不十分清楚。但從沈氏公牘中可略窺端倪。

先是沈葆楨於光緒元年正月末從李鴻章處獲悉巡撫移駐一疏，經吏部議准。三月，他函告閩撫王凱泰：「移駐部文尚未到閩，極盼旌節東來，指揮一切，可以相與有成。而又慮旌節來後，餉源無吃緊籌措者，益束手無策，事到難時真不知如何方好也。」[62]同月，王凱泰在覆函中對移駐提出異議，沈閱後表示贊成，

這是在授命沈爲兩江總督之前，沈函告王：「奉（三月）十四、二十手教，辱蒙誨注拳拳，……移駐仿天津現行事宜，極佩卓見。省台不能分家，亦天地自然湊泊者也……台內不能分家情形，上伯相書時，自當切實陳之。」[63] 後又函告移駐章程「實非倉卒所能定，應俟旌節渡台後隨時斟酌行之。」[64] 是時，王凱泰也上摺奏請「先赴台灣履勘，會同妥籌。」[65] 決定先行赴台，一面履勘，一面與沈面商，待取得一致看法後，再向朝廷議奏。

關於閩中督撫對移駐有不同看法，從四月間李鴻章覆沈葆楨函中曾有所透露，李函稱：「補帆（王凱泰）謂須仿照直督駐津之例，往來兼顧，仍欲攀留大旆主持善後事宜。」[66] 不久又告：「聞閩中覆奏請督撫輪駐，若再交部議，固多濡滯」，並表示「即使照行，並恐意見難齊，功效莫必。」[67] 而沈卻函告李，表示同意王凱泰的兼顧意見。函稱：「再移駐之議已得部文復准，補帆中丞恐長駐海外，將變成台灣巡撫，提餉呼應不靈，此亦確不易之論，擬援照天津之例復陳也。」[68] 並函告王：「兼顧是確論，前月函致合肥亦詳陳之。」[69] 五月十七日（6月20日）王凱泰抵台之後沈在函牘中又透露出，閩中督撫之間有矛盾，是他改納兼顧方案的一個重要原因。他在致李鴻章函中稱：「補帆欲往來兼顧，亦時勢所不得不然，遇人不淑謂之何哉？……台事得補帆接辦，足以放心，但願首席勿斬其餉，勿掣其肘耳。」[70]

後來繼任巡撫丁日昌也指出：「台事從前本係督臣主政，沈葆楨因與前督臣意見不合，又恐特設督辦大員於地方呼應不靈，故請改歸巡撫兼辦，本亦煞費經營。」[71]

但沈葆楨開始提出移駐，以後同意改爲分駐，其主要出發點，都是基於大力整頓台灣吏治、鞏固台灣海防的愛國思想，而不是由於對當時閩中督撫有什麼個人成見。正如丁日昌後來追敘說：「從前沈葆楨之所以請將巡撫分駐台灣者，亦以其時台事敗壞已極，閩省未遭兩次大水，餉務尚足接濟，擬將台事大加整頓，不得不議以巡撫駐台，藉資督率。並非偏袒巡撫，使奪總督節制台灣之權；亦非掣肘巡撫，使失省中應辦各事之職也。」[72]。

當然，由於當時沈葆楨「衰病日侵」，也有過希望台事接替有人，自己可

「脫身歸臥」的想法[73]，但這是次要的因素。因他同時也說過：「中丞（指王凱泰）何時東渡無所不可，但餽餉有人分憂，則善矣。」[74] 表示安心辦理台防善後事宜。從移駐改爲分駐，雖係接受王凱泰的意見，但並非爲了自己脫身而遷就。

沈、王對兼顧方案取得一致意見後，即與福州將軍、閩浙總督聯銜上奏稱：「巡撫有全省應辦事務，重洋遠隔，將來必須議分省以專責成者。以形勝論之，……跨越控制，形勢乃有全神，畫而分之，脈斷則全神俱失。……從事勢論之，台灣之餉源、人才，皆取資於省會；而省會之煤斤、米石，亦借潤於台灣。畛域分而呼應不靈，不特巡撫束手，一省而斷其左臂，倘海上起事，總督亦必有掣肘之時。……省台兼顧、重洋跋涉，臣凱泰非不知往返之煩也，行乎其所不得不行也。」[75]

七月二十八日（8月28日）奉旨：「所陳亦係實在情形，」並要沈葆楨等通盤籌劃應如何往來兼顧，俾省台各事不致掣肘之處，「即行詳細奏聞。」並諭告沈善後諸務交代後，「即赴兩江新任。」[76] 以後王凱泰提出閩撫「冬春駐台」意見，也得到沈的贊許，認爲「甚屬周妥，」建議「即由尊處主稿拜發爲望。」[77] 疏稿成後，也得到沈的稱讚，認爲「簡要精湛，迥非時賢所及，佩服豈有涯量。」[78] 又由沈葆楨等會銜上奏，十月三十日（11月27日）諭旨指出：巡撫有全省地方之責，自難常川駐台。王凱泰擬於冬春駐台、夏秋駐省，庶兩地均可兼顧。「即著照所請辦理」。並諭告王凱泰，「若俟明歲冬間始行赴台，爲時過久。」要他假滿後即將省署應辦事宜，趕緊料理，「即行渡台，以資鎮攝。」[79] 但王凱泰於十月十一日（11月8日）扶病內渡，已於二十三日（20日）病逝，「即行渡台」之旨無法實行。旋於十一月十四日（12月11日）降旨以前江蘇巡撫丁日昌爲福建巡撫，並諭告巡撫宜於冬春駐台，丁日昌「當妥籌兼顧，前往該郡悉心經理，以副委任」[80]。由於存在實際困難，是年「冬春駐台」之旨就落空了。

（三）林拱樞主張總督移駐台灣

光緒二年春，新任巡撫丁日昌沒有渡台，六月，御史林拱樞就上摺催丁渡台，並提出總督移駐方案。丁日昌於光緒二年春上任後，雖正值冬春駐台之期，

但當時忙於在省城整頓吏治，一時無法分身，同時也發現省台兼顧確有困難，於是便奏「請另派員專辦台事」。三月七日（4月1日）奉上諭：「著丁日昌仍遵前旨，冬春駐台，夏秋駐省，以期兩地兼顧」。[81] 丁於三月二十五日（4月19日）接旨後又上摺說明，本擬即日東渡，因值洋務吃緊，又因吏治甫經開辦，未便鬆勁，總督李鶴年又值入覲，且已交夏令，「文煜商暫住省垣，以顧根本」。因此丁要求俟省城各事辦有頭緒，「謹當遵旨冬春駐台，以期並籌兼顧。」[82] 乃將台事委台灣鎮道主持，並奏派水師提督彭楚漢、福寧鎮總兵吳光亮「前往整頓。」由於丁日昌沒有渡台，江南道監察御史林拱樞於是年六月上《為台地緊要，請旨迅飭撫臣東渡，藉全大局而實邊防》摺，奏稱：「台灣……為直隸、奉天、山東等沿海七省必達之咽喉……非獨繫全閩一省之安危也。……我皇上明燭萬里，議開山、撫番，以消隱患；復准添設郡縣，使他族無所藉口。……命沈葆楨暫任其事，議巡撫駐紮，使善其成。……丁日昌洞悉夷情，久諳疆事，履閩未久，未議渡台，度其為全台計者，必已指授機宜，責成鎮道，夫自古輿地之學，耳聞不如目睹，而地方建置之事，心劃不若躬臨。挖取旺苗，藉資機器，則外洋之侵據，須有以防之；開墾荒土，藉募客民，則內地之攘爭，須有以杜之。而撫慰番社，區劃兵農，相度川原，籌分戰守，尤非鎮道所能勝任。……足見該處非有重臣調度，難協機宜。」但林拱樞當時也已看到巡撫兼顧省台的困難，於是便提出改由總督移駐台灣的方案：「至巡撫任務本緊，倘未便久駐台灣，或俟新設之一府四縣規模略定，可否變通章程，敕議以總督移駐。蓋久遠之計，巡撫責重地方，終難兼顧，總督職歸巡閱，乃統邊防也。臣為慎重海防起見……恭摺備陳。」[83]

總督移駐方案沒有被認真考慮，林摺也沒有交廷臣議覆，清廷仍堅持巡撫兼顧方案。並於六月初二日（7月23日）逕諭軍機大臣：著文煜、丁日昌酌度情形，悉心會商，如台事緊要，「即著丁日昌前往認真經理」，倘目前不必渡台，「亦當飭令該鎮道等妥慎籌辦，不可稍涉大意。」[84] 總督移駐方案被否定了，但為照顧閩撫的實際困難，對是否按期分駐台灣，改由閩中督撫酌情處理。到八月初八日（9月25日）諭旨又重申：「仍著該撫隨時酌量，如可暫緩赴台，即著飭令該鎮道妥為經理，遇有緊要事宜，再行馳往調度，期無遺誤。」[85] 丁日昌因忙

於整頓吏治和救災，一直無法分身渡台。

（四）丁日昌主張簡派重臣駐台督辦

　　光緒二年十月，台灣北路生番滋事，而台灣道夏獻綸、總兵張其光均患重病，「台事無人主持」，丁日昌決定於十月十五日（11月30日）「力疾渡台」，並奏稱台中應辦事宜，遠隔重洋，「欲圖兼營並顧，必致貽誤事機。」他提出臨時性的解決辦法是：將本署應題應奏應咨一切事件，商由督臣代辦。其日行一切公事，由藩司代印代行。「庶免蹈上年積壓稽延之誤。」[86]東渡前夕，專摺密陳《台事速宜統籌全局》疏，並附上《省台遠隔重洋難以兼顧》片，這是他擔任閩撫後第一次系統地闡述了對加強台防的原則性意見，奏疏著重分析台灣所處的形勢及在國防中的重要地位，指出台北已上升為重要地區，為「外人心目所注」之地，特別強調日本「處心積慮，極意窺伺」台灣的陰謀，呼籲清廷對台灣應及早圖維。並提出練兵、簡器、開鐵路、建電線、開礦、開墾等加強台防的具體措施。由於經營台灣的任務十分繁重，疏末提出必須簡派重臣駐台督辦。理由是：「臣病勢沉重，且不知兵，萬難當此重任。然懼身入局中，而將邊疆大利大害諱而不言，亦非臣平日愚誠報國之本心。惟有仰求我聖主速派威望素著知兵重臣駐台督辦，並派熟悉軍火大員辦理後路糧台，寬籌糧餉，購買外洋鐵甲船、水雷、槍炮等件，以資備禦而裕接濟。臣雖不敏，亦必留台聽候驅策，備幕府奔走之役，斷不敢置身事外，冀避艱難。仍求敕下南北洋大臣密速籌議覆辦，以免道旁築室，徒托空言。」[87]丁日昌也意識到派大員專駐方案不易為清廷接受，又另附片補充，要求南北洋大臣議覆，冀望會得到李鴻章、沈葆楨的支持。附片列舉巡撫兼顧省台的種種矛盾，如指出，有關例案「往返輾轉，必致有誤考成」，即如詞訟「則羈候者瘐斃堪虞」，錢糧「則望餉者枵腹可慮」。且巡撫為刑錢總匯之區，舊卷山積，「已不能全數攜至台灣」，如每辦一事須赴省吊查，不但「往復需時」，而且「吏胥因之舞弊，貽害胡可勝言」？且輪船如遇逆風，動至累日經旬，「其阻滯情形，概可想見」。並舉上年王凱泰駐台後，將應奏、應題、應咨有關考核事件奏請回省補辦所出現的矛盾，如由於相隔半年之久，「候勘轉者，牽連之人證愈

積愈多，待批示者，遠道之冤民有訴而無答」，吏治為之墜壞。最後指出：「台灣事事俱屬創始，斷非僅住半年即能辦有頭緒。且沈葆楨原議巡撫宜於冬春駐台，夏秋駐省，又安能保夏秋之間生番不蠢動乎？外人不侵凌乎？……台事之可憂者在外侮，非假以事權，不能綢繆未雨；台利之可來者在礦務，非寬以時日，不能收效將來。……惟臣疾入膏肓，才復拘滯，恐難久膺重寄，將來台事尚求聖明獨斷，專派重臣督辦數年，略假便宜，於兵餉二事不稍掣肘，專心致志竭力經營，庶幾有濟。一俟辦有成效，方能徐議督撫分駐之局」。[88]這裡他已後退了一步，把派重臣專駐督辦，作為以後實現督撫分駐的一種過渡方案。

上述摺片於十一月十九日（1877年1月3日）奉旨交李鴻章、沈葆楨「妥密籌商，速議具奏」。[89]沈葆楨於同月二十五日覆奏稱：「至專派重臣，臣竊以為不如責成督撫。蓋礦務、墾務他人得以為力，而吏治、營政非督撫斷難為功。台灣之吏治、營政若不認真整頓，則目前之利藪，皆後日之亂階。丁日昌所稱事事創始，非僅住半年即能辦有頭緒，誠非虛語。第既將題奏事件交督臣代辦，則在台之日正可不必兼顧省城，而台灣事宜則萬不能不顧，使官民平日有所專屬，事權歸一，法立令行」。[90]李鴻章奉議覆廷旨後，於同月二十八日覆何璟函中稱：「至稱台事須專派重臣督辦數年，方可徐議督撫分駐，亦有遠識。但為得威望素著知兵之重臣可以分身駐台？又為得數百萬現成鉅款可供重臣之指揮？願望難副，事勢難行。不知老成卓見如何區處」？[91]李並於光緒三年正月十六日（2月28日）覆奏稱：「丁日昌……所請專派重臣督辦一節，似不如責成該撫一手經理，俟辦有成效，再議督撫輪駐」。[92]

翌日，李又函告沈葆楨：「台事昨始議覆，與尊疏大意相同」。[93]，同月十九日（3月3日）沈、李議覆摺交總理衙門「議奏」。

丁日昌於上年冬東渡履勘雞籠、蘇澳北路後山等地回郡後，又先後上《親勘台灣北路後山大略情形》、《統籌台灣全局擬開辦輪路礦務》等摺片，同月二十二日奉旨交總理衙門一併「議奏」。丁在附片中再次懇請「另簡熟悉工程大員經理督率，成效方有可睹」。[94]二月二十四日總理衙門覆奏稱：「臣等查丁日昌勇於任事，不避艱辛，早邀聖明洞鑑。台灣一切事件，自應統歸丁日昌一手經理，非但

責成攸屬,亦覺呼應較靈。所請專派知兵重臣、熟悉工程大員之處,應毋庸議」。
[95] 但丁日昌於巡查南路鳳山、恒春等處後,又先後上奏《請派大員督辦後路糧台》、《台灣後山防務緊要,擬請大員移紮》等摺片。前奏於二月二十七日(4月10日)奉旨「毋庸另派大員督辦」,即由文煜、何璟與丁日昌「聯為一氣,不分畛域,合力圖維」。[96] 後奏於三月二十五日(5月8日)奉旨,允准丁日昌「賞假一個月,回省調理」,所有台灣防務事宜,「即著吳贊誠暫行接辦」[97] 不久又諭准丁日昌回籍養病,並命布政使葆亨署福建巡撫。李鴻章對此曾議論說:「雨生久有退志,鄙書每以鞠躬盡瘁相屬。此次乞假養病,私計良得,惟台防無主持之人,未免後顧多艱」。[98] 的確,在這以後台灣的防務只是維持現狀,沒有什麼太大的進展。

(五) 袁保恒主張改福建巡撫為台灣巡撫

為了解決省台難以兼顧的困難,侍郎袁保恒(?-1878)於光緒二年十二月提出了另一種方案。在其《密陳夷務》疏中,主張改福建巡撫為台灣巡撫。疏中首先分析了我國東北所處的形勢。從傳聞俄國在吉林邊界「時有增兵往來」一事議論說:「然臣歷觀各國情形,惟俄夷為最強,亦惟俄夷為最狡。往往不動聲色,布局於十數年以前,肆毒於十數年以後,其舉動尤為叵測。……伏願特簡久經戰陣、熟悉韜鈐之知兵重臣,專辦東三省練兵事務,……有事則可為撻伐之助,用以拱衛神京,懾服他族」。接著袁疏著重分析了外人窺伺台灣的危急形勢:「至福建之台灣,地雖僻處海澨,而物產豐富,為各國所垂涎。倘為夷人盤踞,則南北洋沿海各處,輪船均數日可達,出沒窺伺,防不勝防,我無安枕之日矣。加以民番逼處,區劃尤難」。

根據東北與東南所處情況不同,提出與東北不同的解決辦法,他認為欲加強台防,巡撫分駐半年無濟於事,必須常川駐守。他指出:「(台灣)非專駐大臣,鎮以重兵,舉其地民風、吏治、營制、鄉團事事實力整頓,洽以德意,孚以威信,未易為功。若以福建巡撫每歲駐台灣半載,恐閩中全省之政務,道里懸隔,而轉就拋荒,台灣甫定之規模,去住無常,而終為具文,甚非計之得也。查直

隸、四川、甘肅各省皆以總督兼辦巡撫事，可否改福建巡撫為臺灣巡撫，常川駐守，經理全台。其福建全省事宜歸總督辦理。庶事任各有攸司，責成即各有專屬，似於臺灣目前情形不無裨益」。[99] 袁摺於同月十八日（1977年1月31日）奉旨交總理衙門議奏。翌年正月十三日（2月25日）登於京報，二月初五日（3月19日）《申報》發表了評論：「就原奏而論，其於臺灣一隅，似籌劃得宜，而於天下大局，則窒礙難行。恐部臣未必議准也。……今生番之地尚有未歸教化，設一巡撫僅管一府之地，若增藩臬以下各官，則土地不廣，人民又稀，政事無幾，安用此多官為！不增設藩臬以下各官，則僅一巡撫獨立海外，似亦不成政體。故謂部臣恐難議准也」。《申報》評論認為解決臺灣的方案是：「或者先仿東三省及新疆之例，俟全台……增設府廳州縣後，再議此舉，此時仍舊。如此辦法，亦如直隸總督駐紮天津之例。恐他日部臣所議，大約亦如是而已」。[100] 李鴻章在看到袁摺後，便於正月十六日在《覆議臺灣事宜》摺中反駁道：「近閱邸抄，袁保恆請改福建巡撫為臺灣巡撫，雖事有專屬，而台事兵事、餉源宜與省城呼應一氣，分而為二，則緩急難恃，台防必將坐困，亦非計之得者」。[101] 翌日，李在覆沈葆楨函中又提及：「筱烏（袁保恆）請改為台灣巡撫，凡與雨生齟齬者皆附和之。為一時計，固非妥策，為百年計，更非常局。不敢不引伸及之，以待廷臣決議」。[102] 總理衙門在覆奏中，既不同意丁日昌專派重臣之議，更不會同意臺灣另建一省，旋加以議駁。李鴻章即函告丁日昌說：「昨准總署咨，台灣巡撫業已議駁。具見中朝倚畀甚殷，台端無可求退之理。似仍如鄙論鞠躬盡瘁為是」。[103] 袁保恆臺灣分省的方案雖被否定，但這是在外國資本主義列強加緊侵略中國的新形勢下正式提出臺灣建省的建議。九年以後，又得到閩浙總督左宗棠的支持，再次向清廷提出，旋被接受。

（六）丁日昌議遵舊章輪赴臺灣巡查

光緒三年丁日昌在原籍養病期間，於十二月十三日（1878年1月15日）接奉十一月初六日諭旨：「著再賞假三個月，安心調理」。不久，又奉十一月二十五日諭旨：「據何璟等奏，台灣一切事宜，皆丁日昌辦理未竟之緒，現在番情未靖，

請飭銷假回任。丁日昌即著迅速赴閩，以副委任」。丁日昌遂於光緒四年（1878年）春上奏稱，總兵吳光亮、孫開華等已於上年十二月十九、二十等日將後山阿棉山，納納社兩股凶番巢穴「全行攻破」，並以「台灣後山番務業已平靖，臣病勢尚未就痊」爲由，奏請俟三個月假滿後，「倘稍可撐柱，即當迅速馳赴閩省，以期力效涓埃」。[104] 同時又上《擬遵舊章輪赴台灣巡查》片，奏稱：「恭查乾隆五十二年（1787年）定章，以督撫及水師陸路兩提督每年輪值一人前往台灣，而停止巡查御史之例。迨嘉慶十四年（1809年）欽奉上諭：嗣後福建總督、將軍每隔三年著輪赴台灣巡查一次。祖宗成憲，當時自有深意。以臣愚見，如遇台灣有緊要軍務，臣立即馳往，斷不稍有遲滯。倘遇無事之時，似不如遵照舊章，隔年輪赴台灣巡查」。

　　是什麼原因促使丁日昌放棄簡派重臣駐台灣督辦的原議，而竟提出恢復舊章呢？這從奏片中便可看出一些原委。

　　首先，奏片強調台灣「群番懾服，番務已有頭緒」，這是明顯針對何璟等奏摺「番情未靖，請飭銷假回任」而發的。

　　其次，片中奏稱，根據台灣道夏獻綸稟，台灣每月額定月餉銀八萬四千兩，司局自光緒三年九月起至十二月止，僅解過餉事五萬兩，核計不及八分之一。丁因此提出「台中既已無事可辦」，與其「株守台中，無益於台，曷若仍住在省，整頓吏治」。這樣做「既於省事有益，兼籌餉需，遙制番情及礦墾各務，亦於台事有裨」。每月僅數萬兩的餉銀大部分被拖欠，丁過去已奏准的加強台防及興利等種種措施，由於缺乏經費更將寸步難行。因此「台中已無事可辦」確是促使他決心提出恢復舊章的一個重要原因。

　　再次，片中指出巡撫駐台只有半年，除去守風及來往途程需一個月，南北巡查需一月有餘，台灣府、台北府文武試合計需二月有餘，再加從台南到台北考試往返途程又須二十餘日，如遇大甲溪水漲又難以日計。這樣在台半年中所剩下的時間已不多了，不能有所作爲。他認爲這是巡撫捨通省應辦之事而不辦，來台灣「代巡道辦一試事而已」，是「因小失大，殊不合算」。巡撫兼顧省台的矛盾仍然客觀存在，簡派重臣督辦的方案已被議駁，乃決心提出取消分駐，巡撫仍常川駐省

遙制台務。

　　又次，丁提出恢復舊章不但與巡撫難以兼顧省台有關，也與督撫矛盾，遇事互相推諉有關。丁所上前述一摺一片，就是由於何璟等奏稱「台灣一切事宜皆丁日昌未竟之緒」直接引起的。附片一開頭即語帶反駁的口氣說：台灣開路、撫番本係兩江督臣沈葆楨「辦理未竟之緒而臣接辦者」，現在總督何璟、署撫葆亨居然奏稱「爲臣辦理未竟之緒，微臣焦急萬分。」明顯表露出對何璟等推諉責任的不滿。因此提出恢復舊章，庶省中巡撫應辦之事，「臣不致全行廢弛，」台中督撫合辦之事，「亦不致督以省事爲重，撫以台事爲重，各執意見，互相推諉。」

　　上述表明，恢復舊章並不符合丁日昌欲加強台防、大力整頓台灣吏治、興利除弊的初衷，只是由於簡派重臣被議駁，加以經費無著，無法辦事，閩中官吏又多方掣肘，素志不得行而早萌退志，重病中清廷又促他回任，不得以而提出的，以便與總督等一起承擔台防的責任。片中他也懷疑恢復舊章「未知於洋海重大事宜有無另有窒礙，」所以又要求飭下總理衙門及南北洋大臣「據實議覆，候旨遵行。」他希望通過議論能得出一個更爲妥善的方案，「庶省台免成兩橛，呼應靈通，督撫可以一心，邊疆受益。」[105]

　　同年二月二十三日（3月26日）軍機大臣奉旨將丁日昌摺片交總理衙門議奏，經過三個多月，延至六月五日（7月4日）才由總理衙門主稿覆奏。當李鴻章看到丁日昌奏摺後還認爲「總署未必議准。」但出於他意料之外，總理衙門議准按丁日昌「所請辦理」。覆奏指出：「（丁日昌所奏）自係實在情形。且該撫從前曾經奏明台事俟辦有成效，徐議督撫分駐之局；李鴻章覆奏摺內亦有辦有成效，再議督撫輪住之局。現時台地應辦各事漸已次第舉辦，該撫所稱遵照舊章輪赴台灣巡查一節，應如所請辦理。惟督撫有統轄全省之權，整頓吏治之責，於一切籌防、籌餉諸務呼應較靈。應責成督撫輪赴分駐，以一事權而資得力。」[106]

　　但覆奏對舊章亦做了一些修正，由「總督、將軍每隔三年著輪赴台灣巡查一次，」改爲「督撫輪赴分駐。」如遇緊要事件，「自應立時馳往」，即遇無事之際，「亦不必拘定隔年一次，並毋庸限以每年冬春駐台、夏秋駐省之期。」因此對丁日昌所請「將軍、提督輪赴台灣之處，應請毋庸置議。」

在實行巡撫分駐期間，由總理衙門議奏奉旨允行的台灣各海口財務及中外交涉事件均歸巡撫管理，現仍恢復舊章，由將軍、督、撫會辦；吏部也提出所有整頓省台吏治，總督、巡撫均應照舊例辦理；禮部也提出改歸巡撫主政的考試，也改照舊章仍歸台灣道辦理；兵部也提出武場考試亦應歸台灣道辦理。六月十日（7月9日）軍機大臣奉旨：「依議，欽此。」[107] 這樣，實行了將近三年的閩撫「冬春駐台」的方案就被正式取消了。

沈葆楨原提巡撫移駐方案，後又贊成改為巡撫兼顧省台的分駐方案。他原以為這樣呼應較靈，而對分省或專派重臣督辦等方案，則認為「畛域既分，緩急難恃，是以均經議駁。」[108] 但事實與預期的相反，力主分駐的王凱泰渡台之後，「欲咨調將弁數員赴台差遣，終末能諧。其呼應不靈固如故也。」[109] 李鴻章當時即已看出分駐同樣不能解決問題，指出：「此後省台兼駐局面已定，但兼顧卻甚為難。即使制軍毫無私見，氣脈已不聯貫。況台防餉需甚巨，人心畛域易分，掣肘情形，概可想見。」[110] 呼應不靈、互相推諉主要不是由於方案引起的，而是植根於封建政府的腐敗。清廷事發震驚，事過輒忘，對台防並未真正重視。因此台防經費無著，使丁日昌等束手無策。就是負海防重任的李鴻章，對台防雖予一定的支持，但也是抱消極應付的態度。他的看法是：「言者多以經略台灣可為富強，本屬無根之談。但得重臣坐鎮，疏通拊循，求相安無事而已。」[111] 所以台防雖振作了一陣子，很快又恢復舊章而掩旗息鼓了。

恢復舊章覆奏議准前二個月，丁日昌已允准因病乞休，並以吳贊誠署福建巡撫。吳贊誠及繼任閩撫勒方錡、岑毓英、張兆棟等曾分別於光緒四年、六年（1880年）、七年（1881年），九年（1883年）先後渡台，其中岑毓英曾兩次渡台，主要為了撫緝民番，巡查防務，對台防沒有什麼大的建樹。

（七）左宗棠建議改福建巡撫為台灣巡撫

光緒十年中法戰爭期間，台灣成為一個重要的軍事戰場，馬江海戰中閩海艦隊覆沒，馬尾船廠被毀，法軍利用其海上優勢，先後占領基隆和澎湖，封鎖台灣海面，全國為之震驚。十一年二月戰爭結束後，清政府於五月初九日（6月21日）

諭沿海沿江各督撫：現在和局雖定，海防不可稍弛，「亟宜切實籌辦善後，爲久遠可恃之計」，這樣在清廷內部又進行了一次加強海防的討論，這次討論比十年前的大討論規模較小，討論的內容比較集中，以精練海軍水師爲重點，同時加強台灣防務也占重要地位。

上諭指出：「當此事定之時，懲前毖後，自以大練水師爲主」。[112] 討論中大臣們提出宜建水師兩鎮、四鎮、三大支、四大支、三大軍、四大軍、十大軍等各種不同意見。值得注意的是，這次討論突出了閩台地區在海防中的地位，如李鴻章議設四支水師，主張「閩台合爲一支」。[113] 楊昌濬再議應設水師三大支，主張「南洋水師設於台澎」。[114] 李元度議設海軍四鎮，主張「台灣爲一鎮」。而「總理海防之大臣則開府於台灣」。因爲台灣「爲七省門戶，道里適中，得首尾相應之勢」。[115] 彭玉麟主張水師分設兩大鎮，「一駐廈門，浙江、福建、台灣、廣東各海口屬之」。他指出台灣在海防中的重要地位：「近則倭人窺之於前，法夷擾之於後，蠢爾群夷，其心無一日忘台也。我有台灣，瀕海數省可資其藩衛，如失台灣，則臥榻之側，任人鼾睡，東南洋必無安枕之日。故防海以保台爲要，保台尤以練土勇爲要」。[116] 這時台灣爲「南洋門戶，七省藩籬」的重要地位，已爲更多的朝野有識之士所認識。

所以，建設海軍、加強台防，成爲這次海防討論的兩個重要內容。

爲了創建海軍，首先必須加強管理。李鴻章於十年二月已提出「沿海七省宜專設一海防衙門」，並請「逐設海部」。[117] 十一年左宗棠亦議設「海防全政大臣」，或名「海防大臣」。[118] 同年七月初二（8月11日）李鴻章在覆議海防摺中，又有或設海部或設海防衙門之議[119]。

爲了加強台防，李元度主張開闢台疆。他在覆議海防摺中指出閩撫應專駐台灣。奏稱：「法蘭西既曾踞雞籠，日本狡然思逞，則台北實爲必爭之地，倘有疏虞，七省不能安枕矣。應請飭議，令福建巡撫專駐台灣，兼理學政。其台北一律開闢，尙可得兩府八縣，生聚教訓，可爲東南重鎮。……日本疆圉之大，略如台灣。……然則台灣如果經理得人，需以歲月，何遽不如日本哉？……應請簡任巡撫、鎮道，久任而責成之，闢土地，課農桑，徵稅課，修武備，則七省之藩籬固

矣。」[120]

楊昌濬（？－1897）在覆議海防摺中也指出各國垂涎台地，應特派重臣駐台督辦。奏稱：「台灣孤立重洋，物產豐腴，久爲各國垂涎之所，故此次法禍之起，獨趨於閩，先毀馬尾舟師以斷應援之路，隨進逼基隆，分陷澎湖，無非爲呑全台計。……從前丁日昌在台創議鐵路、電線、開墾各事，實爲至要之圖，惜未及成而去。今防務已鬆，台灣善後萬不可緩，省城亦兼顧不及，應否特派重臣駐台督辦，伏候聖裁。」[121]

欽差大臣、督辦福建軍務的左宗棠亦於六月十八日（7月29日）上《爲台防緊要，關係全局，請移駐巡撫以資鎭懾而專責成》摺，此摺七月初八日（8月17日）到京。時重病臨危的左宗棠已旨准回籍養病，七月二十六日奉旨，未及成行，二十七日（9月5日）病逝於福州任所。左摺從分析台灣「爲七省門戶，關係全局」的形勢出發，接著比較了過去十年中先後提出的巡撫移駐台灣、巡撫兼顧省台、改閩撫爲台灣巡撫、專派重臣督辦等各種方案的得失，然後提出各種方案皆不如袁保恒「事外旁觀，識議較爲切當」。因此奏請惟有如袁保恒所請，將福建巡撫改爲台灣巡撫，所有台澎一切應辦事宜，概歸該撫一手經理。

左宗棠此摺未收入《左文襄公全集》，惟連橫（1878－1936）所著《台灣通史》職官志中加以引錄，爲史學界所常加引用。現將北京中國第一歷史檔案館所存原摺加以校勘，發現連橫不但省略了原摺首尾二部分，且引錄部分也有不少刪節或改動。原摺共997字，連橫刪去原摺首尾二部分128字，其所引部分原摺爲869字，其中被刪節237字，增加3字，改動8處12字。現就連橫所引部分的原摺內容，全文引錄如下：

「竊臣欽奉諭旨，妥籌海防應辦事宜，已就現在情形，謹擬七條，陳其大概。第思目今之事勢，以海防爲要圖；而閩省之籌防，以台灣爲重地。該處雖設有鎭道，而一切政事皆必稟承於督撫。重洋懸隔，文報往來，平時且不免稽遲，有事則更虞梗塞。如前此法人之變，海道不通，諸多阻礙，其已事也。臣查同、光之交，前辦理台防大臣沈葆楨躬歷全台，深維利害，曾有移駐巡撫十二便之疏，比經吏部議准在案。嗣與督臣李鶴年、撫臣王凱泰會籌，仍以巡撫兼顧兩地

覆奏。光緒二年，侍郎袁保恒請將福建巡撫改爲台灣巡撫，其福建全省事宜，專歸總督辦理。部議以沈葆楨原疏奏稱：台灣別建一省，苦於器局未成。閩省向需台米，台餉向由閩解，彼此相依，不能離而爲二。又有餉源、人才必須在省預籌，臨時呼應方靈各等語。恐其欲專責成，轉滋貽誤，未克奉旨允行。厥後撫臣丁日昌以冬春駐台、夏秋駐省往來不便，於台防、政事仍是有名無實，重洋遠隔，兼顧爲難，因有專派重臣督辦數年之請。臣合觀前後奏摺，各督撫大臣謀慮雖周，未免各存意見。蓋王凱泰因該地瘴癘時行，心懷畏卻，故沈葆楨徇其意而改爲分駐之議，而丁日昌所請重臣督辦，亦非久遠之圖。皆不如袁保恒事外旁觀，識議較爲切當。夫台灣雖爲島嶼，綿亙亦一千餘里，舊制設官之地，祇海濱三分之一，每年物產關稅，較之廣西、貴州等省，有盈無絀。倘撫番之政果能切實推行，自然之利不爲因循廢棄，居然海外一大都會也。且以形勢言，孤注大洋，爲七省門戶，關係全局，甚非淺鮮，其中如講求軍實，整頓吏治，培養風氣，疏浚利源，在在均關緊要。非有重臣以專駐之，則辦理必有棘手之處。據臣愚見，惟有如袁保恒所請，將福建巡撫改爲台灣巡撫，所有台澎一切應辦事宜，概歸該撫一手經理。庶事有專責，於台防善後大有裨益。至該地產米甚富，內地本屬相需，然謂分省而接濟難通，究不足慮。臣查台地未經開關以前，如福州、興化、泉、漳各屬食米，概由廣東、浙江兩省客商源源運濟。我朝天下一家，凡各行省向無遏糴之舉，以台灣與內地只隔一水，便於販運，焉得存此疆彼界之見，因分省遂致阻撓，此固事之所必無者也。若協濟餉項，內地各省尙通有無，以台灣之要區，唇齒相依，亦萬無不爲籌解之理。擬請於奉旨分省之後，敕下部臣劃定協餉數目，限期解濟，由台灣撫臣經理支用，自行造報，不必與內地相商，致多牽掣。委用官員，請照江蘇成例，於各官到閩後，量缺多少，簽分發往。學政事宜，並歸巡撫兼管。勘轉命案，即歸台灣道就近辦理。其餘一切建置分隸各部之政，從前已有成議，毋庸變更。專候諭旨定案，即飭次第舉行。臣爲台防緊要，關係全局起見，未敢緘默，恭摺馳陳，是否有當，伏乞皇太後、皇上聖鑑訓示，施行。謹奏。光緒十一年六月十八月」[122]

三個多月中，各督撫以精練海軍、加強台防爲中心先後上遵議海防摺十幾

件，於八月二十三日（9月30日）奉懿旨：著軍機大臣、總理各國事務衙門王大臣會同李鴻章、醇親王奕譞「妥議具奏」，所有左宗棠等條奏各摺片，「均著給予閱看。」[123] 大臣們經過十多天的傳閱、議論，遂於九初五日（10月12日）由奕譞、世鐸、奕劻、李鴻章、額勒和布等十六人聯銜上《為欽奉懿旨會議具奏事》摺，指出各摺所議，大致不外練兵、籌餉、用人、製器數大端，而「目前以精練海軍為第一要務」。考慮到籌餉、選將二者甚難，主張「不如先練一軍以為之倡。」並「請先從北洋開辦精練水師一支」。根據李鴻章、左宗棠等所奏設立海部大臣等意見，覆奏「擬請特派王大臣綜理其事，並於各疆臣中簡派一二人會同辦理」。

　　會奏摺議准左宗棠擬將福建巡撫改為台灣巡撫之請，奏稱：「臣等查台灣為南洋要區，延袤千餘里，民物繁富，自通商以後，今昔情形迥異，宜有大員駐紮控制。若以福建巡撫改為台灣巡撫，以專責成，似屬相宜，恭候欽定」。[124] 同日，奉慈禧太后懿旨二道。一道詔設總理海軍事務衙門，並派醇親王奕譞總理海軍事務，「所有沿海水師悉歸節制調遣」，並派奕劻、李鴻章「會同辦理」，善慶、曾紀澤「幫同辦理」。[125] 另一道諭准將福建巡撫改為台灣巡撫。諭旨指出：「台灣為南洋門戶，關係緊要，自應因時變通，以資控制。著將福建巡撫改為台灣巡撫，常川駐紮。福建巡撫事，即著閩浙總督兼管。所有一切改設事宜，該督撫詳細籌議，奏明辦理」。[126] 設立海軍衙門與台灣建省的上諭同日頒發，並非出於偶然。這是這次海防討論的二個積極的成果，也是當時加強海防的二個重要內容。九年前未經認真討論即被議駁的袁保恒改設台灣巡撫的建議，在中法戰爭後，清廷在急於加強海防的新形勢下，經左宗棠再次陳奏，終於為清廷接受。

（八）劉銘傳奏請暫緩改省與詔改台灣巡撫為福建台灣巡撫

　　督辦台灣防務、福建巡撫劉銘傳（1836－1895）於十月十九日（11月25日）接奉九月初五日懿旨後，即籌議台灣改設事宜，遂上《台灣暫難改省》摺，他認為從台灣「一島孤懸海外，為南洋門戶」的形勢來看，「自應因時變通，不能不改設巡撫，以資控制」。但他又考慮到閩台關係密切，「有事之時，全恃閩省為根本」。養兵、辦防「仍須閩省照常接濟」。若改設台灣巡撫，「與閩省劃清界限」，

則「畛域分明，勢必毫無聯絡，不相關顧」。他認為既奉旨改省，必須先做好「撫番」工作，擴疆招墾，「庶方足以自成一省」。估計經過五年的整頓，那時「土地既庶，財賦自完，庶可無須仰給於內地」，然後「再議改設省會」。因此奏請暫緩改設巡撫。摺中奏稱：

「台灣重地，經醇親王等悉心籌劃，為大局起見，宜派大員駐紮，仿照江寧、江蘇規制，添設藩司一員。巡撫仍以台灣為行台，一切規模皆無須更動。所有台灣兩府兵政吏治由巡撫主政，內地由總督兼管。此分而不分，不分之分。一俟全台生番歸化，再行改設省會。既有數年之期，從容籌辦，目下又可節省鉅款，騰出財力，先其所急。此臣審度事勢，擬從緩改設巡撫之情形也」。[127] 劉銘傳這一建議，係兼採沈葆楨巡撫移駐與丁日昌簡派重臣二種意見，由巡撫主持全台兵政、吏治，增設藩司一員專駐台灣，辦理吏治、刑名諸務。這一方案是從當時台灣的實際情況出發，比較切實可行。自中法戰爭結束後，劉銘傳即深感巡撫實難兼顧省台兩地，而台防善後事繁任重，故早於六月初五日（7月16日）上《閩事台防力難兼顧，懇恩准開福建巡撫本缺，專辦台灣事務》摺，這實際是丁日昌所提簡派重臣專辦台務的方案。從這一奏摺不但可看出劉銘傳以台防為重，辭閩撫而就台防、捨安就危、捨逸就勞的可貴思想，也可說明劉銘傳從台防實際出發，既不同意巡撫分駐、兼顧省台方案，也不贊成左宗棠十多天後所議閩台立即分省的意見。台灣驟難改省的思想，在劉銘傳此摺中已可看出脈絡。中國第一歷史檔案館所存此摺與《劉壯肅公奏議》所收此摺加以校勘，發現文字改動之處頗多。現將檔案館所存全摺內容引錄如下：

「頭品頂戴、督辦台灣防務、福建巡撫、一等男臣劉銘傳跪奏，為微臣目疾沉重，閩事台防力難兼顧，懇恩准開福建巡撫本缺，專辦台灣事務，恭摺仰祈聖鑑事。竊臣渥承恩命，督辦台灣事務，旋授福建巡撫，受命於台事危迫之際，未遑陳情於聖主之前，臣一介武夫，不諳吏治，持兵台島，未立寸功，仰蒙我皇太后、皇上破格恩施，畀以封疆重任。凡屬力所能為，敢不殫竭血誠，力圖報稱。惟外察事勢，內顧才力，有不得不力陳於君父之前者。伏念台灣為東南七省門戶，各國無不垂涎，每有釁端，咸思吞噬，目下大局雖定，而前車可鑑，後患方

股，亟當除弊興利，所有設防、練兵、撫番、清賦數大端，均須次第整頓。縱使專心一志，經營十年，尚恐不能盡得。查福建巡撫一缺，曾經前兩江督臣沈葆楨奏請移駐台灣，旋以通省事繁，難以兼顧，於是有半年駐台之議。倏忽往來，有名無實。雖如前撫臣岑毓英之勤奮有爲，卒於台事毫無補救。臣平居私議，常謂台灣孤懸海外，土沃產饒，宜使台地之財，足供台地之用，不須取給內地，而後處常處變，均可自全。此次蒞台經年，訪求利病，深見台事實有可爲，甚惜前此因循之誤。因知補牢未晚，而時會所迫，勢不能並日經營。況臣才質駑庸，即竭力經營全台，已恐才難勝任。如更重以疆寄，內地九府公事繁多，而又遠阻重洋，凡督臣所商榷，司道所稟承，函牘往還，究形間隔。若駐台日久，則顧此失彼，虛位曠官，於事何補？若駐台不常，則一暴十寒，於台事毫無裨益。臣宿患目疾，到台後日冒風雨，更覺沉重，每於公牘披閱稍多，往往皆赤汗流，痛澀昏眊。若全省簿書填委，尤非病目之所能勝。與其貽誤於後，曷若陳情於前。再四思維，惟有乘此未受撫篆之時，仰懇天恩，准開臣福建巡撫本缺，俾得專辦台灣事務，庶幾勉效寸長，或可無致隕越。台事幸甚！微臣幸甚！無任迫切待命之至。謹將微臣目疾沉重，懇恩開缺緣由，恭摺由驛（馳）陳，伏乞皇太後、皇上聖鑑訓示。謹奏。」[128]

摺上後，六月二十四日（8月4日）奉旨：所請開缺「不准行」，但另降旨由楊昌濬兼署福建巡撫，令劉銘傳「著將台灣善後事宜認眞整頓」。[129] 即同意劉銘傳專辦台灣善後事務，實際符合簡派重臣督辦的方案。摺中所陳必須次第籌辦設防、練兵、撫番、清賦四大端，宜使台灣財政能夠自立，然後「處常處變均可自全」，這也是劉銘傳四個月以後奏請暫緩建省的重要原因。可見他暫緩改省的思想是一貫的。

閩浙總督楊昌濬對改省的態度如何呢？他於十一月二十日（12月25日）上《籌議台灣改設事宜》摺奏稱：「臣查台灣爲南洋門戶，七省藩籬。有事之秋，非但閩台唇齒相依，不容稍分畛域；即沿海各省，亦當通力合作，乃可相與有成。就現在情形而論，以兩府八縣設立行省，似覺名實不稱」。他從閩台關係及台灣現有條件出發，認爲建省條件並未成熟。接著，他筆鋒一轉：「然前有京兆、宣大

兩府曾設總督，國朝湖南曾設偏沅巡撫，皆因地制宜，隨時變通，以期盡善。今爲籌辦台防計，非設大員駐紮其地，恐心力不專，作輟無常，難收實效」。[130] 又迎合九月初五日「因時變通，改設台灣巡撫的懿旨，似乎又同意台灣改省。所以他的態度是模棱兩可的。但他同意劉銘傳的意見，在台灣添設藩司一員，並主張改省後，向由台灣道管轄的澎湖，仍劃歸台灣管轄。

十二月十二日（1886年1月16日）清廷根據劉銘傳、楊昌濬議覆摺降下諭旨：「台灣爲南洋門戶，業經欽奉懿旨將福建巡撫改爲台灣巡撫，劉銘傳所請從緩改設巡撫，著毋庸議。楊昌濬所奏添設台北道不如添設藩司，係爲因地制宜起見，自可准行。」但也接受了議覆摺關於閩台不容稍分畛域的意見，諭旨最後指出：「台灣雖設行省，必須與福建聯成一氣，如甘肅、新疆之制，庶可內外相維。著楊昌濬、劉銘傳詳細會商，奏明辦理」。[131] 光緒十二年正月（1886年2月）劉銘傳雖未接受新頒的台灣巡撫關防。但自正月初七日起清《德宗實錄》所載上諭已改稱「福建台灣巡撫劉銘傳」。爲了遵旨會商改設事宜，楊昌濬於二月間渡台，劉銘傳於四月間赴省，籌商分省有關事宜，並於六月十三日（7月14日）會銜上《遵議台灣建省事宜》摺，並歸納有關事宜十六條，其中首先提出請改台灣巡撫爲福建台灣巡撫。奏稱：「查台灣爲南洋門戶，七省藩籬，奉旨改設巡撫，外資控制，內杜覬覦，實爲保固海疆至計。惟沿海僅數縣之地，……氣局未成，海外孤懸，與新疆情形迥異。閩台本爲一省，今雖分疆劃界，仍須唇齒相依，方可以資臂助。誠應遵旨內外相維，不分畛域，乃能相與有成。」「查新疆新設巡撫關防內稱『甘肅新疆巡撫』，台灣本隸福建，巡撫應照新疆名曰『福建台灣巡撫』。凡司道以下各官考核大計，閩省由總督主政，台灣由巡撫主政，照舊會銜。巡撫一切賞罰之權，仍巡撫自主。庶可聯成一氣，內外相維，不致明分畛域」。[132] 接著，會奏經協商解決了分省最大的困難問題——經費問題。指出台灣「方今整飭海防，百廢待舉，加之改設行省，經費浩繁」。經商定每年擬由閩省各庫協銀二十四萬兩、閩海關照舊協銀二十萬兩，並請旨飭下粵海、江海、浙海、九江、江漢五關每年協濟銀三十六萬兩，「共成八十萬兩，以五年爲期」。[133] 這樣就解決了分省問題上最大的難題即經費來源。光緒十三年八月初一日（9月17日），布

政使邵友濂就任，初二日（9月18日）劉銘傳又奏請飭部將新鑄福建台灣巡撫關防，並布政使印、布庫大使、按司獄印各一顆，「迅速頒發，以資鈐印」。[134] 並於八月二十四日（10月10日）派布庫大使沈錫榮赴京領取，[135] 次年正月二十一日（1888年3月3日）正式開印啓用。

摺上後，劉銘傳按所奏台灣善後以設防、練兵、撫番、清賦四大端爲主要施政內容，積極開展工作，並查勘各地地勢於十三年八月十七日（1887年10月3日）會同楊昌濬上《台灣郡縣添改撤裁》摺，將原台灣府改爲台南府，台灣縣改爲安平縣，合嘉義、鳳山、恒春三縣及澎湖廳，共領四縣一廳；分彰化東北之境設首府日台灣府，新設台灣、雲林、苗栗三縣，合原有的彰化縣及埔里社廳，共領四縣一廳；北部台北府仍領淡水、新竹、宜蘭三縣和基隆一廳；後山添設台東直隸州，治水尾，另於卑南廳改設直隸州同知，花蓮港添設直隸州判，均隸台東直隸州。統計全省爲三府一州，共領十一縣五廳。[136] 初步奠定了今天台灣行政區劃的基礎。

自同治十三年十一月沈葆楨奏請閩撫移駐台灣起，至光緒十三年改設台灣郡縣、領取福建台灣巡撫關防止，前後經歷了整整十三年。從整個演變過程可以看出，正是由於加強海防的需要，才促進了台灣建省的實現。這是在外國資本主義加緊對中國邊疆的侵略、海疆危機日益嚴重的新形勢下實現的。與乾隆二年四月十一日（1737年5月10日）內閣學士兼禮部侍郎吳金，在歷史上第一次提出台灣「另分一省，專設巡撫一員」時的形勢、性質均不相同。吳金也指出台灣是「海防重地」，但係指台灣易爲「匪類」、「藏奸之地」，故釀成「奸民」朱一貴等謀叛事件，故「請設專員彈壓，以重海防」。主要爲了對內加強鎮壓。當時台灣的形勢並未引起清廷的重視，四月十五日（5月14日）奉旨：「以彈丸之地，（所）屬不過一府四縣，而竟改爲省制，於體不可，於事無益。吳金所奏應無庸議。」[137] 而19世紀80年代又提出台灣建省，其目的主要爲了加強台灣及東南海防，以抵抗外國的入侵，因而，具有明顯的愛國性質。當然，建省後也必然加強對人民的統治，特別是對少數民族的鎮壓，對於這一點，我們在評價時也不容忽視。

從以上的敘述可以看到，在加強台防、創造建省條件的過程中，沈葆楨、王

凱泰、丁日昌、吳贊誠、岑毓英、左宗棠、楊昌濬、劉銘傳等清廷疆吏都做出了不同的貢獻，有的還為此勞瘁而歿，值得我們實事求是地加以肯定。特別是首任巡撫劉銘傳，任職期間在設防、練兵、撫番、清賦、礦務、墾務、創辦現代交通、通訊事業、開發利源等方面進行了大量的工作，他有膽識、有魄力，具有開拓革新精神，治台期間為台灣近代化奠定了一定的基礎。連橫謂「其功業足與台灣不朽」，誠非過譽。劉銘傳前期是鎮壓太平軍、捻軍的劊子手，但在19世紀80年代民族危機嚴重時期，在台灣保衛戰和以加強海防為中心的建省設施中，對我們的國家和民族做出了很大的貢獻，劉銘傳晚年的愛國業績值得後人讚頌。

台灣經過建省的準備及建省後各方面的建設，不但直接增強了防務力量，促進了本地區社會經濟的發展，使台灣成為當時全國的一個先進省份，而且建省後加強了與大陸政治、經濟、文化等聯繫。但在甲午戰爭後，台灣旋被清政府所出賣，而淪為日本帝國主義的殖民地，台灣與大陸的聯繫由於長期被割斷而大大削弱。

台灣建省與近代化的探討

台灣建省的提出及與閩省實現分治的過程，是與近代化事業同時進行的，而且是與加強海防密切聯繫在一起的。關於台灣建省與近代化問題，海內外學者已發表了很多論文，但在建省日期，近代化起於何時，近代化發展水平等問題上，仍存在一定的分歧，至今尚未完全獲得共識。現擬對台灣建省與近代化有關問題進行探討，發表個人不成熟的看法，並著重探討台灣建省與加強海防的關係，提出台灣近代化與大陸洋務運動異同的比較。

（一）台灣建省與加強海防

1.建省的醞釀

1874年日本出兵琅璠事件發生後，丁日昌即提出全面開發台灣，將來「可另設一省於此，以固夷夏之防，以收自然之利」[138]。欽差大臣沈葆楨會同幫辦台灣事宜、福建布政使潘霨也提出台灣前後可建三郡十數縣，非一府所能轄，但「欲別建一省，又苦器局之未成」，乃奏請閩撫移駐台灣，[139]並創造將來分治的條件，經吏部議准。當時福建巡撫王凱泰認為「省台不能分家」，擔心巡撫「長駐海外，將變成台灣巡撫，提餉呼應不靈」，主張仿照直督駐津之例，往來兼顧。沈葆楨同意採用「兼顧」的辦法，認為這是「時勢所不得不然」[140]。他與閩省督撫、將軍聯銜奏請「以巡撫兼顧省台」。後來經諭准實行「閩撫冬春駐台，夏秋駐省」，兩地兼顧。

1876年春，繼任巡撫丁日昌忙於整頓吏治，無法按期渡台，他以省台遠隔重洋，難以兼顧，奏清簡派重臣駐台督辦。侍郎袁保恒則奏稱：台灣為各國所垂涎，欲加強海防，非專駐大臣，鎮以重兵，實力整頓，未易為功。若以巡撫分駐半載，無濟於事。建議仿直隸、四川、甘肅各省皆以總督兼辦巡撫事，「改福建巡撫為台灣巡撫，常川駐守，經理全台，其福建全省事宜歸總督辦理」[141]。上述方案均未被批准，而「省台兼顧」則困難重重，分駐變成具文。1878年丁日昌要求恢復由督撫輪赴台灣巡查的辦法，於是實行三年的「冬春駐台」方案被取消了。

1879年日本用武力吞併琉球，台防又趨緊張，李鴻章奏調貴州巡撫岑毓英督辦台灣防務，並請恢復巡撫分駐。1881年5月，調岑毓英為福建巡撫，劉璈為台灣道。岑在任一年，二次渡台，前後達7個多月，超過了半年分駐的時間。當時由於法國侵占越南，外患日亟，1884年已把戰火燒到中國東南沿海。6月，又調前直隸提督劉銘傳，賞給巡撫銜，督辦台灣防務。實際上已經實行丁日昌提出的簡派重臣督辦台防的方案了。

2.下詔建省

中法戰爭期間，台灣成為一個重要的戰場。戰爭暴露了清政府在軍事上的突出弱點，不僅海軍力量十分薄弱，台灣防務尤不可恃，一旦援絕，難以自守。戰後清廷內部進行了一次加強海防的討論，創建海軍、加強台防成為這次討論的兩個重要內容。貴州按察使李元度提出開闢台疆，使成為東南重鎮。為此「應清簡任巡撫、鎮道，久任而責成之。闢土地，課農桑，徵稅課，修武備，則七省之藩籬固矣」[142]。閩浙總督楊昌濬也奏稱：「台灣善後萬不可緩，省城亦兼顧不及，應否特派重臣駐台督辦，伏候聖裁」[143]。欽差大臣、督辦福建軍務左宗棠也於7月間上《為台防緊要，關係全局，請移駐巡撫，以資鎮懾而令責成》摺，從分析台灣「為七省門戶，關係全局」的形勢出發，比較了十年中先後提出的「巡撫分駐」「兼顧省台」、「簡派重臣」、「建省分治」等方案後，指出：「皆不如袁保恒事外旁觀，識議較為切當」，建議「將福建巡撫改為台灣巡撫，所有台澎一切應辦事宜，概歸該撫一手經理，庶事有專責，於台防善後大有裨益」。摺中針對沈葆楨所提並為當時普遍認同的「閩省向需台米，台餉向由閩解，彼此相依，不能離而為二」的理由，特加申駁，他指出：「台地未經開闢以前，如福州、興化、泉、漳各屬食米，概由廣東、浙江兩省客商源源運濟。我朝天下一家，凡各行省向無遏糴之舉，以台灣與內地只隔一水，便於販運，焉得存此疆彼界之見，因分省而遂致阻撓，此固事之所必無者也。若協濟餉項，內地各省尚通有無，以台灣之要區，唇齒相依，亦萬無不為籌解之理。擬請於奉准分省之後，敕下部臣劃定協餉數目，限期解濟，由台灣撫臣督理支用，自行造報，不必與內地相商，致多牽掣」[144]。

這次加強海防討論的直接結果是，1884年10月12日慈禧太后下了二道懿旨，一道詔設海軍事務衙門，並派醇親王奕譞總理海軍事務，一道詔旨准左宗棠奏請將福建巡撫改為台灣巡撫，福建巡撫事即著閩浙總督兼管。同時命令閩省督撫詳細籌議一切改設事宜，奏明辦理。

3.實現分治

從下詔建省到閩台實現分治，大約花了近三年的時間。這與分治要解決許多

實際問題有關，也與閩撫劉銘傳不同意立即改省、行動拖延有關。中法戰爭結束後，劉銘傳曾經要求取消巡撫本缺，專辦台防，並贊成丁日昌的簡派重臣督辦台防的意見，這和當時閩督楊昌濬所奏不謀而合。後來奉旨不准開缺，而令楊昌濬兼署福建巡撫，劉銘傳則負責整頓台灣善後問題。這時又實行沈葆楨所奏的「巡撫分駐台灣」的方案。建省諭旨頒布以後，劉銘傳曾經再次要求免去巡撫，回籍養病。後來又上《台灣暫難改省》摺，主張先辦防、練兵、清賦、撫番，等到財賦充裕時才能分省[145]。當時劉銘傳曾經兩度因病請假，直到1886年5月才奏請銷假，並到福州與總督商定分省事宜。7月會銜上《遵議台灣建省事宜摺》，商定分治有關事宜16條，經諭准施行。

有關分治的主要內容及其實施情況，有如下幾個方面：

（1）台灣本隸福建，巡撫應援新疆例，名曰「福建台灣巡撫」。凡司道以下各官考核大計，台灣歸巡撫主政，照舊會銜。閩浙總督官防添鑄兼管福建巡撫字樣。1888年3月5日，首任福建台灣巡撫劉銘傳起用巡撫官防。這時的閩浙總督實際上已變成閩浙台三省總督了。

（2）建省經費由閩海關每年照舊協銀20萬兩，閩省各庫協銀24萬兩，粵海、江海、浙海、九江、江漢5關每年共協濟銀36萬兩，共成80萬兩，以5年為期。粵海等5關年協銀36萬兩，戶部以經費無著，未予照撥。經力爭，1886年戶部同意一次性調撥36萬兩，建省經費主要靠閩省協銀44萬兩，至1891年春按期分撥完畢，共220萬兩。

（3）向歸福州將軍管理的旗後、滬尾兩海關改歸巡撫監督。於1887年10月1日起實行。

（4）添設布政司一員，並設布庫大使一員。首任布政使邵友濂於1887年9月17日到任。

（5）向由台灣道兼理的學政，改歸巡撫管理。

（6）不設按察使，仍由台灣道兼理刑名，添設司獄一員。

（7）澎湖設總兵。台灣鎮總兵銷去「掛印」字樣，與新調澎湖鎮總兵統歸巡撫節制。首任澎湖鎮總兵吳宏洛於1887年舊曆十一月到任。

（8）定以彰化中路橋孜圖（今台中市）為省會，但巡撫仍一直駐台北行轅，1894年省會遷至台北[146]。

（9）添官設治。首府曰台灣府，新設台灣、雲林、苗栗三縣，合原來的彰化縣及埔里社廳，共領四縣一廳；原台灣府改為台南府，台灣縣改為安平縣，合原來的鳳山、恒春、嘉義三縣及澎湖廳，共領四縣一廳；北部台北府仍領淡水、新竹、宜蘭三縣和基隆一廳；添設台東直隸州。由二府八縣四廳改為三府十一縣四廳一直隸州。1894年又添設南雅廳。

自1885年10月下詔建省，至1888年實現分治，台灣成為中國第20個行省。

4.建省與海防

台灣建省的提出及其實現，是19世紀70年代初至80年代初海疆危機的一再刺激下促成的，帶有明顯籌防禦外的性質[147]。

自建省份治後，全面推行自強新政，加強海防，推動了台灣社會經濟的發展，加速了邁向近代化的步伐。台灣作為東南海疆屏藩的作用，也越來越明顯。

這裡特別指出，清政府重視海防，下詔創建海軍和台灣建省，有助於抑制日本覬覦台灣東北部附屬島嶼的陰謀。1879年4月，日本用武力併吞琉球後，開始覬覦散布在琉球西南姑米山以西的釣魚島等島嶼，引起了兩江總督沈葆楨的重視。當年他就指出：「台灣與琉球中間島嶼華離之地尚多，一併置戍，力必不及。棄之，則頗涉忽近圖遠之嫌，終於無所歸宿」[148]。不久，日本福岡人古賀辰四郎開始經營琉球近海的海產物採集和出口，1885年前後登上釣魚島並提出租借該島的申請。日本內務省也密令沖繩縣對釣魚島等島嶼進行實地勘查，準備建立國標，企圖竊占。9月6《申報》刊登了一則《台島警信》，揭露了日本的陰謀。文曰：「高麗傳來資訊，謂台灣東北邊之海島，近有日本人懸日旗於其上，大有占踞之勢」。但是，在清朝建立海軍衙門和台灣建省的情況下，日本外務卿井上馨認為：「此際刻忙公開建設國標，必招致清國之疑慮」[149]。不得不中止了在釣魚島建立國標的陰謀活動。

（二）建省前後台灣的近代化及其特點

1.從沈葆楨到丁日昌

　　台灣的近代化從1874年沈葆楨渡台就開始了。當時他奏准建閩台水陸電線；用西法在安平、旗後等處建設新式炮台；購買洋炮及軍火機械，並建軍裝局、火藥局；調閩廠建造揚武、飛雲等一批兵輪供台防之用，並大力倡購鐵甲船。從此邁出軍事近代化的步伐。1875年奏准使用機器開採基隆煤礦，翌年開始動工鑿井，建立起第一個近代民用工業。同時，實行開山、撫墾，以促進台灣內山的開發與先住民的漢化。

　　1876年新任巡撫丁日昌要求購買鐵甲船、練水雷軍、造新式炮台、練槍炮隊、開鐵路、建電線、購機器、集公司、開礦、招墾，主張加強海防，全面開發台灣。12月又建議將已拆毀的吳淞鐵路鐵軌運來台灣，興築旗後、鳳山到台南府城的鐵路，得到兩江總督沈葆楨的大力支持。沈給友人函中提到：「旗後至鳳山剛三十里，無內河可通，正當化無用為有用，使人人習知其利。再另做一條達郡城，此禹生中丞意也」[150]。後來上述鐵軌全部運台。這是清政府批准修建的第一條鐵路，可惜由於經費不足，無法興工。丁日昌又建議將福州、廈門已成之電線移到台灣，於1877年10月建成台灣府至安平、旗後共長95華里的陸上電線，設台南、安平、旗後電報局3所，11月開始對外營業。這是全國最早自辦的電報業。

　　基隆煤礦於1877年9月開始出煤，日產30—40噸。1878年年產16,017噸，1879年年產30,045噸，工人達2,000人，1881年最高峰時年產53,606噸。這是全國最早投產的新式大煤礦。1877年又開採後壟石油礦（今苗栗縣公館鄉出磺、開磺二村），委唐廷樞主持，進行鑽探開採，已採油400擔，1878年停開。

　　丁日昌繼續興辦招墾計畫，1877年潮州一處有2,000多人應募，至翌年應募者達四、五千人，准應募者「攜帶眷屬，到台後給予房屋、牛隻、農具。將來壯者勒以軍法，使為工而兼為兵，弱者給以田疇，既有人而自有土」[151]。把招墾與海防聯繫起來。

2.劉銘傳的全面推行

劉銘傳於1884年抵達台北督辦台灣防務。1885年詔准台灣建省後，他更全面推行以近代化爲中心，以加強海防、建成自立之省爲目的的自強新政，其主要內容如下：

（1）防務：劉銘傳、楊昌濬等建議在台灣建立海軍，這個計畫未能實現，後來又請求由南北洋分撥兵輪，也困難重重。他們只好於1884年至1885年先後購買南通、北達、前美、如川等幾艘小輪，供緝捕、運輸兼通文報之用，並僱洋匠自造駁船一艘，用以運炮械、安置水雷。1887年又由英國承造飛捷水線船一艘，供修理電線及運輸之用。

1885年7月，在台北大稻埕興建機器廠，自製槍彈，準備繼建大機器廠製造炮彈，同時，設立軍械所和火藥局。

1886年開始仿西法，在澎湖、基隆、滬尾、安平、旗後5海口興修10座新式炮台，並添購阿姆斯頓鋼炮31尊，沈雷、碰雷20個，在基隆和滬尾設水雷局和水雷營，使水雷與炮台相資爲用。

此外，還進行整軍、練兵，防軍均改用洋槍，聘洋教習教練。在台北設總營務處，統轄全台軍務。

（2）交通：1886年在台北設電報總局，架設水陸電線，先後架設台北至台南陸線，安平至澎湖、滬尾至福州川石水線，全長1,400餘華里，分設川石、滬尾、澎湖、安平水線局4所，並在澎湖、彰化、台北、滬尾、基隆等地增設報局。

1888年創立新的郵政制度，在台北設立郵政總局，在全島分設下站、腰站及旁站43處，發行郵票。令南通、飛捷兩船定期往來於台灣與大陸之間，郵路遠至廈門、福州、廣州、上海、香港等地。這是全國最早自辦的郵政業務，比1896年清政府成立的郵政官局早8年。

1887年6月著手修建台灣鐵路，計畫自基隆至台南全長600華里，議定工本銀100萬兩。設鐵路總局於台北，派李彤恩在南洋一帶招集商股，實行官督商辦。後來因爲商股觀望不前，只得收歸官辦。台北至基隆

段，1891年竣工，計28.6公里；台北至新竹段1893年竣工，計78.1公里。基隆至新竹全長106.7公里，共用銀1,295,960兩[152]。這是全國最早一批自建的鐵路，是自行集資、自行主辦、自行控制全部權益的第一條鐵路。

（3）工礦：1885年劉銘傳重興受戰爭破壞而停產的基隆煤礦，由官商合辦。1887年成立台灣煤務局，安裝新購採煤機器，每天可出煤百噸。商人以無利可圖，要求退出。1888年1月收歸官辦，每天可出煤70噸，年產17,000噸。1889年上半年，每天可出煤100噸。但因經營不善，月有虧損。後來又改為官商合辦，官一商二，由林維源出面訪招商股，議定「礦務一切事宜。由商經營，官不過問」。清朝當局反對「一切事宜，悉授權於商人」[153]。煤務仍歸官辦，但已一蹶不振，陷於半停頓狀態。

1886年在滬尾設立官辦硫磺廠，將各地所採產品先送該廠加工，然後1887年設立官辦機器鋸木廠，翌年開工，每天可為鐵路提供800塊枕木。

同年設煤油局於苗栗，委林朝棟辦理，產量不多，入不敷出。

1888年基隆華商所開發昌煤廠，用外洋機器製造煤磚，翌年出磚，價與煤塊約略相等。

1891年台灣有商人引進外國造糖鐵磨，用畜力拖引，以為台地糖戶試用。

1895年苗栗地區有商人引進日本腦灶，進行樟腦生產。

可見80年代後期，台灣已先後出現由民族資本經營的近代工業。

（4）商務：1886年設立商務局，先後向英、德購買威利、威定2艘舊輪作為商船。派李彤恩等到新加坡設立招商局（後改為通商局），向華僑招募商股36萬兩，以32萬兩向英商購買斯美、駕時2艘輪船，設立輪船公司，航行於台灣與大陸各埠，遠至新加坡、西貢、呂宋等地。1890年台灣貿易出超額達363萬餘海關兩。

1886年設立官腦總局，實行專賣制度。出口量不斷上升，1890年出口6,480餘擔，1891年出口15,980擔，獲利頗多。1891年清廷迫於外商壓力，撤銷官腦專賣。

同年，設立硫磺總局，並在北投、金包里、油坑設立分局，各地所採硫磺送到滬尾硫磺廠加工後，運到上海轉售各省。1888年2月至1890年1月，共採硫12,239擔，年純利三、四千兩。

(5) 興市：中法戰爭之後，台北實際上已成爲台灣的政治、經濟中心。巡撫長駐台北，北部的貿易總額已超過南部，劉銘傳推行的自強新政也以台北爲重點。1885年由台灣首富林維源及富商李春生出資合建千秋、建昌兩條大街。1887年邀江浙商人集資5萬兩，設興市公司，創建城內之石坊、西門、新起諸街，建造大路，行馬車，裝設電燈，引自來水，建立大稻埕鐵橋。「當是時，省會初建，冠蓋雲集，江、浙、閩、粵之人，多來貿易，而糖、腦、茶、金出產日盛，收厘愈多」[154]。台北已成爲商務繁盛邁向近代化的一座城市。

(6) 撫墾：劉銘傳繼續沈葆楨首倡的撫墾工作。1886年5月，設全台撫墾總局於大科嵌（今桃園縣大溪鎮），以林維源爲總辦，南、北、東三路分設撫墾局及分局，積極展開撫墾活動。至1889年3月，劉銘傳奏稱「全台生番，一律歸化」。撫墾局共招撫「歸化生番806社，男婦大小丁口合計148,479人」[155]。招墾局並頒五教（教正朔、教恆業、教體制、教法度、教行善），五禁（禁做饗、禁仇殺、禁爭占、禁佩戴、禁遷避），移風易俗，促進漢化。這些活動一方面有利於台灣社會的近代化，另一方面，在招撫過程中也對少數民族進行了十分殘酷的暴力鎮壓。

(7) 清賦：建省的經費嚴重不足，爲了做到「三五年後以台地自有之財，供台地經費之用，庶可自成一省，永保岩疆」[156]。1886年5月劉銘傳奏請實行清賦，以清除田賦被紳民包攬，私升隱匿，地權不一，負擔不均等積弊。當時由清賦總局進行會查保甲，清丈田地，歷時二年

多，完成清丈工作。1888年7月起，田分上中下三則（園不分則）啓徵新賦，田賦大量增加。據1890年6月劉銘傳奏稱，清丈後規定糧額年徵512,969兩，隨徵補水平餘銀，加以官莊稅額，共銀674,468兩（應是674,868兩），比183,366兩舊額，溢出銀491,502兩[157]。清賦後初步查清地籍、戶籍，使賦率及土地所有權得到較合理的解決，不但大量增加了財政收入，而且也爲農業近代化創造了有利的條件。

（8）教育：1887年春，在台北大稻埕創立西學堂，先後聘請洋教習2人，教以外文、算術、測繪、製造之學，並派漢教習4人，於西學餘閑兼課中國經史文字，使內外通貫，培養通曉近代科學、善於對外交涉的人才，第一期招收20餘人，至1891年共培養60多個人才。

1890年在大稻埕設立電報學堂，拔取西學堂之優秀學生18人，轉入電報學堂，爲台灣新創辦的電報局培養技術人才。

1890年4月在台北創設番學堂，以北部大科嵌爲中心，先招20名，翌年又招10名，教以認字、讀書，並旁及官話、台灣話、習慣禮法等，爲先住民培養骨幹和通事人才，1892年有了第一屆畢業生。

3.90年代初的緊縮

1891年5月諭准劉銘傳開缺離職，繼任巡撫邵友濂面臨福建協餉5年期滿中止的困境，財政虧空47多萬兩，被迫對新政採取緊縮政策。先後撤廢清理街道、煤油、伐木等局，停止官煤採掘，裁撤西學堂、番學堂、電報學堂。不過邵友濂還是做了一些工作，例如，他向紳商借款修築鐵路，1893年底修至新竹後停修。1893年設立金沙抽厘局。1892年擴大台北機器廠，自製炮彈和火藥。1893年基隆煤礦改爲官商合辦，另擇新礦區準備恢復生產。1894年還計劃興建造船廠，近代化仍在緩慢地邁進。

4.與大陸洋務運動的比較

台灣的近代化肇始於建省前後，與全國各省一樣，都是在洋務派主持下進行的，是全國洋務運動的一個組成部分，但也具有其自身的特點。

全國的洋務運動從1861年設置總理衙門開始，而台灣的自強新政則始於70

年代初台海危機辦防之時，時間晚了13年。大陸的洋務運動60年代先創辦軍用工業，70年代開始經營民用工業，從「圖強」到「求富」。而台灣的自強新政則軍用工業與民用工業同時進行。洋務派創辦的近代工業採用官辦、官督商辦、官商合辦、民辦四種形式，但在90年代以前，大陸各省以官辦軍事工業與官督商辦民用工業二種形式爲主，官商合辦及民辦的形式則少見。而在台灣，丁日昌就比較重視民營，劉銘傳辦鐵路也重視招募商股特別是僑資，歸商人承辦；基隆煤礦則兩次出現官商合辦的形式，放手讓商人經營。至於1889年劉銘傳曾將基隆煤礦出讓給英商經營的問題，當時就被清廷申飭，後來又長期受到學術界責難。但從所訂合同來看，既有「20年之內，全台非該商不准添用機器挖煤」的苛刻條文，也有如中外發生戰爭，「該礦應歸中國主政」，如與英國發生戰爭該商「應即暫退」；該商每月應撥送按8折計價的煤炭 1,000 擔給地方官，凡出口煤炭每噸「應納賦課一角」，准辦後該商應歸還官本銀14萬兩等對我方有利的條文。當時劉銘傳認爲這樣做「台灣同該商均有利益」[158]。近年也有學者指出：以「苛條換取對台灣礦產的開發和技術的引進，並不是完全失算的」[159]。在煤礦月虧三、四千兩、財政陷入困境的情況下，爲了使自強新政不致半途而廢，劉銘傳不得不作出讓步和妥協。

洋務運動是在列強入侵之後，爲了挽救封建帝國的危機，地主階級進行的自救運動。在這一點上，台灣也有其不同特點。在大陸的洋務運動中，興辦軍事工業對鎮壓太平軍和捻軍方面起過惡劣的作用。而台灣的自強新政則是爲了加強海防、建成自立之省，保衛海防與建設台灣同時進行。雖然在撫墾、清賦過程也有剿番、鎮壓民變的不光彩行動，但整個活動帶有明顯的禦外性質。新政的種種措施，其出發點爲了「庶幾孤島自強，固七省海疆門戶」，進而「思以一島基國富強」[160]。劉銘傳還公開提倡「商戰」，「與敵爭利」[161]。其愛國性質及其積極意義更值得肯定。

經過近20年的經營，台灣出現了全國最早自辦的電報業和新式郵政，全國最早投產的新式大煤礦，全省出現了第一條鐵路、第一台電話、第一枚郵票、第一盞電燈、第一所新式學校，出現了自己經營並敢於與外人競爭的輪船，出現了一

個礦區數以千計的現代產業工人，也出現了最初的民族資本。許多新式事業集中於一省，成效蔚然可觀，使邊疆海島新建的行省，後來居上，成為全國洋務運動中的先進省份。建省後數年間，財政的收入激增。據1893年2月17日胡傳《台灣日記》記載：「自設行省以來，增田賦、榷百貨、採礦、蒸腦、淘金、開煤，歲入近二百萬」[162]，與原來年收入90萬兩比較，增加了一倍多。由此可見，清代後期台灣近代化已經取得了一定的成績，台灣已經成為中國的先進省份之一。可是有人卻說：「日據當初，台灣是荒蕪之地，可說是世界上最落伍、野蠻的地方」，他們為了替日本侵略者歌功頌德，竟然一筆抹煞台灣近代化的歷史。

台灣的自強新政成效突出，這與1874年、1884年日、法兩次武裝入侵的強烈刺激下，清政府對台防十分重視有關。主持政務的奕訢、奕譞及李鴻章等對台防給予有力的支持。同時，台灣是由移民開發的社會，祖祠、祖墓多在內地，風水等傳統風習較為薄弱，處在海洋交通樞紐，風氣早開，對興辦鐵路、開礦、架電線等新式事業阻力較小。當大陸的頑固派官僚、士紳對開辦鐵路、礦山仍爭論不休，紛紛阻撓之時，這些新式事業卻在台灣比較順利地先辦起來了。台灣的士紳、富商且加以大力支持，如林維源答應捐資50萬兩辦路礦，李春生投資開發淡水商埠。正如劉銘傳指出的：「台灣與內地情形不同，興修鐵路，商民固多樂從，紳士亦無異議」[163]。此外主持台灣新政的沈葆楨、丁日昌、劉銘傳等人，都是洋務派中的佼佼者，沈葆楨是台灣近代化的倡導者和奠基人，丁日昌提出全面具體的發展計畫並積極落實，而劉銘傳則是台灣近代化的實幹家和集大成者。台灣近代化的成就，與他們的努力是分不開的。

但也應該看到，台灣興辦的新式企業與洋務派官僚在大陸所辦的新式企業一樣，存在嚴重的腐敗現象和衙門作風，效率低下，弊病很多。基隆煤礦就是一個典型的例子，即使最高年產量約54,000噸，比開辦前手工業煤窯產量還少21,000噸。原定每日產煤定額200噸，從未達到，最低時則只有25噸。又如鐵路，花了6年半時間只修213.4華里，每年平均僅修32多華里，而所修僅全程三分之一左右，而所花經費卻比原計畫600里100萬兩超過約30萬兩，可謂事倍功半。1891年春，福建協餉期滿之後，台灣財政拮据更加嚴重，每年財政赤字40多萬兩，邵

友濂被迫採取緊縮政策，許多事業只得停止或縮小。

（三）結論

　　從前述可以看出，台灣建省的提出及其實現、近代化事業的進行，均肇端於19世紀70年代至80年代初日、法先後入侵台灣的刺激。可以說，清政府為了加強海防，促進了台灣建省的提早實現，也促進了台灣軍事工業與民用工業的經營，加速了近代化的步伐。

　　前文已對台灣建省的提出、下詔建省、實現分治的過程，進行了客觀的敘述。對建省的過程，學術界並不存在分歧，而是對建省的日期，歷來存在有種種不同的看法。當1985年下詔建省100周年之期，台灣學術界對此進行了一場熱烈的討論，其中較主要的分歧有下列三種：主張以1885年10月12日（光緒十一年九月初五日）清政府下詔建省之日為建省日期；主張以1887年9月17日（光緒十三年八月初一日）台灣新任布政使邵友濂履任之日為建省日期；主張以1888年3月3日（光緒十四年一月二十一日）第一任福建台灣巡撫劉銘傳啓用官防之日為建省日期。分歧原因在於對建省日期所持的標準不同，第一說以下詔日期為建省日期，第二、三說以與閩省實現分治的日期為建省的日期，因分治的標準不同，又出現布政使履任日期與巡撫啓用官防日期的分歧。個人意見1885年10月12日為建省日期，1888年為與閩省實現分治之年，但分治有一個過程，很難定出那一天為分治之日。因此應以1885年下詔建省之日為建省紀念日較妥。

　　從前文敘述可以看出，建省醞釀過程，近代化事業也隨之出現，至下詔建省後，更全面推行自強新政，加速了近代化的步伐。前文已從防務、交通、工礦、商務、興市、撫墾、清賦、教育等8個方面進行考察，新政層出不窮。至90年代初，新設的第20個行省已躍居全國最先進省份之一。有人否認建省前後台灣近代化已經開始，而且已達到一定的水平，而主張近代化真正開始於兒玉源太郎、後藤新平治台之時，這是為日本侵略者歌功頌德，也是對台灣歷史的嚴重歪曲。但學術界也存在誇大建省前後近代化成就的傾向，也是不符合歷史事實的。經過建省前後20年的經營，近代化事業僅僅邁出了一步，雖然是極為重要的一步。特別

是後期，由於經濟拮据等種種原因，不少新政被迫停止或縮小，誇大近代化的成就也是缺乏根據的。

但不能否認，19世紀70年代至90年代，是台灣歷史發展的重要階段。本節探討了台灣建省與推行自強新政對促進台灣社會經濟的發展，增強了海防力量，特別是抑制了日本竊占台海附屬島嶼的陰謀活動。自1879年4月日本用武力併吞琉球之後，即開始覬覦、竊占散布在琉球姑米山以西與台灣本島之間附屬島嶼的陰謀。當年已引起兩江總督沈葆楨的擔心，提出派兵防守這些島嶼的意見。1885年日本內務省密令對釣魚島等島嶼進行勘查，準備建立國標，企圖竊占。9月6日《申報》刊登了《台島警信》，揭露了日本的陰謀。9月22日，熟知釣魚島等島嶼不屬於琉球的沖繩縣令也回稟稱：「勘查之後立即樹立國標，實恐未為妥善」[164]。10月，日本駐華外交官也將10月13日《京報》刊登的建立海軍衙門與台灣建省的諭旨全文稟報外務省，並加以詳細分析。認為這是「清國今日當務之急」[165]。10月21日，外務卿井上馨認為：「此際匆忙公開建立國標，必招致清國之疑慮。……目前可令先作實地勘查，……至於建立國標及開拓等事，應待他日相機行事」[166]。11月24日沖繩縣令再次向內務省請示應否建立國標一事，12月5日，內務卿與外務卿聯銜發出指令：「關於書面請示之事，目前無需建立，切記」[167]。在當時清政府建立海軍衙門和台灣建省積極加強海防的情況下，不得不暫時中止了在釣魚島等島嶼建立國標的陰謀活動。一直窺視9年之後，於1894年12月中日戰爭取得決定性勝利並決定進軍台灣之後，認為有利時機已到，遂於1895年1月由內閣通過了竊占釣魚島等島嶼的決定，並企圖通過《馬關條約》割讓台灣全島及所有附屬島嶼的條文，使侵占合法化。

在探討建省與海防關係的同時，本節從主持者、時間、內容、形式、性質等不同角度，將台灣的自強新政與大陸的洋務運動進行了較系統的比較，指出其共同點及台灣的不同特點。對劉銘傳將基隆煤礦出讓英商經營的新形式加以具體分析，衡量利弊，而不盲目苛責。認為台灣的自強新政具有明顯的禦外籌防性質，其愛國性質及其積極意義更值得肯定。同時肯定當時台灣近代化成效顯著，已成為全國最先進省份之一。並分析成效顯著的主客觀原因，對推行新政的沈葆楨、

丁日昌、劉銘傳等洋務派的業績加以肯定。特別是劉銘傳貢獻尤大，認爲連橫所贊「其功業足與台灣不朽」，誠非過譽。

　　本節最後指出，繼任巡撫邵友濂處於財政困難等種種原因，被迫對新政採取緊縮政策。但克服困難繼續修築鐵路，並擴建台北機器廠等，新政並沒有完全中止。只是以後由於台灣旋被日本占領，淪爲殖民地，正常的發展被斬斷，走向殖民地化的近代化的畸形道路。

註釋

[1] 《沈文肅公牘》，巡台一。

[2] 《同治朝籌辦夷務始末》，卷94。

[3] 《沈文肅公牘》，巡台一。

[4] 《沈文肅公牘》，巡台一。

[5] 《沈文肅公牘》，巡台一。

[6] 王元穉，《甲戌公牘鈔存》，台灣文獻叢刊第39種，第107頁。

[7] 《清穆宗實錄》，卷365，同治十三年四月六日。

[8] 《沈文肅公牘》，巡台一。

[9] 《日本外交文書》，卷7，第29-30頁。

[10] 《日本外交文書》，卷7，第72頁。

[11] 王元穉，《甲戌公牘鈔存》，《台灣文獻叢刊》第39種，第74-75頁。

[12] 《同治朝籌辦夷務始末》，卷95。

[13] 胡錫年譯，《對華回憶錄》，第39頁。北京商務印書館，1959年。

[14] 《同治朝籌辦夷務始末》，卷94。

[15] 《沈文肅公牘》，巡台一。

[16] 《沈文肅公牘》，巡台一。

[17] 《同治朝籌辦夷務始末》，卷96。

[18] 《李文忠公全集‧朋僚函稿》，卷十四。

[19] 《李文忠公全集‧譯署函稿》，卷二。

[20] 《李文忠公全集‧朋僚函稿》，卷十四。

[21] 《沈文肅公牘》，巡台一。

[22] 《沈文肅公牘》，巡台二。

[23] 《沈文肅公牘》，巡台二。

[24] 《沈文肅公牘》，巡台一。

[25] 《沈文肅公牘》，巡台二。

[26] 沈葆楨奏呈總理衙門《全台善後事宜》摺稿，一史館，外務部檔，2155號。

[27] 《沈文肅公牘》，巡台五。

[28] 《清德宗實錄》，卷20。

[29] 沈葆楨奏呈總理衙門《全台善後事宜》摺稿，一史館，外務部檔，2155號。

[30] 沈葆楨，《福建台灣奏摺》，《台灣文獻叢刊》等29種，第23-25頁。

[31] 沈葆楨，《福建台灣奏摺》，《台灣文獻叢刊》等29種，第55頁。

[32] 《清德宗實錄》，卷24。

[33] 沈葆楨，《福建台灣奏摺》，台灣文獻叢刊等29種，第1頁。

[34] 《道咸同光四朝奏議選輯》，《台灣文獻叢刊》，第288種，第73-76頁。

[35] 沈葆楨，《福建台灣奏摺》，《台灣文獻叢刊》等29種，第12-13頁。

[36] 《清德宗實錄》，卷3。

[37] 《沈文肅公牘》，巡台一。

[38] 《同治甲戌日本侵台始末》，《台灣文獻叢刊》，第38種，第29頁。

[39] 《同治甲戌日本侵台始末》，《台灣文獻叢刊》，第38種，第62-64頁。

[40] 《清德宗實錄》，卷24。

[41] 沈葆楨，《福建台灣奏摺》，《台灣文獻叢刊》等29種，第37頁。

[42] 《同治甲戌日本侵台始末》，《台灣文獻叢刊》，第38種，第64頁。

[43] 沈葆楨，《福建台灣奏摺》，《台灣文獻叢刊》，等29種，第37頁。

[44] 《道咸同光四朝奏議選輯》，《台灣文獻叢刊》，第288種，第80-82頁。

[45] 《沈文肅公牘》，督江十一。

[46] 《沈文肅公牘》，督江十三。

[47] 台灣省文獻會，《重修台灣省通志》，卷4，第286頁，1993年1月出版。

[48] 《沈文肅公牘》，督江十六。

[49] 上海《申報》：光緒十一年七月二十八日（1885年9月6日）。

[50] 《日本外交文書》，第18卷，第575頁。

[51] 海防大討論的內容詳見拙作《1874－1875年清政府關於海防問題的大討論與對台灣

地位的新認識〉，該文為參加1986年7月美國芝加哥大學遠東研究中心主辦的「第二屆台灣研究國際研討會」而作。

[52] 沈葆楨，《請移駐巡撫》摺，同治十三年十一月十五日，台灣銀行經濟研究室編《台灣文獻叢刊》第29種（簡稱《文叢》(29)頁1-5。

[53] 沈葆楨：〈致王補翁中丞〉，《沈文肅公牘》抄本，巡台三，頁88下-89上。（同治十三年十月）

[54] 沈葆楨，《致李少翁中堂》，《沈文肅公牘》（抄本），巡台三，90下-92下（同治十三年十月）

[55] 同上。

[56] 沈葆楨，《致李少翁中堂》，《沈文肅公牘》（抄本），巡台三，頁99下-100。

[57] 沈葆楨，《致李少翁中堂》，《沈文肅公牘》，巡治三，頁90下-92下。

[58] 《閩撫移鎮台灣論》，《申報》，光緒元年六月二十七日，（1875年7月29日），《文叢》(247)，頁544-546

[59] 李鴻章，《復沈幼丹節帥》，光緒元年正月初六日，吳汝綸編錄，《李文忠公全集》，光緒乙巳（1905年），金陵付梓，《朋僚函稿，》卷15，頁1。

[60] 《羅景山台灣海防並開山日記》抄本，廈門大學圖書館存。

[61] 總理各國事務衙門奏，光緒四年六月初五日，《文叢》(210)，頁11-12。

[62] 沈葆楨，《王中丞》，《沈文肅公牘》，巡台五，頁125，（光緒元年三月）。

[63] 沈葆楨，《王中丞》，同上，頁131，（光緒元年三月）。

[64] 沈葆楨，《王中丞》，同上，頁135，（光緒元年四月十七日）。

[65] 《大清德宗景皇帝實錄》（簡稱《德宗實錄》），卷10，頁7，光緒元年五月二十二日。

[66] 李鴻章，《覆沈幼丹節帥》，光緒元年四月十五日，《李文忠公全集·朋僚函稿》，卷15，頁12。

[67] 李鴻章，《覆沈幼丹制軍》，光緒元年四月二十九日，同上，卷15，頁15。

[68] 沈葆楨，《王中丞》，《沈文肅公牘》，巡台五，頁136，（光緒元年四月）。

[69] 沈葆楨，《王中丞》，同上，頁141，（光緒元年五月）。

[70] 沈葆楨，《李中堂》，同上，頁146上-148上，（光緒元年五月二十七日）。

[71] 丁日昌，《省台遠隔重洋難以兼顧》片，（光緒二年十月），溫廷敬編，《丁中丞政書》，《撫閩奏稿》三，頁503-505，沈雲龍主編，《近代中國史料叢刊》續編，77輯。

[72] 丁日昌，《擬遵舊章輪赴台灣巡查》片，同上，《撫閩奏稿》四，頁586-589。

[73] 沈葆楨，《覆彭雪琴宮保》，《沈文肅公牘》，巡台五，頁139（光緒元年四月）。

[74] 沈葆楨，《覆林穎叔》，同上，頁140，（光緒元年四月）。

[75] 沈葆楨等奏，《會籌全台大局》疏，《文叢》（288），頁73-76。

[76] 《德宗實錄》，卷14，頁8，光緒元年七月二十八日。

[77] 沈葆楨，《王中丞》，《沈文肅公牘》，巡台六，頁174下-175上，（光緒元年八月）。

[78] 沈葆楨，《王中丞》，同上，頁175下-176下，（光緒元年九月）。

[79] 《德宗實錄》，卷20，頁13-14，光緒元年十月三十日。

[80] 《德宗實錄》，卷21，頁12，光緒元年十一月十四日。

[81] 《德宗實錄》，卷27，頁9-10，光緒二年三月初七日。

[82] 丁日昌，《遵旨多春駐台》片，《丁中丞政書》，《撫閩奏稿》一，頁397-398。

[83] 林拱樞，《請敕撫臣渡台藉全大局》疏，《文叢》（288），頁78-80。

[84] 《德宗實錄》，卷34，頁3，光緒二年六月初二日。

[85] 《德宗實錄》，卷38，頁10，光緒二年八月初八日。

[86] 丁日昌，《台灣生番未靖力疾渡台辦理》疏，《丁中丞政書》，《撫閩奏稿》二，頁454-456。

[87] 丁日昌，《請速籌台事全局》疏，《文叢》（288），頁80-82。

[88] 丁日昌，《省台遠隔重洋難以兼顧》片，《丁中丞政書》，頁503-505。

[89] 《德宗實錄》，卷43，頁3，光緒二年十一月十九日。

[90] 沈葆楨奏，《籌商台灣事宜》疏，光緒二年，《文叢》（288），頁82-83。

[91] 李鴻章，《覆何筱宋制軍》，光緒二年十一月二十八日，《李文忠公集·朋僚函稿》，卷16，頁35。

[92] 李鴻章奏，《覆議台灣事宜》摺，光緒三年正月十六日，《李文忠公全集·奏稿》，卷29，頁2。

[93] 李鴻章，《覆沈幼丹制軍》，光緒三年正月十七日，《李文忠公集·朋僚函稿》，卷17，頁1。

[94] 福建巡撫丁日昌奏，光緒二年十二月十六日，《洋務運動》二，頁346-53。

[95] 總理衙門奕訢等奏，光緒三年二月二十四日，同上，頁353-362

[96] 《德宗實錄》，卷48，頁13，光緒三年二月二十七日。

[97] 《德宗實錄》，卷49，頁14，光緒三年三月二十五日。

[98] 李鴻章，《覆何璟》，光緒三年七月初八日，《李文忠公全集·朋僚函稿》，卷17，頁17。

[99] 袁保恒奏，《密陳夷務》疏，王延熙等編輯，《皇朝道咸同光奏議》，（光緒壬寅秋上海久敬齋石印）卷17，洋務類，頁25-26。

[100] 《論改福建巡撫爲台灣巡撫》，《申報》，光緒三年二月初五日（1877年3月19日），《文叢》（247），頁662-664。

[101] 李鴻章奏，《覆議台灣事宜》摺，《李文忠公全集·奏稿》，卷29，頁1-2。

[102] 李鴻章，《覆沈幼丹制軍》，光緒三年正月十七日，《李文忠公全集·朋僚函稿》，卷17，頁1。

[103] 李鴻章，《覆丁雨生》，光緒三年三月三十一日，同上，卷17，頁4。

[104] 丁日昌，《後山番務已靖俟假滿再赴閩》疏，《丁中丞政書》，《撫閩奏稿》四，頁551-553。

[105] 丁日昌，《丁中丞政書》，《撫閩奏稿》四，第頁586-589。

[106] 總理各國事務衙門奏，《請照舊章輪赴台灣巡查》摺，光緒四年六月初五日，《文叢》（210），頁11-15。

[107] 同上。

〔108〕 同上。

〔109〕《丁中丞政書》，《撫閩奏稿》三，503-505。

〔110〕 李鴻章，《覆王補帆中丞》，光緒元年八月初四日，《李文忠公全集·朋僚函稿》，卷15，頁25。

〔111〕 李鴻章，《覆郭筠仙廉訪》，光緒元年七月二十一日，同上，卷15，頁22。

〔112〕《德宗實錄》，卷207，頁4，光緒十一年五月初九日。

〔113〕 直隸總督李鴻章奏，光緒十一年七月初二日，《洋務運動》二，頁565-571。

〔114〕 閩浙總督楊昌濬奏，光緒十一年六月二十日，同上，頁562-571。

〔115〕 李元度，《敬陳海防》疏，陳忠倚輯，《皇朝經世文》三編，（光緒壬寅四月[1902年5月]）上海書局石印），卷45，1-9。

〔116〕 彭玉麟奏，《海防善後事宜》疏，同上，卷46，兵政二，海防，頁3-5。

〔117〕 李鴻章，《為請設海部兼籌海軍事覆總理衙門》函，光緒十年二月十三日，《李文忠公全集·譯署函稿》。

〔118〕 左宗棠奏，《選派海防全政大臣》摺，光緒十一年，海洋出版社，《清末海軍史料》，頁57-58。

〔119〕《洋務運動》二，頁562-571。

〔120〕 李元度奏，《敬陳海防》疏，《皇朝經世文》三編，卷45，頁1-9。

〔121〕《洋務運動》二，頁562-571。

〔122〕 左宗棠，《為台防緊要關係全局請移駐巡撫以資鎮攝而專責成》摺，光緒十一年六月十八日（連橫記七月誤），北京中國第一歷史檔案館。

〔123〕《德宗實錄》，卷214，頁8，光緒十一年八月二十二日。

〔124〕 奕譞等奏，《為欽奉懿旨會議具奏事》摺，光緒十一年九月初五日，中國第一歷史檔案館，洋務檔。

〔125〕《德宗實錄》，卷215，頁4，光緒十一年九月初五日。

〔126〕《德宗實錄》，卷215，頁5，光緒十一年九月初五日。

〔127〕 劉銘傳奏，《台灣驟難改設省份謹陳管見》疏，光緒十二年，《皇朝道咸同光奏

議〉，卷 39，頁 10-11。此摺與《劉壯肅公奏議》所收文字上有不少出入。

[128] 劉銘傳，《閩事台防力難兼顧懇恩准開福建巡撫本缺專辦台灣事務》摺，光緒十一年六月初五日，中國第一歷史檔案館，軍機處錄副奏摺，帝國主義侵略類192卷第40號。此摺與《劉壯肅公奏議》卷一，《出處略》所收，文字有不少出入，可證明《劉壯肅公奏議》經過刪改，並非原奏摺。

[129] 同上摺，光緒十一年六月二十四日軍機大臣奉旨。《德宗實錄》，卷210，頁7，記在二十三日條，時間差一日。

[130] 《台灣府轉行閩浙總督楊昌濬奏准台灣添設藩司諭旨並摺稿》，見《劉銘傳撫台前後檔案》，（見《文叢》276），頁75-77。

[131] 《德宗實錄》，卷221，頁12，光緒十一年十二月十二日。

[132] 楊昌濬、劉銘傳奏，《遵議台灣建省事宜》摺，光緒十二年六月十三日，《劉壯肅公奏議》，卷六，《建省略》，頁79-284。

[133] 同上。

[134] 《劉銘傳撫台前後檔案》，頁115-116。

[135] 同上，頁121。

[136] 楊昌濬、劉銘傳奏，《台灣郡縣添改撤裁》摺，《劉銘傳撫台前後檔案》，頁267-271。此摺與《劉壯肅公奏議》所收文字亦有出入。

[137] 內閣學士吳金奏摺，乾隆二年四月十一日，《明清史料戊編》，第一本，頁40。

[138] 丁日昌，《海防條議》，葛士俊，《皇朝經世文續編》第101卷，第17頁，光緒二十三年上海圖書集成印書局代印。

[139] 沈葆楨，《抄呈總理衙門全台善後事宜摺稿》，北京第一歷史檔案館，外務部檔，2155號。

[140] 分見《致王中丞》、《致李中堂》，《沈文肅公牘》（抄本），巡台五，藏福建省圖書館。

[141] 袁保恒奏，《密陳夷務疏》，《皇朝經世文續編》，第108卷，第2頁。

[142] 李元度奏，《敬陳海防疏》，陳忠倚，《皇朝經世文三編》，第45卷，兵政一，第6

頁，光緒壬寅上海書局印。

[143] 中國史學會主編，《洋務運動》（二），第563頁。

[144] 左宗棠奏摺，光緒十一年六月十八日（七月初八日到），北京中國第一歷史檔案館，帝國主義侵略類。該摺《左文襄公全集》與近出的《左宗棠未刊奏稿》均未見收入，過去史學界常引用的係根據連橫《台灣通史》所摘引，《通史》僅摘引全摺的三分之二，如上引最後一段183字，連橫刪去163字，只引20字。

[145] 王延熙，《皇朝道咸同光奏議》，第39卷，洋務類，第10-111頁，光緒壬寅上海久敬齋石印。

[146] 關於分治的實施情況，此處參考許雪姬，《洋務運動與建省》，第三章，第38-65頁，1993年3月，台北自立晚報文化出版部。

[147] 1737年（乾隆二年）內閣學士兼禮部侍郎吳金首次提出「台灣另分一省，專設巡撫一員」，當時主要爲了彈壓內奸盜賊，顯有差別。吳金奏摺見《明清史料戊編》第一本，第40-41頁，1987年3月，中華書局。

[148] 《沈文肅公牘》，《覆何子峨、張魯生星使》，督江十六。

[149] 《日本外交文書》，第18卷，第575頁，576頁。

[150] 沈葆楨，《覆郭筠仙欽使》，《沈文肅公牘》，督江十一。

[151] 丁日昌，《丁禹生政書》，第653頁，1987年8月，香港志濠印刷公司。

[152] 台灣省文獻會，《重修台灣省通志》，卷4，經濟志交通編，第1冊，第286頁，1993年1月15日。

[153] 《洋務運動》（七），第97頁。

[154] 連橫，《台灣通史》，卷25，商務志，第445-446頁，1983年10月，北京商務印書館。

[155] 伊能嘉矩，《台灣文化志》（中譯本）下卷，第270頁，台灣省文獻委員會，1991年6月。

[156] 《劉壯肅公奏議》，卷七，第303-304頁，台灣文獻叢刊第27種。

[157] 《劉壯肅公奏議》，卷7，第323頁。

〔158〕《洋務運動》（七），第82-84頁。

〔159〕陳旭麓，《台灣建省與洋務派》，黃康顯主編，《近代台灣的社會發展與民族意
　　　識》，第197頁，1987年香港中華書局。

〔160〕《劉壯肅公奏議》，卷首，11頁、60頁。

〔161〕《洋務運動》（六），第294頁。

〔162〕胡傳，《台灣日記與稟啓》，第118頁，台灣文獻叢刊第71種。

〔163〕《洋務運動》（六），第191頁。

〔164〕《日本外交文書》，第18卷，第574頁。

〔165〕吳天穎，《甲午戰爭前釣魚列嶼歸屬考》，第109-110頁，1994年8月，中國社會科
　　　學文獻出版社。

〔166〕《日本外交文書》，第18卷，第575頁。

〔167〕《日本外交文書》，第18卷，第576頁。

第五章 抗日與光復

台灣淪爲日本殖民地與人民的反日鬥爭

台灣與辛亥革命

林森與台灣

抗日戰爭與台灣光復

李友邦及其所領導的台灣義勇隊在大陸的抗日宣傳活動

台灣與祖國大陸命運與共

台灣淪爲日本殖民地與人民的反日鬥爭

（一）割台與反割台鬥爭

1.日本割讓台灣的經過

　　1894年日本發動了中日甲午戰爭，清軍在平壤、黃海大東溝陸海戰接連潰敗及北洋海軍在威海衛全部覆滅後，清政府於1895年與日本簽訂了屈辱的《馬關條約》，把台灣及其附屬島嶼割讓給日本，從此台灣遂淪爲日本的殖民地。

　　早在1874年牡丹社之役，已暴露了日本企圖占領台灣的野心，陰謀失敗後侵台之心不死，1887年小川又一次在所擬《清國征討策案》中，已把澎湖群島、台灣全島列爲侵占地區之一 [1]。甲午戰爭爆發後，日軍連戰皆捷，日本朝野對割地問題紛紛發表意見。民間黨社有的提出「割讓吉林、盛京、黑龍江三省及台灣」[2]；有的提出「占有台灣及長江流域」[3]。陸軍部主張割讓遼東半島，可「撫朝鮮之背，扼北京之咽喉」，認爲對日本大陸政策的推進，關係至巨；海軍部則主張「與其割取遼東島，不如割取台灣全島」[4]，以便作爲南進政策的根據地。前文部省大臣井上毅曾上書內閣總理大臣伊藤博文，主張「占有台灣者，可能扼黃海、朝鮮海、日本海之航權，而開闢東洋之門戶」，認爲「台灣而爲戰獲物，天下後世不以此役爲不廉之捷矣。若失此機會，二、三年之後，台灣必爲他一大國之有矣，不然亦必爲中立不可爭之地矣」[5]。日方以甲午戰爭的爆發，視作實現其圖占台灣的良機。只是由於當時日本兵力有限，對於遠離朝鮮半島主戰場的台灣，在戰爭初期並未列爲進攻的目標。但1894年10月，外相陸奧宗光針對英外相所提調停方案，曾內擬議和條件草案三則，其中乙案已提出「中國割台灣全島予日本」[6]。當日軍攻入遼東半島後，伊藤博文即向廣島大本營提出《直衝威海衛並攻略台灣方略》的意見書，反對在直隸作戰，主張「進攻威海衛」，「同時攻占台灣」。指出：「邇來朝野之間，議論台灣諸島必以戰利品歸我者，與日俱增。如果

要以割取台灣為和平條約之一要件，若非事先以兵力占領，後日被拒以無割讓之理由，將其奈他何。故非有控制渤海之鎖鑰，同時南取台灣之深謀遠慮不可」[7]。1895年2月威海衛失陷，北洋艦隊覆滅，日本即在廣島抽調海陸軍兵員萬人及全部艦隊，組織成南進軍，準備攻占台灣。就在清政府所派全權大臣李鴻章偕兒子李經方動身赴馬關議和的第二天，3月15日，聯合艦隊由司令長官伊東祐亨海軍中將率領，駛離佐世保港，向台灣進發。23日日軍向澎湖發起進攻，26日澎湖諸島全部被日本占領，造成既成的占領事實，作為談判時要求割取台灣的籌碼。在30日所簽訂的停戰協定中，停戰範圍竟把台澎除外。4月1日日方提出割讓台澎等內容的媾和底稿11款，經過反覆辯駁，9日中方提出全盤修正案，關於割讓部分允割已被日軍占領的澎島群島，並電告總理衙門。10日日方提出最後修正案，並以派兵進攻直隸相威脅。清政府終於接受，於1895年4月17日（光緒二十一年三月二十三日）雙方簽訂《馬關條約》，現將第2款、第5款有關割台部分引錄於下：

第二款　中國將管理下開地方之權並將該地方所有堡壘、軍器工廠及一切屬公對象，永遠讓與日本：
一、（略）。
二、台灣全島及所有附屬各島嶼。
三、澎湖列島，即英國格林尼次東經百十九度起至百二十度止，及北
　　緯二十三度起至二十四度之間諸島嶼。
第五款　本約批准互換之後，限二年之內，日本准中國讓與地方人民願遷居讓與地方之外者，任便變賣所有產業，退去界外。但限滿之後尚未遷徙者，酌宜視為日本臣民。
又台灣一省，應於本約批准互換後，兩國立即各派大員至台灣，限於本約批准互換後兩個月，交接清楚[8]。

此後，日本即憑藉此以戰爭強加於中國的不平等條約，作為強占中國領土、加強對華侵略的根據。

5月8日，《馬關條約》在煙台交換批准，10日，日本任命海軍軍令部部長樺山資紀爲台灣總督兼軍務司令官，清廷派李經方爲全權委員，赴台交割台灣事宜。由於當時台民已掀起反割台鬥爭，李經方等不敢登陸，於6月2日在基隆口外的日艦上遞交割台清單，就算交割完畢。

2.台灣軍民反割台戰爭

　　馬關訂約前日本索割台灣之說已有傳聞，當時廷臣、疆吏、士子紛紛上書諫阻割台。台灣巡撫唐景崧於3月2日電告朝廷：「近日海外紛傳，倭必攻台，又聞將開和議，倭必索台。……台民驚憤，浮議嘩然」[9]。日軍攻占澎湖及停戰協定不包括台澎地區的消息傳開後，「台民憤駭……眾口怨詈，一時軍民工商無不失望，義勇尤嘩」[10]。馬關條約簽字的當天，割台消息傳到台灣，「台人……奔相走告，聚哭於市中，夜以繼日」[11]。遂掀起了一場波瀾壯闊的反割台鬥爭。4月18日工部主事統領全台義勇丘逢甲率全省紳民呈稱：「臣等桑梓之地，義與存亡，願與撫臣誓死守禦。設戰而不勝，請俟臣等死後，再言割地。……如日酋來收台灣，台民惟有開仗」[12]。28日台籍京官戶部主事葉題雁、翰林院庶吉士李清琦、台灣安平等縣舉人汪春源、羅秀惠、黃宗鼎等聯名向都察院遞呈稱：「今者聞朝廷割棄台地以與倭人，數千百萬生靈皆北向慟哭，閭巷婦孺莫不欲食倭人之肉，各懷一不共戴天之仇，誰肯甘心降敵？……與其生爲降虜，不如死爲義民」[13]。台灣紳民在向清廷呼籲無效，列強又拒伸援手的困境下，「爲商結外援，拒日保台」，在陳季同的策劃、丘逢甲等台灣紳民的出面領導之下，公議建立「台灣民主國」[14]。5月15日發布自主宣言：「今已無天可籲，無人肯援，台民惟有自主，……願人人戰死而失台，絕不拱手而讓台」。並電稟總理衙門、南洋大臣、閩浙總督等部門：「台灣屬倭，萬民不服，……伏查台灣爲朝廷棄地，百姓無依。惟有死守，據爲島國，遙戴皇靈，爲南洋遮罩。……一面懇請各國查照『割地紳民不服』公法，從公剖斷」。於16日、21日二次至巡撫衙門遞呈，請唐景崧統攝政事，25日送上「台灣民主國總統之印」及「藍地黃虎」國旗，唐景崧以「群情難拂，……俯如所請」，於是日「改台灣爲民主之國」[15]。以台灣巡撫唐景崧爲民主國總統，幫辦台灣防務劉永福爲民主國大將軍，丘逢甲爲義軍統領，俞明震爲

內務大臣，李秉瑞爲軍務大臣，陳季同爲外務大臣，姚文棟爲遊說使，並任命府、縣地方官吏。6月2日唐景崧以民主國總統名義發布告諭：「當此無天可籲，無主可依，台民公議自立爲民主之國，……惟是台灣疆土荷大清經營締造二百餘年，今雖自立爲國，感念列聖舊恩，仍應恭奉正朔，遙作屏藩，氣脈相通，無異中土」[16]。民主國成立之時，台灣尚未交割，4天後即5月29日，北白川能久親王統轄的近衛師團和海軍少將東鄉平八郎指揮的艦隊已在澳底登陸，台灣軍民反割台武裝鬥爭的帷幕即已正式拉開。

日軍在澳底登陸後，即向台北進攻。6月2日攻陷瑞芳，在日海陸軍聯合攻擊下，4日基隆及獅球嶺相繼失守。在日軍進攻過程，雖受到守軍的微弱反抗，營官宋忠發、陳得勝及一批抗日軍相繼犧牲，但缺乏統一指揮，唐景崧於6日即潛回大陸，7日，日軍兵不血刃地進入台北城。接著丘逢甲、林朝棟等也相繼內渡。17日樺山資紀在台北舉行「始政典禮」，宣布台灣及澎湖列島「歸入大日本版圖」。日本對台灣開始實行殖民統治後，更激起台灣軍民轟轟烈烈的反割台武裝鬥爭。

台北陷落後，台灣士紳開始分化，丘逢甲等上層士紳內渡，少數士紳歸順日軍，參加保良局活動，多數士紳參加拒日保台行列，他們擁護分守台南的幫辦台灣防務劉永福負起領導抗日的重任。6月底台南士紳數次推戴劉繼任民主國總統，均被婉拒，他不尚虛銜，決心領導台民繼續抗日。7月初，劉永福布告全台：「倭寇要盟，全台竟割，……更何怪我台民髮指皆裂，誓與土地共存亡，抗不奉詔，而爲自主之國。本幫辦……自問年將六十，萬死不辭，……如何戰事，一擔肩膺；凡有軍需，紳民力任。……示仰軍民人等，同心戮力，自可轉危爲安」[17]。並對行政及防務兩方面，重新加以部署。當8月23日劉永福收到樺山資紀於6月25日勸其遵旨「速緝兵戈」之函時，當日覆函：「余奉命駐防台灣，當與台灣共存亡，……將在外，君命有所不受。……爰整甲兵，保此人民，成敗利鈍，在所不計。……余將親督將士，克日進征，恢復台北，還之我朝」[18]。表示他堅決抗日的決心。

台北陷落，吳湯興、胡嘉猷、姜紹祖、鍾石妹、徐驤、江國輝等各路義軍紛

起，「不期而會者萬人，遍山漫野」[19]。眾推吳湯興為義軍統領，6月12日乃發布告示：「當此台北已陷於倭夷，土地人民皆遭荼毒。……本統領惻然不忍，志切救民，故不憚夙夜勤勞，倡率義民義士，以圖匡復，以濟時艱。爾等踐土食毛，盡屬天朝赤子，須知義之所在，誓不向夷。尚祈各莊各戶，立率精壯子弟，須修槍炮戈矛，速來聽點，約期剿辦倭奴」[20]。號召人民起來抗日。6月中旬，日軍近衛師團第一旅團第二聯隊開始向新竹征討，立刻遭到義軍的猛烈阻擊。22日，日軍占領新竹城，24日，北白川能久向第二旅團長山根信成發出南進的訓令。但當時日軍仍處在義軍四面包圍之中，25日義軍組織力量在台北至新竹線上阻擊日軍，並集中6、7百人對新竹開展第一次反攻，迫使日軍改變「南征」計畫，決定在台北、新竹之間的三角湧（今台北縣三峽鎮）、大科嵌（今台北縣大溪鎮）、中壢等地，對義軍進行「掃攘計畫」，繼續遭到義軍的猛烈阻擊。在義軍英勇抗日的激勵下，民主國任命的台灣知府黎景嵩乃招集台灣、彰化、雲林、苗栗四縣官紳會議，決定令副將楊載雲等募勇成立新楚軍，並發布告示：「現已派新楚軍勁勇數營開往前敵，會同義軍，共圖恢復，力掃倭氛」[21]。7月10日、25日，吳湯興率領的義軍與新楚軍組成的抗日聯軍對新竹發動了第二次、第三次反攻，雖奮力抗擊，終以處境不利，傷亡慘重，義軍頭領江國輝、姜紹祖均先後壯烈犧牲，終未克而退。日軍在「掃攘」和「南征」期間，大批屠殺無辜鄉民，大量燒毀民房，實行「殺光燒光」的政策，激起人民更加激烈的反抗。

7月29日，近衛師團司令部離開台北，向新竹集結。8月8日日軍增援部隊第二師團混成第四旅團在伏見貞愛親王率領下進入台北，同一天，近衛師團分三路南攻新竹、苗栗交界之尖筆山，途中遭到義軍徐驤部與新楚軍的聯合阻擊，10日，新楚軍的大本營頭份失守，副將楊載雲犧牲，日軍乘勝南窺苗栗，吳彭年率領黑旗軍參戰，管帶袁錫清、幫帶林鴻貴均中彈陣亡，14日，苗栗失守。

新楚軍從頭份潰敗後，一蹶不振，此後各軍均由吳彭年兼統，並於22日部署了大甲溪伏擊戰，重創日軍後，退守彰化。24日，日軍占領台灣縣城，28日，日軍集中15,000多人，對彰化八卦山發動了大進攻，時劉永福所派黑旗軍七星隊王得標等4營及旱雷1營抵彰化參戰，以黑旗軍為主，聯合新楚軍、義軍共3,600多

人，與日軍在彰化的大會戰爆發，此役黑旗軍將領吳彭年及營官李士炳、沈福山、義軍統領吳湯興均壯烈捐軀，彰化失守。29日，日軍乘勝陷雲林，向嘉義大莆林逼進，劉永福令清將楊泗洪節制前敵諸軍，又令義軍徐驤招撫簡成功、簡精華、黃榮邦、林義成等義軍，恢復清軍與義軍聯合抗日。9月5日起圍攻日軍於大莆林，逼使日軍中止南進，撤歸彰化，楊泗洪在戰鬥中犧牲。9日，抗日軍收復雲林。

日軍經過一段時間的整頓，至10月上旬樺山資紀組織南進軍司令部，以副總督高島鞆之助中將為司令官，動員4萬多兵力，調動8艘兵艦、40多艘運輸船，決定北白川能久率近衛師團從彰化南下，伏見貞愛率混成第四旅團由海路從嘉義布袋嘴登陸，乃木希典率第二師團山口混成旅從枋寮港登陸，採取陸海俱進，三面圍攻台南。10月9日陷嘉義，在19日的保衛曾文溪戰鬥中，義軍徐驤、總兵柏正材均殉國，義軍林崑岡父子亦在保衛蕭壠戰鬥中犧牲，台南空虛。劉永福見大勢已去，在外無救援、內缺糧餉的極端困難局面下，密乘外輪內渡廈門。21日，日軍進入台南府城。10月27日樺山資紀宣布「台灣全島已全部平定」，11月18日又向京都參謀本部報告「台灣全島平定」[22]。

自6月7日台北陷落，台灣民主國上層機構迅速瓦解，但民主國成立時所任命的府縣、義軍統領及留台清軍，在反割台鬥爭中仍起了領導台灣軍民抵抗日軍的作用，事實證明為「拒日保台」而「據為島國，遙戴皇靈」的台灣民主國，並非真正脫離大陸而獨立。在日軍割台之戰中，投入兵力49,000人，隨軍服役2.6萬多名，戰死者達4,600多人，負傷約2,7000人，近衛師團長中將北白川能久親王、近衛第二旅團長少將山根信成均受傷致死，可見戰鬥之激烈[23]。割台反割台鬥爭，既是對馬關條約的否定，也是甲午戰爭在清廷屈服之後在台灣的繼續。可歌可泣的武裝反割台鬥爭被鎮壓後，台灣淪為日本殖民地，台灣人民仍繼續不屈不撓地進行反殖民統治的鬥爭。

（二）日本的殖民統治

1.建立殖民地統治秩序

日本割台後在台灣實行總督的獨裁統治，據1896年3月日本國會通過的第六三號法律（簡稱「六三法」）規定：「台灣總督於管轄區域內，得公布有法律效力之命令」[24]。台灣總督便集軍政、行政、司法、立法等大權於一身，掌生殺予奪之大權。「六三法」原定經滿三年後失效，但卻一再延長，1906年3月雖另以法律三十一號（簡稱「三一法」）取代，但委任立法的實質不變。根據「六三法」，台灣總督先後發表《匪徒刑罰令》、《保甲條例》等524件律令，為建立殖民地統治秩序，對台灣人民實行殘酷的鎮壓和奴役。日本統治台灣後，變更台灣的地方行政機構，1895年夏置三縣一廳（台北縣、台南縣、台灣縣、澎湖廳），縣下設支廳，廳下設辦務署。以後又更送不一，1901年廢縣及辦務署，全台改設20廳，1920年又改廳為州，至1945年日本投降時，全台共有五州三廳（台北州、新竹州、台中州、台南州、高雄州、台東廳、花蓮港廳、澎湖廳），下轄11市、51郡、2支廳、61街、197莊。

日據初期即設立憲兵警察區，維持治安，以軍、憲、警三單位共同執行警治之責。1898年總督兒玉源太郎強化警察統治，增加地方警察數目，擴大警察權力，支廳以下的人事，概用警察人員。全島密布警察網，共有警察18,000人，多數為日人，配有少數台人警吏（後改稱巡查補），1903年有巡查補1,734人。警察除一般警務外，還擔負戶籍、保安、防疫、風紀、衛生、稅捐、徵役等繁多工作。山地的警察更集軍、警、政大權於一身，無惡不作，被稱為「草地皇帝」。日據後期更建立刑事、交通、治安、衛生、風紀、經濟等專職警察，並設專門控制人民思想的高等警察，顯示出「警察萬能」的殖民地警察特殊性。依靠警察力量，1903年進行第一次大規模的戶口調查，之後進行異動登記，加強戶籍管理。為了進行殖民統治提供根據，1901年起進行了多年的舊慣習的調查。

1898年8月頒布《保甲條例》，實行「連坐責任」制度，來維持地方的安寧。又頒布《保甲條例施行規則》等律令，組織壯丁團，作為警察的輔助機構。居民

以十戶為一甲，十甲為一保，並設保甲局以統轄之。1902年廢保甲局，改選保正甲長。1904年以廳令令保正甲長協助區長處理部分地方事務。

總督的獨裁權力、特殊的警察統治和保甲制度，成為維持日本在台建立殖民統治的三根支柱。

日人據台50年間，其統治政策頗多變化，自第1任至第7任總督（1895至1919年）均由武人執政，以武力征服為主，輔以籠絡士紳和招撫抗日義民，通稱「綏撫時期」。以第4任的兒玉源太郎和民政局長（後改稱民政長官）後藤新平在任8年（1898至1906年），開始奠定了殖民地統治的基礎。自第8任至第16任總督（1919至1936年）由文人執政，強調對台人實行「同化政策」或「內地延長主義」，通稱「安撫時期」。自第17任至19任總督（1936至1945年）恢復武人執政，進一步厲行強迫的「同化政策」，通稱「皇民化時期」。儘管統治的方式常有變化，但鎮壓和奴役台灣人民的殖民地本質卻絲毫沒有改變。

2.進行殖民剝削和掠奪

日本對台灣殖民統治的目標，在使台灣經濟日益成為日本原料的供給地、商品推銷市場和投資場所。為實現這一目標，首先從掠奪土地入手。1898年設置臨時土地調查局，公布《台灣地籍規則》和《土地調查規則》，進行地籍調查，投入176萬人，耗資522萬日元，前後經過6年，至1904年始告完竣。調查結果，正式入冊田園633,065甲，比調查前366,987甲增加266,078甲，賦稅收入則由86萬多日元增至298萬多日元，日當局以公債贖買大租權，確定小租戶為業主[25]。1911年又公布《土地收買規則》，任意用低價強徵人民的現耕土地。關於林野土地，早在1895年10月公布《官有林野取締規則》，規定「無證明所有權之地券或其確實證據之山林原野，皆收為官有」[26]。從1910年至1914年實行林野調查，動員16萬餘人，耗資58萬多日元，分別官有與民有林野，核定民有地56,961甲，官有地916,775甲，官有地占總面積94%以上。1915年再度進行整理官有林野，確定無須保留者398,541甲，放領或出售者266,399甲，後將所有預約承領的官有林野，大部均撥予日本資本家。全台林野總面積265萬甲中，尚有2/3未調查的林野係屬先住民住區，則未加調查整理[27]。日本當局通過土地調查和林野調查，大量掠奪台

灣人民的現耕土地，作為建立殖民地經濟的前提或基礎。同時，於1899年成立台灣銀行，統一貨幣；1900年統一度量衡，並積極進行基礎設施的建設。1898年起基隆至高雄的縱貫鐵路全面興工，1908年全線通車，以後陸續建築各地支線。同時建築基隆、高雄港口，並對郵政、電訊、航運、港灣道路等交通事業加以擴充。1920年至1931年興築嘉南大圳，灌溉面積15萬甲，1920年計劃興建日月潭水電站，幾經周折，於1937年竣工，1939年全台發電所達135所，發電能力368,085千瓦。所有這些基礎設施，均對台灣殖民地經濟的發展起了積極的作用。

台灣重要產品為米、茶、糖、樟腦和礦產等，但「台灣經濟的殖民地化，是從移植現代化製糖業而正式展開的」。自1900年創立台灣製糖株式會社起，日本當局採取資本補助，確保原料、市場保護等各項保護措施，產量大增，舊式糖廍逐漸被淘汰，至1909年後台糖可滿足日本國內市場80%的需求[28]。台灣的稻米生產，由於日本當局興辦水利、改良品種等各項措施，產品也不斷增加。20世紀20年代前期，年產達440至500萬石左右，商品化程度也日益提高，台灣米純出口量由1922年的481,000石至1935年激增到4,486,000石，出口率由21%增至42%左右，1935年至1938年後，米產量半數投向日本市場。1926年適應日本市場而移植成功的蓬萊米，出口占全部米穀出口的40%，至1938年上升為85%，完全取代了在來米的出口。充分暴露了「蓬萊米的殖民地商品性格」，所以「蓬萊米的引進，對台灣殖民地經濟，具有不亞於移植製糖業的重大意義」[29]。

日據時期的茶、樟腦及金銀、煤、石油、硫磺等礦產也都有發展，特別是香蕉是日據時期才大見發展的特產，1913年運輸日本的金額達800萬日元以上，以後且有增無減。其他如鳳梨罐頭、帽席等業在當局的鼓勵下，也得到較大的發展。

為了增加財政收入，控制台灣經濟命脈，日本殖民當局在台灣實行鴉片、食鹽、樟腦、煙、酒、火柴、煤油等專賣制度，鴉片、樟腦都委託三井物產會社代理經營，通過專賣制度控制產量，提高售價，獲取厚利。專賣收入占總督府財政收入的首位，從1897年的14%增至1945年的49.3%，最高達60%。同時，殖民地當局採取高築關稅壁壘等種種手段，控制對外貿易，使對外貿易從傳統的對祖國

大陸爲主轉向以對日爲主，1897年對日貿易占總額的18.6％，1907年躍增爲64％，1937年竟高達90.2％。台灣向日本出口在輸出總額的比重，1926-1930年間平均每年爲85％，至1937年高占93.2％。台灣對日貿易的鉅額出超（如1939年出超1.5213億元）成爲殖民地向宗主國的變相貢賦[30]。台灣輸出日本主要係糖、米、香蕉、樟腦、鳳梨罐頭等初級農產品，而由日本輸入紡織品、化肥、機械、五金等工業製成品，台灣已成爲日本的原料供給地和工業品的傾銷市場。

日本殖民者利用其政治力量，大力扶植日本壟斷資本，驅逐外國經濟勢力，抑制台灣民間資本，台灣成爲日本資本家的「投資的天國」，三井、三菱及鈴木等大資本家控制了台灣的經濟命脈，並向華南及南洋等地擴張。台灣工業主要製糖、製茶、製樟腦、草帽等農產品加工業及手工業，沒有重工業。1937年抗日戰爭爆發後，才開始發展一些軍需產業爲重點的工業，如化學工業、金屬工業。進入1940年，食品工業在工業生產中下降爲61％，化學工業占12.1％，金屬工業占7％。農業在台灣整個經濟中的比重逐年下降，工業比重上升。1940-1942年平均農業產值爲57,640萬元，工業爲65,740萬元，工業生產開始超過農業水準。「只要這個工業化是爲了日本軍國主義的戰爭目的而推行的，則台灣的工業就必然會大幅度地偏重於軍需產業，也就不能不使台灣經濟的殖民地畸形發展更加嚴重」[31]。

日本殖民者在台灣更巧立名目，橫徵暴斂，向台灣人民徵收50多種以上的苛捐雜稅。據1935-1940年的統計數字，捐稅收入占總督府歲入的一半以上，人民負擔十分繁重。台灣人民遭受殖民主義者血腥的殖民剝削和掠奪，長達50年之久。

3.推行同化和奴化政策

日據時期文化教育的目的，在於消滅台民的傳統文化和民族意識，企圖改變台民成爲效忠日本的「順民」。爲此目的，而積極推行同化和奴化政策。

在教育上，「總督府的教育政策乃以漸進原則，採取逐步強化的同化主義方針，而差別待遇及隔離政策之運用實爲其主要特徵」[32]。首先把「國語（指日語，下同）教育」視爲同化的根本。1895年7月在台北設立芝山岩學堂，接著宜蘭明治語學校、新竹竹城學館、基隆學校亦先後設立，以招募台人子弟學習日語

為主要目的。1896年在台北設立「國語」（日語）學校一所，在全省各地設「國語」傳習所，作為日語教育的主要機關。總督府學務部意見書指出：「凡得國須得民，而得民須得人心。若欲得人心，首先非得假藉溝通彼此思想的語言工具之力不可。……故而今設立本傳習所，開啟傳習國語之途，以謀求施政之便利，進而奠定教化之基礎」。學務部長伊澤說：「並非只是漫然期望台人通過國語獲得知識，而是熱切地謀求以國語教學而使台人變成日人」。第二任總督桂太郎宣稱學習日語「以培養日本帝國的觀念為主」[33]。1898年7月總督府發布《台灣公學校令》，決定設立6年制的公學校取代國語傳習所，規定「公學校係對台人子弟施行德教，教授實學，以養成日本的國民性格，同時使之精通國語為本旨」。同時制定《關於書房義塾規程》，規定教學內容要增加日語、算學二科，企圖使書房成為公學校教育的輔助機構。另設設備、經費、師資、教學課程等遠優於公學校的小學校，供日籍學生學習。山地同胞只設教育所，設備更簡陋，且由日人警察兼充教員。1919年總督府明揭同化主義的施政方針，頒布《台灣教育令》，確立台灣人的教育制度，除設立普通學校3所外，另設立師範學校2所，醫學專門學校1所，工業、商業、農林學校共5所，著重中等職業教育，但差別仍然存在，不平等教育制度仍未根本改變。1922年公布取消日人台人的差別待遇及隔離教育，開放共學，為台人提供更多的教育機會，但共學仍受多方限制，徒具虛名。

1937年日本全面發動對華侵略戰爭，為了加速對台人的同化，強迫改變台人的語言、風俗習性及宗教信仰。1941年成立「皇民奉公會」，推行「皇民奉公運動」，以配合侵略戰爭的需要。「皇民奉公會」由總督兼任總裁，依照行政區域系統，下設分會、支會、奉公班，同時按職業、年齡、性別等成立產業奉公會、奉公壯丁團、大日本帝國婦女會等組織，600萬台灣民眾都被納入奉公會之內，強迫台人改用日本姓名，在日常生活中使用日語，獎勵建立日語家庭，鼓勵穿日本服，改習日本風俗習慣，奉祀日本天照大神等。在戰時經濟統治下，實行物資配給時，對改用日本姓名、建立日語家庭者加以優待。通過「皇民奉公運動」，為侵略戰爭服務。

殘暴苛虐的政治壓迫，敲骨吸髓的經濟掠奪，執行奴化和同化的文化教育政策，構成日本在台50年血腥的殖民統治的可怕藍圖。

（三）人民的武裝反日鬥爭

1.各地義民的武裝抗日（1895年12月至1902年）

　　1895年，當樺山資紀11月向日本報告「全島平定」後一個月，12月28日宜蘭林大北、林李成首先舉義，圍攻宜蘭縣城一個星期，台北的胡嘉猷（阿錦）、簡大獅、陳秋菊、詹振、許紹文等同時紛起，於1896年元旦圍攻台北城二日，旋以大批日本援軍趕到，撤圍退入山中。1897年5月8日決定國籍之日，簡大獅、詹振、陳秋菊等再度會攻台北，詹振等200多人身殉。後各股義民繼續堅持抗日游擊戰，均遭到日軍殘酷的鎮壓。1898年簡大獅率義民進攻金包里日憲兵隊失敗後內渡，翌年被清政府引渡而被殺。1898年後，北部抗日活動開始衰微不振。

　　在中部，1896年6月，柯鐵、簡義（精華）等以雲林大坪頂為基地，圍攻南投街，攻克林圯埔（今竹山鎮）、斗六等地，大破日軍，收復雲林，鹿港、彰化、嘉義的民眾紛起回應，攻台中，克北斗。日本當局調集軍警大舉反攻，簡義降日，柯鐵等堅持奮戰，1900年2月柯鐵病死，張呂赤等堅持抗日到1902年。原台東鎮將劉德杓聯合義民參加雲林的抗日鬥爭，堅持二年多。1901年台中詹阿瑞率義民攻擊台中，1903年被捕犧牲。

　　在南部，1896年7月，嘉義黃國鎮等率義民圍攻嘉義城五日，屏東鄭吉生率義民在鳳山附近多次襲擊日軍，9月率義民300餘名圍攻阿緱（今屏東市）憲兵屯所。同時有義民陳發、阮振、黃茂松等蜂起，襲擊大甲、阿公店等處辦務署。屏東林少貓（義成）於1897年率義民攻打屏東阿緱、台南大目降（今新化鎮）等處憲兵屯所，1898年12月林少貓、林天福等聯合先住民先後襲擊阿緱憲兵屯所及潮州辦務署，一度圍攻恒春城。1899年5月，林少貓與日軍在「以敵體行，劃界不侵」[34]的條件下議和。暫時相安無事。1902年5月林少貓被日本當局騙殺身亡，全家被殺。但1903年、1904年，南部仍有抗日騷動事件發生。

　　日軍對1895年後此起彼伏的義民武裝抗日實行慘無人道的大屠殺，如1896年7月13日再度占領雲林斗六街後，「此地民房燒毀達半數以上，居民逃散，道上死屍累累無人收理，留下了滿目瘡痍的死街。而這現象並不限於斗六一地」[35]。

據後藤新平《日本殖民政策一斑》中所列，僅1898至1902年的5年間，義民被殺戮達11,950人。實際數字遠超此數。又據日人另一統計，1897至1900年間，義民襲擊及戰鬥8,258次，殺傷日人2,124人[36]。殘酷的屠殺激起更多民衆起來抗日，1898年兒玉源太郎任總督期間，在實行鎮壓的同時，改用招降誘殺政策，允許抗日軍擁兵自立，劃界而治，如對林少貓、柯鐵都採用這樣辦法，令抗日軍麻痺，再乘機騙殺。如黃國鎮、林添丁、阮振、張大猷、林少貓等都是這樣被騙殺的。

這個時期的義民抗日，是1895年台灣人民反割台鬥爭的繼續，也是反對日本殖民統治的開始。抗日義民首領胡嘉猷、簡義、林少貓等都參加過反割台鬥爭，有的是劉永福的部下，如劉德杓本身是鎮將，日軍占領全台後，他們退入內山，繼續堅持抗日。由於日軍的慘殺和實行血腥統治，激起更多人民加入抗日行列。抗日軍提出：「聯絡義勇，討伐倭奴，光復台澎，安寧桑梓」[37]；「剿殺倭奴」，「光復台北」[38]；「日賊……唯嗜殺戮，……誓欲滅彼，朝夕光復台灣」[39]；「誅滅倭奴」，「恢復桑梓」[40]。有的宣布日人十大罪，聲稱「台民被迫，奮然起義」[41]；有的揭露「日本政府，暴於秦時，政猛於虎，貪酷民脂，……官迫民變」[42]。當時曾發布這樣的一張傳單：「此次動兵，奉旨而行；事有紀律，約束嚴明。義師伐罪，奠安台澎；救民脫苦，惟倭是徵。定集人民，雪恨復清；降者便安，協力原情。諭爾大衆，萬勿心驚：各宜其志，早救生靈」[43]。從以上告示、檄文、傳單等內容，義軍反對日本侵占台灣、反對日本殖民統治，要求「光復台灣」的性質昭然若揭。

2.武裝起義事件蜂起（1907年-1915年）

1907年北埔起義。1907年11月，新竹北埔蔡清琳組織隘勇及部分先住民起義，豎「安民」與「復中興總裁」旗號，宣揚「我們即刻就要與清軍合作，將日本人趕出台灣」[44]。率兵襲擊北埔支廳，殺支廳長以下日人57名，旋被鎮壓，9人被判處死刑。

1912年林圯埔起義。南投廳劉乾，以卜筮為生，藉宣揚佛法，宣傳反日，並宣揚「日本人強占我土地，奴役我人民，種種壓迫，無所不用其極。我等要排除此威脅，除殺日人，驅逐其出境而外，別無良策」[45]。於1912年3月，聯合林啓

楨，率領被剝奪竹林的莊民襲擊頂林警察派出所，殺日巡查2人，台人巡查補1人，旋被鎮壓，8人被判死刑，1人無期徒刑，3人有期徒刑。

1912年土庫抗日事件。雲林大埤頭黃朝，以「祖國革命成功，推翻滿清二百餘年帝業，奠定中華民國基礎，我亦人也，豈不能驅逐日人，而爲台灣國王乎」[46]？聯絡黃老鉗等密謀起義，1912年6月事發，殺死日警1人，旋被捕10多人，黃朝處死，無期徒刑2人，有期徒刑12人。

1913年羅福星領導的苗栗等地起義活動。羅福星原籍廣東鎮平，1903年隨祖父遷居苗栗，1906年在廈門加入同盟會，1911年參加三·二九廣州起義，1912年12月返台，在台北、苗栗等地秘密發展革命組織，在其所撰《大革命宣言書》中揭露日人「虐政」，毅然從事「光復台灣」運動，以「雪國家之恥，報同胞之仇」[47]。在《自敘傳》中提倡「華民與台民取得聯絡，共唱共和主義」[48]。並與1913年返台從事革命活動的吳覺民「約相互提攜」[49]。同年10月，吳覺民的黨員在大湖開會時被日警偵悉，開始大捕黨人，12月羅福星在淡水被捕。身上搜出列有黨員231人的名冊，大批黨人被捕。羅福星在法庭上公開承認：「此次之所以募集革命黨員，係爲反抗日本政府，脫離其統治，計劃使本島復歸中國所有」。與羅福星同時被捕的周齊仔也供稱：「台灣原爲中國領土，……故募集革命黨員，與日人戰，以光復台灣爲目的。」其他謝集香等黨員也供稱：「革命黨之目的，爲光復台灣」[50]。

同年中南部發生四起抗日事件。台中廳陳阿榮於1912年冬開始在南投埔里、東勢角等地進行反日活動，1913年事洩被捕；台中廳張火爐在大甲、大湖進行反日活動，1913年事洩被捕；台南李阿齊在關帝廟莊一帶進行反日運動，1913年事發被捕；苗栗賴來於1912年偕謝石金密渡上海，居留數日，回台後以「驅逐異族·光復台灣爲己任」。集同黨詹墩等數百人插血爲盟，樹五色旗，於1913年12月1日夜起義，襲擊東勢支廳，賴來、詹墩中彈犧牲，眾潰散[51]。

以上苗栗、南投、大湖、關帝廟、東勢角等五起抗日事件總共被捕500多人，1914年2月於苗栗開臨時法庭開始審判，3月閉庭，判羅福星、黃光樞、江亮能、謝德香、傅清風、黃員敬、陳阿榮、張火爐、李阿齊等20名死刑，均英勇

就義，另判285名有期徒刑。

1914年六甲起義。1914年5月嘉義廳南勢莊羅臭頭率黨起義，襲擊六甲支廳，沿途有七八十名群眾踴躍加入，戰敗後羅臭頭自殺，被捕100多人，被判死刑8名，無期徒刑4名，有期徒刑10名。羅臭頭「痛心異民族的苛政，想要驅逐日人出境，並且還要替羅福星們報仇」[52]。

1915年噍吧哖起義。台南廳余清芳於台南市西來庵藉神佛宣傳反日，結識曾參加抗日的台中羅俊及鳳山江定等，分赴南北發展抗日隊伍，1915年以「大明慈悲國奉旨本台征伐大元帥余」名義發表諭告稱：「示諭三萬台民知悉：……我朝大明國運初興，本帥奉天舉義討賊，興兵伐罪，大會四海英雄，攻滅倭賊，安良鋤暴，解萬民之倒懸，救眾生之性命，……但願奮勇爭先，盡忠報國，恢復吾台，論功封賞」[53]。5月事洩，羅俊於6月底被捕，7月余清芳與江定率眾出擊，與日警戰於噍吧哖（今台南縣玉井鄉），襲破甲仙埔支廳及幾個派出所，日調大批軍警進攻始敗退。8月，余清芳等千餘人被捕，市民被慘殺數千名。日人於台南市開臨時法院，判死刑866名，有期徒刑453名，行政處分217人，不起訴處分303人，無罪96人，被告達1,900餘人[54]，震驚國內外。余清芳等死後，退入山中堅持抗日的江定等51人，亦於1916年5月被誘騙下山，6月，判江定等37名死刑，有期徒刑14名。總督安東貞美懾於輿論壓力，以大正登基頒大赦令，除已執行死刑200名外，餘703名減為無期徒刑[55]。

日人在起訴案犯罪事實中記載，余清芳等宣傳「中國革命軍來攻，趁此良機與其夥同奪取台灣歸復中國」[56]，判決書中罪名是：余清芳等「擬於大正四年舊曆八、九月間，先從南部起義，漸及北部，共同協定驅逐在台日人，將台灣收回於台灣人之手」，「計劃奪回台灣之統治權」[57]。

先住民的武裝抗日鬥爭。佐久間左馬太擔任第五任總督期間（1906年4月至1915年5月），制定二次「討蕃五年計畫」，實行推進隘勇線，強占211萬多里山地，奪取樟腦採伐區。先後出動二三萬軍警、隘勇，進行圍堵、討伐，殺戮大批先住民，激起先住民的武裝反抗。1907年5月，大科崁前後山各族先住民聯合武裝抗日，並有部分漢人參加，堅持鬥爭40多天，7月初迫使日方讓步妥協。10

月，大科崁先住民又起來襲擊新的隘勇線，參加聯合抗日的漢人樹起「去日復清」的旗幟，此役殺戮日警17名[58]。11月，又爆發漢人蔡清琳聯合賽夏族先住民的北埔起義，已見前述。

1908年12月，爆發花蓮港支廳七腳川社阿美族聯合木瓜溪的泰雅族襲擊隘勇線，遭到殘酷滅族的鎮壓，並從日本移民七腳川社，改稱「吉野村」[59]。

1910至1915年先住民襲擊新竹、阿緱、花蓮港等地「撫蕃」官吏駐在所事件接連發生，遭到日警的殘酷鎮壓，如1914年6月出動11,479名軍警對花蓮太魯閣泰雅族進行三個多月的圍剿。但先住民的不屈不撓的武裝反抗，迫使總督府「撫蕃計畫」草草收場。

發生在辛亥革命前後10多次武裝抗日事件，參加者多數是農民，這些以農民為主體的反日鬥爭，除同盟會員羅福星領導的革命活動外，多數利用迷信方式進行反日宣傳，有的要當「皇帝」，性質頗似舊式自發的農民起義。但這些起義多數是在辛亥革命的影響下促成的，主要鋒芒是反對日本在台的殖民統治，要「光復台灣」，是辛亥革命勝利形勢在台灣地方的繼續發展，這個時期的勞動人民（主要是農民）已開始作為資產階級革命的同盟軍再起作用，與過去單純自發的農民反封建壓迫鬥爭有所區別。可以說，這些起義是在資產階級革命影響下或革命黨人直接領導下的反日復台的民族解放運動，是屬於孫中山領導的國民革命的有機組成部分。日人在審判報告中也承認，陳阿榮、張火爐等「有感於近時中國之革命，伺機先於台灣中部起而暴動」[60]。據健在的反日志士黃木回憶：「癸丑（1913年）同志參加乙卯（1915年）之役，發生極大作用」，有的成為余清芳起義的骨幹[61]。由此可見，正是在辛亥革命直接或間接影響下，形成台灣人民武裝驅日復台的高潮。

值得指出的是，這個時期先住民的武裝抗日鬥爭中，出現了各族先住民的聯合抗日行動，也出現了先住民與漢人聯合的抗日行動，正如一位日本學者指出的，這些抗日運動「在日本帝國『現代化』文明的強大攻勢下只有節節敗退的命運，但也無可否認這是能揚棄種族偏見，為謀求人類共存和人格尊嚴而奮鬥的抵抗暴政史」[62]。

（四）近代反日民族運動的興起與武裝抗日的再現

1.近代反日民族運動的興起（1920年至1931年）

　　武裝反日鬥爭被殘酷鎮壓後，在第一次世界大戰後國際上民主主義、民族自覺新潮流和大陸五四運動的影響下，留日的台灣知識分子開始覺醒，首先在島外推動台灣近代的民族運動。1919年冬蔡惠如、林呈祿、蔡培火、馬伯援等留日的台灣和大陸知識分子共同組織聲應會，接著蔡惠如等又組織留日台灣青年成立啓發會，旋改名爲新民會，1920年留日青年學生又另組東京台灣青年會，創刊《台灣青年》雜誌，開展文化思想啓蒙運動和政治改革運動。首先提出撤廢總督賴以獨裁的「六三法」運動，旋轉爲進行台灣議會設置運動。

　　台灣島內在蔣渭水的積極組織下，於1921年10月在台北成立台灣文化協會，成立時已招募1,032名會員，會中則標明「本會以助長台灣文化之發展爲目的」[63]，但該會通過舉辦各種講習會、演講會、組織讀報社、發行會報以及通過電影、演劇等宣傳，大大促進了台灣人民的民族覺醒。如1923年至1926年講演會就進行798次，有1,029人次參加講演，聽衆達295,981次[64]，影響巨大。文化協會同時支持台灣議會設置運動，1923年另成立「專以促進以台灣設置特別立法議會爲目的」[65]的台灣議會期成同盟會，12月該會被檢舉，蔣渭水等49人被拘留的「治警事件」發生後，議會設置運動仍繼續進行。計自1921年至1934年共提出請願15次，署名請願者達18,528人次[66]，雖未被採納，但這些地主資產階級與知識分子聯合的政治改良運動，特別是早期的請願運動，同樣起了促進台灣人民民族覺醒的積極作用。

　　聲應會、新民會等在東京成立後，蔡惠如等來往於北京、上海、廣州間，聯絡台灣在大陸的留學生組織反日革命團體，1922年1月成立北京台灣青年會，1923年10月成立上海台灣青年會，1924年5月又另組包括居滬台民參加的台灣自治協會，會章均以「促進會員之互助親睦，研究中外文化」、「獎勵中國文化的研究爲目的」[67]，實則希望經由文化歸宗而啓迪台胞抗日復土之民族精神。當時台灣留學大陸的學生大部分在廈門，1923年7月達195名，1923年6月成立廈門台

灣尙志社，1924年4月，又成立閩南台灣學生聯合會，1925年台灣學生與大陸學生共組中國台灣同志會。尙志社簡章規定「以互助精神，切磋學術，以謀求文化的促進爲目的」，但日方認爲「視其實踐活動的狀況，都是站在民族自決主義的立場，啓蒙台灣民眾的民族觀念爲主，所窩藏的意圖，無非是使台灣脫離我統治爲其終極目的」[68]。1926年12月，在廣州成立廣東台灣學生聯合會，翌年3月另組廣東台灣革命青年團，創刊《台灣先鋒》，公開喊出「打倒日本帝國主義」、「台灣革命成功萬歲」等口號[69]。1926年3月，南京的台灣學生與大陸的學生聯合組織中台同志會，在成立宣言中聲稱，「期使中台兩地民眾，完全脫離日本帝國主義的羈絆，然後促使中台兩地民眾，重新發生密切的政治關係」，日方認爲「中台同志會的目的，在於反對帝國主義運動，以及台灣民族的獨立」[70]。上述在大陸先後成立的台灣青年會等組織，多數都積極支持台灣文化協會的啓蒙運動及台灣議會設置運動，假期回台的學生也直接參加各地的講演活動。而一些受共產主義思想影響的青年團體，如1924年3月在上海由台灣人與朝鮮合組的平社，對議會設置運動採取批判的態度，認爲熱衷於台灣議會「叩頭請願運動」，是「緣木求魚，水中撈月」[71]。

台灣文化協會及在東京、大陸成立的各台灣青年團體，彼此「密切聯繫，致力於促進本島人的民族覺醒與政治覺悟，以圖發展台灣民族解放運動。這些運動興起以來，在島內、東京、支那三處逐漸普及，大體上係以民族自決爲基調，組成聯合陣線，持續地集中搞台灣議會設置請願運動」[72]。至1926年，已在台灣掀起反日民族運動的高潮。

隨著文化啓蒙運動的普及，人民的民族意識的增強，首先發生了反對日警、反對校方的學生運動，接著工農運動也開始抬頭，1925年6月成立二林蔗農組合，1925年11月成立鳳山農民組合，1926年6月成立大甲農民組合，在簡吉、趙港等人領導下，掀起全島性的農民運動。勞動組合也開始出現，勞資爭議也時有發生。隨著共產主義、無政府主義在島內的傳播，台灣文化協會內出現了政見不同的派別。林獻堂派繼續進行合法的民主運動，蔣渭水派聯合工農的全民運動，王敏川派主張工農無產階級解放與民族解放結合的社會主義運動[73]。1927年2月

文化協會發生分裂，王敏川、連溫卿一派掌握了領導權，蔣渭水、蔡培火等舊幹部退出文協。幾經周折，蔣渭水等於1927年另組台灣民眾黨，確定「以確立民本政治，建立合理的經濟組織，及改除社會制度之缺陷爲其綱領」[74]，以台北、台中、台南各地分設15個民眾黨支部。民眾黨的主要領導人蔣渭水是孫中山的崇拜者，實行扶助農工的路線，1928年2月組成台灣工友總聯盟（包括41個工友會），支持民眾黨的尚有蘭陽農業組合等4個農民團體，台北勞動青年等8個青年團體，台灣民報社、台北維新會等10個其他團體，影響甚大。1929年10月，召開第三次大會，強調今後台灣革命的主力爲農工階級，積極開展「以農工階級爲中心的民族運動」[75]。1930年7月民眾黨又發生分裂，蔡培火、楊肇嘉、林獻堂等另組台灣地方自治聯盟，「以確立台灣地方自治爲目的」[76]。1931年2月民眾黨召開第四次大會，提出修改綱領爲：「爭取勞動者、農民、無產市民及一切被壓迫民眾的政治自由」，日方以該黨「在綱領中特別揭櫫爭取被壓迫民眾之政治自由等等，暗中強調殖民地之獨立」[77]爲由加以禁止，8月蔣渭水病逝，民眾黨瓦解。而地方自治聯盟成立後，就遭到新文協、農民組合、工友總聯盟等各團體的反對，加以抨擊，有的高呼打倒自治聯盟的口號。1934年停止議會設置請願運動，1935年參加了地方議員的選舉，有蔡式谷等11人當選。1936年8月，地方自治聯盟自行宣布解散[78]。

1927年分裂後的新文協，《會則》確定「本會以普及台灣大眾之文化爲主旨」，並提出「提高農村文化」等10條綱領[79]。發刊《大眾日報》，積極推動工農運動。1927至1928年，農民組合領導了400多次反抗鬥爭，1928年成立台灣機械工會聯合會，發動了高雄鐵工廠等幾次罷工鬥爭，工農運動出現了高潮。這些反地主、反廠主的經濟鬥爭，不少鋒芒是針對日本資本家及殖民統治，帶有民族鬥爭的雙重性質。1928年文協主要幹部王敏川、連溫卿等紛紛下獄，1929年12月，農民組合被檢舉，文協幹部多被株連，工作陷於停頓。

1928年4月在上海成立了台灣共產黨（全稱爲日本共產黨台灣民族支部），在《政治大綱》中提出在台灣實行「民主主義的革命」和「民族獨立運動」，並以「打倒總督專制政治，打倒日本帝國主義」、「台灣民眾獨立萬歲」等13條爲「當

前的口號」[80]。會後一批黨員潛回台灣進行革命活動。主要通過新文協和農民組合積極推動工農運動。如1928年12月通過農民組合領導了奪回嘉南大圳管理權及減免水租的鬥爭，1931年通過工會領導了高雄、台北等地的幾次罷工鬥爭。1929年2月12日各地農組受檢舉，抓走59人，拘押300多人，12月簡吉等12人被判1年至10個月的徒刑。1931年6月後，日本當局指控「共產黨以推翻總督府，變更國體，建立台灣獨立為目的，這是中了第三國際的殖民地解放口號的毒」，而加以嚴厲取締，自1931年6月至9月，黨員被捕170人，有47人被判刑。同時檢舉文協、農組，一共逮捕310名，有40多人被判刑[81]。從此台灣的民族運動陷入低潮。

　　自1920年起地主資產階級及其知識分子發動的文化思想啓蒙運動及設置議會請願等政治改良運動，旋發展成反對日本殖民統治的民族運動與工農民族解放運動的高潮，其間各種政治力量不斷分化，重新組合，歷經挫折，但體現了運動的深化與台灣人民的覺醒過程。

2.武裝抗日的再次出現（1930至1936年）

　　1920年後非武裝的以漢族移民為主體的近代民族運動成為反殖民統治的主流，但在先住民中武裝抗日鬥爭並沒有停止，1930年10月27日爆發了震驚中外的霧社大起義。這一次泰雅族的馬赫波‧莫那魯道領導300多族人對正在霧社（今南投縣仁愛鄉）公學校舉行運動會的會場進行襲擊，並攻克霧社警察分室及12個警察駐在所，殺死日人134人，另有負傷後死亡2人，對當日參加運動會的142名漢人，除2人被誤殺外，均秋毫無犯。日本當局先後調動軍警近1,900多人，軍伕近1,300多人，以山炮、大炮猛攻，派飛機轟炸，甚至投擲毒瓦斯，經過一個多月的血戰，才把起義鎮壓下去。當地先住民1,237名，只剩下500多人，戰死的人數達58%[82]。當時台灣的民眾黨、農民組合及大陸的革命團體都發表宣言，揭露日本殖民當局的滔天罪行，總督石塚英藏和台中州知事都引咎辭職，宣告其「理蕃」政策的大失敗。

　　1931年「九‧一八」事變爆發後，日本當局對殖民地台灣的民族運動實行殘酷的鎮壓，武裝抗日又一次抬頭。1927年台中曾宗與福建來台的工匠陳發森等秘

密組織衆友會，公開以互助團體父母會的名義進行活動，至1929年已發展會員360多人，並有在大陸留學加入國民黨的蔡淑悔加入參加領導，積極與大陸聯絡，置辦軍火，準備武裝起義。1934年事發，被捕420多人，曾宗慘死獄中，蔡淑悔等25人被判刑，前後受起訴處分者達300多人，爲霧社起義以後最大的抗日事件[83]。1934年當日本海軍元帥軍令部長伏見宮親王與海軍元帥梨本宮親王準備到台灣參加10月1日台灣國防義會聯合會舉行成立典禮之前日，發生愛國青年鄭清水在基隆軍港投擲炸彈，炸傷2人，炸毀警察署部分建築物。同年9月發生愛國青年楊萬寶刺殺東港郡烏龍派出所日巡查松永事件，被捕後於10月30日脫逃，日方動員日警2,300餘人、壯丁團2萬多人進行全島總搜查，迄無所獲。1936年3月又發生埔里先住民20餘人襲擊日本警察駐在所，擊斃日警2人，並散發數千張反日傳單，然後退入阿里山[84]。

台灣與辛亥革命

自1840年鴉片戰爭之後，我國寶島台灣與大陸同樣逐步淪爲半封建、半殖民地。甲午中日戰爭後，台灣淪爲日本帝國主義的殖民地。台灣雖被侵占，但台灣海峽兩岸人民之間的血肉聯繫，是任何強力不能割斷的。在辛亥革命時期，台灣與大陸人民在愛國、革命運動中遙相呼應與互相支持，資產階級革命黨人到台灣進行革命活動，台灣人民積極支持或參加大陸的反清武裝鬥爭，並在辛亥革命的直接影響下掀起了驅日復台的鬥爭高潮。這些歷史事實充分表明了台灣與大陸人民有著休戚相關的共同命運。

（一）辛亥革命準備時期台灣與大陸人民在愛國、革命運動中互相聲援

　　1894年第一個資產階級小團體——興中會的創立，標誌著偉大的革命先行者孫中山先生從事資產階級革命事業的正式開始。自1894年至1911年武昌起義前的17年中，台灣與大陸人民衝破了帝國主義與封建勢力的重重封鎖，在反帝反封建的民族、民主革命中，不僅遙相呼應，而且互相聲援和互相支持。

　　早在1895年簽訂《馬關條約》、割讓台灣的消息傳出後，大陸人民痛心疾首，群起反對。愛國報刊連篇累牘發表反對割台的激烈言論。愛國士紳和知識分子紛紛上書或寫作詩文表達了堅決反對日本霸占台灣的意志。許多留台的大陸軍民與台灣人民一道為驅日復台貢獻了自己寶貴的生命。

　　甲午戰爭後出現的帝國主義瓜分中國的危機，激發了以康有為為首的資產階級改良派領導的愛國救亡運動迅速走向高潮。資產階級改良派把甲午戰後出現的一系列喪權辱國事件與「割台巨創」聯繫起來，曾經提出「掃蕩日本、大雪國恥、耀我威棱」。他們大聲疾呼要「發憤圖存」，「以救中國」[85]

　　1900年以勞動人民為主體的義和團運動，同樣以救亡圖存、阻止瓜分為歷史使命，在全國掀起了轟轟烈烈的反帝怒潮。當時義和團在廈門發布揭貼，指出「台灣割據，神人所怒，恢復把握，在此剎那」[86]在湖南義和團所擬的和約條款，也提出了「日本將台灣交還中國」[87]的強烈要求。反映了中國人民反對侵略、收復台灣的共同意志。

　　資產階級革命運動興起以後，革命黨人也在台灣展開了宣傳和組織活動。

　　1894年冬，孫中山在檀香山創立興中會，發出「振興中華」[88]的偉大號召。後來派興中會員陳少白到台灣開展革命的宣傳和組織活動。陳少白於1897年8月向中山先生提出：「自從甲午戰敗，滿清政府把台灣割給日本之後，年來不知攪到怎樣一個地步，我沒有到過台灣，我倒要前去觀察觀察。那裡有一個日本朋友，約我去看他，我能夠在那裡活動活動，或且也可以把那裡的中國人聯絡起來，發展我們的勢力」[89]。陳少白到台北後，首先訪問了老興中會員楊心如，又

先後結識了良德洋行經理吳文秀、義和洋行買辦容祺年、大商人趙滿朝。1897年舊曆11月上旬，吸收楊心如、吳文秀、趙滿朝、容祺年等五、六個會員，成立興中會台灣支會。陳少白在台灣期間，日本政府「恐中國人運動台灣人反對他」，派了四個偵探「暗中監視」，行動「很不自由」[90]，只秘密進行宣傳和組織活動。他先後在《台灣新報》發表了遊台詩九首。[91]，藉題宣傳了愛國、革命思想。

陳少白於1898年四月下旬，第二次到台灣進行革命活動半年多，並募集了一筆革命經費。在台期間獲悉西太后發動政變，六君子殉難，他便與台灣興中會員發起了追悼會，反對清朝鎮壓維新運動。

1899年章太炎因與戊戌變法有牽連，為了避禍，也曾來到台灣，充《台北日報》記者，「高唱排滿」[92]。據記載：「嘗著一文忠告康梁，勸其脫離清室。謂以少通洋務之孫文，尚知辨別種族，高談革命。君等列身士林，乃不辨順逆，甘事虜朝，殊為可惜等語」[93]。對愛國、革命作了有利的宣傳。

1900年義和團運動期間，孫中山認為「時機不可失」，決定發動惠州起義。他於9月28日抵達基隆，在台北新起町（今長沙街）建立起義指揮。他在台灣籌措軍械，指揮起義，並且經常與興中會台灣支會同志接觸，在台灣播下了革命種子。在惠州起義時，《台灣日日新報》也刊載了革命活動的報導，指出惠州起義的首領「係孫逸仙」，發動起義的是「欲興中國之人」，目的是「驅逐滿清政府、獨立民權政體」[94]。

1905年中國同盟會在東京成立，「福建學生會」會員集體加盟。由福建遷往台灣的「福建學生會」會員林薇閣（世居台北大稻埕，今延平北路）、蔡法平（為林家管理產業）也成為台灣的同盟會會員[95]。

1910年春，在廈門救世醫院學醫的同盟會員王兆培，因從事革命活動被發覺，乃離廈渡台。據本人回憶：「那時候我十九歲，以後在台灣總督府醫學校組織同盟會，繼續進行革命」[96]。他首先發展同班的台南籍同學翁俊明入盟，後來同盟會設在漳州的機關委任翁為交通委員，化名翁樵，負責發展台灣的會務[97]。在王兆培、翁俊明等人的推動下，到民國元年會員發展至三十餘人。他們還組織了一個「復元會」，以光復台灣為宗旨，到民國3年11月，會員已增至七十

六人。[98]

1912年，同盟會會員羅福星回台後，開始有計畫、有組織地大規模發展革命組織，使台灣與大陸資產階級革命的關係進一步密切起來。

另一方面，台灣人民在與日本殖民統治者開展大規模武裝鬥爭的同時，也十分關心祖國大陸的革命運動，並對大陸的資產階級革命活動給予積極的支持。

1898年秋，興中會員吳文秀、容祺年、趙滿朝及台南原德商美打洋行買辦莊某等，均積極捐獻活動經費。據陳少白回憶：「募到的錢，也有二、三千塊」[99]。以後該款作為籌辦香港《中國日報》之用，這是台灣支會同志對革命宣傳工作的一個貢獻。

1900年孫中山在台灣指揮惠州起義期間，興中會員楊心如除聯絡支會同志協助起義外，還親自往返港台，傳遞機要文件，為支持起義多方奔走，盡了很大力量。

同盟會成立以後，革命派在國內的活動更為活躍。有些回到大陸定居的台胞參加各地的革命活動，有的還加入了革命組織。如日本占領台灣後遷回廈門的徐明山加入了同盟會。在廈門同文書院任教的徐屏山，由於「受他哥哥徐明山的影響和鼓勵，有意識地、有計畫地在編寫講義、講課，甚至與學生接觸時，向學生灌輸革命思想」，並積極支持反對帝國主義奴化教育的學生運動[100]。廈門的台灣同胞鄭友福、泉州的台籍同盟會員陳春木，以行醫為掩護，積極參加當地的革命活動，民國初年還積極參加了反袁鬥爭。[101]

羅福星1903年跟隨祖父羅超六來台灣定居，1906年在廈門參加同盟會，後來在爪哇、新加坡、緬甸等地華僑中，積極宣傳革命思想，培養革命人才。他經常以「東亞」、「國權」等名字，在報刊上發表文章，對國內各次反清起義，總是不失時機地撰文報導，大聲疾呼，鼓舞人心。1909年革命派在籌劃廣州起義期間，羅福星受黃興委託，「秘密物色同志，組織敢死隊，以便聽命行事」。1911年春，羅福星帶領一部分敢死隊員參加三·二九廣州起義。隨黃興進攻督署時，福星「翻身縱登左側院牆，掩護攻擊，不幸為流彈傷左腿」[102]。武昌起義後，羅福星與胡漢民在巴達維亞「募集民軍二千餘人」[103]，回國服務。此外，22歲的台籍

同胞許贊元（許南英子，許地山胞兄），也參加了黃花崗之役，被捕後得救出獄，被稱爲「黃花崗生還的義士」[104]。

留台的同盟會員林薇閣、蔡法平也關注大陸的革命，當1910年孫文派人來台籌募經費時，林薇閣即慨捐三千日元[105]。惟據林氏家人林熊祥稱：「那時陳燊來台籌款，是由我同門王孝總介紹的，錢由家兄熊徵交付，款額是五千日元」[106]。此款後供福建同盟會員參加黃花崗起義的經費和購械之用，是台胞對黃花崗起義的直接支持。

武昌起義後，黃興在南京發起國民捐，台灣同盟會員翁俊明等號召台籍同志慷慨解囊，「很快捐到了兩千元」。1913年，翁俊明偕杜聰明北上，計劃毒斃袁世凱。事雖未成，卻顯示了台胞對保衛辛亥革命勝利成果的關心[107]。

此外，台灣的愛國史學家連橫與愛國詩人丘逢甲，在宣傳反滿愛國思想方面也起了一定的影響。有人認爲他們「都對同盟會的活動作了桴鼓之應」[108]。

從以上可以看出，辛亥革命準備時期台灣同大陸人民在愛國與革命運動中是遙相呼應和互相支持的。在這段歷史中有以下幾個問題值得加以注意：

1. 關於「恢復台灣」的口號。台灣出版的有關辛亥革命的一些著作，都提到孫中山在成立興中會的宣言中，即已提出「恢復台灣，鞏固中華」的宗旨[109]。其共同出處是蔣介石1946年的一次「訓詞」：「國父在台灣失陷的1年，就在檀香山組織興中會，當時發布宣言，就提出『恢復台灣，鞏固中華』的口號」[110]。其實檀香山興中會係1894年冬建立的，當時甲午戰爭還在進行，台灣尚未「失陷」，何來「恢復」的口號？即使是1895年香港興中會的宣言，同樣也沒有這樣的口號。可見這種說法是不符合歷史眞實的。但是必須指出，「恢復台灣」是符合台灣人民願望的革命口號，台灣人民早在1895年武裝反日時就提出過，後來義和團也曾提出，而資產階級革命派在辛亥革命前卻始終沒有提出這樣的口號。

2. 革命黨人不但不敢公開反對帝國主義，而且對統治台灣的日本殖民者抱有不切實際的幻想。惠州起義時期，孫中山選定在台灣設立指揮部，一方面是由於廣東「與台灣密邇，便於接濟軍火」[111]，但更重要的原因，是孫中

山對台灣總督兒玉源太郎及民政長官後藤新平口頭表示支持革命的輕信。
兒玉執行的是日本南進國策，在義和團時期製造火燒廈門本願寺事件，接
著派兵艦登陸廈門，準備瓜分福建。失敗後仍不甘心，企圖利用孫中山領
導的反清起義，作為其侵略華南、奪取福建的一個步驟。這點從宮崎寅藏
的記載也可看出：「大將（指兒玉）當時正為廈門事件失敗滿腹憤懣，認
為孫是奇貨可居，便應允了孫的請求。兒玉說：『倘若你真的一封電報便
可喚起革命軍的話，那你就讓他們在離廈門最近之處發起戰鬥，並向廈門
進軍，等他們接近廈門時，我們便將你送去，並且給你們武器和彈藥』。兒
玉這樣講多半是試探性的，但孫果真打了電報」[112]。孫中山改變原計畫，
令鄭士良改向廈門進軍。終因購械受騙與日本政府改變對華瓜分政策不支
持革命黨人反清起義而失敗。兒玉的行動與日本當局的政策是一致的，這
一點切身感受日本帝國主義侵略的福建革命知識分子林森等，看得就比較
清楚。他們揭露從 1898 年以後，「日人遂視福建為囊中物，以為其光線，
既射琉球，而達台灣，直可由台灣而入廈門，席捲福建全省（英國某報曾
繪瓜分地圖，以日本為日，作光線經琉球過台灣而射福建。）」[113]，並指出
日人製造本願寺事件，是「欲藉鬧教之名，援割地賠款之例，……儼有併
吞其地之勢」[114]。但是直到多年以後，孫中山對兒玉等帝國主義者的侵略
面目仍然缺乏認識。

3. 辛亥革命前台灣與大陸資產階級革命運動的關係，明顯地帶有個別的自發
的性質。不論是興中會或同盟會，都沒有認真考慮過在台灣開展革命活動
的計畫。陳少白是抱著「前去觀察觀察」，「或且也可以把那裡的中國人聯
絡起來發展我們的勢力」的想法去台灣的。兩次赴台只秘密發展了五、六
個會員。興中會的直接目標是推翻清朝、創立合眾政府，對當時台灣如火
如荼的驅日復台的武裝鬥爭，缺乏明確的方針。革命黨人對台胞的抗日雖
十分同情，但不敢公開支持。台灣同盟會的發展工作，也是王兆培等個別
會員自發進行的，由於沒有切合台灣利益的反日復台綱領，只吸收了一小
批有覺悟的革命知識分子，同樣沒能把廣大革命力量組織起來。這時資產

階級革命派還沒有發動和領導台灣人民驅逐日本帝國主義，收復台灣，表現出領導階級與農民同盟軍嚴重脫節的現象，這是中國民族資產階級的軟弱性的一種具體表現。

（二）1913年同盟會員羅福星等領導的「光復台灣」運動

武昌起義後的第2年，同盟會員羅福星返台從事革命活動，於12月18日抵台北，旋還苗栗。通過同學舊識羅璧壬、羅慶庚、邱義質等，開始在苗栗、台北等地秘密發展革命組織。先後發展苗栗的謝德香、黃員敬、傅清鳳、江亮能、台北的黃光樞為骨幹，通過這五個主要骨幹及謝阿鼎、梁芳、劉溫通、簡金山等人為招募員，分別以華民會、三點會、同盟會、革命黨各種名義，招募黨員，並以江亮能為司令軍長，下按旅、團、營、隊、排、班進行軍事編制，當時，台胞深受辛亥革命的鼓舞，革命黨人又以「驅逐日人」、「光復台灣」為號召﹝115﹞，於是革命組織發展很快。據羅福星稱，「由彼募集者，總計一千五百餘人」，被捕時從他身上搜出的黨員名冊「合計二百三十一人」﹝116﹞。

在台灣取得戶籍的廣東鎮平人吳覺民，也於1913年返台，從事革命活動。他和羅福星「互訴懷抱，約相互提攜」﹝117﹞。吳覺民通過骨幹葉水全（永傳）、吳頌賢，以「共和聯絡會館」名義，在大湖等地發展黨員數十人，自己旋於九月下旬返回大陸。

同年10月8日，吳覺民系統的黨員4、50人假大湖天后宮舉行會議，被日警偵悉捕去黨員葉水全、吳頌賢等8人。從此偵騎四出，同盟會員陸續被捕，羅福星成為敵人搜捕的主要對象。至1914年1月，先後被捕535人﹝118﹞，羅福星亦於12月19日凌晨在淡水被捕。1913年11月和1914年2月，兩次舉行公審，受審判者計261人。羅福星、黃光樞、江亮能、謝德香、傅清鳳、黃員敬6人被判死刑，陳贊和、柯克實、謝阿鼎、葉水全、邱義質、梁芳6人判15年徒刑，判12年以下徒刑的214人，判無罪者33人，受連坐與「過怠」處分的人數以千計。黃光樞等5人於1913年12月8日就義，羅福星於1914年3月3日就義。他們被台胞譽為同盟會革命黨人的「一龍五虎」。

羅福星、吳覺民等領導的革命活動雖被日本殖民者殘酷鎮壓而失敗了，但有兩點值得我們重視。

1. 這次資產階級革命派直接領導的「光復台灣」運動，是在辛亥革命的影響下促成的，也可以說是辛亥革命在台灣的具體體現。它是孫中山領導的中國資產階級革命的有機組成部分

審判羅福星案件時，有一部分日本人認為：「本案以革命事件審理，為國家不祥之事，遺留歷史於後世，極應考慮」。他們企圖否定羅案的革命性質及其與大陸革命的關係，誣其為「假裝革命的詐欺事件」[119]。日本當局出於鎮壓革命的需要，不得不承認羅福星、吳覺民、黃員敬、江亮能等人「均醉心於中國南部的革命，思有所舉動，而煽動台灣之愚民者也」。但也企圖抹殺其重大意義，貶為：「非如富有政治意義之革命大事件」[120]。

羅福星領導的這次運動的革命性質是十分明顯的，這從保存下來的羅福星的日記、文章、歌詞、口供、其他革命烈士的供詞，以及日方的有關檔案，都可得到明確的回答。羅福星在其《大革命宣言書》中，揭露了日本殖民者19年來殘酷壓迫、剝削台灣人民的種種「虐政」。有感於「亡國之恥辱」，所以毅然赴台從事「光復台灣」的運動，以「雪國家之恥，報同胞之仇」[121]。他在日本法庭上公開承認：「此次所以募集革命黨員，係為反抗日本政府，脫離其統治，計劃使本島（即台灣）復歸中國所有」。與羅福星同時被捕的周齊仔在供詞中說：「台灣原為中國領土，……故募集革命黨員，與日人戰，以光復台灣為目的」。謝集香、羅庚興、羅阿道、江阿炎、羅阿常、黃成郎等也明確指出：「革命黨之目的，為光復台灣」[122]。在《檢察官要求判處羅福星死刑報告書》中也確認：羅福星等人「於台灣募集革命黨員，企圖發動一大暴動，以驅逐在台日人。此一事實，由前經本法庭判罪之被告供詞及其證物，並羅福星所持文件及供詞，得以明確」[123]。從上述資料可以看出，驅日復台是革命的第一個目標。在光復之後，他們要求台灣與大陸一道實行民主政治。羅福星在《自敘傳》中說道：「華民與台民取得聯絡，共唱共和主義」，「我的事業，乃欲脫離汝等野蠻國，以樹文明國之美舉」[124]。曾被判處15年徒刑的邱義質後來回憶說：「革命當時，羅福星氏與吳覺民

氏，皆說孫中山先生建立中華民國以後，第二件事就是要光復台灣領土，使台灣同胞恢復國家主人翁的地位，在政治、經濟上都能夠自由平等」[125]。由此可見，羅福星等領導的台灣革命運動顯然具有資產階級反帝反封建的民族、民主革命的性質。

由於革命黨人在台灣提出了切合台胞利益的革命綱領，所以得到廣大台灣人民的擁護，參加革命組織的成員，遠較大陸同盟會爲廣泛。羅福星指出其原因在於：「自來我華民與汝日本人有冤仇，我政府表面上雖與汝政府締結邦交，然民心仍懷恨汝國。故同爲中華民族之台灣人，一聞我等此舉，皆全力贊助之。富者欲助軍餉，入會者多達數百人；貧者喜之，願爲軍士者，亦復不少。無不以此爲美舉」[126]。有人對被捕判刑的261名革命者的職業成分作了統計：農業127人，工業62人，商業52人，公務等20人[127]。這個統計雖不很科學，但已可看出，參加驅日復台者範圍的廣泛。特別是在爲日人服務的警察、保甲人員及日辦學校培養的知識分子中，有一部分人也加入反日行列。在第一次審判的169人中（內包括李阿齊案9人），特種職業達56人，包括保甲職員15名，巡查補7名，公學校畢業生共20名，曾引起日方警覺，認爲「似覺此乃應行注意之點」[128]。另一突出點是工人、農民參加者占總數70%以上（加上小商、小販等其他階層勞動人民，比例更大），資產階級也約占五分之一。革命組織的成員中，資產階級與勞動人民的比例，都遠超大陸的同盟會，改變了台灣興中會時期脫離群眾的毛病。

這次革命運動不但得到廣大台胞的擁護，而且有不少大陸人民一起參加鬥爭。羅福星指出：「在台華民則爲敢死隊，被台灣政府殺害之島民之子孫，加入之，策劃舉事」[129]。領導骨幹黃光樞、江亮能都是辛亥革命後渡台的。這次革命活動是大陸和台灣同胞爲實現台灣歸回祖國、「共唱共和主義」聯合的革命運動。是孫中山領導的革命同盟會「驅逐韃虜，恢復中華，創立民國，平均地權」[130]的宗旨在台灣的體現。革命的主要目標是驅日復台，與大陸革命的首要鋒芒是推翻清朝統治雖有區別，但目的同樣是爲了挽救民族危亡，「振興中華」。由於台灣與大陸所處境況不同，革命的主要鋒芒亦顯出差異，但其性質均屬資產階級領導的民族、民主革命。所以說，同盟會羅福星領導的台灣革命運動，是孫中山領

導的資產階級革命的有機組成部分。不過，在台灣革命更顯得敢於發動群衆和直接反對帝國主義的殖民統治，因而資產階級的革命性得到更充分的體現。

2.革命英雄們表現出英勇犧牲的革命精神和崇高的愛國主義思想

在日本暴虐的殖民統治下的台灣，從事革命活動的英雄志士，置生死於度外，視死如歸。早在1913年5月中旬，日警探聞新竹廳後壟支廳有組織革命的風聲，已開始嚴密監視可疑者的行蹤。到10月8日大湖天后宮會議洩密後，日警又發動了對全台革命黨人進行秘密檢舉。羅福星得訊後連夜召開秘密會議，提出堅定意志、加強保密爲內容的「十戒」，繼續堅持革命活動。首先被捕的吳頌賢、葉水全對大湖支廳長宣稱：「今吾願爲革命共和而死，汝欲殺則殺之」、「勿多問，速殺我」，他們被拷打至半死，「尙不自白」[131]。羅福星多次表示：「余若被捕，雖遭慘酷拷問，必至死不供敗壞大局之事」，抱定「爲革命而獻身」的決心[132]。當他獲悉自己受到缺席審判處以死刑後，以「殺頭相似風吹帽，敢在世中逞英雄」[133]的革命氣概，泰然處之，並在所撰寫的江亮能等五烈士的祭文中宣誓：「雖然今日諸君不能報日人之仇，吾願以爲（身）代君報之」[134]，他在獄中慷慨賦詩：「犧牲血肉尋常事，莫怕生平愛自由」，「大好頭顱誰取去，何須馬革裹屍回」[135]，他表示要「斃而埋屍台灣，永爲台灣紀念」，「靈魂馳回天地，護我民國」[136]。臨刑前他對法官說：「我不過行自由平等之權利耳，不論受何重刑，亦不認爲自己所行爲罪惡」。他最終「以笑迎死」[137]。其他許多志士也抱定「粉身碎骨」、「爲同胞報仇」[138]的宗旨，而從容就義。

革命英雄們爲什麼具有如此英勇犧牲的革命精神？這是愛國主義思想培育的結果。列寧指出：「愛國主義就是千百年來鞏固起來的對自己祖國的一種最深厚的感情」[139]。以羅福星爲代表的抗日英雄們，正是出於對祖國和人民的無限熱愛，而奮不顧身地爲祖國獨立自由、爲人民幸福而奮鬥。羅福星說過：「余棄故山妻子，奔走東西，是爲憂國愛民」[140]。返台後目睹「日本政府之施政甚爲殘酷，使本島人民非常痛苦，因此非起而革命不可」，「每以鼓吹本島人民勿忘祖國爲己任」[141]。他們表示要「救出台民於虎口」，「雪國家之恥，報同胞之仇」[142]，充分表現出可貴的愛國主義精神。歷史多次證明，愛國主義精神從來就是一

種巨大的精神力量。1913羅福星領導的「光復台灣」運動的歷史，就是這種愛國主義精神的一次突出表現。

關於羅福星領導光復台灣運動的史實，作者認為有不少問題有待核實和澄清。近年來台灣發表了不少有關羅福星領導台灣反日起義的論著（如羅秋昭著《羅福星傳》等），這些著作充分利用了日本保存的檔案史料，《羅福星傳》作者還遍訪了健在的當年抗日志士，提供了一些有價值的口述資料。但如何正確使用在特定條件下形成的羅福星抗日檔案資料，是一個值得注意的問題。羅福星被捕時從他身上搜出的手記、文章及在獄中所寫的詩文、口供，無疑是極為珍貴的第一手資料。姑不論有的原件現已不見，現在能看到的資料，已有出入之處。即使保存的是原件，那也是在特定條件下形成的。羅福星為了防止洩密，採取了許多措施。他告誡黨員：「即使被殺，亦不可告以實話；應酌加改編，以假亂眞」[143]。現在留下的手紀及其他文件，就是在上述「以假亂眞」的指導思想下形成的。他自己已承認：手紀係「因知被判死刑，為死後之紀念，乃稍加修飾」[144]。至於口供，同樣有眞有假，並非全部屬實。因此對上述史料需要加以考訂、核實，不能全盤引用。筆者認為至少有下列幾個問題值得研究。

1.關於羅福星與閩、粵都督及民國政府的關係問題

據羅福星被捕前的文章、日記都肯定是奉福建都督之命，赴台從事革命活動，並得到廣東都督的積極支持。黃興還先後派潘某某、陳士、王淵來台支持革命活動。有不少著作還說是奉孫中山之命來台的。但據被捕後羅的供詞卻說：「渡台目的係個人為了視察台灣的狀況，斷無企圖不軌之心」[145]。據吳頌賢自白，他曾為此事親到廣東調查，後得胡漢民答覆：「絕無此事。我中國內事未寧，焉有意動外國干戈之理」[146]？這個答覆是比較符合當時同盟會領導人的思想的。當時革命黨人的確正忙於內事，是否敢於冒與日本決裂的風險，決定正式派羅福星赴台組織起義，也是值得懷疑。台灣總督府警察本署保安課長加福豐次警視報告記錄云：羅之日記中「凡是關於中國官憲事，概屬虛構，此外則大體無誤」[147]。檢察官的調查報告也指出：「惟其記載之內容，不足信者亦復不少」。如「中國官憲之援助」，「受福建都督孫道仁之命，與同志十一名渡台，已募集

同志數千人」等，均屬不足信[148]。日方的這些判斷，也可供考訂時參考。

2.關於主盟人與十二志士問題

據羅福星自述，他與十二志士一道赴台，主盟人為劉士明。但被捕的黨員均供稱：「革命黨之首領為羅東亞（福星）」[149]。日方調查報告也肯定：「羅福星係本島陰謀事件之首魁」[150]。羅自供：「任命令等之中所以用劉士明之名者，係因於苗栗地方，僅用我名字，或恐難獲信用之故」[151]。可見起義的實際領導人應當就是羅福星本人。與羅福星一道來台的革命黨人是否確有十二人，也是一個疑問。羅被捕後聲稱，未被捕的「十一志士，將繼我志，報我仇」[152]。但沒有看到有關他們活動的可靠記載，他們也沒有留下有價值的旁證資料。日方也認為此事不可信。

3.關於發展會員的人數問題

羅福星自述至1913年底，已募會員95,631人，大陸華民為招募員入台者亦有2萬人。葉永全則供稱：「羅東亞之部下，現已有三、四十萬」[153]。這顯係誇大之詞。而從羅身上所搜出的黨員名冊僅231人（一說239人）[154]。日方認為「確有入黨證據者」，「合計二三三名」[155]。另據有人從日檔中查有確據者：羅福星發展27人，江亮能發展26人，黃光樞發展16人，黃員敬發展53人，謝德香發展37人，傅清鳳發展14人，謝阿鼎、梁芳、劉溫通、簡金山4人發展40人，總計213人（包括未被逮捕黨員在內）[156]。遍布基隆、台北、台中、新竹、桃園各地。而吳覺民系統的黨員有檔可確查者計18人[157]。看來當時所發展的革命黨人大約只有2、3百人左右。羅福星供認由他募集者總計1,500餘人，張佑也供稱「羅東亞之部下約一千人以上」[158]。這應該是包括華民會館會員及周邊組織的人數。九萬餘人云云，係故意誇大的數字[159]。

從現有資料看來，羅福里返台從事調查和組織革命力量的活動，較大可能曾得到一些大陸同志的支持、鼓勵和個別領導人的默許，但並非正式由民國政府或革命黨組織派去的。他的主要工作在發展革命力量，為日後光復台灣作準備工作。他與吳覺民並沒有組織關係，與過去陳少白發展的台灣興中會組織和後來由王兆培、翁俊明發展的台灣同盟會組織，也未見有發生組織聯繫的資料。由此看

來，羅福星的革命活動，帶有少數同盟會員自發發動的性質。

　　以上看法尚有待於證實，提出來就國內外學者參考，特別是台灣的史學研究者和《羅福星傳》作者。

(三) 辛亥革命影響下台灣人民武裝抗日的新高潮

　　1895年至1901年台灣人民七年的反日游擊鬥爭被殘酷鎮壓後，直至辛亥革命前的10年間，只有1907年11月，發生過新竹北埔蔡清琳領導的反日鬥爭，以後出現了暫時平靜、沉寂的狀態。但自1915年的4年間，卻連續爆發了九次武裝反日鬥爭：即1912年3月，劉乾領導下的林圯埔起義。同年6月，黃朝領導下的土庫起義。1913年4月，張火爐領導下的大湖反日活動。同年6月，李阿齊領導下的關帝廟反日活動。10月，沈阿榮領導下的南投起義。12月，賴來領導下的東勢角起義。1914年5月，羅臭頭領導下的六甲起義。1915年爆發了余清芳、羅俊、江定領導的規模最大的一次反日起義，即噍吧哖起義。革命軍發展到1,000餘人，殺死日人30餘人。同年7月，又爆發了回應噍吧哖起義的楊臨新莊反日活動。此外，高山族人民也參加了這個時期各地人民的反日鬥爭。所有這些鬥爭，再一次形成了武裝反對日本、收復台灣的新高潮。

　　這個時期台灣反日新高潮出現的原因是什麼？它與辛亥革命前的武裝反日鬥爭性質上有無區別？這些問題有必要加以探討。

　　辛亥革命後爆發的反日鬥爭的根本原因與過去相同，是日本殖民統治者與台灣人民這一基本矛盾的激化。而這時再次出現武裝反日新高潮，無疑是受了辛亥革命的巨大影響。

　　當台灣人民獲悉武昌起義推翻清朝統治的消息後，無不歡欣鼓舞，奔走相慶。接著從上海等地輸入有關辛亥革命的宣傳品，台胞中互相傳播：「唐山起革命了，清朝已經倒了，咱祖國沒皇帝了，是個共和國了。」說書先生也大講孫逸仙的革命故事[160]。辛亥革命在大陸的勝利，大大增強了台灣人民反壓迫、反奴役的鬥志。1912年後，黃光樞、江亮能、羅福星、吳覺民等從大陸先後赴台，直接傳播了大陸革命的消息，進行了革命的宣傳、組織活動。台灣東勢角反日鬥爭領

導人賴來與謝石金，於1912年密航大陸，滯留上海數個月，「適逢革命動亂，乃親身視察實況，懷革命思想歸來」[161]。返台後「氣魄迥異昔時，胸懷大志，以驅逐異族，光復台灣為己任」[162]，積極組織革命活動。噍吧哖起義領導人之一羅俊，1900年參加抗日，失敗後返大陸居住10多年，武昌起義後，「羅俊東望台灣，大感脾肉復生」，遂於1914年12月與許振欽、余金鳳等6人返台[163]，「招募義氣忠良之輩，共掃日本，以安人民」[164]。其他各次起義，也都不同程度地受了辛亥革命的影響，如土庫起義的領導人黃朝對戰友黃老鉗說：「祖國革命成功，推翻滿清2百餘年帝業，奠定中華民國基礎。我亦人也，豈不能驅逐日人？」[165]苗栗臨時法院關於苗栗案件的審判報告中也都承認：沈阿榮、張火爐等「有感於近時中國之革命，伺機先於台灣中部，起而暴動」[166]。日方承認起義的「遠因」，是在辛亥革命影響下，「本島民眾間，瀰漫革命思想有以致之」[167]。可見大陸革命的勝利，大大推動了台胞的反日鬥爭。

　　這個時期的反日起義，有的還直接受到羅福星、吳覺民等革命活動的影響。張火爐等「按募集黨員的多寡，分別授予十人長、百人長、千人長等職」，這與羅福星的招募方法完全相同。他們計劃先在台中起義，然後「與各地革命黨協力合作、光復台灣」[168]。李阿齊即以「現時北部台灣，抗日軍快要起事」[169]為號召，可見這些起義受到羅福星革命活動的影響，他們的行動在客觀上也是互相配合的。羅福星也很關心各地抗日革命力量，據說當他聞悉賴來領導的東勢角起義失敗，曾冒生命危險親到台中憑弔[170]。台灣日方聲稱：「中部地方之匪徒，為意欲引起本島革命之暴徒，惟與羅福星一派無聯絡」[171]，顯然有意抹殺這些起義與大陸資產階級革命活動的關係。至於台灣出版的有些著作指出，張火爐「奉羅福星之命組織革命武力，……配合全面行動」[172]，賴來起義「密受羅福星指導」[173]，認為羅福星與這些起義有直接的組織聯繫，這也缺乏足夠的史實根據。

　　羅福星領導的革命活動雖被鎮壓，但它對余清芳領導的起義也有積極的影響。據健在反日志士黃木回憶：「癸丑（1913年）同志參加乙卯（1915年）之役，發生極大作用」，有的成為余清芳起義的骨幹。[174]

　　由此可見，正是在辛亥革命的直接、間接影響下，形成了台灣人民武裝驅日

復台新高潮。

上述起義的主要鋒芒是指向日本殖民統治者，他們提出「擺脫日本人之統治」、「光復台灣」[175]、「恢復台灣」[176]、「台灣復歸中國」[177] 等口號就是明證。大湖起義的領導人之一黃炳貴的供詞說：「張火爐勸誘我之大意爲：本革命黨將與各地之革命黨協力殺戮日本人，樹立革命政府於台灣」，大湖起義參加者廖妹也供認：「革命的旨趣，在於廣募兵勇，驅逐日人，樹立革命政府於台灣」[178]。羅福星日記也有台民「翼望光復國土，同享共和，以報國仇」[179] 的紀載。當時台灣革命者目睹耳聞大陸革命後之新生氣象，大有「有志者亦若是」之概，即欲「效尤祖國」[180]。賴來、羅臭頭等起義時皆樹中華民國五色旗爲革命標幟[181]。很明顯，這個時期的起義受到資產階級民主革命的影響，提出建立革命政府的要求，它與辛亥革命前的反日鬥爭有所區別，與純粹自發的農民起義也有不同，這是值得重視的一個問題。

1912年至1915年的九次起義，由於係反日民族鬥爭，所以也有一部分商人或「富裕」階層參加，但大多數領導者和群衆都是工農勞動人民，主要是農民。以1913年張火爐、李阿齊、沈阿榮、賴來等領導的各次起義中被捕的81人的成分加以統計，其中農民35人，僱工17人，隘勇10人，巡查補1人，商人8人[182]。除少數商人外，基本上都是農民（僱工、隘勇實際也是農民）。參加余清芳領導下起義的數千革命群衆，也多數是農民。從這次起義就義的106個骨幹力量的成分看來，農87人，工4人，醫1人，商6人，其他5人，85%左右是農民[183]。這些以農民爲主體的反日起義，帶有濃厚的封建落後色彩。多數利用迷信方式進行反日宣傳、組織工作。如劉乾利用集衆宣傳佛法，插入反日言論。黃朝利用迷信力量，藉以收攬人心。起義且受天地會反滿秘密結社的影響，如余清芳本人參加鹽水港二十八宿會之秘密結社，自稱大元帥，以「大明慈悲國」名義發布告示。此外，黃朝宣言「玄天上帝勒令他，一百日後，當爲台灣國王」。羅臭頭「占得自己有帝王之分」，一旦打敗日本後「即可登極」[184]。所以，這些起義的基本性質仍屬自發的以農民爲主體的反抗鬥爭。

從上述可以看出：辛亥革命後，台灣地區以農民爲主體的「驅逐日人」、

「光復台灣」武裝鬥爭的新高潮，是在大陸資產階級革命巨大影響下促成的。而羅福星的起義，則是資產階級革命黨人直接領導的反抗運動。這與武昌起義，各省回應，各地農民也紛紛起來進行反封建鬥爭的全國總形勢是密切配合的，是辛亥革命勝利形勢的繼續擴展。這個時期勞動人民（主要是農民）已開始作為資產階級革命的同盟軍在起作用，參加羅福星領導的起義的農民，這種資產階級同盟軍的性質表現得更加明顯。這與過去單純自發的農民反抗鬥爭，已有所區別。它是在資產階級革命影響下或革命黨人直接領導下反日復台的民族解放運動，是屬於孫中山領導的國民革命的有機組織成部分。這一反日新高潮的出現及其性質上的某些新變化本身，體現了大陸資產階級革命與台灣愛國、革命鬥爭的密切關係。

在回顧這段歷史時，還應當指出辛亥革命領導者孫中山先生與台灣革命鬥爭的關係及台胞對革命導師的深切懷念。中山先生對日本統治下台灣人民的命運是十分關注的，他曾經派陳少白到台進行革命活動，1901 年又親臨台灣指揮惠州起義。辛亥革命後的 1913 年 8 月 5 日、1918 年 6 月 14 日，又兩次到過台灣。1924 年12 月離黃埔北上時又曾停泊基隆港過夜。據隨行者回憶，「這時我們的總理有一個計畫，就是到台灣，想和台灣同胞見面，發表他的意見，宣傳他的主義，喚起民族意識，鼓舞愛國精神」[185]。由於台灣總督府的多方阻撓，願望無法實現。儘管如此，中山先生生前四次過台，在台胞中卻留下了不可磨滅的印象。他在病危時，尚「念念不忘台灣同胞，關心注意台灣同胞的革命事業」[186]。孫中山逝世時，台灣同胞與全國人民一起沉痛哀悼。當時在北京的台灣同胞在輓聯中表達了悲痛心情及決心：「三百萬台灣剛醒同胞，微先生何人領導？四十年祖國未竟事業，捨我輩其誰分擔」[187]！在上海的台籍同胞於先生逝世後的第二天，在發給台灣民報的《哀悼中山先生》的通訊中表示。「中山先生雖死，中山主義絕不死；中山先生雖亡，民眾運動絕不失敗」[188]。在台北，愛國台胞衝破日本當局的種種阻撓，於 1925 年 3 月 24 日，隆重舉行了二千多人參加的追悼大會，在悼詞中號召：「中國的同胞啊！你們要堅守這位已不在了的導師的遺訓：革命還未成功，同志尚須努力啊」[189]！孫中山先生在台灣的信徒蔣渭水，在各種場合「演說孫先生之歷史及其主義」，呼籲台灣同胞「深深接納孫先生最後的呼聲：和平、奮鬥、

救中國」[190]。台灣愛國同胞對革命導師永遠懷念的同時，忠實地履行自己的誓言，幾十年來爲台灣的光復、祖國的統一，不惜流血犧牲，赴湯蹈火，前仆後繼，發揚了中華民族愛國主義和革命英雄主義的優良傳統。

林森與台灣

　　林森，原名天波，字長仁，號子超，晚年別署青芝老人。1868年2月11日（清同治七年正月十八日）[191]出生於福建省閩縣尙幹鳳港鄉（今閩侯縣祥謙鄉鳳港村）。1943年8月1日病逝於重慶國民政府主席任上，終年76歲。

　　林森早年在台灣工作多年，參加過台灣的抗日活動。1903年春組織旅滬福建學生會，開始進行一系列的革命活動。1905年加入中國同盟會，1911年勝利地領導了九江起義，接受海軍反正，促進了鎮江、福建等地的光復，對穩定武昌革命大局起了重要作用。民元擔任臨時參議院議長期間，爲保衛共和制度進行了辛勤的立法建制工作。1913年在東京加入中華革命黨，1914年赴美洲開展黨務和籌餉活動，有力地支持了討袁鬥爭。1916年回國後，又追隨孫中山南下參加護法運動，在國會內開展鬥爭，貫徹孫中山的護法主張。1918年孫中山離粵北上前曾讚揚林森：「自入興中會至今，無一事、無一役，不是篤行革命宗旨而不稍怠。」稱許他「高才飽學，謙沖爲懷，甘爲鼓吹家、實行家。此不獨個人感激得一知己，尤爲全民幸福稱慶也」[192]。這是孫中山生前對林森在舊民主革命時期所作貢獻的高度而中肯的評價。他無愧是一位「著名的老一輩民主革命家」。林森晚年堅持團結抗戰、逝世後中共中央發了「林公領導抗戰，功在國家」的唁電，重慶《新華日報》特發《爲元首逝世致哀》的社論，可謂晚節頗佳。但由於他1925年參加並主持過謝持、鄒魯主謀糾集的北京「西山會議」，因此對其積極參加辛亥革命的業績，多年來被忽視了。我們今天有必要也有條件對林森在辛亥革命前後參加愛國革命活動的歷史，加以實事求是的評述，以恢復其本來面目。

關於林森參加辛亥革命的事蹟，準備另撰專文論述。本文擬集中敘述林森早年在台灣期間的工作和活動。這一段經歷對林森以後的思想和行動都發生重要的影響。但在已出版的傳記中，關於他渡台、留台的時間及其工作，人言言殊；關於他曾參加過台灣的抗日活動，或隻字未提，或語焉不詳。現根據目前所能見到的有關資料，加以考訂、補充。

（一）渡台、留台的時間及其工作

多數傳記載林森於1884年渡台，入台北電報局工作。1965年吳相湘所撰傳記，對林森早年的學習和活動情況介紹較爲詳細。吳文指出：林森1881年考入鶴齡英華書院，肄業3年，1884年冬，渡海赴台任職台北電報局[193]。近年大陸出版的《民國人物傳》林森傳則稱：「1881年入鶴齡英華書院讀書，1884年學業結束後離開福州，赴台北電報局工作」[194]。徐大笛記述林森10歲入英華書院肄業，18歲畢業，爲首屆畢業高材生，派到台北電報局工作[195]。按作者持林森1867年出生之說，10歲係1876年，18歲係1884年。也有個別傳記稱，1885年英華畢業後赴台工作的[196]。但林森侄女林湘（係林森三弟爲貞女，貞子京過繼林森爲嗣子）所撰論文則提出不同看法。文稱：林森1876年入培元學校學習，1882年升入英華書院，1890年完成學業後，前往台灣考入電報學堂，翌年入台北電報局任職[197]。1957年石映泉發表於《海外文庫》的《林森》傳，與1958年出版的《林主席家書》一書所收張其昀撰寫的林森的傳記，均稱林森23歲在英華書院畢業後，往台北電報局任職[198]。兩位作者也都主張林森1867年出生，23歲則係1889年，渡台時間比林湘所記早1年。最近出版的林森《年譜》載：1881年「入鶴齡英華書院肄業」，1989年「英華書院畢業，……冬，往台灣，考入電報學堂，乃巡撫劉銘傳推行新政，特予創設，員額10名，係技術訓練」[199]。內容採用林湘文章，也把時間提前1年。

從前引有關傳記資料可以看出，關於林森渡台的時間主要有1884年（1885年）與1890年（1889年）兩種不同意見，但時間相差五、六之久，並有赴台參加工作與赴台進校學習的差異，孰是孰非？須加考證。個人意見，兩說皆有疑竇：前說

林森1881年升入英華，1884年畢業後渡台，查鶴齡英華書院係1881年由美以美教會教士麥鏗利提倡設立，福州巨商張鶴齡捐1萬元故名。學制8年，1884年第一屆學生尚未畢業。至說林森10歲（1876年）入英華，則當時英華尚未創辦。所記均與事實不符。這是疑點之一。退一步說，林森在英華肄業，於1884年未畢業即渡台工作，但此時台北電報局亦尚未成立。在此之前，1874年沈葆楨督辦台防時，雖曾準備在台北設立電報局，但沒有成功。1877年丁日昌任閩撫時，又舊事重提，但僅在台南府治附近架設陸路電線95公里，並未在台北架設電線。直到中法戰爭結束，1885年詔准台灣建省後的第二年——1886年，劉銘傳才正式在台北設立電報總局，任張維卿爲總辦，並命李彤恩與外國有關公司交涉架設事務。海底電線與島內南北陸路電線，於1887年至1888年才先後竣工，這時又在全省增設台北、基隆、滬尾、彰化、澎湖等處電報分局[200]。據此，林森於1884年已在台北電報局任職，似非事實。這是疑點之二。至於後說，林森於1882年升入英華，1890年畢業後考入台灣電報學堂，亦有可疑之處。查劉銘傳爲了培養專門人才，確於1890年在台北大稻埕建昌街電報總局內設立電報學堂一所，第一期招生10名，對象是台灣西學堂畢業生以及福建船政局的電信生，培養目標是司報手和製器手。據此，英華書院畢業的林森，似乎不符合該學堂的招生條件。多數傳記記載林森係1881年考入英華的第一屆學生，林湘認爲係1882年升入英華，不知有無確據。至《年譜》所記1881年升入英華，修習8年，1889年畢業後考入台灣電報學堂，是年該學堂尚未創辦，亦與事實有出入。

近閱林森好友蔡人奇所著《藤山志》一書，在林森傳略中有這樣一段記載：「公年十六」肄業於倉前山英華書院，越二年，台灣巡撫劉銘傳創立中西學堂，派員來榕招生，公投考錄取，遂渡台，肄習電科，三年畢業，委派台南電報局服務[201]。「按蔡主林森係」民國前四十四年歲次戊辰正月十八日生，16歲係1883年，越二年，係1885年，此時台灣西學堂尚未成立，記是年林森投考該學堂，時間疑有誤。而《藤山志》所記林森渡台原委，言之確鑿，似可信。但劉銘傳係於光緒十三年三月間（1887年3、4月間），創辦西學堂一所於大稻埕六館街，聘張爾誠爲總監。據劉銘傳奏摺稱：「先後甄錄年輕質美之士二十餘人，延訂英國人

布茂林爲教習，……計自光緒十三年三月起，迄今已逾一年，規模初立。……擬漸進以圖算、測量、製造之學，冀各學生砥礪研磨，日臻有用。」[202] 據此，林森應係在榕考取台灣西學堂（該校聘有漢教習2人，於西學余閑，兼課中國經史文字。劉銘傳所謂「既使內外通貫，亦以嫻其禮法，不致盡蹈外洋習氣，致墜偏詖」。《藤山志》稱爲中西學堂，亦甚確切）後，於1887年春渡台肄業，1890年畢業。《藤山志》記畢業後委派台南電報局服務一節，待考。個人意見，傾向林湘所記，林森於1890年在西學堂畢業後，又考入當地（大稻埕）當年新設立的電報學堂，訓練1年後，分派台北電報總局工作。這樣看來，林森並未念完8年制的英華書院即離校。按多數記載，他係英華第一屆學生，從1881年入學至1887年離校，已念了整整6年，學業已告一段落。關於林森離開英華的原因，另有一種說法：「因爲宣傳反清，未畢業就被美籍學監開除了。[203]」附此供參考。

當時榕台之間海上交通尙稱便利，林森於1887年渡台後，學習期間的假期、畢業時完婚、工作後的省親、探病等原因，曾數度回榕短期逗留後即返台。直到1895年台灣割讓給日本，才離開電報局內渡回閩。多數傳記載，割讓台灣之時即離台。按《馬關條約》訂立於4月，6月2日割台大使李經方與日本總督樺山資紀訂立交接台灣文據，3日日軍開始侵占基隆。據此說，林森應係1895年5、6月間離開台灣。另有一種說法，如張其昀、石映泉所撰傳記載，割台時，林森「聯絡台灣志士抗戰日軍，積勞成疾，乃內渡」。劉通亦記，林森圖謀抗日，事洩，「緝捕甚急，避匿閩南商人倪耿如家中，後化裝乘輪逃往上海。[204]」據此，林森於反割台鬥爭開始後一段時間，即6月以後才開始離台。另據《藤山志》記載，林森與同學陳治安等參加彰化八卦山保衛戰，失敗後「幸脫險避於友人倪耿如家，乘夜渡帆船沿海邊回閩」。八卦山戰役發生於8月底，據此，林森應係9月初離台回閩。個人認爲此說較爲可信。林森於1887年春首次渡台，1895年9月離台，在台學習、工作前後達9年之久。

關於林森1898年第二次渡台，渡台的具體時間有春、夏、秋三種不同說法；渡台原因亦有「策劃重光」與「因清廷追捕甚急，……逃亡來台」的分歧。居留地點有的記先到台北，後到嘉義；有的記先到嘉義，後到台北；有的記先到台

北，後到嘉義，再回台北等數說。留台時間有1年半、1年、不到1年的差異。多數認為1899年離台回閩，少數認為於1900年春離台。由於分歧不是很大，不準備詳加考訂。1947年嘉義建有青芝亭，亭前立有《林故主席子超先生任職紀念碑》，亭上懸有名人匾額十多面，也算是林森再次渡台的物證。但碑、匾文中所記1898年春渡台，翌年（1899年）春應總理召返國[205]，所記渡台、離台時間似不可信。關於渡台時間個人傾向高拜石所記「戊戌秋間」渡台，「在嘉義半年多」[206]。渡台主要原因，同意林森在台北的好友張少湘後人所提供的資料，由於逃捕避台，先在台北住了三個多月[207]，後到嘉義任職。但到台後「見當時日人勢力尚薄，人心思漢，林有意聯絡同志，策劃重光」[208]。近日看到去年8月最新刊印的林森傳記，內載「戊戌政變時，林森為避『亂黨』之禍，與族人林澤人（雨時）同赴台北」[209]，也說明林森於1898年春渡台之說，值得商榷。戊戌政變發生於9月21日（八月初六日），個人同意林森於1898年9月再次渡台，在台北友人張少湘所開的留芳照相館（現改為慶芳行）住了3個多月，並在台南地方法院嘉義支部任通譯半年多，於1899年夏天回閩。張少湘孫子本清說，林離台時由於祖父設計化裝，並陪送到基隆上船。《年譜》引連震東文稱：林森在嘉義工作期間，結識麻豆林志圖，時相往來，林回閩缺川資，由志圖贈銀50元（林森只收30元），送至布袋嘴（今布袋鎮）上船離開[210]。是從嘉義直接回閩，抑從台北換船離台，未加說明，附此供參考。

綜上所述，林森1887年春首次渡台，1895年秋內渡，1898年秋再次渡台，1899年夏離台，在台學習、工作時間，前後共11年。

（二）參加台灣的抗日活動

關於林森在台工作期間曾參加過抗日鬥爭，無論大陸或台灣所發表的林森新舊傳記，或隻字未提，或僅提「聯絡志士，共謀抗日」一句，缺乏具體內容。現根據見到的資料，加以考訂、補充。

1895年根據中日簽訂的《馬關條約》，把台灣割讓給日本，全台民心激昂，群起抗爭。時台灣民眾向清廷的抗議電文，多經台北電報局發出，林森處身其

間，尤爲痛心。在台灣人民轟轟烈烈的反割台鬥爭的影響下，林森曾先後兩次在台進行抗日活動。據林森好友蔡人奇所編《藤山志》記載：

「民前十八年甲午中日戰爭，遜清割台議和，公憤甚。集合同學陳治安等六人，依科學製造地雷，組成地雷隊，隸於劉永福元帥彭桂森將軍營中，扼守彰化之八卦山，抗敵三載有奇。日寇爲地雷所炸斃者，不計其數。彰化爲台南北之孔道，八卦山之背，彭將軍所領軍隊僅五百人，皆久戰沙場之士，見山前有敵，下山禦之，而敵人又爲地雷所炸，正在追奔逐北，而敵人已由山背登山，山頭被占，彭將軍腹背受敵，全軍覆沒。彭殉國，陳治安亦戰死，公幸脫險，避於友人倪耿如家，乘夜渡帆船沿海邊回閩。」[211]

林森編輯的《閩警》一書，談到福建人民有民族氣節和犧牲精神時，也提到地雷隊在台抗日事蹟：

「閩人李治安，在台灣電報學堂肄業，當政府割讓台地與日人時，台人起而自立。李善地雷術，上條陳於劉將軍永福，劉命其帶營布設地雷，日人死者無算。未幾，李爲流彈所中，遂被害。」[212]

林係參加者，蔡係耳聞，陳治安應係李治安之誤。林述李治安「未幾」中彈犧牲，蔡記「抗敵三載有奇」，疑誤。林森、李治安等人在台抗日事蹟，他書未見記載，但當時台灣確有旱雷營參加反割台鬥爭的記載。據《讓台記》記述：光緒二十一年閏五月二十七日（1895年7月19日），劉永福遣黑旗軍統領吳彭年「帶屯兵營、旱雷營、七星隊」到彰化。又記七月初八日（8月27日），「果有旱雷營及七星隊全隊共四營繼至，有旱雷大炮由鹿港上岸，派韓煥英解之」[213]。8月28日，日軍統帥北白川能久親王率近衛師團攻彰化，大戰於八卦山，破之，吳彭年、吳湯興皆壯烈犧牲。連橫《台灣通史》亦記，在八卦山保衛戰中，有「旱雷兵二百自南至，欲布雷於大肚溪畔，而旱雷由海運鹿港，越兩日始至，而城已失矣」[214]。八卦山戰役黑旗軍統領是吳彭年，義軍統領是吳湯興、徐驤，前文所記

彭桂森其人，疑指吳彭年，吳係寓居廣東的浙江餘姚人，1904年林森編《閩警》時，可能因避諱而化名彭桂森。徐驤自彰化脫險後，又與日軍決戰於嘉義城郊，並與黑旗軍七星隊統領王德標決計用地雷消滅敵人。王德標自彰化退嘉義後，「預料敵將躡至，沿途各隘埋下地雷大炮，既越日，令羸卒呼噪退，敵大隊逐之，即誘入地雷道，各處火線並發，敵出不意，轟及千人，死數百人，能久親王受重傷。義軍林義成、民團林崑岡前後襲之，於是日軍大敗退」[215]。可見彰化、嘉義保衛戰中，確有地雷隊參戰，且斃敵數百人。這肯定與地雷隊的組織者林森、李治安有關，蔡人奇所記林森、李治安組織地雷隊參加抗日鬥爭的事實應是可信的。但日軍於6月下旬南下，8月底陷彰化，10月陷嘉義，至11月日本台灣總督宣布「全台平定」。所記「抗敵三載有奇」。「三載」疑係「三月」之誤。日軍南下2個多月彰化八卦山即失守，李治安此時疑未殉國，並參加了嘉義城郊的地雷戰，否則所記日軍被地雷炸死「不計其數」，難以理解，因八卦山戰役，地雷隊並沒有發揮多大作用，戰果甚微。

　　林森於1895年秋內渡回閩後，繼續奔走各地，聯絡有志之士，並於1898年秋再次至台。據高拜石、徐大笛等所撰傳記稱：戊戌秋間，林森又來台北，居大稻埕張少湘家，與各地抗日志士，互通聲氣，策劃重光。因日本刑警偵查奇嚴，乃轉任嘉義法院，屈就通譯以為掩護。台胞因案受訊，先生傳譯時，無不曲為庇護。另據翁俊明回憶：林森「雖在日人統治下服務，但對台胞關懷倍切，力倡法制應因人因地制宜，對當日束縛台胞的暴法，深表憤慨。後台灣總督府設舊慣調查局，他亦是被諮詢者之一，極力倡保存習慣法，惟不久他就歸返國內了」[216]。1943年林森治喪委員會所發表的《事略》中也提到：「清政不綱，志切興革，憤滿酋奴視漢人，割棄台灣，乃渡台謀獨立。事洩，倭寇捕之急，匿友人倪（耿）如家，喬裝逃滬，得免於難。」[217]

　　有的傳記記載，林森此次與族人林澤人（雨時）同赴台北，「正式加入興中會，並協助楊心如籌組台灣分會」，回閩後又「與林澤人、馮超驤、林述慶等人著手籌組興中會福建分會」[218]。據記載，台灣興中會分會係1897年底在陳少白的積極幫助下成立。1898年夏天，陳少白又再次到台灣進行革命活動半年多。戊戌政

變後六君子殉難，少白與台灣興中會員發起了追悼會，反對清廷鎮壓維新運動。1899年章太炎避居台灣，充《台北日報》記者，「高唱排滿」[219]。未知林森此時與這些革命志士有否來往，是否加入興中會，因未見確據，待考。

（三）在台經歷對林森思想和行動的影響

林森在台10餘年，並兩次參加台灣的抗日活動，這一段經歷，對林森以後的思想和行動都產生了很大的影響。他是從參加反對日本霸占台灣的反割台鬥爭，走上反滿反清的革命道路的，在以後的革命活動中，曾吸取了台灣經歷的有益養分。

1.從反對日本占領台灣走上反對日本等列強併吞福建和瓜分中國的鬥爭

林森早年開始讀經，並接受多年新式教育。據記載，「尤好晚明亭林、船山、梨洲之說，廓然有民族民權之思」[220]，且「自幼以其鄉賢黃道周先生為立身處世的規範，故能矢志革命，復興民族，為其畢生事業」[221]。林森早年所培育和蘊存的愛國民族思想，在日本強占台灣、台民「罷市聚哭，群情洶洶，不肯附倭」[222]的環境中，遂激化為反割台的實際行動。失敗回閩後，繼續進行反對日本等列強侵略福建、企圖瓜分中國的鬥爭。台灣的經歷，使他對日本的侵略野心特別敏感，認為台灣、澎湖等地「割讓於列強，中國大陸之外圈，已為第一次有形之瓜分」[223]。1898年4月，「滿政府與日人訂立福建不得讓與他人之條約（引者按：指日本欽差全權大臣矢野與中國總理各國事務衙門互換照會），公與各同志調查日本在閩之舉動，編輯《閩警》一書，警告同胞。是書大旨，半為革除滿清之腐敗，半為揭發日人之野心。」據記載：「書成，日本台灣總督兒玉見之愕然曰，日人秘密圖華，盡被閩警揭出，不可謂中國無人云。」[224]《閩警》揭露日本占領台灣後進一步侵略福建的野心：「甲午中日戰爭之結果，立馬關條約，第四條（引者按：指第六款第四項）中，有日本臣民於中國內地無稅之語。迨至戊戌，又訂福建不讓他人之約，日人遂視福建為囊中物。以為其光線，既射琉球，而達台灣，直可由台灣而入廈門，席捲福建全省」。並舉日本報刊公開鼓吹在福建勢力範圍內，要索「布築鐵路權」、「發掘礦山權」。林森認為，「其路、礦二權之廣

布,實爲無形瓜分之定點」。

林森大聲疾呼福建當時的危險處境:「雖然,中國固危,而環顧十八省中,最危而先亡者,莫若福建」。這是由於日本對福建經營,「匪伊朝夕」。列舉「割據台澎,撤福建之藩籬;開放鼓浪嶼,鎖福建之門戶;設郵船會社,攘奪福建之航利;立東瀛會館,收拾福建之人心。」加上法國「眈眈其目,狙伺其旁,一躍而攫三府之礦產,擇肥而噬。」結論是「福建之亡,可立而待」,「不亡於日,必亡於法」。認爲「台灣之前車可鑑,願我福建毋蹈其覆轍也」。編輯《閩警》的目的,爲了「警告同胞」,「俾知他人之謀我者如是,我政府之甘心讓人者亦復如是,庶幾我福建人奮然而興,恢復已失之權利,而保未失之權利,以永保此產衣食、養子孫之土地,而共享升平也。」主張「民族主義之行,在乎國土之保存,國權之保持擴張,而後有以自立」。「所望近日有志之士,勿徒空談民族主義,而實行其保土主義,小而一邑,大而全省,再大而全國,務使其自治圖存之精神之方略,日有進步。」林森在1905年前後,曾積極組織、推動福建的救亡圖存鬥爭,就是把前述思想言論轉化爲實際的行動,從反對日本占領台灣,走上反對列強瓜分福建、瓜分中國的鬥爭。

2.從反對清廷割讓台灣走上反滿反清的革命道路

林森對清政府對外妥協屈服,割讓台灣深爲不滿,進而對地方官吏畏外媚外,出賣主權也十分痛恨。他譴責清政府割讓台澎等中國土地和港口時說,「清政府之於漢土,原爲儻來之物,棄之何傷!」已具有反滿思想。評論福建地方官吏出讓上游三府礦權時說:「是時閩省各官,憒憒昏昏,視外國人如帝如天,若惟恐稍拂其意者,慨然以上游邵武、建寧、汀州三府之礦產許之。」斥責「福建之官吏,率皆昏憒,行政之方,畏外媚外,以及吸民脂民膏之外無能事」。因此主張「我國民性命財產所寄存之土地,何能任人攫之奪之乎?則於保全黃帝神明華冑所流傳之公產物,其責是在我國民」,提倡「我福建人其思之,曷不去其倚賴政府之心,以謀自衛護自保全」。台灣同胞在被清廷遺棄面臨危亡之際,挺身自衛自立的行動,對林森起了啓發作用。

林森認爲,既然「官吏無識,輒受外人恫喝,所以今日送礦,明日送路,倘

不干涉之，吾恐不數年間，我國民無立足地矣」。所以他主張挽救危亡，「宜組織政黨，凡政治上有礙民生者，當干涉之」。但林森考慮到當時「我國風氣未開，猝然告以組織民黨，彼必掩耳而走」，所以於1903年春在上海提倡組織旅滬福建學生會，「藉以聯絡海內外學生，與全國有志之士通聲氣者。」學生會「表面為徵求同志，挽回福建權利之集合，而實則革命同志集會及辦事之機關。[225]」1905年中國同盟會成立，林森「且率全體會員以入同盟會」[226]，接受了資產階級民主革命的綱領，在孫中山領導下進行推翻清廷、建立民國的資產階級革命活動，從反對清廷割讓台灣走上反滿反清的革命道路。

3.痛恨漢奸賣國、提倡發揚民族氣節以挽救民族危機

當林森看到「日本之割台灣，德政之碑，遍署紳士之名」時，歎「嗚呼痛哉，我中國人之無愛國心也」。對日軍占領台灣時，開城迎敵之漢奸十分痛恨。並舉日軍攻彰化時，有舉人陳某「開門延敵，舍敵兵於其家，大犒師」，至「夜半，劉大帥之軍突至，圍陳某家，日人怒，盡屠陳家人七十餘口」，說明當漢奸沒有好下場。提倡「願我國民，勿為張宏範，奉漢土以獻胡人；勿為吳三桂，藉滿兵以鋤漢族。雖一時功名赫赫，而遺臭奚止萬年」。因而對「盜賣福建礦產」的「漢奸」，「私繪福建地圖」之「嚮導」，為虎作倀，「苟可得錙銖之末利，即賣盡全省之土地之權利以謀之所弗辭」之徒，更深惡痛絕，「語言及此，吾惟髮豎，目惟皆裂，吾安禁不拔劍怒目」。「將若輩屠盡殺盡，投之汪洋，一洗恥辱」。

但林森在台灣人民反割台鬥爭中，也看到中國人民具有「為民族之戰，犧牲其身」的民族氣節，指出「如李治安、簡太獅諸輩，奮不顧死」，具有「凜然之氣節」。在《閩警》一書中，列舉李治安組織地雷隊抗日事蹟外，也介紹簡大獅的抗日事蹟說：「又有簡大獅者，率其同志千餘人，與日人戰，日人窘。後簡以勢孤，遁歸閩省，日人責閩官獻簡，簡之鄉黨鄉里為官所捕，簡不忍其無辜受戮，遂自首，與閩官約，當殺死以屍與之。閩官生致之，竟為日人澆以火油焚死」。從這裡林森看出了中國存在有希望。他說：「今日者，存亡之機，間不容髮，我福建人具此氣節，資此形勢，奮然而興，吾之土地，吾自治之，吾之生產，吾自殖之，順勢利導，吾閩之興，易如反掌。捨是不為，而猶行屍走肉，不痛不癢，吾

恐錦繡河山，將為他人殖民之民，神明女士，將為他人注籍之奴。我祖我宗，魂魄有靈，當飲泣於地下矣。我福建人毋自棄，毋自棄。」

林森認為，當時列強「慣用之手段」，是利用中國官吏來奴役中國人民，鎮壓敢於反抗的民眾。但當林森看到1902年日人利用閩官派員鎮壓反對強占萬壽橋右岸碼頭的鄉民時，「慣用手段」居然失靈。「數鄉之人，一見賣國者至，大動公憤，合數十人操仗逐之，該委員狼狽而逃，事遂中止」。林森對這次鄉民的反侵略、反賣國的鬥爭大加讚揚：「壯哉我福建人，能自保存其產物。吾願我福建人擴充此心，以保存我福建，更擴充此心，以保存我中國。」他已認識到，依靠喚醒的民眾，是挽救民族危機、保全中國的重要力量。林森不像有些興中會、同盟會員那樣，放棄對挽回權利的群眾愛國鬥爭的領導，而能適應民族危機嚴重的形勢，在1905年前後組織福建學生會會員積極開展群眾性的愛國鬥爭，如1905-1906年領導了廢除上游三府開礦合同的運動，1905年反對清政府「割閩易遼」的鬥爭。是時，「凡省市於外交事件發生，勢將損失利權，及玷辱國體者，皆由斯會出為力爭，其獲免失敗者，不知凡幾」[227]。通過這些鬥爭，提高了群眾對列強侵略與清政府賣國的認識，激發了他們的愛國熱情，並提高其覺悟水平，有利於革命運動的開展。林森善於把愛國運動與資產階級革命有機地結合起來。林森的這些特點，與他首先從反割台鬥爭走上反清革命道路的經歷是有聯繫的。

林森始終沒有忘記在台經歷對其思想、行動所發生的多方面影響，他也始終沒有忘記在台灣的一批友人，有的經常保持通訊聯繫，藉以瞭解台灣的情況。如與台北張少湘的往來函件及照片等資料很多，據張氏後人說，曾封藏一木箱，至1941年被日人「搜索焚毀」。林在闊別二十年後的一封信中說：「隔別廿稔，懷念時縈，……回憶昔時聚首高砂，殊蒙優待，厚情高誼，銘感不忘」[228]。林森出任國民政府主席後，曾邀請張少湘回國從政，未果。1933年少湘病逝於台北，林親書輓聯吊唁。林森與麻豆的好友林志圖也經常保持聯繫，1922年林任福建省長後，曾邀請志圖來閩晤談，亦因故未果。林任國府主席後，志圖曾先後攜次子士賢、四子象賢晉謁，經林森介紹入暨南大學附中學習，並負擔他們的學雜費。士賢畢業後留大陸工作，至台灣光復後始回台[229]。林森也一向關心台灣的命運，曾

發展台灣的林薇閣、蔡法平爲福建學生會會員，並推舉他們爲調查員，以後集體加入同盟會。薇閣不但對學生會的活動經費多有贊助，1911年廣州大舉，經林森建議，薇閣慨捐日幣三千元，爲同盟會十四支部的同志「作旅費和購械之用」[230]。翁俊明也回憶說：林森當時「很歡迎台灣知識分子入會，對有爲青年尤多幫助和鼓勵，視台灣與福建是不可分的」。其故鄉東望，遙對著可愛的台灣島，「故林公視之如第二故鄉」。又說：「民國十三年間，他再赴台灣」，並專誠到台南開山宮憑弔鄭成功遺蹟，「念及民族興亡，不勝今昔之慨」。1933年春，國民黨爲了適應抗戰勝利新形勢的需要，決定成立國民黨直屬台灣黨部於福建漳洲，林森「亦助力以觀厥成」，並薦丘逢甲之子念台「加入工作」。「由上數事觀之，已可知林公關懷台灣備至」[231]。1943年5月，林森在重慶遭車禍後中風，「六月稍有好轉，囑日後收復台灣問題」[232]。臨終前仍關懷台灣早日擺脫日本的殖民統治，回歸祖國懷抱。

抗日戰爭與台灣光復

（一）台胞在大陸參加抗戰復台活動

　　台灣人民經過多年的反日本殖民統治的鬥爭，認識台灣的命運與祖國攸關。1925年當台灣新青年社在廈門成立時，曾出版《台灣新青年》，在其宣言中指出：「我們自救的方法：若要救台灣，非先從救祖國（中國）著手不可，欲致力台灣革命運動，必先致力於中國革命之成功，待中國強大時，台灣才有恢復之日，待中國有勢力時，台人才能脫離日本強盜的束縛……」[233]。當時回大陸的留學生及台胞曾先後組織革命團體，參加祖國的反帝鬥爭，同時支持台灣的民族運動。1931年「九·一八」事變後，台灣的民族運動團體多被日方檢舉、鎮壓而瓦解，回大陸參加反日鬥爭的台胞日益增多。如1932年台籍青年劉邦漢聯絡不滿日本殖民統

治而密渡廣州的林雲連、余文興等組織台灣民主黨，在組織大綱中提出：「本黨以台灣四百萬漢民族同胞爲基礎，聯合內外被壓迫民族，實行民族鬥爭之革命手段」，以達成「推翻異民族日本帝國主義者統治，以建設台灣民族之民主國爲目的」[234]。1937年盧溝橋事變爆發，對日全面抗戰開始，台灣愛國志士咸認爲是實現台灣光復的良機，紛紛參加抗日行列，與大陸同胞並肩作戰。1938年9月，台灣革命領袖李友邦（肇基）修改1924年在廣州所組織的台灣獨立革命黨的黨章，修正後的黨的宗旨是：「爲團結台灣民族，驅逐日本帝國主義者在台灣一切勢力；在國家關係上，脫離其統治，而返歸祖國，以共同建立三民主義之新國家」[235]。1940年5月在《台灣先鋒》的一篇文章中提出「爲要求得台灣解放，歸返祖國，共同建立新三民主義的國家，台灣獨立革命黨便組織台灣義勇隊，參加祖國抗戰」[236]。1938年冬李友邦以台灣獨立革命黨名義提出組織台灣義勇隊，確定以「保衛祖國，收復台灣」爲其鬥爭目標。而具體工作分二方面：「一、派黨員回台，與在台黨員共同建立革命基礎，以便隨時發動暴動，牽制日寇，使之不能侵略祖國；二、號召在華同胞參加祖國抗戰」[237]。在浙閩兩省政府及各界的積極支持下，經國民政府軍事委員會政治部口頭表示「原則上同意」後，1939年2月台灣義勇隊在金華開始公開活動，一面對隊員進行訓練，一面開展對敵政治工作、醫療工作、生產工作、宣傳教育工作。同時組織台灣少年團，亦一面學習，一面開展宣傳慰勞等活動。翌年經國民政府軍事委員會政治部批准，李友邦爲少將隊長，1940年秋，隊員已發展160人左右。1942年10月奉命遷閩，在龍岩設立指揮部，1945年全隊達380多人。台灣義勇隊於1942年6月-7月間，策劃並參加在淪陷區廈門發動了三次突襲，6月17日對日軍所設興亞院投擲數百枚炸彈，在全市散發反日傳單；6月30日突擊虎頭山日海軍油庫，彈落之處隨之起火，致日軍蒙受損失；7月1日對紀念廈門僞市政府成立三周年的會場投下數十枚手榴彈，斃傷敵僞數十名，「這是台灣人對日本人的武力攻擊」，「在心戰的效果上，影響極大」[238]。

台灣義勇隊於1940年在金華創刊《台灣先鋒》月刊，1943年1月在龍岩創刊《台灣青年》旬刊（後改爲周刊），並出版《台灣革命叢書》，出版《日本在台灣之

殖民政策》、《台灣革命運動》及《台灣土地問題》、《台灣民族解放運動史》等
多種著作。通過期刊、著作宣傳義勇隊、少年團的抗戰活動，宣傳台灣的革命理
論及革命運動等，爲統一認識、加強團結、提高鬥志起了積極的作用。「台灣義
勇隊是抗日戰鬥席列中唯一由台灣人組織而以台灣爲號召的武裝力量，因此，它
可被視爲是台籍同胞參加祖國抗戰的代表，也是台灣同胞擁護並支持祖國抗戰的
象徵」[239]。

　　抗戰初期在華南地區活動的台灣抗日團體，除台灣獨立革命黨外，尚有台灣
民族革命總同盟、台灣青年革命黨、台灣國民革命黨、台灣革命黨等組織。抗日
戰爭時期還有一批愛國台胞直接參加國共各個戰場的抗戰活動，也有被徵調到大
陸戰場的台胞乘機起義，投入祖國抗日行列，如海南島一地起義的台胞即達290
人[240]。

　　1940年3月，台灣獨立革命黨、台灣民族革命總同盟，「爲集中力量，加緊
推動台灣革命運動，回應祖國抗戰」，在重慶組成台灣革命團體聯合會，在宣言中
表示「誓願精誠團結，群策群力，爲促成祖國抗戰勝利、台胞自由解放而攜手奮
鬥」[241]。至1941年2月，又聯合台灣青年革命黨、台灣國民革命黨、台灣革命黨
等團體在重慶成立台灣革命同盟會，確定「以集中一切台灣革命力量，打倒日本
帝國主義，光復台灣」爲宗旨[242]。在閩南和浙江分設南方、北方兩個執行部。
1942年召開第2屆大會時，決定取消南、北執行部，改設各地分會，在所發表的
宣言中指出：「血的經驗告訴我們：祖國革命不成功，台灣將無以光復。是以有
志之士皆相率返歸祖國」。再次重申「我們革命的目標在於推翻日寇統治，復歸祖
國」。宣言末強調「台灣革命工作千頭萬緒，歸結於光復一點」，爲此會議專門討
論了「光復大計，修正工作綱領，以促進光復與運動」[243]。至1944年底，該會已
設立地區分會或直屬區分會8個，會員500多人，其中福建占60%以上[244]。爲了
促使國人重視台灣問題，進而矢志收復台灣，也爲了號召居留大陸的台胞踴躍參
加抗日復台行列，革命同盟會聯合重慶17個文化團體，定於1942年4月5日爲
「台灣日」，舉行「復台宣傳大會」，參加者1,000多人，得到各界的積極支持。重
慶各報均刊出《台灣光復專刊》，福建中央日報亦於6月17日刊出《台灣光復運動

紀念特刊》，革命同盟會出版《台灣問題言論集》，編纂《台灣問題叢書》，創刊《新台灣》，在1942-1943年掀起抗日復台的高潮，並對當時美國輿論界所鼓吹的「國際共管台灣」謬論加以批駁。重慶大公報1943年1月1日社論嚴正指出：「台灣是中國的老淪陷區，……戰後中國一定要收復這塊土地」[245]。

在日本殖民統治下，台灣志士根據民族自決原則，要求獨立，脫離日本的殖民統治。李友邦在1940年4月發表的《台灣要獨立也要歸還祖國》一文對此作了正確的闡述。根據台灣是中國的一省，1895年淪爲日本殖民地的事實指出：「這樣的事實造成了台灣革命的複雜性，第一，他必須以台灣作爲日本帝國主義者的殖民地而向他爭取獨立，第二，他又須以台灣作爲中國之一部分，而且適應著全民的要求要歸返祖國」[246]。由台灣義勇隊首先提出「保衛祖國，收復台灣」的口號作爲其鬥爭目標[247]。自1941年12月9日中國正式對日宣戰，取消與日本簽訂的一切不平等條約後，台灣成爲中國的一個老淪陷區，戰後必須收復。經過革命同盟會1942年後所進行的抗日復台的宣傳，光復台灣已成爲多數人的共識，並提出復省、建軍等收復台灣的具體建議。1944年6月17日李友邦在龍岩出版的《台灣青年》第60號上撰文指出：「台灣革命的內容，必然隨著世機國運急劇的轉變，將由『保衛祖國，收復台灣』而進入『建設台灣，保衛祖國』的階段，……隨著勝利的接近，我們的革命任務即將以『建設台灣』爲『保衛祖國』的方式，以『保衛祖國』爲『建設台灣』之內容。前者的目的在脫離日寇的統治，回歸祖國；後者的目的則以建立國防的基地，拱衛祖國的安全」[248]。

（二）島內民眾開展反戰抗日鬥爭

日本長期把台灣作爲侵略華南、南洋的「南進基地」，加以積極經營。1931年「九‧一八」事變後，更強調台灣是「日本帝國之國防第一線」，擴張軍事基地，增建機場和軍港，擴充軍火和物資儲備。1937年「七‧七」事變後，更強迫台灣青年服勞役和兵役，自1937年7月至10月，台灣民眾被驅至大陸戰場者已達3萬多人，1941年太平洋戰爭爆發後，企圖實現「台灣兵營化」，從實行志願兵制到實行徵兵制，先後被徵調到南洋及中國等地戰場者達30萬人以上。同時，組織

「皇民奉公會」，實行「戰時體制」，加強對台灣人民的奴役和剝削，繼續激起台灣民眾的反戰抗日鬥爭。

1938年3月，高斐反對抽調台胞到大陸作戰，領導應調礦工數千名在宜蘭暴動，進攻日軍司令部，焚毀火藥庫，激戰數小時後，攜帶劫奪來的大量軍火，退入阿里山，與先住民聯合開展抗日游擊戰爭。

同年夏，台共領導抗日志士炸毀日久留米儲油庫，守衛日兵死亡10多人，傷60多人，焚毀平時可供六年之用的汽油，給予日人重大打擊。

同年，樺社一郎兄弟領導霧社先住民，反對日人徵調壯丁而舉行反日暴動 [249]。

同年10月8日、11日，在六甲、高雄等處曾先後發生襲擊日警數十名之反戰暴動，台胞被殺200餘人，被捕四五百人。

1939年3月13日，被徵調農民1,000餘人，在高雄兵站舉行反戰暴動，與日憲兵互擊半日，失敗後600多人被害。14日，台北也發生反戰暴動。

同年10月10日，被徵調壯丁300名，準備開往大陸戰場，在基隆集中時舉行反戰暴動，殺死日軍145名後退入山中 [250]。1940年冬，台南縣東石朴子小學教員李欽明有「驅除倭奴重振神州之志」，秘密聯絡抗日志士50多人，於1941年4月成立「台灣民族主義青年團」，「響應大陸抗戰」。準備「華軍一旦攻台，競先內應」。5月事洩，被捕近百人，李欽明、黃捆等被判徒刑12年至8年。

1942年春，日人以歐清石、郭國基、吳海水等人「密謀以高雄及東港為基地，策應聯合國軍隊先襲取台灣，進而向中國大陸登陸，以驅除在華日軍」的罪名，被捕400多人，被嚴刑杖斃數人，餘被判處5年以上至無期徒刑。

1943年，瑞芳煤礦主李建興以「通敵謀反」的罪名被逮捕 [251]。李氏家族及礦工500人被株連入獄，直到台灣光復，此案尚未審完，最後出獄只剩100多人，餘300多人均在獄中刑重致死。

1944年台灣漁民在蘇澳「引領兩名美國兵士上岸，事後為日警偵知，大事逮捕蘇澳一帶漁民，有70多名均慘遭殺害」[252]。

同年，台北帝國大學台灣學生蔡忠恕集合校內外同志200多人，「策劃起

義」，準備「邀擊日軍以迎華軍」。4月事洩，蔡忠恕被捕，被毒死獄中，被牽連入獄者近千人。

1945年9月，日本無條件投降後，在為台灣官兵舉行「解隊式」而設的宴會中，日席飲舶來美酒，台席飲土釀劣酒，台灣官佐以「時至今日，何仍差別待遇？日人死到臨頭，竟奴視台人，至死不悟，台人請先退席」，表示抗議。雙方發生衝突，日人死傷30餘人，台人死傷20餘人[253]。

以上事實說明，台灣同胞始終沒有被奴化，被嚇倒，在1937年-1945年抗戰期間，在島內始終堅持反戰抗日鬥爭，牽制日本侵華力量。攻陷南京後，日本「調三個師團到台灣鎮壓；後來因為革命的廣大台胞，在深山集結，醞釀大舉，又倉惶地再調一師團回台協防」[254]。可見，抗戰期間台灣人民無論在大陸或在島內，都以實際行動支持了祖國的抗日戰爭，也同時支持了世界人民的反法西斯戰爭，並做出了積極的貢獻。

（三）光復台灣的準備

1941年12月9日，當時代表中國的國民政府主席林森正式對日宣戰，宣戰文公開宣告：「茲特正式對日宣戰，昭告中外，所有一切條約協定合同，有涉及中日間之關係者，一律廢止。特此布告」[255]。據此，日本通過戰爭強迫割讓台灣的《馬關條》亦宣告失效，這是中國收回台灣的法理根據。1942年11月1日，日本宣布成立「大東亞省」，把朝鮮、台灣列為本土。3日，國民政府外交部長宋子文在重慶國際宣傳處記者招待會中宣稱：戰後「中國應收回東北四省、台灣及琉球，朝鮮必須獨立」[256]。1943年8月4日，宋子文在倫敦接見新聞界發表談話重申：「中國期望於日本失敗後，收回東北與台灣，朝鮮則應成為獨立國」[257]。同年11月22日至26日，中美英三國首腦在埃及首都開羅召開會議，12月1日三國簽署的《開羅宣言》宣稱：「三國之宗旨在剝奪日本自1914年第一次世界大戰開始以後，在太平洋所奪得或占領之一切島嶼，在使日本所竊取於中國之領土，例如，滿洲、台灣、澎湖群島等歸還中國。日本亦將被逐出於其以武力或貪欲所攫取之所有土地」[258]。中國收復台灣得到國際的確認。

開羅會議後，隨著抗日戰爭的接近勝利，光復台灣被提上議事日程，中國政府已開始籌備台灣的收復工作。1944年4月17日，在中央設計局內正式成立台灣調查委員會，派陳儀爲主任委員，沈仲九、王芃生、錢宗起、周一鶚、夏濤聲爲委員，9月又增派台籍人士黃朝琴、游彌堅、丘念台、謝南光、李友邦爲委員，並先後聘請李萬居、謝掙強、連震東、劉啓光、宋斐如等20多人爲兼任專門委員[259]，從事調查、研究台灣的實際情況，提出接管的方案，並培訓接管的幹部。

　　爲了研究日人治台的得失利弊，加以改革，翻譯日本在台灣施行的各種法令100多萬言，並通過各種渠道蒐集有關資料，包括通過台灣義勇隊就近向回國台胞蒐集資料。從1943年7月至12月編成日本統治下的行政制度、教育、交通、社會事業、衛生、戶政、貿易、警察制度，專賣事業、金融、農業、水產、林業等19本專題資料[260]，並在調查委員會下分設行政區劃研究會、土地問題研究會、公營事業研究會等組織，負責研討具體問題，提出方案。同時召開在重慶的台籍人士黃朝琴、謝南光、李純青、連震東等10多人參加的座談會，對收復台灣的行政體制等種種問題徵求意見。至1945年3月提出《台灣接管計劃綱要》[261]，分16款82項，在第1款通則之1至3項中指出：台灣接管後的一切措施，以「力謀台民福利、剷除敵人勢力爲目的」。接管後之政治措施，消極方面，當注意掃除敵國勢力，肅清反叛，革除舊染，安定秩序；積極方面，當注意強化行政機關，增強工作效率，預備實施憲政，建立民權基礎。接管後的經濟措施，以根絕敵人對台民之經濟榨取、維持原有生產能力、勿使停頓衰退爲原則，但其所得利益，應用以提高台民生活。接管後之文化措施，應增強民族意識，廓清奴化思想，普及教育機會，提高文化水準。《綱要》並對內政、外交、軍事、財政、金融、工礦商業、教育文化、交通、農業、社會、糧食、司法、水利、衛生、土地等方面的接管作出原則性規定。如規定接管後之省政府，「應由中央政府以委託行使之方式賦以較大之權力」。根據這一原則，後決定採用行政長官制，並於1945年9月公布《台灣省行政長官公署組織大綱》[262]，第1條規定：台灣行政長官隸屬於行政院，「依據法令綜理台灣全省政務」。第2條規定：行政長官於其職權範圍內，「得發

署令,並得制定台灣單行條例及規程」。第3條規定:行政長官得受中央委託辦理中央行政,「對於在台灣之中央各機關有指揮監督之權」。賦予行政長官行政、立法、監督中央機關的大權。《綱要》在土地方面規定:日本占領時代之官有、公有土地,接管後「一律收歸國有」;敵國人民私有之土地,「調查勘探是否非法取得,分別收歸國有或發還台籍原業主」。根據《接管計劃綱要》,以後又分別擬定台灣金融、警政、教育等接管計畫草案,擬定了各部門接管的具體計畫。

為了做好收復台灣的準備工作,訓練和儲備一批幹部成為重要的條件。1944年12月在中央訓練團舉行台灣行政幹部訓練班,由陳儀兼任主任,周一鄂為副主任,招收學員120人,分民政、工商交通、財政金融、農村漁牧、教育、司法等6個組進行訓練,1945年4月結業。1944年10月在中央警官學校舉辦台灣警察幹部訓練班,1945年3月中央警官學校福建第二分校主辦台灣警察局級幹部訓練班,計自1944年10月至1945年9月止,先後訓練各級警務人員932人[263]。

台灣調查委員會在接管台灣之前已做了瞭解情況、草擬接管方案、培訓幹部等大量準備工作。

(四) 抗日戰爭勝利後台灣的光復

經過中國人民長期艱苦卓著的八年抗戰,犧牲3,500多萬同胞的生命,給日本侵略者以毀滅性的打擊,加上世界人民反法西斯戰爭的節節勝利,至1945年夏天,盟軍已迫近日本本土,日本雖敗局已定,仍困獸猶鬥。同年7月26日中美英首腦在波茨坦舉行會議,發表共同宣言重申:「開羅宣言之條件必須實施,而日本之主權必將限於本洲、北海道、九州、四國及吾人所決定之其他小島之內」。並警告日本政府「立即宣布所有日本武裝部隊無條件投降,……除此一途,日本即將迅速完全毀滅」[264]。至8月8日蘇聯對日宣戰,出兵中國東北,殲滅30萬關東軍,美國亦於7日、9日在廣島、長崎投擲兩枚原子彈,當時日本已處在「降則亡國,戰則滅族」的威脅下,日本政府才宣布接受波茨坦公告,向中英美蘇四國無條件投降。8月15日由日皇裕仁向全國及海外軍民廣播投降詔書:「朕命帝國政府通知中美英蘇四國,接受其共同宣言」[265]。

8月29日國民政府特任陳儀爲台灣省行政長官，並兼台灣警備總司令部總司令，9月1日在重慶成立台灣省行政長官公署及警備總司令部臨時辦事處，籌備一切。9月9日何應欽代表當時的中國政府在南京接受日駐華最高指揮官岡村寧次的投降，並另派陳儀爲台灣、澎湖列島地區受降主官。9月28日陳儀派長官公署秘書長葛敬恩、警備總部副參謀長范涌堯爲前進指揮所正副主任，並於10月5日率官員81名飛抵台北。6日在原台灣日本總督府舊址舉行升旗典禮，並將長官公署及警備總部有關投降事宜的第一、二號備忘錄送交前日本總督安藤利吉，7日發表《告台灣同胞書》，宣告前進指揮所已把備忘錄遞交台灣總督，指揮所主要任務是「注意日方實施情形，調查一般狀況，並準備接收工作，以待國軍和行政長官陳儀上將前來履新。……希望民衆起來共同努力，才能迅速完成我們的任務」[266]。當時台灣人民聽到台灣復歸祖國消息後，萬衆歡騰，而敵人仍不甘心失敗，赴台前據台灣義勇隊總隊長李友邦電告：敵在台策劃陰謀，日台浪人組織暗殺團，準備阻止我赴台接收人員及作種種破壞工作；目前台灣全部交通已編制爲軍用；積極秘密破壞軍事設施；教唆無知台民積極倡導台灣獨立運動，以作誘惑等[267]。當時20萬日軍尚未繳械，隨時有發生變故的可能。但愛國台胞自動組織起來，協助維持治安。特別是先行回台的台灣義勇隊副隊長張士德組織治安服務隊，遍布全省，厥功甚偉。17日70軍在軍長陳孔達率領下進駐台灣，長官公署及警備總部第一批工作人員亦同時到達，10月22日海軍艦隊司令部官兵及陸戰隊第四團亦由基隆登陸，接收準備工作加緊進行。

24日陳儀乘機抵達台北，25日在台北公會堂舉行受降典禮，參加者有陳儀以下軍政官員、台灣省人民代表、美軍聯絡組官員等180餘人，日方投降代表日本台灣總督兼第十方面軍司令官安藤利吉、參謀長諫山春樹等一行亦到會堂，10時正，鳴炮，典禮開始，首由陳儀宣布：本官奉命「爲台灣受降主官，茲以第一號命令交與日本總督兼十方面軍司令官安藤利吉將軍受領，希即遵照辦理。」語畢，即以項命令及命令受領證交柯遠芬參謀長轉交安藤利吉，於受領證簽字蓋章後，由諫山春樹向受降主官呈上降書，經審閱無誤後，即令日方代表退席。投降簽字典禮完畢後，受降主官開始即席廣播：「此次受降典禮，經於中華民國34

年10月25日上午10時在台北中山堂舉行，均已順利完成。從今天起，台灣及澎湖列島已正式重入中國版圖，所有一切土地、人民、政事皆已置於中華民國國民政府主權之下，這種具有歷史意義的事實，本人特報給中國全體同胞及全世界周知。現在台灣業已光復，我們應該感謝歷來為光復台灣而犧牲的革命先烈及此次抗戰的將士，並應感謝協助我們光復台灣的同盟國家」[268]。廣播完畢，全體肅立，奏樂，禮成，這一具有歷史價值之典禮遂告完成。從此淪陷50年的台灣，正式歸復中國版圖。當日下午台灣各界在中山堂舉行慶祝台灣光復大會，26日上午台北全市學生5,000多人，高舉「清除奴化教育」、「民族自立自強」等標語，舉行慶祝光復大遊行，是日下午台灣各界民眾數萬人亦舉行環繞全市大遊行，入夜始散，全省各戶懸掛國旗，張燈結綵，舉行祭祖，以報告台灣光復之喜慶。

受降以後，台灣省行政長官公署正式在台北成立，11月1日起開始接收並展開各項行政工作，經過一個多月，主要的行政及事業機構各部門都按照預定計畫全部入我掌握，軍事接收亦同時積極進行，經過二個多月，也大致接收完畢。1946年1月12日行政院第01297號訓令：「查台灣人民原係我國國民，以受敵人侵略致損失國籍，茲國土重光，其原有我國國籍之人民，自34年10月25日起應即一律恢復我國國籍」[269]。接著散居各地的台胞約10萬人，亦大部分先後回台。留居全省的30多萬日僑自1946年3月至翌年5月，亦絕大部分遣送出境，至1946年4月底，由高雄、基隆兩港口遣送日俘16萬3千多人。到此接管工作基本結束，光復台灣得到具體實現。

李友邦及其所領導的台灣義勇隊在大陸的抗日宣傳活動

（一）抗戰爆發李友邦在金華組織台灣義勇隊和台灣少年團

20世紀30年代初，中國的國內和國外形勢發生了重大的變化。

1931年9月18日，蓄謀已久的日本帝國主義，已經不能滿足於霸占我國的寶島台灣，在東北瀋陽北郊製造了「柳條湖事件」，並以此爲藉口，向中國軍隊發動進攻。當時的國民黨中央政府採取一味退讓的不抵抗政策，在不到五個月的時間內，日本侵略者全線占領了東北三省，國民黨的東北軍被迫撤回關內。「九‧一八」事件的爆發，使中日兩國的民族矛盾上升爲中國的主要矛盾，抗日救亡成了中華民族全體人民的首要任務。日本帝國主義的侵占東北以及占領整個中國，是他們霸占東方世界的既定方針，這一事態的必然發展，也正證實了李友邦等人在廣東台灣革命青年團期間主張只有全中國的革命成功才能最終驅逐日本侵略者的革命主張，是完全正確的。

1932年1月28日，日本侵略者又以保護上海僑民爲藉口，向上海市閘北中國駐軍發動突然襲擊。同年，日本帝國主義在東北成立了僞「滿洲國」，1933年1月，日本從東北向山海關進攻，3月4日，日軍占領了熱河省會承德市。5月31日，國民黨政府代表熊斌與日軍代表岡村寧次在塘沽簽訂了「停戰協定」，這個協定在事實上承認了日本帝國主義對東北及熱河的占領，進而承認冀東爲日本侵略軍可以「自由行動」的所謂「非武裝區」，將華北置於日本的監視和控制之下。[270]

經過兩年的精心策劃和準備，1935年5月29日，日本帝國主義指使親日派漢奸在華北策劃「五省自治運動」，華北殖民地化的危機迫在眉睫。

1935年10月，以毛澤東為代表的中共中央新的領導階層，帶領江西的紅軍部隊來到陝北，並打破了國民黨軍隊對於陝北地區的圍剿。這時，日本帝國主義對於中國的步步侵迫，已經激起了全中國的抗日高潮，中國共產黨人順應全國人民的抗日呼聲，提出了在全國範圍內建立民族統一戰線一致抗日的政治主張。〔271〕與此同時，中國共產黨與當時前往陝北「剿共」的西北軍、東北軍進行頻繁接觸，共商聯合抗日的救國大計。

　　1936年底，蔣介石調集30個師雲集陝甘，準備大舉圍攻紅軍，並於12月4日親抵西安，逼迫東北軍和西北軍的張學良、楊虎城二位將軍率部進剿。張、楊二人「哭諫」無效，遂於12月12日清晨舉行「兵諫」，拘捕蔣介石、陳誠、朱紹良、衛立煌等人，這就是震驚中外的「西安事變」。

　　西安事變發生後，國內各派政治勢力紛紛出籠，局勢十分緊張複雜，在中國共產黨人、西北軍、東北軍以及國民黨中央內部左派力量的共同努力下，西安事變得以和平解決，蔣介石勉強答應了聯合抗日的協定。蔣介石在張學良等人的陪同下回到了南京。

　　蔣介石回南京後，召開國民黨五屆三中全會。1937年2月10日，中共中央致電國民黨五屆三中全會，為促成國共兩黨合作抗日，提出五項要求和四項保證。五項要求是：停止內戰，集中國力，一致對外；保障言論、集會、結社的自由；釋放一切政治犯；招集各黨、各派、各界、各軍的代表會議，集中全國人才，共同救國；迅速完成對日作戰的一切準備工作；改善人民生活。四項保證是：如果國民黨將上述五項要求定為國策，中國共產黨願保證實行停止武力推翻國民黨政府的方針；工農政府改名為中華民國特區政府，紅軍改名為國民革命軍；特區實行徹底的民主制度；停止沒收地主土地的政策，堅決執行抗日統一戰線的共同綱領。〔272〕

　　蔣介石在日寇步步進逼的大敵當前，他基本上接受了國共兩黨盡棄前嫌、聯合全國力量一致抗日的愛國主張。

　　在這樣的一個歷史背景下，國民黨政府在全國各地逐步釋放「政治犯」，李友邦也獲得完全的政治自由。

1937年7月7日，日本侵略軍向北京市郊的盧溝橋發動進攻，國民黨前線軍隊奮起抗戰，中國抗日民族解放戰爭從此開始。這時，全國人民無不義憤填膺，強烈要求國民黨南京政府進行全面抗戰。同時，國共兩黨的聯合抗日會商取得了一定的進展，蔣介石遂於7月17日在盧山發布全國抗日宣言，聲稱「戰端一開，那就地無分南北，人無分老幼，無論何人皆有守土抗戰之責任，皆應抱定犧牲一切之決心」[273]。8月13日，日本侵略軍又發動了對上海的大規模進攻，其目的是迅速占領上海，進逼南京，直接打擊蔣介石國民黨政權的政治和經濟中心，迫使國民黨政府屈膝投降。國民黨政府再次發表抗戰聲明，表示「中國絕不放棄領土之任何部分，遇有侵略，唯有實行天賦之自衛權以應之」[274]。從此，全國人民經歷了悲壯雄偉的八年抗日戰爭。

　　第二次國共合作和中國抗日民族統一戰線的形成，使中國的政局基本上出現了一致對外的局面，在這種情況下，國民黨政府不得不允許民間有自由言論、結社等等的權利，中國各種政治力量也紛紛利用這一時機，恢復各種黨團等組織活動，許多進步愛國的民眾、學生等，或組織抗日團體，或組織抗日武裝隊伍，投入到抗戰的大潮中去。

　　在中國形成抗日高潮的時刻，已經獲得自由的李友邦更是熱血膨湃，面對日本帝國主義的全面侵華和中國人民的一致抗日，他的心情是既沉重又興奮，日本帝國主義使用全力妄圖吞併整個中國，中國的抗戰必然是十分艱難困苦的，這不能不使具有強烈愛國心的李友邦，心情感到格外的沉重。但在另一方面，全國抗戰熱潮的掀起，自己能夠和全國四萬萬同胞並肩戰鬥，與祖國的河山共存亡，這又使他興奮不已。回想自己從青少年時起，就一直追求探索於台灣的抗日獨立運動，但是所走過的道路坎坷不平，挫折良多，其中一個重要的原因，是當時不論是大陸或是台灣，許多人還不能認識到台灣抗日解放運動與祖國革命運動有著密不可分的關係，現在，祖國的命運和台灣的命運已經真正地聯繫在一起，祖國抗戰的勝利，必然就是台灣抗戰的勝利；祖國的抗戰勝利之日，也就是台灣的解放之時。因此，他義無反顧地走上了參加祖國抗日的艱難之路。

　　面對著日本侵略者的囂張氣焰，李友邦知道這個時候僅開展一些文化宣傳和

思想啓蒙運動，對於驅逐日本侵略者是遠遠不夠的，必須走上武裝抗日的道路，組成由台灣人參加的抗日隊伍，才能有效地打擊敵人，收復台灣。爲了迅速取得活動的空間，他的第一步是儘快地與自己的一些舊關係重新取得聯繫。在這些舊關係中，主要包括三方面的人物，一是在黃埔軍校時期的一些相知同學，通過他們，可以在國民黨內部取得開展活動的許可，否則，國民黨右派勢力處處爲難，他又是坐過國民黨監獄的人，勢必難於施展自己的抱負。其二是儘可能地聯繫一些台灣籍在大陸的人士，舊朋新知，只要願意抗日，就應團結一致，因爲這些人是今後發展台灣人組成的抗日隊伍的必不可少的對象。其三，李友邦在大陸患難時的一些牢友、獄友。這些人與李友邦有著一段共同患難的經歷，獄中的生活和思想交流使他們形成了患難之交，李友邦要組建台灣人的武裝抗日隊伍，他們勢必全力支持和幫助。[275]

據牢友、共產黨人駱耕漠回憶說：

1938年夏天，我在浙南麗水城內街上意外遇見友邦同志，這次相見時，只見他衣穿一套很舊的綢便服，顯得寡言憂鬱，相談後，我知道他還單身，無職業。客居在一位每年跑幾趟土特產生意和古董生意的老同鄉家裡。這表明他出獄以後，雖然貧困，也絕不聽命於國民黨。不幾日，我們又相敘一次，我告訴他，我和一些進步人士在麗水搞「回鄉服務團」和抗日救亡活動。他聽了面帶喜色，當即表示當此民族存亡之際，應為抗戰救國而貢獻力量。他說閩北崇安縣有不少從台灣被迫流亡回祖籍的台胞，其中有仁人志士，或可以動員組織。我向省委統戰委員會（書記為張錫昌同志，我和劉瑞生同志為委員）報告商議，並向省委委員吳毓同志（他代表省委單線聯繫統戰工作）請示後，決定協助李友邦先到崇安一帶瞭解一些具體情況，試圖開闢一個抗日救亡的新陣地。

李友邦同志到了崇安瞭解結果，知道從那裡有可能先動員出二、三十人，到浙江前線參加抗日救亡運動，以後還可以陸續動員，對象的成

分是少數被迫流亡回大陸的男女小學教員、醫生、小職員和少數有文化教養的家庭婦女，年齡大多三十上下。經統戰委員會全面考慮認為，當時滬、寧、杭三角洲已淪陷，浙路危在旦夕，國民黨浙江省政府主席黃紹竑與浙江C.C有矛盾，省委與黃紹竑有統戰關係，在這種形勢下，我們有責任也有可能協助李友邦組織一個「台灣義勇隊」。先把第一批台胞動員到浙江抗日前線寧、紹和浙贛線金、衢一帶，從開始搞支持抗戰的社會宣傳活動著手，樹起旗幟，然後再開展台灣義勇隊的進一步活動。省委書記劉英同志同意這一計畫，省委決定，金、衢距前線較近，應協助李友邦把台灣義勇隊設在金華。這就是李友邦當年發起籌建台灣義勇隊的由來。

在吳毓同志傳達省委指示後，統戰委員會立即商定了兩件事：一是派我負責同李友邦同志保持經常聯繫，協助他進行台灣義勇隊的籌建工作。我們應協助李友邦同志再去崇安一次，這次需要派一個可靠的同志（最好是黨員）同他一起去，以後就經常協助他做具體工作。經錫昌同志同浙南特委張貴卿同志商量後，決定從遂昌調張啟權（浙江大學學生，後改名為張一之，今名張畢來），擔任這一工作，李委派他為秘書，協助做台灣義勇隊的籌備工作。[276]

據張一之回憶，他之來到李友邦處協助籌建台灣義勇隊，其經過是這樣的：

1937年秋天，我離開杭州國立浙江大學，和浙大的一些同學一起參加我黨（共產黨）領導的浙東抗日救亡活動。1938年上半年，我在遂昌縣當民眾教育館館長。同年秋天，黨把我從遂昌調往金華，做統戰工作，我先到麗水，省委統戰委員會書記張錫昌同志對我說：「你到金華去，那裡有工作等著你。」到了金華，才知道組織上是派我去幫助一個台灣人叫李友邦的，號召散居各地的台灣同胞組織義勇隊，參加祖國抗戰。我到金華，記得是當年8、9月間，秋高氣爽時節。這時我已參加了中國共產黨。省委統戰委員會委員駱耕漠同志領導這個

工作。他介紹我跟李友邦同志認識。從此，我就在耕漢同志領導下，
與李友邦同志一起從事台灣義勇隊的籌建工作。後來這個隊伍成立
了，李友邦同志任隊長，我任秘書。[277]

　　在幾個月來的奔跑聯繫的基礎上，李友邦決定恢復在廣東黃埔軍校期間成立
的「台灣獨立革命黨」的活動，以作為今後在大陸正式開展武裝抗日活動的政治
核心。但是，李友邦在廣州組建「台灣獨立革命黨」時，是為針對日本帝國主義
在台灣的殖民統治，因而該黨的宗旨是：「為團結台灣各族人民驅逐日本帝國主
義在台灣的一切勢力，使台灣脫離日本的統治，而返回祖國」[278]，而到了「七七
事變」以後，全國的抗日是首要任務，為了適應新局勢的需要，他於1938年下半
年開始，對台灣獨立革命黨的黨章進行修正。黨章中包含了台灣同胞應積極投身
於祖國抗戰的內容。修正過的黨章後來發布在1940年李友邦主編的《台灣先鋒》
雜誌的創刊號上。黨章的第一章第一條《宗旨》是這樣的：

　　本黨宗旨為團結台灣民族，驅除日本帝國主義在台灣一切勢力；在國家關係
上，脫離其統治，而返歸祖國，以共同建立三民主義之新國家。

　　黨章制定了「台灣獨立革命黨行動綱領」，共十款：

一、抗拒繳納賦役。

二、反對抽徵壯丁來華作戰和開墾。

三、已被迫來華的同胞組織嘩變。

四、破壞台灣生產和交通。

五、擴大阿里山的反日游擊隊。

六、組織義勇隊來華參加抗戰。

七、發動台灣罷工罷市罷課運動。

八、擴大反戰反法西斯宣傳。

九、組織日韓台反法西斯大同盟。

十、統一台灣革命組織。[279]

　　隨後，李友邦又提出了台灣獨立革命黨的三個基本口號和兩大工作任務「作

爲一切工作者之努力標準」。三個基本口號是：一、統一台灣一切革命力量，推翻日本帝國主義在台灣的統治，歸返祖國；二、結合朝鮮革命力量與祖國革命力量，共同打倒日本帝國主義；三、聯合日本民衆，反對日本軍閥。兩大工作是：一、派黨員回台與台黨員共同建立革命基礎，以便隨時發動暴動，牽制日寇，使之不能侵略祖國；二、號召在華台胞參加祖國抗戰。[280]

在所修正的台灣獨立革命黨黨章的《行動綱領》中，「前七條是針對第一項工作（任務），即在台灣從事抗日工作而言，後三條主要指在大陸的抗日工作，即第二項工作（任務）。但由於各種限制，第一項工作實際上難以完成，因而台灣獨立革命黨的工作重點主要爲號召和組織在大陸的台胞參加祖國抗戰」。[281]

李友邦在1938年下半年所修正台灣獨立革命黨黨章時提出建立「台灣義勇隊」的設想，可能與這一時期朝鮮抗日義士在中國籌建「朝鮮義勇隊」的活動有一定聯繫。由於朝鮮人在中國的人數以百萬計，抗日義士們展開的各種抗日活動也比較早，因此人員組織比較方便，朝鮮義勇隊很快就組成了。這一消息給予李友邦很大的推動，他決定儘快地把台灣獨立革命黨黨章中規定的行動綱領，付諸實施。當時任台灣義勇隊秘書的張畢來（張一之）回憶說：

那時候，有一個朝鮮義勇隊參加中國抗戰。「朝鮮義勇隊」於1938年10月10日在漢口成立，直屬國民黨軍事委員會政治部，在第五戰區和第九戰區做瓦解日僞敵軍的政治工作。這些消息，給李友邦同志以很大的鼓舞。……李友邦決定仿照朝鮮同志的做法，組織一個台灣義勇隊。[282]

爲了要把組建台灣義勇隊的構想付諸實施，李友邦認爲可以由他先在金華向報界和社會人士發表談話，宣布台灣義勇隊的籌建消息，配合台灣義勇隊第一批隊員的到來，駱耕漠就向金衢特委商量，協助李友邦這樣去做。這時華崗的弟弟華白沙從家鄉龍遊來到金華，他也是李友邦在獄中相識的老難友，李請他參加起草向讀者談話的文稿。「經過李友邦和我們的討論，李作了修改，就在1938年雙十節前後，由李友邦在其下榻處——金華東濟門附近的一家客棧裡，向前來參加談

話的官方記者和社會人士（共約20人），用沉穩的帶激昂聲調的台灣腔官話，宣布台灣義勇隊即將成立，首批隊員將由閩北長途跋涉前來浙江，參加前線的救亡和宣傳工作，支持祖國抗戰，希望互助互勵，共同努力」[283]，李友邦在會上鉛印散發《台灣獨立革命黨告台灣同胞書》，其內容如下：

> 親愛的同胞們：
>
> 自從日本帝國主義強占我們的土地，奴役我500萬台胞，到今天已有40多年了！在這40年中間，我們所受的怨氣、壓迫、剝削和殺害，真是不忍回憶。我們真是牛馬不如！現在我們偉大的祖國已經高舉起英勇抗日的旗幟，神聖的抗日戰爭已經堅持了一年又四個月。這正是我們台灣同胞謀解放，擺脫亡國奴的恥辱和苦痛，重新變為台灣的獨立主人的大好機會！親愛的同胞們，我們現在還能袖手旁觀，坐享祖國的抗戰勝利後的幸福嗎？我們可坐失這樣大好的機會，不跟祖國一塊來打倒我們40多年來的死敵日本帝國主義嗎？不用說，這是不能夠的！我們假使這樣，我們就會成為台灣的罪人，祖國的罪人，自身也就永遠得不到解放，永遠要做日本帝國主義的奴隸。
>
> 我個人努力台灣獨立革命運動，到現在快有20年了。民國十三年，我和台灣許多革命同志，還在廣東組織了一個台灣獨立革命黨，現在正在為祖國的抗戰效命。我認為在今天，我們台灣同胞至少應做到下面幾件事：
>
> 第一，我們要認清祖國這次的抗日戰爭，亦即我台灣的獨立革命戰爭；我們應與祖國的同胞建立起中台抗日的聯合戰線，回應祖國的抗日運動。
>
> 第二，各地的台灣同胞，特別是台灣的革命者，應立即組織或參加反日的革命團體，使全台的反日力量能集中起來，完成自身的解放。
>
> 第三，我們台灣同胞要用各種具體的日常行為，來推進和實現上述兩項工作，這裡最主要的有：一、抗拒繳納賦稅，不替日寇當間諜；

二，反對抽徵壯丁來華作戰或充當挑夫；三、已被抽徵來華同胞，應立即組織嘩變；四、拒絕來華開墾，破壞台灣生產和交通；五、參加並擴大阿里山的反日游擊隊；六、立即組織台灣義勇隊，來華參加抗戰。[284]

金華招待會後，李友邦、張一之分別以台灣獨立革命黨主席和秘書的名義，並帶著《告台灣同胞書》到福建崇安台民墾殖區視察，並準備招募台民參加台灣義勇隊。李友邦作為一名台灣人，十分瞭解台灣人的處境，相信絕大多數台胞是愛國的，盼望台灣獨立而回歸祖國，只要引導得當，是完全可以使這批台灣移民成為一支抗日的隊伍，於是，他決定親自到崇安作實地考察。

1938年11月，李友邦以「台灣獨立革命黨」主席的名義[285]，偕同秘書張一之由浙江來到福建崇安，縣長劉超然出面迎接，並招集在崇安的台民開歡迎會，據載：

> 李、張兩人先到台民墾殖區視察。李友邦對台民演講時操閩南語，他們聆聽到激動之處，深受感動。當時台民政治上備受歧視，報國無門，悲憤交加。李、張兩人詳加引導，縣長劉超然也動員台民以技術報國，參加前線抗戰，台民紛紛報名參加台灣義勇隊。[286]

當時由晉江、福州及其他各地遣送集中於崇安的台民共有四、五百人，他們在走投無路之際，聽說李友邦要組織他們參加抗日，都十分高興，其中「留華台灣抗日復士同盟會」的會員們，決定解散自己的團體，全體會員都參加台灣獨立革命黨。在崇安的400餘名台胞還聯名寫了一封致台灣獨立革命黨的長信，表示願意發揮愛國熱情和技術特長，並提出依照朝鮮義勇隊組織台灣義勇隊來投身抗日的意願：

> 吾輩中亦有年富力強者，願在委員長的領導之下參加抗戰。去秋以來，留漢口之日朝人曾有國際縱隊之組織。朝鮮同志固無論矣，而日本民眾尚且反抗日本軍閥，彼等且能之，而吾輩台胞獨不能之乎？故

欲組織義勇隊參加是項國際縱隊，望政府予以補助。[287]

　　崇安台民的報國熱情，極大地鼓舞了李友邦籌組台灣義勇隊的信心。李、張在崇安待了幾天就去福州，據張一之回憶：李、張從金華來福建的時候，李友邦曾經找過浙江省政府主席黃紹竑。黃紹竑寫了一封信把他介紹給陳肇英。記得黃紹竑還資助了600元做活動經費。張和友邦到了福州，友邦拿了黃紹竑的介紹信去見陳肇英，陳肇英又把他介紹給陳儀。李友邦去看了陳儀。他回到旅館來告訴張，陳儀表示盡力支持，答應在各方面給予幫助，其中最重要的一點，是答應李友邦把集中在崇安的台灣人帶到浙江去。這第一步工作看來十分順利。當時張跟友邦講笑話，究竟是陳儀幫助了我們，還是我們幫助了陳儀？看來是互相幫助。福建國民黨當局生怕這些台灣人是日本特務，但又毫無憑證，把他們圈起來，殺也不是，放也不是，老圈著也不是辦法。現在有個「台灣獨立革命黨」拿著浙江省政府主席黃紹竑的介紹信，把這些台灣人帶到浙江去，在陳儀看來，這等於替他卸了一個大包袱，何樂而不為，於是乎順水推舟，滿口答應。李、張回到崇安，就把情況轉告那裡的台胞們。[288]

　　李友邦的夫人嚴秀峰在談到李友邦發動崇安台民參加台灣義勇隊時云：

李先生對無故被集中在福建崇安縣的台胞也非常關切，這些台胞是被福建省政府前主席陳儀，於1938年3月間，突然下令，在一夜之間，凡是台灣人，不分良莠，不分男女老幼，全部抓走集中在福建崇安縣，……大多數台胞，都具有正當職業，如醫師、藥劑師、記者、老師以及工商貿易等。對於陳儀這種無法專橫的措施，造成多少善良守法台胞，在一夜之間，不但失去了個人的自由，更失去了多年辛勤建立起來的事業，李先生認為這是不公平的，也是對台灣同胞莫大的侮辱，遂向陳儀交涉，要求釋放無辜善良的台胞。[289]

　　從崇安回金華後，李、張又親自趕赴廣西桂林，並帶著石西民（在金華）給范長江的信，到桂林後很快找到朝鮮義勇隊洽商籌組台灣義勇隊建立抗日聯盟的

事情。是月底，李友邦同日本作家鹿地亙及朝鮮義勇隊陳關斌等，在桂林成立「日韓台反法西斯大同盟」，並承擔閩浙辦事處工作。[290] 1939年1月，「經朝鮮義勇隊指導委員會決議並呈准桂林行營政治部後，即著由台灣獨立革命黨主席李友邦負責籌備」。並由朝鮮義勇隊經常費項下每月津貼籌備費300元，後因經費不夠，4月份起每月增加200元，共計500元。[291]

1939年1月20日，台灣義勇隊籌備委員會宣告成立，李友邦、張一之、郭汝侯、林心平、張慶瑋5人任籌備委員。籌委會以總隊部為最高指揮機關，下設文書、政治、總務三組，以支隊為訓練單位，每支隊人數擬以60人為準。一支隊設6個班，經費預算每月為6,909元，其中經常費（生活費、辦公費、事業費、醫藥費、台灣獨立革命黨津貼費、預備費）4,515元，預備費（臨時費、服裝費、移動費、籌備費）2,300元。[292]

籌備委員會成立後，第一步就是招集台胞人員入隊。經過與陳儀及崇安縣地方當局商定，第一批報名參加台灣義勇隊的崇安台民34人，於1939年2月19日，由省政府派專車送浙江金華。由於這支生力軍的投入，台灣義勇隊已初具規模，2月22日，台灣義勇隊在金華縣城酒坊巷18號正式成立。擔任義勇隊秘書的張一之為義勇隊寫了《台灣義勇隊隊歌》，著名作曲家賀綠汀譜了曲，《台灣義勇隊隊歌》詞曰：

> 我們是抗日的義勇軍，是台灣民族解放的先鋒隊。要把日寇驅出祖
> 國，要把他在台灣的鐐鎖打碎。為正義抗戰，保衛祖國，解放台灣，
> 把日本帝國主義整個摧毀，整個摧毀。我們是抗日的義勇軍，是台灣
> 民族解放的先鋒隊。[293]

李友邦確定台灣義勇隊的革命宗旨是「保衛祖國，解放台灣」（後改為「光復台灣」），並把它作為戰鬥口號寫入《台灣義勇隊隊歌》之中，作為每個隊員的行動綱領。同時在義勇隊隊部門口寫有兩條醒目的標語：「拋頭顱，保衛祖國；灑熱血，光復台灣」。表示不惜流血犧牲爭取「保衛祖國，光復台灣」奮鬥目標的實現。

台灣義勇隊雖然於1939年2月間成立，但是正式被國民黨政府軍委政治部批准任命，又拖了很久的一段時間。從目前的資料看，有關國民政府軍委政治部正式批准任命日期的記載，台灣義勇隊是在1940年6月初正式批准成立的。

國民黨政府軍事委員會政治部雖然遲遲未曾批准任命，但從1939年起，台灣義勇隊給國民黨各級政府、軍隊以及其他社會團體的文件往來中，都已正式使用「台灣義勇隊」的稱號，國民政府的各級機構也並未以此為不合法行為，可見至少在觀念上，從李友邦正式呈文申請成立台灣義勇隊那天起，國民黨已經默認這一隊伍的存在，至於地方政府及駐軍的抗日聯繫和支持，則一般均視為理所當然。國民黨軍事委員會政治部正式批准成立台灣義勇隊時，李友邦被授予陸軍少將軍銜。從台灣義勇隊的成立過程可以知道，當時被遣送到崇安縣的沿海台民，是台灣義勇隊的基本組織成員。

李友邦對於崇安台民的仁愛之心，使受到屈辱的台灣同胞再次樹起了自己的自信心，自從1939年2月份第一批台民奔赴義勇隊前線以後，3月13日，第二批台民亦整裝來到金華，此後又有第三批及少數零星的志願人員前往金華參加義勇隊或少年團，其中有不少是全家參加的，如「王克明、鄧秉輝、石康玉、莊添和、劉榮春、劉道榮、李國星、柯水治、黃國瑞、黃邦榮、黃邦星、郭汝侯、曾健齡等台籍醫生」。據崇安縣政府的有關統計，到1942年，崇安縣共遣送集中的台民人數為569人，其中死亡94人，逃亡36人，參加台灣義勇隊共有293人（包括隨軍家屬），最後留在崇安的僅有146人。可見當時崇安台民的大部分，都在李友邦的感召下，投身於祖國的抗日事業。

李友邦於1939年1月從崇安招募來第一批義勇隊隊員時，一同前往金華的還有6名台胞子女，隨著台灣義勇隊隊伍的擴大，從崇安等各地前來的少年兒童不斷增加，為了對台灣志士們的幼年子女給予照顧與教育，並培植他們的愛國愛鄉的觀念，李友邦於成立台灣義勇隊的同時，也決定成立「台灣少年團」。台灣少年團成立之初，暫由李友邦兼任團長，黃志義、李煒（又名夏雲，張一之夫人）分別擔任正副指導員。後來由於少年團隊伍的擴大，由王正南任團長，隊員擴大到116名。[294] 台灣少年團的副指導員李煒曾在《台灣先鋒》中發表了《台灣少年團

的組織及其工作》的文章，大致反映了台灣少年團在金華期間的組織和學習情況。

李煒在文章中指出培養革命後繼者是一項長期的任務，「台灣人必須一致起來與壓迫者鬥爭，這種鬥爭因為必須是全民的，所以應該發動一個『民族革命戰爭』，同時，在長期鬥爭過程中，必須大量地培養後繼者，繼續先驅者的奮鬥精神，踏著為先烈血跡染紅了的道路，來完成這一『民族革命』，所以，……培養後繼者是迫切的急要」。但是現在的台灣兒童是處在日本帝國主義者的奴化教育之下，即使台灣兒童已脫離台灣統治者的控制，中國也缺乏適宜於台灣兒童教育的場所。「為了使兒童能不受日本軍閥所施的『奴化教育』，不受其毒化，為了要培養革命的後繼者，……必須從敵人的手中，搶救兒童，而在祖國抗戰期中，在幫助祖國抗戰的工作中，建立以革命為目的的教育系統，使兒童們受到嚴格的訓練，以備將來和日本帝國主義鬥爭。」因此，建立在這一基礎上的台灣少年團，應當是一個永久性的有組織的、有一定革命目標的團體。[295] 當時台灣義勇隊的秘書張一之為少年團寫了團歌，義勇隊訓練組組長牛光祖為團歌譜了曲。《台灣少年團團歌》詞曰：

> 台灣是我們的家鄉，那兒有人五百萬，不自由；台灣是我們的家鄉，那兒有花千萬朵，不芬芳。我們帶了枷鎖來人間；我們受著麻醉過生活。離了家鄉，奔向自由，要把自由，帶回家鄉。我們會痛恨，不會哭泣，我們要生存，不要滅亡。在壓迫下鬥爭，在鬥爭裡學習，在學習中成長。要造就宇宙般寬的胸襟，要鍛鍊鐵石般硬的心腸，要團結千百萬的兒童，要收回我們的家鄉，我們得和敵人拼個生死存亡。
> [296]

為了使台灣少年團真正成為這樣一個革命的團體，義勇隊為他們制定的學習課程是這樣的：

一、一般的知識，如三民主義、中日語文、史地常識等，最基本的知識，我們得先學習，作為基礎。

二、台灣革命，這是我們最重要的切身問題，一切奮鬥，都是為了這問題，故須特別加以研究。

三、工作技術，我們進行我們的工作，擔負起這偉大的任務，必須要有工作的技術。例如，宣傳、組織應如何進行等等，這些都須加以討論、學習始能應用自如，達到我們工作的目的。[297]

少年團的學習方式，是「自動的自發的、集體的、活動的、實用的」，「以活的學習方式，學習實用的實際進步的東西」。

崇安縣台民是台灣義勇隊和少年團的基本力量，李友邦也始終關懷著他們，一直到1942年台灣義勇隊移師福建龍岩時，李友邦還記念著他們，想方設法把「全部老弱婦孺救接到福建龍岩。經救的台胞，青年壯士都參加台灣義勇隊，兒童參加台灣少年團，老年婦孺參加了生產組，台灣義勇隊遂成為一個革命的大家庭」。[298]

李友邦因為有了崇安台民才使得他抱負已久的義勇隊成為現實，而對崇安的台民來說，李友邦在一定意義上可以說是把他們救出苦海的恩人。「五十幾年以後，每個（台灣義勇隊）少年團的成員依舊視李友邦如同父親」。愛唱歌的黃莘雖已六十餘歲，憶及李友邦時還像女兒一樣說：「他最喜歡抱著我坐在膝上，每次有委屈就去向他哭訴，雖然他很忙，待我們卻像自己的孩子一樣。在台灣的每個義勇隊成員也一樣，懷念李友邦時總要憶起在崇安的生死不分的生活，以及李友邦是如何帶著他們走出來，看到這個世界，參與中國的抗戰、台灣的光復事業，從而改變自己的一生」[299]。

從前述可以看出，李友邦組建台灣義勇隊，曾得到當時浙閩兩省政府的支持，特別是得到中共浙江省委及一些共產黨人的大力支持。有人概括台灣義勇隊與國民黨的關係，是依存與利用的關係，而台灣義勇隊與共產黨的關係，則是擁護與協助的關係，這是符合現實的。一般說來，國民黨軍隊中黃埔軍校出來的人是蔣介石的「嫡係」，但因李友邦一向比較同情革命的「左派」，因此他雖係「黃埔出身」，但並非「嫡係」。於是台灣義勇隊的組建，則主要是由「當時非國民黨主流和激進的愛國志士支持籌組的，則應是比較接近事實的看法」[300]，而在這些

激進的愛國志士裡，自然包括了共產黨人。需要指出的是，由於國民黨、共產黨實行第二次合作，國民黨在政策上是允許共產黨活動的，所以即使是在國民黨政府中央軍事委員會中也有中國共產黨的代表，在各地的國民黨軍隊中，也有不少共產黨人在進行或公開或隱蔽的工作。因此，李友邦在籌組台灣義勇隊時，得到中國共產黨人的支持和幫助，這在當時是很正常的，而不是後來國民黨強加給李友邦的罪名中所說的是「受（共）匪指使」。如果因這層關係就說是「受匪指使」，那麼西安事變後的蔣介石同意國共合作，把周恩來等人請到重慶，則蔣介石本人是第一個「受匪指使」的人。

（二）駐金華時期台灣義勇隊與台灣少年團的抗日活動

台灣義勇隊於1939年2月正式宣布成立後，為了儘快地把這支隊伍投入抗戰前線，李友邦在隊部設立了「指導訓練組」，對剛集中起來的隊員進行「預備訓練」三個月，訓練課程有軍事、政治、經濟、歷史、語文及對敵宣傳技術等6科。[301]以後，這種戰前訓練成了台灣義勇隊的一種制度，凡是隊伍要出去執行一項比較重大的行動，事先都要有針對性地進行為期不等的訓練。

在「預備訓練」過程中，李友邦對現有隊員的技能特長進行考察分析，以及根據義勇隊的實力優勢，制定了「醫務診療、對敵政治、宣慰軍民、生產報國」的四項重點工作任務，開展力所能及的抗戰行動。

1.醫務診療工作

當時台灣義勇隊的隊員中，以技術人材占有相當的比例，尤其是有不少受過專業訓練並有臨床經驗的醫務人材，更為難得。當時醫生人數占總戶數約三分之一，這些醫務人員大多以西醫為主。而西醫傳入中國，基本上是本世紀初以來的事，據台民原開業地晉江縣的報導，「台灣西醫陸續來到晉江縣，以20年代後期為多。……他們通過教會，及宗族關係，……進行開業行醫，對本縣的醫藥衛生事業發揮過良好的作用」[302]。

正因為西醫的傳入為時不長，且許多中國人還對西醫抱懷疑之心，致使到本世紀30、40年代，中國各地的西醫事業還很不發達，專業的西醫人材十分缺乏。

抗日戰爭爆發後，殘酷的戰爭必然造成大量的人員傷亡，傳統的中醫不能適應戰地的救護工作，而有限的西醫人員，遠遠不能滿足各地區的需求。因此，當時的國民黨政府，除了大力動員本國的西醫進入軍隊服務外，還多次向國際社會求援。歐美各國及東南亞華僑均有派遣醫療人員到中國大陸來參加抗戰，著名的加拿大白求恩大夫，就是在這一歷史條件下來到中國的，而台灣義勇隊的這一大批西醫人材，無疑可以成為抗戰醫務的一支不可多得的生力軍。

李友邦很快就洞察到了本隊隊員中的這一技術優勢，於是，他和隊部的其他領導人研究分析，準備首先成立醫療工作部，開展抗戰醫務工作。

當時台灣義勇隊在名義上是隸屬於顧祝同將軍所領導的國民政府第三戰區指揮，義勇隊的隊部設在浙江金華城內。於是，在義勇隊成立的次月（1939年3月），台灣義勇隊就在金華城內設立了醫療所。

台灣義勇隊的醫務工作，主要從三個方面入手：一、為友鄰部隊醫治傷病員；二、為當地的民眾治病；三、派隊員到友鄰部隊或地方單位擔任醫生或協助醫務工作。

30年代的中國農村非常落後，缺醫少藥的現象到處都是，為了方便一般民眾的就醫，義勇隊經常組織醫療小組下鄉巡迴治療。據嚴秀峰女士回憶，義勇隊「先在金華設立診療所，為祖國同胞，免費診療，解除病患者疾苦，另又組織『巡迴醫療隊』，往各鄉村及前線等地巡迴醫療，這種工作，非常辛苦，不管是夏日酷暑，冬日嚴寒，每日至少要跋涉七八十里路，同志們均不辭辛苦，忍勞耐飢，熱心為祖國的同胞服務，隊員同志們的熱忱與犧牲服務精神，迅捷地傳遍了前方戰場與後方鄉野，就診療者蜂擁而至」[303]。由於台灣義勇隊的醫生們熱情待人，救人危難，受到部隊和當地民眾的歡迎，當地人把這支醫療隊稱之為「台灣醫生」。

義勇隊的醫務工作開展不久，很快就出現了應接不暇的局面，原有的規模設備，遠遠不能適應戰地醫療和病家的需求，李友邦決定進一步擴大醫務工作的規模，一方面充實內部組織，加強醫療人員，一方面派人四處採購醫療器具及藥品。1939年9月12日，「台灣醫院」在金華城內正式成立。後來因醫務工作的進一步擴展，改稱為「第一台灣醫院」。醫院內設有內科、外科、小兒科、眼科、耳

鼻喉科、婦產科、齒科、痔科及皮膚科等科目，「診斷費掛號費都免收，就藥費一項，只收一般醫院的三分之二，至於榮譽軍人、出征家屬及貧苦民眾一律免費，不論路途遠近，日夜寒暑，凡急診患者均隨時前往應診」[304]。

　　在這種情況下，李友邦決定再次擴大義勇隊的醫務工作。1940年7月，他派台灣義勇隊區隊長謝掙強率隊員李玉麟、黃授傑前往福建晉江縣，整理集中台民留存在晉江的醫藥和醫療器械、家具等，並由地方政府協助，運送到浙江衢州。是年11月1日，台灣義勇隊的「第二台灣醫院」在衢州市成立。1941年2月，義勇隊又在蘭溪縣增設了「第三台灣醫院」。三個醫院每日就診的人數已劇增至五百餘人，醫務工作十分繁忙。「自（三個）醫院成立後，就診者眾多，確有應付不及之虞，由於經費困難，物質條件缺乏，醫師同志們除了奉獻醫療技術，還得獻出個人藥品，更要獻出時間精力與過度的辛勞，工作時間自上午八時至晚上十一時，長達十五個小時，幾連吃飯休息的時間都沒有，但每位同志都毫無抱怨的努力工作」[305]。

　　台灣義勇隊除了在三所醫院裡固定地救死扶傷以外，還經常派遣醫療小分隊及個別醫生出外執行任務，也都完成的十分出色。當時的浙江省，是各種勢力犬牙交錯的地區，有第三戰區的正規軍部隊，又有諸如「忠義救國軍」等等地方的抗日武裝，同時還有共產黨領導的新四軍及浙東山區游擊隊等等。自從1938年國共合作以來，各種勢力的軍隊還算和諧，有時也可相互支持。李友邦的台灣義勇隊成立後，恰好也插在這諸多的政治勢力之中，友鄰的軍隊經常前來求援，李友邦都盡本隊的一切力量，無私支持他們，「派醫生到浙東戰地前線服務，或參加當地野戰醫院的工作，或在浙江前線國民黨抗戰部隊與新四軍擔任醫療工作。經常參加這項工作的隊員有陳永裕、鄧秉輝、吳木鐸、鄧秉仁、黃漢岳、曾健齡、劉敏夫等七人，還曾派人送醫療器械和藥品給新四軍」[306]。

　　台灣義勇隊的醫務工作者們所從事的是救死扶傷的工作，但他們意識到自己的技術工作是和祖國的抗戰救國大業緊緊地聯繫在一起的。因此，他們在全心全力地投入工作的同時，時時刻刻地檢查自己，提高自己，力爭把醫療工作和宣傳抗日的任務密切地結合起來。因此我們從當時的許多報導中，都可以看到他們正

在踏踏實實地貫徹於日常工作中的作風。醫生們自豪地說：「凡是瞭解本隊的人，都知道『台灣醫生』很多，而且多半都具備了政治的頭腦，因他們在抗戰以前，便一面行醫，一面作革命工作，都有著參加祖國抗戰的熱烈情緒。這種熱情，是基於他們身受日寇的重壓，他們嘗盡了亡國奴的滋味和痛苦。當這次祖國的英勇抗戰發動後，一致認為這是起來爭取自由，打碎日寇統治的絕好機會，所以將以前在敵人國內學習得來的熟練技能，來服務於祖國，因此每一位同志都把醫務工作當作革命工作的一種，故在生活條件低劣的情況下，亦無怨言，用這種服務精神，來對付病客，於是都很誠懇，很殷勤仔細地替病客治療，雖然遇到極困難複雜的毛病，給病客以很大的安慰，而減輕身體上的痛苦。其次，從事於醫務工作的同志，常在醫病當中，以台灣壓迫及反抗等情形，為宣傳談話資料，以加強祖國人士抗戰決心。至於工作的緊張，卻是不消說得的，因為就診者多，休息時間自然很少，除診病外，還要當司藥、看護等工作，一身兼數職，也不覺其苦！」[307]

　　台灣醫生們良好的醫務道德和抗日救國的政治熱情，為台灣義勇隊贏得了社會的高度尊重和讚譽，當地的民眾和前方將士，用各種方式來表達對於台灣醫生們的感謝之情。如台灣醫生到國民革命軍第一九〇師工作時，師長官知道義勇隊的經費困難，凡派到他那裡去的醫生，都給予上校醫官的待遇。這些隊員領了薪俸，除留少數生活費用外，都寄回義勇隊作為公費開支，致使這個部隊的長官屢屢向義勇隊和李友邦表示謝意。[308]台灣義勇隊的醫生們為祖國的抗戰做出了貢獻，在當時十分艱苦的生活條件下，有些台灣醫生救活了別人，自己卻病了下來，甚至犧牲在戰場的醫院裡，他們為祖國的抗戰獻出了自己的一切。1942年，設在衢州的「第二台灣醫院」又遭到日本敵機的轟炸摧毀，死傷慘重，他們的鮮血，映紅了台灣義勇隊戰旗的大紅十字更加鮮豔光彩。

2.對敵政治工作

　　台灣義勇隊在卓有成效地開展醫務工作的同時，積極開展對敵的政治工作。李友邦在1938年10月發表的《對敵工作與中國抗戰》，從理論上探討了對敵工作與中國抗戰勝利的關係，11月發表的《瓦解敵偽軍工作概論》，詳述了對敵工作

的客觀條件和如何進行的方法，成為對敵政治工作的指導文件。

李友邦正確地估量了台灣義勇隊的力量，義勇隊的人數不多，如果開展對敵的武裝鬥爭，直接把隊伍帶到前線投入戰鬥，相信所取得的成果不會很大，甚至有全隊覆沒的危險。但是在另一個方面，台灣義勇隊又有著大陸其他抗戰隊伍所無法取代的優勢，這就是「台灣同胞自幼在日本帝國主義的奴化教育中，學得善操流利的日語，寫通順的日文以及瞭解日人被迫來華參戰士兵的心理，因此由台灣同胞來擔任協助祖國部分對敵工作的任務，在工作技巧上較祖國同胞更為適宜」[309]。根據這一優勢，李友邦還派出精幹的隊員，深入前線及敵占區，從事蒐集情報、政治感化以及配合友軍行動等一系列對敵工作。

在義勇隊成立後的幾個月內，對敵工作基本上是派個別人員出外執行任務，「分別派隊員同志到忠義救國軍、六十三師、六十七師、一九〇師、十六師、第十集團軍及國民抗戰自衛團第一支隊等部隊」。當時這些隊員到友鄰部隊去開展對敵政治工作的主要內容有：一、敵後調查敵情，蒐集情報；二、幫忙友鄰部隊翻譯敵軍文件或詢問俘虜口供，以及接聽敵軍廣播加以分析歸納以供祖國軍隊參考；三、在前線作政治感化工作；四、教友軍祖國同胞學習對敵日文。

開展對敵工作，需要經過比較系統的訓練。台灣義勇隊剛成立的1939年裡，僅派出少量的對敵工作人員，主要原因就是隊員們尚缺乏系統的訓練。到了1940年初，訓練工作取得了一定成效，於是在這一年二月份，李友邦組成了一個戰地工作隊，開始了比較大規模的對敵政治工作。李友邦隊長在歡送戰地工作隊奔赴前線的集會上發表了激動人心的講話：

> 我們台灣義勇隊自成立以來，因各方工作的需要，在沒有訓練完畢時，就不斷地派人出去。所以在我們隊裡歡送會總隔不了兩星期便有一個，已經成為家常便飯了。但今天的歡送會和過去不同，這對每一個同志鼓舞也不同；第一，過去派出去同志多數是應個別部隊的要求而派去參加在他的部隊中工作，所以只是一個或兩三個一道出去。而這次則除了必須留隊工作外，其餘所有的同志都上前線，也就是我們

台義隊的基幹力量出發前線幫助祖國抗戰。第二，這次出發同志是在本隊集中訓練結束第一次出發工作；在訓練期中，雖然在缺人指導，以及極度困難的物質條件下，然由於各同志自覺自動的努力，所收到的效果是令人相當滿意的。譬如一些比較落後的同志，到今天他不但趕上水平線，而且還超過，這表示我們學習的進步是集體的進步，也表現集體學習的成功，別的許多進步具體事實，諸位也都可以看出來，我在這裡也不必多說。明天你們就要將你們在裡面所學習的東西拿到實際中去應用了，前線將是你們更大的學校，工作將使你們學到更多的東西。[310]

當時，國民黨政府提出了對日抗戰「七分政治、三分軍事」的戰略主張，李友邦對於義勇隊進行如此認真嚴格的訓練以及對即將出發的戰地工作隊所寄的厚望，無疑是為著貫徹「七分政治、三分軍事」的抗戰國策，這正如嚴秀峰女士所指的，「對敵政治作戰，義勇總隊遵照最高領袖蔣委員長提出的『政治重於軍事』、『政治的進攻來保障軍事的勝利』。為完成這任務必須促使敵軍士兵心理的覺悟，使之從厭戰的心理走上嘩變反正，掉轉槍口對準日本軍閥的行動」[311]。

台灣義勇隊所開展的對敵政治工作，取得了良好的成效，隊員們與敵軍下層官兵和日本人民接觸，在他們當中進行反戰反法西斯的宣傳，不但教育了一部分日本人，同時也使中國民眾、士兵得到了激勵。1939年3月，李友邦在金華開會招待日台俘虜山谷端一、林琬鍾等，轟動一時。

台灣義勇隊的對敵工作，在其他方面也取得很好的效果，「對於淪陷區域的同胞，爭取並物色有領導能力的優良人才，教授他們對敵軍談話的內容、方式，組織情報網，調查敵軍部隊番號、軍種、編制、長官姓名、士兵生活，對民眾或漢奸等的態度關係。……在以『政治的進攻確保軍事的開展』的原則下，很順利的開展。如在該部隊駐防的地方，與敵軍只一水之隔（富春江），但無論是在駐防區域或對岸之淪陷區的民眾，一般均為普遍的情報員，可謂做到軍民真正的合一。在淪陷區裡，經常散發令敵兵反戰的標語、壁報，而和敵軍對陣遭遇戰時，

部隊士兵也能沉著喊話各種口號，這對於低落整個敵軍作戰的情緒上，確實收到相當大的效果」[312]。

　　隨著對敵工作的深入開展，李友邦密切注視著工作的經驗和教訓，隨時調整方針，改進工作方法，促使對敵工作取得更大的成效。所以，每當義勇隊的戰地工作隊出發之時，只要李友邦有在總隊部，他一般都要親自為出發的同志作鼓動演講。在他的帶動下，受過嚴格訓練的戰地工作隊員們，也都養成了一邊工作一邊總結經驗的良好習慣，有些隊員因而成了這方面的專門人材。

　　台灣義勇隊戰地工作隊的辛勤勞動和卓越工作，贏得了當地民眾和友鄰部隊的高度評價。如戰地工作隊在國民革命軍第一百九十師工作期間，由於隊員們的出色工作，得到了該師師長余錦源的高度讚賞和全力支持。余師長知道工作隊的經費困難，就把自己軍隊的經費撥出一部分資助工作隊。為了感謝工作隊的成就，他給李友邦隊長寫了一封充滿感情的感謝信，信中說：

> 台灣義勇隊，有一個分隊，參加本師的抗戰工作，各同志，器宇倜儻，材藝超群，作事踏實，為戰友醫病、授課、演講、歌詠，自朝至夕，勤勞不輟，態度又誠懇和藹，使得各戰友歡娛感奮，依依不捨，他們不畏艱苦危險，更深入陣前工作，這種奮勇精神，不但把台灣的更生氣象，給與吾人深刻印象，深信台灣的革命絕對成功，將使祖國同胞的抗戰情緒，亦因震盪而愈趨高漲，真值得吾人的欣慰和欽佩！
> [313]

　　1940年9月，余錦源師長還因途經金華之便，特地來到台灣義勇隊駐地，對義勇隊的工作當面向李友邦隊長致謝。他說：「台灣義勇隊是不錯的，給政治工作者做了一個榜樣。……一般民眾都知道台灣是亡了國，讓一個親身嘗到亡國生活的台灣人同他們談談亡國的生活，會加重民眾的抗敵情緒的；而且，也使他們知道中國抗戰的偉大，連台灣人也參加了，我們自己人還不努力嗎？……要隨時隨地擴大台灣義勇隊的政治影響」[314]。余師長臨別時仍諄諄叮囑勉勵義勇隊的同志們不單要作對敵工作，更要做對士兵對民眾的政治工作，既當政治工作者的榜

樣，也當老百姓的榜樣，動員老百姓一致努力趕走日寇。〔315〕

　　台灣義勇隊戰地工作隊為祖國抗戰中的對敵政治工作樹立了一個特殊的榜樣，但是他們成績的取得是來之不易的。戰地工作隊的足跡遍及浙、贛、閩、蘇、皖、滬等東南地區，走過槍林彈雨，冒著生命的危險而出生入死。1940年6月中，李友邦隊長為應前線的需要，派兩個戰地工作小隊參加浙東、贛北××和××部隊工作，據當時參加贛北小隊吳省三隊員的記述，處境十分困難危險，「七月間，敵人在奉化方面擾亂，上峰下令，著部隊急馳往堵擊敵人，該部隊接令後，馬上連夜兼程，由江西至奉化有一千多華里的路程，不敢坐車，都是夜行日息，……隊伍跑了八、九天才到了目的地，在路上受盡飢餐渴飲夜不成眠種種的困苦。……七月念一日到了奉化周村，那時，敵人已經在老鼠山登陸了，而鎮海的炮台也老早被敵人搶去了，同時，我軍到了以後，長官立即下令與敵人開火，我們各同志第一次參加戰鬥，精神感到很興奮，也不覺得疲倦，跟著隊伍到最前線去協助作戰。火炮和機關槍的子彈，瘋狂地密集轟射，我們抱定犧牲的意志，盡我們的工作義務，向敵人喊出口號。……翌日念二日，收復鎮海，待到奉化方面的敵人完全消滅了，捷報傳到後方以後，一般的民眾都很熱烈的送了許多禮物來慰勞收復鎮海的英勇壯士，我們參加戰地工作的同志，也受到長官們萬分的欽敬。」後來，軍隊在這一帶與敵軍形成相峙的局面，戰鬥十分艱難，「敵人的炮子如火球飛騰地從頭上掠過，機關槍的子彈，如夏天的螢火蟲的穿梭，當時只因一心要殲滅日寇，來解放弱小民族，所以不感覺有什麼危險。」三個月的戰地生活，使不少戰地工作隊的隊員們生了病，吳省三也因「隨軍到各處參戰的當中，身體軟弱，受風雨的侵凌，和飲食住不適宜，以致深染成重病」〔316〕。但有的隊員，卻在繁重而又艱苦的戰地工作中倒了下去，犧牲了。高甦同志的犧牲，就是義勇隊戰地工作隊員們獻身精神的典型例子。

3.宣慰軍民工作

　　「宣慰軍民」是台灣義勇隊四項重點任務之一，除了戰地工作隊、醫療隊及全體義勇隊員隨時通過各種場合進行口頭抗日宣傳，義勇隊還出版《台灣先鋒》及《台灣革命叢書》等書刊，進行文字宣傳。至於通過文藝宣傳宣慰軍民的活

動，還不能不歸功於「台灣少年團」這一支朝氣蓬勃的新生隊伍。台灣少年團也與台灣義勇隊一樣，「以幫助祖國抗戰作為目下工作中心」，其開展工作的主要內容有：

一、我們作一般的普遍的宣傳，喚醒祖國同胞抗戰到底，把台灣革命及台灣人被壓迫的情形告訴大家，使祖國民眾能覺悟起來，這增加了祖國抗戰力量，也就是增加了台灣革命的力量。

二、在祖國抗戰，祖國政府所有的一切號召，如勞軍運動、獻金運動……等，我們都必須回應，必須切實執行，使政府號召能完滿的成就。

三、在祖國的抗戰中，祖國的小朋友們也起來了，拿出他們的小力量，組織各種救亡團體，所以我們要和他們取得密切的聯絡，共同進行工作，對於祖國尚未組織的小朋友，我們要儘量幫助他們，把他們組織起來，集中我們小朋友的力量，打倒共同敵人，日本法西斯強盜，求得弱小民族的解放。[317]

從李煒的記述中，我們可以知道台灣少年團是一個「一面工作，一面學習」的革命組織。嚴秀峰女士在回憶中亦云：「台灣少年團的團員，皆係由敵人血手裡逃出來的八、九歲至十四、五歲的兒童，三年之中，少年團教育的原則為『工作即學習，學習即工作』。在生活方面，採取緊張、活潑和嚴肅的三個原則；在學習方面，一般基本學科有：國文、算術、地理、歷史等科，革命理論有：三民主義、台灣問題、祖國抗戰、兒童問題等；其他在技術教育方面有：歌詠、戲劇、舞蹈、日文、軍事操等，在教育方式上注重啓發和集體討論、互相競爭等方式，因此三年中在學習上的收穫，從一字不識，進而約略懂得什麼叫抗戰，為什麼要抗戰以及怎樣抗戰等道理。他們不但認真用功努力學習，武裝了他們的小頭腦，在工作方面更以戰鬥的姿態，活躍於東南沿海諸省的戰場上」。[318]

雖然台灣少年團是一批待教育的少年兒童，他們的文化技能遠遠不能與成年人相比，但自從1939年2月組建以來，他們也和義勇隊的大人們一樣，很快就投

入了抗戰的工作，從台灣少年團成立一年來的工作學習情況看，他們的主要活動範圍還只是在浙江省內，特別是在台灣義勇隊的本部金華城內。但是經過一年來的學習和工作的鍛鍊，他們的文化技能和思想素質有了很快的提高。因此，從1940年上半年起，他們的足跡也同台灣義勇隊的大人們一樣，開始走向江西、福建、安徽等東南地區的各個省份。4月29日，他們出發前往江西前線，宣慰在前線浴血奮戰的國民革命軍部隊，「直到5月11日才回到金華，各機關募捐了二百多塊錢買了日用品送給我們」[319]。少年團初次出征勝利歸來後，李友邦和義勇隊的其他領導人都十分重視，「特於5月13日開一上饒工作檢討會，除了全體團員出席外，且特請李總隊長、張秘書、牛組長、王代組長、區隊長，以及部隊幾位同志列席指導，檢討之次序為：工作報告、工作優點、缺點的檢討、經驗教訓等；最後李總隊長等皆有訓話。」[320]

6月18日，少年團再次前往江西，「經江西轉赴×××（福建崇安）工作，沿途與各縣各小學兒童舉行聯歡會及座談會，以促進中台兒童的聯繫。到目的地時，曾向某地長官獻旗致敬」[321]，「1940年6月18日，台灣少年團員20多人受團部的委託，由該團黃志義、李煒等率領，經上饒於20日回崇安縣進行慰問。在台童教養所開會歡迎，少年團代表向家長和兄弟姐妹們報告在前線的生活、工作情形，家長和小台胞聽了都十分感動。26日上午，縣長劉超然在縣政府召開會議，歡迎台灣少年團。縣長、秘書、科長、職員等五十多人出席。縣長熱情洋溢地致詞歡迎，對小台胞在抗日前線的義舉表示嘉許。少年團在歡迎會上向縣長獻旗，旗上繡了『台胞之友』以答謝縣政府對崇安台胞的關懷照顧。29、30日少年團演出兒童獨幕劇《為了大家》和保留節目《打倒漢奸》及舞蹈、歌詠、相聲等，參加慰問演出的各界人士一千多人，不時爆發熱烈的掌聲」[322]。直至8月初，始帶領新近加入少年團的幾十位小朋友回金華。

1941年上半年，台灣少年團主要在衢州、蘭溪、寧波前線一帶活動。下半年，少年團遠赴安徽南部前線工作，「10月8日，（少年團）赴皖南工作，據來電報告，已與台影隊會合於徽州，工作進行極為順利。11月8日，去屯溪工作」[323]。是年底至1942年2、3月份，少年團再次前往福建，到崇安、南平、永

安、連城、龍岩、南靖、同安、晉江、惠安、莆田、閩侯等地進行巡迴宣傳，「三月底開抵漳州及閩南沿海前線××等地工作」[324]。當地報紙紛紛報導了少年團的活動。

當1940年6月少年團的一部分隊員回到他們曾經共患難過的福建省崇安縣，這裡有他們的長輩親戚，有小時的夥伴，但更重要的是他們的這次回來是為著義勇隊的宣慰工作。少年團員們經常用演戲、唱歌的形式來宣慰前方的將士和後方的民眾，他們演唱的節目，也都充滿著天然的童趣，歌謠是那樣地樸實無華，感情是那樣的真摯、動人。正是這些樸實無華而又真摯動人的演說宣傳，常常地打動了戰士們的心，啟發了民眾的鬥志。「從台灣孩子口中講出的台灣殖民史是以親身家庭經歷為素材的最真實面貌，殖民地孩子站在街頭參加抗戰的弱小身軀是最佳見證。這一支隊伍在浙江受到廣大的歡迎，被當時的《東南日報》稱為是『抗日宣傳的有力勁旅』。」[325] 在少年團員們自己寫的戰地報導中，我們也可以領略到他們對於自己的工作受到戰士們的歡迎而充滿著自豪的神情，郭輔義團員寫道：「浙東局勢緊張，前方將士們在冰天雪地裡為了正義、和平，在浴血中和敵人拼命，把鬼子打得落花流水，祖國的將士勇敢的精神，真使人敬佩！我們為了將士們打仗更有興趣，所以我們去慰勞他們，使將士們高興打敵人。……我們並沒有帶了物質的慰勞品，只有帶了熱火般的小心靈，在敵人的飛機轟炸之下，我們一點不驚慌，我們在瓦片淒涼的道路上走過各部隊單位去訪問他們，我們表演歌詠演講，還把後方的情形告訴給他們聽。……他們看了都非常快樂，比較輕的傷兵，他們都準備再到前方去同敵人拼命，比較重的傷兵他們的心都想要回到前方同敵人拼命。……我們慰勞前方將士及傷兵，都給祖國的將士和傷兵，增加了不少的勇氣」[326]。江華團員在報導他和小朋友們的浙西、浙東之行時寫道：「第一期訓練完畢，便出發浙西各縣，……所到各地，互相之間都留下極深刻的印象，祖國同胞，看到這一群久離祖國的兒女們今天仍回來了，非但增強他對日寇的仇恨，又增加了抗戰勝利的信心。這從他們到處給我們的幫助和撫慰上充分表現出來。……到浙東沿海慰勞前線戰士，……當我們在部隊中時，戰士們一空便找到我們玩、談話，宛如自己人一樣，雖然在火線上，卻像在家裡一般。每天傍

晚教他們唱歌，和他們做遊戲，輪流演劇給他們看，講故事給他們聽。可惜事實不允許比較長期工作下去，只好和這一群可敬愛的將士們依依地離開。臨別時在很緊張的情況下，還開了一個盛大的歡送會，那情景至今還深深的印在我們腦海。……從成立到現在，團是做了一些應做的工作，並且成效也相當大，因為是小孩子又是台灣小孩子，所以我們每一句話，都很能引起祖國同胞的重視，今後當繼承過去的成績，更腳踏實地地為祖國抗戰盡最大的努力」[327]。

台灣少年團的戰鬥歷程，不僅感動了前方的將士，而且也對祖國的一般民眾特別是青少年產生了很深的感染力，全國各地的青少年團體經常寫信給台灣少年團，對他們的事蹟深表欽佩，表示要相互學習，共同創造祖國的未來。[328]台灣少年團的英勇事蹟，還傳到了台灣和海外，《台灣先鋒》第五期登有一封讀者噓軍的來信：

《星島日報》，曾把你們的戰鬥生活和工作介紹過，對你們很欽佩、羨慕，祖國的好孩子，我不知道為什麼會這麼地懷念著你們。

從這兒一家報館的編輯室，得閱《台灣先鋒》，真是雀躍三尺，你們在前線熱烈的工作，抓緊任務以實踐工作為中心，加強自我教育，我心坎裡想：「你們真是祖國戰鬥的好孩子」[329]。

寫信的這位青年，還寫了一首詩，表達他對台灣少年團團員的關切心情。

台灣少年團的事蹟還引起了海外華僑的重視和關心，南洋華僑回國慰問團於1940年5月到浙江時，曾慰問台灣義勇隊和台灣少年團。慰問團的代表陳忠贛先生見了少年團的團員，非常高興。他說：「台灣同胞是富於革命性的，是的，鄭成功的後裔是不甘做人奴隸的。各位在祖國組織義勇隊、少年團，努力工作，尤其是連這樣小小年紀的小同胞們都擔起這樣偉大的工作來了，這是我們大家所敬慕的」[330]。

台灣少年團也曾經在日本戰俘的說服教育工作中發揮作用。1940年2月，台灣少年團在諸暨縣後方，同一位名叫梅本原一的戰俘用日語交談，向他進行反戰教育，這位日俘十分感動，說他自己的孩子在日本也像少年團這麼大，他從胸中

拿出照片看，竟哭了起來。這個日本木匠被拉來參加「天皇聖戰」，不知所以，卻在少年團的說明中，重新認識這是一場侵略戰爭，中日的人民與孩子都是受害。梅本原一竟因此走上了反戰的一面來，這是連軍隊都未曾估計到的效果。[331]

當年的台灣少年團員們，現在大概都要進入古稀之年了吧。燃燒著抗日烽火的吳越大地，曾經是台灣少年團員們生長過的搖籃、戰鬥過的沙場；而把他們領上抗日革命道路的李友邦隊長，既是他們可敬可畏的長官領導，又是他們慈祥依賴的恩人師長。這一段不平凡的經歷，無疑將永遠留在台灣少年團員們記憶之中，而他們的戰鬥業績，也將與吳越大地的山山水水青春長在。

4.生產報國工作

在開展醫療工作的同時，根據隊員的特長及抗戰工作的需要，台灣義勇隊也把生產報國作為基本任務之一。但當時所從事的生產，主要是與軍事和醫療有關的樟腦和藥品的製作，據1939年3月至1940年3月的記載，義勇隊在浙江金華、雲和以及福建崇安等地均有製作樟腦和藥品的工廠：

> 一九三九年三月，派隊員李升平往雲和縣，協助縣政府從事樟腦製造準備工作，二周回隊。
>
> 四月，協助福建建設廳，在福建省崇安，設立樟腦製造廠，製造樟腦，現已有大批出產，工作仍繼續中，蓋樟腦為軍火製造必需之物，本隊隊員適有此項人物，故工作成績頗為良好。
>
> 八月，派隊員莊德三前往浙江省建設廳代為設計樟腦製造事宜，九月，建設廳在麗水設立樟腦製造廠，派莊德三、李升平二人協助製造樟腦，現仍繼續工作中。
>
> 一九四〇年三月，派隊員莊惠民、黃授傑等往金華東關鄉藥品生產合作社，義務擔任藥品製造工作，現仍繼續工作，該項製造工作，係採用祖國國產原料改造，至出產品則係據目下戰場所切需者而定。[332]

在生產隊員們的努力下，台灣義勇隊的生產工作取得了可喜的成效，李友邦在1940年的工作總結中欣慰地寫道：「後方生產工作：本隊隊員中，具有國防生

產技術者亦多，除能製造素爲台灣大宗出產且爲軍火及醫界所必需之樟腦及樟腦油外，尙可製造目前急需之各種藥品，此種工作，應祖國各方之請而派遣隊員協助生產者，有浙江省建設廳所設之樟腦製造廠，有福建省建設廳在閩北崇安所設之樟腦製造廠；本隊隊員在該廠等設計製造，現已有大批出產。至於製藥方面，則有金華某地藥品製造廠聘請本隊隊員爲技師，所製藥品，皆視祖國抗戰之需要而定。目下著手製造者，爲戰場上所迫切需要之麻拉利亞藥水和皮膚病藥膏，與最近需要廣大之胃病特效藥。抗戰以來，一以海口被日寇封鎖，一以外匯之必須節用，以致國外藥品之來源幾乎斷絕，如奎寧一物，竟貴至戰前數十倍，甚至於從未在戰場上所多見之病，故尤爲盡力，以應需求。同時我們更顧全到祖國的物力能夠達成『物盡其用』，因之本隊隊員所能製造各藥，全都採用祖國國產原料，以西法製造，這不特可以補救目前藥品之缺乏，且可避免醫藥界長久依賴德日等國之弊。現今我們能製造出產的各種藥品，多數正在送往前方部隊去供給應用」[333]。

（三）駐龍岩時期台灣義勇隊、台灣少年團的抗日活動

1.移駐龍岩，壯大隊伍

　　1942年5月，日本侵略軍發動浙贛戰役，台灣義勇隊奉令移駐福建，開始了長達5個多月的轉移行軍。

　　當5月初旬，日軍在浙東、浙西調動頻繁，大有「山雨欲來風滿樓」之概，浙江軍政當局開始作了萬一的準備。台義隊決定將一部分輜重及留隊的少年團與家屬等先行西撤江山。5月15日，日軍分路向金華、蘭溪方向侵犯，17日西路桐廬失陷，東路東陽吃緊，浙贛路西段鷹潭也岌岌可危。蘭溪瀕臨桐江，敵艦半日可達，台灣第三醫院（蘭溪）也奉令撤退江山。此時金華城區敵機轟炸日趨劇烈，台灣第一醫院（金華）也不能工作，於是也決定疏散。台義隊隊部人員及部分輜重也於18日午後搭上西開的列車離開金華。19日列車在龍遊湖鎭站等待修復軌道，突遭遇敵機轟炸，列車被毀，台義隊輜重也全部焚毀，幸人員全部無恙。到25日全部人員已在江山集中。爲救護西撤軍民起見，台義隊指派第一區隊在江

山城區成立臨時醫院。5月末，金華、龍遊先後失陷，江山吃緊，台義隊退駐峽口，並決定越仙霞嶺入閩。但此時交通運輸已感萬分困難，鄉民多數避入山中，千方百計方僱到少數民伕，從6月上旬起到7月初，台義隊才全部到達閩北浦城，而中途因敵人迫近，一部分輜重及藥品不得不自行破壞，能夠搶運到閩的一部分，還是靠各隊員犧牲私人物件搶救出來的。[334] 隨同台義隊撤退的少年團員，在行軍途中，服裝整齊，各自背上挎包，從不掉隊。在途中幾次遇上敵機轟炸掃射，也不害怕。他們說：「日本飛機下蛋，我們是見慣了的，沒有關係」。行軍中，他們還幫助家屬拎東西，照顧小孩。在聽到敵機遠遠飛來時，就招呼家屬們臥倒在道旁的溝裡。在行軍時他們還用唱抗日歌曲來消除大家的疲勞。他們的挎包裡都藏著一二本心愛的讀物，在就地休息時，總要拿出來讀一點。每經過一個集鎮或大的村莊時，總有一群小孩好奇地跟在後面嚷著：「小兵，小兵。」「來看呀，還有梳小辮子的女兵呢」，有一些好心的大人看了，就笑眯眯地喊他們一聲「小鬼」。

7月末到南平，義勇隊隊部住在建溪東岸的一家造紙廠裡，少年團住在離隊部二三里地的一個倉庫裡。這時敵機仍常來偵察轟炸，但少年團員們仍然堅持學習。有一天上午，他們為了避開敵機的干擾，都到田野裡去開會，總結經驗。真巧，那天的敵機在南平上空盤旋了一陣，投下幾顆炸彈，有一顆落在少年團住的倉庫旁邊，炸了一個大坑，倉庫的牆壁有幾處也被震裂了。事後問他們怕不怕？他們回答說：「要是怕死，就不來參加少年團了」！在南平休息期間，韓台劇團演出《結婚進行曲》，少年團也參加演出，他們在該劇開幕之前，上台合唱《黃河大合唱》，由韓台劇團的政治指導員陳宗谷指揮[335]。此時於年初來福建作巡迴宣傳的大部分少年團員，也已奉令從漳州到龍岩集中，指導員黃志義也趕來南平述職，並帶領從金華撤退來的少年團員一起去龍岩。9月，台義隊離開南平，經沙縣、三明到達福建省戰時省會永安。10月中旬，順利到達閩西龍岩。

到了龍岩，義勇隊隊部設在龍岩縣城東門外中山東路的林家祠堂裡，少年團住在城郊白土鄉溪南村的邱家祠堂裡，離隊部約七八里地。

抗日戰爭爆發後，福建沿海金廈及福州先後被日軍占領，福建的機關、學校

都內遷閩西北永安、南平等地，台義隊移駐閩西龍岩，緊鄰漳州、廈門、泉州等台胞祖居地閩南，且在漳州設立通訊處，便於開展抗日宣傳和對台工作。直至1945年8月抗戰勝利後，台義隊才離開龍岩，在這裡整整活動了約三年時間。

　　1942年10月台義隊到達龍岩時，人數只有165人，以後不斷從漳泉等地招收台胞和有志青年參加義勇隊，並繼續招收崇安台胞參加，同時也招收一批少年團團員，不斷擴大隊伍。到1943年6月，已擴大為三個區隊，九個分隊，有隊員184人，少年團員117人，共301人，總隊長李友邦，副隊長李祝三，隊部設總務組、指導訓練組、編輯通訊組，另設駐渝通訊處、閩南通訊處，後又增設駐饒通訊處。楊純青為總務組組長，徐去非、郭汝侯為組員；洪石柱為指導訓練組組長，陳守青、黃志義、陳唯奮為組員。牛光祖為編輯通訊組組長，唐澤明、潘華為組員。謝挣強為駐渝通訊處主任，曾溪水為通訊員；李明法為閩南通訊處主任，陳步雲、李獻中為組員。蔡人龍為第一區隊長，鄧東光為區隊附，黃振梁、鄧東介、郭裕民分別為第一、第二、第三分隊長；王正西為第二區隊長，劉新民為區隊附，鄭約、吳省三、曾溪水（兼）分別為第四、第五、第六分隊長；馬士德為第三區隊長，李復為區隊附，劉敏夫、翁祖基、張健民分別為第七、第八、第九分隊長；王正南旋為少年團團長。[336] 到1943年12月開羅會議後，收復台灣已排上議事日程，隊伍進一步擴大，台灣義勇隊正式擴編為總隊，李友邦晉升為中將總隊長，[337] 下設四個支隊，李明法為第一支隊長，駐龍岩總隊部，陳克新為第二支隊長，駐漳州，第三支隊為建陽台灣醫院醫務工作者，第四支隊為對敵工作團。到1945年5月初，為配合盟軍登陸台灣並協助建立光復地區行政機構及救濟事業，工作繁重，台義隊申請招考隊員50名，增設一個區隊，獲得軍委批准。到5月底，已有官佐322人，士兵59人，合計381人，[338] 為義勇隊成立以來人數最多的時期。

2.幹部培訓與少年團整訓

　　到龍岩後，李友邦隊長根據新情況提出今後工作的四點原則性意見：第一，台義隊今後工作，應繼續強調台灣革命的任務，即台灣的命運同祖國的命運緊密聯繫在一起；第二，應充分運用軍委會政治部授予本隊的許可權，主動聯絡龍岩

黨政軍機關和各界人士，廣交朋友，便於開展閩浙東南沿海工作；第三，為適應工作需要，必須擠出經費再招收一批台籍青少年（含非台籍青少年）；第四，龍岩一帶沒有台胞，工作重心應放在閩浙東南沿海，儘量把同志派出去工作，團結聯絡更多更廣的台胞。據此，隊本部決定開辦台義隊幹訓班，每期為三個月，訓畢即派出去工作。台少團進行整訓，進一步提高思想素質和工作技能，以適應形勢發展需要。[339]

10月24日剛到龍岩不久的李友邦隊長就向國民黨中央執行委員會秘書長吳鐵城函報：「生已於激戰後奉命率隊入閩，現紮龍岩，今後一面整訓，一面加強工作。惟重任才淺，當乞吾師不遺在遠，時須教訓，俾吾遂循為幸」。12月1日吳秘書長覆函：「義勇隊任務重大，至盼加強訓練，切實工作，以期激發忠義，達成偉業，無任翹企」。[340]

到龍岩後，李友邦隊長要求隊員10月底前做好生活安排工作，11月1日第一期幹部訓練班即正式開訓，在龍岩的全體隊員約7、80人都參加訓練，「採用軍事管理，施以嚴格的學術科並重的訓練」。軍事課包括出操、行軍訓練、射擊等，政治課有精神講話、社會發展史、台灣革命史、游擊戰術等課程，由李友邦、潘華、洪石柱、李祝三、牛光祖等擔任講課。幹訓班與黃埔軍校一樣，實際是以加強政治思想教育為主，通過教育，一方面「以期加強各員革命意志，增強主觀的力量，來適應客觀的要求，……加強培訓大批優秀的台灣革命青年，使其個個成為將來可以單獨作戰的健全的戰鬥員」。「另一方面更要『製造』一批制敵死命的『革命炮彈』——台灣軍事幹部，作為未來建軍的準備」[341]。李友邦在開學典禮和畢業典禮上都作了重要講話。在開學典禮上作了《研究三民主義應有的認識》報告，指出：要研究三民主義，首先要認識國父的人格和精神，並列舉國父的現實主義、大公無私的寬大胸懷、謙虛的學習精神、英明果決的處事、先知先覺的見解、寬宏大量的態度、深淵博大的思想、百折不撓的革命意志等八點，「作為我們革命修養和奮鬥工作中的模範和鞭策」，強調「這種精神是建築在堅強的信仰——三民主義上的，因此，我們應在現實上建立堅強的信仰，在堅強的信仰上建立百折不撓的革命意志」。接著講到怎樣研究的問題，指出要從中國社會經濟性

質、中國革命任務、中國革命運動史、國際政治的演變、國父的思想中、國父所處的環境與時代六個方面去研究，才知道擔負起中國國民革命的任務，才知道收復台灣的使命。否則會對目前抗戰及台灣革命的前途會起懷疑，會生悲觀，而對精神團結，一致禦侮就不會付諸行動。[342] 李友邦在這裡反覆以孫中山的人格和革命精神教育隊員，並強調要從中國社會和中國革命的實際出發，認識時代所賦予的使命，並以堅強的革命意志完成所擔負的使命。

1943 年 1 月在畢業典禮上李友邦又作了《做事應有的認識》的重要報告，首先肯定兩個月的培訓已取得「滿意的收穫」。接著指出畢業後將要分發各地去工作，「又是新的訓練的開始」。新的訓練的主題是「待人接物」，即「知人曉事」。他根據現階段台灣革命的任務與台義隊目前的條件，提出做事應有 10 點的認識，希望隊員「能帶到工作中去靈活運用，俾能齊一步調，加強效率」。10 點的認識首先是「以重心度量事物」，即要大家樹立以「造福人群，改造世界」的人生觀。認為「重心於革命者是有著極重要的關係，只有有了重心的人，做事才不會依興趣的漲落而時冷時熱，因勝利的得失而時明時黑；也只有了重心，觀察才不會失卻根據，行動才不會沒有原則」。第二，「以堅貞滋長革命」，認為「只有意志堅強之人，才能負荷艱巨，才能冒險犯難；只有氣節貞潔的人，革命才能一貫到底，歷久不變」。第三，「以團結爭取進步」，因為「只有以團結來求進步，才能使進步得到迅速而確實，同時，也只有為了進步而求團結，才能夠保障團結，鞏固團結。」第四，「以紀律健全組織」，認為「紀律是革命組織的生命，是革命行動的武器」。第五，「以赤誠開拓前途」，第六，「以自強獲取外援」，第七，「以工作擴大任務」，第八，「以發展當作成績」，第九，「以實踐豐富自己」，第十，「以檢討充實工作」。他特別強調「理論不能離開實踐，離開了實踐的理論，就變成了空論，我們應從實踐中去體會理論，並進一步去發展理論，只有多多實踐，才能豐富自己，使自己從幻想、空洞裡解放出來，成為一個幹練的工作者」。[343] 李友邦在這裡強調了人生觀、革命意志、組織紀律、檢討工作的重要性，並精闢地闡述了團結與進步、赤誠與前途、自強與外援、工作與任務、發展與成績、實踐與理論的辯證關係，是指導義勇隊思想建設的重要文獻。

1943年台義隊在閩南抗日宣傳活動中，陸續吸收了數十名新隊員，並舉辦了第二期幹部訓練班。1945年抗戰勝利後又擴招了一批新隊員，並在廈門舉辦了第三期幹部訓練班。通過幹訓班不斷培訓新幹部。1943年至1945年，三青團分團部也先後舉辦了八期幹部培訓班。

　　台義隊團除自己舉辦幹訓班外，1942年9月還抽調隊員23人參加在江西泰和舉辦的「台灣黨務工作人員訓練班」，至12月25日結業。隊員謝挣強、曾溪水還參加了1944年12月至1945年4月由國民黨中央訓練團在四川舉辦的「台灣行政幹部訓練班」。

　　在辦幹訓班的同時，台義隊也對少年團進行「整頓教育」和「訓練教育」。並對少年團的領導機構進行了調整。李友邦不再兼任少年團團長，委派原小隊長王正南為團長，徐光為指導員，林元龍為副團長，並由此3人組成團委會。分設總務、生活、學習、宣傳四股，委派曾海塗為總務股長，黃月華為生活股長，朱倬為學習股長，徐光兼任宣傳股長，並由以上6名幹部組成團幹事會。全團分3個小隊，共有團員90多人 [344]。李隊長要求少年團員要學會自己管理自己，養成獨立作戰能力，隊本部只臨時派若干名指導員負責教授少年團員的文化、政治、軍訓等課程。在龍岩時期先後擔任指導員的有李文渭、王則行、張盈、徐仲言、江灝等。

　　少年團的整頓教育也於1942年11月開始，由於指導員黃志義調幹訓班學習，李隊長派潘華秘書來團負責整頓教育工作。這次整頓教育「著重從政治思想、組織紀律著手」。目的是要使少年團裡的生活秩序儘快正常化起來，在提高大家思想的基礎上，總結經驗教訓，把團裡的秩序整好後，再學習新的知識，排練新的演出節目，「準備迎接新的抗日宣傳任務」。 [345] 3個月的整頓結束後，李隊長原計劃抽調一些義勇隊醫生和一部分少年團員共同組織一個「戰地慰問團」，到日軍退出的衢州、金華、蘭溪等地去慰問當地軍民，並為他們看病。但上饒第三戰區政治部害怕義勇隊和少年團重返浙江工作，而不予批准。李隊長從少年團肩負台灣革命和建設的雙重任務來考慮，亟需抓住這個工作間隙，讓他們在現有的基礎上再提高一步，以適應今後工作的需要。因此決定要少年團員坐下來系統學習一段

時間，進行5個月的訓練教育。

在整訓開始前幾天，1943年2月22日，李友邦爲少年團成立四周年寫了《今後的努力方向》一文，指出跨入第五個年頭少年團的努力方向是：「根據少年團團內現有的條件與他在革命上所負荷的任務，今後應該全力朝著『爭取正軌』這個方向去努力。我們在生活上要科學化，學習上要專門化，工作上要生產化。其目的就是爲了要在今日裡準備明天，在學習中準備戰鬥，在『修己』上準備『新民』」。[346] 根據李隊長的要求，確定了少年團的整訓計畫是：全團同志通過工作總結和比較系統的理論學習、文化學習，對抗日戰爭的革命鬥爭意義應有進一步認識，並將認識化爲力量，同時在原有基礎上能較大地提高文化水平，樹立爲中國革命和台灣革命長期鬥爭的理想。爲達到此目的和要求，該計畫強調思想建設的重要性，一切從思想教育抓起，提出在學習、工作或是生活中，人人應該做到「三從」、「四自」，樹立新思想，培養新風尚，力爭做一名革命的小主人。這「三從」是：一切從於公字，反對個人主義；從實際出發，反對空頭主義；從嚴要求自己，反對自由主義。「四自」是：加強自我管理，事事以自力更生爲榮；加強自我教育，把開展批評與自我批評作爲推動自己進步的武器；養成自已動手的習慣，從實踐中求眞知；加強自我鍛鍊，從刻苦耐勞中磨練出眞本領。團本部將對發生的情況、新問題，及時地進行研究，以貫徹上述精神。[347]

當時少年團住在農村，首先遇到的是軍民關係問題。根據李隊長提出義勇隊、少年團要嚴守軍紀的要求，團部訂了幾條群眾紀律：一、對群眾態度要和藹，有禮貌；二、不許打罵群眾；三、不許侵犯群眾利益；四、個人不許擅自向群眾索取東西；五、借了群眾的東西一定要歸還；損壞了群眾的東西一定要賠償；六、違反了群眾的紀律，必須做出檢討，並及時向團部報告等等，要求全體團員牢固樹立群眾觀念，加強組織紀律性。[348]

整訓於1943年3月開始，由於全團團員年齡和文化程度參差不齊，爲了便於整訓教學，分成大、中、小三個教學班，後又增設一個文化班。大班有十幾個人，由潘華任主要老師；中班有40多人，由江灝負責；小班有20多人，由李文渭負責；文化班有十幾個人，由張淑貞負責。隊部還派徐仲言來當文化班老師，又

派區隊長陳唯奮（黃埔軍校畢業生）來擔任軍訓教官。隊部另派團醫鄧東介、柯毅等不定期地給大家體檢和診病。

大班的學習課程有《三民主義》、《台灣革命鬥爭史》、《社會常識》、《生活常識》、《語文》、《數學》、《歷史》、《地理》、《世界地理》、《時事與形勢》、《日文》、《英語》、《寫作》等；中班的課程有《三民主義》、《台灣革命故事》、《國語》、《算術》、《歷史》、《地理》、《生活故事》、《時事報告》、《寫作》、《日文》、《書法》等；小班的課程有，《革命故事》、《國語》、《算術》、《中國歷史》、《中國地理》、《習字》、《日文》等；文化班的課目主要是文化學習和講故事，談心得，並參加軍事訓練。張淑貞老師在文化班採用的教學方法是：學生先自學、查閱字典，加深理解，後在班上講認識和體會，老師和班上同學最後再給講評補充。同學們反映這種學習方法很好，學得快，記得牢。

此次整訓還對學員提出了以下幾點要求：首先是端正訓練學習的態度，明確訓練學習的目的；第二，堅持「學與習相結合」的原則和「學以致用」的精神，反對教條主義的訓練學習方式；第三，堅持「聽課與討論相結合」的原則，提倡發揚刻苦鑽研的學習精神；第四，堅持「自我總結為主」的原則，提倡自覺、自學的精神；第五，提倡「小先生制」的互教互學原則，發揚謙虛謹慎精神，反對驕傲自滿情緒。為使全體團員從小養成為人坦誠的好品行和民主謙虛的優良作風，規定各班每周召開一次「生活會」，開展批評與自我批評，便於發揚優點，克服缺點，相互鼓勵，相互監督，並做為實現「整訓」計畫的保證。另規定大班的團員，每人每日寫篇日記，寫「整訓」中一事一題的主要收穫或主要的思想變化。這是為了團員的思想能及時溝通和提高寫作水平。指導員則抓緊時間進行認真批閱，給予及時的指導。「整訓」生活是緊張的，但始終是循著「團結而緊張，嚴肅而活潑」的優良風氣，每半月舉行一次「同樂會」，或是請老鄉參加的「聯歡會」。大家在會上度過一段歡樂的美好時光。

通過內容豐富的3個月學習、2個月實習的「整訓」，豐富了知識，提高了政治水平，多數人有了長足的進步。「整訓」使大家對革命和革命者的涵義有了深刻的認識和理解，認識要做一名真正的革命者，定要經得起過「四關」的考驗，

即不爲「名位」而失志，不貪「金錢」而變節，不爲「美人」而失節，不畏「生死」而盡忠。參加這一嚴格「整訓」的戰友們，受到了革命大熔爐的錘煉，獲得了新生。[349]

3.成立三青團，培訓青年

　　1938年7月以蔣介石自任團長的中國三民主義青年團正式成立，以培訓全國愛國青年來充實抗戰的後備力量爲號召，實則是組訓國民黨的後備力量。很快把三青團組織推向全國，在各省區建立了三青團組織。1940年初，李友邦到重慶交涉台灣義勇隊的批准問題時，三青團中央幹事會幹事康澤便把在該隊成立三青團作爲批准的條件之一。1942年4月2日，台義隊奉令開始籌組三青團組織，以李友邦爲籌備主任，李友邦對此並不積極，拖延未辦，5月浙贛戰役爆發，台義隊忙於向福建轉移，但在轉移途中旋接到三青團中央限令8月1日前成立三青團的命令，遂於8月1日在南平正式成立三青團中央直屬台灣義勇隊分團籌備處，李友邦發表《台灣青年的任務與今後的修養》文章，闡述自己對成立三青團的目的和任務的看法。經過半年多的組訓、宣傳和發展組織等籌備工作，於1943年1月在龍岩召開第一次團員大會，正式成立三青團。大會選舉幹事9人，候補幹事3人，監察3人，候補監察1人。公推李友邦爲分團主任幹事，李祝三爲分團書記（1944年2月由牛光祖代理書記，同年7月委派張士德爲代理書記），幹事會下設總務、組織、訓練、宣傳、社會五股，其基層組織則根據台義隊組織和工作特點編隊，設第一（隊本部）、第二（少年團）兩個區隊，每個區隊下分設3個分隊。大會發表了宣言，號召要「聯合全台青年……，以最英勇的姿態，來完成『保衛祖國，收復台灣』的艱巨的革命任務。」隨著新團員的增加，同年9月增建一直屬分隊（對敵巡迴團），吳省三爲分隊長，同時增設漳州（組長陳步雲）、同安（組長鄭約）、泉州（組長曾鴻輝）、建陽（組長黃錫侯）四個組。1944年7月又增建三個區隊（其中一女青年區隊），一直屬分隊。到1944年10月，進行組織整頓，把總務、組織、訓練、宣傳、社會五股合併爲總務、組訓、宣社三股，下設四個區隊，五個直屬小組，一個直屬分隊（浙江），共有團員190人，其中男團員166人，女團員24人，在隊團員169人，社會團員21人，台灣籍團員92人，福建籍90

人，廣東籍3人，浙江籍5人。第一區隊為訓練隊，李長江為區隊長，第二至第四區隊為少年團，王正南、徐光、曾玉芳分別為區隊長，第一至第五直屬小組分別為龍溪、同安、晉江、建陽與隊本部，陳步雲、鄭約、曾鴻輝、黃錫侯、陳希聖分別為組長，浙江直屬分隊分隊長蕭集成。[350] 自台義隊分團部成立後，凡16歲以上隊員都加入三青團組織，同時逐步吸收居留祖國大陸及淪陷區的台灣有志青年參加。

1943年3月29日，三民主義青年團全國代表大會在重慶開幕，台義隊分團李祝三書記出席了大會，並於4月3日舉行的第五次大會上作了發言，報告台灣同胞在敵人蹂躪下所嘗試過的各種奴隸生活與台胞革命志士對日搏鬥經過，且簡略介紹了台灣分團部的工作，最後提出三點希望：一、台灣是中國領土，在失土未復的前夕，須要確定對台的政策；二、促進台灣革命團體和革命力量的集中，密切聯繫，合理分工；三、設法消除少數祖國同胞對台灣的歧視，給予台胞法律上平等的待遇與保障。他的報告得到全場熱烈鼓掌，經久不息，在場每個出席代表「愈有收復台灣是青年的責任之感」。[351]

1944年11月在龍岩召開台義隊分團第二屆團員大會，會場上高掛「灑熱血保衛祖國，拼頭顱收復台灣」的對聯，出席團員117人，其中有女團員11人，並有多對父子或父女、兄弟或姐妹同時出席的團員。會議由李友邦主任致開幕詞，追述分團成立的經過及組織的發展情況後，強調「團員大會最重要的是發揚民主精神。發揚民主，才能充分做到集思廣益，創造方法，改進團務。但是強調民主的觀點，本人認為應當是不脫離『為公樂群』與『團結進步』。因為這樣才能免於散漫、放任、自私自利，才能做到克服缺點，發揚長處」。[352] 繼由張士德代理書記報告一年來分團的工作概況，接著總務股長李中輝，組訓股長林樹勳，宣傳股長李瑞成，一區隊代表李長江，二、三區隊代表王正南、浙贛分隊代表王正西、同安直屬小組代表及常務監察洪石柱等相繼作各部門的工作報告。最後討論提案，大會共收到76件提案，經審查後提到大會討論的計40件，經過熱烈討論均議決通過，提交三青團中央及國民黨當局採用。提案的主要內容有：修改憲法第四條，在中華民國領域裡補列台灣，以重國土主權；劃定台灣的國民大會出席代表及參

議員名額，以示台胞為我國國民而利收復國土；舉辦政治、軍事等各種訓練班，組訓台灣青年幹部，以便收復台灣；分團設立台灣建政研究委員會，各區隊設立台灣問題研究組，將研究成果送中央抉擇；組織「戰地服務團」，使團員參加實際工作鍛鍊，培養將來從事建設台灣工作能力；擬請建立武裝區隊，以配合盟軍登陸台島等等。可見，大會所議決通過的40件提案，大部與收復台灣、建設台灣與今後團務開展有關，充分體現了台義隊團員對於抗戰勝利和收復台灣的高度決心和信心。[353] 大會還發表了宣言，肯定了八年來「保衛祖國，收復台灣」的工作取得的成就，並號召「散處祖國各地的台灣青年，除更積極參加各項抗戰工作外，更應隨時準備作為收復台灣的先鋒。而在島內的青年，尤應聯合同胞，及時進行破壞日寇軍事設施和經濟機構，回應盟軍攻台」。宣言最後提出：「我們在過去與現在的革命過程中，是為『保衛祖國，收復台灣』而奮鬥；而在不久的將來，必然為『建設台灣，拱衛祖國』而獻身。這是台灣同胞的使命，也是本團的歷史任務。所以，為了祖國抗戰的勝利，為了台灣革命的達成，更為了提早三民主義新台灣的建設，我們必須再接再厲，加倍努力，以抵於成。」[354] 預計形勢的新變化，李友邦及時提出了新的口號，作為台義隊的奮鬥目標。

李友邦在台義隊中成立三青團組織，是從他實現「保衛祖國，光復台灣」的奮鬥目標的角度來考慮的。他把三青團組織作為培訓青年，使其成為參加抗戰，特別是將來光復台灣和建設台灣的骨幹力量。據與李友邦共事7年的潘叔華回憶：「1942年夏，義勇隊行軍到福建南平，上級命令李隊長在義勇隊、少年團裡限期成立三青團組織，他不得不照辦。但他告訴我：這叫大路朝天，各走一邊，你走你的，我走我的。並說，他早在杭州某軍工作時就是這樣做的。」[355]。這從他為成立台義隊分團而做的《台灣青年的任務與今後的修養》一文中可以看出，他說：「三民主義青年團直屬台灣義勇隊分團部的成立，就是為了使本隊及少年團的青年同志，在參加『保衛祖國』的過程中，對三民主義及其使命能有深切精確的明瞭，個個成為建設三民主義新台灣之堅強有力的幹部」。因此，「青年團是團結青年，訓練青年的組織，它就是我們今天的大家庭，大學校，希望台灣青年都團結在這個組織裡，一面工作，一面學習，來開展工作，壯大自己」[356] 1944年

3月李友邦在慶祝首屆青年節而撰寫的《青年與三民主義青年團》一文中也指出：「加入青年團絕不是為了升官發財，或為了找個人物質地位的出路，而是為了要聯合志同道合的青年，團結一致，將大家的意志統一起來，將大家的力量集中起來，以造成一個偉大無比的革命力量，來推進救國救民的事業，來完成時代所賦予我們的使命。所以一個入了團的青年，他必須首先要確認革命的哲學，要建立革命的人格。……必須能夠為建設文化、經濟、國防三體合一新中國而努力」。[357] 在1944年11月召開的三青團台義隊分團第二屆團員大會上所提出提交大會討論的40件提案中，有相當一部分提案是針對青年幹部培養的。如《加緊培養青年政治幹部案》、《擬請分團函請台灣義勇隊加緊培育幹部案》、《擬請准本分團開辦團務訓練班案》、《如何加緊團員能力案》、《擬請中央團部轉請教育部准由本分團保送優秀團員前往海疆學校受短期訓練或肄業案》、《擬請中央團部轉請各專門技術學校准由本分團保送優秀團員入校肄業案》、《擬請中央轉請各訓練機構准由本分團保送團員訓練藉資培育各種幹部案》、《請公決呈請中央團部准分團吸收志願參加收復台灣及建設台灣之閩南青年加以訓練以資任用案》……等。[358] 從這些提案可以看到台義隊分團是如何重視青年幹部的培養和訓練，以及這種培養和訓練的途徑如此的廣泛，而培養的目的主要在於收復台灣後的政治和技術人才。當時，台義隊分團的團員除參加台義隊舉辦的幹訓班外，分團也舉辦了8期幹部訓練班，同時還通過幹部工作會議、區分隊長附聯席會議、區分隊長附團務講習會、分隊會議、讀書指導、生活指導與檢討、學術競賽、勞動競賽、軍事訓練及總集合等各種方式進行經常的訓練，以便培養能夠負起收復台灣、建設台灣的人才。[359]

　　當時三青團開展活動缺乏經費，李友邦隊長慨捐國幣10,000元，建陽台灣醫院也捐助10,000元，沈昭中也樂捐500元，收支得以維持。

　　台義隊駐龍岩期間，繼續進行抗日宣傳、對敵政治、醫療及社會服務、生產自助等各項工作。

4.抗日宣傳活動

　　繼續採取口頭及文字等各種形式進行抗日宣傳活動，關於口頭宣傳方面，第

一期幹部訓練班結束後，於1943年1月組織台灣義勇隊巡迴工作團數十人，到閩南沿海進行抗日宣傳和慰問台胞活動。工作團分三組，第一組在漳州、石碼一帶活動，由隊長李友邦親駐漳州領導；第二組到漳浦、雲霄、東山、海澄一帶活動，由牛光祖領隊；第三組到同安、泉州、石獅一帶活動，由張士德領隊。該巡迴工作團的「工作目的以『保衛祖國，收復台灣』爲中心任務，通過巡迴宣傳，一面增強祖國同胞抗日建國情緒，一面進行調查聯絡，組織台灣同胞，蒐集有關台灣革命先烈史料，並擴大工作範圍，開拓對台工作路線，以加速完成革命」[360] 巡迴團除作抗建宣傳，訪慰台胞外，還與當地合出壁報，由於「內容充實，頗得社會人士讚賞，並收宣傳之效」。[361] 如第三組到南安石井時，由張士德代表總隊長李友邦奠祭民族英雄鄭成功，在祭文中表示要繼承鄭成功「收復台灣」的「忠心義膽」，矢志「克復故土，驅倭東瀛」。該組並搜羅得一部分民族英雄鄭成功的寶貴史料。第一組在漳州曾舉辦台胞聯歡會，會場設在台灣義勇隊閩南通訊處，應邀參加的台胞有40多人，由李友邦主持，他講話的要點是：一、台灣革命與祖國抗戰及反侵略民主陣線的關係；二、台灣同胞應加緊團結起來，爭取最後勝利；三、救國是不分前線後方，不分男女老幼，不分窮富，應分工而合作，才能上下一致，才能動員全國，才能得到勝利。據一位在場記者報導說：「李友邦誠摯的態度，引起了會場上每個人嚴肅和欽敬。像家長向一家人談話似的，每個人都很靜肅地聽講。」又說「他的演講雖然沒有演說家的『耀武揚威』，但一脈熱情的談吐，都大大地吸引住了在場的聽眾。當他講到革命過程中的艱苦以及台胞被敵人的侮辱慘殺時，不僅會場很肅穆沉默，而且激發了人們的同情心。相反的，當他講到台灣革命前途的光明，反侵略民主陣線有勝利的把握時，會場上情緒剎那間也隨之變爲緊張和興奮。他演講的首末，雖是短短的半個鐘頭，可是他給我們的印象，卻是非常之深」！這位記者參加聯歡會的一個重要感受是，過去台灣革命失敗的教訓，「最主要還是沒有正確的領導者，可是今天，有了祖國來做我們的後盾外，更有李先生的正確領導，因此我們應本著國父的遺教，效法總裁的精神，在李先生的領導下，爲建設三民主義新台灣的目標而奮鬥」[362] 可見李友邦在民眾中具有多麼崇高的威望。巡迴工作團經過三個星期左右的工作，先後於2

月下旬或3月初完成任務返回龍岩隊部。巡迴團員到閩南，「即覺得恍惚是已回到了故鄉——台灣，真是炙熱可親，但同時又覺到滿懷傷感」。一個隊員在《行軍雜感》中說：「我相信，我們的同胞——漳泉的父老兄弟們，是不會忘記了『台灣是福建的延長，台灣人八九是漳泉二州人』，是不願將既豐饒而美麗的台灣島嶼，和五百八十萬的同胞兄弟，永遠給日寇所壓榨、所慘殺，是能夠繼起先烈鄭公國姓的意志，將我們的土地——台灣，將我們的同胞——台灣人，由外族的桎梏中拯救出來，使其能在新中國裡過著自由而幸福的生活」[363]。另一隊員也有同樣的觀感，「這次本隊奉命前往閩南沿海一帶工作，日程雖僅短短的三周，然所得的印象既深刻而又多。觀乎該地帶之民情、風俗、習慣、言語、信仰等，酷似台島，一入此境，儼若回歸故里」。又說「吾人工作地點為漳浦、雲霄、東山、海澄諸縣，語言暢通，工作亦得順利推進。……吾人於此項工作中，親見各界之熱忱，親聆各界之批示，故亦深信台灣收復之前途，實已光明在望矣」。[364] 這次巡迴宣傳活動，「工作收穫，頗為豐富」。特別是「對於寓居閩南一帶之台胞的革命認識上，確具有甚大的意義」。[365]

　　1943年4月初，李友邦又親自帶領台灣少年團及部分義勇隊隊員30多人，組成籌募軍中文化基金工作團，到閩南各地籌募軍中文化基金，充實軍中的圖書文化等設施，以提高戰士的素質，同時進行抗日宣傳。沿途經漳平、華安、至漳州，復經石碼、灌口至同安、晉江，然後再回馬巷、角尾、石美、長泰、南靖，歷時三個月，至7月初回龍岩隊部。所至各地備受各地人士及黨政軍團各界的熱烈協助，工作得以順利進展。當工作團於4月下旬抵達漳州後，即與當地駐軍政治部共同籌募軍中文化基金，決定聯合公演三天，節目有話劇、平劇、歌詠、舞蹈，少年團連日趕排由該團黃月華創作的《新生》三幕劇，備受民眾歡迎。工作團於5月中旬抵達同安時，同樣備受各界熱烈歡迎，縣長在致歡迎詞中說明籌募工作的重大意義，並表示將來收復之期望。特別對「少年團各小朋友之為國努力宣傳，深表欣慰與敬佩」。李友邦在答詞中表示「今後願大家站在同一抗建目標……之下，精誠團結，以爭取我們最後勝利，收復一切失地，而達到我們抗戰勝利最大目的」。[366] 工作團在籌募基金過程，不斷進行堅持抗戰、收復台灣的抗日宣

傳活動。工作團在首站漳平共募法幣5,280元，二站華安共募5,020元，在漳州、石碼與駐軍政治部合募40,000元，在灌口共募3,200元，在同安共募17,500元，在晉江共募26,270元，馬巷共募5,370元，角美共募6,110元，長泰共募7,750元，合計共募116,500元，悉數彙呈第三戰區政治部。另在南靖末站共募12,000元，作為豫災捐款。[367] 巡迴工作團剛回龍岩，又參加7月25-26日龍岩各界的籌募軍中文化基金公演，並募款28,000元。[368] 在整個募捐活動過程，少年團員表現十分出色，在行軍中，一切事情都由他們自己來幹，如打前站呀，押行李呀。一面行軍，一面還非常興奮的唱他們最愛唱的歌。他們工作主要是用公演的方式，在工作條件困難之下，都是以突擊的精神，上舞台好比就是前方將士上戰場作戰。在緊張的宣傳活動中，還堅持每周開一次生活會，用集體力量改進生活上的缺點。尤其可貴的是，他們在工作中，在疲勞的行軍中，每個團員都沒有忘掉抓緊學習的機會，工作完畢，或是到了某一個目的地，大家都利用僅有的短短的一些時間，埋頭讀書，求所需的新知識，或坐在臨時的地鋪上蜷曲著身子在寫日記，寫文章。他們知道「一天不學習，就是一天不得進步，有誰不願意上進呢」！因此，「希望在艱苦的工作中成長起來，在不斷的學習中堅強自己的意志」。[369] 巡迴宣傳給少年團提供了一個極好的鍛鍊的機會。這次為期三個月的宣傳活動，收穫很大，正如李友邦語記者稱：「此行收穫至為豐滿，預定目的全部達到。尤以此次工作數月，談作台灣革命之宣傳，予閩南社會人士影響甚深，裨益將來開展工作不少」。[370]

此外，台灣義勇隊結合各項活動，隨時進行抗日宣傳。如1944年2月部分隊員到雁石遠足時，「並對台灣問題作文字口頭方式的宣傳，獲得該地人士很好的印象」[371] 同年6月，台義隊全體隊員回應國民節約獻金運動，亦貢獻二日所得國幣4,240元及節食一天計白米235斤，分別呈獻，以實際行動進行宣傳，引起各界的回應。[372] 同年11月，為擴大巡迴宣傳知識青年從軍運動，由陳唯奮率領第三區隊團員21人出發往雁石一帶進行宣傳，往返費時6天，「沿途張貼標語、漫畫、壁報，訪問機關學校，所得收穫至巨」。[373]

關於文字宣傳方面，主要編印和出版書刊。1942年12月在龍岩出版因戰局

而延誤出版的《台灣先鋒》第10期後,該刊即行停刊,1943年元旦,在龍岩創辦《台灣青年》報,作爲後期台義隊的主要宣傳基地。該刊係以台義隊分團的名義主辦,李祝三爲發行人(第33號後改爲牛光祖,第65號後改爲李友邦),牛光祖、張士德等爲編輯,開始爲旬刊,每期鉛印四開張四版,1944年元旦後改爲周刊,現在看到的至1944年12月16日已發行第八十六號。《台灣青年》宗旨「主要在於宣傳抗戰建國國策,報導國際時局動向。但是由於本報地位的特殊,所以在內容方面也就特別偏重於敵僞動態的揭露,台灣問題的檢討,以及青年團團務的報導」。[374] 該報發行量開始爲500份,後猛增至2000份,風行閩粵浙贛及全國其他地方。除《台灣青年》報外,台義隊爲組訓青年及宣傳工作起見,於1943年4月8日創刊第一期《青年壁報》一種,由留團各團員負擔創作,創刊號中心問題以宣傳與鼓勵青年參加青年團過集體生活爲主要內容。[375] 爲了加速提高民衆讀報之興趣,增強民衆之政治認識及普通常識起見,台義隊又於1943年9月出版《台灣壁報》一種,旬日一刊,並以木料製造美化之壁報板二具,樹立於鬧市重點,以供大衆閱覽。該壁報內容特注意選載國內外大事,政治動態,戰地各種常識,台灣介紹,及抗戰文藝之撰述,以生動抗戰漫畫插繪其間,形式內容均頗可觀。[376] 爲了加強隊員寫作和創作訓練及交換知識,各區分隊還根據自己實際情況,舉辦各種文字宣傳,創辦《聯合壁報》、《新少年報》等,以提高隊員文化素質。同時爲了加強團員的學習和宣傳需要,1943年後出版了李友邦著《台灣革命運動》、《本報一年》、李友邦校訂、林海濤編著《日本軍政界人物評論》、《台灣現狀摘要》、《台灣復員對策綱要》等書籍,使隊員瞭解台灣革命問題、台灣義勇隊的宗旨、台情和敵情,以提高隊員和民衆的政治水平。

5.對敵政治工作

爲了瓦解敵人之意志,加強台胞的抗日情緒,擴大抗日復國運動之影響起見,對敵宣傳和對敵情報工作,仍然是後期台義隊的主要工作之一。移駐龍岩後,台義隊於1943年3月初成立對敵巡迴工作團,前往各戰區部隊從事對敵工作,人員初期約10人,首先分派在駐漳州的第九師工作。該團「配合駐軍進行對敵工作,在我士兵中普遍組織對敵喊話隊,官佐中組織簡易日語研究班,進行日

語教授」。並從事對敵偽民眾散發傳單、標語等工作。該團「工作成績、甚爲圓滿」。[377]

台義隊對敵工作團於8月29日夜間，由該團王正西團長派出幹員，連同該地駐軍遣派之200多士兵，由海滄金鍾鄉之排頭分乘民船20餘艘，出襲廈門禾山崩坪尾（東渡官潯）一帶之敵人。抵該地時，敵卒早已遁逃無蹤，四處搜索均無所獲。即由台灣義勇隊巡迴團散發大批宣傳品，包括告陷區祖國同胞書、日語傳單，並張貼標語等，一直至翌晨四時許始歸返原防地。[378] 當時有的宣傳品是裝在漆上紅白兩色非常顯目的竹筒裡，然後蓋上木頭圓蓋子，再塗上松香，防被水浸濕，在廈門港的上流拋入海裡，順著退潮飄流到廈門港去。[379]

對敵巡迴工作團於9月16日返抵龍岩隊部，向李總隊長會報工作，並檢查5個月來的工作。經過一個月的休整，並加強力量，隊員增加爲16人，於10月18日由王正西團長率領出發上饒戰區工作。留隊的全體隊員熱烈歡送，並由代總隊長牛光祖勉勵他們努力工作。到達上饒後，工作團參加由戰區政治部舉辦的政工班受訓三個月，於1944年2月協同戰區政治部「戰地工作團」出發到浙東前線開展對敵工作。[380] 當時由於日軍內部危機的加深，欺騙政策的失敗，加上我方的對敵宣傳，日本士兵有的開始覺醒，自動向我軍投誠。如1944年4月9日浙東湯溪前線日本東支派遣軍下士兵長古內慶太郎自動投誠，第二天巡迴工作團王正西奉命與他談話。王問：「你到這邊來，我們非常歡迎。但你是怎樣決定的呢？」答：「我入伍已四個年頭了，當初我以爲日本這次的戰爭，是眞正爲著拯救東亞各弱小民族和保衛東洋，但是四年來所看到的日本在中國的一切行動，都是和理論相反的，只是想吞併中國，獨霸東亞而已。尤其日本軍隊在戰地強姦婦女，屠殺民眾等種種暴行，更使我引起抱不平的心情。我不願做侵略戰鬥的犧牲品，我也不願做日本軍閥的劊子手，所以我就決心向中國軍隊投誠。」問：「你的戰友們也有同樣的打算嗎？」答：「有的。不過很困難，他們必須要等待有機會，他們就會來的。」問：「你今後的希望怎樣呢？答：從今以後，我願爲中國效勞，爲反侵略戰爭奮鬥。」[381] 在某某軍軍部的宴席上，古內因爲過分的感激，竟放聲大哭，並說：「我如早知中國政府如此誠意與尊重正義，絕不會糊糊塗塗的從事

這四年有餘的侵略戰爭。」經過我方宣傳教育，他表示今後「願爲建立東亞的眞正和平，在中國政府下面服務，爲打倒侵略者而奮鬥」。並且立即執筆寫了一篇《告戰友書》，請代爲散發。[382] 對敵工作團爲了偵察敵情，有時深入前沿陣地。1944年夏天，對敵工作團王正西、白舟與某部英連長等到蘭溪縣郊與敵人步哨線只距600米的地方，監視敵人的行動，英連長開槍偵察，引發敵人機關槍的瘋狂掃射，子彈蜂擁似的飛馳在他們的前面和左右，10幾分鐘後槍聲才慢慢地息了，他們才安全地撤退下來。剛跑到兩里多路，敵人的平射炮、重機槍又不斷地在他們背後響著，他們也安全回到汪高鄉。[383] 對敵工作團有很多人懂得醫術，在做對敵宣傳的同時，也兼擔任醫務工作。如劉新民1942年5月派到上饒戰區政治部直轄的對敵日語宣傳播音隊任少校隊員，播音隊有5名隊員，主要用土製的話筒，向東南戰場前線的日軍士兵進行反戰喊話宣傳，工作都在夜間進行，日軍往往一聽到廣播，就用機槍拼命掃射，所以非常危險。但這種宣傳效果比電台宣傳好，因爲前沿士兵是聽不到電台廣播宣傳的。劉新民1942年8月後就調到戰區政治部醫務室工作。1944年底李友邦批准他留江西鉛山任《前線日報》的特約醫師，直至抗戰勝利。[384] 對敵工作團的吳省三，年近半百，工作很積極，他也懂得醫術，在對敵宣傳工作的同時，還幫助江山野戰醫院醫療受傷的官兵，在四天內共施局部手術17人，每日治療官兵290名。[385]

爲了加強對敵工作，1944年9月，台義隊又增派梁宏輝等14人前往參加對敵巡迴工作團工作，並於9月6日由龍岩出發到戰區前線工作。[386] 這時，對敵工作團已增到30人左右。

台義隊在進行對敵宣傳、瓦解日軍的同時，還派一部分同志潛入敵區，致力於敵後工作。他們或僞裝走私船；或密派交通員潛入敵後，利用村民打探消息；或密以重金賄敵僞中下級人員盜賣良民證，以便往來無阻；或潛入敵僞軍事或行政機構內部供職，暗中打探消息；或潛入敵僞陷區內其他職業團體內部工作。他們利用各種手段，爲我軍提供了大量情報。僅1943年1月至1944年10月，共提供敵僞情報178種，其中廈、金敵僞情報90件，崳山島情報12件，浙江淪陷區情報8件，上海情報10件，沿海各地情報58件。這些情報全部提供軍事部門使用。[387]

1943年夏天，台義隊同安小組組長鄭約就潛入廈門日占領區蒐集情報，行前給家屬留信說：「如果不幸回不來，你們大姐弟就得幫助母親承擔撫養小弟妹的擔子了」。[388] 爲了獲取情報，他們隨時作了犧牲自己生命的準備。

6.醫療及社會服務工作

1942年7月，台義隊由浙入閩經過建陽時，由於當時建陽來往軍民不絕，疫病流行，病者很多。台義隊第一區隊爲了滿足客觀的迫切需要，決定籌設醫院救護病人。該院設立以後，仍本著在浙時的一貫作風，對公務人員特加優待，對榮軍、義民、貧民則完全免費治療。[389] 開診後，大有應接不暇之勢，每日所光顧的病者，多是當地流行的瘧疾、痢疾、皮膚病和少數傳染病。自1942年9月至1943年4月的8個月內，就診者達48,596名，每日平均有200名左右。其中免費施診與半價優待的占大半，其餘也是按成本從廉取價。在短短的八個月服務期間，成績很大，極得當地人士稱讚。[390] 1944年以後，病人仍然不少，從1月至9月，受診的病人仍有19,124名，平均每月來看病的有2,125名。[391] 建陽各界爲酬謝起見，先於1943年端午節向該院頒發勞軍代金，犒勞該院醫生和職工。以後又由陳世鴻專員、王冠司令、鄒仲融縣長等17人聯合發起籌募院舍設備基金2萬元，以供該院裝修之用。其籌募啓事如下：「溯自去歲浙贛事變發生以還，軍政機關及接近戰區同胞相繼遷來，建陽人口一時激增，轉徙之餘，患病者比比皆是。維時台灣醫院隨隊到潭，以倡導革命之組織，服務祖國之精神，繼續展開工作，回生起死，有口皆碑。迄今設診年餘，成績卓著。祇歷來所收藥費比較低廉，不敷其彌補其消耗費用，致設備簡陋，與該院平日所抱願望相距甚遠。茲擬重新設備，約需國幣二萬元，同人等以該院服務本縣，造福地方，爰發起籌募，敬希各界慷慨捐輸，襄此善舉，仰賴群力，早觀厥成，則功德無量。」[392] 從《籌募啓事》可看出，建陽軍政各界對建陽台灣醫院讚譽備至。自1943年9月開始籌募以來，得到各界熱烈回應，至年底僅三個月已將籌募滿額。從一個在該院擔任掛號工作二個半月的職工的觀感，也可看出該醫院嶄新的精神面貌。他寫道：台灣醫院的醫師們，對病人的真誠、和藹、熱心、周到，使病人沒有一個不愉快和感動的，他們不以賺錢爲目的，而以服務爲原則，證明他們服務精神與眾不同的地方。第一

是藥資低廉，最大的目標是為祖國同胞服務，所以在收取藥資的時候，是只顧到成本的價值，沒有其他的打算。第二是免費掛號。第三是施診眾多。第四是沒有休息，星期天同樣工作八小時，而醫師們的生活卻很清苦，一個人的生活費自100元至200元不等，他們會利用公餘絕少的時間，自到荒山去砍柴，他們的太太也會以各種不同的家庭副產業的生利，來補助日常必要的開支，醫師們長年不穿襪子是極平常的一回事。他們之所以有茹苦不二的精神，完全為了一個崇高的革命理想，收復台灣和祖國抗戰的勝利。他們認為一個革命者在為理想實踐的過程中，吃苦犧牲，是不足為奇的。「置身在一群無名英雄的中間，這使我在精神上得到無限的歡慰」。[393] 建陽醫院的醫師們生活雖很清苦，但為救濟留居崇安之窮苦、老幼、殘疾台胞，特發起節食三星期，把所剩額食米，於1944年2月派王德民前往分發，並作慰問。[394]

　　當時在龍岩的台義隊還十分重視衛生防疫工作，大力提倡公共衛生，為整頓市容，曾配合龍岩有關機關進行全市夏季清潔大掃除，環境衛生大檢查。根據時令疫症，進行普遍義務施藥防疫注射。如1943年初夏，鄰縣永定發現鼠疫流行，台義隊本其服務社會的精神，協同衛生機關加緊防患此項疫症的發生，特函准本縣省立第三醫院撥給疫苗20瓶，由該隊部指派醫務人員，免費代為附近群眾注射。於5月18日開始，每日下午四時開始注射，民眾聞訊，自動前來請求注射者頗多。該部服務精神，亦大受民眾讚賞。[395] 同時台義隊還派醫官帶著護士及有醫學常識的隊員前往平鐵鄉各保慰問征屬，並代為免費施種牛痘及義診，大受征屬歡迎。[396]

　　台義隊立足社會，為社會軍民服務，十分注意搞好軍民關係。除醫療防疫工作外，還從事多方面的社會服務工作。他們經常幫助當地農民抗旱救災，春耕秋收，發動隊團員組織抗旱服務隊、割稻服務隊等，下鄉協助農民做好抗旱或秋收工作。如1943年入春久旱，過了清明，未見滴雨，造成千年來未有的奇旱，閩南各縣早稻多未播種，閩西各地雖已播種完畢，因久旱田地龜裂，秧苗多半枯焦。時米價飛漲，原來四元一斤的大米，漲至每石2,000多元，一元錢買不到一兩米。台義隊組織救旱服務隊，每日早晨5時至7時，下午4時至6時，下鄉協助農民灌

田。至5月中旬才下了一場雨，服務隊仍按時前往各地協助農民耕作，甚得當地農民的嘉許。[397] 1943年7月，早稻金黃，農民正忙於夏收，為加強隊員的服務精神，及鍛鍊勞動身手，同時融洽農工情感起見，台義隊特發動組織割稻服務隊，每日上午5時至9時出發協助農民割稻，為時兩星期，各隊隊員皆能踴躍參加，同樣頗獲當地農民之嘉許。[398] 此外，台義隊還協助當地政府禁毒、禁賭，宣導禁煙法令，提倡青年康樂活動。同時還參加當地防護團從事防空救護，勸導市民疏散人口、物資、推行節約運動等。為戰時後方建設，作出了積極貢獻。

7.生產自助工作

台義隊移駐龍岩後，生活十分清苦。據1943年2月記載，全隊165人每旬實物供應是：柴火1,650斤，糧食30斤15兩，根本無法解決最低限度的日常需要。於是年6月22日，遂以隊長李友邦的名義致函龍岩縣政府：「本隊自效忠祖國以還，各員櫛風沐雨，冒險犯難者已逾五年，雖其目的不在生活之如何，然各員或自台灣棄家來歸，或原在祖國經營者亦放棄其平日優裕之生活，奮然參加，而隊中待遇又遠遜於其他各機關，即維持最低生活亦見不易。其效忠祖國之忱，自不無可取，而生活之應予改善，亦屬當前實際需要。近聞貴府因鑑於各部隊之生活艱苦，爰有物資平價勞軍之舉，法善意美，其裨益於抗建大業者，誠非淺鮮，尤於軍民協調上將更見成功。因特檢同本隊駐岩人員名冊一份，函請比照國軍待遇，准於平價配贈日常物品為感。」[399] 龍岩縣軍民合作站指導分處答以「奉福建省政府核示，本隊不必供應」。後經多方周折，經第三戰區司令部軍民合作指導室電箋：「查台灣義勇隊亦屬直接參加抗戰軍事工作之團隊，生活極為清苦，自可依駐軍之例，酌予供應副食日需品。」經福建省軍民合作站指導處轉飭龍岩縣軍民合作站指導分處，才得到供應。[400] 1943年底，福建省政府調配一部分物資勞軍，雖經台義隊及龍岩縣政府幾經呈示，要求比照駐軍之例，予以一視同仁。但1944年5月，由福建省勞軍委員會主任委員劉建緒署名的指令中，覆以「所請未便照准，並仰知照」。台義隊受到十分明顯的歧視。「最絕招的是，竟在抗戰勝利前四個月，不發糧餉，國民政府明知台灣義勇隊無隔宿之糧，卻採取斷糧斷餉斷絕生存的手段，作為在勝利前夕的關鍵時刻，逼迫台灣義勇隊難以存活。」[401] 在

這種困難的情況下，堅強的李友邦和台灣義勇隊，並沒有被搞垮，反而更加振作起來，自力更生，開展生產自助運動。

開展生產運動，原是台義隊的優良傳統，但這時的生產活動與金華時期主要服務於軍事和醫療不同，而是以生產糧食和副食品為主要目標。台義隊親自動手墾荒，栽種糧食和各種蔬菜瓜果，此外還自己養豬，養雞鴨，編草鞋，自製生活工具，自己運糧挑煤。全隊上下無論是長官或隊員、勤雜人員，同心協力，一齊動手。辛勤的勞動終於得到收成。從1943年起，生產自助活動取得了很大成果。據1944年報導，「年來墾闢荒地工作積極推動，計已墾殖達13畝多，現有團辦農場二所，達七八畝之概。作物以蔬菜及雜糧等，收成物品供各團員補充營養外，尚可送給團員家屬等」[402] 1944年第三季度（7-9月）共收獲各種蔬菜、豆、瓜、芋頭等10,321斤，除自給外，還可送給隊員家屬食用。[403]

在生產勞動活動中，少年團也不甘落後，他們也租了三畝地，自己種菜、種瓜豆，又在河溪沙灘開墾種蕃薯、花生，還養了豬。他們採取「互教互學」和「拜農民為師」的辦法，實行分班管理，展開競賽。許多小朋友很快學會了按季節種各種農作物的知識。由於肥料足，又加細心管理，蔬菜長勢很好，老鄉見了也誇讚他們種得好。起初，有的女團員見了菜蟲都怕得哇哇叫，不敢碰，不敢抓。有的人掏糞、挑尿怕臭，會捂起鼻子。後來觀念逐漸起了變化，見到路上有牛糞、豬屎都當做寶，自動揀到糞池裡漚。勞動中逐步認識到勞動創造價值，勞動者為什麼是改造社會、推動社會進步的動力的真諦。[404] 在金華時，還僱了個阿姨，替年少的團員洗補，到了龍岩，衣服都由自己洗補，連自己平時穿的草鞋，也由自己編織。他們有個順口溜：「自己的事自己幹，不會的事學著幹，靠天靠地非好漢。」少年團當時還特地增設一堂「生產勞動」課，加強勞動教育[405]。

台義隊移駐龍岩後期，國民黨頑固派不但欠發工薪，從經濟上扼殺義勇隊，而且不惜進一步從政治上加以迫害，製造震驚中外的「永安大獄」，福建籠罩在白色恐怖之中。抗戰期間，福建戰時省會永安彙集了一大批革命知識分子和進步文化人，他們通過《民主報》、《建設導報》、《國際時事研究》周刊、《改進出版社》、《東南出版社》等報刊、出版社，發表大批宣傳抗戰、宣傳進步的文章和書

籍，引起國民黨頑固派的仇視，在抗戰勝利前夕，發動對進步人士的迫害。1945
年7月12日，奉第三戰區司令顧祝同的密令，國民黨特務首先從逮捕名記者楊潮
（羊棗）開始，進行了大逮捕。從7月12日至8月初，在全省共逮捕27人，其中在
永安逮捕了楊潮、諶震、李達仁、王石林、李力行、董秋芳、葉康參等17人，在
連城、龍岩、順昌、南安等地逮捕了畢平非、林子力、陳偉順等10人。台義隊秘
書潘超、隊員陳學銓（松茂）也在龍岩被捕入獄。[406]國民黨頑固派製造白色恐
怖，引起廣大群眾的不滿和抗議。8月15日日本宣布投降，抗日戰爭取得勝利，
國共兩黨開始在重慶進行談判，並簽訂了《雙十協定》，蔣介石表面上不得不同意
釋放政治犯。經過總隊長李友邦的多方奔走和營救，才將潘超、陳學銓保釋出
獄。後楊潮被虐死杭州獄中，全國各大報社紛紛發表抗議，引發中外人士反抗國
民黨迫害進步人士的熱潮，迫使國民黨將大部分被捕者陸續釋放出獄。當年9月9
日，台灣義勇隊已開始遷移漳州下壇里一號辦公，隊員們在那裡靜待李總隊長營
救被捕隊員的消息，台義隊旋移遷廈門昇平路，準備返回久別的家鄉台灣。

台灣與祖國大陸命運與共

（一）台灣淪為日本殖民地的悲慘命運

　　日本自1868年明治維新後，國力日益增強，向外擴張論即甚囂塵上，開始有
人鼓吹「北據滿洲之地，南收台灣、呂宋諸島」，出現所謂大陸政策與南進政策的
區分。占領朝鮮、覬覦中國東北領土，是大陸政策的體現；侵占琉球、覬覦台灣
則是南進政策的首選目標。1872年對琉球強行廢王改藩，1874年藉口船難事件出
兵台灣，則是南進政策的一次實施，也是對中國領土主權的一次嚴重侵犯。被迫
自台灣退兵後，1879年又用武力併吞琉球，同時開始插足朝鮮。1882年、1884
年二次出兵干涉朝鮮內政，並準備向大陸發動戰爭。1894年又藉故出兵朝鮮，占

領王宮，囚禁國王，並襲擊清政府在朝鮮的駐軍，不宣而戰。8月1日中日甲午戰爭正式爆發，通過平壤、黃海戰役，把戰火燒到中國東北大地。這時日本朝野紛紛提出割地的要求，民間黨社提出割讓吉林、遼寧、黑龍江三省及台灣，陸軍部主張割讓遼東半島，可「撫朝鮮之背，扼北京之咽喉」。海軍部則主張「與其割取遼東島，不如割取台灣全島」[407]，以便作爲南進政策的基地。只是由於當時日本兵力有限，對於遠離朝鮮半島主戰場的台灣，在戰爭初期並未列爲進攻的目標。當日軍攻入遼東半島後，在12月召開的一次大本營會議上，內閣總理大臣伊藤博文即提出「進攻威海、略取台灣」的長篇意見書。1895年2月威海失陷，北洋艦隊覆滅後，日本即在廣島組織聯軍，於3月23日向澎湖發起進攻，26日先後占領澎湖諸島。在1895年4月17日簽訂的《馬關條約》中，強迫清政府承認朝鮮獨立，遼東半島、台灣全島及所有附屬島嶼、澎湖列島「永遠讓與日本」，賠償軍費庫平銀2萬萬兩等極爲苛刻的條件。旋由於俄、德、法三國出面干涉，才聲明放棄割讓遼東半島，並向中國索賠贖遼費3,000萬兩。5月8日，《馬關條約》在煙台交換批准，10日，日本任命海軍軍令部長樺山資紀爲台灣總督兼軍務司令官，清政府亦派李經方爲全權委員，於6月2日在基隆口外的日艦上遞交割台清單，草草結束交割手續。日本又運用武力殘酷鎮壓台灣軍民的反割台鬥爭後，台灣淪爲日本的殖民地。日本即在台灣建立起以總督獨裁、警察統治、輔以保甲制度的殖民地統治秩序，在不斷鎮壓台灣人民前仆後繼的反日鬥爭的同時，對台灣進行血腥的殖民剝削和掠奪，大力推行奴化和同化政策，30年代發動對華侵略戰爭後，又推行「皇民化運動」，爲侵略戰爭服務，使台灣人民陷入極爲悲慘的命運。

（二）祖國大陸也淪入半殖民地、殖民地的深淵

《馬關條約》簽訂後，祖國大陸的命運也不比台灣好多少。根據「利益均沾」原則，各個帝國主義國家也進一步擴大對華侵略，由干涉還遼的俄、德、法三國首先發難，向中國索取報酬。1897年11月德國強占膠州灣，12月俄國艦隊開進旅順口，強占旅大，1898年4月，法國強租廣州灣，英國也強租威海衛與九龍半島，帝國主義紛紛在中國劃分勢力範圍，日本也迫使清政府聲明「不將福建省內

之地方讓與或租與別國」，福建遂成爲日本的勢力範圍。列強在中國掀起了瓜分狂潮。

1900年英、俄、法、德、奧、美、日、義等國以保護僑民爲藉口，組織八國聯軍入侵中國，準備瓜分中國。8月，聯軍攻陷北京，各國劃區分占，使首都成爲外國侵略者的天下。聯軍在華實行大搶掠、大燒殺、大破壞，給中國人民帶來深重的災難。同時，日本台灣總督也乘機出兵廈門，俄國則乘機占領東三省。1901年9月侵略者強迫清政府簽訂了《辛丑條約》，規定了索賠4億5千萬兩、北京設使館區、外國在北京到山海關鐵路沿線駐軍、鎮壓人民的反抗鬥爭等苛刻的條件，清政府實際上成爲帝國主義統治中國的兒皇帝，中國半殖民地地位進一步加深。

俄國勢力入侵東北，激起了與日本的矛盾尖銳化，1904年爆發了日俄在中國境內爭奪領土的帝國主義戰爭，俄國戰敗後，旅大成爲日本的租借地。1906年日本在旅順成立關東軍都督府和南滿鐵路公司，以南滿爲其勢力範圍。辛亥革命時期，日本干涉中國內政，擴大利權。1914年第一次世界大戰爆發，日本乘機出兵山東，攻占青島。1915年1月日本向袁世凱提出了滅亡中國的二十一條，並變本加厲地推行向「滿蒙」的擴張活動。1927年北伐革命時期，日本內閣總理兼外相田中義一以保護僑民爲藉口又一次出兵山東。7月向日皇呈奏《帝國對滿蒙之積極根本政策》（即《田中奏摺》），提出日本對外擴張政策的總戰略：「惟欲征服中國，必先征服滿蒙，如欲征服世界，必先征服中國」[408]。暴露了日本企圖併吞「滿蒙」、征服中國的狂妄計畫。1931年發動「九·一八事變」，4個多月時間占領了遼寧、吉林、黑龍江三省，使比日本國土大3倍的110萬平方公里的中國領土，淪爲日本殖民地，使東北人民陷入水深火熱的亡國慘痛之中。1932年又在上海發動「一·二八事變」，擴大對華侵略。3月在東北宣布成立滿洲國（後改爲滿洲帝國），在東北建立有別於台灣的特殊的殖民地統治體制。1933年3月，出兵占領熱河。接著南下侵略華北，策動華北五省的「自治運動」，實行華北特殊化。1937年7月7日夜，發動盧溝橋事變，標誌日本蓄謀已久的全面侵華戰爭的開始，這是中國遭到的一次最大的帝國主義侵略戰爭。自1937年7月至1938年10月，日本迅

速占領了北平、天津、上海、南京、廣州、武漢，大片國土淪爲日本殖民地，大批國民慘遭殺害。如日軍攻陷南京後，中國軍民被槍殺和活埋的多達30多萬人。中華民族面臨生死存亡之秋，中國人民遭受空前深重的災難。

1941年6月蘇德戰爭爆發，12月日本偷襲珍珠港，太平洋戰爭爆發，第二次世界大戰規模空前擴大，先後捲入戰爭的有61個國家和地區。中國的抗日戰爭成爲世界反法西斯戰爭的東方主戰場。

（三）台灣與祖國大陸在反侵略、反壓迫鬥爭中互相支持

甲午戰後日本占領台灣與帝國主義擴大對大陸的侵略，都遭到富有革命傳統的台灣人民與大陸人民的反抗。日本在台灣的統治者雖千方百計想斬斷台灣與大陸的各種聯繫，但台灣海峽兩岸人民之間的血肉聯繫，是任何強力不能割斷的。即使在十分困難的處境下，兩岸人民在反侵略、反壓迫鬥爭中，仍存在著互相支持和援助。

從1895年簽訂《馬關條約》開始，台灣軍民即進行了半年多（1895年5-11月）的反割台鬥爭，這是甲午戰爭在台灣的繼續。被鎮壓失敗後，台灣北部、中部、南部簡大獅、柯鐵、林少貓等一大批義民又自發進行了7年（1895-1902年）的武裝抗日鬥爭，這是反割台鬥爭的繼續，也是反對日本殖民統治的開始。1902年被鎮壓失敗後，出現了幾年的沉寂，1907年開始至1915年的9年間，先後有蔡清琳、劉乾、黃朝、羅福星、陳阿榮、張火爐、李阿齊、賴來、羅臭頭、余清芳等領導的多次武裝抗日事件，同時台灣先住民也不斷開展武裝抗日鬥爭，出現了與漢人聯合的抗日行動。這些反日鬥爭大部分是在辛亥革命影響下發動的，是辛亥革命勝利形勢在台灣的繼續發展。這時的台灣勞動人民，已開始作爲資產階級革命的同盟軍在起作用。起義被鎮壓失敗後，在台灣又興起近代反日民族運動（1920年-1931年），這些由地主、資產階級及其知識分子發動的文化思想啓蒙運動及設置議會請願等政治改良運動，旋發展成反對日本殖民統治的民族運動與工農民族解放運動的高潮。

台灣人民數十年不屈不撓的反日鬥爭，也經常得到大陸人民的支持。早在

1895年簽訂《馬關條約》、割讓台灣的消息傳出後，大陸紳、民群起反對，愛國士紳和知識分子紛紛上書反對割讓台灣，以康有為、梁啓超為代表的在京應試舉人一千餘人發起公車上書，反對簽約，主張拒和、遷都、變法。留台的軍民與台灣紳民一道，參加了反割台鬥爭，有的為此獻出了自己寶貴的生命。甚至當時福建在台灣工作或學習的林森、李治安等6人組織了地雷隊，參加了反割台鬥爭，李治安且「為流彈所中，遂被害」[409]。留台的軍民有的也繼續參加了各地義民武裝抗日鬥爭，如原台東鎮將劉德杓聯合義民參加雲林各地的抗日鬥爭，堅持2年多。

孫中山先生創立興中會後，1897年曾派陳少白到台灣進行革命宣傳和組織活動，並成立興中會台灣支會。

1900年興起的震動全國的義和團運動時，曾有一支團友到廈門，於光緒二十六年七月二十九日（1900年8月23日）貼出「大徵同志」準備恢復台灣的揭貼。內容有：「義和團為天地正氣，……芟除洋人，殲滅洋教，由北迄南，所向無敵。此次團友數百千人，捧神來此，大徵同志，台灣割據，神人所怒，恢復把握，在此刹那。爾等投信，迅來秉兵，倘且遲疑，天刑立至」[410]。同年11月11日（九月十九日）《字林西報》登有湖南友人交來義和團所擬和約25款，其中第8款為「日本將台灣交還中國」。同時也提出德國將膠州灣、俄國將大連灣、英國將新安、九龍「交還中國」[411]。可見大陸的勞動人民，始終沒有忘記日本占領下的台灣的光復問題。

1903年林森在上海組織旅滬福建學生會革命小團體時，「很歡迎台灣知識分子入會，對有為青年尤多幫助和鼓勵，視台灣與福建是不可分的，把台灣視之為第二家鄉」[412]。先後發展台灣的林薇閣、蔡法平入會。1905年同盟會成立，福建學生會集體加盟，林、蔡也成為在台灣的同盟會會員。

1910年廈門救世醫院醫生王兆培，係同盟會會員，渡台後即發展台南翁俊明入盟，以後王、翁陸續在台灣發展一批同盟會會員，在台推動反日活動。

1912年同盟會會員羅福星返台，開始有計畫、有組織地發展革命組織，領導骨幹黃光樞、江亮能等均係自大陸渡台，他們為「驅日復台」而壯烈犧牲。

1901年至1924年，孫中山先生曾4次到過台灣，對台灣十分關心。病危時仍「念念不忘台灣同胞，關心注意台灣同胞的革命事業」[413]。

　　另一方面，台灣人民在與日本殖民者開展武裝鬥爭的同時，也關心大陸人民的革命運動。1898年台籍興中會員吳文秀等曾捐款支持革命派在香港的宣傳經費，1910年台胞林薇閣慨捐了3,000日元（一說5,000日元）支持黃花崗起義經費。武昌舉義後，翁俊明除組織捐款支持革命外，並於1913年偕杜聰明北上，計劃毒斃袁世凱，事雖未成，顯示了台胞對保衛辛亥革命果實的關心。辛亥革命時期，回大陸定居的台胞也參加各地的革命活動，有的還加入了革命組織。如日本占領台灣後回廈門定居的徐明山加入了同盟會，直接參加大陸的革命活動。在他影響下，其弟弟徐屏山也積極參加反帝國主義奴化教育的學生運動。廈門台胞鄭友福、泉州台籍同盟會員陳春木，以行醫為掩護，積極參加當地的革命活動，民國初年還積極參加了反袁鬥爭。可見，在反侵略、反壓迫的愛國革命鬥爭中，共同命運的台灣與大陸人民是互相支持和互相幫助的。

（四）全民八年抗戰的勝利收復大陸失地與光復台灣

　　1937年抗日戰爭爆發後，在民族危亡關頭，國共合作共同抗日，全民奮起參加抗日民族解放戰爭。台灣同胞在長期反日鬥爭及其失敗中也認識到台灣的命運與祖國攸關。1925年台灣新青年社在廈門成立並出版《台灣新青年》，在仲農所撰寫的宣言中指出：「我們自救的方法：若要救台灣，非先從救祖國（中國）著手不可。欲致力台灣革命運動，必先致力於中國革命之成功。待中國強大時，台灣才有恢復之日。待中國有勢力時，台人才能脫離日本強盜之束縛」[414]。當時回大陸學習的台灣學生及台胞曾先後組織革命團體，參加祖國的反帝鬥爭，同時支持台灣的反日民族運動。1931年「九‧一八事變」後，台灣島內的民族運動團體多被檢舉、鎮壓而瓦解，回大陸參加反日鬥爭的台胞更多。抗日戰爭爆發後，台灣愛國志士咸認為是實現台灣光復的良機，紛紛參加祖國抗日行列，與大陸同胞並肩作戰。1938年9月，台灣革命領袖李友邦（肇基）修改在廣州所組織的台灣獨立革命黨的黨章，以「保衛祖國、收復台灣」為宗旨，在浙江金華組織台灣義

勇隊，參加祖國抗戰。隊伍從數十人發展到 381 人。「台灣義勇隊是抗日戰鬥席列中唯一由台灣人組織而以台灣為號召的武裝力量，因此，它可被視爲是台籍同胞參加祖國抗戰的代表，也是台灣同胞擁護並支持祖國抗戰的象徵。」[415]

抗戰初期在華南地區活動的台灣抗日團體，尚有台灣民族革命總同盟、台灣青年革命黨、台灣國民革命黨、台灣革命黨等組織。抗日戰爭時期還有一批愛國台胞直接參加國共各個戰場的抗戰活動，也有被徵調到大陸戰場的台胞乘機起義，投入祖國抗日行列，如海南島一地起義的台胞即達 290 人[416]。

1940 年台灣獨立革命黨、台灣民族革命總同盟在重慶組成台灣革命團體聯合會，在宣言中表示「誓願精誠團結，群策群力，爲促成祖國抗戰勝利、台胞自由解放而攜手奮鬥」[417]。 1941 年又聯合其他革命團體組成台灣革命同盟會，確定以「集中一切台灣革命力量，打倒日本帝國主義，光復台灣」爲宗旨。至 1944 年底，該會已設立地區分會或直屬區分會 8 個，會員 500 多人，其中福建占 60% 以上[418]。該會於 1942 年聯合重慶 17 個文化團體，舉行復台宣傳大會，參加者 1,000 多人，得到各界的積極支持。1944 年 6 月抗日戰爭、世界反法西斯戰爭已取得重大勝利，李友邦首先提出「台灣革命的內容，必然隨著世機國運急劇的轉變，將由保衛祖國、收復台灣而進入建設台灣、保衛祖國的階段」，並指出「保衛祖國」「在脫離日寇的統治，回歸祖國」；而「建設台灣」則以「建立國防基地，拱衛祖國的安全」[419] 爲目的。

抗戰時期島內的台灣民眾也開展一系列反戰抗日鬥爭，牽制日本侵華力量。日本攻陷南京後，調三個師團到台灣鎮壓，後來因爲廣大的革命台胞在深山集結，醞釀大舉，又倉惶地再調一師團回台協防[420]。可見，抗戰期間台灣人民無論在大陸或在島內，都以實際行動支持了祖國的抗日戰爭，也同時支持了世界人民的反法西斯戰爭，並做出了積極的貢獻。

全國人民經過艱苦、卓絕的八年抗戰，付出傷亡 3,500 萬人的代價，給日本侵略者以毀滅性的打擊，加上世界人民反法西斯戰爭的節節勝利，1945 年 5 月 8 日，德國法西斯無條件投降，8 月 15 日本天皇裕仁向公眾宣布無條件投降，9 月 2 日，在華日軍 128 萬人向中國投降，日本代表在投降書上簽字。至此，中國的

抗日戰爭勝利結束，第二次世界大戰也勝利結束。

　　抗日戰爭是一百多年來中國人民反帝反侵略第一次取得完全勝利的民族解放戰爭，把占領大陸大片河山的日本侵略者趕出中國，收復失地。10月25日陳儀以台灣澎湖列島受降主官的身分在台北接受日本台灣總督兼第十方面軍司令官安藤利吉投降書，並公開宣布「從今天起，台灣及澎湖列島已正式重入中國版圖」[421]。在日本統治時期喪失國籍的台胞，自10月25日起，一律恢復中國國籍，被日本殖民者統治50年的台胞，重新回到祖國母親的懷抱。

　　重溫1895年到1945年甲午戰爭失敗至抗日戰爭勝利50年間的歷史，清楚地說明台灣淪為日本殖民地，固與腐敗的清政府不能有效地組織人民反抗日本侵略、致戰爭慘敗有關，但更應看到，這主要是由於日本帝國主義的侵略造成的，當時十分貧弱的祖國母親無法有力地保護自己的兒女。與台灣人民的悲慘命運一樣，大陸人民也備受許多帝國主義的欺凌，同樣呻吟於水深火熱的苦難深淵之中。歷史說明當時台灣的悲哀，也是整個祖國的悲哀。共同命運的台灣與祖國大陸人民，雖然各自的處境均極困難，但卻總是心心相印，在反侵略、反壓迫鬥爭中互相支持、互相援助。台灣人民在長期的鬥爭中認識到，台灣的命運不能離開祖國的命運而單獨解決，只有「待中國強大時，台灣才有恢復之日」。事實果真如此，由於台灣與祖國大陸人民共同攜手抗戰，取得了徹底的勝利，才收回大陸大片失地，並同時光復台灣。歷史又一次證明：台灣與祖國大陸休戚相關、命運與共。

註釋

[1] 轉引黃秀政，《台灣割讓與乙未抗日運動》，第36-37頁，台灣商務印書館，1992年12月。

[2] 陸奧宗光著，龔德柏譯，《中日甲午戰爭秘史》（原名《蹇蹇錄》），第101頁，台灣商務印書館，1976年2版。

[3] 藤村道生著，米慶余譯，《日清戰爭》，第134頁，上海譯文出版社，1981年1版。

[4] 陸奧宗光，《中日甲午戰爭秘史》（中譯本），第100頁。

[5] 伊能嘉矩，《台灣文化志》（中譯本），第451-452頁，台灣省文獻委員會，1991年6月。

[6] 陸奧宗光，《中日甲午戰爭秘史》（中譯本），第92頁。

[7] 伊藤博文編，《機密日清戰爭》，第66-69頁，此處轉引黃秀政，《台灣割讓與乙未抗日運動》，第43頁。

[8] 王鐵崖編，《中外舊約章彙編》（1），第614-615頁，北京三聯書店，1957年9月1版。

[9] 故宮博物院編，《清光緒朝中日交涉史料》，見中國史學會編，《中日戰爭》（3），第488頁，上海新知識出版社，1956年10月。

[10] 《台灣唐維卿中丞電奏稿》，見《中日戰爭》（6），第381頁。

[11] 江山淵，《徐驤傳》，轉引戚其章著，《甲午戰爭史》，第511頁，北京人民出版社，1990年9月1版。

[12] 戚其章主編，《中日戰爭》（3），第74頁，北京中華書局，1991年1月。

[13] 中國史學會編，《中日戰爭》（4），第27-28頁。

[14] 黃秀政著，《台灣割讓與乙未抗日運動》，第130-132頁。

[15] 王炳耀，《中日戰輯選錄》，台灣文獻叢刊第265種，第67-70頁，台北台灣銀行出版，1969年。

[16] 王炳耀，《中日戰輯選錄》，台灣文獻叢刊第265種，第67-68頁，台北台灣銀行出版，1969年。

〔17〕王炳耀，《中日戰輯選錄》，台灣文獻叢刊第265種，第70-71頁，台北台灣銀行出版，1969年。

〔18〕《中日戰爭》（6），第427-429頁。

〔19〕吳德功，《割台記》，台灣文獻叢刊第56種，第42頁。

〔20〕轉引戚其章，《甲午戰爭史》，第529頁。

〔21〕曾迺碩，《吳湯興事蹟考證》，《台灣文獻》第9卷，第3期。

〔22〕戚其章，《甲午戰爭史》，第584頁。

〔23〕中國社會科學院近代史研究所，《日本侵華七十年史》，第二章，第53頁。中國社會科學出版社，1992年10月。

〔24〕台灣文獻委員會編，《台灣史》，第521頁，1977年4月，台中。

〔25〕台灣省文獻會，《台灣史》，第618頁。

〔26〕李友邦，《日本在台灣之殖民地政策》，第15頁，1991年9月，台北世界翻譯社發行。

〔27〕台灣省文獻會，《台灣史》，第618頁。

〔28〕涂照彥著，李明俊譯，《日本帝國主義下的台灣》，第56-65頁。

〔29〕同上書，第69-84頁。

〔30〕中國社會科學院近代史研究所，《日本侵華七十年史》，第630頁。

〔31〕涂照彥，《日本帝國主義下的台灣》，第143-148頁。

〔32〕吳文星，《日據時期台灣社會領導階層之研究》，第97頁，台北正中書局，1992年3月初版。

〔33〕吳文星，《日據時期台灣社會領導階層之研究》，第307-309頁。

〔34〕洪棄父，《台灣戰紀》，見《中日戰爭》（6），頁367。

〔35〕喜安幸夫，《台灣抗日秘史》（台灣武陵出版社，1984年），頁108。

〔36〕《台灣史》，頁644。

〔37〕漢人，《台灣革命史》（1925年出版），頁15。

〔38〕吳得福告示，見《台灣省通志稿》，卷9，抗日篇，頁29。

[39] 鐵國山柯鐵抗日檄文，見《台灣省通志稿》，卷9，頁49。

[40] 胡嘉猷告示，見《台灣省通志稿》，卷9，頁30。

[41] 詹振、林李成抗日檄文，見《台灣省通志稿》，卷9，頁30。

[42] 《台南城內城外人民哭訴大冤枉書》，見《台灣省通志稿》，卷9，頁63。

[43] 《革命歌》，見《台灣革命史》，頁24。

[44] 喜安幸夫，《日本統治台灣秘史》（台灣武陵出版社，1989年再版），頁35。

[45] 《台灣省通志稿》，卷9，頁83。

[46] 《台灣省通志稿》，頁86。

[47] 《中華民國開國五十年文獻》（簡稱《開國文獻》），二篇，五冊，頁510，頁514。

[48] 《開國文獻》，二篇，五冊，頁517。

[49] 同上書、篇、冊，頁553。

[50] 同上書、篇、冊，頁554，頁560，頁559。

[51] 《台灣省通志稿》，卷9，頁90-92。

[52] 《台灣革命史》，頁66。

[53] 《台灣革命史》，頁78-72。

[54] 《台灣革命史》，頁83。

[55] 黃昭堂著，《台灣總督府》，第107頁，台北前衛出版社，1994年4月。

[56] 台灣省文獻會編，《余清芳抗日革命案全檔》，第2輯，第1冊，頁381。

[57] 台灣省文獻會編，《余清芳抗日革命案全檔》，第3輯，第1冊，頁82，頁124。

[58] 藤井志津枝，《日據時期台灣總督府的理蕃政策》（台灣師範大學歷史研究所，1889年12月），頁185-186。

[59] 藤井志津枝，.《日據時期台灣總督府的理蕃政策》，頁187。

[60] 《開國文獻》，二篇，五冊，頁615，頁623。

[61] 曾迺碩，《國父與台灣的革命運動》（台北幼獅文化事業公司，1978年），頁248，頁106。

[62] 《日據時期台灣總督府的理蕃政策》，頁239-240。

[63] 《台灣社會運動史》（即《台灣總督府警察沿革志》），第二篇中卷譯本，第1冊，頁 191。

[64] 《台灣社會運動史》，第二篇，第1冊，頁206-207。

[65] 《台灣社會運動史》，第二篇，第1冊，頁55。

[66] 《台灣社會運動史》，第二篇，第1冊，頁27。

[67] 《台灣社會運動史》，第二篇，第1冊，頁85，頁117。

[68] 《台灣社會運動史》，第二篇，第1冊，頁122。

[69] 《台灣社會運動史》，第二篇，第1冊，頁170-172。

[70] 《台灣社會運動史》，第二篇，第1冊，頁137。

[71] 《台灣社會運動史》，第二篇，第1冊，第1冊，頁99。

[72] 《社會主義運動史》，第1冊，序說，頁7。

[73] 楊碧川，《日據時代台灣人反抗史》（台灣稻香出版社，1988年11月），頁136。

[74] 《台灣社會運動史》，第2冊，頁149。

[75] 《台灣社會運動史》，第2冊，頁180-184。

[76] 《台灣社會運動史》，第2冊，頁183。

[77] 《台灣社會運動史》，第2冊，頁255、頁264-265。

[78] 周婉窈，《日據時期的台灣議會設置請願運動》（自立報系文化出版社，1989年10月），頁55-56。

[79] 《台灣社會運動史》，第1冊，頁268。

[80] 《台灣社會運動史》，第3冊，頁32-36。

[81] 《台灣社會運動史》，上冊，頁261、頁271-273。

[82] 王孝廉，《以血寫在山崗的名字——霧社起義》，載台灣《夏潮》，第1卷，第7期，1976年10月1日。

[83] 《台灣省通志稿》，卷9，頁112-116。

[84] 徐子為、潘公昭合著，《今日的台灣》（上海中國科學圖書儀器公司，1948年4月再版），頁239-240。

[85] 康有為奏議，《戊戌變法》，第二冊，頁153、215-216。

[86] 日本外務省編，《日本外交文書》三三卷，別冊一，頁990。

[87] 義和拳所擬和約二十五款，見《義和團》，第一冊，頁259。

[88] 《檀香山興中會宣言》，《辛亥革命》，第一冊，頁85。

[89] 陳少白，《興中會革命史要》，《辛亥革命》，第一冊，頁42-43。

[90] 同上書，頁48-53。

[91] 陳少白，《遊台詩九首》，發表於一八九七年十月二日、十一月二十八日、十二月八日的台灣新報。

[92] 馮自由，《中國革命運動二十六年組織史》，頁36。

[93] 馮自由，《中華民國開國前革命史》，頁113。

[94] 《台灣日日新報》一九〇〇年十月十三日、十月廿日，轉引曾迺碩，《國父與台灣的革命運動》，頁74，台北幼獅文化事業公司，一九七八年出版。

[95] 李雲漢，《國民革命與台灣光復的歷史淵源》，頁27，台北幼獅文化事業公司，一九七七年版。

[96] 王兆培，《廈門辛亥革命的一個據點——救世醫院》（未刊稿）。

[97] 史公，《台灣革命史料二則》，見李雲漢：前引書，頁25。

[98] 葉炳輝，《杜聰明博士傳》，見李雲漢：前引書，頁26。

[99] 陳少白，《興中會革命史要》，《辛亥革命》，第一冊，頁56。

[100] 丘廑兢，《辛亥革命在廈門》（原稿本）。

[101] 丘廑兢，《閩南倒袁運動記》（未刊稿）。

[102] 羅秋昭，《羅福星傳》，頁26-35，台北黎明文化事業股份有限公司，一九七四年版。

[103] 羅福星之自敘傳，《中華民國開國五十年文獻》（簡稱《開國文獻》，下同）二篇五冊，頁515，台北正中書局，一九六三年版。

[104] 陳漢光，《許贊元事略》，《開國文獻》，一篇，四冊，頁568。

[105] 鄭烈，《黃花崗之役與台灣》，陳與燊傳均記為三千日元，辛亥福建革命與台灣文

中記二千日元，待考。

〔106〕陳漢光，《黃花崗之役與台籍人士》，《台灣風物》，八卷三期，頁7。

〔107〕劉本炎，《翁俊明獻身黨國智仁勇風範長存》，台灣《中央日報》，一九八一年二月二日。

〔108〕李雲漢，《國民革命與台灣光復的歷史淵源》，頁23，台北幼獅文化事業公司，一九七七年版。

〔109〕黃朝琴等著，《國民革命運動與台灣》，頁2、110，台北中華文化出版事業委員會，一九五五年十月再版。

〔110〕《中央日報》，一九四六年十月二六日。

〔111〕吳相湘，《國父傳記新史料》，引自《辛亥革命研究通訊》，第六期，頁5。

〔112〕《宮崎滔天全集》第四卷，引自《廣東文史資料》，第二五輯，頁301。

〔113〕福建人著，《閩警》第二章。

〔114〕福建人著，《閩警》第三章。

〔115〕黃員敬等供述，《開國文獻》，二篇五冊，頁559-560。

〔116〕台灣地方法院逮捕羅福星之報告，《開國文獻》，二篇五冊，頁507-509。

〔117〕台灣臨時法院判決報告，《開國文獻》，二篇五冊，頁553。

〔118〕《開國文獻》，二篇五冊，頁502。

〔119〕曾迺碩，《國父與台灣的革命運動》，頁183。

〔120〕台灣臨時法院檢察官審訊報告，《開國文獻》，三篇五冊，頁548。

〔121〕羅福星，《大革命宣言書》，《開國文獻》，二篇五冊，頁510、514。

〔122〕羅福星、周齊仔、謝集香等供述，《開國文獻》，二篇五冊頁554、560、559。

〔123〕台灣臨時法院檢察官要求判處羅福星死刑報告書，《開國文獻》，二篇五冊，頁540。

〔124〕羅福星之自敘傳，《開國文獻》，二篇五冊，頁517、514。

〔125〕邱義質回憶，見曾迺碩前引書，頁222。

〔126〕《開國文獻》二篇五冊，頁517。

〔127〕曾迺碩，《國父與台灣的革命運動》頁 103。

〔128〕同上書，頁 167。

〔129〕《開國文獻》二篇五冊，頁 517。

〔130〕鄒魯，《中國同盟會》，《辛亥革命》，第二冊，頁 6。

〔131〕羅福星之手記，《開國文獻》，二篇五冊，頁 572。

〔132〕《開國文獻》，二篇五冊，頁 591、587。

〔133〕羅福星，《大革命宣言書》，《開國文獻》，二篇五冊，頁 514。

〔134〕羅福星：宣告文，《開國文獻》，二篇五冊，頁 596。

〔135〕羅福星之歌詞，《開國文獻》，二篇五冊，頁 518。

〔136〕羅福星寄滬上情人愛卿書，《開國文獻》，二篇五冊，頁 505、505。

〔137〕羅福星臨刑前答獄吏問，《開國文獻》，二篇五冊，頁 601-602。

〔138〕《開國文獻》，二篇五冊，頁 575。

〔139〕《列寧全集》，卷二八，頁 168-169。

〔140〕《開國文獻》，二篇五冊，頁 5050。

〔141〕同上書，頁 554-555。

〔142〕同上書，頁 514-510。

〔143〕同上書，頁 565。

〔144〕同上書，頁 554。

〔145〕同上書，頁 539。

〔146〕連曉青，《苗栗革命事件的初步檢討》。

〔147〕加福豐次警視記錄，見曾迺碩前引書，頁 111。

〔148〕《開國文獻》，二篇五冊，頁 520。

〔149〕同上書，頁 560。

〔150〕同上書，頁 562。

〔151〕同上書，頁 557。

〔152〕同上書，頁 516。

〔153〕 同上書，頁571-572。

〔154〕 《開國文獻》二篇五冊，頁507、520。

〔155〕 《開國文獻》二篇五冊，頁520。

〔156〕 曾迺碩前引書，頁193-201、214-217。

〔157〕 曾迺碩，《國父與台灣的革命運動》，頁204。

〔158〕 《開國文獻》，二篇五冊，頁591。

〔159〕 羅秋昭仍認爲「這個數字大約可靠」，見《近代中國》第一九期，一九八〇年十月
二〇日。

〔160〕 陳文彬，《記台灣余清芳的反日武裝起義》，《辛亥革命回憶錄》，第四集，頁501-
503。

〔161〕 賴來與謝石金案，《開國文獻》，二篇五冊，頁607。

〔162〕 《台灣省通志稿》（簡稱《通志稿》，下同）卷九，抗日篇，羅福星革命，頁91。

〔163〕 《通志稿》，卷九，余清芳革命頁101-102。

〔164〕 余清芳告示，見《通志稿》，卷九，頁103。

〔165〕 《通志稿》，卷九，土庫事件，頁86。

〔166〕 《開國文獻》，二篇五冊，頁615-623。

〔167〕 《台灣總督府警察沿革志》，第二篇，上卷。

〔168〕 黃炳貴、詹阿拉供述，《開國文獻》，二篇五冊，頁625、627。

〔169〕 《開國文獻》二篇五冊，頁501。

〔170〕 羅秋昭，《羅福星傳》，頁94。

〔171〕 《開國文獻》，二篇五冊，頁532。

〔172〕 羅秋昭，《羅福星傳》，頁57。

〔173〕 《通志稿》，卷七，人物志，賴來，頁64。

〔174〕 曾迺碩前引書，頁248、106。

〔175〕 張火爐與黃炳貴案，《開國文獻》，二篇五冊，頁625、627。

〔176〕 余清芳告示，《通志稿》，卷九，頁103。

〔177〕沈阿榮案，《開國文獻》，二篇五冊，頁619。

〔178〕黃炳貴廖妹之供述，《開國文獻》，二篇五冊。頁625、627。

〔179〕羅福星之手記，舊曆九月二十二日，《開國文獻》，二篇五冊，頁581。

〔180〕《通志稿》，卷九，抗日篇，頁91、89。

〔181〕六甲鄉採集站，《六甲事件之真相》，《通志稿》，卷七，頁4。

〔182〕根據賴來、沈阿榮、張火爐、李阿齊案受判刑名單統計，名單見《開國文獻》，二篇五冊，頁605-607、612-614、621-623，曾迺碩：前引書頁233-234。

〔183〕余清芳案件烈士錄，見曾迺碩：前引書頁259-266。

〔184〕《通志稿》，卷九，抗日篇，頁82、103、86、98。

〔185〕戴季陶，《孫中山與台灣》，見黃季陸，《有關台灣與中國革命的史料》，《傳記文學》，十一卷第五期頁27。

〔186〕莊政，《國父與台灣》，台灣《中央日報》，一九八〇年三月一七日。

〔187〕《國民革命與台灣光復圖輯》，《近代中國》一九期，頁36。

〔188〕李雲漢，《國民革命與台灣光復的歷史淵源》。頁61

〔189〕同上書，頁62。

〔190〕黃煌雄，《革命家——蔣渭水》，頁255，台灣長橋出版社，一九七八年。

〔191〕關於林森的出生年月，有同治六年二月十一日、正月初七日、同治七年正月十八日、二十一日等說法。此處根據《林森墓誌銘》：「民國紀元前四十四年二月十一日降生」，《藤山志》：「民國前四十四年歲次戊辰正月十八日誕生」。

〔192〕朱西寧，《林森傳》，第179-180頁，轉引自《福州市志·人物志》，第二輯，第49頁。

〔193〕吳相湘，《林子超先生的一生》，見劉紹唐主編，《林森紀念集》，第5-13頁，1969年台北傳記文學出版社印行。

〔194〕婁獻閣，《林森》，李新等主編，《民國人物傳》，第二卷，第119頁，1980年8月，中華書局出版。

〔195〕徐大笛，《林子超先生的風範》，《林森紀念集》，第153-162頁。

〔196〕《林森二三事》，《閩侯文史資料》，第一輯，第140-142頁，1984年11月印行。

〔197〕林湘，《林森與辛亥革命》，香港《大公報》，1981年9月18日至21日連載。

〔198〕均見《林森紀念集》，第78-106頁，第17-48頁。

〔199〕林逸，《民國青芝老人林子超先生年譜》，（簡稱《林森年譜》，下同），1985年7月，台灣商務印書館。

〔200〕劉銘傳，《台灣水陸電線告成援案請獎摺》，《劉壯肅公奏議》，《台灣文獻叢刊》（簡稱《台叢》，下同），第二七種，第259-260頁。

〔201〕蔡人奇，《藤山志》，卷之三，1948年鉛印本。

〔202〕劉銘傳，《台設西學堂招選生徒延聘西師立案摺》，《台叢》，第二七種，第297-298頁。

〔203〕林方庸等，《林森在青芝》，《福建文史資料》，第十九輯，第53-58頁，1988年7月印行。

〔204〕劉通，《林森行略》，《福建文史資料》，第五輯，第53頁。

〔205〕林伏濤，《嘉義青芝亭記》，《林森紀念集》，第178-181頁。

〔206〕高拜石，《青芝老人之風範》，《林森紀念集》，第135頁。

〔207〕姜聯成，《雕花竹椅的故事》，《林森紀念集》，第176頁。

〔208〕《林森紀念集》，第6頁。

〔209〕林偉功，《林森》，《福州市志‧人物志》，第二輯，第47頁。

〔210〕林逸，《林森年譜》，第16頁。林志圖本人回憶，送旅費100元，林森收50元。

〔211〕《藤山志》，卷之三，《林森傳略》。

〔212〕林森口述，蔡人奇筆記，《閩警》，全書分10章，約32,000餘字，1904年初，上海復初書社刊印發行。

〔213〕吳德功，《讓台記》，見《台叢》，第五十七種，第52頁，第60頁。

〔214〕連橫，《台灣通史》，卷三十六，列傳八，第726頁，1983年商務印書館。

〔215〕洪棄生，《瀛海偕亡記》，《台叢》，第五十九種，第17頁。

〔216〕翁俊明口述，《林公子超與台灣》，《福建新聞》，1943年8月11日。

[217] 《林故主席事略》，引福建《中央日報》，1944年8月2日，第二版。

[218] 林偉功，《林森》，《福建市志·人物志》，第二輯，第47頁。

[219] 馮自由，《中國革命運動二十六年組織史》，第36頁。

[220] 葉楚傖，《國民政府林故主席森墓誌銘》，1943年11月17日，轉引自，《林森紀念集》，第127頁。

[221] 蔣中正，《對林故主席百年誕辰紀念致詞》，台北《中央日報》，1966年2月12日。

[222] 轉引戚其章主編，《甲午戰爭九十周年紀念論文集》，第350頁，1986年齊魯書社出版。

[223] 林森，《閩警》，本節引文凡不注出處者，均引自此書。

[224] 《藤山志》，卷之三。

[225] 鄭祖蔭，《福建辛亥革命光復史料》，第二章，第9頁，1940年初版。

[226] 葉楚傖，《林森墓誌銘》。

[227] 《福建辛亥革命光復史料》，第二章，十一、旅滬福建學生會，第9頁。

[228] 《林森紀念集》，第170-174頁。

[229] 林逸，《林森年譜》，第63頁；楊振，《林故主席在台時代》，《新生報》，1947年2月5日。

[230] 李雲漢，《國民革命與台灣光復的歷史淵源》，第27-28頁，台北幼獅文化事業公司，1971年版。

[231] 翁俊明口述，《林公子超與台灣》，《福建新聞》，1943年8月11日。關於林森1924年赴台一事，未見其他記載，待證實。

[232] 林偉功，《林森》，《福州市志·人物志》，第二輯，第53頁。

[233] 李友邦，《台灣革命運動》（台北世界翻譯社發行，1943年4月初版，1991年9月再版），頁2

[234] 《台灣省通志稿》，卷9，頁252。

[235] 台灣義勇隊編輯，《台灣先鋒》月刊，第1期，1940年4月15日，浙江金華，今據

台北世界翻譯社1991年9月再刊本，頁88。

〔236〕《台灣先鋒》（再刊本），第2期，頁51。

〔237〕《閩台關係檔案資料》（鷺江出版社，1993年6月），頁241。

〔238〕李雲漢，《國民革命與台灣光復的歷史淵源》（台北幼獅文化事業公司，1980年7月31版），頁119-120。

〔239〕《國民革命與台灣光復的歷史淵源》，頁113。

〔240〕王曉波，《台灣史論集》（北京中國友誼出版公司，1992年6月），頁84。

〔241〕《台灣先鋒》（再刊本），第2期，頁7。

〔242〕《國民革命與台灣光復的歷史淵源》，頁99。

〔243〕《台灣先鋒》（再刊本），第10期，頁3-4。

〔244〕《國民革命與台灣光復的歷史淵源》，頁100-104。

〔245〕秦孝儀主編，《抗戰時期收復台灣之重要言論》（台北近代中國出版社，1990年6月），頁94。

〔246〕《革命先鋒》（再刊本），第1期，頁7-8。

〔247〕李友邦，《台灣革命運動》，頁3。

〔248〕李友邦，《開羅會議後之台灣問題（爲紀念台灣淪陷四十九周年紀念作)》，《抗戰時期收復台灣之重要言論》，頁205-206。

〔249〕李友邦，《台灣革命運動》，頁7-8。

〔250〕徐子爲等，《今日台灣》，頁246。

〔251〕湯子炳，《台灣史綱》（台北台灣印刷紙業公司，1946年8月），頁194-198。

〔252〕王曉波，《台灣史論集》，頁88。

〔253〕湯子炳，《台灣史綱》，頁200-201。

〔254〕李友邦，《台灣革命運動》，頁8。

〔255〕《抗戰時期收復台灣之重要言論》，頁3。

〔256〕《抗戰時期收復台灣之重要言論》，頁4。

〔257〕《抗戰時期收復台灣之重要言論》，頁10。

〔258〕《台灣問題文件》（人民出版社，1955年5月），頁5。

〔259〕《台灣光復和光復後五年省情》（上）（南京出版社，1989年12月），頁4-11。

〔260〕《台灣光復和光復後五年省情》（上），頁6-8。

〔261〕《台灣光復和光復後五年省情》（上），頁49-57。

〔262〕《台灣光復和光復後五年省情》（上），頁113-114。

〔263〕《台灣省通志稿》，卷10，光復志，頁26。

〔264〕《台灣省通志稿》，卷9，頁11-12。

〔265〕《台灣史》，頁717-718。

〔266〕《台灣省通志稿》，卷9，頁21-22。

〔267〕《台灣光復和光復後五年省情》，頁114。

〔268〕《台灣光復和光復後五年省情》，頁161-162。

〔269〕《台灣省通志稿》，卷9，頁43。

〔270〕龔古今等著，《中國抗日戰爭史稿》第42頁，湖北人民出版社，1983年11月第1版。

〔271〕《論反對日本帝國主義的策略》，見《毛澤東選集》，第128-153頁，人民出版社，1967年11月橫排袖珍本。

〔272〕胡繩主編，《中國共產黨的七十年》，第四章，第143頁，中共黨史出版社，1991年8月，第1版。

〔273〕蔣介石，《蔣總統集》，第一冊，第962-963頁，台灣國防研究院出版部，1968年第3版。

〔274〕龔古今等著，《中國抗日戰爭史稿》，第79頁。湖北人民出版社，1983年11月第1版。

〔275〕可參見張慶璋，《台灣義勇隊始末》，載《夏潮論壇》，1984年7月號。

〔276〕駱耕漠，《赤誠的愛國主義者》，全國政協文史辦公室主編，《文史通訊》，1982年第6期。

〔277〕張畢來，《台灣義勇隊》，載《革命史資料》，第八輯，第46-47頁，北京文史資料

出版社，1982年版。

[278] 參見李仲，《台灣義勇隊隊長李友邦》，載北京《台聲》，1986年第4期。

[279] 《台灣獨立革命黨黨章》，見《台灣先鋒》，第一期，台北市人間出版社，1991年9
月再版。

[280] 軍委會政治部檔案，轉引自林眞，《台灣義勇隊的籌組及在福建的活動》，載《台
灣研究集刊》，1991年第4期，90-97頁。

[281] 林眞，《台灣義勇隊的籌組及在福建的活動》。

[282] 張畢來，《台灣義勇隊》，載《革命史資料》，第八輯，第48頁，北京文史資料出
版社，1982年。

[283] 駱耕漠，《赤誠的愛國主義者》。

[284] 《福建民報》福州版，1938年11月9日第三版。

[285] 參考李仲，《台灣義勇隊隊長李友邦》，載北京《台聲》，1986年第4期。

[286] 林雙法，《晉江縣台灣籍醫生遣送崇安概況》，載《晉江文史資料選輯》第十四
輯，1993年3月出版。

[287] 張一之，《台灣留閩僑胞組織義勇隊》，《東南日報》，1938年12月1日。

[288] 張畢來，《台灣義勇隊》，載《革命史資料》第八輯，北京文史資料出版社，1982
年版。

[289] 嚴秀峰，《台灣義勇隊與抗戰》，載《台灣史研究會會訊》，第2期，1987年8月10
日。

[290] 李仲，《台灣義勇隊隊長李友邦》，載北京《台聲》，1980年第4期。

[291] 林眞，《台灣義勇隊的籌組及在福建的活動》。

[292] 同上。

[293] 張畢來，《台灣義勇隊》，載《革命史資料》，第八輯，北京文史資料出版社1982
年版。

[294] 李雲漢，《國民革命與台灣光復的歷史淵源》，第113頁，台北市，幼獅文化事業
公司，1980年7月第3版。

[295] 《台灣先鋒》，第二期，1940年5月15日出版。

[296] 張畢來，《台灣義勇隊》，載《革命史資料》，第八輯，北京文史資料出版社，1982年版。

[297] 李煒，《台灣少年團的組織及其工作》，《台灣先鋒》，第二期。

[298] 嚴秀峰，《台灣義勇隊與抗戰》，載《台灣史研究會會訊》第2期，1987年8月10日。

[299] 楊渡，《如此痛苦地擁抱祖國》，載台灣《中時晚報》，1992年4月28日。

[300] 王曉波，《李友邦與台灣義勇隊初探》，《海峽兩岸首次台灣史學術交流論文集》，第九頁，廈大出版社，1990年9月1日。

[301] 林眞，《台灣義勇隊的籌組及在福建的活動》。

[302] 林雙法，《晉江縣台灣籍醫生遣送崇安概況》，載《晉江文史資料選輯》，第14輯，1993年3版。

[303] 嚴秀峰，《抗戰時期的台灣義勇總隊——駁正藍敏女士的自說自話》，載台北市《中外雜誌》，第三十二卷第1期，1982年7月出版。

[304] 嚴秀峰，《抗戰時期的台灣義勇總隊——駁正藍敏女士的自說自話》，載台北市《中外雜誌》，第三十二卷第1期，1982年6月出版。

[305] 嚴秀峰，《台灣義勇隊與抗戰》，1987年6月17日應台灣史研究會邀請演講稿。

[306] 參見林雙法，《晉江縣台灣籍醫生遣送崇安概況》；張畢來，《台灣義勇隊》。

[307] 鄧東光，《第一台灣醫院》，見《台灣先鋒》，第六期，1941年1月15日出版。

[308] 張畢來，《台灣義勇隊》，載《革命史資料》，第八輯，北京文史資料出版社，1982年版。

[309] 嚴秀峰，《抗戰時期的台灣義勇總隊——駁正藍敏女士的自說自話》，載台北《中外雜誌》第三十二期第一期，1982年7月出版。

[310] 朱行，《一個快樂的歡送會——歡送本地戰地工作隊同志上前線》，見《台灣先鋒》第一期。

[311] 嚴秀峰《抗戰時期的台灣義勇隊》，載《中外雜誌》第三十二章第一期，1982年7

月。

[312] 嚴秀峰《抗戰時期的台灣義勇隊》，載《中外雜誌》第三十二章第一期，1982年7月。

[313] 余錦源，《台灣義勇隊之一斑》，見《台灣先鋒》，第三期。

[314] 正中，《「台灣同志做榜樣」——余錦源師長訪問記》，見《台灣先鋒》，第五期，1940年9月15日出版。

[315] 正中，《「台灣同志做榜樣」——余錦源師長訪問記》，見《台灣先鋒》，第五期，1940年9月15日出版。

[316] 吳省三，《戰地片段》，見《台灣先鋒》第七期，1941年3月15日出版。

[317] 李煒，《台灣少年團的組織及其工作》，見《台灣先鋒》，第二期。

[318] 嚴秀峰，《抗戰時期的台灣義勇總隊》，載《中外雜誌》第三十二卷第一期，1982年7月版。

[319] 小記者，《各地兒童活動的消息》，見《台灣先鋒》，第三期，1940年6月15日出版。

[320] 資料室，《向各地工作同志報告隊部之動態》，見《台灣先鋒》，第三期。

[321] 資料室，《隊部之動態》，見《台灣先鋒》，第四期，1940年8月15日。

[322] 林雙法，《晉江台灣籍醫生遣送崇安概況》，載《晉江文史資料選輯》第十四輯，1993年3月版。

[323] 編訊組，《隊團動態》，《台灣先鋒》，第九期，1941年8月5日出版。

[324] 編訊組，《隊處團動態》，見《台灣先鋒》，第十期，1942年12月25日出版。

[325] 楊渡，《如此痛苦地擁抱祖國》，載《中時晚報》，1992年4月26日。

[326] 郭輔義，《慰勞前方將士》，見《台灣先鋒》，第三期，1940年6月15日出版。

[327] 江華，《回頭看看》，見《台灣先鋒》第八期，1941年5月15日出版。

[328] 各地青少年來信，見《台灣先鋒》，第四期。

[329] 嘯軍，《獻給台灣少年》，見《台灣先鋒》第五期，1940年9月15日出版。

[330] 張畢來，《台灣義勇隊》，載《革命史資料》第八輯，北京文史資料出版社，1982

年版。

[331] 楊渡，《如此痛苦地擁抱祖國》，載《中時晚報》，1992年4月26日。

[332] 《台灣義勇隊一年來工作概述》，見《台灣先鋒》，第一期，1940年4月15日出版。

[333] 李友邦，《我們的工作》，見《台灣先鋒》，第一期。

[334] 張士德，《從金華轉進龍岩》，《台灣青年》，第三十七號，1944年1月1日。

[335] 李青，《在祖國抗戰中的台灣少年團》，《台灣同胞抗日50年紀實》，第320-321頁，中國婦女出版社，1998年6月。

[336] 軍委會政治部台灣義勇隊名冊，1943年6月，台北中央圖書館台灣分館藏書室。名冊中王正南列為少年團小隊長。

[337] 嚴秀峰，《李友邦與中國抗戰和台灣光復》，《海峽評論》，第60期，1995年12月1日。

[338] 《閩台關係檔案資料》，第296頁，鷺江出版社，1993年6月。

[339] 王得民，《抗戰時期的台灣義勇隊》，《台灣同胞抗日50年紀實》，第303頁。

[340] 秦孝儀主編，《台籍志士在祖國的復台努力》，《中國現代史史料叢編》，第二集，第65-66頁，近代中國出版社，1990年6月。

[341] 張士德，《台灣義勇隊工作近況》，《台灣青年》，第三十七號，1944年1月1日。

[342] 李友邦，《研究三民主義應有的認識》，《台灣青年》，第一期，1943年1月1日。

[343] 《台籍志士在祖國的復台努力》，第68-72頁。

[344] 孟樺、徐光，《記述台灣少年團的「整訓」片斷》，《台灣同胞抗日50年紀實》，第646頁。

[345] 《台灣同胞抗日50年紀實》，第322頁。

[346] 《台籍志士在祖國的復台努力》，第73頁。

[347] 孟樺、徐光，《記述台灣少年團的「整訓」片斷》，《台灣同胞抗日50年紀實》，第646頁。

[348] 孟樺、徐光，《記述台灣少年團的「整訓」片斷》，第646-647頁。

[349] 孟樺、徐光，《記述台灣少年團的「整訓」片斷》，第650-652頁。

[350] 《閩台關係檔案資料》，第305-306頁。

[351] 《台灣青年》，第十一期，1943年4月21日。

[352] 《台灣青年》，第八十一號，1944年11月11日。

[353] 《閩台關係檔案資料》，第312-328頁。

[354] 《三民主義青年團中央直屬台灣義勇隊分團第二屆團員大會宣言》，《閩台關係檔案資料》，第328-330頁。

[355] 潘叔華，《李總隊長，我們懷念您》，《台聲》，1991年第7期。

[356] 《台灣先鋒》，第十期，1942年12月25日出版。

[357] 《台灣青年》，第四八號，1944年3月29日。

[358] 《閩台關係檔案資料》，第312-328頁。

[359] 《台灣青年》，第三十七號，1944年1月1日。

[360] 《台灣青年》，第三十七號，1944年1月1日。

[361] 《台灣青年》，第四期，1943年2月1日。

[362] 壬癸，《難忘的一天》，《台灣青年》，第六期，1943年2月21日。

[363] 王正西，《行軍雜感》，《台灣青年》，第六期，1943年2月21日。

[364] 張健民，《在巡迴工作中懷感》，《台灣青年》，第七期，1943年3月1日。

[365] 《台灣青年》，第三十七號，1944年1月1日。

[366] 《台灣青年》，第十六期，1943年6月1日。

[367] 《台灣青年》，第二十一號，1943年7月21日。

[368] 《台灣青年》，第二十二號，1943年8月1日。

[369] 根作，《台灣少年團在閩南》，《台灣青年》，第二十一號，1943年7月21日。

[370] 《台灣青年》，第二十期，1943年7月9日。

[371] 《台灣青年》，第四十五號，1944年2月26日。

[372] 《台灣青年》，第五十九號，1944年6月10日，第六十四號，1944年7月15日。

[373] 《台灣青年》，第八十五號，1944年12月9日。

[374] 《台灣青年》，第三十七號，1944年1月1日。

[375] 《台灣青年》，第十一期，1943年4月11日。

[376] 《台灣青年》，第廿六號，1943年9月11日。

[377] 《台灣青年》，第二十七號，1943年9月21日。

[378] 《台灣青年》，第二十七號，1943年9月21日。

[379] 行輝，《我們的紙彈怎樣打到敵人那邊去》，《台灣青年》，第三十五號，1943年12月11日。

[380] 《台灣青年》，第三十號，1943年10月21日，第四十號，1944年1月22日。

[381] 王正西，《和古內慶太郎談話記》，《台灣青年》，第六十五號，1944年7月22日。

[382] 台義隊巡迴工作團，《日軍反戰軍士古內慶太郎向我投誠》，《台灣青年》，第六十五號，1944年7月22日。

[383] 白舟《前線之行》，《台灣青年》，第六十二號，1944年7月1日。

[384] 劉勝欣，《回憶我的父親劉新民》，《台灣同胞抗日50年紀實》，第632-633頁。

[385] 《台灣青年》，第八十一號，1944年11月11日。

[386] 《台灣青年》，第七十二號，1944年9月9日。

[387] 《閩台關係檔案資料》，第310頁。

[388] 鄭晶瑩，《一個抗日愛國的台灣人家庭的故事》，《台灣同胞抗日50年紀實》，第467頁。

[389] 《台灣青年》，第三十七號，1944年1月1日。

[390] 《台灣醫院在建陽》，《前線日報》，1943年5月3日，見《閩台關係檔案資料》，第293-294頁。

[391] 《台灣青年》，第八十一號，1944年11月1日。

[392] 《台灣青年》，第三十七號，1944年1月1日。

[393] 《台灣青年》，第三十九號，1944年1月15日，第四十號，1944年1月22日。

[394] 《台灣青年》，第四十七號，1944年3月11日。

[395] 《台灣青年》，第十五期，1943年5月21日。

〔396〕《台灣青年》，第十四期，1943年5月11日。

〔397〕《台灣青年》，第十五期，1943年5月21日。

〔398〕《台灣青年》，第二十二號，1944年8月1日。

〔399〕《閩台關係檔案資料》，第294-295頁。

〔400〕《閩台關係檔案資料》，第295-296頁。

〔401〕嚴秀峰，《李友邦與中國抗戰和台灣光復》，台北《海峽評論》，第60期，第54頁，1995年12月。

〔402〕《閩台關係檔案資料》，第310-311頁。

〔403〕福建省補給委員會龍岩分會檔案，全宗80、12類257卷。轉引林眞，《台灣義勇隊的籌組及在福建的活動》，《台灣研究集刊》，1991年第4期。

〔404〕孟樺、徐光，《在抗日的熔爐裡鍛鍊》，《台灣同胞抗日50年紀實》，第649頁。

〔405〕《台灣同胞抗日50年紀實》，第324頁。

〔406〕王石林，《永安大逮捕的回顧》，《福建文史資料》，第十一輯，第110-113頁。

〔407〕陸奧宗光，《中日甲午戰爭秘史》（中譯本），第100-101頁，台灣商務印書館，1976年第2版。

〔408〕《日本侵華七十年史》，第九章，第268頁，1992年10月，中國社會科學出版社。

〔409〕林森口述、蔡人奇筆記，《閩警》，存福建省圖書館。

〔410〕《日本外交文書》第31卷，第990頁。

〔411〕中國史學會編，《義和團》，第二冊，第259-260頁。

〔412〕翁俊明口述，《林公子超與台灣》，《福建新聞》，1943年8月11日。

〔413〕莊政，《國父與台灣》，台北《中央日報》，1980年3月17日。

〔414〕李友邦，《台灣革命運動》，第2頁，1991年9月第2版，台北世界翻譯社。

〔415〕李雲漢《國民革命與台灣光復的歷史淵源》，第119-120頁，1980年7月，台北幼獅文化事業公司出版。

〔416〕王曉波，《台灣史論集》，第84頁，1992年6月，北京中國友誼出版公司。

〔417〕《台灣先鋒》（再刊本），第2期第7頁，1991年9月，台北世界翻譯社。

〔418〕 李雲漢，《國民革命與台灣光復的歷史淵源》，第99-104頁。

〔419〕 秦孝儀主編，《抗戰時期收復台灣之重要言論》，第205-206頁，1990年6月，台北近代中國出版社。

〔420〕 李友邦，《台灣革命運動》，第82頁，1991年9月第2版，台北世界翻譯社。

〔421〕《台灣光復與光復後五年省情》，第161-162頁。

第六章　閩台移民史研究

潁川陳氏開漳聖王派遷台考

　　陳政、陳元光父子自唐初奉命入閩後，為開闢漳州樹立了殊勳。一千多年來，其子孫篳路藍縷繼續開發漳、泉，後裔繁衍播遷各地，溯自明末以後，有的陸續移居澎湖、台灣，與閩粵移民一道，開發我國寶島台灣又作出了巨大的貢獻。

　　本文係根據目前見到的部分閩台陳氏族譜資料，對潁川陳氏開漳聖王派移墾台灣前的祖籍、所屬系派、遷台時間、遷台後在台灣的地區分布及姓量、位次等有關問題，作一個初步的考察。琅

（一）閩台族譜關於開漳聖王派遷台的紀載

　　27世（浯陽派9世），振遙，諱遠，謚文公，從金門渡澎，為開澎始祖。葬在潭邊（今湖西鄉湖東村），子孫繁衍澎湖各島，有的移居台灣本島（1961年台灣陳建章等重編，《陳氏大族譜》）。

　　陳玉珩、和宗、道太、振遙等從金門移民澎湖沙港（今湖西鄉沙港村），已傳至23代（1983年陳玉波編，《澎湖沙港陳氏族譜》，轉引自1987年台灣各姓歷史淵源發展研究會編，《台灣區族譜目錄》，簡稱《譜錄》，下同）。

　　陳政後裔從金門遷澎湖馬公鎮，已傳至24代（1973年陳清平編，《媽汭五姓大族譜》，轉引《譜錄》）。

　　28世（浯陽派10世），8世治明孫住澎湖蒔里鄉（今馬公鎮蒔里里）地方（《陳氏大族譜》）。

　　28世弘意，諱喜，振遙長子，公妣合葬在東石（今嘉義縣東石鄉）後（同上）。

　　28世弘德，諱仁，振遙次子，葬在台灣府城西南喜樹仔（今台南市南區喜東里），妣楊氏，葬在蚱腳嶼（今馬公鎮安宅里）東（同上）。

　　28世弘助，諱贊，振遙三子。公妣合葬大城（今彰化大城鄉）北（同上）。

黃帝141世，陳一貴遷台（乾隆20年陳鼎丕編，《銀同碧湖陳氏族譜》，轉引《譜錄》）。

　　34世（銀同碧湖派12世），課，字應略，從金門渡澎，葬良文港（今湖西鄉龍門村）地方（《陳氏大族譜》）。

　　38世（銀同碧湖派16世），陳志篇、鼎調移民台中、台北等地，渡台7世（1977年陳亭卿編，《銀同碧湖陳氏族譜》，轉引《譜錄》）。

　　振遙後裔移居台北市（陳瑞德等編，《陳氏族譜》，轉引《譜錄》）。

　　40世（銀同碧湖派18世）後裔移居澎湖，42世後裔遷居台中（1961年陳宗炯重修《金門碧湖穎川陳氏族譜》，1971年修《金門浯江湖前碧湖穎川陳氏族譜》，轉引《譜錄》）。

　　陳一貴後裔移居台東，已傳至22世（1970年陳仁德編，《金門碧湖分支台灣中洲陳氏族譜》，轉引《譜錄》）。

　　41世（赤湖派17世）、士竈，渡台始祖（《陳氏大族譜》）。士灶從漳浦遷居南投的名間、田間，爲渡台始祖，後裔遷居全省（1936年陳丹響編，《漳浦錦湖陳氏族譜》、1979年陳玫吟編，《赤湖遷台陳氏宗譜》，轉引《譜錄》）。

　　陳政後裔從漳州遷居澎湖馬公，已傳11世（陳清俊編，《陳氏宗譜（長房）》，無年代，轉引《譜錄》）。

　　陳政後裔，祖籍長泰，遷馬公，已傳10世（1961年陳保利序，《陳氏族譜》，轉引《譜錄》）。

　　陳元光後裔宗樺、初、騫從漳浦遷居台中大肚，來台已9傳（1977年陳達生編，《穎川陳氏族譜》，轉引《譜錄》）。

　　37世（赤湖派13世）陳聲揚後裔遷居彰化田中（1980年陳景三編，《陳氏聲揚公派下族譜》、1979年陳玉振等編，《陳氏赤湖分派族譜》，轉引《譜錄》）。

　　43世（赤湖派19世），瑞興，謚仁詳，生乾隆己亥年（49年，1779年），卒咸豐7年（1857年），葬彰化東螺東堡二八水莊（今彰化縣二水鄉），妣黃氏（《陳氏大族譜》）

　　44世松賀（赤湖派20世），謚世忠，生嘉慶乙丑年（10年，1805年），卒光緒癸未年（9年，1883年），葬二八水（同上）。

44世（赤湖派20世），輝煌、輝豹等於咸豐11年遷噶瑪蘭（今宜蘭縣）羅東，後開發三星鄉（《宜蘭文獻》第3卷第2期）。

44世天澤，生於清嘉慶己巳年（嘉慶14年，1809年），卒於光緒9年癸未（1883年），道光26年與父瑞畍渡台考察，回鄉後正準備渡台定居，而父染疾身亡，遵父志於咸豐辛亥年（元年，1851年）攜眷渡台，居彰化大武郡東螺東堡（今彰化二水、社頭二鄉及田中、田尾、北斗、溪洲、永靖等鄉部分村莊屬之）地方（同上）。

天澤後裔遷居台北景美（陳正宗編，《赤湖遷台陳天澤派下宗譜》，轉引《譜錄》）。

陳道明後裔遷居台東縣等地（陳氏世系圖，轉引《譜錄》）。

35世遊、瀛、攀、善等兄弟俱渡台（《陳氏大族譜》）。

35世鞍，台灣龍井祖，子五，權、梗、昶、管、鍾（同上）。

鞍，遷居台灣茄投（今台中縣龍井鄉），開基祖（1982年陳慶余編，《南陳侯亭五大派宗譜》引將軍派源流之分派系圖）。

35世元利，渡台（《陳氏大宗譜》）。

36世殿偉、殿朝、殿招、殿友兄弟俱渡台，殿坤渡台（同上）。

36世智勇，22歲移民彰化布嶼堡等地（黃師樵，《台灣陳氏世系源流》）。

40世德賀，遷居彰化縣東螺麻園寮（《南陳侯亭大宗譜》）。

41世語、坤，住彰化竹塘鄉（《陳氏大宗譜》）。

5世傳至岩公派下遷居台灣竹山社寮莊（今南投縣竹山鎮社寮里）。又一派遷居集集林尾莊（今集集鎮林尾里）等地（《南陳侯亭大宗譜》）。

陳元光後裔移居雲林斗六（《陳氏族譜》，轉引《譜錄》）。

陳政後裔移居嘉義下坑（今番路鄉）地方，（1977年陳棋頭修，《下坑陳氏續修譜志》，轉引《譜錄》）。

陳克耕後裔移居南投（《陳氏大宗譜》，轉引《譜錄》）。

陳政後裔移居新竹北埔鄉（《族譜潁川堂》，轉引《譜錄》）。

27世（大溪分派3世），巨振第四子從平和大溪移居銅山、台灣等處（陳冬青編：大溪《陳氏世系》）。

33世（大溪分派9世），和友，乳名勞，生於康熙乙亥（34年，1695年），於康熙丙申（55年，1716年）卒於台灣，乾隆庚申（5年，1740年）骨骸遷歸（同上）。

36世陳推，原籍平和，遷居台中大坑墘住（陳萬年，《漳浦陳氏家族淵源、世系及分布》）。

41世（東槐派8世）朝，遷台（道光19年陳騰奎編，《和邑東槐陳氏宗譜》）。

43世（蘆溪13世），孔月，妣涂氏，帶次子玉居與媳涂氏從平和蘆溪遷往台灣諸羅山打貓東頂保梅仔坑大坪（今嘉義縣梅山鄉太平村）等地（1988年重修：平和蘆溪《陳氏家譜》）。

45世（東槐派12世），儒生，讀書功名不就，往台灣，亦卒於台灣，無歸葬（《東槐陳氏宗譜》）。

45世眼、密，生於乾隆年間，兄弟俱往台灣南路冷水坑居住（同上）。

45世絨、妲、森、泥兄弟俱往冷水坑居住（同上）。

46世（東槐派13世），出、榮兄弟俱往台灣（同上）。

46世貳，字步中，少往台灣，早卒。道光癸未年（3年，1823年）骸骨載歸（同上）。

46世床，字希東，謚英楊，生於乾隆甲子（9年，1744年），自少往台灣，卒於乾隆某年，後骸骨載歸（同上）。

46世仰，字景雲，謚敦成，生於雍正辛亥年（9年，1731年），卒於嘉慶乙丑年（10年，1805年），葬在許坑。嘗往台灣兩次，意欲遷居，自成一家。在許坑建置大廈，在本鄉廣立田地，建立學館，富而好學（同上）。

46世波，字榮清，謚賢德，生於乾隆丙寅年（11年，1746年），自少往台灣冷水坑住，心常無定，晚年回家一二年，至嘉慶癸酉（18年，1813年）又往台灣，卒於嘉慶丙子年（21年，1816年），葬在冷水坑，至道光元年（1821年）骸骨同丘氏載歸（同上）。

46世金章，乳名宜，祖父先專，曾任鳳山縣儒學教諭，金章嘉義縣庠生，後補廩於台灣（同上）。

47世（東槐派14世），受峽、受元兄弟均在台灣住，係榮清子（同上）。

48世（東槐15世），抄（一作水抄），未（一作和味）兄弟均往台灣（同上）。

19世景肅後裔從平和遷居台中龍井（《陳石盾家族世系表》，轉引《譜錄》）。

陳元光後裔從平和遷居台灣嘉義（《陳氏族譜》，轉引《譜錄》）。

陳政後裔從平和移居新竹湖口（《陳氏家譜》，轉引《譜錄》）。

陳君用後裔從平和宜古田（今大溪鄉宜盆村）遷居噶瑪蘭五里鼎敢埔（今宜蘭縣五結鄉協和村）地方（據大溪鄉陳雲漢解放前聽其曾孫茂榮、茂審面告）。

梅林分派14世正直於乾隆51年（1786年）遊幕台灣府，嘉慶10年（1805年）回籍攜眷卜居噶瑪蘭員山堡（今員山鄉）地方（陳長城，《介紹宜蘭復興莊梅林陳氏》）。

梅林分派14世，蟬，從漳浦梅林遷台，卒於淡水莊（今台北縣淡水鎮）地方（光緒34年陳錦瀾重修《梅林陳氏族譜》，轉引自1988年重錄增補本）。

梅林分派15世，天應、賊、窺渡台（同上）。

梅林分派16世，川、容、城、漢臣、林仔、紅若、橐、世蕩、繼嗣、繼因、光輝等渡台（同上）。

梅林分派17世，紅菲、紅聖渡台（同上）。

梅林社於嘉慶末有30餘戶遷居噶瑪蘭員山堡復興莊，後移五結莊（陳長城，《介紹前清梅林陳氏》，《台灣文獻》，第33卷第2期）。

28世（霞宅派一世）後裔遷居台灣地區（1961年陳建章，《霞宅陳氏族譜》抄本，轉引《譜錄》）。

36世（霞宅派9世），孟康，諱天壽，生順治14年（1657年），卒康熙58年（1719年）。葬台灣南路（《武榮詩山霞宅陳氏族譜》，轉引莊為璣、王連茂編，《閩台關係族譜資料選編》，1984年福建人民出版社出版）。

36世孟燕，諱寶，生康熙26年（1687年），卒康熙51年（1712年），葬台灣田厝莊（今屏東縣萬丹鄉田厝村）尾（同上）。

36世孟角，諱天麟，生康熙23年（1684年），葬在台灣（同上）。

37世（霞宅派10世），仲先、仲懷等15人居台（其中1人係隨父住台、1人係渡台第二代），其中卒葬台灣者7人，卒葬萬丹埔者5人，卒葬南路淡水者1人，卒

葬本山者1人，往台失船者1人。[1]

38世（霞宅派11世），國旺、國書等44人居台（其中有5人係渡台所生第二代，1人生卒在台，但未見其父渡台記載），其中僅記往台或卒台者15人，卒葬萬丹埔者21人，卒葬台灣府城者3人，卒葬台灣南路1人，卒葬台北外快官山1人，通頂營1人，往台灣海失船2人（同上）。

39世（霞宅派12世）。家繼等85人居台（其中31人係渡台後所生第二代），其中僅記往台或卒於台者37人，卒葬萬丹埔者30人，東港2人，台灣南路2人，琅璃（今恒春鎮）1人，笨港（雲林北港一帶）1人，鹿港2人，頂淡水1人，……（同上）。

40世（霞宅13世），熙敬等98人居台，其中明確記往台者28人，住台者14人，只記卒於台者56人。除卒葬萬丹埔30人外，餘散居琅璃1人，台灣府2人，台南市2人，鹿港1人，番仔厝（屏東內埔鄉）1人……（同上）。

41世（霞宅14世），醇吉等131人往台。其中明確記往台者33人，住台者35人，只記卒台者63人。除卒葬萬丹埔11人外。餘散居萬巒1人，下淡水1人，梓官莊2人，觀音山1人，鳳山4人，台灣府2人，東都3人，彰化2人，嘉義9人，北路2人。暖暖（屬基隆市）1人，台東1人，……（同上）。

42世（霞宅派15世），祖標等136人居台，其中明確記往台23人，住台21人，只記卒於台者92人。卒葬萬丹埔6人外，餘散居東港5人，梓官5人，鳳山縣1人，東都或承天府（今台南市）3人，斗六（今雲林縣斗六鎮）1人，嘉義縣4人，彰化縣3人，石龜溪4人，他里霧1人（均雲林斗南鎮），茄冬腳（雲林大埤鄉）2人，淡水（台北縣淡水鎮）2人，金包里（台北縣金山鄉）1人，基隆1人，……（同上）。

43世（霞宅16世），宗述等299人居台，其中明確記往台者35人，住台者98人，卒於台者166人。散居萬丹埔5人，赤山埔（屏東縣萬巒鄉）1人，潮州莊（屏東縣潮州鎮）5人，東港（屏東縣東港鎮）4人，阿猴廳（屏東縣屏東市）1人，塗庫（屏東縣里港鄉）3人，打狗山（高雄市鹽埕區）1人，台南府1人，消壟（台南縣佳里鎮）1人，石龜溪9人，嘉義縣8人，彰化3人，新竹2人，竹塹（新竹縣）1人，大稻埕（台北市區）2人，三貂（台北縣貢寮鄉）1人，宜蘭2人，淡水2人，

……（同上）。

44世（霞宅派17世），創書等261人居台，其中明確記往台者37人，住台者105人，卒台者120人。散居萬丹埔5人，潮州莊5人，東港1人，梓官2人，鳳山1人，新竹人，嘉義縣11人，朱羅門（彰化縣）1人，石龜溪3人，中壢（桃園縣中壢鎮）3人，三貂1人，台北縣3人，台灣府（此時的台灣府指今台中市）1人，宜蘭4人，……（同上）。

45世（霞宅派18世），垂曉等141人居台，其中明確記往台者9人，住台者70人，卒於台者62人。散居台南府城（台南市）1人，鹽水港（台南縣鹽水鎮）1人，嘉義縣5人，石龜溪2人，三貂1人，中壢3人，……（同上）。

46世（霞宅派19世），植隆等36人居台（其中有12人係渡台者所生第二代），記卒葬台者11人，住台者25人。散居中壢、三貂等地（同上）。

47世（霞宅派20世），翼泉等8人居台（其中有3人係渡台者所生第二代）。分別出生於光緒19年（1893年）至民國元年（1912年），其中有2人卒於民國22年（1933年），其他只記住台，可能仍健在（同上）。

霞宅派另一分支，據陳金章1961年編，《陳氏大族譜》人事錄記載，有一批後裔光緒年間以後陸續渡台，分列如下：

宗賞，字賜謀，光緒23年（1897年）攜眷及9歲子創河渡台，卜居中壢鎮。

宗租，現年78歲（指1961年，下同），宜蘭人，16歲來台。

宗堅，現年70歲，桃園縣人，12歲隨叔祖教公來台。

宗幼，68歲，台南縣人，12歲隻身來台。

恁，現年63歲，新竹市人，8歲隨父垂總來台。

定言，新竹縣人，自幼攜眷來台，1958年逝世，享年53歲。

恭，現年64歲，台北市人，11歲隨繼父宗杭來台。

宏圖，現年58歲，12歲隨父宗浸來台，卜居岡山，台灣光復，舉家遷回霞宅原籍，44歲再渡台，居苗栗。

叫，現年68歲，弱冠隻身渡台創業。

燕聯，現年58歲，新竹縣人，年14隨父垂課渡台，卜居現址。

麒麟，現年54歲，台北市人，年10歲隨父宗杭渡台經商。

燕川，現年52年，12歲來台。

錦枝，現年54歲，桃園縣人，14歲隨父創蟶渡台。

創交，1921年隻身渡台。

金慧，現年47歲，22歲渡台，初居嘉義，現居高雄市經商。

（按年齡推算，上列移民多在日本統治時期渡台）

31世（滬江後山派18世），勳教，生乾隆乙巳年（50年，1785年），咸豐甲寅年（4年，1854年）卒於台灣府（《陳氏大族譜》）。

31世勳沉，生嘉慶辛未年（16年，1811年），於道光壬辰年（12年，1832年）卒於台灣府西定下坊，光緒元年（1875年）歸葬深滬（同上）。

陳政後裔從廣東海豐移居新竹新埔（陳霖海編，《陳氏族譜》，轉引《譜錄》）。

（二）開漳聖王派遷台有關問題的初步考察

1.遷台前的祖籍及其系派

從前列族譜資料可以看出，聖王派遷台前的祖籍，集中於同安、金門、漳州、漳浦、詔安、平和、南安、晉江等縣，除居住州治漳州原地後裔外，包括浯陽、銀同碧湖、赤湖、溪南、蘆溪秀蘆與東槐、霞宅、梅林、滬江後山等各個系派。除滬江派外，分屬酆子詠、謨、訐的後裔。

浯陽、銀同、赤湖等派均係謨之後裔，謨兄詠以遷恩州錄事參軍返居河南，由謨襲漳州刺史，唐德宗貞元二年（西元786年），隨州治遷徙而定居龍溪。後裔遷居，又分出幾個分派。

浯陽派　一世祖丙，據《陳氏大族譜》載，係政14世後裔「鑑湖公之五世孫，自長泰東門內遷居浯州金門前水頭鄉」，生卒不詳。據此，浯陽派應係聖王派的19世後裔。關於浯陽派的來源，族譜記載不一，有稱「始祖五代時，從王潮入閩」之說，據明神宗萬曆33年（1605年）所修族譜記載，係「元光之後，來自唐初」。[2] 現從是說，列為聖王派之一支派。9世（總27世）後裔開始遷澎湖。

銀同碧湖派　一世祖一郎，係聖王派的23世裔孫，從龍溪播遷銀同浯島，住居碧湖。至雍正11年（1733年）已傳17世，「其子孫移住外郡州邑者甚眾。[3]」

12世（總34世）始遷澎湖。

赤湖派　一世祖道明，係聖王派的25世裔孫，於南宋理宗景定年間（1260-1264年）從龍溪遷漳浦赤湖定居，17世（總41世）開始遷居台灣。

直浦派　詠遷返河南後，12傳至17世湯征，又從光州謫知潮陽。湯征生宋神宗熙寧3年庚戌（1070年），卒徽宗宣和5年癸卯（1123年），葬潮陽直浦，後裔定居，為潮陽開基祖。但《潁川陳氏開漳族譜》[4]的世系表中，卻把湯征歸為太傅派第3世的夷行，從夷行以下各代兩派世系雷同。南陳族譜有虞派陳氏世系，太傅派世系亦相同，至湯征以下缺記。該譜記3世夷行於唐文宗開成2年（837年）丁巳由進士官工部侍郎，而其父邕生唐高宗麟德2年（665年）乙丑。[5]父子相差一百餘年，顯誤。據《陳氏大族譜》記載，聖王派9世齊行生於唐昭宗大順二年（891年）辛亥，與始祖政相差275年，相距9世相符。該譜所錄不少譜序及墓誌銘，亦證明詠後裔湯征，係聖王派後裔無疑。

詔安溪南、雲霄陳岱、平和大溪與宜古田、蘆溪秀蘆與東槐、漳浦梅林、南安霞宅等分派，均派湯征後裔。

溪南派　一世祖景雍，祖湯征，父文晦。晦有五子，稱「五景」。雍為長子，從潮陽遷詔安溪南，為開基祖，詔安成為聖王派詠房的主要住居地。35世始遷台灣。

大溪派　分自陳岱，係文晦三子景肅後裔分派於此。四傳至25世肇基遷平和大溪，為一世祖。3世（部27世）移居台灣。

蘆溪派　開基祖仲賢，係景肅的13世孫，遷居蘆溪秀蘆，為秀蘆派的一世祖（總31世）。至曾孫大梁遷東槐，為東槐一世祖（34世）。生於明成祖永樂15年（1417年），卒於孝宗弘治5年（1492年）。秀蘆派13世（總43世）開始渡台，東槐派8世（總41世）開始渡台。

梅林派　開基祖陳永興（諱順夫），於明洪武5年（1372年）偕弟永慶（諱順卿），從興化遷浦西九婿橋，洪武14年（1381年）遷梅林，為一世祖。據漳浦陳萬年先生考證，「梅林陳姓為聖王派中的景肅派。」景肅孫概（21世）因戰亂遷白葉（詔安山區），四傳至光祿（25世）遷莆田，[6]宜蘭復興莊梅林陳氏祠堂祖先牌位中，立有漳州開基祖元光神位，亦可證明梅林派係聖王派之支派。14世開始遷

台。

霞宅派　遷台人數最多的霞宅派陳姓，現存族譜只記開基祖為一郎公，始自何時？其源何自？已失傳。據康熙28年（1689年）陳奕光所撰譜序稱：「我祖自潁川分派於河南光州固始，以抵入閩，至一郎公遂卜居武榮詩山霞宅，先世集有全譜，迨嘉靖壬戌（41年，1562年）間遭氛亂，而譜付之祝融回祿，其由來細微之事，世遠代湮，無從可考矣。」[7] 現據《潁川陳氏開漳族譜》（雲霄山美藏本）記載，霞宅始祖一郎，其父安保，字伯嵩，生於元順帝至正甲辰（24年，1364年），生五子，一郎號梅山，二郎號梅崇，三郎號梅嵩，四郎號梅祐，五郎號梅安。係從光州謫居潮陽之湯征的後裔，其世系順次是：17世湯征，18世文晦，19世景肅，20世肇，21世暨（《陳氏大族譜》作概），22世泰典，23世子成，24世君用，25世崇源，26世福孫（《陳氏大族譜》作福生），福孫生二子，長安保，次得保（字伯強），安保後遷居龍岩上杭，[8] 其子一郎遷南安霞宅。台灣陳建章等主編的《陳氏大族譜》亦有相同的記載，並在一郎處旁注「霞宅派」。該譜所列霞宅派一郎以下世系，昭穆相同，名字不符，係另一分支宗譜，陳金章先生即係霞宅派的18紀裔孫，父創河幼年隨父宗賞於光緒年間渡台。據此，霞宅一世祖一郎係聖王派的28世孫，9世（總36世）後陸續渡台。

滬江後山派　據《陳氏大族譜》記載，係陳政二子元勳後裔，13世開基滬江，一世祖應愷，號皆元，18世（總30世）開始遷台。陳政攜二子入閩，為他譜所未載，待考。

2.遷台時間及移民浪潮

明末出現的移民浪潮　現在看到的最早移民記載，是浯陽派9世（總27世）的陳振遙從金門移居澎湖，由於族譜缺生卒年代，遷澎湖的時間不明。如按一代平均28年計算，加上616年（政出生年間），則為1372年，係出生於明初洪武年間。另據1983年編的《沙港陳氏族譜》記載，振遙、玉衍、和宗、道太渡澎已傳23代，亦按28年一代計算，則為1339年，係出生於元末。比照山美本開漳陳氏族譜，27代亦係出生在1364-1367年的元末年間。大溪分派渡台的巨振子亦為27世。同派33世出生於康熙34年（1695年），同樣推算亦係出生於明代前期的弘治年間。澎湖開發最早，元置巡檢司，汪大淵《島夷志略》記載，已有「泉人結茅為屋居之」。移

民近千人。明初雖徙其民，墟其地，但「內地苦徭役，往往逃於其中，而同安、漳州之民爲多」。[9] 被稱「開澎始祖」的振遙等人，於元末明初入墾澎湖，已有可能，但尚有待可靠資料證實。考慮到浯陽派世系有缺漏，振遙的世代並不十分準確，加上移澎後世系未見被徙而中斷，子孫繼續在澎湖繁衍，其三子且已分徙台南沿海等地。明萬曆23年（1595年）澎湖開禁之後，移民又大增，明末約達五六千人，認定此時移居澎湖並轉徙台灣更爲可能。關於振遙的移民時間，現仍採用「萬曆年間入墾澎湖各地」之說[10]。

銀同碧湖派最早移民的是12世（總34世）課。按前推算，係出生於明末隆慶年間，應係萬曆年間入墾澎湖，後裔轉徙台中、台北等地。

天啓年間，顏思齊，鄭芝龍等開始有組織地入墾北港一帶。崇禎年間又廣招饑民渡台開墾，荷蘭統治時間（1624-1661年）亦採取獎勵大陸移民入墾的政策，因此明末出現了大陸移民前往台灣的一次浪潮。聖王派一批移民入澎、渡台，正與此移民潮相適應。

明鄭時期移台的記載很少 碧湖陳氏族譜記載，陳一貴係黃帝141代後裔，遷台年代不詳。另據《台灣省通志》記載一貴妻係延平王堂姑，隨鄭入台，由台南市入麻豆鎮，移住學甲鄉。[11] 東槐派最早遷台的8世朝，缺生卒年代，其祖父生於嘉靖42年（1563年），按前推算，係生於明天啓年間（1621-1627年），應係明末或明鄭時期入台。

明鄭時期（1661-1683年）有許多漳、泉籍官兵及移民入台，據陳紹馨氏估計，當時在台漢人應在12萬人左右，曹永和氏估計則在15萬至20萬之間，[12] 出現了又一次移民浪潮。但族譜中關於這個時期移民的紀載很少，可能與清朝統一台灣後，鄭氏官兵及部分移民返回大陸，有些地區移民開墾中斷或族譜散失有關。

康雍乾時期的移民高潮 前列各系派遷台族譜資料，遷台人數最多的是康熙22年（1683年）統一台灣之後至乾隆年間。霞宅派9-10世入台的17人中，出生於順治14-17年的3人，康熙16-43年的11人，雍正年間3人，除1人卒於乾隆末，其餘均卒於康熙年間至乾隆初年，他們多是康熙統一台灣之後入墾台灣的。11世入台的38人中，除個別出生於乾隆初年外，均出生於康熙18年以後至雍正年間，他們

多數是康熙末年至乾隆前期入台的。12-13世入台的127人中，記有出生時間的120人，其出生時間分別是：康熙30-35年5人，46-61年17人，雍正年間14人，乾隆前期（30年以前）46人，後期29人，嘉慶年間8人，道光年間1人。有卒年記載的68人中，卒於雍正至乾隆年間的52人，少數人可能於康熙末年入台外，大多數是雍、乾時間入台的。14世仍有一些是乾隆前期出生的，亦可能係乾隆後期入台。

大溪派9世和友生於康熙34年，卒於康熙55年，應係康熙後期入台的。東槐派12-13世入台的14人，均出生於乾隆初年，他們多數是在乾隆中葉以後入台的。詔安溪南派35世元利，鞍等6人移居台灣，據《閩南人》一書記載，元利、鞍係康熙末年渡台的。梅林派14世2人，亦係乾隆年間渡台的。

以上資料說明，從康熙末年至乾隆年間，出現了聖王派的移民高潮，這一移民高潮，是與這個時期漳、泉、粵移民開墾台灣的高潮相適應。

嘉慶至清末移民仍有增無減　東槐派15世抄、味兄弟2人去台，缺生卒年月，其父生於乾隆40年（1775年），應係嘉慶以後入台的，16世以後沒有移台的紀載。梅林派15-16世16人入台，亦係嘉慶以後至清末入台的。陳長城文亦稱，嘉慶末年梅林社有30餘戶遷宜蘭。赤湖派的瑞興出生於乾隆後期，天澤出生於嘉慶年間，分別於嘉慶、道光年間入台。這些分派嘉慶以後入台的記載較少，但從霞宅派的族譜記載來看，14世列往台、住台、卒於台者131人，其中明確記載往台者33人，多數出生於乾隆後期與嘉慶年間，多係嘉道年間入台。15世共列136人，明確記載往台23人，多數出生於嘉道年間，多係道光、咸豐年間入台。16世共列299人，明確記載往台35人，以出生於道光年間為最多，多數係咸同年間入台。17世共列262人，明確記載往台37人，一半以上出生於道咸同年間，不少人係光緒20年（1894年）以前入台的。18世共列141人，明確記往台9人，有30餘人出生於同治年間以前，有的亦係光緒20年以前入台的。該族譜記載卒於台者，亦有不少是往台移民。可見霞宅派嘉慶以後移民人數仍有增無減，特別是16-17世人數猛增，其中很多人應係光緒年間入台的。同治13年12月（陽曆1875年1月）沈葆楨奏：「際此開山伊始，招墾方興」，懇將「嚴禁內地民人渡台」、「嚴禁台民私入番界」等「一切舊禁盡行開豁，以廣招徠」[13]。光緒元年正月諭內閣，「著悉與開除」。此後移民人數急增，霞宅派16-17世移民人數猛增，似與開禁有

關。

　　日本統治時期移民並未中斷　據《陳氏大族譜》記載，日本占領台灣後的光緒25年至34年（1899-1908年）有11人渡台，1915至1936年有12人渡台。另據霞宅派族譜記載，15世至20世所列在台人員，光緒5年以後出生的有254人，其中明確註明往台者12人，他們是17世的創迎（光19年生，後列括弧內均係出生年間）、創獅（光6）、宏恬（光7）、宏茂（光15）、宏時（光6）、創濫（光27）、創注（光29）、宏耀（宣2）、創財（光7）、創夥（光10）；18世的垂思（光24）、垂團（宣1），按他們的年齡，多數應係日本統治時期（1895-1945年）渡台的，也有個別可能抗戰勝利、台灣光復後渡台的。

　　可見，日本占領台灣後，雖實行警察統治，嚴查出入，仍無法割斷海峽兩岸人民之間的聯繫和移民往來。

3.遷台後的地區分布及集居地

　　地區分布　從前列族譜資料可以看出，聖王派先後移民今澎湖湖西鄉、馬公鎮，台南市及台南縣的學甲鎮、佳里鎮、鹽水鎮、大埤鄉，高雄市的鹽埕區，高雄縣的鳳山市、梓官鄉，屏東縣的九如鄉、萬丹鄉、東港鎮、內埔鄉、萬巒鄉、恒春鎮、里港鄉、潮州鎮、彰化縣的彰化市、鹿港鎮、二水鄉、田中鎮、社頭鄉、竹塘鄉、田尾鄉，南投縣的南投鎮、名間鄉、集集鎮、水里鄉、竹山鎮，嘉義縣的嘉義市、東石鄉、梅山鄉、番路鄉，雲林縣的斗南鎮、斗六鎮、北港鎮，台中市及台中縣的龍井鄉、大肚鄉、大安鄉，基隆市、台北市及台北縣的三重市、淡水鎮、貢寮鄉，桃園縣的中壢鎮，新竹縣的新竹市、北埔鄉，宜蘭縣的五結鄉、員山鄉、三星鄉及台東縣等地。包括除苗栗、花蓮二縣以外的台灣21個縣市中的19個縣市。這是移民初期的情況，後來又輾轉遷徙，更遍及各縣市的各鄉鎮。

　　集中居住地　從前列族譜資料還可看出，聖王派遷台後，有幾個比較集中的住地。

　　明末開始遷台的浯陽派及銀同碧湖派，最先遷居今澎湖湖西鄉的沙港村、龍門村、喜東村，後又遷今馬公鎮等地。其後裔繁衍澎湖各島，並移徙台南、台北等地。

　　康熙年間開始移民的霞宅派，初期幾乎全部集中居住今屏東縣的萬丹鄉，有明

確記載卒葬此地的有9世1人，10世5人，11世21人，12世30人，13世30人，14世14人，15世6人，16世3人，17世3人，先後計112人。14世以後遷萬丹鄉的人數逐漸減少，但又出現了幾個新集居地。如今高雄縣的梓官鄉，嘉義縣的嘉義市，雲林縣的斗南鎮、斗六鎮，彰化縣的彰化市、鹿港鎮。16世以後不少人移居台北。並有一些人移墾宜蘭。

乾隆年間遷台的東槐派，有明確記載地點的幾乎全部居住「台灣南路冷水坑」。台灣名冷水坑的地方不只一個，但南路冷水坑疑指今屏東縣的九如鄉，該鄉玉水村清代名下冷水，日據時期名下冷水坑，東寧村清代名中冷莊。地居下淡水溪東岸，里港南面，清代屬港西里，係康熙中葉後陸續開發的地區。

赤湖派遷台始祖士灶遷居南投的名間、田間，瑞興、松賀遷彰化的二水鄉，天澤遷東螺東堡，即今二水、社頭、田中、田尾、北斗、溪洲一帶。這一派集中住居濁水溪中游北岸南投與彰化二縣交界地區，係漳、泉移民乾隆年間集中開發的地區之一。

4.台灣潁川陳氏的姓量、比重、位次及聖王派開發台灣的貢獻

陳氏本支繁盛，計有陳國、齊國、戶牖、山陽、潁川等分派。以陳政、陳元光父子為入閩始祖的開漳聖王派，以陳忠、陳邕父子為入閩始祖的太傅派，以陳伯宣為始祖的南朝派的江州義門派遷居華南的後裔，都是潁川派始祖陳實的後代，係閩、粵陳氏的三大源流。台灣移民祖籍主要來自閩、粵二省，開漳聖王、太傅、南朝三派亦是台灣陳氏的三大主流。

姓量、比重及位次　據1930年日據時期，台灣31,003戶調查資料顯示，共有193種不同的姓氏，陳姓占12%，居首位。另據1953-1954年台灣省文獻會在18個縣、市、區（不包括雲林、台東、高雄、桃園四縣）的調查資料，計有住82,8804戶，有737種不同姓氏，陳氏共91,375戶，占11%強，仍居全省首位。陳姓在18個縣市中，除台中市及花蓮縣居第二位，彰化居第7位外，其餘各縣市均居首位（見表6-1）：[14]

表6-1 陳姓在18個縣市的姓量及位次表（1953-1954年）

縣市別	戶數	位次	縣市別	戶數	位次
台北縣	13,331	1	南投縣	7,035	1
台北市	3,860	1	彰化縣	2,985	7
基隆市	4,624	1	嘉義縣	10,050	1
陽明山特別區	2,077	1	台南縣	16,100	1
宜蘭縣	994	1	台南市	5,200	1
新竹縣	6,235	1	高雄市	1,234	1
苗栗縣	4,460	1	屏東縣	2,029	1
台中縣	2,698	1	花蓮縣	836	2
台中市	4,049	2	澎湖縣	3,514	1

另據1956年台灣第一次全省戶口普查，利用戶口普查口卡系統抽樣四分之一統計結果。共有樣本2,318,574人，扣除姓氏不詳者外，有效樣本2,316,401人，陳姓占11.3%，居第一位，其在各個縣市的位次及所占百分比列表如下（見表6-2）：[15]

表6-2 陳姓在22個縣市的位次及所占比例表（1956年）

縣市別	位次	百分比	縣市別	位次	百分比
澎湖縣	1	16.8%	台東縣	1	11.2%
陽明山管理局	1	16%	台南市	1	10.8%
南投縣	1	13.6%	基隆市	1	10.7%
台中縣	1	13.6%	花蓮縣	1	10.1%
彰化縣	1	12.9%	新竹縣	1	9.5%
台南縣	1	12.5%	苗栗縣	1	9.5%
屏東縣	1	12%	高雄縣	1	9.1%
高雄市	1	11.8%	桃園縣	1	8.4%
台北市	1	11.6%	宜蘭縣	2	10.9%
台北縣	1	11.5%	台中市	2	10.5%
嘉義縣	1	11.5%	雲林縣	2	8.8%

陳姓在19個縣市均占第一位，在3個縣市居第二位。其分布特點是，凡福佬人所占比例高的地區，陳氏的占有比例也較高；都市、東部及客家人集居區陳姓比例較低。最高的澎湖比最低的桃園剛好高一倍。宜蘭縣、台中市雖居第二位，但其比重也超過10%以上。與其他姓氏比較，陳姓人口分布的普遍性及穩定性在各姓中自屬最高，分布的差異程度因而最少。

聖王派開發台灣的貢獻　族譜中關於開發台灣的記載很少，但只能從集居地人口結構等情況進行粗略的考察。陳姓一直是台灣的第一大姓，約占全省漢人九分之一左右，開發台灣的巨大貢獻可想而知。目前還難以統計出聖王派陳姓的姓量，但本派是台灣陳姓三大主流之一，同樣為開發台灣也作出了很大的貢獻。特別是聖王派集中居住的地區，其貢獻尤大。如陳姓是澎湖十大姓中的第一大姓，占澎湖人口的六分之一。因地近金門，有七成以上移民來自金門，浯陽派及銀同碧湖派首先開發今湖西鄉，陳振遙被稱為「開澎始祖」，子孫繁衍各地，在開發湖西鄉、馬公鎮等地作出了很大的貢獻。

赤湖派集居地的彰化、南投縣等一些鄉鎮，據1956年調查資料，陳姓住戶很多，二水有1,141戶，田中有2,105戶，田尾有979戶，永靖有969戶，北斗有901戶，社頭有727戶。[16] 南投縣的名間陳姓的比重高達41.5%，其他如台中縣的大肚，亦占24%。[17] 這些台灣中部東南平原及丘陵地帶，主要是漳州移民開發的，如二水、社頭、永靖、南投、名間等鄉鎮，幾乎全部是漳州移民開發的，田中、田尾、溪州、大肚等鄉鎮，也主要由漳州移民所開發，以聖王派為主的潁川陳氏與漳州移民一道，共同開發這些地區立下了功勞。

霞宅派初期集居地的萬丹鄉，東槐派集居地的九如鄉，聖王派更與客家人一道，為開發屏東下淡水溪沿岸地區，作出了貢獻。

三重自清初以來，共有陳姓移民1,340戶，其中一半左右來自泉州，以聖王派為主體的潁川陳氏，在開發三重及台北地區也作出了很大的貢獻。清末進士陳登元，係赤湖派後裔，台北士林一帶陳氏多赤湖派[18]，他們為開發士林也作出了出色的貢獻。

漳浦梅林派30餘戶後裔在陳正直領導下，於嘉道年間，開墾宜蘭員山復興莊土地一百餘甲，並經營金漳興水郊行[19]，為開發宜蘭作出了貢獻。漳浦赤湖派的

陳輝煌，於咸豐11年遷居宜蘭後，領導當地先住民，組織19個結首，開闢三星鄉，作出很大貢獻。還先後配合沈葆楨、劉銘傳進行「開山撫番」事業，並參加抗法保台鬥爭 [20]，為開發宜蘭、保衛台灣建立了功勳。

聖王派訏房後裔岩公派下，遷台開墾竹山社寮及集集林尾，也為開發南投縣作出了自己的貢獻。

還應指出，聖王派遷台人員中也有一些文人，如梅林陳正直以遊幕台灣府而定居宜蘭，東槐陳儒生以「讀書功名不就，往台灣」，霞宅派17世的宏棋、宏篤，亦以「累困場屋」、「未獲見售宗匠」，而「功名念急，遂買棹東遊」。他們遷台後為傳播中華文化，產生了一定的作用。聖王派遷台後裔中，更湧現出一批文人學士。如霞宅派11世至17世出了九個秀才，二個貢生，東槐派也出了一個秀才。特別值得指出的是，赤湖派後裔還出了兩名進士。一是陳望曾，同治13年中進士，任廣東雷州、韶州、廣州知府多年，後擢廣東勸業道，為振興實業，不遺餘力，嘗密助民黨革命。一是陳登元，光緒16年成進士，任山東知縣，後致仕家居，光緒21年日軍犯台時，曾糾集義勇500名抗日，失敗後內渡 [21]。他們為傳播祖國文化，為保衛台灣，或為振興大陸的實業，分別貢獻了自己的力量。

同安兌山李氏宗族的發展及向台灣移民

（一）兌山李氏宗族的形成及其發展

同安兌山（今廈門市集美區後溪鎮兌山村）開基祖排行三十三郎，名仲文，於南宋時從同安南山遷居地山（兌山）。據明朝正德十一年丙子（1516年）陳良策撰寫的《同安地山李氏家譜引序》記載：「其始光州固始縣人也，同閩王王審知入閩，遂卜於縣南人（仁）德里地山保家焉。」[22] 清康熙六十年辛丑（1721年）《重修地山李氏族譜序》亦言：「惟吾地山一派，相傳始自光州固始縣居民，當唐末梁初之時，隨閩王王審知入閩，兄弟叔侄散處閩地，分居五山。始猶時相往來，一二

世後遂不相聞，各就所處之地建立宗祠，自立譜系，後人不能稽核古蹟，各以其始至者為祖」。又言：「嘗聞吾始祖之來此地山也，其始受命於太祖貞孚公曰：惟吾始至閩中，依山立家，後世子孫分居，勿忘山字。由是言之，凡以山為號者，皆吾宗人也。」[23] 譜載其居同安仙店之南山者為肇南公諱諭，有兄弟4人，曰詮、曰誠、曰誼、曰諭。諭居同安之仙店南山（今廈門市杏林區東孚鎮東阪村），生五子，君安、君懷、君博、君道、君逸，稱大五山。後裔孫在南山蓋有「南山大宗」祖祠，大門聯曰：「五山分歧由周仙祖派，山靈毓秀自唐帝王家」。諭次子君懷諱貞孚，亦生五子，長子汝諄分居南安雄山，次子汝謹分居同安南山，三子汝誨，其後裔分居兌山，四子汝謨分居漳州漸山（亦稱已山），五子汝謙分居角尾金山，稱小五山。原居南山之君懷後隨五子汝謙同住金山，以後又隨長子汝諄同住雄山。清乾隆二年（1737年）其裔孫於南安東嶺（今新營樸鼎）修築祖墳，為五山始祖君懷之祖墓。

君懷三子汝誨生子致曲，致曲生二子：仲文、仲進，仲文兄弟遷兌山，後仲進遷小東山。兌山開基祖仲文生二子，長子子祥，次子子玄（古譜亦作賢）。子祥生二子，長汝順，次汝長出繼子玄，傳西山南寮一派。汝順生三子，長克忠，次克敏，三克厚，稱兌山大三房。自仲文開始至4世克忠，生卒年多失記，惟記克厚生於元順帝至正七年丁亥（1347年），卒於明洪武二十八年己亥（1395年）。清雍正四年丙午（1726年）裔孫改築2世子祥墳堆，鑿破黃金之蓋，其內有文曰：「維嘉定十七年十二月癸巳穀旦立於震山，坐乙向辛，永安於茲，子孫長興」。看後堆2世祖妣盧氏「墳內所記如是」。可知子祥係卒於宋甯宗嘉定十七年癸巳（1224年）之前。2世子祥卒年與4世克厚生年相距123年，疑仲文至4世克厚之間顯有失記數代。自5世以後多明記生卒年月，世系均屬可靠。據譜載，兌山李氏自仲文以下數世「尚未有聞」，至克厚始「廣創基業，自蓋房屋，與諸侄同居」[24]。至5世光祿、光爵、光成、光榮等「始拓田產，族日以大。經四奕葉·子姓繁衍幾百人，允為吾同一巨族」[25]。此後各房子孫分散開發附近土地，並另蓋新居，成為各地分支祖。長房6世普旺及其後裔為西珩、大井祖，五房祖普興長子慶玄為煙墩兜祖，次子慶質為壟尾井祖，三子慶禹為大學祖，四子慶讓為可湖祖，五子慶郁及其裔孫為陳阪、馬阪祖。二房普顯為大亨泥祖[26]。至康熙末年，兌山李氏已傳至17世，「蓄

育千有餘丁」，而此時散居各地的五山後裔，「丁且數萬」。而兌山一支「雖未有奇材大猷之子孫能建立大功名以顯祖宗之令德者，然而生聚既盛，人文自興」[27]。在「耕讀」家風的影響下，明代已出了一批秀才，嘉靖、隆慶年間，有李常春及其子毓華先後入貢，常春任江西潯州府通判，毓華任江西德興縣丞。萬曆二十八年（1600年）有8世李懋觀中舉，四十六年（1618年）又有李光斗中舉，乾隆六年丙辰（1736年）又有李遂良中舉，二十一年丙子（1756年）又有李攀龍（字公御）中舉，四十八年癸卯（1783年）又有李經邦中舉人第二名[28]。而與兌山鄰近的本縣南山一支君懷裔孫，則人文鼎盛，除出了一批舉人、貢生外，明隆慶二年戊辰（1568年）有8世李文簡（字志可）成進士，任南京戶部郎中，祀鄉賢祠。清順治九年壬辰（1652年）又有李其蔚（字豹君）成進士，任汾州推官。

當仲文遷兌山之時，兌山有盧、吳、洪、蔡、汪、翁、林、許等多姓雜居。開始仲文兄弟為本鄉盧員外家打雜工，至2世子祥時，向盧員外討了一塊荒地蓋草屋棲身，後來改建為房屋，成為兌山李氏大三房的祖屋。至明永樂年間，5世光祿、光爵、光成、光榮等兄弟及6世普興諸兄弟共同擴建李氏祖屋。正統十三年戊辰（1448年）本省沙縣鄧茂七領導的民變爆發，各地紛紛響應，擁眾10多萬人。是年有一支民變隊伍「入縣西積善里，里人劉雄率義民拒戰死之」。翌年其黨陳敬德率部「陷同安」。另有「其黨楊福率部數萬，攻陷漳浦、南靖、長泰，圍漳城」[29]。在此次兵亂中，6世普興於四月初一日「兵亂死於賊」。5世光榮妻龍山王氏亦於二月兵亂時自縊死。所蓋李氏祖屋亦「火於兵」。至成化十九年癸卯（1483年）由7世崖叟「糾眾鼎新，正坐坤艮」，成為李氏大三房的祖祠。7世慶質，「尤重祀事，作龕於祠堂，是其力也」。至嘉靖十八年己亥（1539年）閏七月，9世「族眾議借銀20兩，買得族孫李道兄弟一廂，受種一斗，麻三升、民米一升，坐掛祠堂後，有文契，又有鬮書，三房輪收，以供祀事」[30]。從此建立起較為正規的共同祭祖活動。

為了「篤宗睦族」，李氏族人在七八代族眾繁衍至七八十人之時，即已進行修譜活動，當時有7世崖叟於正統十四年兵亂之後，進行了第一次修譜。到了正德十一年（1516年）族眾發展到數百人時，雖「族猶未大，眾猶未蕃」，8世朝繹與9世職修、君佐等又進行了第二次修譜。「旁稽譜式，纘述世系」，並請陳良策、黃偉（進士，刑部員外郎）等作譜序，以「繼先志而述先事」，認為這是「尊祖敬宗第一

義」的大事。又經過90多年，於萬曆末年，正值明末倭寇、海盜橫行的動亂年代，11世裔孫懋箕率族人入大宗春祭之時，建議進行第三次修譜。他指出：「迄今世且十三矣，親者、疏者、尊者、卑者、存者、亡者、居者、徙者、才者、不才者，較昔不啻倍蓰，行者什佰，茲不重修，渙將孰萃」。認爲「尊祖莫過於重譜」，乃囑子侄柱臣等通文理能書者，「自七世以上，傳信傳疑固有差訛。下焉者各隨世系名次，續彙一編」。別親疏，等尊卑，使存不至遺亡，近不至忘遠，「將使素遵禮法者有所勸，而樂於善；自外風教者有所愧，而沮於惡。……顧譜思義，人人不失爲肖子，家家不失爲善士，吾族燕翼之傳可以無忝，雖千萬世劃一也」[31]

又經過百餘年，至康熙末年，已傳至17世，裔孫「蕃育千有餘丁」，歷經明清兩朝鼎革之際，「經大兵亂之後，吾族人遷者、亡者、遷而徙者，不可勝記」。而存而得生養者，有的「頗知本宗之由來，支派之攸分」，有的「莫識祖考之世次與其生卒之日月坐處，是忘其本根而無爲人之實也。然則譜系之修，顧可緩哉」[32]。經族人推舉，以五經舉茂才的14世裔孫執中，獨肩修譜之責。執中雖年逾五十，卻「有志於繼祖承宗」之事，乃「採輯舊聞，訂正前譜」。「上自仲文公起，下至本年，別其派而理其分，信者仍之，間有疑焉者、缺者，逐門挨索，或即祖以繫孫，或即孫而尋祖，俾條貫詳明，支分條析。而凡列祖之事蹟德業，紳紳之昭昭，與夫生死卒葬，蓋殫三年間，靡朝靡夕一手之經營而後成也」[33]。自康熙六十年（1721年）開修，至雍正二年（1724年）完成了第四次修譜任務。至乾隆二十二年丁丑（1757年），距前次修譜又已37年，族人又提出修譜之議，並推舉執中之子15世裔孫允升、允飛兄弟負責編修。允升等認爲族譜是「承宗緒、綿世澤、化事蹟以及卒葬傳續之書也，洵其爲傳宗之寶也。任斯責者，寧可苟且畢乃事哉」。乃「因先公之舊傳，輯現在之丁數，蓋比辛丑之額則三加矣。雖云仍舊貫乎，而簡秩浩繁，所費滋多，當必動經數歲而後可成」。並「著有義例，以補其缺。且編爲通族字行爲十六字，以昭世次」。其字行爲：「孝友隆芳，文章永世，懿德常懷，家聲可繼」[34]。至乾隆五十九年甲寅（1794年）春，族人春祭於太廟，行禮畢咸曰：「我族之譜修自丁丑年，今已三十八年矣。族之日大、衆之蕃，視前尤加數倍。且前譜雖極完備，而各房之字行猶未劃一，致令閱者茫然莫知世次」。族人決定由16世裔孫光輝續修族譜。光輝乃「檢閱舊譜，前仍其舊，後增其新。字行歸於劃一，支衍謹其本眞，無掛漏，無溢辭，洋洋大觀」。認爲可以達到：「睹斯譜也，不忘

乎祖，並不忘乎所共出於祖，孝悌之心有不油然而生者乎」⁽³⁵⁾。這是兌山李氏第六次修譜。

從嘉慶初至清末，未見續修兌山李氏統譜，而各分支自行修支譜者卻所在多有。有的修到18世夫字輩，有的修到19世士字輩。移居海外的亦自修支譜，有的修到20世孝字輩，有的修至21世友字輩。現正編修的《兌山李氏蘆洲田野美支譜》，修至24世文字輩。光是兌山遷台後裔，已先後修支譜20多部。兌山祖籍1990年亦開始重修《隴西李氏兌山族譜》統譜一部，因修撰裔孫李清知1994年病逝，尚未完稿出版。

從前述可以看出，兌山李氏1至4世「尚未有聞」。從5世後「始拓田產，族日以大」。至9世，「子孫繁衍幾百人」。5、6世開始擴建祖屋，旋火於兵亂，成化十九年7世裔孫崖叟「糾眾鼎新」，後發展為李氏祖祠。嘉靖十八年開始購買族田，「三房輪收，以供祀事」，開展共同的祭祖活動。從7世崖叟到8世朝繹、9世職修、君佐等進行了兩次修譜，開展「尊祖睦族」活動。所以到8、9世明正德年間，兌山李氏已開始形成為宗族，所謂「允為吾同一巨族」。

地處廈門海灣的兌山李氏，歷經明末倭寇、海盜的騷擾，及明清鼎革之際鄭清間多年交戰的衝擊，族眾死於兵亂或被迫流徙者不少，但在族中士紳如懋箕、執中、允升、允飛、光輝等倡導下，在萬曆、康熙、乾隆年間又進行了三次修譜睦族活動，使李氏宗族在戰亂中仍能得到恢復發展，至萬曆年間又比正德年間人口成倍增加，「雖未有顯人，亦得著姓是邦以有今日」。已成為同安著名宗族之一。至康熙年間傳至17世，「已蕃育千有餘丁」，「生聚既盛，人文自興」。自明末嘉萬以後至清初，已出現了一批秀才、貢生、舉人，已是同安大族之一，而且已向望族的目標邁進。

康熙二十二年（1683年）台灣歸清，閩台地區比較安定，經濟得到較快的恢復和發展，人口繁殖也較快。乾隆二十二年（1757年）離康熙六十年丁丑（1721年）僅30多年期間，「丁數蓋比辛丑之額則三加矣」。又過30多年，至乾隆甲寅（1794年）年間，「族之日大、眾之繁，視前尤加數倍」。由於兌山地少人多，而統一後的台灣膏腴之地正待移民開發，所以康熙末年以後，兌山李氏開始成批地向台灣移民開墾。

（二）兌山李氏向台灣移民的記載

根據光緒年間編修的《兌山李氏煙墩兜族譜》（簡稱《煙譜》）、《兌山李氏壟尾井房族譜》（簡稱《壟譜》）、《兌山李氏壟尾井下厝二房族譜》（簡稱《壟二譜》）、蘆洲楊蓮福先生所藏《同安地山李氏世譜》（簡稱《世譜》）、民國年間編的《蘆洲田野美本支世系族譜》（簡稱《田譜》）、台灣中央圖書館台灣分館所藏《同安兌山社李氏族譜》（1509號）、《同安兌山李氏族譜》（1510號）、《兌山三房李氏族譜》（1513號）、《隴西堂歷代祖宗族譜》（1518號）、《李氏族譜》（1516號）、《同安兌山李氏族譜》（1518號）、《銀同兌山李氏族譜》（1536號）、《兌山李氏族譜》（1555號）、《李氏族譜》（1557號）、《兌山李氏家譜》（1519號）、1977年台北李其忠等主編《隴西李氏族譜》（簡稱《大族譜》）、1979年台北李輝彥編輯的《隴西李氏大族譜》（簡稱《大譜》）、1978年楊緒賢撰《台灣區姓氏堂號考》（簡稱《姓氏考》）、1980年李開忠編《重修兌山壟尾井下厝二房李氏族譜》（簡稱《壟下譜》）、1990年李鼎元主編《李氏源流》（簡稱《源流》）、1990年兌山李清知初編《隴西李氏兌山族譜》草稿（簡稱《新譜》）、1987年趙振績編《台灣區族譜目錄》（簡稱《譜錄》）等有關族譜及姓氏資料的記載，現將兌山李氏族人向台灣移民的部分資料整理如下：

表6-3 兌山李氏族人移民資料

世 次	渡台祖姓名	生卒年代或渡台時間	卒葬地點或渡台地點	資料來源
14	段布（宣）	1712——1751	葬台灣	《宗譜》
14	段偉（奇）	1686——？	葬淡水	《宗譜》
14	段顯（榮）	1754——1807	葬台灣	《宗譜》
14	段助（輔）	1733——？	葬萬丹墓仔埔	《世譜》
14	段求（取）	1746——1815	葬觀音山石壁腳土地公崙	《世譜》
14	段純（倡）	1706——1772	葬觀音山	《世譜》
14	段嘉（良、叔異）	1665——1719	葬笨港	《支譜》
14	段禮（賓）	1650——1691	葬台灣	《大譜》
14	段卿（望）	1705——1747	葬台灣	《大譜》
14	段灌（本帝）	1724——1803	葬觀音山坑內崙	《大譜》

（續）表6-3 兌山李氏族人移民資料

世 次	渡台祖姓名	生卒年代或渡台時間	卒葬地點或渡台地點	資料來源
14	妣林氏	1727——1811	葬觀音山崙北	《大譜》
14	段合	1729——1781	往台灣	《大譜》
14	段完（補）	1694——1756	葬台灣	《大譜》
15	伯謨（典）	1701——1797	蘆洲溪墘	《煙譜》
15	伯謨妣周氏	1706——1743	蘆洲溪墘	《煙譜》
15	伯漢（汝）	1728——1807	葬觀音山烏石崙	1519號
15	伯循（因）	1729——1807	葬觀音山	1519號
15	伯循妣梁氏	1761——?	葬觀音山	1519號
15	伯濃妣張氏	1728——1809	葬觀音山覆鼎金	1519號
15	伯桂妣王氏	1721——1800	葬觀音山大板橋	1519號
15	伯該（總）	1760——1822	葬安坑赤塗嵌田中央	《大譜》
15	妣謝氏	1761——1783	葬淡水藍管山	《大譜》
15	伯嘉（美）	1709——?	移台灣	《大譜》
15	伯居（位）	1678——1817	葬觀音山羊條崙	《大譜》
15	伯專妣鄭氏	1762——1846	葬洲仔塚蜂芽	《大譜》
15	伯譽（慶）	1710——1759	葬新莊仔後壁辦口尾寮珩	《大譜》
15	伯茂（苞）	1725——1772	葬台灣牛磨里	《宗譜》
15	妣林氏	1733——1782	葬台灣水吼尾	《宗譜》
15	伯偉（磊）	1727——1771	葬台灣水吼尾	《宗譜》
15	伯志（意）	1728——1788	葬萬丹水泉尾	《宗譜》
15	伯基（助）	1701——1772	葬彰化打銃山	1519號
15	伯明（曉）	1713——1741	入墾台北蘆洲	《姓氏考》
15	伯捷	乾隆初	入墾蘆洲	《姓氏考》
15	伯西（軒）	1721——1807	入墾蘆洲	《姓氏考》
15	伯繼（宗紹）	乾隆中葉	入墾蘆洲	《姓氏考》
15	伯進（貢）	乾隆中葉	入墾蘆洲	《姓氏考》
15	伯發（嚴）	1764——1837	裔孫居台北、屏東	《譜錄》
15	伯唐妣卓氏	1721——1788	葬山仔崎	1557號
15	伯合（友）	1725——1804	葬觀音山	《世譜》

世　次	渡台祖姓名	生卒年代或渡台時間	卒葬地點或渡台地點	資料來源
15	伯岩（莊）	1747 —— 1816	葬觀音山蛇仔崙	《世譜》
15	伯采（瑞）	1736 —— 1800	葬觀音山土地公崙頂	《世譜》
15	姚蔡氏	1757 —— 1833	葬觀音山平寮	《世譜》
15	伯三（三）	1741 —— 1789	葬觀音山	《世譜》
15	伯俊（磊）	1742 —— 1812	葬觀音山	《世譜》
15	伯嘗（曾）	1753 —— 1788	葬觀音山	《世譜》
15	伯乾（元）	1765 —— 1831	葬觀音山羊稠仔	《世譜》
15	姚鄭氏	1766 —— 1798	葬觀音山羊稠仔	《世譜》
15	伯文（武）	1768 —— ？	葬觀音山	《世譜》
15	伯志（媽）	1755 —— 1807	葬觀音山烏石崙	《世譜》
15	有營（濤）	1718 —— ？	卒於台灣	1513號
15	有雍（治）	1710 —— ？	葬萬丹大眾爺廟前	1513號
15	有燁（春生）	1714 —— 1751	葬台灣北路	1513號
15	有志（煥）	1733 —— ？	外出東都	1513號
15	有兌（西）	1732 —— 1756	葬萬丹大眾爺廟邊	1513號
15	有節（義）	1703 —— 1772	出東都	1513號
15	有雲（龍）	1694 —— ？	全家往台灣	1513號
15	姚陳氏	1699 —— ？	全家往台灣	1513號
15	伯熾（旺）	1776 —— 1853	葬觀音山	《大譜》
15	伯想姚陳氏	1750 —— 1831	葬觀音山獅子頭	《大譜》
15	伯型（儀）	1746 —— 1808	葬觀音山坑頂	《大譜》
15	伯耀姚盧氏	1743 —— 1821	葬觀音山	《大譜》
15	伯肉（皮）	1733 —— 1820	葬萬丹水哮園	《大譜》
15	姚劉氏	1746 —— 1787	葬萬丹水泉尾	《大譜》
15	繼姚吳氏	1751 —— 1820	葬萬丹水哮園	《大譜》
15	三義	？	渡台	《新譜》
15	伯益	？	渡台	《新譜》
16	壽侯（福）	1742 —— 1817	入墾蘆洲溪墘	《煙譜》
16	魁侯姚李氏	1742 —— 1824	葬淡水	《煙譜》

（續）表6-3　兌山李氏族人移民資料

世 次	渡台祖姓名	生卒年代或渡台時間	卒葬地點或渡台地點	資料來源
16	豐侯（厚）	1768 —— 1801	入墾蘆洲溪墘	《煙譜》
16	妣康氏	1772 —— 1828	葬觀音山	《煙譜》
16	收侯[36] 妣陳性娘	1725 —— 1812	葬觀音山羊稠仔崙	《壆譜》
16	博侯妣王氏	1712 —— 1808	葬觀音山大板椅	《壆譜》
16	少侯（新老）	1736 —— 1788	葬彰化深坑北勢過埤	《壆譜》
16	起侯[37] 妣張氏	1737 —— 1808	葬和尚洲（即蘆洲）新竹園	《壆譜》
16	騰侯（龍遊）	1732 —— 1811	葬觀音山覆鼎金	《壆譜》
16	青侯（齊）	1724 —— 1787	葬和尚洲（即蘆洲）	《壆譜》
16	至侯（極）	1729 —— ？	葬嘉義鹽水港鳥松仔腳	《壆譜》
16	靜侯妣陳氏	1737 —— 1794	葬觀音山覆鼎金	《壆譜》
16	佑侯妣黃性娘	1856 —— 1878	葬觀音山大板椅	《壆譜》
16	進侯	1747 —— 1808	葬和尚洲水湳口	《壆下譜》
16	妣蔡氏	1761 —— 1851	葬觀音山洲仔塚	《壆下譜》
16	平侯（坦）	1741 —— 1789	入墾蘆洲	《姓氏考》
16	長侯	乾隆中葉	入墾蘆洲	《姓氏考》
16	億侯	乾隆末葉	入墾蘆洲、三重	《姓氏考》
16	天侯	乾隆末葉	入墾蘆洲、三重	《姓氏考》
16	杉侯	乾隆初葉	入墾蘆洲	《姓氏考》
16	續侯	乾隆末葉	入墾蘆洲、三重	《姓氏考》
16	質侯（材）	？	葬台灣水吼	《宗譜》
16	浪侯（波）	1767 —— ？	葬和尚洲	《宗譜》
16	園侯（桃）	1738 —— 1787	葬萬丹番仔厝尾	《世譜》
16	習侯（壬）	？	往台灣	《世譜》
16	揮侯（招）	1764 —— 1810	葬觀音山覆鼎金	《世譜》
16	妣何氏	1773 —— 1807	葬溪尾墓仔埔	《世譜》
16	仁侯（寬）	1763 —— ？	葬觀音山頂牛牯嶺	1519號
16	繡侯（袞）	1761 —— 1800	葬觀音山大板椅崙	1519號
16	衛侯（藩）	1752 —— 1829	葬八里坌	1519號
16	街侯（市）	1760 —— 1830	葬觀音山大寮後	1519號
16	拔侯（超）	1751 —— 1785	葬觀音山	1519號

（續）表6-3　兌山李氏族人移民資料

世　次	渡台祖姓名	生卒年代或渡台時間	卒葬地點或渡台地點	資料來源
16	鐵侯（鞭）	1750——1811	葬觀音山大石坑	1519號
16	望侯（帳）	1762——1818	葬觀音山	1519號
16	德侯（務）	1755——1822	葬觀音山大板椅前	1519號
16	妣許氏	1771——1805	葬觀音山	1519號
16	白侯妣詹氏	1782——1840	葬觀音山莿仔列	1519號
16	建侯（邊）	1755——1798	葬淡水	1519號
16	青侯（蔥）	1764——1840	葬觀音山大板椅崙	1519號
16	繼妣王氏	1770——1827	葬觀音山覆鼎金	1519號
16	表侯（著）	1767——1833	葬觀音山覆鼎金	1519號
16	妣陳氏	1771——1810	葬觀音山覆鼎金	1519號
16	浪侯（波）	1767——1793	葬和尚洲	1519號
16	英侯（粲）	1773——1805	葬萬丹	1519號
16	近侯（遠）	1760——1835	葬觀音山土地崙	1519號
16	駕侯（御）	1757——1815	葬淡水大岸	1519號
16	慈侯（惠）	1766——1824	葬淡水	1519號
16	玉侯（碧）	1761——1831	葬和尚洲土地公厝	1519號
16	直侯（折）	1764——1826	葬和尚洲大旗尾	1555號
16	妣林氏	1771——1817	葬和尚洲大旗尾	1519號
16	蕊侯妣黃氏	1769——1851	葬觀音山反經石乾湖	1519號
16	話侯（詞）	1775——1827	葬新莊街山水對柯塚	1519號
16	兌侯（西）	1781——1805	葬淡水	1519號
16	仁侯[38]妣余氏	1764——1864	葬觀音山大板椅頭	1555號
16	彰侯（並）	1743——1788	葬台灣	《支譜》
16	顯侯	1819——1871	渡台	1516號
16	恬侯（闔）	1715——1780	葬雙頭竈洲仔內	《支譜》
16	妣鄭氏	1725——1794	葬雙頭竈番東港圍內	《支譜》
16	篤侯妾洪氏	1739——1821	葬觀音山反經石	《支譜》
16	熙侯（泉）	1732——1780	葬觀音山	《支譜》
16	暢侯（茂）	1737——1816	葬觀音山牛屎坑尾	《支譜》
16	汀侯（潭）	1738——1801	葬觀音山覆鼎金	《支譜》

（續）表6-3　兌山李氏族人移民資料

世　次	渡台祖姓名	生卒年代或渡台時間	卒葬地點或渡台地點	資料來源
16	詠侯（吟）	1742——？	葬彰化五條圳	《支譜》
16	妣張氏	1714——1829	葬觀音山大板椅前	《支譜》
16	偉侯（廉）	1744——1797	葬觀音山更寮崙	《支譜》
16	妣陳氏	1749——1830	葬觀音山更寮	《支譜》
16	金侯（蘭）	1754——1795	葬台灣福馬李厝莊	《支譜》
16	時侯	1729——1770	葬彰化番仔井塚	《支譜》
16	紅侯（霞）	1724——1766	葬彰化山坑內	《支譜》
16	桂侯（攀）	1713——1754	葬彰化五條圳	《支譜》
16	甘侯（橚）	1731——？	葬台灣福馬同安崙	《支譜》
16	橡侯（栓）	1739——1787	葬鹿港客仔厝塚埔	《支譜》
16	濟侯（驪）	1720——1774	葬彰化山南塚	《支譜》
16	妣孫氏	1725——1789	葬彰化八卦亭崩坪頂	《支譜》
16	喜侯（驊）	1718——1787	葬鹿港海埔崙	《支譜》
16	總侯（駿）	1724——1765	葬彰化八卦山後	《支譜》
16	妣黃氏	1746——1780	葬福馬尾蟹後	《支譜》
16	乘侯（騎）	1734——1763	葬福馬同安崙	《支譜》
16	群侯（駐）	1732——1787	葬鹿港北頭義塚	《支譜》
16	妣陳氏	1747——1788	葬福馬李厝莊崙	《支譜》
16	逸侯（標）	1746——1811	葬觀音山土地崙頂	《支譜》
16	妣康氏	1753——1819	葬八里坌街仔後	《支譜》
16	羨侯（韻）	1726——1794	南部登陸遷八里坌	《源流》
16	妣張氏緞	1729——1798	葬八里坌海垸墓仔下	《源流》
16	暢侯	1737——1816	葬觀音山牛屎坑	《源流》
16	妣陳氏	1738——1844	葬觀音山土地公埔	《源流》
16	華侯（清榮）	1778——1828	葬萬丹土地公埔	《大譜》
16	寶侯（珩）	1759——1826	葬萬丹六分莊埔	《大譜》
16	妣許氏	1775——？	葬萬丹土地公埔	《大譜》
16	興侯（旺）	1775——1842	葬萬丹大埔中	《大譜》
16	妣許氏	1790——1830	葬八分埔尾	《大譜》
16	才侯（芸）	1779——1825	葬觀音山獅子頭崙	《大譜》

（續）表6-3　兌山李氏族人移民資料

16	洋侯姚汪氏	1806 —— 1851	葬淡水牛稠內王爺宮	《大譜》
16	意侯（味）	1760 —— 1816	葬觀音山唐湖坑頂	《大譜》
16	姚張氏	1762 —— 1848	葬觀音山覆鼎金	《大譜》
16	皎侯（月）	1768 —— 1816	葬觀音山獅子頭湖	《大譜》
16	火侯（離）	1777 —— 1799	葬觀音山烏石崙	《大譜》
16	章侯（文）	1770 —— 1822	葬觀音山二湖	《大譜》
16	姚黃氏	1789 —— 1838	葬觀音山大椅崙	《大譜》
16	朝侯（庭）	1774 —— 1848	葬觀音山米倉崙	《大譜》
16	姚郭氏	1790 —— 1850	葬觀音山米倉崙	《大譜》
16	城侯（塞）	1781 —— 1879	葬觀音山大椅崙	《大譜》
16	讀侯（講）	1786 —— 1821	葬觀音山大椅崙頭	《大譜》
16	田侯（畝）	1772 —— 1836	葬觀音山大椅崙	《大譜》
16	鞏侯（固）	1773 —— 1818	葬觀音山麻仔崙	《大譜》
16	姚林氏	1776 —— 1822	葬觀音山麻仔崙	《大譜》
16	鵬侯（傳宗）	1751 —— 1813	葬觀音山賊仔埔	《大譜》
16	姚陳氏	1754 —— 1841	葬觀音山中條禮	《大譜》
16	盛侯（茂）	1775 —— 1823	葬觀音山賊仔埔	《大譜》
16	姚許氏	1794 —— 1884	葬觀音山坑內李蒙正山	《大譜》
16	安侯（定）	1760 —— 1836	葬觀音山大椅崙	《大譜》
16	蘭侯（香）	1780 —— 1836	葬觀音山大椅崙	《大譜》
16	盛侯（如松）	1800 —— 1854	葬觀音山牛屎坑	《大譜》
16	澄侯（漳）	1751 —— 1838	入墾士林社崙仔頂	《大譜》
16	學侯（大學）	1747 —— 1813	渡台祖	《大譜》
16	明樂（康老）	1746 —— ?	葬台灣	1513號
16	明文（林郎）	1746 —— ?	往台灣北路	1513號
16	明禮（習）	1764 —— ?	往台灣	1513號
16	姚林氏	1775 —— 1845	全家往台灣	1513號
16	明瑞（胎）	1750 —— ?	往鹽水港	1513號
16	明奮	?	往台灣	1513號
16	明植（庭槐）	1758 —— ?	往台灣	1513號
16	姚莊氏	?	攜二子全家住台灣	1513號

世　　次	渡台祖姓名	生卒年代或渡台時間	卒葬地點或渡台地點	資料來源
16	明實（櫻桃）	1706——？	往東都	1513號
16	明茂（森）	？	往台灣	1513號
16	明聲（赫）	？	往台灣	1513號
16	明思（公望）	1740——？	往台灣	1513號
16	明宗（僚老）	1750——？	往台灣	1513號
16	明義（寅生）	1745——？	往台灣	1513號
16	明遜（讓有）	1729——？	往萬丹水泉	1513號
16	明豐（盛）	？	往台灣崁頂社尾	1513號
16	明澤（訂）	1725——？	往萬丹水泉	1513號
16	明典（帝）	？	往萬丹水泉	1513號
16	明盛（武）	？	往台灣	1513號
16	明起（興）	？	往淡水	1513號
16	明迎（天來）	？	往萬丹水泉	1513號
16	明司（灶）	1800——？	往台灣	1513號
17	公庇（神保）	1767——1833	葬觀音山	《煙譜》
17	妣陳氏	1775——1822	葬觀音山大板椅	《煙譜》
17	公期（來赴）	1792——1849	葬淡水	《煙譜》
17	公附（媽轉）	1787——1832	葬淡水	《煙譜》
17	公材（賢奇）	1773——1832	葬觀音山大板椅崙	《煙譜》
17	妣陳氏	1782——1813	葬觀音山大板椅崙	《煙譜》
17	公式[39] 妣張氏	1781——1876	運夫骨骸率6子遷溪墘	1518號
17	公騰（翻）	1782——？	居嘉義白沙墩	《煙譜》
17	公鳴（音）	1785——？	居嘉義白沙墩	《煙譜》
17	公培（栽）	1776——1845	葬觀音山羊稠仔埔	《煙譜》
17	公謁（請）	1786——1836	葬淡水	《煙譜》
17	公布（教）	1760——1822	葬淡水	《煙譜》
17	公林（壬）	1765——1839	葬觀音山大板椅	《煙譜》
17	公偉（烈）[40]	1771——？	卒葬失記	《煙譜》
17	妣陳氏	1783——1830	葬淡水	《煙譜》
17	公常（異）	1779——1826	葬和尚洲溪墘園	《煙譜》

世次	渡台祖姓名	生卒年代或渡台時間	卒葬地點或渡台地點	資料來源
17	公彰姚康氏	1769——？	居淡水	《新譜》
17	公泰（思）	1751——1825	葬觀音山大板椅	《墾譜》
17	姚魏佑娘	1765——1785	葬觀音山獅仔頭山	《墾譜》
17	繼姚林海娘	1774——1840	葬觀音山中崙	《墾譜》
17	公昌（帶）	1754——1833	葬八里坌	《墾譜》
17	姚施性娘	1767——1851	葬八里坌	《墾譜》
17	公均（和）	1761——1813	葬觀音山大板椅	《墾譜》
17	姚魏吉娘	1768——1836	葬觀音山獅仔頭山	《墾譜》
17	公理（治）	1766——1836	葬觀音山覆鼎金	《墾譜》
17	公斷（裁）	1734——1815	葬和尚洲水浦	《墾譜》
17	公耀（照）	1738——1800	葬觀音山大板椅	《墾譜》
17	姚林氏	1745——1836	葬滬尾水梘頭	《墾譜》
17	公賜姚張氏	1744——1829	葬觀音山	《墾譜》
17	公寶（貝）	1754——1823	葬觀音山員山仔	《墾譜》
17	公茂（桂蘭）	1758——1805	葬和尚洲塚仔	《墾譜》
17	公盛（衍慶）	1763——1829	葬觀音山	《墾譜》
17	公察（純老）	1750——1817	葬觀音山大板椅	《墾譜》
17	公秋（八六）	1751——1817	葬觀音山大板椅	《墾譜》
17	姚張氏	1753——1832	葬觀音山石頭崙	《墾譜》
17	公春（二四）	1754——1817	葬觀音山拔仔埔	《墾譜》
17	繼姚王氏	1764——1833	葬觀音山大板椅	《墾譜》
17	公正（正一）	1767——1807	葬觀音山內岩坑佛祖山七嵌仔巔，改葬獅仔頭	《墾譜》
17	姚石氏	1771——1804	葬觀音山獅仔頭	《墾譜》
17	繼姚王氏	1780——1836	葬擺接嵌頂埔墘	《墾譜》
17	公永（詠）	1758——1826	葬觀音山烏石崙	《墾譜》
17	公志（尚）	1762——1830	葬觀音山羊稠仔	《墾譜》
17	公淡（密）	1765——1832	葬觀音山大板椅	《墾譜》
17	公慕（公餘、桃）	1764——1818	葬觀音山烏嶼寮湖仔內	《墾譜》
17	姚楊金娘	1773——1813	葬觀音山羊稠仔	《墾譜》

（續）表6-3　兌山李氏族人移民資料

世次	渡台祖姓名	生卒年代或渡台時間	卒葬地點或渡台地點	資料來源
17	公喜（雀）	1781 —— 1806	入墾蘆洲	《墾譜》
17	公郁（文）	1762 —— 1839	葬觀音山獅仔頭	《墾譜》
17	姒陳氏	1771 —— 1808	葬觀音山覆鼎金	《墾譜》
17	公勉（勵）	1765 —— 1824	葬觀音山米倉	《墾譜》
17	姒蔡氏	1775 —— 1830	葬觀音山鯉魚塚土劉大墓後	《墾譜》
17	公含（御）	1762 —— 1827	葬溪尾塚埔	《墾譜》
17	姒陳氏	1775 —— 1794	葬觀音山	《墾譜》
17	公山（水）	1767 —— 1786	葬觀音山	《墾譜》
17	公貴（濺）	1772 —— 1826	葬觀音山	《墾譜》
17	姒楊氏	1777 —— 1857	葬大窠坑	《墾譜》
17	公佑（助）	1770 —— 1853	葬溪尾塚仔埔彭厝圍頭	《墾譜》
17	公德（賢）	1774 —— 1820	葬觀音山反經石邊	《墾譜》
17	姒黃卻娘	1783 —— 1839	葬觀音山板椅	《墾譜》
17	公沛姒吳氏	1789 —— 1842	葬觀音山鯉魚塚	《墾譜》
17	公華（皇）	1780 —— 1834	改葬噶瑪蘭坑山頂內	《墾譜》
17	公仰（頓）	1776 —— 1811	葬觀音山賊仔埔	《墾譜》
17	公端（肅來）	1772 —— 1790	葬淡水暗坑仔	《墾譜》
17	公蝦（魚）	1753 —— 1794	葬觀音山	《墾譜》
17	公卜（熊）	1759 —— 1832	葬觀音山石頭崙	《墾下譜》
17	公直（諒）	1768 —— 1823	葬三重埔陡門頭塚	《墾譜》
17	姒高氏	1784 —— 1807	葬大隆同保安宮邊竹圍腳	《墾譜》
17	公羽（降）	1770 —— 1789	葬和尚洲水浦溝邊	《墾譜》
17	公石（岩）	1767 —— 1839	葬五穀坑	《墾譜》
17	公圓（團祖）	1775 —— ？	居淡水	《墾二譜》
17	公辰（宿）	1776 —— 1787	葬萬丹冷水坑墘	《世譜》
17	公顒（諟）	1733 —— 1791	葬台灣	《支譜》
17	公矯（強）	1731 —— 1789	葬彰化山福馬	《支譜》
17	公參（王）	？	葬鹽水港菜公塘牛埔	《支譜》
17	姒葉氏	1751 —— 1831	葬雙頭竅嘴口	《支譜》
17	公里（表）	？	葬雙頭竅莊口	《支譜》

世　次	渡台祖姓名	生卒年代或渡台時間	卒葬地點或渡台地點	資料來源
17	公及（越）	？	葬鹽水港過溪新莊仔	《支譜》
17	公庶（民）	1751——1796	葬雙頭竅洲仔內	《支譜》
17	妣吳氏	1757——1784	葬雙頭竅洲仔內	《支譜》
17	繼妣陳氏	1761——1824	葬雙頭竅菜公堂後壁	《支譜》
17	公哲（潗）	1751——1788	葬福馬李厝崙頂	《支譜》
17	公豐（注）	1768——1850	葬觀音山覆鼎金	《支譜》
17	妣林氏	1771——1819	葬觀音山覆鼎金	《支譜》
17	公濕（瀏）	1740——1797	葬觀音山反經石後	《支譜》
17	妣陳氏	1739——1793	葬湖林頭宅內	《支譜》
17	公洄（漾）	1743——1794	葬湖林頭宅內	《支譜》
17	妣葉氏	1744——1808	葬八里坌	《支譜》
17	公雲（梯）	1750——1793	葬湖林頭宅內	《支譜》
17	妣葉氏	1750——1832	葬觀音山大板椅頭	《支譜》
17	公選（橙）	1758——1808	葬觀音山	《支譜》
17	妣陳氏	1760——1783	葬湖林頭牛路	《支譜》
17	繼妣莊氏	1759——1842	葬八里坌	《支譜》
17	公視	1758——1810	葬觀音山坑內	《支譜》
17	妣陳氏	1759——1801	葬湖林宅里	《支譜》
17	公異（奇）	1745——1788	葬福馬李厝莊崙	《支譜》
17	公嶧（鄒）	1749——1788	葬台灣	1509號
17	公香（瑞蘭）	1751——1805	葬滬尾柔山南	1509號
17	繼妣柯氏	1752——1823	葬八里坌西門頂坤仔頂	1509號
17	公乜（乍）	1798——1826	葬淡水	1519號
17	公怡（情）	1796——？	葬淡水	1519號
17	公山（茂林）	1780——1836	葬觀音山大板椅	1519號
17	公薦（鵬鴉）	1801——1842	葬淡水	1519號
17	公端（兩）	1807——1844	葬觀音山劉家墓口	1519號
17	公僉（奢）	1811——1844	葬觀音山烏石崙	1519號
17	公梁（棟）	1787——1840	葬觀音山員山崙	1519號
17	公愷（八）	1797——1843	葬觀音山羊稠仔劉家墳邊	1519號

（續）表6-3　兒山李氏族人移民資料

世　次	渡台祖姓名	生卒年代或渡台時間	卒葬地點或渡台地點	資料來源
17	公香（蘭）	1797——1847	葬觀音山稠仔	1519號
17	公炙（炮）	1804——1832	葬淡水塚仔埔	1519號
17	公溥（博）	1744——1828	葬淡水石角頂塚仔埔	1519號
17	公有（就）	1776——？	葬淡水	1519號
17	公科（第）	1808——1846	葬淡水溪尾	1519號
17	公繡（錦）	1804——1840	葬台灣	1519號
17	公象（犀）	1792——1819	葬觀音山崩山崙	1519號
17	公正（撥）	1820——1841	葬淡水	1519號
17	公尹（伐）	1784——1836	葬觀音山大板椅腳	1555號
17	公到（到來）	1802——1878	葬觀音山外樸鼎	1555號
17	妣呂氏	1807——1871	葬觀音山二胡仔	1555號
17	公馥（香老）	1795——1878	葬觀音山坡仔垱	1555號
17	公彭（彭來）	1807——1843	葬觀音山頂	1555號
17	公鼎妣張氏	1746——1840	葬八里坌地八埔	1510號
17	公德（尚）	1761——1835	葬八里坌	1510號
17	妣鄭氏	1765——？.	葬八里坌紅埤頂	1510號
17	公立（王官）	1735——1788	葬萬丹水泉番社	1514號
17	公望（周官）	1727——1787	居台東港	1514號
17	公想（思）	1807——1873	葬觀音山大板椅崙	《世譜》
17	妣王氏	1812——1836	葬觀音山大板椅崙	《世譜》
17	大參（贊）	1746——1826	葬萬丹下廍莊東南角	1513號
17	大重（任）	1796——？	往台灣	1513號
17	大立（獅）	1805——1840	往台灣	1513號
17	大朕（眾）	1805——？	往台灣	1513號
17	公藉	1774——道光	入墾蘆洲	《姓氏考》
17	公贊	嘉慶年間	入墾蘆洲	《姓氏考》
17	公敏	嘉慶年間	入墾蘆洲	《姓氏考》
17	公強	？	居彰化和美	《譜錄》
17	公由	？	居彰化和美	《譜錄》
17	公成（秋）	1769——？	入墾蘆洲	《譜錄》

世　次	渡台祖姓名	生卒年代或渡台時間	卒葬地點或渡台地點	資料來源
17	公助	？	葬萬丹	《新譜》
17	公部	？	葬萬丹	《新譜》
18	飄夫（搖）	1801——1902	入墾蘆洲溪垷	《大族譜》
18	寬夫（廣）	1809——1885	入墾蘆洲溪垷	《大族譜》
18	立夫（棹）	1813——1862	入墾蘆洲溪垷	《大族譜》
18	介夫（炭）	1815——1558	入墾蘆洲溪垷	《大族譜》
18	儉夫（奢）	1818——1859	入墾蘆洲溪垷	《大族譜》
18	坦夫（阪）	1820——1844	入墾蘆洲溪垷	《大族譜》
18	愛夫繼姚張氏	1776——1853	葬觀音山反經石	《大族譜》
18	條夫（榴）	1812——？	入墾溪垷	1518號
18	誦夫（諷）	1815——？	入墾溪垷	1518號
18	仁夫（恩義）	1802——1851	入墾溪垷	《煙譜》
18	心夫（願音）	1805——1827	入墾溪垷	《煙譜》
18	德夫（振新）	1810——1850	入墾溪垷	《煙譜》
18	提夫（弁）	1790——1835	改葬八里坌牛寮仔埔	《壟譜》
18	靜夫（鎮）	1795——1817	改葬八里坌牛寮仔埔	《壟譜》
18	玩夫（耍來）	1795——1836	改葬八里坌牛寮仔埔	《壟譜》
18	擁夫（糞來）	1799——1817	葬和尚洲水浦大岸	《壟譜》
18	助夫（田）	1775——1801	葬觀音山獅仔頭	《壟譜》
18	鐵夫（鉗）	1808——1886	葬處失記	《壟譜》
18	姚張窗娘	1815——1836	葬觀音山羊稠仔	《壟譜》
18	繼姚黃氏	1809——1885	葬八里坌	《壟譜》
18	記夫（認）	1793——1864	葬洲仔塚	《壟譜》
18	姚陳焄娘	1811——1888	葬溪尾	《壟譜》
18	香夫（酥釀）	1821——同治	葬溪尾	《壟譜》
18	論夫（討）	1799——1838	葬萬丹	《壟譜》
18	占夫（魁）	1797——1831	葬觀音山覆鼎金	《壟下譜》
18	哀夫（秉）	1805——1884	葬觀音山羊稠仔埔	《壟下譜》
18	姚吳好娘	1817——1848	葬觀音山羊稠仔埔	《壟下譜》
18	進夫（銳）	1790——1852	葬淡水	《壟二譜》

（續）表6-3　兌山李氏族人移民資料

世　次	渡台祖姓名	生卒年代或渡台時間	卒葬地點或渡台地點	資料來源
18	成夫妣陳氏	1791 ── 1851	葬淡水	《壟二譜》
18	比夫（試）	？	入墾淡水	《新譜》
18	發夫（興）	1795 ── 1833	葬八里大窟湖	1509號
18	盛夫（昌）	1772 ── 1849	葬八里坌紅埤頂	1509號
18	妣蕭氏	1783 ── 1847	葬八里坌甲仔蘭坑	1509號
18	望夫（仰）	1776 ── 1807	葬喜義埔心	1509號
18	金夫妣林氏	1798 ── 1849	葬八里坌甲仔蘭坑	1509號
18	清夫（秋月）	1768 ── 1821	葬八里坌榕樹王南	1509號
18	穎夫（聰明）	？	居五條圳	1509號
18	誠夫（送）	1756 ── 1827	葬八里坌街後嵌頂牛埔	1509號
18	妣林氏	1770 ── 1821	葬八里坌紅埤仔	1509號
18	專夫（碻）	1787 ── ？	葬觀音山牛稠埔	1509號
18	縫夫（繼）	1815 ── 1868	葬八里坌半路店中埔	1509號
18	神夫（化龍）	1789 ── 1837	葬八里坌甲仔蘭坑	1509號
18	妣林氏	1788 ── 1848	葬八里坌三角埔	1509號
18	啓夫（沃）	1793 ── ？	葬八里坌老阡坑	1509號
18	玄夫（泡）	1793 ── 1842	葬八里坌	1509號
18	妣陳氏	1803 ── 1828	葬八里坌牛寮埔	1509號
18	秀夫（聚）	1817 ── 1864	子孫居三重、台北	1518號
18	舉夫（才）	1816 ── 1849	葬洲仔塚	1519號
18	專夫（高）	1838 ── 1916	葬基隆虎仔山	1519號
18	妣周氏	1843 ── 1926	葬基隆虎仔山	1519號
18	耀夫（丙丁）	1819 ── 1899	葬觀音山覆鼎金	1519號
18	欵夫妣陳氏	1797 ── 1879	葬觀音山反經石	1519號
18	詣夫（品）	1810 ── 1834	葬淡水	1519號
18	起夫（振）	1812 ── 1836	葬觀音山員山崙	1519號
18	純夫（粹然）	1820 ── 1846	葬萬丹	1519號
18	棟夫（柱）	1819 ── 1861	葬大坪頂舊塚	1519號
18	領夫（項）	1833 ── ？	葬洲仔塚	1519號
18	望夫（看）	1825 ── 1844	葬淡水	1519號

（續）表6-3　兌山李氏族人移民資料

世　次	渡台祖姓名	生卒年代或渡台時間	卒葬地點或渡台地點	資料來源
18	輯夫兄弟三人	？	入墾萬丹水泉、路竹、台南	1514號
18	村夫（使成）	1781——1842	葬萬丹埔	1513號
18	輝夫（耀光）	？	往萬丹水泉	1513號
18	喜夫（歡）	1780——1824	葬萬丹山帝廟口	1513號
18	萊夫（拋）	1770——？	葬萬丹水泉嵌仔頂	1513號
18	飼夫（養）	生於乾隆後期	全家往台灣	1513號
18	妣張氏	生於乾隆後期	全家往台灣	1513號
18	泉夫（奉元）	1782——1822	葬台灣沙轆街邊	1513號
18	榮夫（鋪）	1783——1823	葬萬丹水泉層	1513號
18	妣陳氏	1787——1855	葬水泉莊尾烏援埔	1513號
18	和夫（順）	1788——1843	葬萬丹水泉	1513號
18	頂夫（蘚）	？	居水吼莊	1513號
18	士求（乞）	1817——1856	葬淡水	《壟二譜》
19	士擔（挑）	1823——1849	葬萬丹後壁埔	《壟二譜》
19	士宰（主）	1819——1871	卒葬台北	1516號
19	士雁（陣來）	1819——1886	葬八里坌車路窟	1509號
19	士貞（專利）	1800——1862	葬八里坌	1509號
19	妣某氏	1803——1822	葬八里坌三角陂頂	1509號
19	士紳（專士）	1872——？	葬在中覆鼎	1519號
19	士尾	1882——1819	葬蘆洲三角仔	1519號
19	士金（庚）	1822——1902	葬萬丹新莊仔莊	1513號
19	妣陳氏	1825——1886	葬新莊仔北勢	1513號
19	士殷（監）	1820——1852	葬水泉莊尾烏援埔	1513號
19	妣徐氏	1823——1871	葬埔仔頂	1513號
19	士極（顯經）	1833——1898	葬番社口園內	1513號
19	繼妣黃氏	1851——1917	葬嵌仔腳窟尾埔	1513號
19	士極（高明）	1805——？	往台灣	1513號
19	士從（命）	1808——1835	往台灣	1513號
19	士致（繳）	1811——？	往台灣	1513號
19	士吝（惜來）	1783——？	往台灣	1513號

（續）表6-3　兌山李氏族人移民資料

世次	渡台祖姓名	生卒年代或渡台時間	卒葬地點或渡台地點	資料來源
19	士用（三財）	1805——1894	葬新莊仔牛角灣埔	1513號
19	士達（通）	1810——光緒	葬新莊仔田寮仔口	1513號
19	士平（糧）	1814——？	往台灣	1513號
19	士要（攝）	1797——1862	葬萬丹水泉莊尾嵌仔腳	1513號
19	士代（稱）	1818——？	往萬丹	1513號
19	士東（西）	1813——光緒年間	父子四人往萬丹新莊仔	1513號
19	士體（四端）	1818——？	往萬丹水泉	1513號
19	士化（變）	1824——光緒年間	往萬丹水泉	1513號
19	士晚（晏來）	1824——1901	往萬丹新莊仔	1513號
19	士質（彬）	1814——？	往萬丹水泉	1513號
19	士勝（六律）	1783——？	全家往萬丹	1513號
19	妣莊氏	？	全家往萬丹	1513號
19	士聲（迦來）	1814——？	往萬丹街尾	1513號
19	橫來	道光末——1859	葬水泉莊尾崁仔頂	1513號
19	士益	1803——1840	葬萬丹水泉莊邊	1513號
19	士如（悸）	？	隨父飼夫全家往水泉	1513號
19	士勤（且）	？	隨父飼夫全家往水泉	1513號
19	士遊（軒）	1808——？	隨父飼夫全家往水泉	1513號
19	士侯（宰）	1799——？	往萬丹新莊仔	1513號
19	士幸（額）	1791——？	往萬丹新莊仔	1513號
20	堅孝（故）	1855——1900	葬水泉莊尾嵌仔頂	1513號
20	租孝（過）	1860——1903	葬新莊仔	1513號
20	妣黃氏	1866——1886	葬翻社口圍內	1513號
20	繼妣陳氏	1858——1900	葬新莊仔西邊	1513號
20	連孝（仲蟬）	1831——1900	葬新莊仔西邊	1513號
20	桂孝（丹）	1828——1894	往萬丹	1513號
20	妣黃氏	道光初——1897	葬番社莊尾	1513號
20	樂孝（友朋）	1849——？	往台灣	1513號

世　次	渡台祖姓名	生卒年代或渡台時間	卒葬地點或渡台地點	資料來源
20	振孝（江海）	1871——1918	葬備仔社口鳥援埔	1513號
20	開孝	？	往萬丹下廓	1513號
20	循孝（颿）	1845——1895	往台灣沒於海	1513號
20	庫孝（清設）	1836——1906	往台灣	1513號

（三）兌山李氏向台灣移民的時間、地點及集居地

據前述族譜等有關資料記載，兌山李氏族人在清代渡台者多達460人，其中14世13人，15世53人，16世137人，17世137人，18世70人，19世38人，20世12人。從有記載出生時間的420人中，出生於順治前期1人，康熙初期2人，中期6人，末期20人，雍正年間39人，乾隆初期72人，中期112人，末期65人，嘉慶前期33人，後期40人，道光前期12人，後期7人，咸豐年間4人，同治年間3人，光緒初期1人。如以25歲爲渡台平均年齡統計，則康熙年間渡台6人，其中初期1人，中期1人，末期4人；雍正年間渡台11人；乾隆年間渡台207人，其中初期36人，中期68人，末期103人；嘉慶年間渡台95人，其中前期60人，後期35人；道光年間渡台84人，其中前期43人，後期41人；咸豐年間6人；同治年間渡台4人；光緒年間渡台7人，其中前期4人，後期3人。其他未記生卒年月的40人中，有10人記有入台年代；乾隆初期2人，中期3人，末期3人，嘉慶年間2人，尙未記出生年代和入台年代的30人，計15世3人，一般出生於康熙中後期和乾隆前期，其入台年代多在雍正和乾隆年間，現按雍正年間入台1人，乾隆初期、中期各1人計算。16世11人，一般出生於康熙末期和乾隆年間，其入台年代多在乾隆年間或嘉慶前期，現按乾初入台1人，乾中4人，乾末4人，嘉慶前期2人計算。17世7人，一般出生於乾隆年間和嘉慶前期，其入台年代多在乾隆末期或嘉慶年間，現按乾末入台3人，嘉慶前期2人，嘉慶後期2人計算。18世5人，一般出生乾隆末期或嘉慶年間，其入台年代多在嘉道年間，現按嘉慶後期入台2人，道光前期2人，後期1人

計算。19世3人，一般出生於嘉慶年間或道光前期，其入台年代多在道光年間，現按道光前期入台1人，後期2人計算。20世1人，一般出生於道光年間，其入台年代當在咸豐年間。以上入台人數綜合統計，康熙年間6人，其中初期1人，中期1人，後期4人；雍正年間12人；乾隆年間229人，其中初期40人，中期76人，後期113人；嘉慶年間105人，其中前期64人，後期41人；道光年間90人，其中前期46人，後期44人；咸豐年間7人；同治年間4人，光緒年間7人，其中前期4人，後期3人，共460人。

　　以上統計可以看出，乾隆年間是兌山李姓族人渡台的高潮期，嘉道年間仍有不少人渡台，咸同以後只有個別人渡台。在渡台總人員460人中，乾隆年間渡台229人，占渡台總數的49.78%，約占一半。嘉慶年間有105人渡台，占渡台總數的22.8%，道光年間渡台90人，占渡台總數的15.2%。乾嘉道年間渡424人，占渡台總數460人的92.17%。

　　前述族譜資料多數只記卒葬地點，而很少記載入墾地區。往往只籠統記載「往台灣」、「往東都」或「往台灣北路」，只有極少記載渡台後居住地。如記16世明瑞「往鹽水港」，17世公騰、公鳴兄弟「居嘉義白沙墩」（今雲林縣元長鄉），17世公望「居台東港」，18世穎夫居「彰化五條圳」，18世輝夫「往萬丹水泉」等地。所記卒葬地點中，有14世助葬萬丹，段嘉葬笨港，15世伯基葬彰化打銃山，15世伯志、伯偉等葬萬丹水泉，16世少侯葬彰化深坑，16世嘉侯葬鹿港，16世濟侯、總侯等葬彰化山，17世公參葬鹽水港，18世泉夫葬台灣沙轆等地。其中從14世至20世有80人葬萬丹各村，成為兌山李氏移民的一個聚居地。但絕大多數卒葬地點均在清代淡水廳所屬的八里坌、滬尾、和尚洲、三重埔、五股坑、雞籠等地，其中卒葬觀音山與和尚洲的占三分之二左右。說明兌山李氏除少部分入墾南部今彰化、雲林、台南、屏東等地外，絕大多數入墾淡水河下游兩岸，特別是觀音山南北麓的鄉村，即今八里鄉、淡水鎮、五股鄉、三重市、蘆洲市、泰山鄉等地，分別成為各地的渡台祖，形成不同的房派。如6世普旺後裔為台灣崙仔頂派，墾尾井15世伯高後裔為三重埔派，伯振後裔為八里坌派，伯意後裔為大旗尾派，伯代後裔為下寮派，伯勳長子博侯、三子審侯後裔為滬尾派，次子皎侯後裔為柑宅派，四子砥侯後裔為田野美派。

台灣南部首先開發以台南為中心，台北平野自康熙末年才開始有組織、較大規模的拓墾，兌山李氏於康熙末年開始入墾，乾隆年間大批入墾淡水河兩岸地區，是符合台灣開發的進程。當時移民首先從淡水港登陸，沿淡水河、觀音山水陸兩路南進開墾新莊等地。和尚洲（今蘆洲市）係淡水河之沙洲，常遭水災，故開闢較遲。後來由於地勢淤積，不斷升高，便有大批移民入墾。乾嘉時期兌山李氏的大批移民開墾淡水河下游兩岸時，就是以蘆洲為開墾的中心。早在康熙末年就有14世段偉、雍正年間14世段純、乾隆初年14世段布、段灌等入墾淡水河下游，兌山煙墩房15世伯謨即於雍正年間入墾八里坌，後率子標侯、玉侯等開墾和尚洲溪墘，伯謨三子六孫已傳十代，子孫數千餘人。伯謨有親堂兄弟堂侄多人入墾溪墘，如伯真次子壽侯、伯勢長子豐侯、伯環之孫公式（1844年卒於大陸）妣張氏率六子運公式遺骨，先後入墾溪墘，另有伯老曾孫條夫、誦夫、伯星曾孫心夫、仁夫、德夫等相繼入墾溪墘。部分子孫後又遷居三重、台北、基隆、新竹等地。另有墾尾井房15世伯西於乾隆初入墾八里坌、和尚洲水湳等地，後子孫又遷墾中洲里、三重等地，有後裔上萬人。又有15世伯捷、伯采等入墾和尚洲樓仔厝等地，有子孫數千人。伯西兄伯東次子仁侯於1836年逝世後，妣余氏率三子呈祥、公尹、到來並帶夫骨骸入墾水湳，後遷墾中洲里社子，有後裔數千人。余氏生於乾隆二十九年（1764年），卒於同治二年（1864年），享壽101歲。乾隆中後期，又有墾尾井15世伯進、伯繼、16世青侯、玉侯、直侯、起侯妣張氏、億侯、天侯、杉侯等多人入墾和尚洲大旗尾、土地公厝、三重埔等地。乾隆末期、嘉慶前期又有大批17世族人入墾，如有公斷、公羽等多人入墾水湳，有公蓁、公石、公成兄弟三人於嘉慶年間入墾南港仔莊，又有砥侯長子公秋（八六）、次子公春（二四）、三子公正（正一）兄弟三人於乾隆末年入墾中路村田仔尾等地。在嘉、道年間仍有部分18世、19世族人入墾，道光年間和尚洲（蘆洲）地區已開發殆遍，咸同以後移民數量大大減少，光緒年間已少見移民入墾的記載。蘆洲多澤地，不適於墓葬，入墾蘆洲的兌山李氏族人多卒葬於觀音山南麓。

兌山李氏在移民開墾蘆洲的同時，也將家鄉的鄉土保護神分香到蘆洲。如李公正渡台時即攜帶保生大帝（大道公）、廣澤尊王二尊神像，廣澤尊王供祀於田野美李氏祖屋，保生大帝亦祀於民舍，至宣統二年（1910年）由李氏七角頭（樓仔厝、

溪垈、土地公厝、水湳、三重埔、崙仔頂、八里坌）族人李樹華（公正公孫）、李種玉等22人倡建保和宮於保和村，加以崇祀。保生大帝、廣澤尊王、池府王爺等同安鄉土保護神，轉變為台灣移民的保護神，成為大陸移民開發台灣的見證。

兌山李氏移居台灣後，經過多代的繁衍，人口不斷增加，又向周圍地區或新待墾地區再遷徙，現在已遍布全省各地。但多數移民仍居住始遷地，並在這些地區人口中占較高的比例。根據陳紹馨按1956年四分之一人口卡抽查的統計資料，尚能基本反映台灣傳統農業社會的基本情況，其統計數字中，兌山李氏移民集中的地區李氏人口數如下：

雲林縣元長鄉有李姓1,403人（實際人口為5,612人，其他統計數字同此），為該鄉第二大姓，他們與第一大姓吳（1,821人）、第三大姓陳（1,256人）等姓共同開發元長鄉做出貢獻。李氏5,000多人口中，就有一批兌山李公騰、公鳴等人的後裔。

台南鹽水鎮有李姓612人（實際為2,448人），占本村人口第二位，與占第一大姓陳（937人）等姓共同開發鹽水鎮，其中也有兌山李至侯、李明瑞、李公參等後裔做出了相當的貢獻。

屏東萬丹鄉是兌山李氏在台灣南部移民的集居地，該鄉有李姓1,476人（實際為5,904人），為本鄉第一大姓，他們與第二大姓陳（1,192人）等姓共同開發萬丹鄉做出了重要貢獻。在李姓5,904人中，主要是兌山14世段助、15世伯茂、伯偉、伯志、有雍、有兌、伯肉、16世質侯、英侯、華侯、寶侯、興侯、明遜、明澤、明迎、17世公辰、大參、公立、公助、公部、18世論夫、純夫、輝夫、19世士擔、士金、20世桂孝、堅孝等近百名移民的後裔。在兌山李氏移民集中入墾地區的淡水河下游各鄉鎮，按1956年四分之一人口卡抽查的統計資料，其人口分布（見表6-4）：

表6-4 淡水河下游各鄉鎮人口統計

鄉鎮別	人口總數	李	陳	林	張	黃	王
淡水鎮	8931	711	1060	625	884	326	439
八里鄉	2280	161	330	208	424	94	28
三重市	18279	1573	2477	2279	1001	912	867
五股鄉	2951	150	1251	319	196	52	67
蘆洲鄉	3315	1458	368	298	261	51	55
泰山鄉	1979	415	214	154	78	165	96

從表6-4淡水河下游各鄉鎮人口統計表可看出，李氏在蘆洲、泰山二鄉居第一位，1956年的實際人口分別為5,832人、1,660人；在淡水鎮、三重市居第三位，實際人口分別為2,844人、6,292人；在八里鄉、五股鄉居第四位，實際人口分別為644人、600人。李氏在台灣的人口居第五位，上述兌山李氏移民的鄉鎮，李氏人口數都超過第五位的平均數。其中尤以蘆洲李氏人口最集中，占當時該鄉總人口13,260人的43.98%。如在清末民初，蘆洲大多數是李氏移民開發的地區，而且主要是同安兌山李氏的移民。可見兌山李氏移民在開發以蘆洲為中心的台北地區和南部屏東縣的萬丹等地，做出了重大的貢獻。如從兌山壟尾井遷台祖17世李公正所居田野美一支來看，現已繁衍到第24世，後裔發展到千餘人。200年來他們篳路藍縷開發蘆洲，有的務農，有的從事工商業，對發展台灣經濟做出了自己的貢獻；有的行醫，治病濟世；有的讀書任教，培育人才；有的參加抗日，為國犧牲。仁愛濟世的人道主義精神、百年樹人的教育精神和熱愛家鄉、熱愛祖國的愛國主義精神，成為蘆洲李氏優良的家族傳統。這是一份寶貴的歷史文化遺產，值得繼承和發揚。

南靖龜山莊氏宗族的發展及向台灣移民

據閩南龜山《莊氏世系族譜》源流志記載：「莊氏之始，乃陳胡公之孫，曰莊伯袁，胤嗣楚王因諡曰莊，厥後江漢故有莊氏，……多生後裔，而布傳中國。」後

以天水爲郡號。唐僖宗光啓六年（西元885年），河南汝寧府光州固始縣人莊一郎（諱森，字文盛），年23歲，從舅氏王潮、王審知兄弟入閩，後分鎮於桐城（今泉州市），卜居永春桃源里，爲莊氏入閩桃源派開基始祖。莊一郎傳四子，「四房遺下之派，承傳七八代，僅有十餘人而已，寥寥一線以相延」，迨至「錦繡發祥」，宋代第9代裔孫莊夏登淳熙辛丑科黃甲，官兵部侍郎，贈太子少師，「朝野相望，克振家聲，光昌我族。」[41]莊夏於嘉定十一年（1218年）開府桐城，派下裔孫後以錦繡爲堂號。明代裔孫莊國楨（嘉靖四十一年壬戌會魁，官戶部侍郎）所撰《莊氏錦繡繁衍世譜序》指出：「吾宗肇自漢唐，熾乎炎宋，盛乎明興，榮繼仕版，彬彬輩出。」（第18頁）後12世裔孫祐孫徙居青陽，明弘治三年（1490年）所撰《莊氏青陽繁衍族譜序》亦指出：「吾泉著姓者數家，皆宋時宰輔名宦，而莊氏一族獨盛。登科第、仕於時者，自宋至今，閱其譜不可勝數。」（第21頁）可見至宋代莊氏已發展成泉州的望族，至明代已是「一族獨盛」。

莊一郎後裔先後遷徙閩之福、興、漳、泉及粵東等地，經過長期的發展，又在閩、粵各地形成莊氏的宗族。其中有青陽祐孫第五子公從，於宋祥興二年（1279年）「與表弟蔡若濟爲潮州司戶，輔宋帝昺於潮之碙州，復隨至廣州新會之崖山，被元兵所迫，陸秀夫負帝赴海，而宋亡。公從乃避居於潮州之揭陽縣窖尾村而家焉。」（第62頁）公從生四子，長敷言，次清素，移居普寧縣大墈墟；三曰古溪，移居海陽縣庵埔市；四曰惠和，移居大埔縣獅子口。敷言生一子名三郎（字登晦，號太極），係桃源莊一郎之15世裔孫，生於元成宗元貞二年丙申（1295年）正月初六日，「幼失怙恃，依季叔遷大埔縣神前鄉獅子口，自諳習地理。」（第62-63頁）至延祐七年（1314年）「年二十五歲，復遭世亂，乃遷遊入霞漳南靖之龜山汪洋，山水之勝，遂住居焉。時朱翁看公性行端愨，篤信忠義，視以親子，遂將故男婦何氏，進贅於公配婚。」（第135頁）是爲龜山莊氏開基始祖。龜山（亦稱龜洋）元時應里宰於南勝縣，繼統大明，始立籍於南靖永豐里長安保之下龜洋上水龜汪洋（今南靖縣奎洋鄉店美村）。

龜山莊氏自元初至清末，經過五六百年的經營，已發展成「丁滿巨萬」、「聚族而居」的一個望族。本文擬以龜山莊氏宗族的形成和發展及其向台灣移民這一實例，對國內外學術界爭論多年的關於宗族形成的理論作一驗證，並比較閩台兩地宗

族形成的不同特徵。

（一）明末龜山莊氏宗族的形成

1.靠務農起家，丁財兩旺

　　龜洋地處南靖舊城（靖城）西北一百多里，與龍巖、永定為界，群山環繞，縱橫數十里，形成許多小盆地的村落，以上下龜洋為最大，土地饒沃，有從北而南、西而東的兩條溪流會合於境內的合溪口，水源充足，平地宜種水稻，山上宜育林木。元代龜洋尚是一個多姓雜居的鄉村，住有黃、謝、李、蕭、朱、余、廖、林、邱、江、尤等姓，譜載「綿環五十里，自昔不一姓。」（第77頁）朱翁是當地的一個普通農戶，何氏係「苗媳」（童養媳），其子死後招三郎為養老女婿，並不改姓。三郎視朱翁「亦以親生事之，盡其喪終之禮。」[42]從此朱嗣莊續，朱、莊二姓永禁通婚。三郎入贅後生二子，長必文，次必華。可能朱家缺乏耕地，三郎經常到何氏娘家永定謀生，夫妻均卒葬於永定苦竹社大平山。長子必文也「長住龍山，營守藝業。」後卒葬於龍山舊庵後。妻黃氏，竹黃社人，「黃姓多在女家，……及後在於女家殁世。」（第138-139頁）次子必華之長孫良苟移居平和，良苟長子移永定刀頭，次子移平和岩嶺；必華次孫良紀移居吳宅，良紀三子俱遷南安，第四子後裔遷小溪、潮州等地。可見三郎父子並未固定在龜洋務農。必文生二子，長志用壯年卒，無傳。次祖富（號陽平）在龜洋務農，生五子，長良茂（天湖房），次良盛（中村房），三良通（無嗣），四良顯（塘後房），五良惠（壟後房）。至第5代，有孫12人，在龜洋者僅7人。至第6代，在龜洋住者僅26人（包括必華派下未外遷者4人）。譜載：龜洋莊氏「遞傳五六代，而他家多姓，我姓祚薄丁微。」（第95頁）但由於龜洋有良好的自然環境，周圍尚有未墾荒地，莊氏族人通過勤勞務農，開墾荒地，有的開始富裕起來。如4世四房良顯分居塘後務農後，「先辛苦，因勤儉漸積豐厚，積穀囷陳禾倉二十餘所，魚塘十餘口。」[43]二房良盛，一子八孫，開發中村，五房良惠，一子三孫，開發壟後，也先後開始富裕。長房良茂（諡天湖），三子七孫，最為興旺發達。長子敬義，傳二子四孫，開發吳宅，二子敬忠（諡遐德），傳三子十四孫，由於「承先人之緒業，守祖宗之遺訓，克勤克儉，廣置田土。」（第147頁）年58，雖被良盛的子孫「欲圖占家業。」而被謀害，但長子本

興（諡雲岩）與妣鄭氏竟能「同振家聲，大成富業，卓爲永豐巨擘之良家。」「爲耆老三年，上下皆受重之。」本興生四子，「皆賢而善繼善述」，「子孫繁衍，家業富康。」（第252頁）敬昌次子本隆（諡盤谷），繼父業務農，生七子（俗稱大七房），其中二、六、七三房先後均成巨富，六房玄甫（1481-1523年）又名六成，雖「承業甚微，自勤儉治家，貨財行殖，創置有二千餘金之計。」年43早逝，妻張氏生三子一女，妾黃氏生一子一女，時四子俱幼，皆賴張氏「教子義方，織紝組紃。」兼營家庭手工業，「頗創四千金之業，有倍夫之數，儉約成家。」（第150頁）另譜載「加創二千餘金」。[44] 七房玄珪（諡簡齋），分居白面洋壨頭新厝住時，「家業淡薄，乃勤儉積富，四處置有產業，素衣樸冠，身不衣帛，食不重肉，雖富有數萬金，常若不給。」[45] 生八子，「家業益增。」五子伯新「初圖分田租五百餘石，末又增進四千金，與公業等。」但不能守業，「未逾數載，蒸嘗遂廢，盪覆殆盡。」[46] 二房玄弼（1465-1555年）諡仁德，「本縣主聞其有仁德，僉爲耆老。」嘉靖間，「里以公多才能，推爲戶長。」[47] 生九子，第五子伯武（諡敦樸），「才德出衆，……凡族中賦役之事，皆賴公支持。」[48] 伯武生四子，第三子望達（1540-1611年）「開基上洋，創業大壨，勤儉正直，……家道由是漸興。」[49] 至望達孫王政（11世）「白手起家，置數千金之產，由貧積富，創幾百頃之田。」[50] 可見龜山莊氏自5、6世開始發祥，至7世已成巨富，人口也進一步發展，現將5-9世必文派下在龜洋居住的人口（外遷者不計）整理（見表6-5）：

表6-5 龜山莊氏必文派下5-9世男丁統計表

房世	5世	6世	7世	8世	9世
良茂房	3	7	23	68	131
良盛房	1	8	17	47	51
良通房	無傳				
良顯房	1	4	14	33	73
良惠房	1	3	7	12	25
小計	6	22	61	160	280

從表6-5可看出，必文派下居住龜洋者，7世有男孫61人，8世160人，9世280人，加上女孫及婦女，以及前世健在的老人，至9世時，龜洋莊氏人口約有四五百人之譜，已是丁旺之族了。

2.提倡讀書，培育儒士

龜山莊氏通過務農爲主，兼營手工業及從事商業，開始起家致富，便從富求貴，提倡「耕讀傳家」。自4世良顯開始富裕後，即鼓勵子孫讀書求功名，長孫朝賓於明景泰7年（1456年）進泮，「龜洋秀才，自此人始。」[51] 至7世，教子讀書成爲普遍的風氣。如7世二房玄弼耆老「教訓子侄，耕者耕，讀者讀，無敢逾矩，里之人趨向如泰山北斗。」[52] 第五子伯武「性好學行，立書田，以勸後進。」[53] 伯武子望達，亦「以詩書勸其後人」[54]。七世六房玄甫之次子伯嵩（號東洋）「是非不聞，塵事不染，足不履公庭，惟課子孫讀書，呼童僕耕稼，安於義命而已。」[55] 玄甫長孫望周（諡恂肅），不但自己「生平好學」，而且「外事弗問，惟訓子讀書，課仆耕作。」（第153頁）伯嵩次子望南，因「屢考苦不入泮，於是隱居教學鄉族二十餘載。」莊氏族人開始從「惟知稼穡」，到「勤習典籍」，風氣爲之大變。受其教育的諸侄讚揚說：「能預儒林，實蒙教澤。」[56] 望南爲龜山莊氏培育人才，做出了重要的貢獻。

爲了籌集辦學經費，並獎勵遊庠、中舉士子，莊氏族人於明末開始從公產中抽出一定田段或穀額，立爲書田、書租。八世伯武就開始「立書田，以勸後人。」嘉靖年間主要由五世敬忠派下大三房元亨利貞四推裔孫創建的大宗祠，即定有獎勵科甲的規定：「大宗祠原是元亨利貞四推，派下如有科甲者，舉人、五貢若有旌旗區者，定貼銀四大員，就大杉戶領取；如旌旗者，定貼錢十八千，就四推均開，赴應領取。」（第213頁）萬曆年間始建的後美堂（祀八世伯義）記載：「我祖原有置立書租，計二十七石餘，帶秔米九斗，在洞仔社，付派下科甲新進泮、出五貢者奪標，餘年照多少均分。五貢加得一分，新進泮者得拜禮三錢，五貢及舉人得拜禮一兩四錢半，如有旌旗區，加一兩四錢半，旌旗無加。」（第235頁）龜山莊氏自6世望賓（良顯孫）第一個入庠後，從7世起經過二三代人的「崇儒教子」，至9世廷誥（諱望謹）、10世有臨（字應文）、有容（字應宣）、應科（字聯餘）、莊城（諱應標）、道初（諱應乾）等6人，俱先後「忝遊泮水」，他們都是大七房玄甫、玄珪派

下子孫。（第339、344、346、348頁）這是明末龜山莊氏出現的第一批秀才。

3.開展以儒家禮教思想爲核心的修譜、建祠、祭祖等整合活動

　　莊氏開始「蕃昌」後，族中有文化、有聲望的族人開始積極推動修族譜、建祖祠、修祖墓、置祀田、開展共同祭祀等活動，這些以強調血緣爲中心，以儒家禮教思想爲主導的種種活動，加強了莊氏族衆的團結，促進了莊氏宗族的形成。

　　修譜　　莊氏第一次修譜在明宣德年間，由外遷的必華派5世孫宏茂，爲了「興水木之思，始修明志之譜。」（第89頁）在所撰《正宗九綱序》中，提出知宗道、重宗譜、記宗實、立宗祀、敬宗祭、肅宗法、周宗窮、守宗業、修宗文9條，作爲整合宗族的原則。強調「凡此九者，和宗之綱，而此九者，以道爲宗。」要求達到「三尺童子，皆知宗族。」（第92頁）接著龜洋庠生、6世望賓於景泰年間，續修龜洋族譜。正德年間7世廷敏、嘉靖年間8世伯勛、9世望南又進行了三次續修族譜工作。提倡「家之有譜，猶國之有史，非僅爲記名字，維世系也。蓋將序行實、著功德於前，篤恩義、示孝慈於來耳。尊祖、敬宗，莫大於是，此譜所宜立也。」望南在譜敍中指出，自三郎開基龜洋後，「歷年三百載，歷世十二、三矣。前家譜惟存大略，未得其詳，茲先名字爲圖，復序事實，使覽之者，知其爲祖、爲妣、爲子、爲孫，又且生其德行何好，卒其明誼何如，葬之兆域何處，庶幾仰先德者，因景行以示勸，睹塋塚者，感歲祀以恭修。以存人子追遠之義，亦足綿同宗和睦之情。」（第68-69頁）

　　建祠　　繼修譜之後，於嘉靖十四年（1535年）「八世諸孫則鼎建祠廟於汪洋上水龜，曰大宗祠。」大宗祠以祀5世祖逎德（敬忠）爲主，並追祀始祖、列祖，遞至7世。認爲莊氏「至於今日，創業垂統，昭穆可繼者，五世祖實爲起家焉，禮宜尊爲先祖。今多至日，特以五世祖考妣附配於從中，尊功德也。始祖、列祖考妣位次在上、左、右者，尊親親之義，亦功德也。既祭始祖，以列祖附配之，則六、七世列祖義當出而合享焉，此敬其所尊，愛其親而及之也。」強調「報本追遠，惟仁義誠信之至者，知而行焉。夫前人敬而行之，尤於後人恪而守之。後人恪而守之，更欲後人光而大之也。詩曰：孝子不匱，永錫爾類，此心同也，此理同也。」（第214頁）

　　繼大宗祠建立後，10世庠生有臨於萬曆間先築一小廳，奉祀七世玄甫（5世敬

忠之孫），是六成祠前身。同時始建後美堂，祀8世清齋公（玄甫子伯義）。

祭祀　大宗祠於萬曆十年（1582年），10世庠生、監生等諸孫「始設草創冬祭」。（第214頁）遞至萬曆三十三年（1605年）十一月冬至日，生員有臨、有容、應科、應乾及長輩義順等17人在祖案前明書《祭祀規則》8條，第一條規定：「奉主就位，左昭右穆，仍舊維五世祖考妣附配於中，尊功德也，而列伯叔祖另別置一席者，親親之義所以序別也。」第二條規定：「祭禮初行，費用未有所出，隨上中下戶量力出辦，或升斗分錢，各隨量力出辦，無得強焉，所以致行也。」第六條規定：「祭以宗子為主，今既出外居，代以戶長，副以祭主，行禮俱依家禮儀節。……有失儀者，即出堂下位另跪，候禮畢即自肅身於案前，以謝祖宗之教，……所以致敬也。」他如關於祭器、祭品等有關事宜，均作了明確規定。致祭定於每年冬至日。（第215-216頁）開始明確制定了祭祀制度。

萬曆年間始建的後美堂，「原起上元花燈，作二十股起底辦饌盒及牲醴，其花苑、紅柑照二十股均分，拾燈亦如是斯。凡派下有新婚與長男，充入花燈錢一百六十錢一分，其男孩充入錢八十錢五分，於正月十八日花燈清帳，各房繳交，惟我克昌堂派之丁，現出現報隨繳，餘房候辦，方有報有繳。」（第235頁）

祭祖祠、祭墓等活動的經費來源不一，如前舉大宗祠，係「隨上中下戶量力出辦，或升斗分錢，各隨量力出辦，無得強焉。」而三世陽平祖墓祀田「係將舊底七推充銀貯積，置立祀田。一🔲良茂公派下元推雲岩公、充入銀七錢，配本道公充入銀三錢；二🔲中村良盛公派下，充入銀一兩；三🔲良茂派下亨推仁德公，充入銀八錢，配玄泰公充入銀二錢；四🔲塘後良顯公派下，充入銀一兩；五🔲良茂公派下利推靜樂軒公，充入銀八錢，配玄玉公充入銀三錢；六🔲壅頭良惠公派下，充入銀一兩；七🔲良茂公派下貞推簡齋公，充入銀六錢，配敬義公、玄俊公共入銀四錢。」計共七兩，置立祀田，允稅14石4斗4升。逐年祭墓定於二月十一日螺形致祭。祖富三子良通無後，原有家業稅9石，「附祖富公配享焉」。（第141頁）

五世祖遜德歿後，「尚有田產百餘石，在小溪內一帶，付子孫🔲分食祿。」至嘉靖年間諸孫鼎建大宗祠，祀五世祖為主。（第147頁）譜載：「按自五世祖（遜德），亦有數十石祀田，六世祖（本隆）亦有百餘石，以為四季祀事孔明，又有會文、鋪橋其餘等租，而先人繩繼祖德宗功，貽謀燕翼，世澤甚厚者矣。」（第231頁）

6世本隆及妣廖氏冬、春祭墓之租田，「係遵德公圖分應的在小溪內，計有重風足稅三十餘石，內撥收足十五石二斗付當年收辦祭，餘者別用，其品物有公碑登記。」祭墓定於冬至後十四日，本隆墓祭文謄六大房，廖氏墓作七房頭告土。（第148頁）

4.嘉靖年間聯合族眾擊退外敵的圍攻

　　嘉靖三十九年（1560年）十一月，廣東饒平張璉、蕭雪峰部犯南靖，據《南靖縣誌》（乾隆版）記載：嘉靖三十八年，「饒賊張璉倡亂，頑民林贊、王槿、陳孔化等謀為內應，縣尹殷伯固杖殺之，被論改官。四十年，署令龍溪縣丞金璧，湛於酒，厭諜者以告，卒為饒賊所襲，城遂破，民旋遁旋復。明年復陷，雞犬蕭然。」[57] 龜洋亦受到威脅，據譜載：「嘉靖三十九年，饒平賊張璉、蕭雪峰四千餘夥來龜洋土城，攻圍不解，眾皆驚惶無地。」當張璉等攻城時，「城內死戰不破，賊乃造雷公車、蜈蚣梯登城，城中用油火燒絕墜下，賊無奈日夜攻圍，被城中打死甚多，計窮堅圍不解。」時有8世文廣則「談笑自如，以寧眾心，城上安閒，語賊曰：寧為君子，毋為小人，積善以遺子孫，甚嘉，賊聞語悉愧而無鬥志。」另有9世一山遂至敵營求見蕭雪峰，「後勸各樓寨皆出過山銀些少，庶免宅舍焚毀，所言賊皆聽信，居半月，乃解圍去員嶺，則龜洋不戮一人，合鄉皆安者，一山之功也。」另有族人望耀被執，一山「乃計謀密將耀晝夜逃回，賴於無害，皆一山之功也。」蕭雪峰部退員嶺後，「方擾攘，盜賊蜂起，道路搶奪，人不聊生。」文廣乃「集鄉族眾合議，遂邀八社，鳩聚本鄉會議，宰豬牛、設酒在於下壩里，樹立旗號張掛，以保障地方。既盟之後，若有一社被賊劫掠，眾社同心赴救，各把隘口。又去府道孫呈明。自此一會，聲勢外聞，不敢一有所犯，眾皆賴以安。此雖同心協力，亦公之倡率有功也。本縣仍錫冠帶，旌為義士。」[58] 在共同抵禦外敵的入侵中，莊氏族人內部進一步加強了團結。

5.莊氏宗族開始形成

　　莊三郎自元延佑七年（1320年）到龜洋定居後，其子孫依靠當地優良的環境條件，宜種稻田，宜造林木，靠務農起家，先租田耕種，旋分散開荒，至五世開始富裕，至七世已成巨富，由躬耕到課童僕耕種，有的靠「粒積」、靠「貨財生殖」增加財富。在生活富裕起來後，人口也得到較快的發展，從5、6世時20多丁，

「祚薄丁微」，到8、9世時已增到數百丁。致富後，提倡子弟讀書求功名。從求富到求貴，提倡「耕讀家風」。到9世、10世已培養出一批秀才、儒士，他們以儒家的禮教思想爲核心，開展了修族譜、建祖祠、修祖墓、立祀田、開展共同的祭祠活動，加強了族人的團結，促進了宗族的開始形成。正當莊氏族人進行修族譜、建大宗祠，族人已加強團結，宗族已初步形成之時，嘉靖三十九年出現的外敵的圍攻，在8世文廣的倡率下，「集鄉族衆合議，遂邀八社」定盟，「一社被賊劫掠，衆社同心赴救。」把散居本鄉的八社族人，團結爲一體，對宗族的形成，明顯起了促進作用。粉碎外患之後，加強了分支祖祠的創建，萬曆十年草創了大宗祠的多祭，三十三年明書《祭祀規則》，建立了共同祭祀的制度。龜山莊氏經過二百多年的經營、發展，到嘉靖、萬曆年間，莊氏宗族已開始形成。在宗族形成中，各個家族多戶同居的土樓（亦稱「土城」、「樓寨」）不但有利於防盜賊的劫掠，也有利於家族的團結，對宗族的形成也產生了一定的作用。可以說，居住土城的家族是莊氏宗族的社會基礎。

（二）清代前期通過整合莊氏宗族繼續發展

「明祚鼎革之秋，干戈四起。」（第79頁），社會長期動亂，已經形成的莊氏宗族又被衝擊而衰頹，祭祀等活動也多荒廢。莊氏12、13、14代後裔，於順康雍年間修族譜、建祖祠、修祖墓、置祀田、開展共同祭祖活動爲主要內容，又開展了一次大整合活動。

1.重修族譜

清初「值世代流移，而譜弗存。」（第73頁）12世儒士子鞏（應玉）進行一次「極備細詳」的修譜，自桃源遞下傳至龜山開基祖派下10世，歷代事實均有可考，且旁及7、8世之旁支，亦皆詳誌。且親至溫陵（泉州），「確查列祖之跡」。通過修譜，「上篤祖宗、下別支派水源木本之思。其著修譜、序行間者，後人已無不共見焉。以至誠之隱，發爲眞切之文，故後世修譜者皆宗之。」（第79頁）子鞏在所撰《睦族論》中指出：「我龜山莊氏，……迄及相傳，世有十奇，丁滿數千，分居於郡邑鄉村間者，不可極數。此乃祖德於建業之始，而孫曹之垂休於後，雖未大揚聲名，亦可稍幸而自慰也。且吾宗爾來詩禮傳家，雍雍穆穆。迨至壬辰（順治九

年，1652年），海亂酷餉之後，弟姪輩生長干戈之時，金革相尙，而禮義之風不可復睹矣，枝葉蔓延，昭穆莫問，一派所出，視若塗人。故蘇老泉云：相視如塗人者，其初兄弟也，兄弟者，其初一人之身也。嗟呼！一人之身至今日，反視若塗人，小加大，弱凌強，是可慨也。」（第71頁）盼望通過敎育、整合，把亂世紊亂了的禮敎秩序撥正過來，達到「出自一身，有分其身，無分其心。嗣後人有親疏，心無汝我。長幼有別，昭穆有序，是非曲直，秉正公斷。……士農工商，四民之職，備盡孝親、敬長二德之敎。……庶家正人和，風醇俗美，可以振千秋之祖德，可以廣奕出之雲礽歟。」（第71-72頁）他爲淸代前期大整合，提出了明確的目標，期望被戰亂沖散的莊氏宗族，按儒家禮敎思想重新恢復並得到進一步的發展。

子鞏另撰《追遠立廟小引》一文，指出自莊一郎開基桃源後，裔孫「繁衍於閩省福、興、漳、泉諸郡，……世系相傳，不失其倫，各有家廟以棲先靈，名宗巨族未出其右者。獨愧我居苗裔，大宗未立，支分派別，昭穆莫辨，視若塗人，將何以篤敬祖、尊宗之忱乎。」贊同明天啓泉州會元、狀元莊際昌提出而因故未實現的「鳩建大宗，崇祀始祖」的倡議，期望「斯擧也，其將有待於來日歟。」（第73頁）即希望有一天大宗能建立，在更大範圍內，把莊氏宗族的力量聯合起來。

乾隆年間，16世孫汝馴、18世孫庠生愼修又先後二次修莊氏族譜，同時岩嶺派15世孫克昌也進行一次增修，並在譜敘中指出：「蓋聞世系不明，昭穆莫辨，而人始忘其本矣。……茲我龜山始祖三郎公者，自肇基以來，曁列祖事業，無不廢墜。但失於前者，旣無可追，欲垂於後者，逮今猶可補。昌深慨往前之失維，記其所可知者，以貽於後，使知今日立譜之意，繼而記之，無失其眞，亦是敬祖尊宗之誠意云爾。」（第73頁）

2.修蓋祖祠、修造祖墓

順治十八年修復二世龍山公墓　淸代前期修祖祠祖墓始自二世龍山（必文）公墓，原葬在龍山庵後，「被吳姓移庵，又兼兵燹，致失祭三百餘年。」至順治十六年（1659年）查出，「亟欲追祭，又因黃公台委右鎭郭老爺遁兵做糟吾鄉，暫停其事，耽擱兩年。」至順治十八年由子鞏「出首鳩衆大小男丁，照名造冊，每名應科銀五分，以供祭費。約至冬至日齊到大宗祠，成茲盛擧。是歲淸順治十八年辛丑十二月十六日辰時交春，凡我叔姪年十五以上者，登墳拜祭，計共千餘人，詳勘地

界，勒石爲記。」[59]

康熙二十八年修復始祖太平山墓　始祖三郎墓「奈舊譜載有大元山之誤，又兼異邑隔屬，屢遭兵燹致失祭掃。」康熙二十八年（1689年）春，莊氏諸伯叔父輩僉舉14世孫莊鏗主持「興復事，通於衆，孝思之忱，千億如一，每丁科銀若干，重修祖墳，勒石豎碑。」（第136頁）

康熙三十八年重新大宗祠　嘉靖年間創建的大宗祠，因「歲遠年湮」、「廟貌圮頹」，至康熙三十八年（1699年），「十二、三世三房之衆裔孫（指六世本興、本道三大房），同心協力，經營重新。」於十二月初五日興工，基址堂構庭階仍咸依舊規模重新。至四十年十一月「進火附廟，輪奐繼美，維新慶成，而俎豆薦馨香，將百世之未艾也。」此次重修大宗祠，「其克濟中興之功，先酌三房四推之份量以成其始，後集子孫之願力以成其終。」其所費用尚未足者，自派下各房衆子孫合議，「不論公私之業，定每石科出銀一分；又不論老幼男丁，每丁科銀一分；又每丁應工一工，如不能應工者，出銀三分，以補落成爲。」計六世本興、本隆、本道三房派下共出人丁銀205兩，田稅銀1,081.25兩。另徇肅派下出銀鋪內天井石條全面，毅軒公派下鋪外直街石條全街，雲岩公派下出銀用溪石砌大門外全坪，仁德公派下出銀用溪石砌內中門並外兩邊坽，伯武公派下出銀做神龕並案桌共二件，雲孫太學生光鍾出銀做五祀爐並鋪上下廳紅磚，東洋公派下衆子孫出銀做神椅、祭桌、大長椅及公稅斗齊備。（第219-220頁）

康熙年間建立朱公祠　據朱公祠重修新廟記載：「世承遞傳，我龜山莊姓，思念始祖而追恩祖，建立祀廟於古墟，時在康熙年間，由來久遠。」（第132頁）雍正元年始建克昌堂　始建者十三世慈孫，在康熙五十八年（1719年）議事，雍正元年（1723年）建始，祀10世溫雅，原祀五代，從10世遞至14世，計共入主10世3身，11世7身，12世18身，13世45身，14世100身，計173身。（第233頁）

雍正五年擴建六成祠　始建在明萬曆間，先築一小廳奉祀。至清雍正五年（1725年）舉13世鄉大賓、族正敬亭（志塽）董其事，「復再經營典大上下大堂，及落成完功，要春秋致薦祭享」（第232頁）祀七世靜樂軒（玄甫）。乾隆年間始建章德堂　據譜載：「章德堂始建者在清乾隆時，地址在漳州西橋，祀9世徇肅（望周），董其事者15世吳遲（勝亭），逐年秋登祭定於九月初三日」（第237頁）。

3.增置祀田

順治十八年二世必文墓修復並恢復祭祀時，「祭後尙餘三十有奇，遂同四世良茂公湊成五十餘兩，置租田，坐地羅坑庵連與龜仔豆，共有原稅三十石有二，付之該年，可以致薦馨香於先靈，噫，亦是我祖有靈，亦抑子孫之幸歟，水源木本之思可稍慰耳，而吾祖英靈地下亦無憾於孫曹也。」（第139頁）

康熙二十八年始祖太平山墓修復並恢復祭祀時，「每丁科銀若干，重修祖墳，勒石豎碑。除本年辦祭等費外，尙伸銀若干，則置立祀田，以爲後人虔修歲祀，永垂勿替於萬斯年。」（第136頁）

「大宗祠多祭之租，自雍正末、乾隆初，先人置買祀田，在高山與隱溪兩社水田十數段，公稅有四十餘石，以充辦祭，亦甚饒足。」（第224頁）所置祀田經費係「雍正年間更設增祀八世列祖主位二十八身，每主定充銀十二兩。」除少交或扣除他款外，「計收主銀共銀三百零八兩正，除本祠做桌併用等費，計銀三十餘兩後，尙實銀二百七十餘兩，生放的利息十一兩八錢。」於雍正十三年十一月，乾隆元年三月先後「計置買高山、隱溪兩社水田十數，共原稅有四十三石二斗官，共契買併中禮費計出銀二百八十三兩四錢正，除收條外，尙不敷銀四錢四分，就四推科出，每推坐出銀一錢一分，將此田段租稅以付多祭祀之用」（第220-221頁）

雍正五年擴建六成祠時，舉敬亭族弟石亭「鳩集子孫會一百二十餘名，置稅計有百餘石焉。」進士亨陽撰文記載稱：「乃令孫曹如千人，通出白金若干兩，用是出斂收息，廣置祀田，俾得以因虔修歲事，子子孫孫以垂萬年永勿替。」譜又載：「原四季各次祀典及祭墓，有立祭田九十餘石，有簿輪流。」（第232-233頁）

各代祖祠、祖墓均先後置有祀田，供祭祀之用，有的隨景況好轉而增添。如14世信齋公與謝祖妣原「建立祭租尙微薄，及後子孫進益，長房忠懿公充入稅九斗，次房載亭公充入稅四石，三房英肅公充入稅三石，以添祭祀。」（第164頁）又如16世載亭以經商「稍有儲積」，「亦稱小封」，「年登六旬，將自置家業田產，先與父定祭租、母立奉田之外，分作五鬮，付子三人，侄二人，五福均分各掌。」（第166頁）

4.完善祭祖制度

順治十八年，失祭多年的二世必文墓恢復祭祀後，議定「照舊底抄辦祀，照四

▦輪流，逐年祭墓。」與黃氏祖妣連日，定於冬至後七日起程登墳致祭，其祭文謄二六七三人禮生名次。一▦貞推玄圭公，帶良顯、敬義公；二▦元推本興公，帶良盛、本通公；三▦亨推玄弼公，帶良惠、玄泰公；四▦利推玄甫公，帶玄玉公。（第140頁）

康熙二十八年，失祭多年的始祖太平山墓恢復祭祀後，亦議定「逐年祭墓，作八推輪流辦祀，一▦本興、本道祖共，二▦良盛祖，三▦玄弼、玄泰祖共，四▦良顯祖，五▦玄甫、玄玉祖共，六▦良惠祖，七▦玄圭、玄俊祖共，八▦良苟、良紀祖共。」（第136頁）按▦逐年輪流辦祀，使祭墓活動制度化。

康熙三十八年重新大宗祠後，翌年冬至日眾子孫在祖案前再明議祀典規則：「自六世祖雲岩、盤穀公以下各房，各有小宗，自有宅舍，各子孫自有奉祀，則不得在此混濫，與雜之列祖，不然禮且議祧矣。」批評當時出現的「自家公婆父母既歿，將棺槨、几筵擁於中堂，既葬則抱主墳於祖龕，儼而置之中尊，與太高祖、列世祖並尊」等現象，是「體統大壞，昭穆失序，莫此為甚，則不敬祖宗孰大於是。」乃議「另設小神龕，列之兩旁，及追祭主祭者享始祖、列祖者而及之，亦以體祖宗愛子孫之遺意也，庶神惠周而昭穆之分正矣。」所定規則八條，現全文列後：

(1) 祭品隨年照粟價高低買辦，其果並壺味，隨子孫好禮潔備，來祭者以合祭可充太高祖、列世祖食桌之用，甯過而豐，毋失而嗇。總之，祖宗一鑑，還為席中主人之光矣。

(2) 祭畢，將神惠分享之禮情也。分三、四席或四、五席，亦隨來與祭者合多寡分席，燕毛序坐，凡與事子孫或挑祭品者，皆得與席。以習儀節，不許帶幼愛小子入席，以防位次，庶可旅酬無貪禁之誚矣。語曰：「未能於揖者不論案，此之謂也。」

(3) 宗廟禮序昭穆，一堂子姓，群昭群穆，咸而不失其序焉。務宜雞鳴夙興，齊集廟中，當祭時，有主故遺昭穆之序者，是大不敬也，大無禮也。即許禮生全堂唱其失儀，自退跪於堂下，候禮畢，即起來案前謝祖之罪，所以致敬也。

(4) 祭必宜有主，惟高年德劭者，其精神可格神明而受純嘏焉。或尊長不

與，次推才德賢良而素嫻禮儀者主之，所以明禮也。

（5）祭必豐潔以致孝，自前一日要先省牲陳器，以及厥明淆核、羹飯、品物、器具等件，淨治潔齊，凡執事者毋褻穢毋染指，所以致薦也。

（6）祭必萃衆子孫之歡心，以奏格貴乎無言靡爭，卑者幼稚，當讓長者，來老者衰憊亦使壯者。所來與者人數，各酌本房之多寡，勿拘數，勿溢額。若父子、兄弟幼弱者，老者，甯免貪禁之譏乎？戒之，戒之，所以效順也。

（7）祖宗累積而保茲大，凡我子孫當祭時，必以衣冠俊秀者趨蹌序其間，所以辨賢焉，神惠宜優待之。後有子孫出仕者，顯祖榮宗，分內事也，應置蒸嘗義田以報本，有志者勉旃，以勵祖榮也。

（8）祭畢受釐而饗福，燕毛序齒，禮尤重焉。待上尊長老及俊秀序事者與焉。待下則隨房燕間有叔侄焉，有兄弟焉，宜辨上下、先後之位次，毋得尊卑失序，所以明人倫也。（第216-218頁）

雍正五年擴建的六成祠更明確規定：「主祭不許納例焉，宜用科甲者，主祭二人，陪祭二人，其舉貢在外者，准其逐年主祭。定胙肉八斤，主祭得六斤，陪祭得二斤。」（第233頁）

祭祀嚴格按「禮序昭穆」行事，「尊卑有序」，「燕毛序齒」，提倡「明禮」、「明人倫」。又按儒家禮教恢復被戰亂衝擊而廢墜的祭祀制度。值得注意的是第四條規定「尊長不與，次推才德賢良而素嫻禮儀者」主祭，第七條也規定「祭時必以衣冠俊秀者趨蹌序其間，所以辨賢焉，神惠宜優待之。」第八條規定食桌時，「待上則尊長老，及俊秀序事者與焉。」與明末「祭以宗子爲主」的規定比較，有了明顯的變化，士人被提高到與尊長同樣的地位。到雍正年間六成祖更明確規定「主祭不許納例焉，宜用科甲者。」更大大提高了有科甲者在宗族中的社會地位。但祭規中也有規定，出仕者有「應置蒸嘗義田以報本」的義務。

5.繼續大力提倡學而優則仕，顯祖耀宗

清代前期，龜山莊氏族人中「惟課作耕田，尊師重傅，訓子讀書」之風更加盛行。這從康熙年間成進士的莊亨陽所受的家教即可看出，母葉氏「通大義」，亨陽

四、五歲猶乳哺時，即口授唐人詩百餘首，並鄉黨一篇。其父光澤亦攜亨陽「教授村落間」。歸則其母又「躬自課督，日授經書，嚴背誦，⋯⋯有不率教，則引杖箠擊，或對案不食，須叩頭謝過乃已」（第303-304頁）正是受了這樣嚴格的家庭教育，才促進其成材。除家教外，族中普遍設立社學、塾館，教育子弟。如13世元曦在霞峰柿仔腳置書館，在三洽田溪邊厝又置書館，「惟恐孫曹之未讀耳」。[60] 13世鄉大賓志塽課選子侄讀書外，且「選族中秀者百餘人，月限章程課督，嚴賞罰，以示鼓舞。」（第162頁）把提倡讀書，榮宗耀祖，從家教發展為族教，從個別家庭的願望，上升為整個家族的追求目標。這種追求在其所撰寫的祖祠、祖墓的祝文、祭文中，明顯表露出來，而且越來越強烈。從「賜福降康」、「子孫蕃衍，瓜瓞綿綿」、「旺進財丁、家聲勿替」等一般祝願，到要求列祖保佑子孫「群游泮水」、「科甲聯登」、「聯題雁塔、首占鰲頭」等越來越強烈的追求。（第436-479頁）

為了獎勵遊庠、中舉士子，又增添書租。如康熙年間始建的朱公祠規定：「派下科甲，旌匾貼銀四大元，就大杉戶取領，如旌旗者貼錢十八千，就六推均開付應。」（第131頁）乾隆年間始建的章德堂，「定科甲書租，秀才文武六十石，在吳宅倉：監生納例二十石，在上峰倉。俱要付新進舉貢奪標一年。另定立舉人租，在吳宅倉，一名二十四石，二名四十八石，三名更多者四十八石均分。另又有舊書租二十六石餘，在上峰倉，亦付奪標。如無奪標年，照秀才、監生，舉貢二分各均分，其餘者餘租並祭祖、書租，原計有千石，逐年定於四月初十日清賬世承。」（第237頁）

龜山各房分支祠堂，也多有書田、書租，鼓舞派下遊庠、中舉者，但因缺乏記載，其書田總數無法統計。而且隨著本派的盛衰，書田也興廢不定。在莊氏宗族大力鼓勵文風之下，繼明末出了一批庠生之後，經過三、四代人的培育，到康熙三十三年甲戌（1694年）莊夢雷成武進士，莊亨陽成康熙戊戌（1718年）進士，莊士元為戊戌會元，從康熙三十五年（1696年）莊國倫中舉後，康乾年間又有莊瑋、莊登豐等人中舉，莊熙仲、天啓、良秀、元勳、毓明、朝梁、三才等人入貢，更有成批的秀才出現。亨陽、士元等皆由科甲而出仕。

6.龜山莊氏宗族的繼續發展

明清鼎革之際，連年戰亂，特別是順治八年（1651年）以後，鄭成功部隊與

清軍激烈爭奪漳屬各縣，十二月，鄭軍連陷漳浦、雲霄、詔安，九年正月攻克海澄、平和，三月攻克南靖，四個月中連陷七縣，並圍困漳州府城八個月。龜洋雖屬遠離縣城的山莊，但也受到「海亂酷餉」的嚴重影響。出現「列祖事業，無不廢墜」，「一派所出，視若塗人」，「禮義之風，不可復睹」，剛形成不久的宗族，又走向衰微。族人如子犖等乃大聲疾呼，提倡睦族的重要。經過順治末年開始的修族譜、修祖墓、修蓋祖祠、置祀田、恢復並完善共同的祭祀活動，族人又進一步團聚，經濟也得到進一步的發展，除繼續經營稻田外，並大量種植杉松，有的兼營各種手工業。如12世鄉大賓惠介，除隱居內松和潭「躬耕」外，又「兼鑿窯燒碗」，至其長子天祐，「富居數萬金，置稅千餘石。」三子企思「亦置稅千餘石」。七子中，三個太學生，一個遊庠，其孫中舉（第169頁），既富且貴，龜洋族人中似此者不少，莊氏宗族呈現一派興旺發達氣象。在經濟文化發展的同時，人口也較快的增加。到康熙年間，13、14世時，已「丁滿數千」，分居龜洋周圍各社。族人廣置田產，大小宗廣置祀田，至康熙三十九年，僅5世敬忠派下大三房，就有男丁2,050人，擁有公、私田產稅額超過萬石，加上其他各房，其數相當可觀。在莊氏宗族大力提倡「耕讀家風」、鼓勵文風之下，康熙後期已出了幾個進士，康乾年間中舉、入貢者十多人，秀才成批出現。譜載：「至於十三四世時，而他家寥寥消衰，惟我姓彬彬彪炳。其丁財旺進，文物盛振，則著立蒸嘗，增添祀典，而訓芳規，宏謨廣大。」（第95頁）康熙年間次房必華派裔孫祭始祖三郎文亦稱：「長派繁衍，聚族而居，……此地英英皆輩出。」（第407頁）莊氏成為龜洋「聚族而居」的大族，已非昔日「祚薄丁微」的舊觀。至乾隆年間，龜山莊氏已經成為南靖的一個望族。

（三）清代後期通過再一次整合，莊氏宗族進一步發展

1.太平軍三次入侵龜洋對宗族的衝擊

清代後期外族入侵，地方不寧。咸豐元年（1851年）太平軍發難於廣西，迅速波及各省。同治三年（1864年）開始，太平軍三次進入龜洋，已經發展起來的莊氏宗族，又遭遇到一次嚴重的挫折。據譜載：「迨至同治三年甲子，遇髮氛，乃宗族肇基有五百餘年所未有之災害禍患，人眾紛紛，莫知所保。」時有17世直隸州分州、奉直大夫時園（乳名共春、諱鼎魁，字寅卿），「仗義倡率，捨己家財，鳩

集父老，督率子弟，先練鄉勇，四路把守各處關防，以俾老幼、婦女各得逃避無傷。」逾年四月，康王汪海洋所部十餘萬「竄杜里，夜以繼日，沿山遍野皆賊兵，無可奈何，但族眾俱走遠逃。」惟時園「獨率鄉勇，保護家眷及親堂數百人，保守於山谷一隅（在於內松和潭），與賊大戰五晝夜，又嚴守十八天。公身自督陣。」（170頁）嗣因「孤軍難恃，保守宗祀，率家族轉逃避於新村。」（第147頁）時園並自寫文書，通報於官軍營中告急。至四月初十日，四路官軍雲集攻擊，太平軍才敗逃。「斯時城邑及鄉村玉石俱焚，室如懸罄，野無青草。」時園又急於處理善後，即派遣親堂子侄「各帶家屬婦女回家，先務耕種。」恢復生產。而親自趕至廈門，「百般為計，以借貸急糴洋米，直接運回，沿途平糶。」更請到左宗棠令旗，保護糧運。（第170-171頁）此時「沿途平糶以及本里、鄰鄉賴以活者，不下萬家。」（第174頁）此役不但「田園荒毀，及大小宗祠亦被俱焚。」（第177頁）戰後恢復生產、恢復社會秩序的同時，又一次進行宗族的整合活動。

2.繼續修譜12次

　　清代後期，莊氏宗族繼續通過修譜，提倡加強族眾的團結。太平軍起事後的咸同時期，計修譜5次，在譜敘中繼續強調「人之有祖宗，猶水之源，木之有本。……是支派分愈遠，源益別，非有譜籍紀而維之，能令世德之勿忘乎？是故家之有譜，猶國之有史，其所以序行實、著功德於往前，亦以篤恩義、求孝慈於來世，此譜之所由立也。」由於龜洋莊氏「於今歷年五百有餘，歷世二十有二，傳子孫既盛，記載難周，前世家譜，繼修惟存大略。」（第75頁）必須及時重修。光緒年間又修譜6次，民國初年又修譜一次，12次修譜全部由族中貢生、庠生編輯。20代孫歲貢生炳元於光緒十九年（1893年）的譜敘中指出：「常見前代祖宗，或因兵燹流離，譜圖失據，其旁支考妣或因嗣孫鮮學，記載弗詳，遂至數典忘祖，無從考稽，心甚惻焉。況因五嶽堂祠宇於同治三年髮逆陷鄉，神龕被毀，昭穆圖譜迄無所存。……予睹及斯，而修譜之意益切。」（第78頁）20代孫輝光於光緒三十一年（1905年）修譜敘中亦指出：龜洋莊氏子孫「丁滿巨萬，皆散處。或往川、往粵、往潮、往台，或居漳，居和，甚復之嘖叻，之吧城、之仰光、之馬神等處，紛紛錯出。」即所隸北虎公派下，「舉本里，分出大赤坑、大片田、走賊寮、高蔗後、塹後，又下峰、三洽田、大坪、洞仔、鴣黃坑、東坑等處，既難聚族而居，又無譜諜可

據。」說明修譜之不易，也說明修譜的極端必要。遂「集龜島之遺，分爲十九卷，以垂憲乃後者。」（第80頁）19代庠生寶興於1920年進行了最後一次修譜，也指出修譜的重要。「吾宗之祖，繁衍布散，遷徙各處，於今千餘年矣。溯自古以來，興亡治亂，盛衰消長，理固然也。況復屢遭兵燹，迭次焚毀，又兼喬遷，而譜牒被失忘記，所以九世遞下，差代錯脈，難稽其詳，難考其眞，勢使然也。欲報本追源，跟修遠祖，不外大略耳。」（第94頁）他特別有感於當時「由治入亂，天下變遷，異端簇起，世界不古，家風難舊。」希望通過修譜，達到「閱譜思先德，修譜裕後昆，支派所宜敦，昭穆不可紊，爲敬祖尊宗，莫大於是」的目標。（第95頁）

可見龜洋莊氏十分重視修譜工作，清代後期咸同光年間，進行了11次修譜，平均5年左右修譜一次，在「世界不古、家風難舊」的多變時期，希望通過修譜，「尊祖敬宗」，使「昭穆不可紊」，即維持「宗廟禮序」於不變。

3.重修祖祠祖墓，加強祭祀活動

咸豐十年私建餘慶堂、善昌堂　咸豐十年（1860年）四世良茂派下分居吳宅、下峰的裔孫，另立祖祠二座，一在吳宅社石樓仔腳，祠名餘慶堂，「此係是吳宅與上瀨、後洞聯宗私立。」一在霞峰社雙磧仔，名善昌堂，「此係是松峰、霞峰社與鄰近鳩集，謂之十股福，私建立。」二祠祀基祖遞下四世良茂公爲主。由17代孫亦梁、19世孫節修、煒南等招集，十月六日進火，「今置租田，春秋四季祭奠，祀事孔明焉。」（第242頁）善昌堂「至同治乙丑（四年）被太平軍毀傷，幸祠宇神主猶存，丙寅（五年）十月初六日，復再入主進火。」（第144頁）

集六股福祭良茂墓　良茂墓先葬在寨頭，後遷於霞峰仙宮後羅經穴。「今羅經穴多至後十一日祭葬之租，係是松霞峰社六股福私積致祭。龜洋惟有本隆祖辦當年者，挑牲、醴、粿一座，到穴與祭而已。在附近者，有會數百桌。」（144頁）

咸豐十一年、同治五、六年重修克昌堂　雍正六年建立的克昌堂，至嘉慶年間增祀15世21身，計共有194身。「由來久矣，歲遠年湮，廟貌圮頹，欲舉重修，屢議而未成。」至咸豐十一年（1861年）由道齋主持重修，「亦即告竣落成，延至同治四年乙丑，被髮賊焚毀，一盡傾頹，幸而舊主早挑走。」先暫祀於指南居，後遷祀葉厝。「丙寅年，復再重新繼美。」（第238頁）乃再添加新神主位418位，定每身充銀六元（重三兩六錢），除公存神位57身，即現報立入361身，共銀2,166元

（重1,299.6兩）。（第239頁）丁卯年（同治六年）「派下眾子孫樂捐銀，並謝石柱。」計有58人樂捐1,222.834兩，最多者素軒捐240兩，最少的捐6錢。另有德淵等8人捐謝石柱銀144元（重86兩4錢）。（第241頁）於丁卯年冬「擇吉榮迎祖靈進火附廟」，續修護厝等，至丙子年（光緒二年）冬，「周圍四至皆完功慶成，稱觴致祝，而廟貌重新，輪奐繼美。」譜載重修克昌堂，「其克濟之功，先從列代增主之分量以成始，由子孫之願力以成終。皆孝子慈孫克繩祖武，以恢先緒、紹箕裘。由祖德宗功，燕翼貽謀，而廣置租田，春秋祭奠，規模美備，祀事孔明，以存馨香而俎豆者，將百世未艾也，則孫曹奕世流芳不忘也。」（第240頁）

同治五年重修後美堂　後美堂於同治四年「被髮逆焚毀」，及後陳婆坑二房派下榮宗出爲修理，竟「將祭租、祀田一盡典賣，使祭祀無可奈何。」至同治五年，由道齋與大二房毓祥相議，「有思祖念宗之志，乃合私出銀一百六十兩，以代公維持補置，先贖典底，後復增添。未幾我祖蒸嘗俱備充裕，另加粒積餘租田有數十餘石，又有另置在吳宅倉十四石餘，謂之積美福，以爲派下之舉人租。」（第235頁）

同治六年、十二年重修大宗祠　同治四年「祠廟被髮賊焚毀，一盡頹滅。嗟夫，先靈未安，子孫不忍。」是年八月，下峰社派下廩膳生亦梁、煒南、太學生節修「謹將草創小廳，以先暫安先靈。」同治六年貞推太學生志由「有孝思，出首鳩眾，即舉重興，架築上下廳，卻亦告竣，以棲先靈。」但經營堂構高低深淺，未詳依舊體式，不合眾意。迨至同治十二年（1873年），眾父老推舉道齋出首董爲承任，「復再平基，仍依古體式經營維新，輪奐繼美。」至光緒元年（1875年），「即進火附廟，則祖宗先靈，仍舊協吉安貞，而子孫眾心欣慰。其做棟油漆，及丙子告竣，完功慶成，稱觴致祝。」（第222-223頁）

至大宗祠落成後，道齋「方知五世祖事務未周，……以焚香租微少，再將我六成祖餘租條，抽上洋南門北田一段大稅五石，充入焚香租。又議大杉戶逐年支銀六元，貼焚香守祠焉」。又本祠多祭之租在高山、隱溪，乙丑（同治四年）「尚計收風粟二十餘石，稍可安慰。」但下竹坑與大元山（五世祖妣墓）「無租稅，候於大宗祠告期，採取淡薄品物，順往省墓，何以妥安。」道齋「即招集鳩會，名曰崇德福，每名拾銀六元（重三兩六錢），斯時元推十名，充稅三石，我利推四十餘名，拾銀置業，惟貞惟亨推不向與焉。計鳩有五十餘石，共置買十四石餘稅。」道齋自

對會名曰：「五世祖前日受慘卒大難，若以春秋二祭更勝妙哉，其崇德福自解於八月初六日秋祭矣，春祭就四推硬█輪流辦祭，今果春秋二祭矣。」（第223-224頁）

大宗祠多祭之租，原甚饒足，延至同治四年「髮逆擾亂大變之後，人煙疏薄。或以前被洪水充刈崩壞有之，或荒蕪未開者亦有，或被久佃奸心昧良，盜賣侵占不少。故老凋謝，遙望遠隔，何以能知。況後國朝失政，天下變遷，境遇不遂，宗規失矩，輪流無常，辦祭失序。而租稅愈收愈少，更取更無，近來計收尚折銀僅有二十元，何以辦祀而致祭。」（第224頁）1922年秋根據乾隆舊薄，「跟查踏明」，「起耕放佃」，今尚計收僅有風穀十八石餘之左，意者復為我祖祭祀之資，暫可充裕，以慰先靈乎。（第225頁）

光緒初年重修二世祖妣墓　光緒初年，繼大宗祠重修落成，即欲重修二世必文祖妣黃氏雞籠山墓，「各推父老擇課憑神主筶，僉舉……明齋公承命任事，往修經營，改換統天碑，即勒石刻裔孫淮徐海兵備道亨陽、雷州府海防南光、安溪縣教諭瑋、閩縣教諭樹德等同立石，始終完成，告竣致祭。有請竹黃社祖妣之外表親十餘人，亦有備辦豬羊一付來與祭。」（第139頁）

光緒初年增置信齋公祭租　信齋公祖妣祭租微薄，其派下三房前曾添祭租稅7石9斗，至光緒初年時，「在貓仔蔭林中，有兌賣大杉五株，收銀五十元，砣重三十兩。派下將此項同心協力，鳩集貯積，以餘租置買田產及杉林。於今暫進益增添，以恢先緒，貽謀燕翼，為後來克紹箕裘焉。」（第164頁）

光緒二十九年鳩集義成福增置溫雅祖墓祭租　光緒二十九年（1903年），10世溫雅派下「即再鳩集大會二百餘名，曰義成福，每名充銀三大元，置買杉林數片，及祀田數十石，以為秋祭之租。原祭墓定於正月二十六日春祭，今春秋二祭，以增先靈之光大，奕垂後世於無疆。」（第157頁）

光緒間鳩集奎德福，供六成祖上元花燈費用　六成祠「前未有設上元花燈，至光緒間，我六成祖派下，鳩集奎德福（道齋公始設）四十餘名，今年正月十五早，在祠宰豬致祭。」（第231頁）

光緒十六年重修萃英堂　嘉慶九年（1804年）始建的萃英堂，「至光緒十六年（1890年）重新，總理太學生連雲、欽明。」（第228頁）

光緒十五年重修八世清齋公墓　光緒十五年（1889年）秋，重修清齋公（伯義）

面前墓，易碑，及仲冬告竣，擇吉完墳，請瑞麟大班戲做五晝夜，公辦席二十餘桌
請客，其各房派自辦私席八十餘桌，「計公私有百餘桌，斯時稱觴致祝，設燕筵
賓，鼓吹休明，盛乎云爾。」其尤、李二祖妣兩墳穴，於光緒三十一年（1905
年）、三十三年（1907年）「亦皆重修完功」。清齋公逐年祭墓二月初七日，二祖妣
初八日。（第152頁）

　　光緒三十一年起十年三次重修朱公祠　光緒三十一年（1905年）仲夏，朱公祠
被洪水沖走門樓，派下議定「每丁科銀三占，亦即重新繼美。」三十四年（1908年）
又遭洪水，「其門樓及祠堂，一盡傾倒平地掃空，其木主三身俱被漂流百里，……
後即迎回吾鄉之龜山寺小室中廳，偏安暫祀」。至民國二年（1913年）洪水更患，
「幸舊址未有克復」，迨至民國四年（1915年），派下僉舉輝庭主持重修，「其用財
政籌款，先舉丁口，每人充銀二角，次從各公及股戶樂捐多數，計湊白金四千餘
員，以成廟貌克濟重興，亦即告竣落成矣。」逾二載，「又遭水逆漲，其門樓及牆
圍又一盡傾倒，……幸將木主、祀爐早挑逃避於大宗祠。」由於「十載之間，迭遭
災難，雖有尊祖敬宗竭力心志，無如年逢多變，境遇未遂，旋修旋廢，無可奈
何。」已感無能為力，無法重修。至民國十年（1921年）春，「偶然遠我派出南洋
經商族眾數百人，聞知祖廟傾頹，先靈未安，皆有水源木本之思，尊祖敬宗之志，
一人倡始，數百齊向。在仰營商經業者甚多，股富生息者不少，各自樂捐，計題龍
銀有一千三百餘員，彙齊纖江霞帶回，存收祖廟。即舉清渠任理辦料，議依舊鞏固
堅築，及冬即告竣。……其克濟重興之功，先由南洋諸商各有孝思，竭力樂捐以成
始，次從本里各公及伯父、伯兄、仲叔、季弟各隨願力以成終。皆孝子慈孫仁人之
用心焉耳。今日廟貌重新，輪奐繼美。雖謂開山恩祖之報本，亦由龜山始祖之追源
矣。」（第132-133頁）

　　1-15世先後建祠近百座　譜載：「龜洋基祖一大宗血脈，遞至五世而蕃昌，下
及支派，各有建小宗甚多，指不勝指，言不勝言。」（第284頁）僅據1920年寶興
所撰《莊氏係族譜》記載，就有祠堂80座，大部分屬五世敬忠派下所建。據《南
靖莊姓源流》一書統計，共有99座。[61] 其中有一祖二祠者7人14祠，即在下峰雙
磑的善昌堂，與在吳宅石樓仔的餘慶堂，均「祀基祖遞下四代良茂為主」，係由其
派下「聯宗私立」，或「與鄉社鳩集謂之十股福私立」。（第284、242頁）在下

洋楓林坑的追遠祠，「祀七世簡齋公」，在下洋上洋仔的垂裕堂，「祀七世簡齋公，大黃媽派」。在下洋心的種德堂鄉賢祠，與在石梯社的承德堂，均「祀八世東洋公」。在下洋小角仔的思敬堂，與在下洋上洋仔的華蕚堂，均「祀八世毅軒公。」在上峰虎形厝的珠佳祠先蓋，旋因人口多，吃桌坐不下，又在上峰溪仔邊蓋振古堂，均「祀十世景平公」，凡上代的神主牌有相同的二套，新祠則只有一套。在下峰的紹遠堂，與上峰的聯珠堂，均「祀十一世恒泰公」。在下峰錦洋的錦德堂，與在下峰後樓仔的延德堂，均「祀十一世瑞貞公」。在下洋的德成堂，與在奎坑的桂枝堂，均「祀十四世紹甫公」。（第284-285頁）

4.大力提倡文風，人才輩出

　　龜洋早期就有大杉戶、木材商出現，但到清代中葉後，在業儒的家族中，出現「棄儒從賈」的紳商，遠赴外省經商，他們卻以經商所得，鼓勵文風，他們也是支持宗族公益事業的重要力量。如16世載亭，其父碧軒「自小業儒」，其仲弟子慕「以業儒，隨父讀書。」載亭為碧軒長子，生於乾隆三十年（1765年），「幼能負販」，至年18歲，「稍有儲積」，及中年「亦稱小封」，乃用經商所得，支持父、弟業儒，並培養子孫讀書。載亭長子報春（字捷卿），為郡庠生，次子探春（字建卿）為太學生，三子共春（字寅卿、時園），16歲開始經商，「常往江浙川貴經營商務」。（第166-168頁），「經營事業二十有載」，「晚積儲數萬」，偶有暇，「則手不停披，尤熟於通鑑、性理。」（第169、173頁）同治年間為保衛莊氏宗族，作出重要貢獻。時園長子邑庠生研齋，「自少讀書從父立志，尊師受教，守書詩之職，趨文藝之途。」（第176頁）時園次子道齋，「自少讀書，16歲助父經商，周流12行省，十載之間，獲利數萬金之計。」主持克昌堂、大宗祠的重建外，「與叔弟同心協力，克承先志，聘請賢師教督子侄，鼓勵文風，修明會課及經營祖業，規模祀典。」（第177頁）時園三子國學生明齋，與兄同心協力，「請賢師，督子侄於書詩，義務嚴掌會課，勵文風誠莫怠」（第182頁）時園之孫，多人「後先遊泮」，亦有孫業商，亦有學稼務農，是一個亦農、亦商、亦儒的家族，他們以務農、經商所得鼓勵文風，置立書租。像載亭這樣的家族，在龜山莊氏宗族中不只一個，成為清代後期鼓勵文風的中堅力量。

　　為了鼓勵文風，獎勵遊庠、中舉、入貢，清代後期莊氏宗族又增置書租、書

田。如同治年間修復後美堂時，「又有另置在吳宅倉十四石餘，謂之積美福，以為派下之舉人租。」（第235頁）光緒元年，道齋與下峰節修「同再另立粒積新餘租，置買田段，稅額有三十餘石，並栽種下洪田林邊杉數千株，修劈長大，及辛巳（光緒七年，1881年）即同堂四房家長議立例薄，公定新進泮者，貼衣冠拜禮多少均分，足粟八石；出五貢者並旌旗匾，定貼足粟二十石。如無旌旗但旌匾者，貼拜禮穀八石；登鄉榜者，定貼衣冠拜禮二十石，報禮二十石，旌旗匾費二十石，京膳真二十石，共八十石。」（第233頁）章德堂祭租、書租原計有千石，15世俊章掌理時，以「增添田段甚多，及後七房輪流掌理。」同治三、四年「理數者不功，再廢失出典棄二百餘石。」同治五年道齋出面整頓，「回復振興」，經營二十九年，「善經營克濟為事務振文風不少。」（第237頁）

由於莊氏族人重視鼓勵文風，在清代後期社會動盪不安之時，莊氏宗族仍堅持辦學之風不輟，族中先後創辦文峰社、指南居、指庚閣、濯流閣等書齋、文社，作為文人評論文章、鑽研課藝場所。當同治年間太平軍入漳後，南靖縣課士之典，「不舉三十餘年」，而龜洋六成祠卻課士不停。光緒八年（1882年）逢大比之年，龜洋士紳將六成祠課文計已冠未冠共文百餘篇呈繳知縣吳庚揚「斧削評列」，得到邑宰備加讚揚：「茲得龜山文峰社課士之卷百餘篇，公務之暇閱之，但覺斐然成章，可中之才不乏。以一隅之地，甲於一邑，其間必有賢父兄之教以先之，而又有師友淵源以啟迪之也。不獲課於官，而課於其鄉，稍慰歉懷。安得一邑而 皆有此風耶？」乃賜匾聯以旌之，「且為多士勸」。匾曰：「秀競文山」，聯曰：「奎煥五星文運闢，山高二酉古書多。」（第357頁）

辛勤的培育，終於開花結果。在清代中後期，龜洋又有10多人中舉，30多人入貢，更有大批庠生出現。據譜載：莊三郎派下至清末有文武庠生400多名，文進士2人，武進士1人，由科甲仕宦者57人，其中康雍乾年間16人，嘉道年間14人，咸同光年間27人。有莊亨陽授淮徐海道按察使，莊南光以軍功特授雷州分府海防，會元莊士元、舉人莊國倫、莊佳雨任知縣，莊鴻任國子監學正，其餘有任教諭、訓導者多人。由於文風鼎盛，納監成風，其數量與庠生不相上下，約400多人，僅克昌堂派下納監者達150多人，同時耆老、鄉大賓也大批出現，僅克昌堂派下高達140多人。這些情況大大提高了龜山莊氏宗族的社會地位。

5.龜山莊氏宗族進一步發展

　　清代後期莊氏宗族通過修族譜，修祖祠，修祖墓，繼續增置祠租、墓租、書租，加強共同的祭祀活動，被太平軍衝擊流散的族人，很快招集回鄉，進一步加強了族人的團結，生產得到恢復，並進一步發展。在耕種稻田、植林的同時，經營商業占較突出的地位。人口也進一步發展，至清末，已「丁滿巨萬」，族人分居龜洋周圍四五十里的上下龜洋、中村、合福坑，松峰、霞峰、吳宅、大小赤坑、奎坑、羅坑等50多社，「率聚族而居，無他逼處。」（第358頁）已由多姓雜居改變成一姓「聚族而居」，所謂「莊家聯族一姓氏，一本宏開千萬枝。」（第154頁） 由於大力提倡文風，成進士3人，中舉15人，入貢40多人，由科甲仕宦者50多人，納監者亦數百人，耆老、鄉大賓大批出現，大大提高了莊氏族人的社會地位。所謂「輩出有才能，芹香科歲取，接踵登賢書，數又非一二，由是望族推，盈邑爭翹企。」（第77頁）龜洋莊氏「世承至今，歷年六百有餘，歷代二十有四，分居住處族綿四五十里，丁滿有萬餘。而吾宗褒揚盛德，甲乎一方。」族人引為自豪。

　　關於龜山莊氏宗族的發展歷程，19代孫增貢生寶恩於1904年所撰《增修譜歌詞》，作了全面如實的概括，現全錄如下：

　　　龜山依靖治，綿環五十里；自昔不一姓，吾祖來居此。
　　　當時元運澆，人心不古處；入山借此深，爰得賦我所。
　　　物色來朱公，風塵眼特巨；祖行符相攸，稱心妻以女。
　　　姒本何家出，公養視猶子；以故情獨鍾，愛花並惜築。
　　　　瓜瓞今綿綿，生民潮厥始；高厚念恩同，春秋配享祀。
　　　遹德遠流芳，五世征昌熾；廟貌壯巍然，地脈汪洋攄。
　　　八世莫與京，光前有後美；敬承六七作，亦既富且庶。
　　　叔族亨陽生，降神應崛起；一舉成進士，歷官監察史。
　　　博洽通天人，學受安溪李；其初宰濰時，讀禮歸桑梓。
　　　後生慨寥寥，敦我敬亭祖；倡義勵文風，考興法庠序。
　　　鼓舞課有期，書田大廣置；祖侄號石亭，果然捷鄉舉。
　　　輩出有才能，芹香科歲取；接踵登賢書，數又非一二。
　　　由是望族推，盈邑爭翹企；爾來六百年，傳代廿餘世。

丕基肇蓬萊，衍派追天水；錦繡煥新光，桃源開舊紫。

君子賢其賢，小人利其利；春山筍蕨香，秋水魚蝦旨。

動物更何有？毛鱗與介羽；植物復何有？杉松竹木具。

服農合萬夫，通商分四市；人今一族居，利豐從中取。

僻處萬山間，萬山塵囂處；風俗本敦麗，規模尤美備。

賽期歲有常，顧名應思義；苟能守勿失，道興自易易。

日殊月不同，近期暫多事；須知創造艱，毋令掘笑汝。

（四）龜山莊氏向台灣移民及有關問題初探

龜洋雖有良好的自然條件，但受當時生產力水平的限制，所能容納的人口是有一定限度的。莊三郎元代開基後，隨著人口的不斷增加，族人也不斷向龜洋周圍各鄉遷居，其中二房必華派第4代起即遷居平和岩嶺、永定刀頭及南安等地。人口的急速增長，土地的不斷集中，加上戰亂、天災、失業等各種因素，族人向外遷徙的越來越多。據不完全統計，從明代末期開始，至清末民初，外遷人口500餘人，其中僑居印尼、緬甸及南洋各埠20多人；遷居本省平和、龍溪、永定、福清、建寧、興化等縣30多人；遷居四川、河南、江西、兩廣、江浙等省110多人；尤以遷台最多，計近300人，占外遷人口一半以上。[62] 本節擬根據閩台族譜資料及田野調查，對龜山莊氏遷台的人數、時間、地點及宗族形成的有關問題進行初步探討。

1.閩台族譜關於龜山莊氏遷台的記載

龜洋莊氏族譜關於族人渡台的記載　族譜中一般只記「渡台」二字，不記時間，也少記渡台的地點，資料十分簡略。現羅列如下：

9世　道蘊、道明、道魁

10世　應標、期珪、期珠、期琛

12世　應章、應文、應誠、應賢、則吉、則有

13世　志坡、志珪、元徽、京達、益之、則周、志壕（全家渡台）、志炯（全家渡台）、志埴、吳猛、志厚

14世　汝鎔、汝嘉、世達、世達妻沈氏、元臣、亦條、美士、柳、可鈺、可

鉉、可釺、可鋭、可針、伯徹、雙能、南經、錦瓞、邁千、輔、重、棒、元鍠、德昭、燦、秉中、選、光應、南光、元求、蕭懷、元首、寶赤、亨通、潤水、世彌、世松、世援、曉月、尙鉍、尙鏘、恂、瑞、弗、廉、魁藏、英斌、早、松耀、貞、貫、伴、克、伍、元金鉥

15世 紹本、朝煌、朝炳、朝爽、朝裕、朝港、朝榮、朝學、朝錦、朝宣、朝殷、朝信、寬直、克信、亞業、開業、元臣子3人、簷、對、出、操、月、丁、文套、文尙、文央、蕻、聖、吳殿、吳甫、光杖、金唇、詠、自、旦、光順、光閣、乾、簡、觀、光佐、論、次、有、汝准、汝光、文怡、文浦、種、國、盛、郎、寸、礤、騰、鍾、灘、仕、院、昌、旺、本、通、素、齊、東、南、西、時快、時澤、孝、禮、倫、元缽、善、東、可人、潤、海、乃恩、吳松、德新、恭直、銀、錢、火、光譽、象生、獅生、層生、榜生、子海、萬、文尺、宜、牽、躍、照、旺、送、尙傑、尙俊、汝芳、近清、溪清、跳、面、國口、國俱、誠典、金河、世源、世汀、相任、相穆、聖獨、碧儀、大通（繼直）、朝取、朝取妻余氏

16世 明贊、明親、明直、明厚3人與父朝信同渡台、文富、文南、文獻、文彩、令、彭、護、書、心梭、鈕、檜、棟、松、松岩、崇祥、珠美、芳楷、芳梁、天瑞、端友、汝提、強高、大松、春喜、天配、天略、信思、王祥

17世 泰成、泰玄、文樓、伯敬、靖和、復旦、錦江、騰蛟、康、琴、仰中、丹霞、廷琮、大松4子全家渡台。

18世 文定、鴻瑞、鴻場、青萍、結六、慕德、伯禮、甘掌

台灣莊氏族譜關於龜山莊氏渡台祖的記載 根據台灣《朱莊嚴氏大族譜》（莊序平主編，1968年台中市台光文化出版社發行）、《莊氏族譜》（江廷遠編）、《天水莊氏大族譜．桃源部分》（莊吳圖編）、《台灣省各姓族譜》微卷莊氏部分50多份及實地調查，將龜山莊三郎派下渡台祖的有關資料整理歸納如下：

13世俊賢，遷台南縣白河鎭枋子林，後裔轉遷台南市、高雄市等地。

13世志德，諱請，謚純樸，於康熙四十年，遷今嘉義縣溪口南靖厝。

13世恩極，偕弟則輝（永吉）、西長（乳名東）、明拱（欣榮）、明周（瑞王、諱全）全家渡台，於乾隆初葉，遷彰化深耕堡州仔厝（今竹塘鄉小西村）。

13世仁義（謚仁德）與嫂（兄開漳妻）林清儉及侄兒同渡台，於乾隆年間，遷今台中市北屯區，屬平和岩嶺必華派下。

14世廷義，約於雍正、乾隆初，遷彰化深耕堡（今竹塘鄉）。

14世詩郎（字志文），從兄弟月老、觀富（一名番婆）、觀富母鄭氏同渡台，於乾隆中葉遷彰化二林堡垓台面前厝（今竹塘鄉民靖村）。

14世世松（諱宜有），攜子近清、溪清及弟世彌同渡台，遷彰化二林堡垓台。

14世幾生三兄弟，遷今彰化二林鎮原斗里，小弟後回大陸。

14世純直（諱廣觀），約於乾隆中葉遷彰化線東堡（今彰化市

14世慶壽，遷今南投縣竹山鎮，後裔亮、助遷今竹塘鄉民靖村。

14世純玉（諱殿）、秉慎、建忠、建義、建風五兄弟（開漳子），隨叔仁義同渡台，於乾隆年間遷今台中市北屯區，後裔轉遷台中霧峰、南投埔里，有的散居台中市西屯區、東區。

14世光應（字元錫，號可應），於乾隆初年遷彰化水沙連堡社寮莊（今南投縣竹山鎮社寮里、山崇里）。

14世世達、妻沈氏全家遷台，於雍正元年遷八里坌長道坑，後轉徙和尚洲水湳（今台北縣蘆洲鄉）。

14世朝陽，於乾隆初葉，遷大加蚋堡舊南港，乾隆四十七年漳泉分類遷嘉義新港安和村（番婆莊），後又遷溪口鄉阿連莊、柳溝村。

14世世援（桂彬），於乾隆初年，遷淡水八里坌堡，後遷加蚋堡、板橋等地。

14世枋生，在台有後裔，渡台時間、地點待考。

14世世弼（名任）、妻許氏，攜子同渡台，約於雍末、乾初遷南投開基。

14世尚錦（諱段），在台有後裔，遷台時間、地點待考。

14世純賓（父光前），在台有後裔，遷台時間、地點待考。

15世大通（謚純直），於乾隆初葉，遷今南投縣竹山鎮社寮。

15世爰居，遷今南投縣集集鎮。

15世寬直、克信（名榜），隨父世弼，約於雍末、乾初遷南投開基。

15世吾生（號五郎），純賓姪，在台有後裔，遷台時間、地點待考。

15世質勤，在台有後裔，遷台時間、地點待考。

15世朝煌，遷桃澗堡，11世王任後裔。

15世朝炳，遷桃澗堡，11世王任後裔。

15世朝孟，遷八里坌，11世王任後裔。

15世朝爽，遷八里坌，11世王任後裔。

15世朝宣（字阿奇），於乾隆中葉遷淡水八里坌，後轉徙蘭陽。

15世朝殷（字廷揚），於乾隆中葉遷淡水八里坌，後轉徙蘭陽。

15世朝綿（字心怡），於乾隆中葉遷淡水八里坌，後轉徙蘭陽。

15世朝信（字君德），同妻余氏攜子全家渡台，於乾隆中葉遷八里坌，後裔轉遷頂雙溪，後再遷蘭陽頭城、宜蘭市、冬山、蘇澳、花蓮等地。

15世朝港、朝榮、朝學三兄弟，隨父世達於雍正元年遷八里坌長道坑，後遷和尙洲（今台北縣蘆洲鄉）。

15世朝裕，約於乾隆中葉遷淡水三貂堡大坪林（今台北縣雙溪鄉）。

15世朝取（訊暢，又名勝歡），於乾隆二十年遷八里坌堡，後遷桃澗堡南崁（今桃園蘆竹、龜山等處）。

15世文尺，於乾隆四十五年，隨從兄尙傑渡台經商，居彰化水沙連堡社寮田中央。

16世邦營，遷今南投縣。

16世明接，遷今彰化二林等地。

16世明蘇（諡貞惠），遷今南投竹山等地。

16世天倫，遷今南投竹山等地。

16世光在，於乾隆四十九年，渡台尋父文尺，居社寮田中央。

16世光在弟，於乾隆末年遷社寮，旋轉徙蘭陽。

16世春喜，於乾隆中葉，遷八里坌堡，後轉遷桃澗堡南崁。

16世明親、明厚、明直三兄弟，隨父朝信於乾隆中葉全家遷八里坌堡，後轉遷頂雙溪，再轉徙蘭陽頭城等地。

16世登興，文尺姪，在台有後裔，遷台時間、地點待考。

17世伯敬，遷南投堡。

17世宜寧（字文慰），遷今南投草屯。

17世福及，宜甯兄，遷台時間、地點待考。

17世慕德（諱文舉），派下散居彰化竹塘、南投草屯等地。

17世清和（諡秉溫），於嘉慶二十二年，遷彰化縣東門。

17世開亨，於乾隆末年，遷彰化北投堡新市街（今南投縣草屯鎮北投埔）。

17世開業（諱申，字日新），於乾隆末年，遷今草屯鎮北投埔。

17世文樓，於道光七年，遷彰化南堡（今南投縣）。

17世承春，於乾隆中葉，隨伯父春喜遷八里坌。

2.龜山莊氏遷台有關問題初探

（1）遷台的人數及主要房派

據龜山莊氏族譜不完全統計，遷台人數260人左右，這是保守的數字，實際不只此數。由於我們現在能查到的族譜不夠完整，現有族譜中遷台人數也會有漏記或缺記，有的是偷渡，有的只記外出，不記去向；有的族人離鄉後輾轉流徙而渡台，一去無音信，族人也無從知曉其去向。而台灣莊氏族譜中所記莊三郎派下渡台祖現僅查到80人左右，只有大陸譜記載的三分之一左右，但其中有一半（40人左右）與大陸譜所記相同，有一半亦為大陸譜所缺記，這樣計算起來，莊三郎派下渡台人數超過300人。至於閩台族譜所記數字相差很大，由於當時渡台人數中有一部分在渡台途中死亡，有的雖到達台灣，在開發台灣過程有的死亡；有的單身獨處，無後；也有的又返回大陸。所以能在台灣定居，並有後裔代代相承者，也只能是遷台人員的一半或一部分。這部分在台定居繁衍的後裔，由於渡台後沒有譜牒資料，今天並不知渡台祖者仍不乏人，所以今天能查到的在台莊三郎後裔，也只能是實際在台後裔的大部分或一部分，其實際數字無疑超過80人。從現有記載看來，渡台莊三郎後裔主要是天湖房（4世良茂）的後裔，尤以5世敬忠、六世本隆、7世玄弼、玄甫派下最多，其中尤以玄甫孫9世望周派下最多，其次為玄弼子伯武派下也不少。遷竹塘的大部分是壟頭房（4世良惠），遷台中的主要是岩嶺必華派下。

（2）遷台的時間及高潮

現有記載最早渡台的是9世道明、道魁、道蘊等3人，10世應標、期圭、期珠、期琛等4人，可見明末龜山莊氏開始向台移民。按龜洋族譜資料，其統計數字為：9世3人，10世4人，12世6人，13世11人，14世55人，15世123人，16世32人，17世17人，18世8人，共259人。按台灣族譜資料，其統計數字為：13世9人，14世30人，15世22人，16世10人，17世9人。閩台族譜統計數字都說明14世、15世是渡台的高潮。龜洋族譜遷台259人中，14、15世共178人，占68.7%，台灣族譜渡台祖80人中，14、15世共52人，占65%，都超過一半以上。據族譜記載，14世多出生康熙中葉前後，15世多出生在康熙末年至乾隆初年，據此推算渡台時間應在康熙末年、雍正年間及乾隆年間。從台灣族譜資料有渡台年代的50人統計看來，康熙末年至雍正年間8人，乾隆年間40人，嘉、道年間2人，也說明康熙末年至乾隆年間是遷台的高潮。即康熙二十二年（1683年）台灣與大陸統一一段時間後，遷台開始進入高潮，至乾隆年間達到最高潮。

（3）渡台地點及集居地

龜洋莊氏族譜多缺記渡台地點，台灣族譜最早的渡台祖記載是13世，龜洋譜所記9-12世渡台族人20多人，至今下落不明。據台灣族譜記載，13世至17世渡台地點，除早期少數遷居嘉南地區外，絕大部分從台灣中部彰化沿海港口及台灣北部淡水一帶港口登陸，中部遷居彰化二林堡、深耕堡，今彰化二林鎮，竹塘鄉一帶，接著進入北投堡、南投堡、水沙連地區，今之南投縣竹山鎮、草屯鎮、集集鎮等地，大部分是長房必文派後裔，另有平和岩嶺必華派一支後裔遷居台中市及台中縣霧峰地區。北部遷居八里坌堡、桃澗堡、大加蚋堡，今淡水八里，桃園南崁、蘆竹、龜山及台北市南港、台北縣蘆洲等地，繼進墾頂雙溪、三貂堡，嘉慶年間，許多人進入開發蘭陽地區，有的更進入花蓮。由於人口不斷增加，其後裔已散居台灣各地。

從現有文獻及調查資料看來，莊三郎 派下遷台定居後，經過長期的發展，也形成集居地，如彰化竹塘鄉、二林鎮、南投竹山鎮、草屯鎮、嘉義縣溪口鄉、桃園縣蘆竹鄉、宜蘭縣頭城鎮等地。據1956年台灣人口統計資料，竹塘鄉有莊姓人口317人，二林鎮有528人，其中面前厝、漏窯、白廟仔、過溝仔、下竹圍仔、丈八斗、頂竹圍、橋仔頭、番仔厝、西莊、州仔、牛稠仔、大樹腳等古稱「垓合十三

莊」，幾乎全部是莊三郎各房派下的集居地。草屯鎮有莊姓226人，竹山鎮有286人，其中北投埔、社寮等地也多是莊三郎派裔孫的集居地。台中市有莊姓335人，台中縣有1,150人，其中北屯區、霧峰鄉也有一批三郎派下裔孫聚居。嘉義的溪口鄉有莊姓86人，其中南靖厝也是三郎派下聚居地，遷台後以南靖縣名作為村名。桃園縣、桃園市、桃園鎮有莊姓1,463人，其中蘆竹、南崁等地也有三郎派後裔聚居。宜蘭頭城鎮有莊姓172人，其中竹安里現有170戶，也多是龜山莊氏的集居地。

(4) 台灣龜山莊氏宗族的形成及其特徵

在龜山莊氏定居台灣後形成的一批集居地，有的建有祠堂，如嘉義溪口鄉南靖厝莊氏家廟，竹山鎮社寮建有招富堂，後埔子建有招貴堂二座莊氏家廟，草屯北投埔原有祖祠，後被洪水沖崩，民國22年（1933年）建立全鎮及包括附近一些鄉莊氏的家廟，最上一排中立入閩開基祖莊森（一郎）神位，左右分立肇基一世大始祖考三郎莊公、妣何大孺人神位，並附配二世必文、必華、三世祖富、石進、四世良茂、五世敬忠、六世本隆、七世玄弼考妣神位，另有單立十三祖考文顯字崇南莊公、祖妣徐氏神位，十四世祖考必達莊公並同派下歷代考妣神位，第二排立有南靖堂肇基始祖暨十四世必用公派下十四至十九世40多人神位，另又獨立十四世必達、十五世日升、十六世邦、十七世開亨、十八世成平，十九世甯福、文知神位。可見草屯鎮莊氏家廟莊三郎派占十分突出的位置。竹塘面前厝原有家廟，已毀，桃園也有莊氏宗祠，頭城未建家廟，這些家廟也都有少量祀田，有開展共同的祭祀活動，有的成立祭祀公業，如竹山社寮。竹塘鄉家廟雖毀，後三房分開祭祖，維持至今。遷台祖墓均在本鄉，也有共同進行掃墓活動。整個坎台十三莊則主要以坎台十三莊普渡作為聯繫三郎派族人的紐帶，三年大普，七年小普，儀式十分隆重。沒有建祖祠的莊氏，如台中岩嶺派後裔，則以共同祭祖墓作為聯繫族人的方式。莊三郎遷台後裔早期未見修譜，近期才有修一些簡單的家譜，但全台有莊氏宗親會，編有全台的莊氏大族譜，莊三郎派下遷台子孫的世系也多已收入。這些有共同祭祖活動的莊氏集居地的族人，實際也已形成分支宗族。

根據台灣移民社會的特點，台灣龜山莊氏宗族的形成有二種形式。「一是純粹基於血緣關係所形成的單系繼嗣群。換言之，是由一位渡台祖所繁衍下來的一群。

這個團體在發展的過程中，為了追念他們的共同祖先，甚至由於某一位獲得功名或經商發跡等而興建祠堂，基於共同的祭祀祖先而團結起來。」例如，嘉義溪口鄉南靖厝莊氏家廟，以及南投草屯北投埔早期建立的莊氏家廟，均以血緣關係為紐帶。「另一種是基於血緣與地緣的基礎所組成的宗親團體，也就是移民時期一些來自同一地區的同姓所組成的團體，通過祭祀遠古的共同祖先而團結起來。」如社寮莊招富堂與後埔子莊的招貴堂。後來兩公各有共同的土地財產，各自舉行祭祀儀式，成為宗族的分支。[63] 有的學者根據祭祀公業的組成方式，分為合約字的祭祀團體和鬮分字的祭祀團體兩種。有的學者把前者稱之為「大宗族」，後者稱之為「小宗族」。「根據這一分類，台灣漢人的宗族構成，小宗族雖然有時候採合約字的方式組成，但大宗族之成立則顯然不可能有所謂鬮分字者。」[64] 如1933年由草屯鎮莊氏家廟為紐帶所組成的莊氏宗族，即是如此。根據對林圯埔的研究資料，六個大宗族創立的時間均在1825年以前，另外六個小宗族成立的時間則在1854年以後，說明「六個大宗族的創立是受邊疆環境的刺激所產生的，在邊疆社會之下同姓墾民為了抵抗異姓的侵擾而組成一個祭祀公業；另外六個小宗族的形成則非邊疆環境所刺激，而是由一位渡台祖經過長時期的繁衍，再配合經濟和其他社會條件所刺激產生的。」而是移民第二階段之結果。但「台灣漢人社會由於特殊的環境及歷史背景，宗族組織相當複雜，各個地區各有不同的變形與發展，往往無法從某一地區的例子而概括到整個漢人社會。有關這方面的研究，學者的意見也極為紛歧，有待進一步做更廣泛而深入的研究，以便對台灣宗族組織有更深的瞭解。」[65] 這無疑是正確的結論。

（五）結論

　　從前面的敘述看來，龜山莊氏宗族的形成及進一步發展，經歷了六百多年，自莊三郎元初隻身入贅多姓雜居的龜洋，1、2世仍以出外謀生為主，3世後才開始定居務農，靠龜洋優越的自然條件，宜種稻米，宜植樹造林，開始靠租田耕種，或向周圍地區開荒，5世後逐漸富裕發祥，至7世已成巨富，主要靠課僮僕耕種，或靠收租、粒積增加財富。為莊氏宗族的形成打下了良好的經濟基礎。接著從求富至求貴，大力提倡讀書，鼓勵文風，培育出一批莊氏自己的儒士，明末已出現一批秀

才，他們是促進宗族形成的骨幹力量。

　　以受儒家思想教育的龜洋秀才、監生等爲骨幹，通過開展以血緣爲中心的修族譜、建祖祠、修祖墓、置祀田、共同祭祖等活動，以儒家「尊祖敬宗」、「詩禮傳家」、「榮宗耀祖」等禮教思想爲核心，貫穿到上述各種活動的全部過程，成爲團結宗人的精神支柱，把散居的各莊姓家族聯合起來，到8、9世形成新的一個宗族。正當修族譜、建祖祠、共同祭祀活動已開展起來，宗族已初步形成之時，發生在嘉靖末年的外敵圍攻龜洋土城，在8世文廣倡率下，鳩合8社鄉族眾定盟，議定「一社被賊劫掠，眾社同心赴救。」結果粉碎了饒平蕭雪峰部的圍攻，族人團結進一步加強，這一外患事件在當時明顯產生了促進莊氏宗族的形成。在這以後，建祠、修墓加緊進行，並草創大宗祠多祭制度，在明末，龜山莊氏宗族終於形成。

　　龜山莊氏宗族形成後不久，即遇到明清鼎革之變，同治初年，又遭到數萬太平軍的竄擾，莊氏宗族又二次被戰亂衝擊，族人逃散，譜牒流失，「昭穆莫辨」，「列祖事業，無不廢墜。」「一派所出，視若塗人。」「禮義之風，不可復睹。」特別是太平軍進入龜洋，族人鄉人逃避一空，祠廟盡毀，一片荒涼景象，莊氏宗族已有名無實。但莊氏族人中有如12世子鞏，「力鳩合族修復二世之塋，而且重修大宗祠，痛陳睦族論，上篤祖宗，下別支派水源木本之思。」新修極爲詳備的族譜。還有13世敬亭，「倡義勵文風」，他們在順治、康熙年間宗族大整合中起了重要作用。又如有17世時園、18世道齋等父子，在同治年間宗族大整合中起了突出作用，以經商所得支持宗族事業，大力鼓勵文風。莊氏宗族由於有這一批熱心宗族活動的骨幹，二次戰亂衝擊後，族人很快又重新團聚，生產得到恢復和發展，在清代進行了10多次修譜，先後修蓋大小宗祠近百座，廣置祠田、墓田、書田，建立和完善了共同的祭祀制度，莊氏宗族在二次大整合後，又得到進一步的發展。原住龜洋的他姓，被戰亂衝擊逃散後，不少無力重返家園，特別是同治年間太平軍入漳，兩軍相戰，殃及鄉民，「玉石俱焚、室如懸罄，野無青草。」戰後他姓鄉民由於貧困失業重返的很少，出現人煙稀薄、田園荒蕪的淒涼景象。戰亂的衝擊，反爲莊氏宗族單姓聚族而居創造了條件。在莊氏族人大力倡勵文風，增置書租，專立舉人租等鼓舞下，康熙中葉後，成批族人中舉，並有3人成文武進士，到清末，擁有庠生400多人，貢生40多人，舉人10多人，大大提高了莊氏宗族的社會地位，成爲閩南

的一個望族。

　　龜洋莊氏宗族的形成，是以務農爲經濟基礎，分居各個土城的家族是其社會基礎，提倡讀書，培養儒士成爲組織宗族的骨幹力量，以血緣爲中心的修族譜、建祖祠、修祖墓、廣置祀田、書田、開展共同的祭祖活動，是聯繫族人的紐帶，而儒家的禮教思想則是宗族的精神支柱，貫穿在一切宗族活動之中。在一定條件下，外敵入侵也促進了宗族的形成。

　　莊氏宗族組織的方式，早期以鬮分制爲主，由各房按鬮分攤費用，輔以樂捐；也有以大小男丁按名造冊，每人攤分若干，湊集辦祭。到了中後期則相繼出現鳩集十股福、義成福、奎德福、崇德福、積美福、裕德福等不分房派、自由組成的福會，解決祭祖祠、祭祖墓的費用，有的獎勵中舉士子等。

　　龜洋莊氏大小宗祠中，也出現一祖二祠的分支祠堂多座。龜山莊三郎派下數百人先後遷台後，在台定居繁衍，也出現一批族人的集居地，建立家廟，置有公產，成立祭祀公業，展開共同的祭祀活動，形成宗族。但因台灣移民社會的特點，宗族組織出現合約式與鬮分式二種類型，被稱爲大宗族與小宗族，前者以地緣爲主，多在前期出現；後者以血緣爲中心，多數是移民第二階段的結果。由於所處條件不同，宗族的形成也十分複雜，必須做個案的深入研究，然後才有可能概括出較爲客觀的宗族形成的理論。

平和心田賴氏宗族的發展及向台灣移民

(一) 心田賴氏的源流及宗族的發展

　　心田賴氏開基祖賴卜隆，於元末來心田開基，迄今已600多年。心田賴氏的得姓祖叔穎，爲周文王第19子，武王之弟，本姬姓，封於賴，在今河南許州、陳州、汝寧、汝州一帶，秦時屬潁川郡，後世子孫以國爲姓，以潁川爲郡號。傳至賴光，任浙江監察御史，遷居浙江處州府松陽縣，其裔孫賴遇於東晉安帝年間任江東

知府，奏請恩准改爲松陽郡，其後代子孫又以松陽爲郡號。傳至賴標，於唐禧宗年間以軍功升直殿大將軍，與弟賴極、賴樞三人由松陽移居福建汀州府，賴標居今上杭古田，賴極居今寧化縣，賴樞居今清流縣，爲入閩開基祖。賴標傳十一世，世襲將軍之職。13世孫賴朝英，任甯化知縣，卜居石壁田心開基，14世賴寧化（字萬芳，諱二六），生九子，長荆，次梁，三雍，四豫，五徐，六楊，七青，八衷，九冀。長子荆遷今之平和大溪安厚，次子梁遷今之南靖葛竹，三子雍遷今之詔安下葛田心，四、五、六子往廣東惠潮開基，七、八、九子留石壁守祖祠墳墓。三子雍生三子，長廷貴，次廷顯，三廷舉，次子廷顯開發官陂，姒鍾氏，生五子，長卜隆，生於元成宗大德二年（1298年），卒於明太祖洪武九年（1376年），姒吳氏勤遠，雲霄人，生於元成宗大德四年（1300年），卒於明太祖洪武二十一年（1388年）。賴卜隆自成家立業後，於元末（1340年左右），見平和深田「地勢寬平，舟車所至，商賈多集，可以養財丁，蔭科甲，毓名賢，不衰不退，歷久益彰，勝於田心數倍，誠不可捨。」遂舉家遷居其地，將故里田心，翻其名曰心田，以示不忘本。[66]

　　卜隆生四子，長景春，次景祿，三景文，四景賢，是爲心田賴氏四大房。卜隆後來販豬到南勝墟出賣，被該鄉橫石村巨富陳家的相命師看中，認爲是能夠傳萬丁的女婿，遂將卜隆所販的豬全部買下，陳家以拖欠豬款，因路遠（距心田20華里）天黑，主人又好意留宿，當晚，陳家暗中安排與其獨生女兒成婚。事後卜隆感到內疚，再沒有回心田見妻兒老少，卒後亦葬於橫石，陳氏立有一墓碑。後卜隆子孫訪知葬處，於乾隆已巳年（1749年），心田賴氏亦於墓上立一墓碑，出現一墳立兩碑，都稱賴公。

　　自卜隆遷居心田後，四房分居浮山、大洋、石橋、庵坑等處，墾地耕種。由於土地肥沃，家漸富裕，人口也繁衍很快。長房景春生3子7孫、25曾孫（二子貴成遷廣東白茅，不計在內）；二房景祿生3子5孫13曾孫（三子德華移居粗坑，不計在內）；三房景文生1子4孫9曾孫；四房景賢生1子1孫4曾孫。至第5世除外遷不計外已發展53丁，至第6世，四房共96丁，第7世共177丁，第8世共287丁，第9世共377丁，第10世共511丁，已是人口達千人左右的大族了。自8世以後，陸續向本鄉鄉村、本縣鄉鄉發展。如四房5世永泰、永茂、永豐後裔分別向聯建、西坑、山邊、五星等村發展；8世大倫、大川後裔向本鄉東坑、山邊開發。二房7世

元聰、8世司烈、邦畿，9世良源、聯坤後裔向五星開發，8世期旋向民主開發，9世聯坤、以進後裔向東坑開發，10世應佐、11世啓衿後裔向梨洋開發，7世元貢、8世廷貫、廷爵、廷海後裔向鄰鄉國強延山、碧嶺、乾嶺開發，6世德養後裔向鄰鄉安厚東川、平寨自然村開發，14世光菊後裔開發崎嶺溪頭村，13世明珠等後裔向小溪豆坪開發。一房8世司烈、司功、司俊等後裔分別向本鄉寶南、鄰鄉國強碧嶺開發。三房景文後裔向本鄉山邊開展。到明末清初，居住調查點心田村各自然村落的卜隆後裔，已全部是二房5世弘質、弘盼和紹隆的子孫，其中外厝廓、古林、荔枝林、雲東坑、九林厝、樓腳、立新、田中央均係弘質後裔，麥高宮、下土樓、大學均係弘盼後裔，頂洋、山墩、下礌、雙溪均係紹隆房11世啓衿後裔，同時有紹隆房11世啓衿後裔居住雙溪。徐土為紹隆房13世恩龍後裔居住，崎溝為紹隆房13世基吝後裔居住，大洋為紹隆房13世仲春後裔居住，獅仔樓、橫江頭為紹隆房13世依衷後裔居住，白樓仔為紹隆房12世國琳後裔居住，並有部分居寮里，吳坑為紹隆房10世應佐後裔居住，寮里為紹隆房7世榮茂、8世期旋後裔居住。自元末卜隆遷居心田，至今已傳27世，分居180個自然村，共有6,300多戶，3萬多人口，阪仔、國強兩鄉鎮最多。四大房人口發展不平衡，大房分住10個自然村，共320戶，1,482人；二房分居109個自然村，共4,010戶，18,606人；三房分居2個自然村，共32戶，172人；四房分居59自然村，共2,033戶，9491人。遷居外地省縣包括遷居台灣及其他海外的人數，也不少於住在本縣的人數。心田賴氏，已是平和縣聚族而居的一個大姓。

通過農耕，種植稻穀及經濟作物而發展富裕起來的心田賴氏宗族，根據中國傳統的耕讀家風，開始送子弟讀書求功名。三房4世賴清於明永樂九年（1411年）登辛卯科第10名亞魁（舉人第二名），任江西玉山教諭，繼遷九江府教授，旋除潘王府長史。9世賴文堯，明嘉靖壬子年（1552年）授禮部儒士，10世賴燧，明天啓六年（1621年）辛酉科96名舉人。10世賴玉，清康熙五年丙午（1666年）欽命懷遠將軍都司簽書，並任海澄軍標中軍副將。11世賴繩武，明隆武二年（1646年）己丑科進士，11世賴履葵，明隆武元年（1645年）戊子科舉人，11世賴胤儒，明崇禎辛未年（1631年）太學生。11世賴斌，清順治乙未年（1655年）部選江南都督簽事。11世賴麟，為儒學生員。可見卜隆心田賴氏後裔，至明末清初不但已成為平

和的一個大族，而且已成為一個望族了。此後文風更盛，12世，有賴匡玉、賴天柱、賴廷、賴堤、賴鼎煌、賴士達6人入泮為儒學生員，有賴天植、賴日新2人入監為太學生。13世賴世福中康熙五十九年庚子科（1720年）舉人，揀選知縣，分居南安。13世，有賴莪士、賴應麟、賴其炳、賴出幌、賴吉麟、賴致遠、賴河、賴振祚、賴鑑溪9人為儒學生員，有賴維翰、賴宏、賴志龍、賴其煜、賴志郎5人為太學生。另有13世賴勳，康熙甲子年（1684年）加功左都督，任福建水師提督內標。14世，有賴其昌、賴周光、賴疆仕、賴文昭、賴繼輝、賴友才、賴元墀、賴萃其、賴景禧、賴開鼎、賴廷猷、賴學職、賴乃翰、賴長清、賴拔等15人為儒學生員，有賴宏、賴廷輝、賴文耀、賴廷顯等5人為太學生；15世，有賴元漢為貢生，有賴玉玷、賴仕儀、賴暉吉、賴玉格、賴廷植、賴峰、賴夢梅、賴繼熹、賴如玉、賴曜、賴呈蕙、賴如圭、賴馨等12人為儒學生員，有賴廷貴、賴廷輝2人為太學生。另有15世賴元晉為候選州同。16世，有賴長春為乾隆庚午年（1750年）恩科舉人，有賴國翰、賴國琨、賴雲鳳、賴欣奏、賴馥、賴瓊、賴拔元、賴清佐等8人為儒學生員。

總計心田賴氏從4世至16世，成進士1人，中舉6人，貢生1人，入庠51人，入監15人。另有副將1人，左都督1人，都督簽事1人，州同1人，游擊2人。

自本世紀30年代至60年代間，心田賴氏更是人才輩出，參政官員和大學專科

表6-6 心田賴氏歷代科舉功名統計表

世別	進士	舉人	貢生	庠生	監生	其　他
4		1				
10						1（副將）
11	1	2		1	1	1（都督簽事）
12				6	2	2（游擊）
13		1		9	5	1（舉人揀選知縣）
14		1		15	5	
15			1	12	2	1（候選州同）
16		1		8		
	1	6	1	51	15	6

以上畢業生達200多人，他們在各個崗位上爲建設祖國作出了或大或小的貢獻。

心田賴氏到了明末，發展到8、9、10、11世之時，已是人財兩旺，並有後裔入庠、中舉、入監、成進士，在族中士紳的倡導下，於天啓元年（1621年）已開始集資建心田賴氏家廟，有二房8世邦畿無代價獻田地供建家廟之用，家廟供奉1世卜隆、2世景春、景祿、景文、景賢及3世8人、4世17人共30對祖宗神主。賴氏家廟自明末建立後，歷經清代三次重修，其中第二次重修是在乾隆五十年（1785年），到民國六年（1917年）由19世裔孫賴秉坤爲首，由族人集資，進行第四次重修，並在兩側擴建護厝12間，於此創辦心田小學。由於賴秉坤的遠見，既保護了宗廟的完整，又爲子孫後代提高文化素質，造就人才，一舉兩得。1989年移居台灣台中的宗親回鄉謁祖，鑑於家廟年久失修，在賴朝枝、賴煥樟的倡議下，首先籌集鉅額資金，於家廟右邊建一座教學樓，將小學與家廟分開。然後由台灣13位宗親共捐新台幣121萬元（折合人民幣30.25萬元），重修賴氏家廟，於1991年興工，1992年11月23日（陰曆10月29日）舉行落成慶典三天，以賴誠吉爲團長率110位台灣宗親組成慶典團蒞臨參加，廣東普寧、晉江賴厝鄉、詔安心田、南靖葛竹、平和安厚等賴氏宗親贈送禮品慶賀，本村49戶「四世同堂」也掛大紅燈祝賀家廟落成。祭壇高雅，祭品豐盛，用白糖、糯米製成124斤重的壽龜奉敬祖先，有140村賴氏宰生豬來朝拜，還有二台戲連演4天，二台通宵電影，請道士做三朝醮，放焰火，拍錄影，熱鬧非凡。觀衆約2萬多人，盛況空前。

心田賴氏家廟中堂神龕上掛「慶衍松陽」大匾，神龕兩邊有「承先祖之祭祀，聳當代之人倫」對聯，家廟中還有以下幾付對聯：

其一，聳寮東以鐘靈，水抱山朝，數百里來龍終趨虎穴；溯穎川之衍派，前開後繼，億萬年種德總在心田。

其二，擁深寮以茂本枝，譜牒原由松郡；襟雙水而衍世澤，宗派直接西川。

其三，周初錫姓，元末開基，歷穎贛漳汀，繩繩勿替；明代始興，清朝三葺，願雲礽罟耳，翼翼無疆。

其四，賴祖考作之先，衍系從鄢城蔡州松陽，遂稱望族；大門閭貽厥後，歷官有太常御史，猶記功宗。

其五，虎負南山，試觀繡虎高才登虎榜；龍見心田，佇看雕龍俊士躍龍門

〔67〕。

賴氏先賢以精美的詞句作對聯，描述了賴氏的源流和心田的地理狀貌。多數聚居在心田及鄰近鄉村的二房景祿第5世紹隆、紹英、弘質、弘盼、弘傑五房都有祠堂，其中紹隆、弘質、弘盼的祠堂在心田本村，紹奕、弘傑的祠堂在外村。其他各代也都有祠堂，如住心田村的紹隆房12世質直的祠堂建在本村頂四腳，現存。質直長子13世恩龍的祠堂在徐土，現存。次子仲春的祠堂在下崎溝，三子依衷的祠堂在橫江頭，五子其咨的祠堂在頂崎溝，質直弟國琳的祠堂在下四腳。但12世以後本地雖亦叫祠堂，實際是公廳。14世以後的神主，均送公廳。

各祠堂都有或多或少的祭田，但具體數字已難於準確統計。大宗卜隆有30畝公田，質直有祭田60多畝，國琳有祭田10多畝。仲春有祭田20多畝，係其子紹雲在台灣基隆開發，後回來添置的。其他恩龍、依衷、其咨等也都有少量祭田。大宗還有由房長、讀書人組織的前程會，所收租供獎勵讀書人之用，確數不知，但賴國民之父賴秉坤中秀才，長期年收書租40石，可見書田數量亦不少。

祭田所收租供祭祀之用，但公田的租一般較少，1畝1石4斗左右，最多的有2石。在本村的族田，一般都租給族人種，在外地的族田則租給外村人耕種。大宗一年祭三次，元宵春祭，七月半秋祭，冬至冬祭。用生全豬、全羊等大三牲加雞、鴨、豬頭、魷魚、香腸等小五牲為祭品。祭小宗只有雞、鴨、魚等小三牲和菜碗。另在祖先忌辰和元宵、清明、端午、七月半、中秋、冬至、過年等節日，族人都在家裡祭拜祖先，一般用一碗飯、一瓶酒，幾碗菜（如雞、鴨、米粉、豬肉、冬筍等），有幾個祖先，就備幾份酒菜。本村婦女一般不能去祠堂參加祭拜，但橫江頭的質直、依衷二祠堂允許新娘元宵去祭拜，新娘拜小宗，新郎拜大宗。每年冬至前後祭祖墓，也有在清明祭祖墓的。

可能由於戰亂的影響，心田賴氏至今未見全族編修的統譜，只見一部分支系家譜，故對通過修譜組合宗族的情況缺乏瞭解。但心田賴氏先祖自遷松陽、遷江西永豐、萬安、遷閩西汀州後，累朝仕宦，已是當地望族，都編有族譜，宋代名流歐陽修（1007-1072年）、名宦胡詮（1102-1180年）都曾為賴氏族譜作過序，並編過《松陽郡賴氏總系廿七房歷代族譜》（莆田方鼎作序）。康熙四年（1665年）、乾隆三年（1738年）、乾隆三十一年（1766年）、乾隆五十三年（1788年）分居在平和、南靖

的朝英、朝美派下也都編有族譜，也都爲聯絡南靖和二縣的賴氏宗族產生了一定作用，其族譜內容都涉及心田賴氏的一些情況。而心田賴氏外遷台灣、海外新加坡等地賴氏也先後編修族譜，早在乾隆四十二年（1777年）遷居台灣的賴氏就編過族譜，以後心田五美派、四安派等也都修有各派支譜，爲聯絡本族海內外宗親都產生了一定的作用。1966年台灣倡修《賴氏大族譜》，就是由心田村遷台的賴國民負責編修，譜中也都追溯到心田各房的世系。心田賴氏亦於1992年成立心田賴氏淵源誌編寫委員會，以賴振聲爲主任委員，賴群侯、賴德茂爲正副主編，46位宗親爲委員，分工調查、蒐集資料，並以台灣、新加坡及江西等地賴氏族譜爲參考，於1994年編成《心田賴氏淵源志》（共200頁），整理出心田賴氏1-15世或16世四大房的世系和概述，雖有缺漏，但粗具規模，可以看出心田賴氏發展的概貌。

由上述可以看出，心田賴氏主要通過修祠堂及共同開展祭祖（包括祭祖祠、祭祖墓）活動，敦親睦族，團結族人。同時以賴卜隆遷來心田時從官陂帶來的保生大帝金身成爲賴氏特別信仰的神，以後並起蓋心田宮，爲聯絡心田卜隆派下的賴氏，也產生了很大的作用。心田賴氏發展到8、9、10、11代，到了明末，特別是天啓元年（1621年）起蓋大宗祠後，已形成一個宗族。由於有一批族人成進士、中舉人、入監、入泮，心田賴氏開始逐漸成爲平和縣的一個望族。

（二）平和阪仔心田賴氏向台灣移民開發寶島

平和是個山區縣，居民以務農爲主，但山多田少，自明中葉以後，人口日繁，謀食維艱。加上明清鼎革，戰亂頻仍，連年災歉，民乃輕去其鄉，外出謀生。阪仔位於平和東半縣，由於東半縣緊鄰靠海的漳浦、龍海，民眾養成冒險犯難的精神，明末清初不少人已遷居海外。特別是土地肥沃、氣候溫暖、適於農耕的台灣，更成爲他們遷徙的重要去處。雖然清初嚴禁私渡，且須橫渡黑水溝湍流黑浪，存在「六死三留一回頭」的風險，仍然有不少人迫於生計而偷渡台灣。他們或受海商的招引而去，或應荷蘭的招墾而去，或隨抗清驅荷的鄭成功的隊伍而去，也有於清初違法偷渡而去。早期渡台者由於有種種忌諱，清代所編的族譜中多不敢明記，或只記「外出」、「不知去向」等，移民的準確數字今日已難於統計。現根據原籍族譜[68]，並查對台灣地區漢人移民族譜[69]，將心田賴氏向台移民及開發台灣的情況簡述

如下：

心田賴氏開基祖賴卜隆，於元末（1340年左右）從詔安官陂舉家遷阪仔心田，迄今已600多年。卜隆生四子，長景春，次景祿，三景文，四景賢，是爲心田賴氏四大房。至今已傳至27世，分居180個自然村，共有6,300戶，3萬多人口。賴氏係平和第五大姓，阪仔第一大姓。心田賴氏早在明末，發展至9、10世時人口已逾千人，已感人滿之患。除向周圍鄉村發展外，開始向鄰省廣東潮汕地區移民。如9世英賢、堯祝、以興、10世斌、統光、11世宜章，先後遷居廣東潮州綿湖、湯坑等地；10世一相、一檜、一槐、一標兄弟遷居廣東揚江；11世一梧、孫、應山、應潮、應售，遷居廣東海豐溪尾、虎陷等地。也有個別如9世政、貫、科等兄弟遷居廣西北流縣。同時期也開始不斷向台灣移民。

8世賴大輝遷台。

8世賴司爵、賴廷洪派下遷台。

9世賴周純遷台。

9世賴清渠派下遷台。

11世賴業興、賴窆遷台。

11世賴惠、賴淑派下遷台。

11世賴錠下代於雍正年間遷居彰化大村。

12世賴君變，名天（1675-1727年）於康熙末年遷居今台中市北屯區。

12世賴仕榮於康熙末年遷居今彰化大村。

12世賴福富之妻楊氏隨子賴玩生（1711-1786年）、賴利生（？-1791年）於康熙末年遷居今台中市北屯區。

12世賴新之妻周氏（1708-1788年）同子賴丹（1723-1805年）、賴焰（1729-1787年）、賴田（1735-1763年）於乾隆中葉遷居今台中市北屯區。

12世賴檀於康熙末遷居今台北五股鄉。

12世賴潭遷居台北五股鄉，後移墾汐止，後裔移居花蓮。

12世賴奕、賴孔嚴、賴榕、賴寬裕、賴純德、賴君山派下遷居台灣。

13世賴振旺（1752-1834年）於乾隆四十三年（1778年）遷居今台中市北屯區。

13世賴帝於康熙末年遷居今台中市北屯區。

13世賴日明（1665-1743年）於康熙末年遷居今台中市北屯區。

13世賴棟直、賴珍明於雍正年間遷居今彰化大村。

13世賴日墨（純樸）妻林陶娘（1688-1762年）同子賴鳳（1707-1772年）、賴深於雍正年間遷居今台中市北屯區。

13世賴文豔於乾隆中葉遷居今台中市南屯區。

13世賴樸直遷居今台北新莊。

13世賴科於康熙末遷居今南投竹山。

13世賴峻山遷居今台中市。

13世賴燉樸遷居今雲林古坑。

13世賴圭玷遷居彰化。

13世賴圭裎妻汪氏偕二孫遷居台灣。

13世賴眞、賴士榮、賴藤、賴琢（純樸）、賴等、賴答遷居台灣。

14世賴談（1726-1810年）於乾隆初遷居今台中市北屯。

14世賴立道（1749-1800年）於乾隆中葉遷居今台北市北投區。

14世賴寬（1754-1810年）於乾隆末年遷居今台中市北屯。

14世賴繼輝（樸園）於乾隆初遷居今彰化大村。

14世賴挺於乾隆中葉遷居今雲林古坑。

14世賴繼明於乾隆四十六年（1781年）遷台。

14世賴文昭（1725-1780年）、賴世奇（1709-1748年）於乾隆初遷台。

14世賴繼光（1781-1815年）於嘉慶初遷台。

14世賴如賓遷居台灣淡水。

14世賴仰、賴廳、賴翰、賴曲、賴孝用、賴集成、賴紹雲、賴間傳、賴時正、賴廷梅、賴俊、賴藝、賴新行、賴榜、賴樅、賴時舉遷居台灣。

15世賴雲從（1721-1796年）於乾隆年間遷居今台中市北屯。

15世賴振淵於乾隆末年遷居今台中市北屯。

15世賴剛義遷居今彰化花壇鄉，賴敬良遷居今彰化員林鄉。

15世賴敦正、賴綿、賴天命、賴箴、賴恭、賴薦、賴梗（信篤）、賴敦腐、賴

文炳、賴雷、賴樸園遷居台灣。

16世賴明善（1754-1807年）、賴明耀（1763-1838年）、賴明博（1767-1829年）兄弟於乾隆末年遷居今台中市西區。

16世賴全遷居今台灣桃園。

16世賴國寶、賴瀨、賴壬亭、賴懷德、賴良厚遷居台灣。

17世賴哲、賴疇遷居台灣。

18世賴井輝、賴正直、賴厚生、賴其合遷居台灣。

據以上不完全的統計，心田賴氏自明末到嘉慶年間渡台者超過100人，其中90%以上係康熙末年至乾隆末年渡台的。自康熙二十二年統一台灣後一段時間，才出現心田賴氏渡台的高潮，當時清政府雖進行嚴禁私渡的政策（其間曾三次放寬對渡台人民攜眷的規定），但人民仍採取了各種方式進行偷渡。有的偽造官府「路照」；有的買通船主，冒充水手、舵工；有的買通守口兵役，私放上船；有的用漁船運出港口，再上大船，到了台灣附近又用小船接送，偷偷登陸。廈門附近的曾厝垵、白石頭、大擔、南邊山、鎮海、歧尾等處，都是偷渡的據點。到了康、雍、乾時，台灣西部沿海陸續被開墾殆盡，心田賴氏移民，主要拓墾台灣中部的台中縣、市及彰化、雲林的山區，少數深入南投竹山的山區開墾，這裡地處丘陵地帶的自然環境，與原籍平和相似。也有部分拓墾台北淡水、五股、新莊等地。但賴氏移民以開發今台中市北屯區的人數最多，約占移民總數的一半左右。如12世賴天，12世賴福富妻楊氏及其子利山、玩生，12世賴新妻周氏及其子丹、焰、田，13世賴振旺、賴帝、賴日明，14世賴淡、賴寬、15世賴雲從、賴振淵等都入墾北屯區。另有13世賴文豔入墾今台中市南屯，16世賴明善、明耀、明博兄弟入墾今台中市西區。據1956年戶口調查資料抽樣統計，台中市人口248,012人中，賴姓占17,467人，約占總人口7%，原居台灣人口第19位的賴氏，在台中市人口中僅次於林、陳、張而高居第4位。這些賴氏，主要是平和、南靖二縣賴朝英、賴朝美派下的子孫。而在北屯區人口30,164人中，賴姓占4,560人，占總人口的15%，高居本區人口的第一位，其中心田賴氏占絕大多數。在台中市西區，人口計36,336人，賴姓占2,768人，占總人口8%，僅次於陳、林，高居第3位；北區人口計42,696人，賴姓占3,292人，占總人口8.9%，僅次於陳氏，高居第2位；南屯區人口計15,788人，

賴姓占1,992人，占總人口12.6%，僅次於陳氏，高居第2位。在西區、北區、南屯區賴氏人口中，也包含了一部分心田賴氏的子孫。他們都為開發台中縣、市（南屯、北屯、西屯等地原屬台中縣，後擴大為台中市），作出了很大的貢獻。如賴雲從，開發今台中北屯區的二分埔、三分埔。雲從生天水、天仙、天河、天露、天在五子，稱心田五美派，至1963年已發展至23代，其中21代、22代已發展到660丁，其子孫人口超過千人。起蓋心田賴氏五美堂，祀賴雲從。其第五子天在一支事蹟尤其感人，妻廖儉16歲完婚，27歲時天在去世，遺二子，長8歲，次僅4個月，母子三人孤苦相依，衣食拮据，廖儉矢志守寡哺育二子，毅然把纏足放開，日間與其子共耕於田野，夜間繼以紡織，克苦度日。後家計日饒，長子早亡，次子生男12人，孫曾或耕或讀，各守乃業，置有萬金之產，廖儉享壽74歲而卒。長子賴德軒入泮，曾孫孟元（應魁）入文庠，長江入武庠。現子孫傳下12房，人丁數百，家產數十萬，成為台中賴氏之巨族。又如13世賴振旺，開發今台中市北屯區二分埔、北區軍功寮、賴厝廊等地，生9子：僚、友、浮、提、添、苑、露、碧水、穆，稱心田九德派，已發展至20代，裔孫數百人。在北屯區蓋有心田九德堂，祀賴振旺。又如開發北屯區三十張犁的賴淡，生五子：最、粒、郡、必、五子未詳，稱四安派。開發北區賴厝廊、邱厝仔的14世賴鳳，生7子：等、翰、海、園、火、灶、塘，稱心田七協派。14世賴深，開發北區邱厝里，生3子：汝、禮、漫，稱三和派。其子孫在賴厝里蓋有三和堂，祀賴深。

除台中縣市外，彰化大村亦是心田賴氏的聚居地之一。有11世賴錠之子、12世賴仕榮、13世賴棟直、珍明、14世賴繼輝於康熙末年至乾隆初年先後入墾該地。據1956年戶口調查資料抽樣統計，大村人口21,296人，賴氏占9,644人，占總人口的45.3%，高居第1位。他們大多數是心田賴氏子孫，對開發彰化大村產生巨大的作用。另有13世賴燉樸、14世賴挺先後遷居雲林古坑，1956年古坑人口33,200人，賴氏占1,926人，占5.8%，高居第5位。賴燉樸及賴挺子孫已發展到23代，21代至23代人丁各有200人左右，約有500多人口，約占當地賴氏人口的三分之一，他們為開發雲林古坑地區，也做出了相當的貢獻。

分居今台中市賴厝里等17個村莊的心田賴氏移民及其後代，早在乾隆末年就回原籍心田宮分香到賴厝里起蓋元保宮崇祀。在每年保生大帝神誕（舊曆三月十五

日）前，從舊曆三月初一日起，開始迎神遊境，按17村依次繞境遊行，至三月十五日回鑾。後來縮小爲遊境5個村，時間爲6天，從舊曆三月初十日起遊境，十五日回鑾。心田賴氏宗族特別崇祀的保生大帝，變爲台灣賴氏移民的保護神。元保宮於1986年成立神明會，推行大道濟世，導人向善，祈安植福。同年，集資建造牌樓、鐘樓、鼓樓等15項工程。1987-1988年後積極對外活動，如舉辦民俗才藝活動，並興建該宮七層交誼大樓，1990年完工。除少數部分留爲辦公廳、會議室外，其餘出租經營貫華大飯店。先後將該宮收入捐鉅資修建祖籍心田宮和青礁慈濟祖宮。並由賴煥樟、賴坤鏞、賴朝枝、賴德順、賴樹欽等宗親捐資人民幣28萬元，爲心田元保小學新蓋一座三層樓現代化的教學樓，共12間教室，總面積672平方公尺。1985年以後已有多批台灣宗親回祖籍心田謁祖祠（賴氏家廟）和祖宮（心田宮）。並有台灣13位鄉親捐人民幣30多萬元，重修賴氏家廟，1992年11月舉行落成慶典時，以賴誠吉爲團長率110位台灣宗親組成慶典團參加，觀眾約2萬人，盛況空前。賴氏家廟和心田宮成爲聯繫兩岸賴氏宗親的紐帶。現在元保宮的香火十分旺盛，心田、台灣的賴氏子孫也興旺發達。當日的17個村莊，現已成爲繁榮的台中市的一部分。心田賴氏子孫爲建設台灣，做出了相當積極的貢獻。

平和壺嗣吳姓宗族的發展及向台灣移民

（一）壺嗣吳氏的源流及宗族的發展

壺嗣吳氏係吳文應於明初從漳浦遷來，爲壺嗣開基始祖。壺嗣吳氏爲周太王子泰伯、仲雍之後，封於吳，傳至夫差，爲越王勾踐所滅，子孫遂以國爲氏，得姓自季札兄弟始。季札封於延陵（今江蘇武進），遂以延陵爲郡號。季札之兄諸樊、余祭、夷昧三人之後，其郡號則爲渤海（因吳地屬渤海郡）。吳氏族人自周末以降，即散居長江流域。其中一支季札之後，自秦漢易代以後，播遷河南光州固始。唐初，已有吳氏族人隨陳元光入閩漳。唐禧宗中和四年（884年）有後裔吳偕兄弟6

人，由光州固始隨王審知入閩討伐黃巢，兄弟6人分居各處，吳祭居於莆田縣錢陂，是延陵吳氏肇閩之祖，其祠、墓均在莆田黃石。第2世烈，由錢陂分居本縣澄塘。第3世緣、4世詹由澄塘分居本縣西屋。第5世資，6世舍，7世嗣，8世祖富，9世察，10世詡（任漳州推官），11世繹，12世裕。13世叔告，宋孝宗淳熙二年乙未（1175年）狀元及第，任大理寺卿，省志及莆田縣誌均有傳。14世起渥，任永春縣令。15世強老，諱源，字端本，生於宋孝宗乾通九年癸巳（1173年），由西屋移居漳州城南五十里馬口村、霞帳，為延陵吳氏入漳之祖，霞帳有祖祠。強老長子16世尙文，諱忠，居霞帳，次子尙質，諱允，居今詔安梅州，三子尙彬，諱貞（壼嗣本支直系祖）。尙彬長子榮，守本戶，次子福生，居甲州，三子海生，字清溪（壼嗣直系祖），居塘東，因聘從軍，得功授守備，多惠政，士民愛戴。海生子18代監務，移居西潭（《杜潯吳氏族譜》少此代，待考）。監務生三子，長沖一，號孟漢，次仲一，號仲漢，三漢一，號季漢（壼嗣直系祖），是為19世。漢一原居南勝縣聖宮後，因入贅西林，遂同妣林氏喬居今雲霄西林內石鼻頭，為西林寨長。後又移居墩上。漢一長子20世伯和，諱傑，號乾祐（壼嗣直系祖），分居漳浦陸鼇千戶所之旁的海島青山大澳之中，妣王氏，次子伯亮，係白塔、墩上、和塘之祖。伯和長子21世文應，次文科，三文舉，明洪武四年（1371年）抽潘、蘇、吳為一軍，在鎮海衛，以防倭寇。吳戶出身，潘、蘇二戶貼費。當時衛所兵員有從征、歸附、謫發、垛集四種，從征，是跟隨朱元璋起兵並轉戰南北的兵員；歸附，是收容的地方武裝和元朝降軍；謫發，則是犯罪之人被處罰從軍的軍人；垛集，是按戶籍徵集的兵員。所有軍人，均為世襲。壼嗣祖吳氏屬垛集類的衛所軍籍戶。後文應兄弟因見邊海倭寇大作，各擇地隱居。文應分居中寨，後於明初移居峰山之陽的南靖縣後徐（今平和壼嗣），成為壼嗣開基始祖。文應在中寨帶大小麥種而種之，故號其地為麥嶺。文科移居廣東潮州海洋縣上莆鄉，亦以二麥嶺為號。文舉居處未詳。

壼嗣第1世祖文應生2子，長子安，次仲錄。長房子安，娶嫡余氏，庶徐氏、楊氏，生2子，長明參，次明命。二房仲祿，妣張氏生2子，長明昌，次明廣，係壼嗣3世祖，承父當軍，防守鎮海衛。洪武二十四年（1391年）改調興化府平海衛。其後子與侄作四房輪當，一房當軍，三房貼費，各銀9錢。每房十年一輪，周而復始，後不知何時豁免。壼嗣分四房，蓋始諸此。明參行居長，為長房，明昌行

居二，爲二房，明廣行居三，爲三房，明命行居四，爲四房。至第7世時，因明命派下多單傳，人丁稍乏，故合長房與四房爲一房，二、三仍爲二房、三房，以當民役。倘或軍資與軍役頗廣，可以裕費，仍舊作四房輪，尙今暫作三房，此由壺嗣分作三房之所由來。第4世裔孫8丁，5世21丁，6世48丁，7世85丁，8世155丁，9世258丁，10世279丁，11世406丁，12世496丁（外遷的不計）。從明中葉8世到明末12世，已是人丁繁衍，從數百人發展到千餘人，成爲聚族而居的大姓了。至今居住壺嗣本村的吳氏已達300多戶，2,000多人。至於分居附近各鄉村的文應派下也有不少，本鄉吳姓9,800多人中，文應派下吳姓占了很大的數量。

自文應遷居壺嗣後，子孫開荒耕種稻麥，因土地肥沃，多豐收，而漸至富裕。自5世後開始從石鼓壟向周圍高寨、石橋、黃金坑、頂樓、山布、塘仔邊、霞溪、寨上、埔仔邊、井頭、大塘、坪尾、塢仔底、大徑等地開發，有的往今雲霄馬鋪鄉開發，成爲各地的分支祖。我們的調查點集中在第5世宗禮派下住居村中心的石鼓房。10世以後已十分富裕，有的一個祠堂年可收租一、二千石的田租。吳氏族中也流傳祖先發財致富的一些傳說，如說其祖先與鄉村宜古田富裕的陳姓賭錢，在賭桌上方偷掛一大鏡，能夠清楚地看到對方的賭牌，把陳姓的田地大量贏過來而致富。又說其先人做買賣，有一次買了一大批棉花，後發現棉花中存有大量的金銀財寶。這說明壺嗣吳氏除了力耕致富外，也可能還得到意外錢財而致富，或得到意外錢財而富上加富。但是壺嗣吳氏起家，主要還是靠耕田種地，勤儉致富。正如石鼓房13世祖祠延慶堂對聯所指出的：「遵祖宗二字格言曰勤曰儉；教子孫兩行正道惟讀惟耕」。表現了壺嗣吳氏以遵循勤儉持家和「耕讀家風」，作爲處世的宗旨。

文應派下吳氏力耕勤儉致富後，便遵循「耕讀家風」送子讀書求功名，並置書田予以鼓勵。至明代中葉後至明末，二房仲祿派下第10世道基、11世嗣昌（字燕及諱振宗）、台商（字果）、12世曆（諱中鈝）、文偉及石鼓長房12世文炳相繼入泮爲庠生，長房子安派下12世朝龍（諱誠謨）、朝麟（諱錫元）也入泮爲庠生，13世言爲武庠生。13世石鼓長房振齋（字鴻起，號青達，諱譽）中歲貢生，石鼓二房13世齡（字汝揚，諱顯）爲廩生，恩歲貢生。清初，監生及文武庠生更成批出現。石鼓長房14世德潤（諱雨，號峰陽）中雍正甲辰科（1724年）舉人，任東安縣知縣後，更大力倡勵文風。爲了鼓勵吳氏子弟讀書求上進，於乾隆五十年（1790年）

創立育才社，鳩族眾122人，捐銀421元，「捐題課金，公置斂息，懸為賞格，月率一課」。課期定每月初六日（逢考即停），已冠定賞5名，未冠定賞3名，分賞魁筆1枝至4枝，已冠著名加賞紅緞，並規定賞罰辦法：凡已冠連續三期無名降未冠，候取錄首名不給賞，再復已冠；未冠連續三期領賞，須有首名，方升已冠；已未冠連續三期首名，加賞紅緞尺二，金花一對。課文為場屋先聲，提倡課文，促進了吳氏後裔多出人才。現將14世以後的科舉功名名錄分列如下：

14世：德潤，舉人；孔陽、德澡（龍春），庠生，雲漢（燾），武庠生；德濬（理）、德泮（綿、芹侯）、德渙（瑞）、秉義（遷）、秉智（迎），監生（以上石鼓長房）。道升（瑰玉、偉），監生轉貢生；道粹（璋），監生（以上石鼓二房）。

15世：開宗（快、有光）、廷槐（植三），武舉人；廷耀（以誠）、廷志（追），庠生；紹賡（拜）、開緒（襯）、廷彥（岸）、延鶴（鄂）、金范（湯）、金章（舍）、金友（權），監生；另有國棟（錄）以軍功授廣東崖州府守備署理虎門游擊（以上石鼓長房）。捷元（希湖、子進、漸），廷猷（燕、翼夫），庠生；朝科（鞀、君藏）、朝超（拔卿）、政開（啓），政烈（佑）、政輔（統）、振揚（鳳），監生（以上石鼓二房）。

16世：良輔（劍一、雄），武舉；鳴時（沖或作充）、國香（引）、聯標（濟、秀英）、匯秋（炳），庠生；良弼（松）、船、登（龍），監生（以上石鼓長房）。觀瀾（泱、澄江），道光乙酉（1825年）科舉人；華蕚（欙、少英）、元添（有敬、禮）、捷三（允喜、聯甫），庠生，霸，武庠生；天奇（應瑞、尙理）、帕、任、芳、源生、學生、璜（一作續）、吉、泮水，監生（以上石鼓二房）。

17世：磐石（聲聞），乾隆乙卯（1795年）科舉人，道光丁未（1847年）欽賜太常寺博士，達溪（翔、摶九），乾隆庚申（1740年）科舉人，維岳（高嵩、卓山），道光丁酉（1837年）科舉人，江濤（永福、文瀾），嘉慶已卯（1819年）科舉人，任彬南儒學正堂；休征（降福），貢生；仕、涉川（謙山、皆吉），庠生（以上石鼓長房）。滄浪（時）、仰聰（勃、少英）、先甲（長庚）、沃（汝弼），庠生，邁遷（艾或作叉）、王，武庠生；搶（標先），監生（以上石鼓二房）。

18世：其湛，庠生；心傳，監生（以上石鼓長房）。丹梯（彩雲），庠生（以上石鼓二房）。

壺嗣的庠生首先出現在文應派下二房仲祿次子明廣後裔10-12世各1人，長子明昌後裔11世1人，其次是文應派下長房子安長子明參後裔12世2人，但從13世起，長房明參、明命及次房明廣派下均沒有再出現科舉人才，而所有舉人、貢生、監生、庠生都集中出現在二房仲祿長子明昌孫子第5世宗禮的石鼓長房和二房。石鼓長房12世開始出了1個庠生，13世出了一個歲貢生，石鼓二房13世了1個廩生，後轉爲恩歲貢生。14世後石鼓長房、二房舉人、庠生、監生相繼成批出現，而且長房又全部出現在10世奕山五子垂祿派下，二房也集中出現在8世彌譽子明欽、明耀、8世彌香子明爲派下。這是與8-10世後，彌譽、彌香、奕山等房發財致富後，對讀書積極鼓勵的結果。從10世至18世，壺嗣吳氏共中文舉6人（其中石鼓長房5人，二房1人），武舉3人（全部是石鼓長房）；入貢4人（石鼓長、二房各2人）；文庠生29人（石鼓長房12人，二房10人，其他房7人），武庠生5人（石鼓長房1人，二房3人，其他房1人）；監生33人（石鼓長房16人，二房17人）。石鼓長房德潤中舉後任東安知縣，15世國棟以軍功出身，任廣東崖州府守備署理虎門游擊，17世江濤中舉後任彬南儒學正堂。現將壺嗣歷代科舉功名名錄分列如下：

表6-7 壺嗣歷代科舉功名名錄

功名別＼世代別	舉人		貢生	監生	庠生		其他	備註
	文	武			文	武		
10				1				
11				2				
12				5				
13			2					
14	1		1	6	2	1		
15		2		13	4		1	其他1人游擊
16	1	1		12	7	1		
17	4		1	1	6	2		
18				1	2			
小計	6	3	4	33	29	5	1	80

壺嗣吳氏子孫繁衍、興旺發達後，爲尊宗睦族，開始興建祖祠報本堂，祀開基祖文應，並附祀2-5世祖。壺嗣現存的祖祠報本堂現在的建築係建於清初，被列爲縣文物保護單位。從壺嗣吳氏族譜首修於清康熙初年，修至13世，應係11世、12世裔孫所修，修祖祠亦可能即在清初與修譜同時進行，既蓋祖祠，祀1-5世祖先，又蓋支祠，祀6-10世祖先。蓋經過明清鼎革戰亂及清初鄭成功抗清鬥爭的影響，子孫離散，至康熙元年，鄭成功東征台灣，平和秩序趨向穩定，族人中已出了6、7個庠生，爲了尊宗睦族，開始起蓋報本堂祖祠和5-10世支祠。如蓋石鼓廳支祠，祀崇禮子6世志弘及石鼓長房7世本元、次房本雍至10世祖先；蓋頂樓支祠祀遜華子6世秉亮、秉章、秉銳至10世祖先；蓋西門支祠，祀遜茂子6世俊達、俊述至10世祖先；蓋井頭門支祠，祀宗泰派下6-10世祖先。石鼓房後裔以後又蓋田荊堂（大坡岕支祠）、延慶堂（祀13世）、南門支祠、田坑支祠、翰林支祠、頂磽房支祠等10多個支祠，同時還蓋一些公廳。除頂樓支祠解放前已毀外，其餘各祠堂都在。以後如田坑支祠毀於60年代，田荊堂、頂磽支祠毀於70年代，其他尚存在的祠堂，有的已分給個人居住，有的作爲公用房，如石鼓廳作爲食堂使用過，有的作爲倉庫使用。除祖祠及石鼓廳沒有田產外，其他祠堂都有或多或少的田地，多的如延慶堂，有2,000石的田租收入。本村族田共有多少，無準確的統計數字，3個主要報導人也作了各自不同的估計。有的認爲占本村全部土地的三分之一，有的認爲占一半，有的認爲占百分之六十。總之，族田數量很大，約占全村土地的一半左右。族田主要由族長及鄉紳控制，所收田租供祖祠、祖墓祭祀及書租之用。族田的田租比私田稍低一些，本地的土地多租給族人耕種，外地的土地則租給外鄉人耕種。報本堂每年春秋二祭，春祭在每年舊曆正月十四日，秋祭在八月中秋。春秋二祭用全豬全羊等大五牲，行三獻禮，儀式很隆重。婦女不得參加祭祖，但可以旁觀。大宗祠祭祖後的筵席，有文憑的婦女可以參加。新娘在婚後要到祠堂去祭拜夫家的祖先，生了男孩後也要去祭拜。由於報本堂祖祠沒有土地，祭祀費用由各房分攤出資。

　　本地人死後，三年內牌位放在家裡，但不放在廳上。房屋有餘裕的人家專門騰一間房放牌位，稱之爲後堂。房屋不寬裕的人家，拿一張棹子，按天干地支選擇方位，把牌位放在有利年的位置。三年後由孝子將牌位背到祠堂，經族長用朱筆一點，然後和祖先牌位放在一起。十五、六歲以下夭折的男孩不設牌位，十七、八歲

死者可設牌位。入贅者改姓後，牌位可放入祠堂。本村沒有在家中供奉異姓牌位的現象。未訂婚就夭折的女子不設牌位，也不進行祭拜。村民在過年節時（如大年、正月十五、清明、端午、七月半、中秋、冬至等）和死者的忌辰，都在家中廳堂上祭拜自己的祖先，祭品是小三牲（肉、豆干、加魚或蛋）粿品、酒、飯、菜等。

壺嗣吳氏入漳祖強老住霞帳，有祖祠，清初傾圮，乾隆二十二年（1757年）合眾房重建，霞帳也編有吳氏族譜，強老次孫分居甲州，也編有房譜。卜居白塔的文應叔父伯亮一支，也編有支譜。但壺嗣的文應派下，有明一代未見編修族譜。據乾隆二十三年（1758年）《重修族譜記》指出，壺嗣族譜「廢而不修者，蓋八九十年於茲矣」，按此推算，壺嗣吳氏族譜則係修於康熙十二年（1673年）前後，該譜「所修止十三代」，應係11、12世裔孫所修。首修譜「止修文應公以下各祖，自文應公以上，則概未之載焉」。經過八九十年後，14世裔孫東安知縣德潤年老回籍後，決定再修族譜。譜序指出：「潤自回籍以來，年力衰邁，諸事畏煩，獨以譜本為致意者」。因思「迄今不修，後且無從考據。潤蓋深憚夫譜廢而族乖。故因舊譜有三，而考訂之，并合白塔各族之譜而修稽之。既著一經堂世譜，詳辨其年代朝代，通盤打算，較核不差，蓋幾經費盡心力而後成也。」他認為：「族之有譜，所以奠世系，明昭穆，別分派，敦一本。此尊祖敬宗之大典，仁孝至親之至意。」該譜照依舊譜，重修文應以下之族譜，惟以大宗祠所崇祀始祖至5代各房之祖為準則。就此第五代各祖中，別其孰為長房，孰為次房，又別其孰為長房之長，長房之次，次房之長，次房之次，於各祖派下分為四條，照修標記。宗祠崇祀5世，如德潤所在石鼓房崇祀6世至10世，亦共5世。故該譜以5世為限，5世之後，周而復始。「起先分記其譜，又合載以圖，係以一脈貫通，父子相連，兄弟並列，歷世雖多，而支分派別，蓋不燦然列眉間。有先代遺派而中止，不得祀在祖祠者，則只存其祖先，而概削其遺派，毋使有所混淆」。至13世以後，支派蕃衍，住在本地或約略而知者，則編入譜內，其所未詳悉及散居外方者，則如闕之，候後補入。「蓋如網在綱，有條而不紊，綱舉而目自易張也」[70]。該譜中也詳細記錄了族人功名名錄，並考訂了壺嗣吳氏的源流，明確延陵之始祖及入閩、入漳祖至文應止20世的世系，載入譜中。過了28年，至乾隆五十一年（1786年）族譜又進行了一次續修，補充記載至19世，個別已出現20世。壺嗣吳氏通過清初修譜、蓋祠，開展共

同的祭祖活動，進一步團結了族眾，吳氏宗族也得到進一步的發展和鞏固。

（二）壺嗣吳氏向台灣及東南亞地區移民

自吳文應於明初定居壺嗣後，子孫不斷繁衍，至明末清初已有子孫向廣東、廣西移民，如11世吳振衍，12世吳修進，13世吳隆遷移廣東潮州、崩溪等地，11世吳四，12世吳翊遷居廣東惠來，15世吳對遷居廣西橫州。同時，也有吳文應後裔子孫向台灣及東南亞地區移民。現根據乾隆年間編修的二部《壺嗣吳氏族譜》、坑內吳簡存的《吳氏族譜》的記載，將遷居台灣的吳氏子孫姓名列如下：

10世吳公恕（續所）往台，分派下水堀頭、竹仔腳等地。

11世吳邦琯葬在東都。

12世吳珠及妻蔡良惠、吳邊、吳粉、吳曹渡台。

13世吳摘、吳義、吳肯渡台，吳鳳隨父吳珠渡台。

14世吳孰、吳玉、吳丕、吳勸（或作歡）之子、吳淑植、吳燕、吳張、吳應秋、吳堯、吳興、吳改、吳段、吳台、吳猛之子、吳解、吳高、吳斜、吳敢、吳檻、吳納之二子、吳依妻溫氏、吳日、吳徑、吳制、吳中渡台。

15世吳交、吳抄、吳練、吳請、吳盡、吳專、吳朕、吳注、吳非、吳森、吳泉、吳篇、吳肯、吳坡、吳柯、吳凜、吳依之二子、吳象、吳食、吳局、吳霜、吳三天、吳得老、吳改、吳探、吳畫、吳畫妻、吳幼、吳初、吳然、吳粉、吳善、吳枕、吳煥、吳龍、吳伯擎（名扯、號克奮）、吳料、吳聽、吳買、吳贊、吳岩、吳壯生、吳登之子、吳審之二子渡台。

16世吳燦之子、吳鍾、吳衍、吳言、吳桑、吳壬、吳信、吳丹（彩山）、吳曉、吳雇、吳饌、吳南、吳龍、吳丁、吳玉、吳誦、吳桂文、吳柱、吳火成、吳蒜成、吳輕、吳蕃、吳節、吳梯（字步文，號廷珍）、吳鍛、吳確、吳綴、吳東（位震）、吳詫、吳提、吳盆、吳貼、吳因才、吳郁、吳離、吳續妻賴氏、吳箴、吳泉、吳石、吳前、吳坪渡台。

17世吳喊、吳瞀、吳櫈、吳車、吳外、吳葉、吳假、吳休、吳浮、吳研、吳鈔、吳灶、吳湍、吳居、吳內、吳嚴、吳商、吳蔽、吳兩泉、吳世、吳離、吳續子吳注、吳扶、吳三渡台。

18世吳抱渡台。

19世吳床之三子渡台。

以上有12世吳粉與15世吳粉、14世吳肯與15世吳肯、14世吳改與15世吳改等均係同名不同人。

《平和文史資料》第五輯吳謂語所撰《延陵衍派，閩台一家》一文所收錄去台人員名單中，尚有11世吳登高、吳九效、吳九法，12世吳家銘、吳朝稱、13世吳芳、吳重濬、吳重涉、吳重浩、吳重洽、吳重演、吳重津、14世吳泰、吳長、吳茂、吳喜，15世吳波、吳暖、吳淺、吳科、吳德福，16世吳馬賜、吳松、吳用、吳濕、吳德、吳致、吳佑、吳約、吳塘、吳朝、吳從、吳廷章，17世吳烏耳、吳辟、吳繼能、吳象形，18世吳水養，吳紅狗、吳紅籤，19世吳聰明、吳都等，《壺嗣吳氏族譜》未見記載，想必另有所據，一併錄此供參考。另該名錄中吳登、吳審，吳燦渡台有誤，族譜載係其子渡台，該名錄誤為本人渡台，已改正。據上述名錄，解放前壺嗣去台人員有：吳淩漢、吳在河、吳樹乳、吳錦宇、吳堯坤、吳堯平、吳經常、吳金上、吳色火等9人。

以上壺嗣渡台吳氏子孫，近200人之多，但在《壺嗣吳氏族譜》中，只記「往台」、「過台」或「過台卒」、「過台早卒」、「在台卒」，多未記渡台地點。只有10世公恕記「往台，分派下水掘頭、竹仔腳」，17世吳鈔「往台灣本基湖」，17世吳休「往台灣頂縣」。水掘頭應係今台中市西屯區水堀頭，竹仔腳應係今台中縣大里鄉，本基湖應係今台中縣霧峰山區之糞基湖，頂縣應係指台北地區。但從已知早期渡台的吳珠及子吳鳳，係移居嘉義竹崎、中埔等地，壺嗣吳氏不少人亦係移居今嘉義縣之嘉義市及東部山區竹崎、中埔、梅山、吳鳳等鄉。壺嗣吳氏所崇祀的玄天上帝，亦是這些鄉所崇祀的主神，祖籍的崇祀神變成移民的保護神。據1956年的戶口調查資料抽樣統計，嘉義縣共有人口603,004人，吳姓占49,560人，占總人口8.2%，僅次於林、陳，高居第3位，比吳氏在台人口所居第6位超過不少。嘉義縣的吳氏人口中，有不少即係壺嗣吳姓子孫。如梅山鄉有人口22,112人，吳氏占1,120人，約占總人口5.1%，居本鄉人口第4位。吳鳳鄉人口6,440人，吳氏占256人，約占總人口4%，居本鄉人口第2位。其他如竹崎鄉有吳姓1,080人，中埔鄉有吳姓456人，壺嗣吳姓子孫應占很大的比重。他們在開發嘉義東部山區及台中、台

北等地區，都做出了相當的貢獻。

　　特別是康熙四十二年（1703年）年僅5歲的吳鳳，字元輝（1699-1769年），隨父吳珠、母蔡良惠渡台後，先居今嘉義市，後移居今嘉義縣竹崎鄉，在當地聯繫團結鄒族先住民方面做出了很突出的貢獻。吳珠受過儒家教育，也懂得一些醫理，經常渡台貿易於阿里山山區，吳鳳從小隨父讀書，10歲時隨父到阿里山與先住民貿易，給先住民治病，學會了山地語言，並通曉他們的風土人情和生活環境。康熙六十年（1721年）朱一貴反清事件被平定後，吳鳳被諸羅縣選任為阿里山理番通事，時年24歲。吳鳳就任後以奉公、守法、愛民為處事主旨，嚴禁社商、社棍敲剝先住民，剔除宿弊，並制止漢移民侵占先住民土地，鼓勵與教導先住民墾殖、紡織，教兒童讀書識字，經常為他們看病，也督促先住民按期納稅。吳鳳任通事四十多年，深受先住民尊敬。當時鄒族有「出草」祭神的陋習，吳鳳說服他們用朱一貴起事年間，鄒族下山所殺40多個人頭作為祭品，一年用一個。經過40多年，人頭用光了，鄒族又提出恢復「出草」風俗，經吳鳳苦勸，又拖了三年，最後決定犧牲自己來阻止這一陋俗，於乾隆三十四年（1769年）舊曆八月初十日，吳鳳犧牲於中埔社口，先住民深受感動，從此革除「出草」陋俗，漸漸開化，以後鄒漢關係比較融洽。吳鳳死後數十年，到嘉慶末年，社口住民立祠奉祀，尊崇為阿里山忠王祠。光緒十八年（1892年）鳩工重修。光緒三十二年（1906年）嘉義地區大地震，祠宇倒塌。1913年，日人利用「協和民番教耕織」的吳鳳這一典型，重建吳鳳祠，1931年又再次重修，大力提倡吳鳳精神，不斷加以神化。國民黨退台後，蔣介石授意重修，於1953年舉行落成典禮，並由賈景德撰《重修吳鳳廟碑》，立石紀念。吳鳳廟有許多歌頌吳鳳事蹟的楹聯。如：「殺身成仁至今猶蒙厥澤；捨生取義當世罕有其人」。清末澎湖人吳承慶撰：「憶當年任通事，成仁取義威福異類；欣此日得勝殘，安老懷少澤被同胞」。歷代有不少文人名士詠詩歌頌吳鳳墓或吳鳳廟。早在咸豐年間，有閩侯人劉家謀詠吳鳳事蹟詩曰：「紛紛番割總殃民，誰似吳郎澤及人；拼卻頭顱飛不返，社寮俎豆自千秋」。並註：「鳳墓在羌林社，社人春秋祀之。」于右任1950年亦作詩曰：「酬君當奉人心果，壽世應同阿里山。仁者愛人無不愛，犧牲豈止為台灣」。這些都反映了吳鳳為聯絡漢移民與先住民關係上所作出的貢獻。

吳鳳於康熙五十六年（1717年）19歲時與陳良德結婚，生登拔、登舜2子。登拔早逝，多單傳，人丁不旺。登舜生2子：奇玉、汀祖。汀祖生1子7孫，這一支人丁較旺，至9-11代（壺嗣21-23代），合共有上百人丁，數百人口，多數仍住竹崎鄉，並將中埔鄉的吳鳳墓移葬本鄉。吳鳳子孫在發展台灣經濟中，繼續作出他們的貢獻。

海峽兩岸共祀先賢。1986年5月，吳鳳祖籍壺嗣村在吳氏祖祠創辦吳鳳陳列館，陳列台灣宗親所提供的吳鳳一生事蹟的資料，同年9月13日（舊曆八月初十日，吳鳳殉職日）平和縣各界人士在吳鳳誕生地壺嗣村吳氏宗祠前，舉行吳鳳殉職成仁217周年祭典紀念活動，平和縣黨、政、人大、政協領導及平和、雲霄、詔安等地群眾一萬多人參加，並有中央、省、市、縣10個單位新聞單位記者參加實地採訪報導，大會以民間傳統的風俗，舉行隆重的祭典儀式，吳氏宗親們一齊在祭壇前頂禮朝拜，深情悼念先賢。在祝文中最後指出：「公乃文應公之驕子，我等吳氏子孫之先哲。公之錚軀，已化為大陸、台灣之橋樑；公之精神，已織就民族協和之紐帶；公之功澤，蔭庇吳氏子孫萬代。我等今日以虔誠之心祭祀公之英靈，祈請先賢安息。以崇敬之情緬懷公之高風亮節，效尤公之奉獻，為華夏之振興，家鄉之富裕，竭心盡力，鞠躬盡瘁」。崇祀吳鳳，成為聯繫海峽兩岸人民的紐帶。自明末清初開始，壺嗣吳氏成批向台灣移民的同時，也有不少人向東南亞地區移民。現據壺嗣吳氏族譜記載，分列如下：

10世吳夢麒「過番」。

13世吳沙「往番」。

16世吳載振「往番」。

17世吳得窯「往番」，吳服「往番」，吳寵「往番卒」，吳映高「往番卒」。

18世吳椏碨「同治辛未十年往番」，吳龜「過番卒」。

這裡所指的「番」，係指東南亞地區，但何國不明。另據平和縣政協、統戰部、僑辦、僑聯、方志辦等單位調查及查閱有關史料記載所整理的《平和歷代旅外華僑史略表》（《平和文史資料》第十輯），現抄錄如下：

表6-8 壺嗣吳氏向東南亞地區移民詳細記載

姓名	移民時間地區	原籍	國內親屬	關係
吳福星	清道光往泰國	壺嗣	吳寶通	曾祖父
吳萬利	清道光往泰國	壺嗣	吳寶通	伯祖
吳梓連	清道光往泰國	壺嗣	吳寶通	伯祖
吳喬株	清道光往泰國	壺嗣	吳寶通	祖父
吳降福	清道光往泰國	壺嗣	吳水生	高祖父
吳弄璋	清道光往泰國	壺嗣	吳水生	曾伯祖
吳弄潮	清道光往泰國	壺嗣	吳水生	曾祖父
吳弄筆	清道光往泰國	壺嗣	吳水生	曾叔祖
吳吉慶	清光緒往泰國	壺嗣	吳水生	伯祖
吳乃仲	清光緒往泰國	壺嗣	吳水生	伯祖
吳乃武	清光緒往泰國	壺嗣	吳水生	祖父
吳乃通	清光緒往泰國	壺嗣	吳水生	叔祖
吳乃果	清光緒往泰國	壺嗣	吳水生	叔祖
吳乃火	清光緒往泰國	壺嗣	吳水生	叔祖
吳三陽	清光緒往泰國	壺嗣	吳寶通	伯祖
吳乾首	清光緒往泰國	壺嗣	吳寶通	伯祖
吳穿揚	清光緒往泰國	壺嗣	吳余力	伯父
吳穿閣	清光緒往泰國	壺嗣	吳寶興	伯父
吳穿瀾	清光緒往泰國	壺嗣	吳寶興	父親
吳穿弓	清末往泰國	壺嗣	吳徽榮	伯父
吳奇	清末往泰國	壺嗣	吳銀鍾	伯祖
吳肯堂	清末往泰國	壺嗣	吳銀鍾	祖父
吳道注	清末往泰國	壺嗣	吳銀鍾	叔祖
吳大斛	清末往泰國	壺嗣	吳銀鍾	叔祖
吳賣	清末往泰國	壺嗣	吳銀鍾	叔祖
吳響錫	清末往泰國	壺嗣	吳銀鍾	父親
吳步批	清末往泰國	壺嗣	吳森水	祖父
吳響日	清末往泰國	壺嗣	吳森水	叔祖

（續）表6-8 壺嗣吳氏向東南亞地區移民詳細記載

吳步梯	清末往泰國	壺嗣	吳開富	父親
吳拱	清末往泰國	壺嗣	吳開富	叔父
吳鳳壽	清末往泰國	壺嗣	吳元河	父親
吳玉印	民國初往泰國	壺嗣	吳水生	堂叔
吳樹探	民國初往泰國	壺嗣	吳水生	堂叔
吳阿坑	民國初往泰國	壺嗣	吳水生	父親
吳阿陂	民國初往泰國	壺嗣	吳水生	叔父
吳學濂	民國初往泰國	壺嗣	吳徽聲	伯父
吳水生	民國中往泰國	壺嗣	吳雲慶	父親
吳穿環	民國時往泰國	壺嗣	吳徽聲	父親
吳川插	民國時往泰國	壺嗣	吳徽聲	叔父
吳川協	民國時往泰國	壺嗣	吳徽聲	叔父
吳徽章	民國時往泰國	壺嗣	吳徽聲	堂兄
吳徽喋	民國時往泰國	壺嗣	吳徽聲	兄
吳寶香	民國時往泰國	壺嗣	吳奇炎	姑母
吳銀鍾	民國時往泰國	壺嗣		
吳國慶	民國時往泰國	壺嗣	吳江淮	兄
吳良成	民國時往泰國	壺嗣	吳國輝	父親
吳阿行	民國時往泰國	壺嗣	吳火船	父親
吳衣蟬	民國時往泰國	壺嗣	吳水金	兄
吳天賜	民國時往泰國	壺嗣	吳泉?	叔父
吳紅塘	1929年往泰國	壺嗣	吳地來	父親
吳丹申	1932年往泰國	壺嗣	吳通盤	父親
吳水瀨	1932年往泰國	壺嗣	吳中賢	夫
吳宗容	1927年往泰國	壺嗣	吳坤土	叔父
吳孫遍	1943年往泰國	壺嗣	吳清照	叔父
吳漢唇	1917年往泰國	宜盆	吳茂道	父親
吳有會	1927年往泰國	峰山	吳懷德	父親
吳天賜	民國時往泰國	峰山		

（續）表6-8 壼嗣吳氏向東南亞地區移民詳細記載

吳時習	民國時往泰國	峰山		
吳山中	1917年往泰國	峰山	吳金裕	父親
吳水溉	1932年往泰國	山布	吳水要	兄
吳拾壹	1935年往泰國	山布	吳金水	叔父
吳炳漢	1936年往泰國	山布	吳炳坤	兄
吳佛有	1934年往泰國	山布	黃埔花	伯父
吳上海	1944年往泰國	山布	吳芳金	父親
吳厘力	1928年往泰國	坪塘	吳榮坤	父親
吳炳南	1923年往泰國	坪塘	吳進步	父親
吳文德	民國時往泰國	宜盆	吳阿南	兄
吳亞清	民國時往泰國	大二	吳見喜	伯父
吳水池	1934年往泰國	大二	張市	侄

　　以上文應後裔吳姓子孫，據族譜記載，自明末至清代「往番」者8人。據《平和文史資料》調查，從道光年間至民國三十三年（1944）間先後移民泰國者達70人，其中壼嗣本村54人，山布村5人，峰山村4人，宜盆村2人，坪塘村2人，大二村3人。族譜所記去東南亞何地不詳，而《平和文史資料》所記70人卻全部前往泰國。以道光年間吳福星、吳降福二家最先前往泰國北大年，然後帶動壼嗣本村及附近山布、峰山等村吳姓子孫前往泰國。最初多爲礦工，靠出賣勞力謀生，有了積蓄，便開始招工開礦或經商。如吳福星初在北大年開錫礦，後創辦金利號，經營出入口生意，百年之金利號，成爲北大年華商翹楚，同籍鄉人及同姓宗親多南渡依之。福星生3子10孫，2個孫女，其孫吳穿揚始於多羅閩開採錫礦，後與內弟曾福順合創曾順成號於陶公，招弟學濂前往協助經營。1938年學濂改組曾順成號及各分號爲曾福順有限公司，任董事長兼總經理。學濂生3男5女，長男徽音同摯友始創聯合書局、聯合印務局、聯合出版社於馬來西亞檳榔嶼，設分行於怡保、吉隆坡，並經營曾福順有限公司檳棧業務。次男徽容、三男徽衍均分別畢業於美國畢盛頓大學和俄亥俄州立大學，畢業後回泰國任職於各公司，事業興旺發達。又如另一早期移民吳降福，先當礦工，後娶當地一富戶小姐妮拉爲妾，有四座礦山爲嫁妝，遂招

三個在祖籍的兒子前往泰國接管礦山，其孫子吳乃武開始興辦發興公司，初期僱用40多名工人，後擴大到150多名工人，洗成礦砂運售英商，變貧僑爲富商。後乃武又與其堂侄吳玉印、宗親吳良成合股創辦元發公司和元發成公司，從事開礦，也有100多名礦工，收入大增，便在北大年購買地皮，興建20間店房，租人經商，且匯款祖籍購買10多畝田地，起蓋7間樓房。其長子吳阿坑繼續經營礦山，次子阿陂則到蔴植島經營雜貨店。[71] 吳福星、吳降福子孫開礦，便招引更多祖籍宗親及戚友前往當礦工。壺嗣吳氏爲開發泰國北大年的經濟作出了很大的貢獻。現留居泰國的後裔有數百人，繼續爲建設泰國繁榮，居住國經濟、文化作出自己的貢獻。

　　壺嗣吳氏移民到泰國後，仍與祖籍保持密切的聯繫，多數人經常回祖籍探親，並在祖籍娶妻生子，待兒子長大後再招往泰國。如吳降福一家就是典型的例子。吳降福在祖籍結婚生下3子。待成年後即招去泰國，降福在泰雖娶一妾，但未生育。其次子吳弄潮也回祖籍結婚，生下5子，待成長後相繼招去泰國。其所生5個孫子除一個在泰國早死外，其餘4人均回祖籍娶親傳下後代，第四代曾孫吳阿坑、吳阿陂也是在祖籍成長後再出國，第五代玄孫吳水生也是成年後帶去泰國。吳阿陂雖與泰女結婚，並生下1子，後又回祖籍娶妻，並在祖籍逝世。吳水生於第二次世界大戰爆發後被送回祖籍留居至今。吳福星的情況，與此類似，其孫吳穿揚、吳學濂等都是在祖籍成年後才出國的。又如吳肯堂之兄弟移居泰國後，即在吳乃武所創辦的興發公司當礦工，肯堂20歲出洋，23歲回祖籍結婚，常去常回，在祖籍生下7個兒子，後全部移居泰國。肯堂7個孫子亦成年後移民泰國，其孫響錫亦到18歲才往泰國當礦工，22歲回祖籍娶親，生子吳銀鍾，17歲隨其叔移居泰國，後當上爲泰國宗親送銀送信回祖籍的「客頭」。太平洋戰爭爆發後無法出國，便留居祖籍至今。由於壺嗣吳氏出國後多數回祖籍娶親，待兒子長成後再去泰國，所以他們經常回祖籍探親，且每年寄回大批僑匯贍養家屬，並關心祖籍的文化事業，特聯合捐款一萬多銀元創辦壺峰小學，培養祖籍子弟。壺嗣移民經過數代後，才有一些人與當地泰人結婚，或世代定居泰國，加入泰國籍。至今壺嗣吳氏大多數家庭與泰國保留有親戚關係。

平和埔坪林氏宗族的發展及向台灣移民

（一）埔坪林氏的源流及宗族的發展

　　埔坪林氏開基祖林子慕，係元末自漳浦深土鷺下遷來今平和縣五寨鄉埔坪村（元至正十六年即1356年之前稱南勝縣，之後稱南靖縣），堂號西河。其得姓始祖林堅，係商紂王叔父少師比干之子，比干以忠諫被害死，時其妻陳氏有孕三月，避禍於長林石室之中，生男名泉，周武王賜姓林氏，賜名曰堅，是爲林氏得姓始祖。堂號西河。至晉代，裔孫林祿於東晉明帝三年（325年）爲晉安太守，居侯官都西里，封晉安郡王。卒葬於惠安塗嶺九龍岡。是爲林氏入閩始祖。十傳至茂，於隋初遷居莆田。十五傳至萬寵，生子三，長韜，爲闕下祖；次披；生9子，皆爲刺史，是爲九牧祖；三子昌，字茂吉，生一子萍，爲州刺史。萍生子十四郎，諱琦，字廷玉。琦生3子，長和忠，次和孝，三和義。和義字鴻虞，宋末入漳浦深土鷺下開基，生一子大用。大用生7子，子亨、子貨、子賢、子慕、子華、子齊、子淵。時丁元季之亂，兄弟分散。長房子亨，分居苦竹，次房子貴，守鷺下，三房子賢，分居漳浦七都橋頭，五房子華，分居饒平，子孫徙居南靖車田、攀龍（今屬漳浦），六房子齊，分居今平和五寨後巷，七房子淵，分居漳浦下尾，本係直系四房子慕，分居今平和五寨埔坪社（舊名莆鵬），爲埔坪開基祖。

　　埔坪一世祖子慕名文美，字潛庵，諡敦孝，生於元順帝至元元年（1335年）舊曆四月初七日卯時，卒於明洪武二十九年丙子（1396年）七月十五日申時，壽62歲，葬在埔坪福場埔池邊井仔上。娶李氏，諡勤則（1338-1373年），享年36歲，生2子，長伯元，次伯川，是爲埔坪2世祖。伯元名左乾，諡質庵，妣陳氏，諡溫理，生卒未詳，夫妻合葬盤陀翁也柴鳥丁腳。失祭多代，至嘉慶十九年甲戌（1814年）始恢復祭祀。無子，以弟子宗嗣爲繼。2世次房伯川，名右坤，生於元順帝至元十五年乙未（1355年），卒於明永樂二十一年癸卯（1423年），壽69歲，妣楊

氏，諡大妲，夫妻合葬埔坪下埔尾。生2子，長宗紹，次宗嗣，宗嗣出嗣伯元。伯川係開古慧溪之始祖，後裔遷居本縣安厚鄉龍頭村，子孫繁衍於今安厚鄉的龍頭、嶺頂、三合、美峰、田逕等地。埔坪3世祖宗嗣名養，諡逸叟，生於明洪武五年壬子（1372年），卒於明永樂二十二年甲辰（1424年），壽53歲，妣鄭氏，諡懿徽，生4子，分四大房。長房允椿（1394-1456年），妣陳氏（1396-1458年），為猴門房祖。生三子，長克明，次克聰，三克齊。二房允槐（1397-1465年），壽69歲，無子，立允椿三子克齊為嗣。為花磚大金房之祖。三房允楨（1400-1468年），壽69歲，妣陳氏（1400-1460年），為虎房之祖。生2子，長遜明，次遜疇。四房允器（1403-1469年），壽67歲，妣李氏（1412-   ）。是為橫街房之祖。生3子，長克顯，次克偉，三克政。伯元後裔在埔坪開荒耕種，勤儉持家，子孫不斷繁衍，其中虎房與大金房人丁尤為興旺。虎房5世遜明（1430-1498年）、遜疇（1440-1492年）兄弟各生4子，稱頂四景和下四景。遜明4個兒子又生12個孫。其中四子6世景武（1464-1532年）又生3子（分春房和寰房）7孫，景武孫8世汝友（1526-1573年）亦生4子（分岩頂祖和茅仔嶺祖）7孫，汝支孫10世弘結（1581-1639年）為窯內房祖，生6子15孫36曾孫。虎房人丁興旺，但自14世林石遷台後，大金房人丁比虎房更旺。由於埔坪林氏子孫迅速繁衍，開始開發鄰近東樓、侯門、新塘、前嶺、橫溪和溪頭等村，至乾隆年間14裔孫林石已遷居台灣，開始向海外發展。至今埔坪林氏已發展24世，住居埔坪及本鄉附近各村的林氏人口已近7,000多人，其中住居埔坪本村的林氏達1,800多人，係單姓聚居村。

埔坪林氏繁衍昌盛後，也先後蓋起了大宗祠和各房支祠。大宗祀一世祖子慕，附祀2-3世祖先。從現存的建築看來，祖祠係建於清初，現為縣文物保護單位。2世次房又另建有龍頭祠堂，2世長房自4世起分猴門房、大金房、虎房、橫街房等四房，各房也都建有祠堂。4世以後各房，又有支祠，如小三房祠堂，虎房有分支祠堂，祀10世弘結（1581-1639年）、11世奇早（1609-1694年）、奇炅（1611-1685年）、奇昴（1615-1673年）等祖先，應係建於康熙末年以後。虎房於乾隆八年（1743年）又起蓋綏豐祠，十年（1745年）竣工，祀本房13世祖林江、勤朗等。

埔坪林氏大宗貼上漳浦林氏鷺下祠堂30字字輩聯，其內容為：「祥景邦，順長道，世學克崇，繩日志紳土；慶華國，顯大謨，家修丕振，守先耀宗祊」。還貼

有描述林氏源流的長聯：「溯元鷺下遷移，由和如浦，分旗虎以及侯慧，元宵椒頌；肇基埔村建里，恭兄愛弟，鵬龍更徵瓜瓞，春酒梨歌」。綏豐祠也貼有這樣的門聯：「祥開十世流光速；四房衍派裕澤長」。祠堂除大宗沒有公田外，其他都置有族田。綏豐樓有公田80多畝（一說100畝），年可收租100餘石，花磚祠堂有公田5畝，林帝所蓋思永樓三房有公田五、六十畝（一說120畝），可收租80多石，虎房祠堂奇昂祀田可收租25石6斗，思永樓旁的府衙，有公田10畝，加上寺廟也有一些公田。據報導人估計，埔坪的公田數量超過私田。但公田多在外地，有的遠在漳浦縣，本地只有少量。公田租農民耕種，因多在外地，多由外地農民耕種，只有少量本地公田，由本房族人耕種。公田的租比私田少一些，一畝收租石二三。祠堂公田所收的租，供祭祠、祭墓之用。如奇昂祀田明確規定，所收租三分之二供祭祖祠，三分之一供祭祖墓。也有一部分公田做為書田，凡讀書人一年可得4斗、1石不等。

大宗一年春秋二祭，春祭每年舊曆正月初二，秋祭每年七月十五，由族長主持，由各房房長負責收祭祀用的錢。四大房的大祠堂也舉行春秋二祭。埔坪風俗，凡生男孩做新父、新公的人，要於翌年正月十五日也要到大祠堂去祭拜一次，並辦丁桌請族親。其他分支小祠堂，一年八祭，除夕、正月初一初二、元宵、清明、端午、七月十五、八月十五、冬至，都要祭拜。大宗祭祖用大五牲或大三牲，並舉行隆重的祭拜儀式。現將埔坪大宗祠春秋二祭的唱禮詞列於下：

肅靜無嘩。執事者進廟堂行禮。宗孫就位，跪。上香，再上香，三上香。進爵，灌地。獻酒，再獻酒，三獻酒。叩首，再叩首，三叩首。興。官身就位，俯伏，跪。上香，再上香，三上香。獻酒，再獻酒，三獻酒。叩首，再叩首，三叩首。興。眾孫丁各就位，跪，興。再跪，興，三跪，興，四跪，興。禮畢。

祭祖時還要宣讀祭文，其祭拜大宗祠1-4世祖考妣的祭文內容如下：

維某年某月朔，越日宗孫暨眾裔孫等謹以牲醴、庶饈、果品、香楮之儀，致奠於1-4世祖考妣暨列祖考妣之神曰：宋朝季世，鷺下開基，迨經元末，祖乃遷移莆鵬建里，礬嶽依毗，積德功累，奕世鴻禧。元旦次晨，景物和煦（或中元節屆，玉露涼颸），登堂報本，獻醴陳卮，衣

冠俎豆，敬慎威儀。祖其降鑑，佑我孫支，家增庶富，名顯丹墀。尚
饗。

行禮畢，舉行筵席，鄉紳、讀書、有功名的人可以吃「公」。

到元宵祭拜時，祠堂都貼上有關慶祝的新聯。如大宗貼上：「擊鼓鳴金，衍我
列祖；肆筵設席，燕爾新公」。或貼：「金聲鼓盪元宵夜；燭影光昭始祖前」。還加
貼賞燈聯文：如「燈光月光，燈月交光元宵夜；神樂人樂，神人共樂太平春」，以
增加節日氣氛。

本村風俗人死後，神主牌先放在家裡，一年後，移送公厝或小祠堂。在家裡祭
拜祖先，主要在忌辰和節日，祭幾個人就備幾份飯。正月十五是大祭，供品有豬
頭、甜粿等，有時候供小三牲或小五牲。

除了對大祠堂春秋二祭及過年節或忌辰祭拜祖先外，清明對祖墓的祭拜也很重
視。

祭祖墓時備牲醴到墳地祭拜，並向祖墓及土地宣讀祭文祝文。在福場埔埋葬的
一世祖子慕墳域的祝文內容為：

惟某年二月朔日，越初六日，伯元公、伯川公古慧房眾裔孫等謹以牲
醴庶饈果品香楮之儀，致奠於始祖考諱潛庵林公、始祖妣諱勤則李氏
林媽之墳曰：由來衍派鷺下住居，迨經元末，伯仲分移，聿來胥宇，
鵬社開基，傳世於今二十有餘，人丁錯處，廣哉熙熙。花朝在即，不
盡心思，虔備肴酒，祭掃墳墓。祖其鑑佑，福履綏之。尚饗。

福場埔土地公祝文為：

司土之神曰：赫赫明明，惟神牧斯福巒，考妣托骸，荷蒙青眷，功德
宏偉大宗，歷朔難殫。踏青甫過，風露猶寒，虔備牲酒，用表寸丹。
神其降鑑，累世纓冠。謹告。

據《台灣霧峰林氏族譜》記載，子慕忌辰是舊曆七月十五日，祝文為二月初六
日，未知何據。

從祭2世伯元公媽祝文，獲知伯元夫婦的生卒年月不詳，且長期失祭，直到嘉慶十九年（1814年）才找到祖墓所在而恢復祭拜，其失祭原因亦不明。其祝文內容為：

> 伯元房眾裔孫等謹以牲醴庶饈果品香楮之儀，致奠於二世顯祖考諡質庵林公、祖妣諡溫理陳氏林媽之墳曰：考妣存歿，不知何庚，盤陀勝地，實祖佳域。譜載壽域，翁柴鳥丁，由來失守，越世幾更。幸祖靈爽，赫赫明明，托人傳告，始末陳情，嘉慶甲戌，方認先塋。茲當春仲，薦酒奉牲，神其來格，鑑此微誠。子孫昌熾，科甲齊名。尚享。

　　以上祭文、祝文係根據埔坪林泰山所傳抄《宋朝季世鷺下開基歷代祖考妣忌辰祭文》。他還傳抄有3世祖宗嗣的浮山墳域祝文、11世祖奇早考妣的庵豬埔及北坑埔墳域的祝文，並記舊曆五月廿四日和十二月廿一日係其考妣的忌辰。據族譜記載，奇早享壽86歲，奇早妣享壽98歲，墓碑上有「百歲妣」記載，夫婦俱享耄耋之高齡。同時還抄有13世綏豐墳域祝文及其他各種形式的祝文，表示其對祭拜祖先的重視。

　　在林泰山所傳抄的埔坪林氏祖先的各種祭文、祝文中，都強烈表現了其子孫求丁財、求功名的願望，如「家增富庶，名顯丹墀」、「子孫昌熾，科甲齊名」、「俾昌厥後，金榜題名」、「代代添丁，世世增譽，科甲聯登，衣食有餘」、「熾昌後裔，甲第聯登」、「科甲聯名，房房發福，代代添丁」等。自子慕遷埔坪後，經過五、六百年的發展，其派下海內外裔孫已超過萬人，「子孫昌熾」已經達到，從其所置各祠堂祭田數十畝、上百畝看來，「家增富庶」、「衣食有餘」也可說已基本實現。「甲第聯登」、「金榜題名」的願望，也開始實現。埔坪伯元派下有14世長蕃、光玉中舉，14世永遇登乾隆甲子科殿試第36名進士；龍頭伯川派下也有15世金桂、16世鎮、荊、崢嶸成進士，埔坪林氏開始成為本縣的旺族和望族。同時有遷台的林石派下，出過1個舉人、5個文庠生、1個武庠生，並有以軍功被授將軍、副將、福建水陸提督、二品候選道員、陸軍少將等高官和著名詩人、社會運動領袖等。成為台灣既富且貴的望族。現在埔坪大宗中懸掛著「四世大夫」、「太子少保」、「四代一品」、「武威將軍」等匾額（原匾已破壞，現為仿製品），十分顯

赫，但這是照搬聞名台灣的霧峰林家的匾額。可以說埔坪林氏的強烈功名願望，在其海外移民中卻得到了更充分的實現，祖籍埔坪卻享受了台灣霧峰林家的餘蔭了。

據說埔坪也修過林氏族譜，十年動亂中被焚毀，可惜我們無法見到。即使修過，但也未見有過重修。只有遷台後裔於本世紀30年代編有《西河林氏族譜》。因此，埔坪林氏以族譜作為聯結族親的紐帶作用不明顯，埔坪林氏宗族的形成和發展，主要靠建立祠堂，共同舉行祭祀祖先的活動，同時也包括十分重視祭祖墓的活動，特別是在祠堂建立之前相當長的一段時間，共同祭祀祖墓的活動，對聯繫族人，加強凝聚力，也產生重要的作用。

自子慕遷居埔坪數百年來，外遷的子孫不少，特別是海外台灣，出現了著名的霧峰林家望族，為了使外來謁祖的宗親不會認錯祖先，埔坪林氏規定了一套獨特的認親方法。《尋根攬勝漳州府》一書對此作了如下的描述：

> 凡未曾謀面的宗親相認，首先要對「號頭」（即堂號），他們的堂號是「西河」。接著要問祖宗祠堂裡有幾根大柱，大柱上寫什麼字，祠堂後面石梯有幾個坎，祖宗發祥地的那株大榕樹有幾根叉。埔坪祖祠裡有四根大柱，大柱上分別寫著「詩」、「書」、「悅」、「禮」四個字，稱四點金。祠堂後面通往田園的石梯有四十三坎。一世祖子慕在村裡種了一株榕樹，由於其子分兩支，一支留埔坪，一支遷安厚，所以榕樹也留兩根叉。後來奇昴公的後代遷台，林姓宗親就將榕樹偏生的樹叉再留下粗壯的一根。三根樹叉象徵三支林姓宗族，在祖宗庇蔭下根深葉茂，興旺發達。認親的最後一項內容是對輩序，他們的輩序是：「祥景邦順長道世學克崇繩日志紳士慶華國顯大謨家修丕振守先耀宗祊」[72]。

與埔坪林氏大宗緊鄰的棄河莊氏宗祠，亦有類似的認祖方式，除榕樹有幾叉外，其他台階、柱子、四點金等形式相同，但內涵不一樣而已。

（二）埔坪林氏向台灣移民開發台中霧峰等地

埔坪林氏開基祖林子慕，係元末自漳浦深土鷺下遷來埔坪。至今已發展24

世，住居埔坪及本鄉附近各村林氏人口已近7,000多人，其中住居埔坪本村的林氏達1,800多人，係單姓聚居村。林氏係平和第一大姓，五寨鄉第二大姓。有不少林氏宗親向台灣及海外移民。

埔坪林氏13世林江生3子，長林石，次林壽，二林捻，於乾隆年間先後渡台，這是現在所知的埔坪林氏移居台灣的唯一一支。由於缺乏族譜資料，埔坪林氏其他移民情況不詳。看來埔坪林氏以當地及周圍鄉村墾殖務農為主，外出移民的後裔可能較少。

埔坪林氏14世林石生於雍正七年（1729年）舊曆二月十四日，10歲父逝，12歲母亦去世，上有莊氏祖母，下有小弟林壽（1732-1786年）、林捻（1734-1779年），幸「家有薄田，差供衣食」。林石「性孝友，力田讀書，慨然有遠大之志」。迨乾隆十一年（1746年）18歲時，「結伴渡台，陰為拓土定居計」。旋以祖母書至，「匆遽復歸」。越7年，祖母逝世，乃令兩弟守廬墓，己於乾隆十九年（1754年）復獨行至台灣，卜居彰化捒東堡大里杙莊（今台中縣大里鄉），「購地而耕，治溝洫，立阡陌，負耒枕戈，課晴習雨，勤勞莫敢懈。數年家漸裕，拓地亦愈多」。乾隆二十二年（1757年）林石回埔坪展墓，與弟商議奉父母骸骨葬於大里，偕二弟一起渡台。乾隆二十五年（1760年），林石32歲時，娶陳益娘為妻，弟林壽、林捻亦先後娶謝杰娘、謝在娘為妻，兄弟「各治其業，產亦日殖，出入穀可萬石」，已成為擁有四五百甲土地的大富戶了。林石生6子，長遜（1762-1783年），次水（1766-1795），三瀨（1767-1810），四棟（1772-1830年），五大（1775-1788年），六陸（1776-1806年）；林壽生2子，長富光（1768-1843年），次添（1778-1811年）；林捻生1子，名天厚（1767-1803年）。由於人口日增，田地日廣，長子林遜「撫字佃農，招徠商旅，首立鄉約，一方賴之以安」。乾隆後期，彰化轄內漳泉械鬥蔓延數十村莊，乾隆四十八年（1783年）林石乃命長子林遜攜資返原籍埔坪「謀置產避患」，正在埔坪相地築屋時病逝。乾隆五十一年（1786年）同莊天地會林爽文揭旗起事，攻陷彰化，進圍諸羅，攻略淡水，南北俱動。林石乃潛匿鹿港。官軍進剿，大里鄉廬舍被焚，莊人多被捕，林石亦受牽累入獄。乾隆五十三年（1788年）林石與五子林大均病卒。林石妻陳氏率諸子舉家東遷塗城山區，重新從事墾殖，「以光舊業」。以後一部分子孫再遷今太平鄉之太平、車籠埔等地。如四子林棟及其

子五香名志芳（1815-1885年）「在太平莊建設糖廊。開拓頭汴坑之原野，得有田園數百甲，招佃力耕，防番設隘」。五香「平生有遠識，知東大墩一帶平野，可聚族數萬人，將來必有振興之一日。乃移往於東勢子，率先建設店鋪，指導莊民，經營各種商業，居然成一小鎮矣」。林爽文起事時，林遜妻黃端娘（1762-1835年）攜二子瓊瑤（1780-1850年）、甲寅（1782-1838年）逃難山谷，事平回塗城依諸叔，於乾隆五十四年（1789年）前後，又率二子別居阿罩霧莊（今霧峰鄉）。次子甲寅「稍長習買，懋遷有無」，並購當地先住民之地墾殖，同時伐木燒炭，「歲可入穀四千石」。長子瓊瑤則遷於鄰莊柳樹南莊「各建其業」。甲寅有3子，長定邦，諱開泰（1808-1850年），次奠國，諱天河（1814-1880年），三振祥（1817-1842年），另一養子四吉（1825、1863年）。道光十七年（1837年）甲寅「乃命諸子各立家業，以衍宗支」。自甲寅在霧峰奠定墾殖的基礎後，林家的產業日益發展，定邦、奠國子孫奠定了霧峰頂厝和下厝的基業。特別是定邦長子文察次子文明以戰功授官，不斷發展家產，成立林本堂家號，大量收購土地。至同治九年（1870年）林文明被害，拖訟13年，產傾債積，家道一度中落。後有文察長子朝棟以抗法立下戰功，受台灣首任巡撫劉銘傳倚重，除辦中路營務處外，又擢為撫墾局長，使其招撫先住民，開拓荒地。光緒十一年（1885年）劉銘傳又以朝棟撫墾有功，乃給與林合墾契，許其在中部沿山之野及近海浮覆地，招佃力耕，並許其專賣全台樟腦以獲利。當時林合頂下厝新舊墾地歲入合計十四、五萬石，下厝之地多重建於朝棟之手，其財產占下厝總額之十分之七。朝棟成為復興霧峰林家的功臣。

　　光緒二十一年乙未（1895年）割台後，朝棟內渡廈門，他所主持的撫墾、製腦事業，乃由其弟朝宗字輯堂（1864-1901年）、堂弟朝斌諱秋雨（1867-1906年）及頂厝奠國之子文欽諱萬安（1854-1899年）繼承辦理，旋命其子資鏗回台治產。林家的開墾地所有權及樟腦經營權得到台灣總督府的承認，至1904年林家的腦業更發展擴大，腦灶合計達2,127斤，約占全省腦灶28%，年產樟腦達90萬斤，占全省產量25%，腦油年產69.3萬斤，占全省產量25%。1907年後漸次減產，1919年全部由日本政府收購，改發給股券。日據時期霧峰林家之土地仍有十四、五萬石租，其土地之分布區域，東自霧峰山麓起，西至海口，南自烏溪起，北至大甲溪，頂下厝共有土地二千多甲，僅次於板橋林家而為台灣第二富戶。

日據初期，文欽、朝宗等相繼逝世後，頂厝文欽長子獻堂諱大椿，名朝琛，號灌園（1881-1956年）成為霧峰林家的中心人物，歷任霧峰區長，台中廳參事，台灣總督府參議員，皇民奉公會大屯郡事務長，1945年被日本政府任為貴族院敕選議員。文明之孫資修，字幼春（1880年生）亦曾任霧峰區長，獻堂弟階堂名朝華（1902年生）、三子雲龍（1907年生）均曾任霧峰莊長。可見霧峰林家在日據時期，有被迫與日本殖民者妥協合作的一面，但以林獻堂為代表的霧峰林家又存在不滿日本殖民統治，力求在體制內進行改良，改善其地位的另一面。林獻堂1920年任台灣留學生在日本組織的新民會會長，1921年被推為台灣議會設置請願運動的領袖，自1921年至1934年先後進行了15次請願。1921年又同時被推為台灣文化協會總理，文化協會進行各種講演會、講習會，設立讀報社，發行會報。1924年林獻堂在霧峰林家萊園連續主辦三年夏季講習會，參加者共250人次。文化協會的種種活動，對促進台灣民族意識的覺醒起過很大的啓蒙作用。1927年台灣文化協會分裂後，乃另組台灣民眾黨，以實現台灣人之政治的、經濟的、社會的解放。民眾黨再分裂後，1930年獻堂參加台灣地方自治聯盟，並任顧問，要求改革台灣政治。1945年台灣光復後，獻堂被選為台灣省參議會參議員，1947年又被任為台灣省政府委員，1948年台灣通志館成立，兼任館長，後又兼任台灣省文獻會主任。1949年赴日療病，移居日本，由於對台灣當局治台方式有所不滿，不願回台。直至1956年5月逝世於日本神奈川縣逗子市。

　　埔坪林氏自14世林石兄弟三人於乾隆年間先後渡台到清末，發展至20世（霧峰七世），人口增加很快，15世計9丁，16世16丁，17世52丁，18世123丁，19世187丁，20世241丁，人口已發展至600多，子孫分布在台中之大里、太平、霧峰等地。據1956年戶口調查資料抽樣統計，霧峰鄉人口29,720人，林姓占5,728人（包括部分異姓佃農改姓林氏），占總人口19.3%，高居第一位。太平鄉人口16,476人，林姓占3,164人，占總人口19.2%，高居第一位。大里鄉人口20,304人，林姓占5,780人，占總人口28.5%，高居第一位。這三個鄉除164人為廣東移民外，絕大多數都是福建移民，其中林姓人口都是林姓入閩祖林祿的後裔，也有不少是埔坪子慕的後裔。林石兄弟遷居今台中縣後，所居係平埔族土地，又是泰雅族活動的地區，在這裡墾殖，既要防備先住民的襲擊，還要對付頻繁的漳泉械鬥，且與周圍洪姓、

賴姓及他支林姓移民因爭水、爭地，也時常發生糾紛，甚至仇鬥。其處境是「鄉鄉多巨族，各擁一方，非番害，則械鬥。故莊人皆習武，手耒耜，腰刀槍，以相角逐」。因此林石後裔均「力田習武」，如18世林文察輕文尚武，不應童子試，累以戰功官至福建水陸提督，林奠國亦以戰功爲候選知府，林志芳被授軍功六品銜，林文明取縣學武庠生，以戰功授副將銜。台灣埔坪林氏移民後裔，成爲台灣最有勢力的家族，利用戰功及平定戴潮春會黨等機會，也乘機以廉價大量購入土地，擴大產業。但台灣埔坪林氏移民所走的道路也十分曲折、坎坷，林石墾殖有成後，又被林爽文案牽連，家產抄沒，身係囹圄，旋病卒。林定邦被鄉族殺害，林文察捐軀漳州萬松關，屍首無存，林文明血濺彰化公堂，林奠國以涉訟老死福州省垣。霧峰林家自宦業中挫後，才改取鄉紳取向，光緒年間先後有林文欽、林朝宗、林秋北、林朝雍、林朝松、林紀堂等入庠爲秀才，林文欽於光緒十九年（1893年）中舉人，林幼春（資修）、林朝崧（癡仙）都是著名詩人，林獻堂是社會運動領袖。但這時期仍有襲父文察世職爲騎都尉的林朝棟，以抗擊法人進攻基隆有功，被舉爲候選道員，旋欽加二品銜，賞戴花翎，後以平施九緞功，賞穿黃馬褂，成爲復興霧峰林家的中興人物，以後又有林獻堂成爲霧峰林家的中心人物。

由於台灣埔坪林氏移民處在十分複雜矛盾的境遇中從事開墾，所以族人比較團結，有事時分居各地的族人均能互相援助，渡過一個又一個險境。如同治元年股首林日成擁眾三萬來攻霧峰，時莊中丁壯多隨林文察轉戰閩浙，處境十分危急。幸有塗城、太平、潭仔墘、頭家寨等莊族人先後來援，眾可四五百，圍遂解。由於認識團結同姓鄉民的重要，早在嘉慶年間，林姓族人已在大里鄉內新莊建林氏家廟，名尚親堂，大陸晉安林氏移民均參加，宗廟祀殷太師比干、得姓始祖林堅、入閩始祖晉安郡王林祿。同治末光緒初，林氏宗廟傾圮，林志芳（五香）與林文明倡議募款移建於旱溪莊（今台中市東區旱溪里）。光緒二十一年爲白蟻侵蝕而傾塌，乃將神位移於太平莊（今台中縣太平鄉）林鳳鳴家中奉祀，1919年由林子瑾、林獻堂主持重建於今台中市南區國光路，1921年完成正殿，至1930年全部竣工，中部林氏族人依例舉行祭典。同時倡議編修族譜，公舉林烈堂、林獻堂等人爲董事，並推林幼春執筆，至1934年編成《西河林氏族譜》二部，一爲公譜，自林堅至子慕爲止，另一係子慕以下謂之私譜，主要詳記林石派下世系。後收入《台灣文獻叢刊》時更名

為《台灣霧峰林氏族譜》。

　　通過建祠、修譜，不但團結了林石派下的林姓子孫，而且擴大範圍，團結了整個台中大里、太平、霧峰等鄉的林姓移民。按照莊英章教授的研究結論，嘉慶年間所建林氏宗廟屬於唐山祖宗族。而同治年間和光緒年間林氏宗廟的二次遷建活動，林石後裔林氏產生了主導作用，宗廟雖仍祀林堅、林祿等唐山祖，形式上仍是唐山祖宗族，但在本質上已是開台祖型公業，所修族譜實際是林石派下的埔坪林氏移民的族譜。同時，林石派下林氏也參加了林祿公祠與林九牧公祠二種公業的活動。建於大里鄉內新莊的林祿公祠，建於清中葉以前，同治時林獻堂、林耀亭曾任管理人。林九牧公祠有三處，一在大里莊涼傘樹，一在霧峰莊林厝，成立年代不詳，亦由林獻堂、林耀亭任管理人，第三處亦位於大里莊涼傘樹，乃咸豐六年（1856年）由林志芳發起組成的。

　　從光緒十九年林文欽、林文榮、林朝棟為代表在祖籍埔坪置奇昴公祀田時所立題名，內有「奇昴公派下台灣培遠堂置」及「台灣培遠堂置以為奇昴公祀田」等字樣看來，可見奇昴公派下在台灣建有培遠堂，應係祀林江及林石、林壽、林捻父子的家廟或祖屋，同時已有舉行祭祀林石父子祖墓的活動。培遠堂之下又分塗城、太平、霧峰幾個分支，霧峰又分頂厝與下厝二小支，早在道光三十年（1850年）至咸豐初年已成立林錦榮堂、林本堂祭祀公業，舉行本分支祖的祭祀活動。下厝係長房定邦派下所居住，建於同治年間，占地二甲半，建築分為三座五落，為官邸式的建築，正中一座稱「本堂」，即下厝的家號。左座為第一房文察派下所居，曰宮保第，今尚安奉文察神位於正廳。右座為第二房文明派下所居。頂厝係二房奠國派下所居住，占地約一甲半，分南北二座，每座四落，為普通富家式建築，總名曰錦榮堂，即頂厝的家號。北座為文欽派下居住，門樓名曰「景薰樓」，亦同治年間所建。南座為文典派下所居。林石派下已形成包括幾個分支的宗族，霧峰林家是台灣既富且貴的望族。霧峰林家的族長權力甚大，族內後輩如有不是，輕者訓誡，重者在公媽牌前杖刑，此事直至日據末期尚遵行不誤。如紀堂長子林魁梧行為不檢，時常嫖賭，祭祖時林獻堂曾懲以杖刑。霧峰尊為族長現已知者有林文察、林文欽、林朝棟、林獻堂。同時霧峰林家十分重視加強與望族聯姻，以壯大族勢。如林文察長子朝棟迎娶比自己大三歲的望族楊志申後代楊氏萍為元配夫人，林奠國次子文典迎

娶舉人邱維南之長女邱彩藻爲妻，林文鳳娶曾君定大老之妹雍娘爲妻，林攀龍亦娶君定孫女曾氏珠爲妻。又如林資彬娶吳上花之妹爲續弦，而上花之母是霧峰林族之女。類此情形，甚多。同時林家女子亦有不少出嫁地方士紳或頭人，如林甲寅之女出嫁新莊子（今台中市東區）頭人吳景春，林奠國之次女林勸，嫁給北投（今南投縣草屯鎮）武舉洪鐘英之子洪立方。通過血親的宗族活動與姻親的聯盟關係，霧峰林家無疑地已在台灣中部形成一勢力圈，而非僅僅是一大族而已。

本節係主要根據《台灣霧峰林氏族譜》（《台灣文獻叢刊》第298種）、黃富三、陳俐甫編，《霧峰林家之調查與研究》（台北林本源中華文化教育基金會1991年12月出版）、黃富三著，《霧峰林家的興起》（台北自立晚報文化出版部1987年10月出版）、《霧峰林家的中挫》（台北自立晚報文化出版部1992年9月出版）等書的資料和研究成果寫成的，引文則多引自族譜家傳。

總之，閩台陳氏、李氏、莊氏、賴氏、吳氏、林氏同出一源，關係密切。可歸結爲：根溯中原，枝衍閩粵，葉茂台灣，源遠流長。同屬炎黃子孫，應爲振興中華而共同努力。

濟陽丁姓遷閩入台考

（一）台灣的丁姓

台灣省漢族人民有700餘種不同的姓氏，據台灣省文獻委員會於1953-1954年對五市一區十一縣（缺桃園、雲林、台東、高雄四縣）的不完全統計，丁姓共798戶[73]，列全省第88位。未列入統計的雲林縣，據1960年調查，有丁姓1,080戶，列全縣第16大姓；高雄縣鳳山鎮等地是丁姓早期移民聚居之地，雖無統計數字，戶數也必定不少；桃園縣據調查有丁姓住居1,143人，列全縣第84位，以一戶5.5人折算，約200戶。上列總計，全省丁姓戶數當在2,000戶以上。丁姓居民散居台灣各地，其中以台南縣、台南市、雲林縣、嘉義縣、彰化縣、高雄縣、基隆市、台北

縣、台北市等地所居尤衆。

　　台灣的丁姓究係何時遷居台灣的呢？《台灣省通志》的結論是：「丁姓之入台，始自清代中葉。」其依據是嘉慶年間以後的碑記中，出現過6位丁姓捐修廟宇、橋梁的名字，即鳳山縣丁霸（嘉慶四年）、丁泉珍（嘉慶十二年）、丁泉盛、丁泰山（均嘉慶二十三年）、台南縣丁壽昌、桃園縣丁文開（均嘉慶二十一年），又依據道光十一年至光緒年間有嘉義縣丁捷三、丁自來、彰化縣丁金城、丁嘉泉4人中文、武舉人，便得出前述丁姓入台年代的結論[74]。

　　據作者查閱台灣南部碑記加以統計，嘉慶年間丁姓捐銀修廟宇、橋梁的有丁合春等13人次，其中2人重複，實際爲11人；道光年間有丁元觀等22人次，其中重複4人，實際爲18人；咸豐年間有丁舜後等2人；同治年間有丁煥彩等12人，其中重複2人，實際爲10人；光緒年間有丁義1人。以上共計50人次，除去重複者外，實際爲42人[75]。同時查閱科舉名單，除省通志所列4人外，發現有彰化縣丁壽泉，於光緒六年成進士[76]。以上47位丁姓人物的分布是：高雄縣26人（占總數62%）、台南縣市11人（占26%）、屏東縣4人、彰化縣3人、嘉義縣2人、台東縣1人。可見省通志的統計是不夠全面的。

　　特別值得注目的是，作者發現碑記中亦有乾隆年間3個丁姓人士，一是乾隆三十三年《重建烽火館碑記》中，有信士丁文敬捐銀二錢；二是乾隆四十三年《重新虞朝莊關帝廟碑記》中，有丁容觀捐銀一大圓；三是乾隆六十年《重興護庇宮碑記》中，有丁順昌捐銀八元[77]。由此可見，嘉慶年間以前，大陸丁姓早已開始移居台南縣、市，《台灣省通志》關於丁姓之入台，始自嘉慶年間以後的「清代中葉」的說法是不準確的。

　　台灣的丁姓究從何時、何地遷入台灣的呢？丁姓的姓源又出自何處呢？因台灣丁姓宗譜等史料湮失，已難於查考，但台灣各地丁姓普遍流傳著這樣相同的口碑傳說：「先世濟陽人，唐末五代間入閩，居泉州」[78]。究竟這些傳說是否符合歷史眞實？如果屬實，濟陽丁姓確於何時入閩？又於何時遷入台灣呢？這就是本文著重要考證的問題。

（二）濟陽丁姓遷閩祖及其後裔

據《閩書》記載：唐代有丁儒者，「通經術，喜吟詠，練達世務，陳政引為軍咨祭酒。元光代政，引儒佐郡，與元光磔驅盜賊，剪荊棘，營置漳郡，勸農重本，國用以周。負固不服者，率輕銳搗之。漳人頌元光父子，則輒稱佐郡丁承事」[79]。由於丁儒的業績與元光父子的開漳事業相始終（丁儒比元光早一年去世），有的記述則認為丁儒與陳政均河南光州固始人，係唐高宗總章二年（西元669年）隨政同時入閩。近查閱《白石丁氏古譜》（簡稱《古譜》，下同）[80]，有關丁儒的祖籍及入閩時間均得到準確的回答。《古譜》懿跡紀始祖丁儒條款：

「始祖唐開漳名宦、軍咨祭酒、佐郡別駕、九承事郎丁府君，諱儒，字學道，一字維賢，先濟陽人，徙光州固始。府君童歲舉進士於鄉未第，曾鎮府以女許之，高宗麟德間甲子，曾以諸衛將軍鎮閩，府君就閩贅焉。總章二年戊辰，天子遣將軍陳政與曾鎮府更代，而曾遂留寓龍江。府君通經術，喜吟詠，練達世務，將軍政與語慕焉，引為軍咨祭酒，有所注措，悉與籌劃，為莫逆交。政沒，子元光代，府君復佐元光平寇開郡，功專幃幄，置郡治漳浦，垂拱間承詔任佐郡承事郎」[81]。

《古譜》年月紀第一世開基始祖條載：

「開基始祖唐開漳名宦別駕、九承事郎，諱儒，字學道，一字維賢，河南光州固始人。唐初舉進士於鄉未第，為曾鎮府婿。高宗麟德元年甲子，從鎮府戍閩，開屯九龍江，後與陳將軍為莫逆交，共平潮寇。同政子元光開創漳郡，為本州左承事郎，其行九，故稱九承事郎云。卜居江東象山之原，為丁氏肇世祖焉。生年月日未詳，卒於唐睿宗景雲元年庚戌十月初四日，娶曾氏，……合葬本地丁坑源。……崇祀郡庠名宦祠」[82]。

從上述有關記載，可以看出：

1.丁儒祖籍係濟陽，後徙光州固始。

2.丁儒於唐高宗麟德元年（664年）從固始隨其岳父曾鎮府戍閩。比陳政於唐高宗總章二年入閩的時間早五年。

3.總章二年陳政代曾鎮府，丁儒被政引爲軍咨祭酒，佐政開屯、平亂。政歿，又佐政子元光平亂、開郡，任漳州左承事郎。其一生業績與元光父子的開漳事業密切結合在一起。《古譜》中保存了丁儒佐元光父子開漳的具體事蹟，非本文重點、不贅。

4.丁儒生年未詳，卒於唐睿宗景雲元年（710年）十月。死後與妻曾氏合葬於本地丁坑源。

5.丁儒入閩後定居龍溪江東象山，該地係丁儒開屯舊地，卜居後「府君募民障海爲田，瀉鹵成淡，而沿江上下暫有耕地，爲吾鄉永世之利。……而龍溪爲漳負郭縣，此江東丁氏所由始也」[83]。丁儒係漳州丁氏的肇基祖。

可見，丁儒的身世與台灣丁姓的口碑傳說基本吻合：先世系濟陽人，唐代入閩（丁儒係唐初入閩，口碑係唐末、五代入閩，時間有出入），居泉州。查丁儒入閩時，龍溪爲泉州屬邑，至丁儒死後31年，即唐玄宗開元二十九年（711年），才改割泉州龍溪縣屬漳州。

丁姓的源流多歧，據有關記載，有丁侯、丁伋、孫匡、于慶之後及西域改姓等說，關於丁儒的姓源出自何處，古譜《姓氏源流》序一文中也有明確記述：

「丁之姓起於齊太公望之子丁公伋者也。……呂尙佐周封於齊，復古姓爲薑氏，其子伋入典兵權，世濟其美號丁公。丁公宗子襲侯爵，仍姜姓如故，而分邑之支，念其出於丁也，遂因丁之號以爲姓。故薑之分姓不一，而以地姓者，人得而參之，惟姓出於名，則一人之私也，丁之姓所以不多見於天下也」[84]。

按此，遷居漳州的濟陽丁姓，係齊太公子丁伋之後裔，丁與薑同出一源。

丁儒自入閩定居象山至去世，在漳47年，死後子孫世守其業，歷五代、宋、元、明迄清初，千餘年來其後裔「簪纓相替，代不乏人」，以宋中葉最爲鼎盛。如第9世[85]丁邦友登宋孝宗隆興元年（1163年）進士，丁知微中乾道四年（1168年）戊子科鄉貢第一名，丁知幾於宋甯宗慶元五年（1199年）以特奏優等賜同進士出

身，或以理學著，或以宦績稱，兄弟「齊聲藝苑」。其子孫有十餘人，或中舉人，或以文行、明經、茂才薦辟爲大理寺丞、光祿寺丞、宣德郎、迪功郎、承事郎[86]。至元代，其子孫尤多氣節林下之士。入明稍衰，然而篤學勵行之士，比比皆是。如22世之丁玉明棄舉子業，閉戶著書，其理學文章爲何喬遠、黃道周所推許。其後裔經歷代變亂，子孫「逃散外郡者，比比皆是」。見於《古譜》記載者，有6世丁孟孫移居文山畎中，10世丁端明以朝奉大夫知潮州軍事而立籍潮州仙田鄉，14世丁君益分居漳浦何衙白石仔內，17世丁長寧後裔分居詔安，18世丁君和移居平和，後裔又有再移居海澄港尾墩仔頭及山柄。可見，濟陽丁姓遷閩又散居閩南各地及廣東潮州。也有一部分後裔前往海外經商，有的定居東南亞等地。明清鼎革之際及清初，也有一部分後裔遷居台灣。

（三）閩南丁姓後裔遷移台灣

現存《白石丁氏古譜》爲濟陽丁儒後裔遷移台灣，提供了寶貴的資料，該古譜始修於宋季，續修於明嘉靖、崇禎年間，至清乾嘉時仍不斷增補。作者見到的影印本分上下兩冊，上冊所存唯譜序、敘、引、宗祠記、懿跡紀、節孝紀等，下冊所存主要是君益派宗禹長、次房的年月紀及世系圖，其他各房均殘缺不全。加上清代前期嚴禁渡台，有的赴台後裔，譜中並不明記，所以現在能查到的只是丁姓赴台後裔的一小部分。現將《古譜》所列赴台丁氏後裔分述如下：

1.24世丁世勳，明鄭時期入台

《古譜》載，24世丁東海，諱世勳，字古臣，郡庠生。明隆武二年（1646年，丙戌）儲賢館特簡文賢。自述稱：「丙戌之役，余側儲賢，奉旨扈駕，駐蹕甌寧，屢上言書不能自達，乃造馬還」[87]。說明他一度參加了南明的抗清鬥爭。《古譜》記其赴台與冤案有關。因康熙四年（1665年）有富商徐躍乘清廷厲行遷海之際，厚賂防守，越界占葬丁氏祖祠，世勳率族中叔侄屢控不決，族人反受捶楚，幾斃杖下，「貧儒飲恨，義不共戴，慘被荼毒，奇冤莫伸」[88]。當康熙十年（1671年）又一次控案敗訴後不久，世勳憤而入台。族侄丁春芳所撰傳記稱：「叔台素有文學，厥後鬱鬱不得志，往台灣，竟殞其軀，二子亦無所傳，惜哉」[89]。

按：康熙十三年（1673年）鄭經乘「三藩之亂」出兵進攻閩粵沿海，一度攻

下漳、泉等七府之地，至康熙十九年（1680年）敗退台灣，其間鄭軍多次屯兵漳州城外的江東橋一帶，世勳與抗清力量有歷史淵源，在敗訴憤恨之餘，通過鄭軍關係入台也是很自然的，其赴台時間應係康熙13年至19年之間，即係明鄭時期入台。「往台灣，竟殞其軀」，未知所指是歿於途中或歿於台灣，「二子亦無所傳」，可能由於定居台灣之故，族譜闕記。這是《古譜》所記最早入台的丁姓後裔。

2.25世丁松，清初入台

《古譜》世系圖載：「長安七世孫寶山，子名松，往台灣」[90]。

按：長安係君益派16世宗禹之四子，其七世孫寶山係24世，子丁松係25世。宗禹四房宗譜缺年月紀卷，其生卒年月缺詳。與他房25世比照，約係生於順治、康熙年間，入台時間當在清初。

3.25世丁品石，清初入台經商，創造基業以遺子侄

《古譜》懿跡紀載：「二十五世捐貨光裕名仁，諱錫靖，字品石，……以樂善好施爲心，遂棄舉子業，經營於東寧，克勤克儉，創造基業以遺子侄，毫不爲私。族人來投，皆善遇之，故族人皆稱其德。歸來家置蒸嘗以供祭祀，鄉有義舉皆樂成之」[91]。

按：生卒年月缺，比照他房25世，應係生於順治、康熙年間，入台時間當在清初。

4.27世丁玉璣，品石孫，清代前期在台繼承祖業

《古譜》懿跡紀載：「二十七世鄉大賓諱上林，字玉璣，乳名攀，清馥公長子。品石公孫也。自品石公往販東寧，建基貽謨，至上林，少有壯志，經營辛苦而光大之。篤實待人，忠厚交易，四方遠近皆樂交焉，而利澤遂廣矣。族人有到東寧相投者，皆善遇之，有能者因材任之。歸家建置……小宗一座，以祀清馥公，置祀田，春秋祭祀。又建書田，以鼓勵子孫讀書，……鄉有義舉皆樂成之」[92]。

按：丁品石生當明清鼎革之際，遂棄舉子業經營東甯，創基業以遺子侄，孫玉璣經營辛苦而光大之，祖孫三代在台經商，並先後接納一批來投族人，品石、玉璣晚年雖歸居故里，但定有一些後裔及族人定居台灣。

5.27世丁盈，乾隆初年入台

《古譜》年月紀卷載：「田之次子名盈，外出台灣」。世系圖載：丁田「次子名

盈，外出」。

　　按：丁田生於康熙十六年（1677年）四月十八日，卒於乾隆十四年（1749年）九月初一日，其三子丁華（盈胞弟）生於康熙四十九年（1710年），丁盈係生於康熙四十九年之前，其入台時間當在乾隆初年或雍正末年的青壯年時期。

6.27世丁懷，乾隆中葉入台

　　《古譜》年月紀卷載：讓之三子名懷，生乾隆戊午年五月初五日寅時，卒乾隆辛丑年八月十六日辰時，葬台灣，娶江氏，改適。

　　按：乾隆戊午年係乾隆三年（1738年），辛丑年係乾隆四十六年（1787年），丁懷生卒於乾隆年間，其入台時間當在乾隆中葉。

7.27世丁天，乾隆年間入台

　　《古譜》年月紀卷載：「探之子名天，往台」；世系圖載：「媧之次子名探，長子名天，往台灣」。

　　按：26世丁探生於康熙四十二年（1703年），天啓長子，應係生於雍正年間，其入台時間當在乾隆年間。

8.28世丁邦，乾隆年間入台

　　《古譜》年月紀卷載：「薦之次子名邦，外出台灣」。世系圖未載外出或往台。

　　按：27世丁薦之長子丁尋，生於乾隆三年六月，卒於乾隆五十三年（1788年）三月，薦之四子生於乾隆二十年（1755年）九月。據此，次子邦係生於乾隆四年至十八年之間。其入台時間當在乾隆年間。《古譜》中尚載有26世丁活、丁報、27世丁勤、丁祐、丁熊、28世丁道、丁禎、丁應祖等8人「外出」，其中必有偷渡台灣而不敢明記者[93]。

　　《古譜》所載的上述資料說明，白石丁姓在明鄭時期及清代前期（康雍乾年間），有一批後裔先後渡台，有的因反對清朝的統治或對現實不滿而前往台灣，有的因前往台灣經商，經營數代，創建基業，並招留一些往投族人，其中有的遂定居台灣；有的自台灣歸清，大陸與台灣統一之後，前往開發台灣。鄭成功入台及康熙統一台灣後，有大批漳、泉先民移居台灣，出現了移民入台的二次熱潮，他們為開發台灣作出了巨大貢獻，其中也包括丁氏後裔。這些史實更有力證明了《台灣省通志》關於「丁氏之入台，始自清代中葉」的說法是不準確的，錯誤的。

《古譜》均未記載丁姓後裔入台的地點，但據碑記等所提供的資料，清代台灣丁姓均集居於沿海港口及其附近平原，即今之台南市及嘉義縣沿海地區，台南縣的鹽水鎮、麻豆鎮、仁德鄉、歸仁鄉，屏東縣的萬丹鄉，彰化縣的鹿港鎮，雲林縣的台西鄉、麥寮鄉，桃園縣的蘆竹鄉、龜山鄉，這與清代漳、泉移民開發的地區相符，加上台灣丁姓的口碑傳說與丁儒的經歷基本相符，因此有理由認為，由濟陽而固始、由固始而入閩的丁儒後裔，是今天台灣丁姓的重要族源之一。正如《高雄縣誌稿》指出的：「本縣多漳、泉丁姓，臆應有其（按：指丁儒）後裔」[94]。白石丁氏古譜對這一推斷給予了證實。

　　台灣丁姓的另一重要族源則是泉州府之晉江縣，道光年間台灣舉人丁捷三、光緒年間進士丁壽泉、舉人丁嘉泉三人的祖籍均係晉江縣。查晉江縣陳江鄉（即陳埭鄉）丁姓在明末已是望族，嘉靖、萬曆年間有丁自申一家三代連登三進士[95]，其後裔於清代遷台者不少。僅據《陳江分派東石丁氏族譜》記載，自康熙末年至光緒年間，有丁肇祿等40餘人先後遷往嘉義縣城及後鎮村、東石寮等地（其中丁肇祿、丁祿完、丁祿牟三戶先後遷台者占17人），在嘉慶以前遷台者約占一斗[96]。進士丁壽泉的祖父丁樸實，即於嘉慶年間由陳埭江頭鄉遷居台灣的[97]。據莊為璣教授等調查研究，認為晉江陳江丁氏的祖先係阿拉伯人，開基祖丁節齋於元初自蘇州行賈泉州，遂卜居郡城。元明易代，三世碩德攜子仁庵避居晉南陳江鄉。該族祖先信仰伊斯蘭教，現族人還保留一些回族的風俗習慣[98]。可見，泉州陳江丁姓與漳州白石丁姓的族源是不相同的。

　　此外，福建莆田、閩侯、建陽、建甌、崇安等各縣亦有一些丁姓住民[99]，他們的後裔有否遷台，福建以外的其他省、市的丁姓後裔有否遷台，均因文獻無徵、待考。所以，有關台灣丁姓遷台前的祖籍及其不同族源，尚有待進一步發掘宗譜、族譜等史料，加以考訂、證實。

台灣霧峰林祖密一家與祖籍漳州的密切關係

　　林祖密，原名資鏗，別字季商，清光緒四年四月十四日（1878年5月15日）出生於今台灣省台中縣霧峰鄉。其祖籍係福建漳州平和五寨埔坪村，遷台祖係埔坪14世林石（1729-1788年），遷台的林石及其在台後裔始終與祖籍保持經常的來往和聯繫。

　　林石於清乾隆十一年（1746年）18歲時首次「結伴渡台，陰爲拓土定居計」。旋以祖母書至，「匆遽復歸」。越七年，祖母逝世，乃令兩弟林壽（1732-1786年）、林捻（1734-1779年）守廬墓，己於乾隆十九年（1754年）復獨行至台灣，卜居今台中縣大里鄉，「購地而耕，治溝洫，立阡陌，負耒枕戈，課晴習雨，勤勞莫敢懈。數年家漸裕，拓地亦愈多」。乾隆二十二年（1757年）林石在台灣墾殖有成後，便回埔坪展墓，與弟商議奉父林江（1708-1738年）及母曾氏骸骨移葬於大里，偕二弟一起渡台。至乾隆二十五（1760年）時，林石兄弟已成爲擁有四五百甲土地的大富戶了。乾隆後期，大里附近「漳泉械鬥蔓延數十村莊」，林石「念此非樂土，議覆故里」。於乾隆四十八年（1783年）乃命長子15代林遜（1762-1783年）「攜資赴平和，謀置產避患」。林遜既回埔坪，「方相地築屋，得病遽逝，遂不果」。（《台灣霧峰林氏族譜》，林獻堂撰：太高祖石公家傳）乾隆五十三年（1788年）埔坪遷台祖林石逝世後，其遷台後裔一度與祖籍關係較爲疏遠，但仍不時派人回埔坪參加正月祭祖、辦丁或清明祭掃祖墓活動。爲了使祭祖、祭墓活動「永垂久遠」，於光緒十九年（1893年）台灣林氏培遠堂以18世林文榮、林文欽（祖密叔祖）、19世林朝棟（祖密之父）爲代表在埔坪購置虎房11世奇昴公祀田，並立碑於埔坪虎房家廟。碑中記載購置祀田三段，共花銀509元，其田受種7斗，賦稅25石6斗。規定將「該租攤作三份，祭祖應得二份，祭墓應得一份。每遇祭祀，筵席必邀請同事及與祭者，以昭一脈和氣，庶可永垂久遠」。經縣正堂桂批：「准如所請在案」（附注1）。這從物質上保證了每年祭祖、祭墓活動的正常進行，對團結閩台

林氏宗族起了重要的紐帶作用。

林祖密的祖父18世林文察（1828-1864年）以帶領台勇助剿閩浙太平軍，曾轉戰閩浙數年，並以軍功官至福建水陸提督，文察是否回過埔坪祭祖未見記載。但他於同治三年（1864年）被太平軍擊斃於祖籍漳州萬松關瑞香亭，時年37歲。死後清廷追贈太子少保，諡剛湣，入祀京師、本籍及建功殉難地昭忠祠，賞騎都尉世職，兼一等雲騎尉世職。（林幼春撰：先伯祖剛湣公家傳）後在漳州祖籍建宮保第，地址在今漳州新華西路人委巷，現爲漳州市文物保護單位。也可算是葉落歸根，死於祖籍，雖屍骨無存，卻有宮保第長留人間，供後人瞻仰。

林祖密的父親19世林朝棟（1851-1904年）以世襲騎都尉，光緒十年（1884年）牽鄉勇與法國侵略軍戰於三貂嶺、八堵等處，以參加基隆保衛戰有功，被舉爲候選道員，旋欽加二品銜，賞戴花翎。台灣巡撫劉銘傳委爲中路營務處兼撫墾局局長。以撫墾及平亂功，先後賜勁勇巴圖魯徽號，得旨賞穿黃馬褂。前已提及，他曾於光緒十九年回祖籍建置奇昴公祀田，並立碑宗廟。光緒二十一年（1895年）「割台議成，絜眷內渡」，居廈門鼓浪嶼，後轉寓上海而終。據家人回憶，「他臨終前，對兒孫執手相告，台灣是在我任內丟掉的，望你們日後一定要收復這千古漢土之邦」。卒年54歲，其諸子扶櫬歸祖籍，卒葬於漳州香亭阪。（林資鏗撰：先考蔭堂公家傳）同樣是葉落歸根，白骨長埋祖籍青山之丘。

20世林祖密於1895年18歲時隨父內渡，旋奉父命「回台治產」。1904年父歿，乘爲父奔喪，舉家從台灣遷回廈門鼓浪嶼，並於1913年向日本駐廈領事署申請退出日本籍，是多由中華民國政府內政部發給恢復國籍第一號執照。祖密回大陸定居不久，1907年漳州一帶遭受特大洪水災害，「餓死者累累」，祖密聞訊「由鼓浪嶼以小火輪運米入漳散賑，並施衣施棺，糜金數萬元不稍吝」。祖籍人民無不衆口皆碑。據50多年前報上曾登有一篇文章敘述祖密如何從捐官改良吏治到從事實業建設的轉變。該文記載祖密自割台後「見於敵人在台所施殘酷手段，異常痛憤。同時見於國家積弱，端在吏治不良，」他1904年返閩後不久，便「納貲爲廣東候補道，思有所補救」。當他首次銜參兩廣總督岑煊時，「岑即誡之曰：汝年紀尙輕，何必做官，古人說，學而優則仕，汝蓋歸去求學？」祖密「熱望而來，澆了一背冷水，祇得乞假而歸。那時有識之士，主張振興實業，爲富國強兵第一條件，先生遂

轉移目標，從事實業。先後在南靖徑口（今屬龍海程溪鄉）、漳浦杜潯及漳州馬肚底地方，投資收買土地，聘請技師，招僱工人，著手開墾。不數年間，均具有相當規模，而成績最著的，當算北溪的疏河公司。」（陳師石，《林季商先生》，《直報》，1941年）祖密創辦地方事業，所費不貲。徑口等地墾牧公司，置田900畝，創辦後港農場，耗資6萬，開採漳平梅花坑煤礦，耗資7萬，而組建華對疏河公司，聘請香港馮竹溪工程師指導，爲疏浚河道，費時二年，耗資20萬元。

祖密在熱心祖籍地方建設的同時，以極大的熱情支持孫中山領導的民主革命事業。他於1915年參加中華革命黨，積極參加反袁、護法鬥爭。1916年組織收編閩南靖國、護法兩派隊伍，並捐資數十萬元作爲軍需之用，建立起一支革命軍。1918年1月6日孫中山委任林祖密爲閩南軍司令，他即部署趙光、王榮光在德化、永春二縣起事，繼而率部轉戰閩中，先後收復德化、永春、永安、大田、仙遊、莆田等縣；同時籌集資金，於1918年10月在漳州文昌宮（今漳州市東鋪頭小學）辦起閩南軍隨營學校，聘請能幹的軍官曹錫齡、潘澄峨、陳壽西爲教官，聘請知名學者陳鑑修、黃仲琴、陳家瑞爲國文教員，培養軍事骨幹人才。1919年陸軍部授予祖密陸軍少將軍銜。1920年任粵軍第九支隊司令，後改任汕頭警備司令，1921年又調任大元帥府參軍兼侍從武官，旋兼任廣九鐵路局監督。孫中山率軍入桂，又調爲大本營參議，共同參贊戎機。1922年北伐軍入福州，林森任省長，敦請祖密爲水利局長。翌年孫傳芳部入閩，去職返回鼓浪嶼。於是著手整頓所倡辦的地方實業。1925年親至華安疏河公司，劈劃指導一切。是年七月初六夜（8月24日）突被北洋軍閥駐漳州師長張毅派人暗殺於華安和尙山附近的店仔墟，時年僅48歲。其遺體則葬於徑口墾牧公司之觀音亭左近。（以上參考《霧峰林家調查與研究》第161-163頁，《漳州歷史名人傳略》第94-98頁，新編《平和縣誌》第888-889頁，黃季陸主編，《革命人物志》，第418-419頁）。

綜其一生，林祖密不愧是一位愛國、愛鄉的傑出的民主革命志士。

據陳師石《林季商先生》一文記載：「先生性剛強，喜怒形於詞色，但外嚴內寬，部屬有過，痛責如雷霆，時過輒解。事母盡孝，家居瑣屑必請示。友人某公，主張非孝，謂父母養育子女，乃係應盡義務。先生厲聲與辯，不終席而散，後且絕來往。平日喜獎勵後進，貧乏青年，幫其津貼求學的指不勝屈。」祖密推其對父母

的孝心和對部屬和青年的愛心，對原籍祖先亦十分崇敬，對原籍宗親亦關懷備至。他在參加祖籍地方建設和革命鬥爭的時間，曾多次回埔坪參加每年正月初二、正月十五的祭祖、辦丁活動，並探望宗親，有時也參加清明節的掃祖墓活動。由於他係朝棟第三子，村裡人都親暱地稱呼他為三少爺。埔坪林氏大宗（現為縣文物保護單位）及第四世四大房大祠堂每年舉行春秋二祭（正月初二、七月十五），祭祀用大五牲或大三牲，並舉行隆重的祭拜儀式，宣讀祭拜1-4世祖孝妣的祭文。行禮祭祀畢，舉行筵席，鄉紳、讀書有功名的可以吃「公」。元宵節日，前一年做新父、新公的人要辦丁桌請鄉親，並舉辦賞燈活動。祠堂都換貼慶祝的新聯。如大宗貼上：「擊鼓鳴金衍我列祖，肆筵設席燕爾新公；金聲鼓盪元宵夜，燭影光昭始祖前。」還有貼賞燈內容的聯文：「燈光月光燈月交光元宵夜，神樂人樂神人共樂太平春」，以增加節日氣氛。祖密除了參加對祠堂的春秋二祭和正月辦丁外，對清明節的掃祖墓也很重視。屆時虔備牲體果品到祖墳宣讀祭文致祭，首先要到遷埔坪一世祖林子慕的福場埔祖墳祭拜，同樣要向祖墳宣讀祭文，並向土地宣讀祝文。除了祭拜大宗、一世祖祖墳外，還要祭拜虎房的分支祠堂和綏豐堂祖先及其祖墳。

在埔坪林氏各種祭祖、祭墓的祭文和祝文中，都表現了其子孫求丁財、求功名的強烈願望。如「家增庶富，名顯丹墀」、「庶代代添丁，世世增譽，科甲聯登，衣食有餘」、「子孫昌熾，科甲齊名」、「俾昌厥後，金榜題目」……等等。自林子慕元末遷埔坪後，經過五六百年，其派下海內外裔孫超過萬人，「子孫昌熾」已經達到。從其所置各祠堂祭田數十畝、上百畝，「家增庶富」、「衣食有餘」也已大體實現。「甲第聯登」、「金榜題名」的願望也開始實現。林氏族人在日益富裕的基礎上，開始鼓勵族人讀書求功名，子慕派下從明初、清初開始，先後出現了一批秀才，埔坪伯元派下有14世長蕃、光玉中舉，14世永遇登乾隆甲子科殿試第36名進士，龍頭伯川派下也有15世金桂、16世鎮荊、崢嶸成進士，埔坪林氏開始成為本縣的旺族和望族。同時有遷台的林石派下，出過1個舉人：18世林文欽（1854-1899年）；1個武庠生：18世林文明（1833-1870年）；5個文庠生：19世林朝雍（1862-1908年）、林朝宗（1864-1901年）、林朝崧（1875-1915年）、林秋北（1869-1887年）、林紀堂（1874-1922年）。同時有以軍功被授福建水陸提督的林文察、候選知府林奠國（1814-1880年）、授副將銜林文明、欽加二品頂戴候選道員林朝棟、

妻楊氏萍（1848-1930年）受封一品夫人、陸軍少將林祖密等，另有著名詩人林幼春、著名社會運動領袖林獻堂等。成為台灣既富且貴的望族。現在埔坪大宗中高懸著「四世大夫」、「太子少保」、「四代一品」、「振威將軍」等匾額（原匾已破壞，現係仿製品），十分顯赫。但這是照搬台灣霧峰林家的匾額，可以說埔坪林氏的強烈功名願望，在海外移民中卻得到了更充分的實現，祖籍則享受了霧峰林家的餘蔭。

從熱心祖籍的地方建設、積極參加祖籍的反袁、護法的民主革命鬥爭及多次回祖籍埔坪參加祭祖、辦丁和掃墓等活動看來，林祖密是台灣霧峰林家與漳州祖籍關係最密切的一個代表人物。從他1904年離開日本殖民統治的台灣舉家遷回大陸，1913年正式退出日本國籍而為台胞第一個恢復中國國籍的情況看來，他不僅是台灣霧峰林家的傑出後裔，而且是埔坪林氏家族的一個重要成員。他的革命精神和建設閩南的業績將永遠留在祖籍漳州人民心中，他是一位海峽兩岸共同敬仰的值得後人紀念的人物。

祖密身後遺下九子：正熊、正傳、正乾、正元、正亨、正利、正恭、正寬、正信，現其子孫繁衍，散居五洲四海。近年也相繼有其後裔回祖籍探親、謁祖，與祖籍漳州繼續保持一定的聯繫。

附注1：建立奇昴公祀田詳請存案致祭條款

一、買過埔坪蛤仔殿墓後水田一段，計五坵，帶水二寸，受種二斗，賦稅七石二斗，價銀一百三十六員，納畝五合，配佃完清，帶紅白契二紙照。

二、買過埔坪後籠仔底田一段，二坵，帶坡水灌溉，受種一斗，賦稅四石，價銀八十五員，納畝七合，配佃完清，帶印契一紙照。

三、買過埔坪底林白山里一段，計十五坵，帶坡水灌溉，受種四斗，賦稅十四石四斗，價銀二百八十八員，納畝五合，配佃完清，帶印契一紙照。

以上三條實稅二十五石六斗，係台灣培遠堂置以為奇昴公祀田，議舉宗親兆祥、掇芹、作潘、左泉等代理收租，仍舊致祭。凡有招耕定稅更改章程，宜會同家長二采至公商辦，不得擅挾己見，將業私索人財，私厚綏豐親派耕種，以致祭祀有虧。倘有不善辦理，聽培遠堂另派公正接辦，毋得倨占生端。此田白佃無費，該租攤作三份，祭祖應得二份，祭墓應得一份。每遇祭祀，筵席必邀同事及與祭者，以

昭一脈和氣，庶可永垂久遠云爾。

　　縣正堂桂批職員林文欽、文榮、朝棟事筆批：建置祭田，原備歷世祖考蒸嘗之需，准如所請存案。至立碑宗廟，應由奇昴公派下台灣培遠堂置。代辦裔孫毓奇題石。

　　光緒十九年歲次癸巳六月　日。

註釋

[1] 作者未見到《武榮詩山陳氏族譜》，此處移民資料係根據莊爲璣等編，《閩台關係族譜資料選編》。編者指出：「該族從清初至民國的三百年中，前後移民台灣人數約近二千」。作者認爲實際移民人數並沒有那樣多，該譜所列資料包括一批生長在台灣的移民後裔，而且均記卒於台、往台、住台，關於卒台記載中，不少係往台移民，關於住台記載中，不少係生長於台，也有一些係往台移民，很難準確計算出移民的實際人數，是否夫婦同往，有的亦難區別。只好往台、卒台、住台分別統計。

[2] 康熙九年陳觀泰，《浯陽陳氏重修世系譜序》，轉引自《陳氏大族譜》。

[3] 雍正 11 年陳鼎億，《銀同碧湖陳氏族譜序》，轉引自《陳氏大族譜》。

[4] 陳禎祥編，《潁川陳氏開漳族譜》，存廈門市圖書館。

[5] 1982 年陳慶餘編輯，《台灣侯亭五大派大宗譜》。

[6] 陳萬年，《漳浦陳氏家族淵源、世系及分布》，《漳浦文史資料》，第 8 輯。

[7] 轉引自莊爲璣、王連茂編，《閩台關係族譜資料選編》，第 179 頁，福建人民出版社，1984 年 8 月。

[8] 雲霄縣陳政陵園整修董事會謄印，《潁川陳氏開漳族譜》（雲霄山美藏本）。

[9] 林衡道主編，《台灣史》第四章第一節，1989 年台北出版。

[10] 林再復，《閩南人》附錄一，1989 年增訂五版，台北出版

[11] 李汝和主修，《台灣省通志》，卷二，人民志氏族篇，第五章，1970 年台北出版。

[12] 黃典權，《鄭延平台灣世業》，載《台灣史論叢》第一輯。1970 年台北出版。

[13] 沈葆楨，《台地後山請開舊禁摺》，載《沈文肅公政書》，卷五。

[14] 《台灣省通志》，卷二，第四章。

[15] 李棟明，《台灣大姓人口縣市分布特點研究》，載《台北文獻》直字第 44 期，1978 年 6 月出版。

[16] 吳榮興監修，《漳化縣志稿》，卷三，居民志。

[17] 《閩南人》，第三章，表三。

[18] 盛清沂總纂，《台北縣志》，卷六，氏族志。

〔19〕陳長城，《介紹宜蘭復興莊梅林陳氏》，載《台北文獻》直字第69期，1984年9月出版。

〔20〕《宜蘭文獻》，第三卷，第二期，《陳協台輝煌特輯》，1969年1月出版。

〔21〕陳望曾傳、陳登元傳，均見《台灣省通志稿》，卷七，人物篇。

〔22〕陳良策，《同安地山李氏家譜引序》，引自《兌山李氏煙墩兜族譜》（簡稱《煙譜》，下同。）

〔23〕李執中，《重修地山李氏族譜序》，引自《煙譜》。

〔24〕見《兌山李氏壟尾井族譜》第一世至第五世行實。

〔25〕陳良策，《同安地山李氏家譜引序》，引自《煙譜》。

〔26〕見《煙譜》世系圖。

〔27〕李執中，《重修地山李氏族譜序》，引自《煙譜》。

〔28〕民國吳錫璜總纂，《同安縣誌》卷之八，選舉志。

〔29〕《同安縣誌》卷之三，大事記。

〔30〕李懋箕，《族譜凡例》，見光緒乙酉年編《兌山李氏壟尾井下厝二房支譜》。

〔31〕李懋箕，《續修族譜序》，引自《煙譜》。

〔32〕李執中，《重修地山李氏族譜序》，引自《煙譜》。

〔33〕李允升，《重修族譜序》，引自《煙譜》。

〔34〕同上。

〔35〕李光輝，《續修族譜序》，引自《煙譜》

〔36〕楊緒賢，《台灣區姓氏堂號考》記收侯於乾隆中葉入墾蘆洲。《壟譜》記收侯與夫合葬同安天馬山，收侯是否渡台，待考。

〔37〕《姓氏考》記起侯於乾隆中葉入墾蘆洲。《壟譜》記起侯葬同安杜崙。起侯是否渡台，待考。

〔38〕《姓氏考》記仁侯於乾隆中葉入墾蘆洲。現據到蘆洲實地調查，仁侯於1836年卒於兌山，並未渡台，其骨骸由其妣余氏率子渡台時帶到台灣，葬於觀音山。

〔39〕有的族譜記載公式攜妣張氏渡台，現據蘆洲實地調查，公式於1844年卒於兌山，其妣張氏率六子攜夫骨骸渡台，葬於觀音山獅子頭。

〔40〕《煙譜》公偉卒葬失記，但譜記公偉生六子，第六子生於1821年。時公偉已51歲，以此推測公偉與妣一起渡台。

〔41〕1922年莊寶興彙集，《莊氏世系族譜》第66-67頁。下文凡引自該族譜者，只在引後括弧內註明頁數。

〔42〕《龜洋莊氏十四世貞裕房族譜》，龜山始祖條。

〔43〕《龜洋莊氏七世廈房族譜》（簡稱《廈譜》），第96頁，四世良顯條。

〔44〕《廈譜》，第109頁，七世玄甫公條。

〔45〕《廈譜》，第112頁，七世玄珪公條。

〔46〕《廈譜》，第113頁，八世伯新公條。

〔47〕《廈譜》，第70-71頁，七世仁德祖條。

〔48〕《廈譜》，第73頁，八世伯武祖條。

〔49〕《廈譜》，第74頁，九世望達祖條。

〔50〕《廈譜》，第76-77頁，十一世王政祖條。

〔51〕《廈譜》，第96頁，四世良顯公條。

〔52〕《廈譜》，第70頁，七世仁德祖條。

〔53〕《廈譜》，第73頁，八世伯武祖條。

〔54〕《廈譜》，第74頁，九世望達祖條。

〔55〕《廈譜》，第109頁，八世伯嵩公條。

〔56〕《廈譜》，第110-111頁，九世望南公條。

〔57〕《南靖縣誌》（乾隆版），卷一，第8頁。《漳州府志》載嘉靖三十九年蕭雪峰犯南靖，奸民謀內應係四十年六月。

〔58〕《廈譜》，第98-100頁，八世文廣公、九世望暘公條。

〔59〕《龜山莊氏十四世貞裕房譜》，龍山記條。

〔60〕《霞峰莊氏族譜》，第29頁。

〔61〕《漳州氏族源流彙編》，第63-67頁，《祠廟一覽表》。

〔62〕《廈譜》，第29頁。

〔63〕莊英章，《台灣漢人宗族發展的若干問題》，台灣中央研究院《民族學研究所集

刊》，第36期，第121頁-122頁，131-132頁。

[64] 莊英章，《林圯埔》，第七章，宗族的發展，第180-181頁。

[65] 莊英章，《台灣漢人宗族發展的研究述評》，《中華文化復興月刊》，第11卷，第6
期，第49-54頁。

[66] 《平和縣心田賴氏淵源誌》第68頁，1994年8月編印。

[67] 《平和縣心田賴氏淵源誌》，第64頁。

[68] 《平和心田賴氏淵源志》，心田賴氏淵源志編委會，1994年。

[69] 台灣《賴氏大族譜》，賴國民主編，1966年。

[70] 吳德潤，《重修族譜記》，見乾隆二十二年修《吳氏族譜》。

[71] 吳水生，《我家五代飄洋過海》，《平和文史資料》，第七輯，第31-34頁。

[72] 劉子民著，《尋根攬勝漳州府》，第284-285頁，華藝出版社，1990年。

[73] 台灣省文獻委員會，《台灣省通志》卷二，人民志氏族篇，第34頁，第184頁，
1971年6月。

[74] 同上

[75] 《台灣省南部碑文集成》，台灣文獻史料叢刊第九輯。

[76] 《台灣省通志稿》卷七，人物志；林再復，《閩南人》附錄四。

[77] 《台灣省南部碑文集成》，台灣文獻史料叢刊第九輯。

[78] 《高雄縣誌稿》（二），第58頁。

[79] 何喬遠，《閩書》，卷之四十一，君長。

[80] 《白石丁氏古譜》（影印本），分上下兩冊，蒙漳州市地方誌辦公室蘇炳塋副主任的幫
助，查閱古譜，特表感謝。

[81] 《古譜》懿跡紀，第31-32頁。

[82] 《古譜》年月紀，第10-11頁。

[83] 《古譜》懿跡紀，第33-34頁。

[84] 丁太塋：姓氏源流序，《古譜》上冊，第10-13頁。

[85] 自唐麟德元年丁儒入閩至宋紹興十四年丁知幾生，歷480年，至少已傳16代以上，
證之《陳氏開漳族譜》，至紹興年間已傳19代，《古譜》記知幾為第9代，顯誤，至

少漏記七、八代。現爲行文方便，仍沿用之。

[86] 《漳州府志》（光緒），卷之十六，選舉。

[87] 丁世勳：文峰丁氏宗史敘，《古譜》上冊第18頁。

[88] 丁世勳：奸商徐躍占葬賢宦祠地冤揭，《古譜》上冊，第41-42頁。

[89] 《古譜》懿跡紀，第112頁。

[90] 《古譜》，世系圖，第3頁。

[91] 《古譜》懿跡紀，第117頁。

[92] 同上書，第122頁。

[93] 丁懷、丁盈、丁天、丁邦4人入台及丁活等8人外出，出處均見《古譜》世系圖及年
月紀卷第27代、28代條。

[94] 《高雄縣誌稿》（二），第58頁。

[95] 懷蔭布，《泉州府志》，卷之三十四，選舉一。

[96] 莊爲璣、王連茂，《閩台關係族譜資料選編》第146至148頁。

[97] 《漢聲》第19期，1988年12月台北出版。

[98] 《閩台關係族譜資料選編》，第145頁，《陳江分派東石丁氏族譜》按語。

[99] 參見《八閩通志》（萬曆）、《萬姓統譜》（明凌迪知撰）、《福建通志》等書。

第七章　大陸移民與台灣民間信仰研究

漳泉移民開發台灣的鄉土保護神——保生大帝

　　爲了紀念北宋民間名醫吳本（從大從十，音滔）眞人誕生一千一百周年，福建省漳州市、廈門市於1989年4月份分別舉辦了學術討論會，這不僅對弘揚祖國醫學遺產，而且對研究閩台民間信仰都有著積極意義。在台灣，被神化後的吳眞人（保生大帝）擁有衆多的信徒，對其信仰、崇祀活動，今天在海峽兩岸之間仍起著聯絡、認同的紐帶作用。

（一）從漳泉地方神演變爲移民的鄉土保護神

　　吳本字華基，號雲沖，宋太宗太平興國四年（979年）三月十五日（陰曆，下同）出生於漳泉交界之同安縣白礁村，死於宋仁宗景佑三年（1036年）五月二日。由於他醫術精湛，生前已被稱爲神醫，死後復被鄉民奉爲醫神，先後在青礁村（原屬龍溪縣，現屬廈門市海滄鎮）、白礁村（原屬同安縣，現屬龍海縣角尾鎮）興建慈濟祖宮崇祀，民間稱吳眞人、大道公、保生大帝，屢受宋朝、明朝皇帝追封諡號，香火鼎盛，閩南漳泉各地也紛紛建廟，「廟宇遍於漳泉之間」[1]，成爲漳泉鄉民普遍信仰的地方神明，這是保生大帝信仰的第一個時期。

　　隨著漳泉移民向海外發展，是保生大帝信仰發展的又一個嶄新時期。特別值得研究的是保生大帝信仰在台灣的廣泛傳播，成爲漳泉移民開發台灣的鄉土保護神。早在明末，漳泉移民開始成批進入台灣西部沿海平原地區，闢草萊、斬荊棘，開墾荒地，時台灣係瘴癘之鄉，犯病者衆多，作爲醫神的保生大帝，被移祀台灣，深受移民的崇拜。開始多從祖籍隨身攜帶分香、分靈奉祀於草寮、茅屋，隨著墾務的發展，乃建小廟供奉，隨著開發事業的進一步擴大，廟宇也不斷擴建，終成大廟。每一廟宇，往往成爲一鄉一鎮的傳統信仰中心，墾民團結的紐帶，台灣許多村落都是以廟宇爲中心而發展起來的。後來漳泉移民成爲台灣絕大多數的住民，作爲其鄉土保護神的保生大帝信仰，也在台灣島上得到大批信徒。

光緒初年，一位在台灣住了半年多的大陸文人寫道：「吳眞人者，以神醫祀也。按此廟最多，台灣十二，它縣亦非一所。……台多漳泉人，故祀事獨盛」[2]。可見，台灣對保生大帝的信仰是與開發事業密切聯繫在一起，可以說保生大帝是漳泉移民開發台灣的見證神，是有「功德在民」之神。

作爲漳泉移民，尤其是同安籍移民保護神的保生大帝信仰的發展，及廟宇的增建，是與漳泉移民開發台灣的歷程基本相一致的。澎湖是漳泉移民最早到達的地區，元朝已置巡檢司，屬同安縣，故「漳泉人多聚於此」[3]。因此，澎湖也是保生大帝信仰最早移祀的地區，至今仍保留有明末創建屢經重修的保生大帝廟。在台灣本島，舊志書有明確記載建廟年代的古廟，要算台南縣新化鎭（古屬廣儲東里）豐榮里的保生大帝廟最早，當荷據時期「與漳泉人貿易時，已建廟廣儲東里」[4]。不但是台灣本島第一座保生大帝廟，也是全島最古老的一個廟宇。清順治十八年（1661年），鄭成功出兵收復台灣，亦以今天的台南市爲基地，向南北屯田開墾，保生大帝信仰也首先在台南縣、市及其周圍發展起來。「鄭氏及諸將士皆漳泉人，故廟祀眞人甚盛」[5]。所以明鄭時期興建的保生大帝廟，都集中在今天的台南、高雄縣市。康熙二十二年（1683年）台灣與大陸重歸統一之後，進一步向南北沿海開發，移民台灣最多的還是漳泉人民，廣東次之。保生大帝的信仰也隨著漳泉移民開發新地區而擴大，凡漳泉籍移民聚居的地區，也先後新建廟宇，崇祀保生大帝。由於歷史的原因，據1928年日台灣總督府調查，在台灣的375萬的漢族人口中，福建祖籍占有311萬多，占全台人口的百分之八十三以上，其中漳泉人300萬人，占百分之八十。如台南州（今台南縣、市及雲林、嘉義二縣）人口101萬多，福建籍有近98萬，占全州人口的百分之九十七左右，其中漳泉籍占百分之九十五強。在高雄州（今高雄縣、市及屏東縣）48萬多人口中，福建籍占38萬多，占百分之七十九，其中漳泉籍也占百分之七十五以上[6]。在台灣，保生大帝的信仰，與漳泉人口的分布是吻合的。前述台南州、高雄州所包括的七個縣市，僅占全省二十一個縣的三分之一，所建保生大帝廟卻占全省總數的百分之八十多，其中僅台南縣的保生大帝廟，就占全省總數的百分之三十七多。其廟宇遍布台南市的四個區，台南縣的二十一個鄉鎭，嘉義縣的十三個鄉

鎮，高雄市的八個區，高雄縣的十二個鄉鎮。其他沿海漳泉移民開發的地區，亦多信仰保生大帝，在台灣全省，除花蓮縣外，各縣均建有保生大帝廟，但主要由粵人開發的苗栗等縣，及晚開發的高山族聚居的台東等山地，保生大帝廟就很少。經過歷代的擴建，今天台灣保存有許多宏偉壯觀、金碧輝煌的保生大帝廟。如台北市哈密街的大龍峒保安宮，被列為台灣第二級文物保護單位，台南縣學甲慈濟宮、台南市興濟宮、妙壽宮，也被列為第三級文物保護單位，有不少外國的學者、專家前來參觀研究。

（二）移祀台灣後保生大帝的社會職能

1.從醫神到保平安、免災禍的萬能之神

　　保生大帝信仰在台灣大發展後，其主神的社會職能有沒有發生變化呢？最近有人對台灣部分保生大帝廟的匾、聯、碑記進行了分析研究，[7] 認為在台灣，保生大帝的最主要職能仍然是治病的醫神。台灣學者的文章也指出，信徒祈求大帝以醫藥為主，由於昔日藥方適合漳泉水土生活條件，又偏重固本保健，有一般成藥的作用，加上虔誠信仰的心理作用，也頗多發生預期的療效。如有病情較重者，則請用花轎抬大帝往藥鋪問取藥材，謂之「討藥」[8]。但既已神化了的保生大帝，不僅僅作為醫神，而是被認為神力廣大的萬能之神，不論天災人禍，信徒都到廟祈求大帝庇佑。據文獻記載，道光年間有一年台北大旱，鄉民到大龍峒保安宮禱雨，炷香未燼，濃雲密布下起大雨來，舉人陳維英為此為寫了一首「萬民相告眉開展」的賀詩 [9]。陳維英的祖先早年入墾大龍峒，後來富甲一方，且陳家科舉之盛甲於淡水廳，自道光元年至光緒二十年，舉人中式三人，採芹入泮者十六人，他們都把自己能獲得功名或進入仕途，歸功於保安宮保生大帝的保佑，因此信仰十分虔誠。可見，保生大帝不但是醫神，而且成為保平安、免災禍、致富貴的萬能之神，被認為是「東南嶠外的福神」。

2.從漳泉移民的鄉土保護神到被外地居民信仰

　　保生大帝原是作為漳泉籍居民的鄉土保護神，但由於虔誠信徒的鼓吹，許多人也都相信保生大帝十分靈驗，因此住在大帝祭祀圈內或附近地區的外地、外省

居民，包括部分客家人及兩湖、江浙等外省人，也信仰起保生大帝來。據王世慶先生研究，台北縣樹林鎮濟安宮自乾隆年間創建後，「二百年來融合所有各時代不同籍貫之信仰，成為樹林之傳統的唯一信仰中心」，其信仰範圍也包括樹林十七里中之潭底、樹東等十二里及板橋鎮崑崙里之部分居民，有信徒三萬多人。信徒不止是老樹林人，就是遷入未久之客家，或中部遷來者也信奉大帝，而且台灣光復後從大陸遷台者，亦有信仰與朝拜者[10]。同治年間舉人張書紳所撰的一副大龍峒保安宮楹聯反映了這一情況，其下聯曰：「神固籍於同安，然俎豆遍十閩之地，聲靈周四海之天，自非同安一邑所得而私」[11]。可見，作為漳泉移民保護神的保生大帝，也得到一批外地居民的信仰。

3.從民間信仰對象到逐步向官民共祀發展

保生大帝移祀台灣之時，純屬民間通俗信仰，初期所建廟宇，舊志書均記由「鄉人同建」、「里人同建」、「鄉人募建」，都是由民間集資興建起來的。但保生大帝得到台灣大多數居民的崇祀，也引起地方官員的重視，加以支持，甚至自己也開始信仰。如提督王得祿曾於嘉慶二十年（1815年）捐佛番二千大圓修建白礁慈濟宮祖廟，並於道光十五年（1835年）給台南市興濟宮敬獻「保愛生民」匾。同時，也有不少地方官員向保生大帝廟敬獻匾聯。嘉慶二年（1797年）重修興濟宮時，捐資二千一百零四元中，滿漢文武官員捐資一千四百一十元，占捐款總數的百分之六十七。到同光之際，台灣「開山撫番」之役期間，被認為由於興濟宮保生大帝庇佑，使「疫不為厲」，為酬報保生大帝「功德在民」的神恩，台灣知府周懋琦（杭州人）乃「詳奉欽差撫部批飭地方官朔望拈香，春秋致祭，以答鴻庥，用申寅敬，順輿情焉」，並敬獻「醫藥神靈」匾於興濟宮[12]。可見，原為民間信仰的保生大帝，嘉道以後已開始發展為官民共祀，其中台南市興濟宮，地方官「朔望拈香，春秋致祭」，已與台南的媽祖廟、武廟一樣，由於「福國佑民」有功，而升格為官祀地位。

（三）隆重的祭典活動寓含著認同祖籍認同祖國的愛鄉愛國精神

據1930年日台灣總督府寺廟台帳統計，台灣有保生大帝廟117座，據1960年

台灣省文獻委員會的宗教調查資料統計，保生大帝廟計有142座，最近筆者根據新舊志書、採訪冊、史籍、碑記、廟鑑等文獻資料，參考台灣學者的調查資料，加以考訂補充，初步得出自明末至1987年的三百多年中，台灣先後共建保生大帝廟214座，扣除四、五座古廟已廢外，現存的保生大帝廟超過二百座，在台灣的二百五十種左右的主神中，保生大帝均高居第八位，其信仰的普遍由此可知。

在台灣民眾信仰中，越是地方性、鄉土性的神明，如保生大帝，對民間的影響也愈大，其祭典也很隆盛，終年供祀不絕。所以每逢農曆三月十五日保生大帝聖誕日，假廟宮演戲，舉行迎神賽會，抬著神像繞境遊行，隆重致祭，以慶祝大帝千秋。如原由台中市賴厝廍等十七莊漳泉籍人士，於乾隆年間迎平和心田宮保生大帝香火來台奉祀，倡建元保宮後，每年農曆三月初一日起，以乾溝莊為首，由各莊恭請大帝神像繞境遊行，十五日回鑾。以後可能由於遊行時間太久，人、神俱乏，決議縮小範圍，以後塗仔等五莊為限，每年農曆三月初十日起恭迎大帝繞境遊行，同樣至十五日回鑾。[13] 在保生大帝的祭典中，最著名的要算台南縣學甲慈濟宮上白礁謁祖的祭典活動，該廟係於清初由白礁慈濟宮祖廟分香興建的，建廟後代代相傳，於每年農曆三月十一日上白礁謁祖祭典，送神回鄉祭祖。學甲到白礁需四天行程，十一日出發，十五日前可至祖廟。這一謁祖活動一直維持到1920年，日本人斷絕海峽兩岸的交通才停止。此後改在台灣本土舉行，同樣於三月十一日在學甲鎮頭前寮將軍溪畔恭送保生大帝，舉行謁祖祭拜儀式，各地數萬信徒也向大陸祖廟遙拜。在異族統治下的台灣漳泉籍居民的這些行動，顯然具有認同祖籍的愛國愛鄉意義。到日本統治後期，日本人認為道教富國家觀念和民族意識，深恐不利其殖民政策之推行，對道教備加摧殘。1937年中日戰爭爆發後，又大舉推行皇民化運動，焚毀道教神像，美其名曰「送神升天」，不許新建道教廟宇，沒收道教財產，移作神社基金。與道教有關聯的保生大帝廟，也受到歧視，有些廟宇被占用。但值得注意的是，在日本統治台灣的五十年間，新建保生大帝廟37座，比荷鄭、康雍、乾隆等時期發展更快。過去各歷史時期增建新廟，最主要的原因是由於移民的增加，日據時期大陸移民幾乎斷絕，而新廟反而增加很多，這不能不認為與台灣人民反對異族統治，保護民族信仰，保持民族意識有密

切聯繫，具有認同祖籍，認同祖國，反對殖民主義統治的愛國主義精神。

　　台灣學者在有關宗教信仰的文章中說，由於今天醫藥的發展，民間醫藥知識的提高，對含有濃厚迷信色彩的宗教信仰，特別是對醫藥之神的保生大帝的信仰，開始淡薄，由於交通的發達，社會聯繫的加強，對地方性神明的信仰也逐漸被對全國性神明的信仰所替代，最近筆者還親自聽到台灣學者說過同樣觀點的話。這些說法自然是有道理的，但也有一點令人疑惑不解，自1945台灣光復以來的四十多年中，新建保生大帝廟（原有大量修建、擴建、重建的不算）47座，其發展速度超過歷史上的任何一個時期。其中繼1960年省文獻會宗教調查以後的二十多年中，又新建保生大帝廟30座，特別是民眾科學知識普及與醫藥保健知識大大提高的70年代以來的十餘年中，又建新廟22座。爲什麼隨著居民文化素質的不斷提高，對保生大帝這一地方醫神的信仰反有增強的趨勢呢？在海峽兩岸被人爲隔絕四十年期間，學甲慈濟宮一年一度的上白礁謁祖祭典，遙拜大陸列祖列宗，在1980年的上白礁祭典活動中，縣長「呼籲全縣父老兄弟姐妹，認清台灣與大陸血緣關係，培養民族意識，使中華文化發揚光大，永垂無疆之庥」[14]。1983年的祭典更爲隆重，由學甲慈濟宮上白礁謁祖尋根祭典委員會主任委員主祭，並敬題「弘揚祖德」四個大字，嚴家淦先生也於1972年敬題「愼終追遠」，所有這些趨勢和活動，同樣具有認同祖籍、認同祖國、認同中華民族的涵義寓焉。

台灣保生大帝古廟年代考訂

　　在台灣的開發史上，福建漳泉移民作出了巨大的貢獻。隨著移民開發台灣的過程，對作爲漳泉鄉土保護神的保生大帝的信仰，也在台灣興盛起來。從同安白礁、海澄青礁慈濟宮祖廟分祀台灣各墾區的保生大帝廟，相繼興建，爲漳泉移民開發台灣的歷程留下了光輝的痕跡。

　　究竟漳泉移民在台灣建立的保生大帝廟有多少呢？1956年出版的《台灣省通志稿》卷二〈宗教篇〉，據1930年台灣總督府所存寺廟台帳統計，共有117座。台

灣省文獻委員會自1958年至1960年舉行了宗教調查，劉枝萬依據調查資料於1960年6月發表的《調查表》[15] 統計，共有140座。在此基礎上，1971年編輯出版的《台灣省通志》（簡稱省通志，下同）卷二〈宗教篇〉，共列保生大帝廟142座（與《調查表》基本相同，僅有個別差異），其中創建於日據以前，即光緒20年（1894年）以前的古廟，計有93座。這是一份比較完整的資料，但登錄的均係現存的廟宇，因年久失修而自然傾圮或因地震、洪水等天災震塌、沖毀而未加恢復的古廟，均不在登錄之列。同時，由於廟宇歷代不斷重修、重建或遷建，同一廟宇，建廟年代的記載也出入很大。欲得台灣保生大帝古廟（包括已廢之廟）較為確切的數字，尚須經過一番考訂的功夫。

在台灣，作為漳泉移民，尤其同安籍移民鄉土守護神的保生大帝廟，往往成為一鄉一村的文化信仰中心，不但是研究民間信仰、民俗的對象，其建廟年代及地區分布，也可作為研究漳泉移民開發台灣的一種基礎資料。

本文擬以省通志所列保生大帝古廟為基礎，根據新、舊志書[16]、採訪冊、史籍、碑記、寺廟年鑑檔案等文獻資料，參考台灣學者調查採訪資料，對若干出入較大的古廟加以考訂補充。

1.興濟宮

省通志載台南市成功路86號的興濟宮，嘉慶2年建，賴子清也持此說[17]，《台南市志》、《台灣古蹟全集》（以下簡稱《古全》）載康熙23年建。據蔣府志[18]：「慈濟宮四所……一在鎮北坊。」陳台志載：「在鎮北坊，大道公宮，一在觀音亭邊，偽時建」。查鎮北坊觀音亭邊慈濟宮或大道公宮，即今台南市成功路86號的興濟宮。省通志記嘉慶2年建顯誤，市志等記康熙23年建亦誤。《台灣通史》[19] 載：「興濟宮，在府治鎮北坊，鄭氏時建，祀吳真人。亦稱保生大帝」，石萬壽亦主張係明鄭氏建[20]，與舊志所載相符。

2.靈濟殿

省通志載台南市港仔尾的靈濟殿，主祀玄天上帝，康熙57年建，《台南市志》同此。據《蔣府志》載，「慈濟宮四所，……一在鳳山縣治安平鎮」，經石萬壽研究，港仔尾的靈濟殿，即古時的安平慈濟宮，建於明鄭時期，桐峰的文

章同此[21]，省通志、市志關於靈濟殿的主神和建廟年代的記載均誤。

3.慈濟宮

省通志缺。據蔣府志載：「慈濟宮四所，……一在土墼埕保」。土墼埕保在今台南市中區，康熙23年後屬鳳山縣，土墼埕保慈濟宮原爲鳳山縣官員晉府時居留崇拜處。雍正12年劃界時改隸台灣縣，但土墼埕保早在雍正元年後台灣縣知縣周鍾瑄建木柵城時圍入台灣府城內，位於西南門之間，使鳳山縣對土墼埕保的統治名存實亡。土墼埕保的慈濟宮也以無法管理，日趨破陋，終至傾圮了，故省通志，市志均無記載。蔣府志於台灣歸清後二年即修，所記廟宇未註明年代者均係明鄭以前所建，石萬壽認爲係建於康熙三十五年即高拱乾修《台灣府志》[22]之前，由於他未見到更早的蔣府志。據蔣府志，土墼埕保慈濟宮應係明鄭時期所建。

4.保安宮

省通志載澎湖縣湖西鄉北寮村保安宮，嘉慶年間建。據蔣府志卷六附澎湖廟宇條載：「眞人廟，在奎壁港。」康熙51年周元文，《重修台灣府志》[23]亦有相同記載，乾隆年間修的劉府志[24]、王台志[25]、余府志[26]均載「吳眞人廟，在澎湖奎壁嶼」，光緒19年林豪總修《澎湖廳志》載：「眞人廟，一在蒔里澳，……今各澳亦多建廟」[27]。按奎壁港、奎壁嶼、奎壁澳亦稱龜壁港澳，係澎湖三十澳之一，其位置據蔣府志載「在湖東澳東北，相距三里許」，即今湖西鄉北寮村。省通志載北寮村保安宮，似即舊志奎壁澳之眞人廟，其建廟年代應係明鄭時期，省通志載嘉慶年間建，澎湖縣誌載嘉慶24年建，疑均誤。

5.保甯宮

省通志載台南永康鄉鹽行村洲仔尾保甯宮，乾隆13年建，台南縣誌同此。據陳台志[28]載：「在武定里，眞君廟，鄉人同建，廟後古榕一大株，蔭可數畝。」後修各志均有記載。按武定里即今台南縣永康鄉一帶，鹽行村洲仔尾是武定里最大的村落，武定里眞君廟即今洲仔尾保甯宮，連景初認爲建於康熙年間[29]，與舊志記載吻合，省通志、縣誌所記乾隆13年建，時間在康熙時所修台灣縣誌後，顯誤。《古全》[30]載建於康熙2年，可供參考。

6.慈濟宮

省通志載高雄縣湖內鄉文賢村慈濟宮，嘉慶元年建。據陳台志：「在文賢里一圖，大道公廟，……一在月眉池社，鄉人同建。」按月眉池社現為高雄縣湖內鄉圍仔內，文賢村、中賢村均屬之。月眉池社大道公廟即今文賢村慈濟宮，建廟年代應在康熙59年修志之前。又據《鳳山採訪冊》[31] 載：「保生大帝廟，……一在圍仔莊（文賢），縣西北六十七里，屋八間，額慈濟宮，康熙二十年李天賜建，雍正三年葉惠修，嘉慶十六年林必捷重修，光緒十八年鄭武再修」。明確記載慈濟宮係康熙20年即明鄭時所建，省通志嘉慶元年建顯誤。

7.仁壽宮

省通志載台南縣歸仁鄉後市村仁壽宮，雍正2年建。據陳台志：「在歸仁北里，大道公廟，在舊社口，偽時建。」按歸仁北里舊社口，即今歸仁鄉舊社口，因嘉慶時發生漳泉分類械鬥後日漸衰落，據盧嘉興調查，「舊社口尚有大道公廟仁壽宮以供憑吊，今址僅存殘破土地公祠而已」[32]。據陳台志所載，仁壽宮應係明鄭時所建，《保生大帝專輯》（簡稱《保輯》）[33] 記仁壽宮明鄭時建，與舊志符合，省通志雍正2年建顯誤。

8.大道公宮

據陳台志載：「在大目降莊，大道公宮，偽時建」，王台志、謝台志 [34] 均有相同記載。按大目降明鄭時為新化里，即今台南縣新化鎮，省通志未載，疑已廢。

9.清王宮

省通志載台南縣仁德鄉大甲村91號清王宮，嘉慶3年建。據陳台志載：「在文賢里一圖，大道公廟，一在山頭社，鄉人同建；一在大甲社，鄉人同建。」按大甲社即今台南縣仁德鄉大甲村，大甲社大道公廟即今大甲129號慈濟宮。應係康熙59年修志以前所建，省通志建廟年代與舊志不符。山頭社已廢，據盧嘉興研究，山頭社廢後，住民遷大甲社，遺址今仁德鄉大甲村，山頭社大道公廟亦遷建大甲90號處，即省通志所載清王宮，亦係康熙59年以前創建，省通志載嘉慶3年建，疑係遷建時間。

10.元和宮

省通志載台南市北華街311號元和宮，乾隆元年建，縣誌同。據陳台志載：「在鎮北坊，大道公宮，一在水仔尾，康熙35年里人建。」按五條港北哨船港水仔尾大道公宮，即今北華街元和宮，係康熙35年建，省通志、縣誌所載乾隆元年建，均誤。

11.大道公宮

陳台志載：「在永康里，大道公宮，在石頭坑，里人同建。」按永康里石頭坑在柴頭港上游，在今永康鄉四分子石頭坑台南縣、市交界處，清末已廢，故省通志缺載，其建廟年代應係康熙年間。

12.保安宮

省通志載嘉義縣嘉義市北社尾保安宮，乾隆中葉建，嘉義縣誌載雍正元年建。據康熙56年修《諸羅縣誌》記載：「保生大帝廟，在縣治西門外，康熙四十年耆民募建，祀眞君也」[35]。劉府志、余府志均有相同記載。同治修《重纂福建省通志》亦載：「嘉義縣吳眞人廟，在縣治西門外，康熙四十年建」[36]。按康熙23年設諸羅縣，康熙40年縣治已遷諸羅山，即今嘉義市，其西門外眞人廟似即今保安里北社尾保安宮，應係康熙40年遷治時所建，省通志，縣誌所載建廟年代疑誤。

13.慈濟宮

省通志載台南縣學甲鎮濟生路170號慈濟宮，乾隆9年建，台南縣誌所記同省通志。《保輯》記永曆15年（1661年）建，康熙40年改建。據乾隆9年慈濟宮十二莊衆公立的《慈濟宮緣業碑誌》載，張茂於康熙32年赴縣稟墾頭港仔一帶草地爲園，康熙42年將墾地賣與方彩，後方彩又將草地分賣與柯聲南、柯聲標、廖魁、陳綿等，「迨雍正五年間陳替、陳振魁、陳綿之子陳香臣、廖開鳳、林清（缺8字）眞君爺二廟以爲香燈油緣業」[37]。台南縣誌張茂等合傳亦載：「今台南縣學甲鄉，昔爲學甲社故址，清克台後，康熙三十二年，閩人張茂請於官，招佃初墾於此。其地不宜耕種，而移民多病瘴癘，茂乃以地讓與李雲龍、林登山二人，後林再轉讓數姓墾戶，而地漸闢」[38]。據此，學甲慈濟宮應建於康熙32年以

後，雍正5年以前。省通志、縣誌載乾隆9年建，顯誤，《保輯》載永曆15年建，係根據傳說，有待確據證實。

14.興濟宮

省通志載高雄縣林園鄉林園村興濟宮，道光14年建。據《鳳山採訪冊》載：「保生大帝廟，……一在頂林仔邊街（小竹），縣東南二十里，屋二間，額興濟宮，乾隆十四年葉文賓募建，光緒十三年武舉朱春田董修。」按林園鄉林園村古屬小竹里頂林仔邊街，頂林仔邊街興濟宮即今林園村興濟宮，建廟年代係乾隆14年，省通志記道光14年建，顯誤。

15.真君宮

省通志載高雄縣鳳山市過埤里真君宮，嘉慶年間建。據《鳳山採訪冊》載：「保生大帝廟，……一在田中央莊（鳳山），縣東南三里，屋十二間，額真君宮，乾隆二年林晉國修，廟租二十石。」按鳳山市過埤里屬鳳山田中央莊，田中央莊真君宮即今過埤里真君宮，係乾隆2年建，省通志載嘉慶年間建，顯誤。又康熙58年陳文達修《鳳山縣誌》（簡稱陳鳳志）載：「慈濟宮，一在鳳山上莊」[39]，疑即今過埤里真君宮，建廟年代應在康熙58年之前，待考。

16.保安宮

省通志載屏東縣枋寮鄉中寮村保安宮，道光年間建。據《鳳山採訪冊》載：「保生大帝廟，……一在北勢寮莊（港東），縣東南三十里，屋二間，額保安宮，乾隆五十年楊光興董建。」按今枋寮鄉中寮村古屬港東里北勢寮莊，北勢寮莊保安宮即今中寮村保安宮，係乾隆50年建，省通志記道光年間建，顯誤。

17.慶安宮

省通志載彰化縣彰化市光明里慶安宮，嘉慶年間建。據道光修《彰化縣誌》載：「保生大帝廟在縣治南門內，嘉慶二十二年同安縣士民渡台者鳩金公建。……每年三月十五日祝壽。燈燭輝煌，與聖王廟埒」[40]。按今彰化市光明里永樂街在縣治南門，據此，慶安宮係建於嘉慶22年。

18.普濟宮

省通志載高雄縣湖內鄉湖內村普濟宮，道光10年建。據《鳳山採訪冊》載：

「保生大帝廟……一在湖內莊（長治），縣西北六十里，屋二間，額普濟宮，嘉慶二年王天培募建。」按今湖內村清末屬長治里湖內莊，湖內莊普濟宮即今湖內村普濟宮，係嘉慶2年建，省通志記道光10年建誤。另據陳台志載：「在文賢里二圖，吳真人廟，鄉人同建。」按文賢里二圖，今二仁溪南之湖內鄉屬之，古文賢里二圖真人廟疑即今湖內村之普濟宮，據此，應係康熙59年修志以前建，待考。現建廟年代仍按採訪冊，嘉慶2年建。

19.聖雲宮

省通志載高雄市楠梓區聖雲宮，道光15年建。據《鳳山採訪冊》載：「保生大帝廟，……一在後勁莊（半屏），縣西北18里，屋四間，嘉慶二十一年董事楊儒募建。」按半屏里後勁莊，即今楠梓區後勁，據此，聖雲宮即古後勁莊保生大帝廟，應係嘉慶21年建。

20.保興宮

省通志載高雄縣大樹鄉三和村保興宮，民國元年遷建。據《鳳山縣採訪冊》載：「保生大帝廟，……一在大道公厝莊（觀音）。縣北二十五里，屋六間，額保興宮，嘉慶十八年居民建，光緒九年吳阿坎修。」據1928年出版的《台灣寺廟總覽》（簡稱《廟覽》）載，保興宮在鳳山郡大樹莊姑婆寮，今三和村、大坑村屬之，省通志載姑山村已有能保寺，大坑村無保生大帝廟，三和村有保興宮，似即古大道公莊保興宮，應係嘉慶18年建。又據陳鳳志載：「慈濟宮，……一在觀音山大社」，疑即今三和村保興宮，建廟年代應早於康熙58年，待考。現建廟年代仍按採訪冊，嘉慶18年建。

21.三聖宮

省通志載苗栗縣竹南鎮中江里三聖宮，主祀開台聖王，咸豐5年建，《廟覽》亦記主祀鄭成功。據連橫《台灣通史》卷22宗教志：「三聖宮，在竹南一堡頂街頭莊，咸豐四年建，祀開漳聖王、開台聖王、保生大帝。」按昔新竹縣竹南一堡三聖宮，即今苗栗縣竹南鎮三聖宮，三聖宮係主祀三個主神，非如省通志所載僅祀鄭成功。

22.興濟宮

省通志載高雄縣大寮鄉後莊村興濟宮，民國35年建，據《鳳山縣採訪冊》載：「保生大帝廟，……一在後莊（小竹），縣東六里，屋五間，額保興宮，咸豐元年戴國英修。」按小竹里後莊保興宮即今大寮鄉後莊興濟宮，應係咸豐元年建，疑民國35年修建時改今名。

23.花轎宮（保安宮）

省通志載新竹縣香山鄉美山村保安宮，民國35年建。據《香山鄉文獻採訪錄》載：美山村香山塘花轎宮，咸豐9年創建，祀保生大帝 [41]。據此，保轎宮、保安宮係同廟異名，今廟名、建廟時間依採訪錄，省通志所記時間疑係修建時間。

24.大道公廟

省通志嘉義縣大林鎮明華里下埤頭無保生大帝廟，但嘉義縣誌下埤里有大道公廟，缺建廟年代。據日據初期《嘉義管內採訪冊》祠宇條載：「保生大帝廟，在下埤頭莊，崇祀保生大帝，同治甲子年捐民財建造」[42]，查甲子年係同治3年。

又，省通志有些記載缺建廟年代，或年代不具體，有些主祀神不是保生大帝，今據縣誌，加以訂正。以下8廟就屬這種情況。

25.明直宮

省通志載台南縣仁德鄉太子村明直宮，嘉慶3年建，主祀中壇元帥，《保輯》記明直宮主祀保生大帝，明鄭時建。現據台南縣誌，明直宮主祀太子爺、保生大帝，康熙57年建。

26.大興宮

嘉義縣新港鄉大興宮，省通志載乾隆年間建，據嘉義縣誌及邱奕松論文載，係乾隆32年創建於笨港，稱保生大帝廟，嘉慶年間被洪水沖毀，於嘉慶9年遷建新港今址，改名大興宮。

27.慈濟宮

省通志載嘉義縣溪口鄉遊東村慈濟宮，嘉慶年間建，據嘉義縣誌載係嘉慶20年建。

28.三台宮

又嘉義縣誌載嘉義市忠孝路三台宮，雍正6年建，1942年震倒未復，省通志缺。

29.顯濟宮

又省通志載台南後壁鄉嘉田村顯濟宮，缺建廟年代，現據縣誌係嘉慶12年建。

30.青龍宮

又省通志載台南縣西港鄉八分村青龍宮，缺建廟年代，據縣誌記係道光11年建。

31.太子宮

省通志載台南縣新化鎮太平里太子宮，主祀中壇元帥，道光12年建，據台南縣誌太子宮主祀太子爺、保生大帝，建廟年代同省通志。

32.保安宮

省通志載雲林縣古坑鄉高林村保安宮，主祀玄天上帝，道光17年建。據雲林縣誌稿，高林村保安宮主祀保生大帝，道光17年建。

33.慶濟宮

省通志載台南縣善化鎮東隆里慶濟宮，主祀清水祖師，民國24年重建。據1980年出版的台南縣誌，慶濟宮主祀保生大帝。

省通志有些紀載有廟名，但缺主神和年代，有的缺廟字，現據1987年6月出版的《全國佛剎道觀總覽》（保生大帝專輯）加以補充。

34.保安宮

省通志載高雄市三民區港南里中山一巷有大港保安宮，缺主神及建廟年代。今據《保輯》載三民區中山一路保安宮，主祀保生大帝，乾隆16年建。

35.新福宮

又省通志載嘉義縣民雄鄉北斗村新福宮，缺主神和建廟年代，據《保輯》記新福宮係道光19年建，主祀保生大帝。

36.鎮安宮

又省通志載嘉義市下埤里鎮安宮，缺主神及建廟年代，今據《保輯》，鎮安宮主祀保生大帝，約清代時建。

37.慈靈宮

又省通志載苗栗縣後龍鎮校椅里慈靈宮，缺主神及建廟年代，今據《保輯》，慈靈宮主祀保生大帝，清朝年間建。

38.保德宮

據《保輯》載嘉義市竹林里竹子腳保德宮，主祀保生大帝，清朝年間建，省通志缺。

現將以上38座保生大帝廟考訂前後所發生的變化，包括建廟年代及占同期神廟總數的比例，列表如下（見表7-1）：

表7-1　保生大帝廟考訂前後建廟年代及占同期神廟總數比例

年代／變化		明鄭	康熙	雍正	乾隆	嘉慶	道光	咸豐	同治	光緒	民國	缺年代	缺主神年代	缺廟宇	小計
省通志	廟數		1	1	5	8	6	1			4	2	4	6	38
省通志	占同期比例		2.63%	2.63%	13.16%	21.05%	15.79%	2.63%			10.53%	5.26%	10.53%	15.79%	
考訂後	廟數	6	7	2	6	6	4	3	1	3					38
考訂後	占同期比例	15.79%	18.42%	5.26%	15.79%	15.79%	10.53%	7.89%	2.63%	7.89%					

現按廟名、廟址、建廟年代（又分省通志原載建廟年代，考訂後建廟年代）、主要根據等項目，並按訂正後的建廟年代順序，編列《台灣省通志》保生大帝古廟訂正表（見表7-2）。

表7-2 《台灣省通志》保生大帝古廟訂正表

廟名	廟址	建廟年代		根據	備註
		省通志	考訂		
慈濟宮	高雄縣湖內鄉文賢村	嘉慶元年	康熙20年	鳳山採訪冊	
靈濟殿	台南市港仔尾67號	康熙57年	明鄭時期	蔣府志	省通志主祀玄天上帝
興濟宮	台南市成功路86號	嘉慶2年	明鄭時期	蔣府志	
保安宮	澎湖縣湖西鄉北寮村	嘉慶年間	明鄭時期	蔣府志	
仁壽宮	台南縣歸仁鄉後市村	雍正2年	明鄭時期	陳台志	
慈濟宮	台南市古土墼埕保	缺廟	明鄭時期	蔣府志	清初已廢
大道公宮	台南縣新化鎮	缺廟	明鄭時期	陳台志	疑已廢
元和宮	台南市北華街311號	乾隆元年	康熙35年	陳台志	
保安宮	嘉義市保安里北社尾	乾隆中葉	康熙40年	諸羅縣誌	
明直宮	台南縣仁德鄉太子村	嘉慶3年	康熙57年	台南縣誌	主祀太子爺、保生大帝
保寧宮	台南縣永康鄉鹽行村	乾隆13年	康熙年間	陳台志	《古全》康2年
清王宮	台南縣仁德鄉大甲村91號	嘉慶3年	康熙年間	陳台志	
大道公宮	台南縣永康鄉石頭坑	缺廟	康熙年間	陳台志	清末已廢
慈濟宮	台南縣學甲鎮濟生路170號	乾隆9年	康末雍初	碑記	
三台宮	嘉義市忠孝路542號	缺廟	雍正6年	嘉義縣誌	1942年震倒
真君宮	高雄縣鳳山市過埤里	嘉慶年間	乾隆2年	鳳山採訪冊	
興濟宮	高雄縣林園鄉林園村	道光14年	乾隆14年	鳳山採訪冊	
保安宮	高雄市中山一路325巷	缺主神、年代	乾隆16年	《保輯》	
慶濟宮	台南縣善化鎮東隆里	民國24年	乾隆29年	台南縣誌	省通志主祀清水祖師
大興宮	嘉義縣新港鄉大興村	乾隆年間	乾隆32年	嘉義縣誌	
保安宮	屏東縣枋寮鄉中寮村	道光年間	乾隆50年	鳳山採訪冊	
普濟宮	高雄縣湖內鄉湖內村	道光10年	嘉慶2年	鳳山採訪冊	
顯濟宮	台南縣後壁鄉嘉田村	缺年代	嘉慶12年	台南縣誌	
保興宮	高雄縣大樹鄉三和村	民元還建	嘉慶18年	鳳山採訪冊	

（續）表7-2 　《台灣省通志》保生大帝古廟訂正表

廟名	廟址	建廟年代		根據	備註
		通志	考訂		
慈濟宮	嘉義縣溪口鄉遊東村	嘉慶年間	嘉慶20年	嘉義縣誌	
聖雲宮	高雄市後勁南路38號	道光15年	嘉慶21年	鳳山採訪冊	
慶安宮	彰化縣彰化市光明里	嘉慶年間	嘉慶22年	周璽縣誌	
青龍宮	台南縣西港鄉八分村	缺年代	道光11年	台南縣誌	
太子宮	台南縣新化鎮太平里	道光12年	道光12年	台南縣誌	省通志主祀中壇元帥
保安宮	雲林縣古坑鄉高林村	道光17年	道光17年	雲林縣誌稿	省通志主祀中壇元帥
新福宮	嘉義縣民雄鄉北斗村	缺主神、年代	道光19年	《保輯》	
興濟宮	高雄縣大寮鄉後莊村	民國元年	咸豐元年	鳳山採訪冊	
三聖宮	苗栗縣竹南鎮中江里	咸豐5年	咸豐4年	連橫通史	省通志主祀開台聖王，通史主祀鄭成功、陳元光、保生大帝
花轎宮	新竹縣香山鄉美山村	民國35年	咸豐9年	採訪錄	
大道公廟	嘉義縣大林鎮明華里	缺廟	同治3年	嘉義採訪冊	
鎮安宮	嘉義縣嘉義市下埤里	缺主神、年代	清朝年間	《保輯》	
保德宮	嘉義縣嘉義市竹林里	缺廟	清朝年間	《保輯》	
慈靈宮	苗栗縣後龍鎮校椅里	缺主神、年代	清朝年間	《保輯》	

台北縣清水祖師廟與安溪移民

隨著明末清初安溪移民到台灣，清水祖師信仰也傳到台灣，先後在台灣蓋起了一批清水祖師廟。現在全台有近百座清水祖師廟，在台北縣市則有十六座（見表7-3）。

表7-3　台北縣市清水祖師廟

清水岩祖師廟	台北市龍山區長沙街	乾隆五十五年（1790）建
長福岩	台北縣三峽鎮秀川里	乾隆三十四年（1769）建
泰山岩	台北縣泰山鄉明志村	乾隆五十開年（1792）建
泰山岩	台北縣泰山鄉山腳村	光緒元年（1875）
集福宮	台北縣土城鄉頂埔村	1924年建
永福宮	台北縣土城鄉中央路	不詳
清水岩	台北縣淡水鎮清文里	1934年重建
保安岩	台北縣淡水鎮沙崙里四段	1913年建
平安宮	台北縣淡水鎮沙崙里10鄰	不詳
長福宮	台灣縣新店鎮廣興里	不詳
岐山岩	台灣縣新店鎮屈尺里	不詳
淨化堂	台北縣瑞芳鎮龍潭里	1948年建
龍岩宮	台北縣瑞芳鎮龍川里	1946年建
萬慶岩	台北市景美區萬慶街	道光十八年（1838）建
清水祖師廟	台北市木柵區原博嘉村	1923年建
石泉岩	台北市大安區和平東路	不詳

　　以上清水祖師廟最先都是由安溪移民從祖籍清水岩分靈所建，爲安溪在台移民所崇祀，因此台北縣市所建清水祖師廟與安溪移民密切相關。早在明代安溪人已成批移居澎湖，明末有的移居台南縣市，特別是有一批安溪人於清初隨鄭成功軍隊渡台，後在台灣定居，有的後裔移居台北，另有一批安溪人於康熙二十二年（1683）隨施琅軍隊渡台，然後也定居台灣，有的分居今台北縣市。從康熙統一台灣後，陸續有不少安溪移民渡台入墾今台北縣市。現將安溪移民先後入墾今台北縣三峽鎮、淡水鎮、土城鄉、泰山鄉、新店、瑞芳鎮及台北市龍山區、景美區、木柵區等地的姓名列後：

　　雍正年間周敬官、陳若望、秦庭端入墾今三峽鎮，庭端後裔分墾今土城，林口等地；乾隆前期周殿昌入墾三峽，黃都入墾台北板橋，分傳三峽，林致遠、李玉樹入墾三峽、樹林等地，秦並國入墾三峽、土城等地；乾隆二十年董旭入墾三

峽，陳炳總入墾台北，分傳三峽、樹林，周可安入墾三峽；乾隆中葉黃春、黃秋、黃文亨三兄弟入墾今板橋、三峽、中和等地，李元明、李國開兄弟入墾三峽；乾隆末葉陳有余、林致遠、陳保全、陳萬億入墾三峽；乾隆年間孫金桃、蘇星、李玉樹入墾三峽、樹林、桃園等地，張益寶入墾三峽、中和、樹林等地；嘉慶年間蘇秀顏、白明朗、周番入墾三峽，黃登龍、黃再春兄弟入墾今鶯歌，分傳三峽，白光昭入墾高雄，轉墾台北三峽，鄭意處入墾三峽，板橋等地；道光年間廖政生入墾三峽、樹林、鶯歌等地；咸豐年間廖長冉入墾三峽，同治年間劉匏入墾三峽；清代吳開仗、吳開衰入墾三峽、北投，秦元丁、秦集壁入墾三峽、林源孫、陳守謙、陳素軒、陳福坪、陳武見、劉文好、蘇季星入墾三峽，蘇以端、蘇馬力入墾三峽、宜蘭等地。

雍正年間盧明程入墾今淡水鎮；雍正四年（1726）張文鳳（光雲）入墾彰化，乾隆初分墾淡水；乾隆中葉黃端入墾淡水，分傳台北地區，原籍安溪長泰里蔡興好入墾淡水頂坪，族親相互援引，先後分批渡台，散居淡水及台北縣市；乾隆末陳又刻入墾淡水；乾隆年間高培上、高培遠、高培來兄弟入墾淡水；咸豐年間康文舉入墾淡水；清代林公孫轉墾台北淡水。

康熙年間王賡足、王賡汀入墾今土城鄉，王義書入墾土城、板橋；乾隆前期王伯珠、王贊入墾土城、板橋、樹林；乾隆二十五年（1760），陳沛舍入墾土城沛陂村；乾隆三十五年（1770），安溪移民入墾土城祖田村、頂埔村；乾隆末安溪移民入墾土城貨饒村；嘉慶年間鄧士瑤入墾土城、樹林等地。

康熙年間李世明、李茂吉、李奕韓入墾泰山鄉；乾隆二年（1737）錢甫入墾泰山；乾隆中葉黃廷寶、黃廷琬及王廷篇、王廷棣兄弟入墾泰山鄉，黃繼抵、黃繼端、黃繼蕙兄弟入墾台北市新莊、三重、泰山等地，李奕納、李奕載、李奕量、李乘寶入墾泰山、五股等地；乾隆年間蘇期緣入墾泰山；嘉慶初許慶榮、李奕正入墾泰山；清代許衍丹入墾泰山。

乾隆中葉陳士錠入墾今台北縣新店市；乾隆末林君昌、林君頂、林臣發、林臣復、林臣郎、林一旅、林嘉胞及林六褚先後入墾新店，分傳台北縣市；乾隆五十年（1785）安溪山坪社劉秉盛入墾新店；乾隆年間高培迎、高培獻、高鍾拔入

墾新店，陳士入墾新店、大坪等地；嘉慶年間張猛、劉叔夜、陳沙、高鑾、周豬入墾新店；道光年間高鍾稈入墾新店、景美、木柵等地；同治年間黃炳泉分墾新店；清代詹明富入墾新店、景美、木柵等地；同治年間黃炳泉分墾新店；清代詹明富入墾新店、三重等地，劉勝源分墾新店。

乾隆末李庇入墾今瑞芳鎮，周質仁入墾瑞芳、宜蘭等地；嘉慶年間白金福入墾瑞芳；道光年間白用嬰入墾瑞芳；清代胡繼基、胡浩齋入墾瑞芳。

乾隆十九年（1754）林欽明渡台在艋舺（今台北市龍山區）經商，開發泰行，後在台北建安泰古厝；嘉慶年間王道泗等人入墾今台北市龍山區；道光年間白欽銘、白其祥父子遷居今台北市龍山區；清代高炅馨、高炅聰入墾今龍山區。

乾隆十九年（1754）林君讓入墾今台北市大安區；乾隆年間詹揚淇入墾淡水，分墾今大安區，高炅聰、高培堯、高鍾送入墾今大安區；同治年間徐心匏入墾今大安區。

康熙年間高植孟入墾今台北市景美區、木柵區等地；乾隆中葉顏子富入墾今景美區；乾隆五十四年（1789）許標重入墾今景美區；乾隆末鄭光恩、鄭光吉、鄭光蒲兄弟入墾景美，劉元聘入墾景美；乾隆年間高培廩入墾士林，後轉墾景美，高炅東、高炅征、高培良、高培善、高培火、高培樓、高鍾里、蘇興存等入墾景美，蘇光和入墾泰山、景美等地；道光年間高培恭入墾景美、木柵；清代高植輔、陳成基入墾景美。

清初高仲、高培正入墾景美、木柵，高子頤、高子錫、高子綿、高壽保入墾景美、木柵、新店等地；乾隆初張啓順入墾木柵，張滿進後裔光龍入墾淡水、木柵；乾隆前期陳尚海入墾木柵；乾隆年間高炅臣、高炅遊、高炅晉、高炅節、高炅尊、高炅平、高培孟、高培奉、高培悅、高培用、高培啓，高鍾懼、高鍾力等入墾木柵，高培從入墾深坑，木柵等地；清代陳鼇山、鄭守義入木柵。

明鄭時期安溪冀氏族人隨鄭成功軍隊入台，後裔有分居今台北市，康熙九年（1670）王享賜入墾今台北市；康熙末黃河寶入墾今台北地區；康熙年間王天成入墾今台北縣市，王宜遠入墾台北市；雍正年間周尚德、周顯浩、高佛成、廖士正入墾今台北縣市，黃啓瑞、黃啓端入墾今台北市；乾隆初陳文榮、陳文晃、陳敦

執、陳敦添、陳肇質等先後入墾今台北縣；乾隆前期黃懋共、詹桑、李序山、李洪夫婦入墾今台北市；乾隆中葉白逸宇後裔入墾台北縣市，黃繼炫、黃繼焙、黃繼燈、黃繼輟、黃繼燡、黃繼炯、黃繼勁兄弟入墾桃園龜山，分傳台北地區；乾隆三十九年（1774）黃廷同、黃廷升、黃廷堅兄弟入墾新店，分傳台北地區；乾隆中葉翁密德、蕭文建入墾今台北市；乾隆末蕭睿、林千智入墾今台北市，陳文俊入墾今台北縣，林洪景、林洪泰兄弟入墾今台北市，稍後再邀林洪作、林洪老、林法隱、林法約、林洪伯及林溫理等兄弟叔姪入墾台北地區；乾隆末林興仁、王文仲、王取入墾今台北縣市；乾隆年間白坦世、白坦載、白修咱、白修脫等先後入墾今台北縣市；嘉慶年間白修情、高培易、顏長、顏政道入墾今台北市，李兄文、李梓宗、林常春、許文叔入墾今台北縣市；道光年間葉砂入墾今台北市，陳傳宗、黃廷同、翁元熙、林君番、詹勵遠入墾今台北縣市；清末林火炎入墾今台北市，鄭耀出後裔分墾台北；清代李槐可、李槐六、詹口香、蔡利瑤、劉監明、鄭威、謝友越、蘇尙格、楊耕、詹寶仍、陳秉昊、黃繼美、黃道隆、周福、林元眞、林庭河、林候建、林世元、陳連山、陳居安、陳居甯、高培負、高植、高泰保、高鋼、許德政（愼齊）、林佛孫、林隆基、顏政邦、王義夫、吳國棟、吳福仁後裔入墾今台北縣市；清代楊春年入墾彰化、台北等地，高炅枸（時周）、高培炳、高子顯、陳文俊、王火入墾今台北市。

以上安溪向台北縣市移民資料，係根據台灣省各姓歷史淵源發展研究學會1987年發行的《台灣區族譜目錄》、楊緒賢編撰的《台灣區姓氏堂號考》（1979年台灣省文獻委員會發行）、林再復著《閩南人》（台北三民書局，1996年7月增刊8版）、盛清沂總纂《台北縣誌》卷五開闢志（1960年台北縣文獻委員會出版）等書摘引，只限於有清水祖師廟的台北市區及台北縣鄉鎮，不包括台北縣市其他市區和鄉鎮，並且只包括台北安溪移民的一部分。台灣安溪移民居閩南各縣之首，據1926年戶口調查資料統計，台灣漢族人口共3,751,600人，其中安溪籍移民計441,600人，占總人口的11.8%。而台北市縣市漢族人口共726,000人，安溪籍移民計202,200人，占台北總人口的27.9%，其中舊台北市，安溪人占漢族總人口的53.3%，原屬台北縣的木柵、景美、深坑（景美、木柵1967年劃入台北市，爲景

美區、木柵區）安溪人占97.5%，新店占72.5%，三峽占67.6%，鶯歌、樹林占52%，瑞芳占46.6%，土城占23%，淡水占21.8%，泰山、新莊占28.7%。隨著安溪移民先後渡台，清水祖師也被分靈到台灣。閩南移民開墾台灣的過程是從台南向台北發展，故清水祖師廟也首先出現於台南地區。據記載，南明永曆年間（清順治時間），彰化二林鎮已出現清水祖師廟——新興宮，康熙年間台南市又蓋起龍山寺、清水寺二座清水祖師廟，高雄仁武鄉也蓋起一座福清宮祖師廟，雍正元年（1723）台南縣佳里鎮起蓋震興宮，雍正八年（1730）台南縣新市鄉起蓋靈昭宮，雍正年間澎湖馬公鎮也蓋起一座祖師廟，崇祀清水祖師。自康熙末年後，安溪移民大量入墾台北，乾隆年間台北縣市也開始起蓋祖師廟。從清初至1949年全台先後建有73座祖師廟，至今又增至近百座，而台北縣市則共有16座。

　　台北最先建祖師廟的是三峽長福岩，於乾隆三十二年（1767），由居住三峽、鶯歌及附近鄉村的安溪移民倡儀修建，當年八月興工，三十四年（1769）落成。接著興建的是艋舺清水祖師廟，由安溪移民捐資三萬元，公舉翁有來為董事，負責籌建，自祖籍安溪清水岩清水祖師廟直接分靈來台，於乾隆五十三年（1787）興工，五十五年（1790）竣工。他如景美萬慶岩則建於道光十八年（1838），泰山鄉泰山岩建於光緒元年（1875）。淡水祖師廟係1934年重建，建廟年代不詳，係自艋舺祖師廟分靈。據記載，同治六年（1867）石門鄉迎淡水祖師神像繞境，祖師忽然落鼻，鄉人聞訊都出屋外觀看，忽發生大地震，倒屋無數，人皆平安，方知祖師顯靈所賜，信徒大增，台北白其祥曾出資一百元，供淡水祖師廟重塑一尊鎮殿祖師，每年正月初六神誕前一日落鼻祖師必返艋舺祖廟。據此，淡水祖師廟應建於同治六年之前。自乾隆三十二年起蓋三峽祖師廟至1948年起蓋瑞芳淨化堂，台北縣市共蓋祖師廟16座，有的從安溪直接分靈，有的則從台灣艋舺、三峽等地祖師廟分香。

　　祖師廟於每年正月初六日神誕舉行慶典和遊境活動，善男信女組織信徒會，經常進行活動和到廟進香，祖師廟成為安溪（包括部分永春）移民的信仰中心，也是安溪移民的團結象徵，是安溪移民經常聚會的場所。有的祖師廟則兼辦私塾，教育子弟，產生傳播文化的作用。現在神廟兼營各種事業，收入很多，有的

辦起醫院、學校，舉辦貧苦救濟金等社會公益活動。

　　自宋徽宗建中靖國元年（1101）清水祖師陳普足圓寂，從人變成神之後，八百多年來神職發生了不斷變化。北宋時原以祈雨爲主要職能，南宋時已發展爲治病、驅蝗蟲及禦盜等職能，成爲安溪人的鄉土守護神，自明末清初清水祖師信仰傳播到東南亞及台灣之後，更演變爲安溪移民的保護神，成爲祈福、消災、治病、驅邪、保平安的萬能之神。現在雖仍以安溪移民後裔爲主崇祀，但也已成爲祖師廟當地各籍住民的普遍信仰了。

　　二百多年來台北祖師廟香火很旺，信仰不衰，神廟不斷得到重修，廟宇越修越大，更見金碧輝煌，如艋舺祖師廟於嘉慶二十二年（1817）爲颱風毀壞，鄉民募捐五千元整治。咸豐三年（1853）又因械鬥（頂下郊拼）被火焚毀，同治六年（1867）由台北安溪人領袖參加台北抗法戰爭賜五品軍功的白其祥提倡重建，募捐二萬五千元，當年四月開工，光緒元年（1875）落成。以後又屢經多次重修，雖仍保存原狀，但廟宇更加輝煌，建地約五百坪，廟地共二千坪，除主祀清水祖師，陪祀關聖帝君、文昌帝君、天上聖母、四大尊者及福德正神。今當地安溪人以白、王、周、高、劉、林、蔡、黃、楊等姓爲多，對於本寺之維護共同負責。三峽祖師廟於道光十三年（1833），台北大地震時，廟宇部分損壞，安溪籍民即募捐擴建。1895年日軍侵占台北，三峽居民由原籍安溪湖頭的抗日義士蘇力領導，血戰四晝夜，重創日軍，日軍乃火焚村莊祖師廟以洩憤，幸信徒事先已將神像妥存，光緒二十五年（1899）由信徒募捐重建。1945年抗日戰爭勝利台灣光復，1947年三峽信徒又發起擴建，由當地師範大學美術系教授李梅樹教授設計，對全廟花鳥人物故事、龍柱、石獅、亭台樓閣都精心設計，聘名師雕刻，被公認爲是全台藝術之宮。現在台北較具規模、香火鼎盛的祖師廟，要算艋舺清水岩祖師廟、三峽長福岩和淡水祖師廟，尤以艋舺清水岩首屈一指，與龍山寺、保安宮被認爲是台北三大寺廟。

　　近十多年來海峽兩岸開禁往來後，台灣的安溪移民後裔不少又恢復回祖籍謁祖和到清水岩祖廟進香活動。1989年台北安溪籍詹氏、白氏分別組團40多人回安溪謁祖，並到清水岩祖廟進香，淡水清水宮主事陳資燕女士還到祖廟迎請木雕祖

師像「開眼」回台，新店岐山岩董事林錦文父子（祖籍赤嶺）也專誠到祖廟迎請祖師佛像「點眼」回台，新店岐山岩主事王乙謨、台北泰山岩常務董事林志峰一行7人分別迎請四尺高的祖師木雕像回台，台北石泉岩進香團一行62人，台北三峽祖廟進香團數十人也先後來祖廟進香，並捐資修廟。僅1988、1989兩年來祖廟進香的台胞已逾數千，至現在來祖廟進香的台胞已超過數十萬人，清水祖師信仰已成為聯繫海峽兩岸同胞的紐帶，加深了兩岸同胞的理解，增進了共識，為炎黃子孫「振興中華」產生了積極的作用。

台灣中部平埔族的漢化與媽祖信仰

　　清代後期，居住在台灣中部地區（今台中縣、台中市、彰化縣、南投縣）的平埔族開始接受了媽祖信仰，並倡建媽祖廟於埔里。台灣劉枝萬教授認為，此「在本縣漢番交涉史上別具一格，耐人尋味」。本文擬對這一台灣民俗加以考察，並「尋味」這一現象出現的原因及其影響，準備著重探討隨著漢移民的入墾與定居台灣（也可以說漢移民的本土化），先住民平埔族開始不斷漢化（也可以說土著族的內地化），包括其宗教信仰也發生了新的變化。

（一）大陸移民入墾台灣中部與平埔族不斷漢化

　　原居住在台灣西部平原及丘陵等地的平埔族有8個族群，共約90餘社，其中居住於台灣中部則有五族34社，即道卡斯（Takas）族4社，分布於大甲溪河谷一帶的海岸地區；拍瀑拉（Papora）族4社，分布於大肚丘陵以西至海岸一帶；拍宰海（Pabzeh）族2社，分布於今台中縣豐原鎮至東勢鎮一帶平地及山麓丘陵地帶；巴布薩（Babuza）族8社，分布於今台中市以南至西螺鎮以北之近海岸平原地帶；洪雅（Hoanya）族6社，分布於台中盆地霧峰以南及彰化縣社頭鄉、南投縣南投鎮以北兩縣交界地帶。

台灣平埔族與漢人最早接觸，首先接受漢族文化的影響，隨著明末漢移民開始成批入墾而不斷漢化，內地化。

1.漢移民入墾與平埔族漢化的主要過程

　　早在明末天啟年間，荷蘭殖民者入侵台灣之前，已有海澄顏思齊、南安鄭芝龍等一批漳泉人登陸笨港（今北港與新港之間一帶地方），築寨墾殖，招饑民開荒。荷蘭統治時期（1624-1661年）採取獎勵大陸移民來台耕墾，但開發地區限於今之台南縣、市為中心的南部地區，只有零星漢民入墾台灣中部。明鄭時期（1661-1683年）實行分派鎮兵屯墾外，並招沿海人民入台開墾，墾區仍在今台南、高雄一帶，開發最北的地區是鄭經時代部將林圮入墾斗六門（今斗六鎮）及水沙連西部（後改名林圮埔，今竹山鎮）。為了平亂，曾出兵至大肚溪及大甲溪附近，屯墾今台中縣市個別地點。先住民包括平埔族，在與漢族兵民接觸中，不斷歸化和漢化，出現「熟番」與「生番」或「土番」與「野番」之別，還有介於二者之間的「歸化生番」。據康熙二十四年所撰《台灣府志》記載，諸羅縣轄四里（善化、新化、安定、開化）34社，其中屬於台中地區的有11社，即道卡斯族的崩山社（即大甲東社），拍瀑拉族的沙轆牛罵社（均屬今台中縣），拍瀑拉族與巴布薩族的半線大肚社（今台中縣大肚鄉、彰化縣彰化市），巴布薩族的麻務揀社（今台中市）、東螺社（今彰化縣埤頭鄉）、二林社（今彰化二林鎮）、亞束社（今彰化布）、馬之遴社（今彰化鹿港鎮），洪雅族的大武郡社（今彰化社頭鄉）、大突社（今彰化溪湖鎮）、南北投社（今南投縣草屯鎮、南投鎮）。府志注明所列坊里「各名號皆僞時所遺，今因之」[43]。可見上列各社實際上是明鄭時期已表示過歸化，且已不同程度漢化的「番社」，係「生熟番揉合」，不完全是「熟番」。

　　康熙二十二年（1883年）清政府統一台灣後，翌年設一府三縣，北面自今鹽水溪以北屬諸羅縣，被稱為「諸羅千里縣，內地一省同」（藍鼎元語），但實際統治地區只府治百餘里，縣令初期仍住府城，後遷佳里興（今台南縣佳里鎮一帶）。康熙三十六年即平台十四年之後，郁水河東渡採集硫磺時記載：「諸羅、鳳山無民，所隸皆土著番人」。從斗六門以北，人跡罕到，「經過番社皆空室，求一勺水不可得，得見一人，輒喜」。自大肚、牛罵、大甲（今台中縣）以北，「林莽荒

穢，不見一人」[44]。由於平台後鄭氏官兵被遣回大陸，人口銳減，不少熟地拋荒，有的「熟番」復變為「生番」。時清廷又禁攜眷渡台，對台採取消極政策。故台中地區仍是一片荒涼景象。但自康熙中葉以後，由於大陸人民衝破禁令，偷渡者仍不少，台灣中部地區開始陸續被官民開墾。如有著名墾戶泉人楊志申、施長齡等開墾線東城西堡、燕霧上下堡、武東堡（今彰化縣）等地，施世榜開八堡圳，灌溉百餘莊（今雲林縣），總兵張國及其部將劉源沂、黃鵬爵開墾犁頭店，總兵藍廷珍開墾大墩（今台中市）。到康熙末年，情況發生了很大的變化。藍鼎元指出：「國家初設郡縣，管轄不過百里，距今未四十年，而開墾流移之眾，延袤二千餘里，糖穀之利甲天下」[45]。又說：「前此大山之麓，人莫敢近，以為野番嗜殺；今則群入深山，雜耕番地；雖殺不畏」[46]。由於台中地區移民日增，礦土日闢，雍正元年遂分諸羅虎尾溪以北至大甲溪之地新設彰化縣，其北則設淡水廳。漢移民與平埔族雜居共處中進一步接受漢化，表現「熟番」之社增加。據康熙五十六年編纂的《諸羅縣誌》記載，有「熟番」54社，屬台中地區的有26社。康熙末年成書的《台海使槎錄》列北路諸羅「熟番」100社，屬台中地區的亦為26社；比前增加15社。新增歸化「番社」有拍瀑拉族的水里社（今台中縣龍井鄉），巴布薩族的眉里社（今彰化二林鎮）、柴仔坑社（今彰化市），洪雅族的貓羅社（今彰化芬園鄉），拍宰海族的烏牛欄、樸仔籬、阿里史、岸里、掃捒5社（今台中縣豐原鎮一帶，均康熙五十四年歸附）。另南北投、半線大肚、沙轆牛罵三社均各分為2社，崩山社細分為8社屬台灣中部地區的有日南社、大甲東社、大甲西社、雙寮社（今台中縣大甲鎮一帶）。

雍正十年准許台灣居民搬眷渡台，其後雖時禁時開，但渡台者愈眾，出現移民開墾熱潮。乾隆初，粵人張達京（名振萬）等招佃開墾葫蘆墩一帶拍宰海族的岸里社，至乾隆中葉，台灣西部平原開闢已遍，移民早已向東部山丘開墾，雍正年間已有閩人入墾南投北投二堡（今南投鎮、草屯鎮），至乾隆二十四年增置南投縣丞，地已大闢。為了妥善處理漢移民與先住民的關係，乾隆三十二年增設南北兩路理番同知，以處理「熟番」事務為主要職責。據乾隆三十四年朱景英所撰《海東劄記》一書記載，台灣北路「熟番」有78社，其中屬台中地區的有30社，

比前增加4社，係自岸里社分出葫蘆墩社（今台中縣豐原鎮）、麻薯舊社（今台中縣后里鄉），大肚社分為南、北、中三社。

　　乾隆四十九年開放鹿港與蚶江對渡，大批移民從鹿港進入台中地區開發。姚瑩《埔里社紀略》載：嘉慶十九年水沙連隘丁黃林旺結嘉、彰二縣民人陳大用、郭百年「擁眾入山」，侵墾水沙連界外之社仔、水里、沈鹿三社，後郭百年等又「率民壯佃丁千餘人至埔里社蕢土為城，黃旗大書開墾」。後雖被毀城逐佃，立碑禁墾，但漢民入墾埔里盆地之勢已無法阻止。據道光、同治年間先後所修之《彰化縣誌》、《淡水廳志》記載，台中地區的「熟番」社數沒有新的增加，由於大肚、沙轆、岸里等社又各合列為一社，未列阿里史社，實際社數減為24社，主要表現在漢化程度有所提高，並增加「歸化生番」水沙連24社。

　　自康雍乾時期大陸移民大批入墾台灣後，原居住西部平原的平埔族被迫向東部山地移徙。嘉慶九年，今彰化、台中一帶的平埔族在潘賢文率領下有千餘族人向噶瑪蘭（今宜蘭縣）方向遷徙；至道光年間，又出現西部平埔族大規模遷入埔里社的行動。遷入埔里的平埔族包括洪雅、拍瀑拉、巴布薩、拍宰海、道卡斯5個族群，自道光三年至咸豐末年，先後有34社遷入埔里，其中從台中地區遷入的達28社之多，只有6社係自今苗栗、雲林二縣遷入。他們分別從埔里南部濁水溪、東部烏溪、北部大甲溪等路入境，遷入的人口資料道光末年熊一本報稱：「二十年來，熟番已二千餘人，生番僅存二十餘口」。由於「熟番勢盛，漸逼生番他徙」[47]，可見西部平埔族入埔里後，把原住埔里盆地的布農族、泰雅族的大部分也被逼遷內山。咸同以降，「熟番」進一步漢化，據《淡水廳志》記載，此時「其居處、飲食、衣飾、婚嫁、喪葬、器用之類，半從漢俗，即諳番語者，十不過二三耳」[48]。開闢較晚之淡水，平埔族漢化之情形尚且如此，其南部各縣之漢化程度，當較此為高。光緒元年清廷實行「開山撫番」，北路理番同知移住埔里，改為中路撫民理番同知，專事「生番」的治理，「熟番」事務悉歸縣、廳治下與漢民同一管理，光緒十三年台灣分省後，視「熟番」一同漢民，漢化的步伐加快，漢民與平埔族已漸難分別。

2.平埔族漢化的途徑

漢移民入墾後，通過交換和貿易，互相影響；通過雜居共處，多方接觸，互相模仿學習；通過「近日番女多與漢人牽手」成婚；通過政府創辦社學，教育「番童」等種種途徑，移民與先住民間互相融合、同化。由於漢族的先進生產技術與較高文化水準，相互接觸中，先住民被漢化則是主要的。開始接受漢人的生產技術，促進了先住民狩獵、農業和手工業的發展，其居室、衣飾、飲食等生活方面，也模仿漢民的生活方式和某些風俗習慣，通曉漢人語言，改用漢姓（姓潘者居多）。康熙二十四年編撰的第一部《台灣府志》已有平埔族漢化的一些記載：新港、蕭壠、目加溜、麻豆、哆咯嘓、大武壠（今台南縣）等社，「去府治頗近，多事耕田，猶能以錢貿易。餘社則以其所有，易布、絮、鹽、鐵之類於社商而已」。又說：「番中亦有聰慧能通漳泉語言，間能作中州語者。」[49] 到了道光十年，內山水沙連地區的先住民「涵濡帝澤，早已易心革面，熟番既與平民無異，且有讀書易漢姓者。生番亦漸化為熟番，以習漢人衣冠禮貌為榮。所謂體不穿衣、專以殺人為強者，乃岩居穴處，未經歸化之野番耳，即生番亦畏之，然十中一二而已，與歸化番涇渭迥殊」[50]。通過漢移民與先住民的友好相處，互相融合、同化，這是平埔族接受漢化的一個方面。所謂「與土人互婚為友，水乳相融」[51]，指的就是這種情況。關於民族間的友好融合這一面，現有著述言之甚詳，茲不贅述。

本文擬著重闡述的是往往被許多人迴避的另一面，即民族間的矛盾衝突，甚至訴之於暴力，而強迫漢化的情況。手段是殘酷的，但對國家的統一、海疆的鞏固、中華民族的發展，客觀上有積極影響，也不能一概抹殺。

台灣開發初期，由於土曠人稀，漢移民與平埔族和睦雜處，出現合作鑿井、築坡、開圳事例，如康熙三十四年半線番仔陂就是合築的。隨著移民的激增，政府、移民、先住民之間存在的種種矛盾就突顯出來了，有的矛盾激化，爆發暴力反抗或占墾事件。嘉慶以前在台灣中部及其接壤地區爆發的有四次：

1.康熙三十八年二月吞霄社土官卓個、卓霧、亞生「作亂」，殺通事楊申及其

夥十數人，拒敵來剿官兵，勞師七個月始平[52]。

2. 康熙六十年朱一貴起義後，阿里山、水沙連「各社乘亂殺通事以叛」，翌年十二月水沙連南港土官阿籠就撫[53]。水里社「番目」骨宗等自恃山溪險阻，不輸賦，屢出殺人，迨雍正四年仍潛蹤出沒，「殘殺民命」，總督高其倬命巡道吳昌祚討之，以北路參將何勉為副，冬十月擒骨宗父子三人及凶黨二十餘人，解省伏誅[54]。

3. 雍正九年冬，大甲西社林武力結樸仔籬等8社「聚眾為亂」。五月，又結沙轆、吞霄等10餘社「同反」，圍攻縣治。先後命台鎮呂瑞麟、福建陸路提督王群討之，十一月誅首惡。北路平[55]。

4. 嘉慶二十年郭百年、陳大用等組織民壯佃丁千餘，強墾水沙連縣外社仔等三社，擁眾侵入埔里社，「社番不服，相持月餘」，乃「詐稱罷墾」，使「社番」進山取鹿茸，「乘其無備，大肆焚殺」。並發掘番塚百餘」，「既奪其地，築土圍十三，木城一，益召佃墾，眾番無歸，走依眉社、赤嵌而居[56]。

　　從以上因矛盾激化採用暴力鬥爭的四例可以看出，漢移民入墾後，台灣社會的矛盾複雜化了，除原來先住民各部落之間的舊矛盾外，增加了漢移民與先住民的矛盾，政府與漢民及先住民之間的矛盾，各地移民之間的矛盾；先住民漢化後又出現「生番」與「熟番」、「歸化番」之間的矛盾等等；而列強勢力入侵後矛盾則更加複雜化。自漢移民大批入墾後，移民與先住民特別是與平埔族之間矛盾十分突出。矛盾的焦點，是對土地的爭奪。康熙末年諸羅知縣周鍾瑄上閩浙總督覺羅滿保書反映了這一矛盾已經十分尖銳。該書指出：「自比年以來，流亡日眾，以有定之疆土，處日益之流民，累月經年，日事侵削。向為番民鹿場麻地，今為業戶請墾，或為流寓占耕。番民世守之業，竟不能存一於千百。」[57] 漢民被殺，有的與先住民「出草」風俗有關，但黃叔璥正確地指出：「內山生番，野性難馴，焚廬殺人，視為故常，其實啟釁多由漢人。如業主管事輩利在開墾，不論生番、熟番，越界侵占，不奪不饜。復勾引夥黨，入山搭寮，見番戈取鹿麂，往往竊為己有，以故多遭殺戮。又或小民深入內山，抽藤鋸板，為其所害者亦有

之。」[58] 雍正九年大甲西社武裝反抗的爆發，其根子還是土地矛盾問題。早在康熙末年，沙轆土官嘎即已哀歎：「祖公所遺，祇此尺寸土，可耕可捕，藉以給饔飧、輸餉課，今售於漢人，侵占欺弄，勢必盡爲所有，闔社將無以自存矣」。[59] 已認識漢民侵占土地威脅該族的生存，後來參加了大甲西社爲首的反抗鬥爭。至於郭百年等越墾埔里社，更是漢移民用暴力侵奪先住民土地的突出事例。在漢民與先住民的矛盾衝突中，表面上凌駕二者之上的清政府，採用調和矛盾和利用矛盾的策略，爲了防止占墾，康雍乾時期多次在民「番」或生熟「番」交界處立石示禁，即禁止「生番」出來殺人，也防止漢人越墾，實行「護番保產」政策。並善於利用矛盾來鞏固自己的統治，如當漢民朱一貴、林爽文等舉行反官反清起義時，清政府首先利用閩粵、漳泉移民間矛盾，鼓勵「義民」參加圍剿起義者，也利用先住民協助鎮壓。實行「以番制漢」。如水沙連水里社毛天福等與阿里山「番目」30人，以「協同堵截」林爽文有功，「優加賞給」，並准入覲。賜謁7次，賞宴10次，觀光逾年始歸。埔里等6社在通事黃漢率領下，以擒獲林爽文家族十餘人有功，被舉爲水沙連化番的世襲總通事。當平埔族吞霄等社反抗時，利用漢民外，還利用蕭壠、目加溜等四大社「爲前部」，遣岸里社平埔族「繞出吞霄山後夾擊」[60]，實行「以番攻番」。由於力量對比懸殊，在漢移民與先住民爭奪土地的鬥爭中，在清政府與先住民的壓迫反壓迫鬥爭中，最終失敗的都是先住民，反抗被殘酷鎮壓，土地進一步被占墾。對武裝反抗，清政府也善於運用「恩威並濟」、「剿撫兼施」。如諸羅邑令孫魯對水沙連之役即採取「多方招徠，示以兵威大炮，賞以煙花銀牌，迫其就撫」[61]。《東瀛識略》作者指出，自吞霄、水沙連、大甲西社三役平後，「自是各社相繼向化，生熟番均不復反矣」[62]。說的正是以武力強迫歸化，從而加速被迫漢化的情況。藍鼎元早在康熙末年就主張實行這種所謂治台「長策」：「以殺止殺，以番和番，征之使畏，撫之使順。闢其土而聚我民焉，害將自息。久之生番化熟，又久之爲戶口貢賦之區矣[63]」。

平埔族被迫漢化，又與處境困難有關。反抗中許多族人被屠殺，土地不斷被占墾，處在「衰弱窮困，……生計日蹙，無可謀食，情願剃髮易服，改爲熟番，求准內附」[64]。表面上出於自願，確與過去漢化的基礎有關，但在許多場合往往

被迫走上這一條路的。

從上述可以看到，漢移民開發台灣的過程，也是台灣先住民不斷漢化的過程。先住民的漢化通過和睦共處的和平方式互相融合、同化和漢化；同時也通過矛盾衝突的解決，先住民在鬥爭中失敗而被迫漢化。應該指出，在先住民的漢化過程中，社商、通事制度產生特殊的作用。既對先住民的和平地漢化產生了先導和橋樑的作用，然而因「社番不通漢語，納餉、貿易、皆通事為之」[65]，也往往激化矛盾，惡化民族關係，成為諸種矛盾的焦點。通事與先住民的矛盾中既反映了漢移民與先住民的矛盾，也反映了政府與先住民的矛盾。通霄之「亂」就是由通事楊申「征派無虛日，社番苦之」而激發的，首先殺楊申而發難。水沙連之「亂」雖係乘機而起，也同樣先出現「阿里山水沙連各社乘亂殺通事以叛」的情況，繼而走上大殺漢民、抗拒官府的武裝反抗鬥爭。由於史籍中關於通事對先住民勒索的紀載很多，就以為通事制度「是清代一大弊政」，通事「絕大多數都是壞的」，未免失之偏頗。《裨海紀遊》記載通事「逡削無厭」的同時，又指出「而番人不甚怨之」。陳淑均撰《噶瑪蘭廳志》論番割之功過說：「台中倘無此輩，則民番固已相安矣。然台中而盡無此輩，土地又何以日闢耶？平心而論，功過正適相半」。的確是持平之論。通事社商在歷史上產生的積極作用，我們也不應抹殺。

（二）平埔族的媽祖信仰

平埔族的高度漢化，也包括宗教信仰的變化，接受媽祖信仰就是其內容之一。

1.媽祖信仰的傳播與平埔族崇祀媽祖為新的保護神

閩粵移民對海神媽祖的崇祀已久，明末以後移民成批渡台，隨其從湄洲或故鄉媽祖廟分香或分身到台建廟奉祀，因此建廟過程反映了移民開發台灣的過程及媽祖信仰的傳播地區。現根據新舊地方誌資料，把台灣中部地區三縣一市及接壤的雲林、苗栗二縣媽祖廟的建立及其分布列表如下：

從明天啓四年（1624年）顏思齊、鄭芝龍入台到清亡（1911年）共298年，共建媽祖廟104座。從表7-4可看出，乾隆以後出現了建廟高峰，這與台灣中部的

開發熱潮是吻合的，建廟過程是從南到北、從沿海到山區，這同樣與台灣中部的開發過程相吻合。康雍以前所建10廟，都在沿海港口及平原地區，到乾嘉時期才開始在濁水溪中游沿岸及貓羅溪東岸的林圯埔、集集鋪、南北投建廟。

表7-4　台灣中部地區及其鄰縣始媽祖廟的建立及分布表

廟數　年代　縣市	明鄭	康雍	乾隆	嘉道	咸宣	小計
雲 林 縣		4	8	7	2	21
彰 化 縣	1	5	4	7	10	27
台 中 縣 市		1	8	11	11	31
南 投 縣			2	4	7	13
苗 栗 縣			3	7	3	13
小　　計	1	10	25	36	32	104

　　至道光年間，表7-4的5縣1市已建媽祖廟宇72座，廣泛分布在遷入埔里前34社平埔族的所有地區，與漢族雜居的平埔族深受媽祖信仰的影響。如台中大甲溪沿岸的萬興宮，即係番附馬通事張達京於雍正十二年倡建，對岸里社的平埔族影響尤大。大肚溪流域雍正四年建立的萬和宮（今南屯鎮），乾隆元年建立的萬興宮（今大肚鄉），乾隆五十三年（一說二十三年）建立的永和宮（今大肚鄉），對居住該地的拍瀑拉族「大肚番」影響也很大，該族頭目巫阿新賀已將道光初年在大肚溪漁獵時所拾得漂來的天上聖母木像，持回家宅供奉，說明已經接受了媽祖信仰。北港朝天宮是全省香火最盛的媽祖廟，據《雲林採訪冊》記載：「每歲春，南北居民赴廟進香，絡繹不絕……官紳匾額、多不勝書」。從朝天宮分香的彰化南瑤宮每年也舉行盛大的遊境活動。這些都對居住在台灣中部的平埔族發生很大影響。埔里恒吉宮兩次割香於南瑤宮，並每逢南瑤宮秋季遊境之際舉行祭典活動，可見其影響之深。乾隆二十一年興建於林圯埔的連興宮，是南投第一座媽祖廟，對水沙連地區影響尤大。布農族楠仔腳萬社傳說，該族瘟疫流行，咸信傳播瘟疫的鬼神（可能係指媽祖廟的千里眼和順風耳）來自林圯埔媽祖廟，乃備甜糕、豬

肉、雞等物進行遙祭。可見媽祖信仰不僅影響平埔族「熟番」，而且對山地的「歸化生番」也發生影響。

宗教信仰的變化是先住民漢化後期才出現的，往往經過好幾代的融合才開始觸及。如大肚社早在鄭成功入台之年（1661年）曾被討平歸順，經過160多年後的道光初年，才接受媽祖信仰，又經過40多年至同治年間遷入埔里後才建立廟宇，而且是在內外交困的窘境時才出現的。34社平埔族入埔里後仍然處在「外逼凶番，內懼漢逼」的困境，為想永保埔里社為平埔族的安居樂業之地，入埔里初由各社共同立了一紙合約，內有「毋許侵入內山擾動生番，毋許恃強凌弱，毋許引誘漢人在彼開墾，毋許僱漢人在地經營」[66]的規定，十分警惕地防患「生番」及漢人，主要鋒芒是防患漢民的入墾。但事實與他們善良的願望背道而馳，特別是咸豐年間鄭勒先入埔里後，漢人接踵而至，不久在埔里中心的大肚城形成漢人街了。仍然「衰弱窮困，日甚一日，實有難以存活之勢」[67]，原來的祖靈崇拜已挽救不了其衰亡厄運，乃尋找新的保護神媽祖，企圖崇祀漢人之神來抵制漢移民之侵凌，同時防止「生番」的擾害，於是才於同治年間先後建起興安宮、恒吉宮兩座媽祖廟，冀求族人「興盛平安」、「永遠吉利」，廟名也反映了他們的美好願望。

2.埔里平埔族倡建媽祖廟與宗教信仰的變化

清同治年間，在埔里盆地出現了由先住民平埔族倡建的兩座媽祖廟：一為興安宮，地址在埔里社生番空莊（今溪南里）。道光初，平埔族拍瀑拉族巫阿新賀已在大肚溪漁獵時，曾獲得漂來的天上聖母木像一尊，遂供奉於家宅，至同治八年（1869年）由其子巫清福首倡，向莊內及附近平埔族募款建廟，其地約20坪，係土角、木造平屋，規模不大，二月十五日竣工，取名興安宮，奉祀該天上聖母像。光緒二十八年二月，該莊平埔族巫光輝捐木料、磚瓦加以重修。1917年埔里地方發生大地震，廟宇坍毀，乃將神像暫遷爐主宅，輪流奉祀，後移祀於公廳。於每年三月二十三日神之聖誕日，及秋季彰化南瑤宮天上聖母出巡遊境之際，舉行祭典，屆時莊民會集，演戲慶祝。平時香火不盛。

一為恒吉宮，地址在埔里社大肚城莊（今大城里），於同治十年（1871年）

由大肚城莊拍瀑拉族的都阿托、房里莊道卡斯族的張世昌、枇杷城莊洪雅族的余清源、牛眠山莊拍宰海族的潘進生等平埔族頭人首倡，廣向埔里社、五城二堡莊民募款2,000元，建廟於大肚城，六月一日竣工，取名恒吉宮，俗稱媽祖廟或媽祖宮，往彰化南瑤宮割香返里奉祀。廟地約100餘坪，係磚木造平屋，規模巨敞。初期香火不盛，光緒元年（1875年）新設埔里社廳，中路撫民同知由鹿港移駐大肚城，香火轉盛。光緒十三年由理番通判吳本傑捐150元予以重修，並贈送「厚德配天」匾額，變爲埔里社一廳住民的共同信仰對象。1912年八月，颱風成災，廟宇坍毀，乃由地方士紳廣向居民募款900餘元，遷建下茄苳腳（今清新里）。光復後再加重修，煥然一新。除主神天上聖母外，並配祀神農大帝、觀音佛祖、中壇元帥、城隍、福德正神、雷公、雷母等，並供出力人員長生祿位。祭典亦舉行於三月二十三日神之聖誕日及秋季彰化南瑤宮天上聖母出巡遊境之際，其時附近各莊信徒麇集，備辦牲醴、演戲慶祝，極爲熱鬧。平時每逢朔望，香火較盛。管理人後期由主要信徒投票選舉，任期並無限制，並設廟祝一名，經費靠信徒捐捨[68]。

　　埔里平埔族先後建興安宮、恒吉宮，崇祀天上聖母，從此該族的宗教信仰發生了新變化。平埔族的原始宗教與山地先住民一樣，均以崇拜精靈、祖靈、自然、咒物、鳥占等爲特色，其宗教觀念係建立在萬物有靈、靈魂不滅的基礎上。相信人死後靈魂不分良善，皆須渡過深淵上所架之橋，行善者渡過此橋始能入幸福之國，行惡者將墜入污穢泥沼的深淵之中。吳子光《一肚皮集》有關於元旦招請祖靈之儀的記載：「其祀先，多雞鳴時，必夫婦親之。陳設皆如漢人，唯將焚鑱帛頃，則子性兄弟咸出室門外狂叫，聲咻咻然噍殺而遠聞；大約是請祖宗饗食之意[69]。」

　　除了對祖靈行祭外，平埔族尚有對日、月、星、辰及風、雨神的自然崇拜，以及由巫覡執行的咒術崇拜。凡遇築舍、狩獵、收割等大事，皆舉行鳥占，聽鳥聲以卜吉凶。

　　平埔族崇拜祖靈、自然，向無寺廟和神像。但漢移民的民間信仰係混合儒、道、釋爲一體，喪葬、祭祀、疾病等多依賴道士主持儀式，道教對漢移民的影響

尤深。道教對鬼神之崇拜與平埔族原始宗教中崇拜靈魂、巫覡、咒術等諸多相近，易被接受。其善、惡靈觀念及入陰府、渡奈何橋的觀念，可能即係受漢人的影響。因此崇祀媽祖、觀音、福德正神後的平埔族，其宗教信仰係在原有祖靈、自然崇拜的基礎上，混合了儒家的道德，佛教的菩薩崇拜，道教的鬼神崇拜而成。光復後重修的恒吉宮，配祀觀音等多種神明，即反映了平埔族宗教信仰的新變化。

3.媽祖神職的變化及其影響

（1）媽祖神職的變化

媽祖係宋代出生於湄洲島林氏人家，「以巫祝為事，能預知人禍福」[70]，死後被祀為女海神，隨著航運的發達，使臣、移民的出國，媽祖信仰遂傳播世界各地，「廟宇遍天下」。明末，大陸移民開始成批移居海島台灣，對海神媽祖尤為篤信，定居後陸續在港口、墾區建立媽祖廟，把媽祖當做祈福、消災、保平安的萬能之神，媽祖神職從護航的海神發展成台灣移民的守護神。

隨著移民事業的發展，先後在台灣蓋起數以百計的媽祖廟。加上官方的積極提倡，列入祀典，從民祀上升為官祀或官民共祀，媽祖信仰得到廣泛傳播，台灣先住民，首先是平埔族，也深受影響，有的也崇祀媽祖。如在通事賴科的倡導下，於康熙五十一年結合漢民和平埔族建干豆門靈山廟（今台北關渡宮），以祀天妃，「落成之日，諸番並集」[71]，在通事張達京的倡導下，於雍正十二年在葫蘆墩岸里社平埔族住區建立社口萬興宮。據該宮建立來歷簡介牌記載：由於土官潘敦仔率子士萬、士興及婿張達京枚平雍正九年大甲西社「番亂」有功，張達京與士萬兄弟上京受賞賜，返台時特赴湄洲天后宮分香歸台建廟[72]。媽祖神職又從台灣漢移民的守護神，發展成漢民與平埔族的共同守護神。同治年間在埔里的平埔族獨自創建兩座媽祖廟，媽祖又成為埔里平埔族的守護神。後漢移民入墾日多，埔里變成漢民與平埔族及少數布農族、泰雅族雜居之地，光緒三年埔里苦旱，住民祈雨於恒吉宮，巧逢下雨，居民包括漢人按戶募捐，再次到彰化南瑤宮割香，舉行盛大祭典，演戲竟達數日，自是恒吉宮也成為平埔族與漢民共同奉祀的守護神，香火鼎盛。由於漢民之增加，興安宮同樣也變成兩族的共同守護神。光緒十

三年通判吳本傑捐資重修後的恒吉宮，成為埔里全廳的共同信仰對象，上升為官民共祀的地位。

（2）媽祖信仰對台灣社會的影響

◇乾隆年間莆田洋尾白塘村里人重建浮嶼宮天后祠，廟記中說：「神以人靈，人以神昌」[73]。前一句是唯物的，神都是由人們自己創造出來的，媽祖也不例外，的確是「神以人靈」。後一句則是唯心的，民間信仰都含有迷信成分，但在科學不發達的年代，對虔誠的信徒來說，宗教信仰對人們的生產、社會活動確能起某些鼓舞或推動的作用。從這個意義來說，媽祖作為移民的守護神，對台灣的開發也產生了積極的影響。

◇台灣移民所祀奉的神明，最初都是從大陸故鄉分祀來的，因此有許多不同的鄉土守護神，但媽祖卻得到各地移民的普遍信仰。道光年間渡台的嘉應州文人吳子光指出：「閩粵各有土俗，自寓台後已別成異俗，各立私廟。如漳有開漳聖王、泉有龍山寺、潮有三山國王之類。獨天妃廟，無市肆無之，幾合閩粵為一家焉。」[74] 而且出現了由閩粵人共建的媽祖廟，如嘉慶四年閩粵移民重建彰化新街媽祖廟（今雲林縣西螺鎮）時，將名其廟為廣福宮，成為附近四鄉鎮移民的共同信仰中心。共同的媽祖信仰，對團結各地移民共同開發台灣，同樣起了積極的作用。當然也不能否認，在漳泉、閩粵移民械鬥中的一方或雙方利用媽祖信仰的消極作用，也偶爾發生過。

◇在台灣先住民高度漢化後，接受漢人的民間宗教信仰，出現與漢人共建的媽祖廟（如靈山宮），或獨建的媽祖廟（如興安宮、恒吉宮）。此外在埔里盆地，同治七年由烏牛欄莊拍宰海族莫武葛倡建福德爺廟，光緒三十二年聯合道卡斯族及粵籍漢人組織福德會，共同供奉；光緒十年枇杷城莊洪雅族余清源倡建福德廟，1915 年由平埔族與漢民共同聚資重修。漢移民與平埔族的共同信仰，包括對媽祖的信仰，對促進民族團結共同開發台灣也產生了積極作用。

◇平埔族與漢移民長期互相融合所產生的共同民間信仰，包含構成共同的民族心理的成份，這對中華民族的團結、國家的統一、海疆的鞏固同樣產生積極作用。道光末年署鹿港同知史密巡視埔里六社時，平埔族「老幼迎道左，且投誠獻地，籲懇內附，求官經理」[75]，接著閩浙總督劉韻珂查勘埔里盆地時，遠近平埔族「絡繹不絕」前來歡迎，並「誠求開墾」，劉韻珂遂奏請「設官撫治」，因大學士穆彰阿等反對未果。後來埔里平埔族又向新任台灣道徐宗幹請求：「業經剃髮，願改熟番，求一體為民，沾濡聖澤。」徐認為「不准其歸化，實為全台隱患」，令埔里平埔族處在「不生不熟，不番不民」的困境，乃擬請設屯，以安其心[76]。實際是同意歸化，默許漢民開墾。同治十三年日軍侵台後，為了加強海防，沈葆楨奏請取消漢民渡台之禁及台民入山之禁，主張「開山撫番」，加速了先住民的漢化，加強了國家的統一，海疆的鞏固。埔里平埔族積極要求「剃髮」、「一體為民」，雖與處境困難有關，也應承認平埔族的高度漢化，包括已開始接受漢族宗教信仰的影響，也是重要的因素。

◇台灣的媽祖廟最初係由移民從湄洲祖廟或故鄉媽祖廟分香或分身建立的，由於分香的地點和廟宇不同，有湄洲媽、銀同媽、溫陵媽之分，一向有回大陸祖廟進香的風俗，特別是到湄洲進香的最多。因此媽祖信仰在歷史上已成為大陸與台灣人民聯繫的紐帶，後雖因人為的原因減少或中斷聯繫，但近年又已恢復，組團來湄洲天后宮進香者絡繹不絕，並與探親、旅遊相結合，產生認同祖廟、認同祖籍、認同祖國的作用，正確地加以引導，對促進中華民族的復興，同樣可以產生積極的作用。

蔡牽海上武裝集團與媽祖信仰──謝金鑾《天后宮祭文（代）》讀後感

翻閱謝金鑾《二勿齋文集》，看到有一篇《天后宮祭文（代）》，爲新見資料，蔣維錟所編的《媽祖文獻資料》（福建人民出版社1990年版）一書亦未見收錄。現將全文引錄如下：

維清皇帝敬天勤民，歷世罔懈，早朝晏罷，兢兢業業，二百年如一日。雖在蠻海之陬，萬里之外，思無不到，慮無不周，祖宗以來，欽崇祀典，特遣重臣，歲祇祀事於我天后聖母者。沿海所在，建置極虔，是以舟航罔滯，風濤無災，東南之民以之富庶，惟神之力，惟帝之心，凡以通商利津，惠吾赤子也。伏惟天后濟物之心，出自性成。瘴海所極，氣化所偏，風盲雨怪，後能挽之，蛟龍鷗張，後能伏之。后之心即吾皇帝之心，凡以爲民也。若夫寇攘爲毒，奸宄[宄]竊發，殺越於貨，肆掠橫行，則非陰陽之愆，而政治之失，神不任責，而封疆之吏以爲羞。頻歲以來，海盜煽虐，蔡牽尤甚。乃者渡北汕，迫溫台，挾怪風，藏迷霧，官遭殺掠，神滋疑謗。湄州[洲]原廟，遂使渠魁大憝稽首殿庭，聖裔神孫，並受荼毒，東南之民，富商窮黎，俱益困憊。昔爲商之水手者，今乃爲盜之水手；昔爲商之坐臓者，今乃爲盜之坐臓。將見神龕燈火遍於賊舟，而巨賈供奉之家，日益減小[少]，大懼香火墜絕，列祖列宗褒崇欽奉之心，無以克慰。我皇上旰食宵衣，廑念民艱，聞奏震疊。督臣是用疾首疢心，悚惶悼懼。竊惟慢神殃民，罪有所歸，而列祖列宗欽崇供奉之心，必不可負。今皇上悲憫窮黎，焦勞圖治之情，必有遰通神聽者。東南生理必不可以困

絕，香火祀事必不可淪於非類。督臣將大率舟師，誓殲逆黨。惟祈神牖其衷，將弁奮力，帆檣所向，因利乘便，無作神羞。奉表悚恧，惟神鑒[鑑]臨。[77]

祭文作者謝金鑾字巨庭，號退谷，福州府侯官縣（今閩侯縣）人，以增廣生中式乾隆戊申科（五十三年，1788年）舉人，嘉慶辛酉科（六年，1801年）大挑二等，以教職用，歷任邵武、南靖、安溪、嘉義、南平等縣教諭，嘉慶二十三年（1818年）告病回籍，二十五年（1820年）四月病故。謝金鑾從嘉慶七年（1802年）至嘉慶十四年（1809年）任職邵武、南靖、安溪、嘉義、南平教諭期間，正值蔡牽海上武裝集團橫行閩浙粵台灣洋面之時。謝金鑾在《二勿齋文集》中自述：「嘉慶乙丑（十年，1805年）金鑾教諭嘉義，……其年冬，海寇犯台灣，南北路俱震動，余從守令巡城邏夜，居軍中者數閱月，得備聞台灣要害與凡海疆之情勢，明年夏，寇退。」[78]可見謝金鑾在嘉義曾親自參加抵禦蔡牽隊伍圍攻嘉義縣城之役，並曾立下了汗馬功勞。

謝金鑾所代撰《天后宮祭文》共474字，首先言：媽祖神通廣大，「風盲雨怪，後能挽之，蛟龍鴟張，後能伏之。」皇帝「敬天勤民，……欽崇祀典，特遣重臣，歲祇祀事於我天后聖母者」，是以「舟航罔滯，風濤無災，東南之民以之富庶，惟神之力，惟帝之心，凡以通商利津，惠吾赤子也」。其次言：「頻歲以來，海盜煽虐，蔡牽尤甚」。致「聖裔神孫，並受荼毒，東南之民，富商窮黎，俱益困憊」，使「列祖列宗褒崇欽奉之心，無以克慰」。最後言：皇帝「聞奏震疊」，督臣是用「疾首疢心」，「將大率舟師，誓殲逆黨。惟祈神牖其衷，將弁奮力，帆檣所向，因利乘便，無作神羞。奉表悚恧，惟神鑒[鑑]臨。」這篇名為祭天后之文，實際是為福建地方官而代撰的討伐蔡牽海上武裝集團的檄文。

蔡牽，福建省同安縣西浦鄉（今同安策槽西浦新厝頂村）人，生於乾隆二十六年（1761年），戰死於嘉慶十四年（1809年）。他自幼父母早喪，孤苦伶仃，在連年天災情況下走投無路，於乾隆五十九年（1794年）下海為盜。破產的沿海農民、漁民、船工、水手、無業遊民及被緝捕的天地會成員，紛紛加入，發展成為一股強大的海上武裝集團。初期，主要在閩浙洋面為生存而進行傳統式的海盜活

動，劫商以自救。由於遭到清軍水師的鎮壓，促使其轉向反清反鎮壓鬥爭，於嘉慶七年（1802年）五月初一日夜襲廈門海口的大擔、二擔清軍營汛。其反清鬥爭的高潮，是嘉慶九年後為避開閩浙水師的追擊，而轉向為奪取台灣為基地的鬥爭。[79] 嘉慶九年（1804年）四月二十八日，蔡牽率兵船突入台南鹿耳門，「燒毀北汕木城，殺害官兵」。[80] 五月退出後，又轉向閩浙洋面，旋殺溫州鎮總兵胡振聲。嘉慶十年（1805年）十一月十三日，蔡牽又率兵船80多艘在台北淡水登岸，「戕害官兵」，「豎旗滋事」，台灣南北兩路人民紛紛回應，攻陷鳳山縣城，圍攻台南府城和嘉義縣城。蔡牽自稱「鎮海王」，利用「王印正大光明」印信，以號召群眾，分設軍師、總先鋒、先鋒、總兵、將軍、元帥、大元帥以及巡捕等官職，並且各有令旗，分率各路起義大軍，據清方估計隊伍達二、三萬人。清浙江提督李長庚率王得祿、許松年等將領協助台灣總兵愛新泰圍剿蔡牽，清廷先後任賽沖阿、德楞泰為欽差，調兵鎮壓，一時在台水陸官兵增至二萬多人，並組織義民萬餘人協助作戰。經過四個月的激戰，蔡牽才敗退，又一度圖謀占噶瑪蘭未成，五月再據鹿耳門，旋被福寧鎮總兵張見陞、澎湖協副將王得祿合師擊退。此後蔡牽又遊弋於閩浙粵洋面，於嘉慶十二年（1807年）擊斃水師提督李長庚於粵黑水洋，至嘉慶十四年（1809年）八月十七日，被浙江提督邱良功、福建水師提督王得祿合師追剿擊斃於溫州洋面黑水洋。蔡牽海上武裝集團縱橫閩浙粵三省洋面，轉戰達14年之久，給予日趨腐敗的清王朝以沉重的打擊。有史料記載：「洋盜蔡牽設立天地會，勒索商船及商人從賊各弊。」[81] 蔡牽集團與天地會究竟關係如何，尚待進一步研究，但其在海上及台灣的鬥爭，可以肯定「對台灣洪門會黨的反清鬥爭產生很大的鼓舞作用。」[82]

蔡牽海上武裝集團橫行閩浙粵海洋14年期間，對許多建立於沿海的媽祖廟香火產生不小影響，許多商民不敢入廟進香，特別對位於湄洲島中的媽祖祖廟影響尤大。謝金鑾代撰的《天后宮祭文》特別引人注目的內容，是蔡牽海上武裝集團也崇祀媽祖，在「湄州[洲]原廟，遂使渠魁大憝稽首殿庭，⋯⋯將見神龕燈火，遍於賊舟，而巨賈供奉之家，日益減小[少]，大懼香火墜絕。」至於海商的貿易也大受影響，「昔為商之水手者，今乃為盜之水手；昔為商之坐賈者，今乃為盜

之坐臟。」海商的水手和坐臟，也都投入蔡牽隊伍中去。蔡牽集團的成員多為沿海漁民、水手，本來許多人就信奉媽祖，加入蔡牽集團後，日漂沒於狂風惡浪的海洋，日處於清朝水師的進攻和追擊之下，隨時受死亡的威脅，對海神媽祖更加崇信，這是很自然的事。而負責鎮壓他們的水師官兵，處在同樣惡劣的海洋環境，也隨時有被海上武裝集團殲滅的危險，無法掌握自己的命運，也希望冥冥之中有神佛的庇護，對海神媽祖也十分崇信。而地方官吏對媽祖之靈應，更往往誇大其辭上奏朝廷。凡遇颶風漂沒海上武裝集團的船隻，悉歸功於海神之功及「天子之德」，皇帝則歸功於「海神垂佑」。如嘉慶五年（1800年）閩粵水師於「六月二十二日合師，海風大作，一夕漂沒盜船數百，殲斃沉溺無算。設伏島嶼，擒獲其竄匿者又數百人。海疆之民鼓噪相慶曰：撫部之力。撫部曰：此天子之德。天子曰：繄神之力。乃允撫臣所請，發藏香，葺神廟，御書匾額懸於天后宮龍王堂（按：指台州府松門山天后宮龍王堂），以答神麻。」[83] 嘉慶五年七月，台灣總兵愛新泰奏初四初五颶颱大作，鹿港海面「匪船打散，駕逃遠颺。其擊碎各船均已沉沒，盜匪落海，攀扶篷板，逐浪漂沒。」嘉慶帝朱批：「海神垂佑，曷勝欽感。」[84] 冊封琉球使者李鼎元亦記：「七月閩神風暴起，擊碎船艇百餘隻，並沒海賊蔡牽船四十餘隻。皇上遣發藏香恭祭天后，並有廷寄令致祭官默祝臣等封舟早得回閩。天恩優渥，天后效靈。」十月李鼎元順利回閩，「特購羊一、豕一，致祭於天后海神。」[85] 又如嘉慶十一年（1806年）五月，蔡牽又犯鹿耳門，被擊退時「適值台颶大作，將船擊斃[破]多隻，而兵船無一損失，官軍聲勢倍增」。上諭：「此實仰賴天、神佑助，曷勝欽感。著發去大小藏香各五柱，交溫承惠親詣沿海各處天后宮敬謹代朕祀謝，並默祈速淨賊氛。」[86] 當嘉慶十年十一月蔡牽大舉侵犯台灣後，嘉慶帝於十一年正月命久歷行陣之廣州將軍（三月十四日改調為福州將軍）賽沖阿為欽差大臣，並諭稱：「台灣遠隔重洋，風濤靡定，特發去藏香五枝，著賽沖阿敬詣天后宮，代朕虔禱，以期仰叨神佑。」[87] 皇帝及官吏把正常出現的颶風覆沒「盜船」，歸功於海神媽祖，用以鼓舞士氣，以消滅海上武裝集團。但颶風不長慧眼，同樣也會覆沒水師兵船，如嘉慶十四年（1809年）夏，閩浙總督阿林保奏福州省城「海颶大作，公廨、民居、兵船、商船無不損壞，甚至

傷斃人口，漂沒田禾，迥非尋常災祲」。但嘉慶帝在上諭中卻解釋爲：「推原其故，或吏治民風均有不能感召天和之處。該署督等必當震動恪恭，自加警省，實心實力，撫恤災區，並於地方一切事務，認眞辦理，除莠安良，庶或虔祈昊佑。並著於天后宮敬謹致祀，以迓神麻。」[88] 嘉慶帝在這裡卻把颶風損壞兵船、民居歸於「吏治民風不能感召天和」所致，要地方官「自加警省」，「虔祈昊佑」，特別是媽祖的庇佑，要地方官到天后宮「敬謹致祀，以迓神麻」。當時靠殲滅蔡牽而接連升官晉爵的王得祿，也把自己的業績歸功於海神媽祖的大力庇護。他於嘉慶八年（1803年）追捕蔡牽收抵鼓浪嶼三和宮媽祖廟前時，曾許願如庇護其戰勝「海盜」，將重興三和宮。嘉慶十八年（1813年）在其《重興鼓浪嶼三和宮記》中自述稱：自向媽祖許願後，「由是舟師所向，屢立微功，累遷至水師提督。己巳秋（嘉慶十四年），渠魁撲滅，海氛底定，亦蒙恩晉封子爵，賞戴雙眼花翎。回思向日祈禱之誠，其昭應眞有歷歷不爽者矣。神光既普，廟宜新，謹捐廉俸，鳩工庀材，而行戶巨商，亦各喜檀施，共襄盛舉，今已落成矣。」[89]

反清的蔡牽海上武裝集團與鎮壓蔡牽的閩浙水師官兵及清廷都崇祀海神媽祖，支持蔡牽的沿海漁民、水手與支持清政府鎮壓蔡牽的海商也都崇祀媽祖。上引文已提到重修鼓浪嶼三和宮媽祖廟時，就得到「行戶巨商」的贊助，海商同時還募勇捐資助剿。如蔡牽進犯台灣時，據記載：「三郊商人擁資貿易，自遭海寇以來，商舶多被掠，及聞牽至，各挺身募勇，供驅策，助餉數萬金。」並有貢生韓必昌、陳廷壁「首率領義旗，未一日而得義首二百五十人，義民逾萬，咸自備軍糈，願殺賊。」[90] 反清隊伍與鎮壓反清隊伍相對立的雙方，他們都崇祀媽祖，都祈禱媽祖庇佑他們。媽祖怎樣做到不分是非，同時保護相對立的雙方而一視同仁呢？看來信仰媽祖的各階級、各階層信徒的心中，各有庇佑自己的媽祖，而保護一切人的媽祖並非眞實存在的，而是人們自己創造出來的。乾隆四十六年（1781年）梧郊里人所撰《重興浮嶼天后宮序》曾指出：「神以人顯，人以神昌。示顯者神，能錫人之昌；求昌者人，必欽神之顯。」[91] 多少道出了人們崇祀神明包括媽祖的一些道理。這些話可以解釋爲神是靠人才靈顯，而人卻把自己昌盛興旺歸功於神佑。所以歷史上曾出現個別儒者對媽祖的存在發生過懷疑。如明代有

莆人御史朱潤曾寫過一篇《天妃辯》，指出：「莆禧海上有天妃宮，凡番舶往來，寇盜出沒，具瞻拜致禮，修齋設醮，歲以爲常，而其所如往，亦必盱睢傴伺，環珓許可而後行。」責問媽祖「甘爲盜賊向導，以庇剝割無罪之人。所謂聰明正直而一焉有也，其福善禍淫之理果安在哉？」又責問：「弘治初，吾莆乾亨黃大行奉命出使外國，大風覆舟，當時天妃之神何在？坐視鄉人之溺而不救之耶？」他認爲：「其濟與否，則有幸不幸存焉。今幸而濟，則歸功於天妃，爲之立廟，又爲張大其事，以聞諸朝，……則天下之惑滋甚。」[92]乾隆年間亦有浙儒全祖望提出媽祖「三怪」之說，他認爲「爲此說者，蓋出於南方好鬼之人，妄傳其事，鮫人蜑戶本無知識，輾轉相愚，造爲靈跡以實之。於是梯航所過，弓影蛇形，皆有一天妃在其意中，在其目中，以至胗饗之盛，惟恐或後。上而秩宗，下而海隅，官吏又無深明典禮者以折之，其可歎也。」[93]但在科學不發達的年代，人們往往受制於自然，不能掌握自己的命運，必然託庇於神靈。即使今天科學已十分發達，但人力仍不能完全支配自然，仍受天災人禍及生老病死的種種痛苦，同樣仍有不少人會把美好願望的實現寄託在神的身上。目前在中國及海外各國華人住地，仍有大批人崇信媽祖，每年組團來湄州祖廟及其祖籍所在地祖廟進香者絡繹不絕，成爲聯繫海峽兩岸同胞及海外華人的紐帶，只要我們善於引導，可以促進與台胞及海外華僑華裔的瞭解，增加共識，爲共同促進中華民族的復興產生積極的作用。

以上就是筆者讀了謝金鑾代撰的《天后宮祭文》中，提到「海盜」與地方官兵都信仰媽祖而引起的一些感想。

最後要提到的一點是：謝金鑾代撰的《天后宮祭文》在其死後出版的《二勿齋文集》中，並未註明撰於何時，爲何人代撰，給後人留下一個啞謎。但細閱祭文，仍有一些蛛絲馬跡可尋。祭文中有「乃者渡北汕，迫溫台，挾怪風，藏迷霧，官遭殺掠，神滋疑謗」之句，按蔡牽渡北汕發生於嘉慶九年四月間，五月退出台灣後入閩洋，於六月初殺死溫州總兵胡振聲，進入浙洋，七、八、九月均遊弋於浙洋溫台之間，被李長庚追擊，十月又南竄閩台洋面。[94]祭文中未提及嘉慶十年蔡牽大舉攻台，陷鳳山，圍郡城及嘉義縣城，稱王設官等事，可見祭文係寫

於嘉慶九年，當時謝金鑾正任安溪教諭，而十年即已調任台灣嘉義。祭文似是向湄州祖廟或福州附近天后宮致祭的，時間應是九年下半年。當時謝金鑾雖「調安溪，以職詣省垣，供鄉試事」。曾於九年秋天逗留福州省城一段時間，他是福州府人，本地熟人甚多，福建地方官有可能通過其熟人求其代撰祭文。祭文雖未註明為何人代撰，但短短數百字祭文，曾三次提到總督。如提「海盜」橫行「則非陰陽之愆，而政治之失，神不任責，而封疆之吏以為羞」；又提「督臣是用疾首疚心，悚惶悼懼」；最後提「督臣將大率舟師，誓殲逆黨」。可見祭文與總督有密切關係，如果不是直接代總督撰寫，也應是為受總督任命致祭的負有守土之責的地方官代撰。因此個人初步意見，謝金鑾是於嘉慶九年秋代總督或代表總督前往媽祖廟致祭的地方官代撰《天后宮祭文》。祭文表示了殲滅蔡牽海上武裝集團的決心，是一篇征討蔡牽的討伐令。

從碑記看台南貿易商與開基武廟

位於今天台南市中區三義街26號的開基武廟，俗稱小關帝廟，是台灣最早創建的關帝廟。據康熙五十九年陳文達編纂的《台灣縣誌》記載：在西定坊，「小關帝廟，偽時建，五十八年里人同修，在小關帝廟巷內。」[95] 乾隆十七年王必昌編纂的《重修台灣縣誌》、嘉慶十二年謝金鑾編纂的《續修台灣縣誌》亦均記載：「關帝廟，在西定坊港口，俗稱小關帝廟，偽時建」[96]。台灣有的學者認為，該廟「建於明永曆二十三年，比大關帝廟還早」[97]。此說疑有誤。據台南石萬壽教授考訂：「南市最早的關帝廟，相傳是建於荷蘭時代的開基武廟，位於赤嵌西南方港口」[98]。而大關帝廟（即祀典武廟）據連橫，《台灣通史》記載：係「永曆二十二年鄭氏建」[99]。1980年5月出版的《台灣古蹟全集》，亦記小關帝廟創建年代係「明永曆初期」[100]。按永曆元年係順治四年（1647），永曆十五年（順治十八年，1661年）鄭成功東征台灣，十二月十三日（1662年2月1日）荷蘭投降，結束在台灣長達38年之統治。據此，開基武廟應係建於清順治年間即荷蘭統治台灣的年

代。該廟現存前殿的關帝金身，相傳係鄭成功所部自大陸恭請來台奉祀的。

開基武廟創建後，歷次修建的情況不詳。據前引陳志、王志記載，康熙五十八年（1719）「里人同修」、「里眾重修」，這是關於該廟重修的最早記載，但這次重修的碑記、匾、聯今已不見。留存至今最古的「衡文天闕」匾額，則係「乾隆丙申年陽月吉旦眾弟子同敬立」，即乾隆四十一年（1776）十月所立，是否再次重修時所立未詳。另存「行大道」匾一個，係「嘉慶庚申年葭月重興首事同立」[101]。說明嘉慶五年（1800）十一月又進行了一次重修，碑記亦未見。現留下嘉慶二十三年（1818）二月的《重修開基武廟碑記》（甲）、（乙）二塊，及殿前花崗石刻的石柱聯一副，柱聯內容爲「漢代精忠耿耿日星並煥，台城肇祀巍巍宮闕重新」，末署「嘉慶戊寅花月優貢生黃本淵敬識」。按戊寅年花月即嘉慶二十三年二月。又經五十八年後，即到了光緒二年（丙子，1876年）再次重修，並留下《重興開基武廟碑記》（甲）、（乙）二塊及「立人極」匾一個，署「光緒丙子孟秋之月重興首事義芳號、鼎聯隆、蘇玉興、吳萬泉、吳鼎泰同立」[102]。日據時期（1895-1945年）又進行了重修，並留下碑記，但筆者未見其內容。近年又進行了改建，正殿廟貌宏偉，色彩華麗，占地約比前殿大四倍左右，金身、建材皆屬新物，看不出此二落單間的廟宇已有三百多年的歷史。

從現存四塊碑記所列內外境郊、鋪、紳士捐金名單，可以看出開基武廟的興修，與台南商人，特別是對外貿易商有密切的關係，現列上引四碑記按郊、鋪號或個人的捐銀數加以統計（見表7-5）：

表7-5　1818年、1875年開基武廟重修捐金統計表[103]

年　代	碑　號	捐銀總數（元）	商號			個人			備註
			家數	銀數（元）	占總數%	人數	銀數（元）	占總數%	
嘉慶二十三年	（甲）	808.75	33	650.75	80.5	47	158	19.5	台郡
	（乙）	1206	67	869.5	72.1	52	336.5	27.9	本境
光緒二年	（甲）	387	23	317	81.9	13	70	18.1	外境
	（乙）	941	23	440	46.8	33	501	53.2	內境
小計		3342.75	146	2277.25	68.13	145	1065.5	31.87	

從表7-5可以看出，嘉慶二十三年（1818）重修時，商號、店主捐金合計1,520.25元，占捐金總數2,014.75元的75.46%。其中台郡商號、店主捐金650.75元，占台郡捐金總數808.75元的80.5%；本境商號捐金869.5元，占本境捐金總數1,206元的72.1%。光緒二年（1875）重修時，商號、店主捐金合計757元，占捐金總數1,328元的57%。其中外境商號、店主捐金317元，占外境捐金總數387元的81.91%，內境商號捐金440元，占內境捐金總數941元的46.76%。兩次重修開基武廟捐金總數3,342.75元中，明確標明店號或店主的捐金數達2,277.25元，占總數68.13%，商號、店主捐金超過半數以上。但以個人名義捐金者中，不少也是商人，有的也實際是店號。如朱甘霖、許鍾雲都是「職員」，係帶有九品以上職銜的商店頭家，是郊行中的頭面人物。在嘉慶二十三年重修時，朱、許共捐銀52.5元。光緒二年蘇玉興、吳萬泉各捐銀100元，蘇玉山捐銀50元，共捐銀數有的比三郊蘇萬利、金永順、李勝興高一倍，有的與三郊相等，他們應都是大商人。同時，凡獨資經營的商店，多在商號上加上店主的姓氏，如在嘉慶二十三年捐銀10元的林元美，實際是店號。在列入個人名義捐金名單中，此類情況不少，因掌握的資料不足，無法加以區別。如把以個人名義實際是商人或店號的捐金數加起來統計，可以肯定兩次重修中，郊、鋪商人捐金占絕大多數。

值得指出的是，郊商，即與大陸或南洋等地經商的對外貿易商的捐金數，十分引人矚目。嘉慶二十三年重修時，三郊蘇萬利、金永順、李勝興共捐銀300元，煙簽郊金合順捐銀16元，藥材郊、絲線郊、茶郊共捐銀27.5元，加上職員朱甘霖、許鍾雲所捐44元，其金額占台郡捐金總數約48%。光緒二年重修時，三郊又捐銀150元，芙蓉郊及糖間共捐70元，占外境捐金總數約57%。蓋台灣自康熙中葉後，與大陸間的貿易迅速發展，台南成為台灣商業的中心，有一批閩南等地的批發商人先後來台經商或定居，為了避免競爭，團結同業，組織商團，劃地貿易，各安其利，台南三郊就是最早出現的貿易商集團。乾隆20年代，以蘇萬利為首的20多家店號首先組成北郊，經營上海、寧波、天津、煙台、牛莊、大連各港口的貿易，由台灣輸出白糖、龍眼、樟腦、硫磺、煤炭等，由大陸輸入綢緞、羅布、絹布、棉花、藥材及雜貨等；又出現了以金永順為首的30餘家商號組成南

郊，經營金、廈、漳、泉、汕頭、香港及南洋各地港口的貿易，由台灣輸出糖、米、苧、豆、魚膠、魚翅、牛角骨、筍乾等，進口漳州之生厚煙、藥材、絲線、泉州瓷器、永春葛、漳泉磚瓦、福州漳州杉木及土產、雜貨等；此後不久，又出現以李勝興為首的50多家商號組成糖郊，主要經營糖、米及其他農產品的出口貿易。三郊的行址及倉庫多在台南大西門外的五條港區。乾隆末年，北、南、糖三大郊為求共同利益，加強聯絡，乃在南勢港的水仙宮三益堂設聯絡辦事處，負責處理三郊各商號共同的商務，仲裁各店間的糾紛。嘉慶元年（1796），北郊、南郊、糖郊正式合稱為三郊，並以三郊蘇萬利、金永順、李勝興的名義對外行文，成為台南郊行的領袖，台灣規模最大的進口貿易商集團[104]。除三郊外，台南又先後出現了規模較小的藥材郊、煙籤郊、絲線郊、布郊、米郊、綢緞郊、紙郊、杉郊、香鋪郊、苧麻郊、油釘鐵郊、磁仔郊等貿易商集團。在前述嘉慶、光緒年間兩次重修開基武廟時，煙籤郊、藥材郊、絲線郊、茶郊、芙蓉郊、糖間等貿易商都踴躍捐款，說明他們對關帝的崇祀。

　　商人，特別是進出口貿易商，崇祀關帝是有原因的。由於關羽生前義氣千秋的凜然精神，為後人所敬仰。商人及商業活動重視守信用、重義氣，對關帝尤為信仰。加上相傳商業上通行的帳簿是關羽發明的，所以歷來關帝被商人尊為商業保護神。甚至新年正月商店「開張大吉」之日，都要備牲醴、鳴爆竹，祭祀關帝。因此，凡是商人聚居的港口，其關帝廟也多由商人集資修建。開基武廟位於赤嵌西南方港口，早在明末荷蘭人統治時期，這裡就是大陸漳、泉商賈的聚居地，開基武廟就是大陸移民和商人創建的。康熙二十二年（1683）台灣歸清後，翌年解除閩粵各地與台灣之間通商的禁令，開放廈門與鹿耳門之間的對口貿易，台灣與大陸的通商貿易進入了新的歷史時期。康熙末年修的縣誌記載：「開闢以來，生聚日繁，商賈日盛，填海為宅，市街紛錯」[105]。當時「來往商艘，歲殆以數千計」[106]。連橫《台灣通史》對此也有記載：「洎乾隆間，貿易甚盛，出入之貨，歲率數百萬元，而三郊為之主。……各擁鉅資，以操勝算，南至南洋，北及天津、牛莊、煙台、上海，舳艫相望，絡繹於途，皆以安平為往來之港。」[107] 所以開基武廟所在地的安平台江五條港，萬商雲集，境內所居多數是商人。開基武

廟於康熙五十八年即是由以商人爲主的「里人同修」的。至嘉慶二十三年、光緒
二年的兩次重修，從捐資碑記可看出，主要是商人，特別是進出口貿易商捐資修
建的。貿易商渡海貿易，歷經波濤風險，他們對商業保護神關帝、航海保護神媽
祖及與航海有關的風神、水仙尊王等神，都十分崇信。與開基武廟緊鄰的大天后
宮，道光十年（1830）重修碑記刻有「總事三郊蘇萬利、金永順、李勝興」捐銀
15，000元，並列一百多條行郊、市街捐銀名單[108]。他如台南鹽水港的關帝廟，
亦爲鹿港郊商林元品於嘉慶八年（1803）捐銀4，100元所創建[109]。道光八年
（1828）重修時，有80多家商號踴躍捐資[110]。但位於台南鄉村的關帝廟，則主要
由鄉民捐資修建，而列入祀典的武廟如與開基武廟緊鄰的大關帝廟，主要由官府
興建，或由官府出面官紳合資修建。關帝信仰在不同信徒中，產生並不相同甚至
相反的作用。清政府及其官吏在台灣崇祀武廟，竭力褒揚其忠義，是企圖利用民
衆的信仰，「改效忠於清廷，以杜絕人民因抗清而生民變，並編造神佑奇蹟，以
拉攏威脅並鼓舞士氣」。而人民之崇祀關帝與清廷之崇祀「實牛馬不相關」，對一
般民衆而言，特別是婦女，關帝是「萬能之神」；對拓荒移民而言，關帝是「對
抗番害的武力象徵」；對不滿時政的人而言，關帝是「插血爲盟、團結以赴，成
爲民變主力構成的方法」；而對商人而言，關帝則「是同業者信用、合作之象徵」
[111]。因此，在商人特別是貿易商聚居的港口，關帝廟主要由他們捐資修建，而位
在台江五條港商業區的開基武廟，歷來是台南商民的崇祀對象，所以歷史上廟宇
的命運與台南商業的盛衰密切攸關。

台南大小上帝廟的建立年代考——明遺臣王忠孝《東寧上帝序》讀後感

　　王忠孝，字長儒，號愧兩，惠安沙格人。明萬曆二十一年（1593年）六月二
十三日生（陰曆，下同），清康熙五年（1666年）四月二十八日卒於台灣，享壽

74歲[112]。遺有《惠安王忠孝全集》十二卷（手抄本），該集保存有許多關於鄭成功抗清和復台的重要史料，其中忠孝渡台後所寫的《東寧上帝序》，對台南市大小上帝廟的建立年代及建立經過，留下了具體的論述，可糾正現有論述的錯誤，現將《東寧上帝序》全文轉錄如下：

東寧上帝序

孔子曰：「鬼神之爲德，其盛乎矣。」又曰：「務民之義，敬鬼神而遠之。」蓋先王以神道設教，事涉玄幻，義則昭著。是故惠迪吉，從逆凶，福善禍淫之理，應若桴鼓，則務民義者，乃所以敬鬼神，是則設教者意也，豈世俗徼福之見哉。

東寧僻處海東，向爲紅夷所據，土夷雜處，散地華人莫肯措止矣，間有至者，多荷鋤逐什一之利，衣冠之侶未聞也。

賜姓撫茲土，華人遂接踵而來，安平東寧，所見所聞，無非華者，人爲中國之人，土則爲中國之土，風氣且因之而轉矣。是以向者地屢震，而今寧謐；向者春無雨，而今沾濡。天心之明，示人以意也，而況於神乎。

邇者總戎林君，提兵入內地，舟泊銅陵，見荒廟中有眞武尊像在焉，遂奉以東。其同事黃君者，銅人也，曰：此吾里夙所敬者，神與人若相巧然，遂有建廟之募，屬余爲之引。余從不能作募，言以自家力不能捨，未有勸人捨者，獨以東寧廟宇絕稀，偶有莊嚴顯設，殊足起人敬畏，則此舉亦創見也。

語曰：黍稷非馨，明德惟馨。且晚鼎構一新，凡蒞土者，與夫協建者，駿奔者，洋洋如在上，在左右焉，而又繹不可度，矧可射之旨，敦務義之實修，尊尊長之風，將見神人允洽，民物安阜，寧諡東土磐石，駸駸乎式廓舊疆，興復始基之矣。於是爲引[113]。

上引《東寧上帝序》（簡稱《序》，下同），指出了荷蘭殖民者占據台灣及荷據時期台灣的基本狀況：「東寧僻處海東，向爲紅夷所據，土夷雜處，散地華人莫肯措止矣，間有至者，多荷鋤逐什一之利，衣冠之侶未聞也」。不但揭露了荷蘭殖民者對我國領土台灣的占領，而且所述先住民與漢移民的情況，也符合當時台

灣的實際。同時歌頌了鄭成功收復台灣及鄭氏對台灣的開發：「賜姓撫茲土，華人遂接踵而來，安平東寧，所見所聞，無非華者，人為中國之人，土則為中國之土。」還特別指出鄭氏在台灣推廣中華文化，移風易俗。鄭成功光復台灣後，隨著大量軍隊和移民的渡台，中華文化中的通俗文化和民間信仰首先在台灣傳播開來。移民不但帶去了風俗習慣等大陸民俗文化，也帶去了大陸的民間信仰，在台灣蓋起一批寺廟。鄭氏時期在安平地區就先後建起土地廟、天后宮、慈濟宮、關帝廟、龍山寺、靈祐宮等30多處廟宇，崇祀土地公、媽祖、保生大帝、關公、觀音等民間信仰的神祇。特別是鄭氏抱有抗清復明的宗旨，對明朝的保護神玄天上帝尤其崇祀，先後在台南蓋起靈祐宮（小上帝廟）、北極殿（大上帝廟）等數座上帝廟，王忠孝特為其作《東寧上帝序》。《台灣縣誌》載：「鄭氏據台，因多建眞武廟，以為此邦之鎮云」[114]。因此中華文化，首先隨著民間風俗和民間信仰而在台灣傳播開來。同時，一批不願歸順清朝的南明文人士子隨鄭氏入台，更大大提高了台灣社會崇尚中華文化的風氣。著名的有王忠孝、辜朝薦、沈佺期、郭貞一、李茂春、許吉燝及較早渡台的沈光文等人。據連橫記載：「延平入台後，士大夫之東渡者，蓋八百餘人」[115]。他們將中華文化的種子播散在台灣土地上，並以傳統的詩文形式寫下了台灣第一批的文學作品。當時富有遠見的咨議參軍陳永華，即由王忠孝推薦而被鄭成功任用，後成為鄭經的得力輔佐。康熙四年（1665年）永華向鄭經建議：「建聖廟，立學校，以收人材，庶國有賢士，邦本自固。」同時推行科舉制度，積極促進中華文化在台灣的傳播，改變了台灣的風俗、文化，移風易俗，加上風調雨順，連年豐收，社會出現一片昇平景象。當時王忠孝曾賦《東寧風土沃美急需開濟詩勸同人》，對鄭氏開發台灣加以歌頌。詩曰：「巨手劈洪濛，光華暖海東；耕耘師后稷，弦誦尊姬公。風俗憑徐化，語音以漸通；年來喜豐稔，開濟藉文翁。」[116]《序》文亦有「風氣且因之而轉矣，是以向者地屢震，而今寧謐；向者春無雨，而今沾濡。天心之明，示人以意也，而況於神乎」的記載。在傳播中華文化時，「文翁」即士子產生了重要的作用。

此外，《東寧上帝序》為鄭氏在台灣特別崇祀的台南玄天上帝廟的建立年代及建立的過程，留下了珍貴的紀載，可補充台灣府縣誌記載的不詳，並可糾正其

他有關文獻記載的錯誤。如蔣毓英的第一部《台灣府志》載：「上帝廟在府治東安坊，僞時建，祀北極大帝，內有明甯靖王楷書匾額：威靈赫奕四字[117]」。高拱乾《台灣府志》記：「上帝廟一在府治東安坊，最爲久遠，郡守蔣毓英捐俸重修，廟宇煥然」[118]。二書均未記建廟的具體年代。范咸《台灣府志》載：「元帝廟，即眞武廟，康熙二十四年知府蔣毓英修，高聳甲於他廟。一在鎮北坊，總鎮張玉麟渡台遭風，夢神披髮跣足自牆而降，風恬抵岸，因重新之，後爲知府蔣毓英祠。」又《附考》記：「元帝廟在東安坊者，稱大上帝廟，鄭氏所建，康熙年間重修。在鎮北坊者稱小上帝廟，鄭氏所建，康熙三十七年重修」[119]。直至道光十八年（1838年）四月《大上帝廟四條街桐山營公衆合約》碑仍記：「本廟之建，不知始自何時」[120]？但1971年6月出版的《台灣省通志》卻明確記載北極殿、靈祐宮均建於永曆二十五年，即康熙十年（1671年）[121]，70年代發表的其他論文亦多沿此說，記康熙十年建。但根據王忠孝《東寧上帝序》，可證實上述記載都是錯誤的。忠孝係於康熙三年（1664年）四月渡台，康熙五年（1666年）四月去世，而上帝廟係忠孝到台後才開始興建的，並爲之作序。「邇者，……遂有建廟之募，屬余爲之引」。故建廟時間肯定在康熙三年四月之後，康熙五年四月之前，即在康熙四年（1665年）前後建成，《台灣省通志》等書記載康熙十年建，顯誤。

　　台南上帝廟是怎樣建立起來的呢？道光十八年（1838年）五月所立《大上帝廟桐[銅]山營四條街公衆合約》碑內記：「詢諸父老，或云有桐[銅]山人攜帶神袋到此靈感，里衆乃爲建廟；或云明裔朱氏名戀收來其地祀神靈感，里衆乃以其地建廟，兼塑其像於西廊。二說未知孰是？」[122]但《東寧上帝序》對此已做了明確回答：「邇者，總戎林君，提兵入內地，舟泊銅陵，見荒廟中有眞武尊像在焉，遂奉以東。其同事黃君者，銅人也，曰：「此吾里夙所敬者，神與人若相巧然，遂有建廟之募，屬余爲之引。余從不能作募，言以自家力不能捨，未有勸人捨者。獨以東寧廟宇絕稀，偶有尊嚴顯設，殊足起人敬畏，則此舉亦創見也。」可見係鄭氏部將林某及其部屬銅人黃某到銅山銅陵（今東山縣銅陵鎮），從遷海後已荒蕪的東山上帝廟中，將上帝神像接奉到台南鎮北坊建廟崇祀，即今台南市民族

路208巷31號的開基靈祐宮（小上帝廟），鄭氏政權見玄天上帝係明朝的保護神，旋於東安坊建北極殿（大上帝廟）崇祀（今台南市民權路89號）。《序》中所言總戎林君，應係指鄭氏鎮將林陞，他於康熙四年負責鎮守澎湖等島嶼，時常到沿海銅山等處偵察，經部屬銅人黃某介紹上帝的靈驗，遂有將上帝神像移祀台南之舉動。查銅陵大廟頭，明成化四年（1468年），由總兵黃廷標倡建北極殿，祀玄天上帝[123]。林陞即將此廟的上帝神像移祀台灣。可見，台南的上帝廟並非由銅山民眾攜神袋來台崇祀，亦與明裔朱氏無關。

大小上帝廟建立後，歷經多次重修，小上帝廟於康熙三十七年（1698年）經總鎮張玉麟重修。大上帝廟於康熙二十四年（1685年）經知府蔣毓英重修，康熙四十八年（1709年）由里眾重建，雍正八年（1730年）知縣唐孝本勘斷廟左曠地一所起蓋店屋20間，將年納地稅銀供該廟香燈費之用[124]。咸豐四年（1854年）、同治二年（1863年）、1927年、1947年、1960年又經多次重修[125]，崇祀不衰。

現存大上帝廟中的「威靈赫奕」匾，係明永曆二十三年（康熙八年，1669年）由甯靖王朱述桂所題，乃台南市最古最具歷史價值的匾額。另有康熙五十二年（1713年）由福建分巡台灣廈門道陳璸所題「辰居星拱」匾。小上帝廟存有道光十五年，（1835年）由貴州陳炳極所書「赫聲濯靈」匾，另有總理職員詹廷貴之「天樞北極」匾[126]。不但鄭氏時期對上帝十分崇祀，以後歷代亦崇祀不衰。不但台南市建有多個上帝廟，全台灣各地亦紛紛建廟崇祀。據統計：1918年全台灣有172座上帝廟，1930年有197座，1960年有267座，1966年有270座，1975年有375座，1981年有397座，廟宇數目不斷增加，至今崇祀不衰。[127]

最後，從《東寧上帝序》可看出，王忠孝的鬼神觀是完全接受儒家宗師孔子的觀點。《序》中引用了孔子答覆弟子樊遲的問話：「務民之義，敬鬼神而遠之，可謂知矣。」[128]孔子還說過「祭如在，敬神如神在」。[129]據此，忠孝指出：「蓋先王以神道設教，事涉玄幻，義則昭著。是故惠迪吉，從逆凶，福善禍淫之理，應若桴鼓，則務民之義者，乃所以敬鬼神，是則設教者意也，豈世俗徼福之見哉」。他並不盲目迷信，而是相信神道設教有益於社會的治理和安寧。這樣，「將見神人允洽，民物安阜，寧謐東土磐石，駸駸乎式廓舊疆，興復始基之

矣，於是爲引」。忠孝早年寓居廈門曾厝垵時，也曾爲當地保生大帝廟撰過祭文，持的是同樣觀點。文中指出：「夫某學孔孟者也，孔子曰：非其鬼而祭之，諂也。見義不爲，無勇也。又曰：務民之義，敬鬼神而遠之。明乎義可力行，神宜敬而勿諂也」[130]。對鬼神同樣抱敬而遠之、「敬而勿諂」的觀點，可見這是他一貫的觀點，並非盲目迷信，有其進步性，值得肯定。

註釋

[1] 陳文達，《台灣縣志》，卷九，雜記志，康熙五十九年。

[2] 蔣師轍，《台遊日記》，卷三。

[3] 郁永河，《裨海紀遊》。

[4] 謝金鑾，《續修台灣縣志》，卷五，外編。

[5] 同上。

[6] 《台灣省通志》，卷二，人民志氏族篇。

[7] 張文綺：從寺廟匾聯碑記看台灣對保生大帝的信仰，《吳眞人學術研究文集》，廈大出版社，1990年10月。

[8] 陳三井總纂，《台北市發展史》，第26章，宗教。

[9] 《台北文物》，第3卷，第1期。

[10] 王世慶，《民間信仰在不同祖籍移民的鄉村之歷史》，《台北文獻》，第23卷，第3期。

[11] 《台北市志》，卷一，土地篇，勝蹟志。

[12] 何培夫，《台南市寺廟清代匾聯集》，《台灣文獻》，第35卷，第1期。

[13] 《台中市志》，卷一，土地篇勝蹟志。

[14] 台灣《中央日報》，1980年4月26日。

[15] 劉枝萬：台灣省寺廟教堂調查表，《台灣文獻》，第11期，1960年6月出版。

[16] 清代台灣有舊府志6部，舊縣志10餘部。1954年以後陸續新修縣志、市志21部，列入中國方志叢書（台灣地區）65-85號。

[17] 賴子清：台南市寺廟神歷，《台南文化》，新第10期。

[18] 蔣毓英，《台灣府志》，卷之六，廟宇，康熙24年。

[19] 連橫《台灣通史》，卷22，宗教篇。

[20] 石萬壽：台南市寺廟的建置——台南市寺廟研究之一，《台南文化》，新第11期。

[21] 桐蜂：台南市廟宇的匾額調查，《台南文化》，新第6期。

[22] 高拱乾，《台灣府志》，卷九，外志，康熙35年。

[23] 周元文，《重修台灣府志》，卷九，外志，康熙51年。

[24] 劉良璧，《重修福建台灣府志》，卷九，乾隆6年。

[25] 王必昌，《重修台灣縣志》，卷六，祠宇，乾隆17年。

[26] 余文儀，《續修台灣府志》，卷十九，雜記，乾隆39年。

[27] 林豪，《澎湖廳志》，卷二，

〔28〕陳文達編纂，《台灣縣志》，卷九，雜記志，康熙59年。

〔29〕連景初：海山嶠偶錄，《台南文化》，第9卷1期。

〔30〕林衡道，《台灣古蹟全集》，1980年5月。

〔31〕盧德嘉，《鳳山縣采訪冊》，台灣文獻叢刊，第73種。

〔32〕盧嘉興：台南縣古地名考，《南瀛文獻》，第6卷合刊。

〔33〕《全國佛刹道觀總覽》（保生大帝專輯），1987年6月台北出版。

〔34〕謝金鑾，《續修台灣縣志》，卷五，外編，寺觀，嘉慶12年。

〔35〕周鍾瑄，《諸羅縣志》，卷十二，雜記志，康熙56年。

〔36〕《福建通志台灣府》，壇廟，台灣文獻叢刊，第84種。

〔37〕慈濟宮緣業碑誌，乾隆9年11月，《台南縣志》，卷十，附錄古碑誌。

〔38〕《台南縣志》，卷八，人物志。

〔39〕陳文達，《鳳山縣志》，卷十，外志，康熙58年。

〔40〕周璽，《彰化縣志》，卷五，祀典志，光緒年間。

〔41〕《新竹文獻會通訊》，見中國方志叢書（台灣地區），第92號。

〔42〕《嘉義管內采訪冊》，祠宇，台灣文獻叢刊，第58種。

〔43〕蔣毓英，《台灣府志》（校注本），卷之一，第9-11頁。

〔44〕郁永河，《稗海紀遊》，《台灣文獻叢刊》，第44種，簡稱《台叢》（44），第21、
32、36頁。

〔45〕藍鼎元，《東征集》，卷二，《台叢》（12），第34頁。

〔46〕藍鼎元，《平台紀略》，《台叢》（14），第30頁。

〔47〕熊一本，《條復籌辦番社議》，《台叢》（17），第229頁。

〔48〕陳培桂，《淡水廳志》，卷十一，《台叢》（172），第297-312頁。

〔49〕蔣毓英，《台灣府志》，卷之五，第57頁。

〔50〕丁紹儀，《東瀛識略》，卷一，《台叢》（2），第6頁。

〔51〕龔柴，《台灣小志》，《台叢》（216），第95頁。

〔52〕周鍾瑄，《諸羅縣志》，卷十二，雜記志，災祥條。

〔53〕黃叔璥，《台灣使槎錄》，卷六，《台叢》（4），第123頁。

〔54〕周璽，《彰化縣志》，卷之七，兵防志，吳昌祚、何勉傳。

〔55〕同上書，卷十一，雜識志、兵防條。

〔56〕姚瑩，《東槎紀略》，《台叢》（7），第34頁。

〔57〕周鍾瑄，《上滿總制書》，轉引《台叢》（4），第165頁。

〔58〕黃叔璥，《台灣使槎錄》，卷八，《台叢》（4），第167頁。

[59] 同上書，卷六，《台叢》（4）第128頁。

[60] 黃叔璥，《台灣使槎錄》，卷八，《台叢》（4），第168頁。

[61] 黃叔璥，《台灣使槎錄》，卷六《台叢》（4），第123頁。

[62] 丁紹儀，《東瀛識略》，卷七，《台叢》（2）、第86-87頁。

[63] 藍鼎元，《東征集》，卷四，《台叢》（12），第60頁。

[64] 劉韻珂，《奏開番地疏》，《台叢》（17）第208頁。

[65] 六十七，《番社采風圖考》，《台叢》（90），第88頁。

[66] 轉引洪毓麟，《住民志》（平埔族篇），《中國方志叢書（台灣地區）》，第74種，簡稱《方叢》（74），第2365頁。

[67] 劉韻珂，《奏勘番地疏》，《台叢》（17），第218頁。

[68] 劉枝萬，《南投縣風俗志宗教篇稿》，《方叢》（74），第97-98頁。

[69] 吳子光，《一肚皮集》，《台叢》（36），第30頁。

[70] 蔣維錟，《一篇最早的媽祖文獻資料的發現及其意義》，《媽祖研究論文集》，第27頁，鷺江出版社，1989年5月。

[71] 周鍾瑄，《諸羅縣志》，卷十二、雜記志，古蹟條。

[72] 林衡道，《神岡鄉的古蹟古物》，《台灣文獻》，第29卷，第3期，第24頁。

[73] 蕭一平，《略論媽祖傳記的演變》，《媽祖研究論文集》，第24頁。

[74] 吳子光，《淡水廳志擬稿》，《台叢》（36），第98頁。

[75] 曹士桂，《宦海日記》（校注本），第200頁，雲南人民出版社，1988年8月。

[76] 徐宗幹，《斯未信齋文集》，《台叢》（17），第348頁。

[77] 謝金鑾，《二勿齋文集》，卷六，第12-14頁。

[78] 同上，卷三，第21頁。

[79] 季士家，《略論蔡牽的反清鬥爭》，見《明清史事論集》，南京出版社，1993年版，第178-179頁。

[80] 《台灣文獻叢刊》，台北中華書局1964年版，第205種，第67頁。

[81] 嘉慶十五年十二月二十六日兩廣總督百齡摺，轉引自季士家，《明清史事論集》，第200頁。

[82] 胡珠生，《清代洪門史》，遼寧人民出版社，1996年版，第174頁。

[83] 蔣維錟編校，《媽祖文獻資料》，福建人民出版社，1990年版，第281頁。

[84] 《台灣文獻叢刊》，第205種，第2-3頁。

[85] 蔣維錟編校，前引書，第270頁。

[86] 同上，第274-275頁。

〔87〕孫本政主編，《清實錄台灣史資料專輯》，福建人民出版社，1993年版，第655頁。

〔88〕蔣維鋑編校，前引書，第275頁。

〔89〕同上，第285頁。

〔90〕連橫，《台灣通史》，北京商務印書館，1983年版，卷三十二，列傳四，第587頁。

〔91〕蔣維鋑編校，前引書，第259頁。

〔92〕同上，第87-88頁。

〔93〕同上，第227頁。

〔94〕蘇同炳，《海盜蔡牽始末》，台灣省《台灣文獻》第25卷，第4期，第16頁。

〔95〕陳文達編纂，《台灣縣志》，卷九，雜記志，古蹟；卷一輿地志，海通。

〔96〕見王志卷六，祠宇志；謝志卷二，政志·壇廟。

〔97〕林衡道，《鯤島探源》，第1017頁。

〔98〕石萬壽，《台南市寺廟的建置》，《台南文化》，新第11期，1981年6月出版。

〔99〕連橫，《台灣通史》，卷十，典禮志，第173頁，北京商務印書館，1983年10月。

〔100〕關山情主編，《台灣古蹟全集》，第三冊，第160頁。

〔101〕何培夫，《台南市寺廟清代匾聯等》，《台灣文獻》，第35卷，第243-245頁。

〔102〕同上。

〔103〕黃典權，《台灣南部碑文集成》，第572-575頁。

〔104〕關於台南三郊的名稱有不同的記載，台灣舉人蔡國琳著《台南三郊由來》，稱北郊、南郊、港郊為三郊；劉家謀，《海音詩》注，稱「商戶曰郊，南郊、北郊、糖郊曰三郊」，見《台灣文獻叢刊》第28種，《台灣雜詠合刻》。

〔105〕陳文達編纂，《台灣縣志》，卷九，雜記志，古蹟；卷一輿地志，海通。

〔106〕同上。

〔107〕連橫，《台灣通史》，卷二十五，商務志，第443-444頁。

〔108〕黃典權，《台灣南部碑文集成》，第592-594頁。

〔109〕關山情主編，《台灣古蹟全集》，第三冊，第342-345頁。

〔110〕黃典權，《台灣南部碑文集成》，第243-245頁。

〔111〕洪敏麟，《清代關聖帝廟對台灣政治社會之影響》，《台灣文獻》，第16卷，第2期。

〔112〕洪旭，《王忠孝傳》，見《惠安王忠孝全集》（抄本）卷十二。另蔣毓英，《台灣府志》卷九記：「丁未（康熙六年）十一月卒」，高拱乾，《台灣府志》卷八記：

「歲在丁未，卒於台」，而范咸，《重修台灣府志》，卷十二則記，康熙「四年卒」。此處卒年根據與忠孝關係密切的洪旭的記載。

〔113〕《惠安王忠孝全集》卷二，文類。

〔114〕王必昌，《重修台灣縣志》，卷六，祠宇，乾隆十七年刊本。

〔115〕連橫，《台灣通史》，卷二十九，外傳一，北京商務印書館，1983年10月。

〔116〕《惠安王忠孝全集》，卷十一，詩類。

〔117〕蔣毓英，《台灣府志》，卷六，廟宇，見《台灣府志》三種，中華書局，1985年5月。

〔118〕高拱乾，《台灣府志》，卷之九，寺觀，同上書。

〔119〕范咸，《重修台灣府志》，卷十九，雜記，同上書。

〔120〕何培夫主編，《台灣地區現存碑碣圖志》，台南市上篇，177頁，台灣中央圖書館台灣分館發行，1992年6月。

〔121〕台灣省文獻委員會，《台灣省通志》，卷二，人民志宗教篇，1971年6月。

〔122〕何培夫主編，《台灣地區現存碑碣圖志》，台南市上篇，179頁。

〔123〕《東山縣志》，卷三十一，文物名勝，662頁，中華書局，1994年9月。

〔124〕王必昌，《重修台灣縣志》，卷六，祠宇。

〔125〕何培夫主編，《台灣地區現存碑碣圖志》，台南市上篇，180-185頁。

〔126〕桐峰，《台南市廟宇的匾額調查》，《台南文化》，新六期，153頁，1979年1月。

〔127〕台灣省文獻委員會，《重修台灣省通志》，卷三，住民志宗教篇，第二冊，1061-1062頁，1991年4月出版。

〔128〕《論語》，雍也篇第六。

〔129〕《論語》，八佾第三。

〔130〕《祭大道公文》，《惠安王忠孝全集》，卷一，文類。

第八章　台灣的附屬島嶼

——釣魚島等島嶼的歷史與現狀

釣魚島等島嶼的地理概況和物產資源

釣魚島等島嶼自古以來就是中國領土

日本覬覦和侵占釣魚島等島嶼的經過

海內外中國人民的保釣運動

釣魚島等島嶼的地理概況和物產資源

（一）地理概況

釣魚島等島嶼（簡稱釣魚列嶼，下同），日本稱爲「尖閣群島」。在我國東南海域，位於台灣東北部，從東到西由赤尾嶼、黃尾嶼、北小島、大北小島（沖北岩）、南小島、大南小島（沖南岩）、釣魚島、飛瀨島等大小不同的8個島嶼組成，總面積6.1636平方公里，是台灣省的附屬島嶼。釣魚列嶼南距台灣北部基隆102海哩，北距琉球首府那霸230海哩，處於中、琉交往的航路上，是中國明、清兩代冊封使節去琉球的航海指標。

釣魚列嶼在北緯25度44分25秒至25度56分21秒及東經123度30分27秒至124度34分零9秒之間，分布不很密集，赤尾嶼距離黃尾嶼有48海哩，是釣魚列嶼最靠東的一個孤島，其餘7個島嶼彼此相距皆在10海哩之內，其中：

釣魚島又稱釣魚嶼、釣魚山、釣魚台、花鳥山，日本稱爲「魚釣島」。爲釣魚列嶼中最大之島，面積4.3838平方公里，除少數平坦海岸外，全爲丘陵地，從西到東有9個山峰，形成齒狀山脊，遠望似尖峰，其最主峰海拔爲383米（一說369米）。

黃尾嶼又稱黃尾、黃尾山、黃尾礁、黃毛嶼、黃麻嶼或稱鳥港，日本稱爲「久場島」，在釣魚島的東北，爲釣魚列嶼中的第二大島，面積0.9091平方公里，全部爲低丘陵，中部較高，海拔118米。

南小島又稱蛇島，面積0.4592平方公里，海拔148米，在釣魚島東南，南小島與釣魚島之間，有一條寬約1,500公尺的海峽，是一個良好的避風港。

北小島在釣魚島東南，面積0.3267平方公里，海拔129米。

大北小島（沖北岩）和大南小島（沖南岩）均在釣魚島東北，飛瀨島在釣魚島東南，三島面積極小，總面積約0.0239平方公里。

赤尾嶼又稱赤嶼、赤尾、赤尾礁、赤尾山或稱赤坎嶼，日本稱為「大正島」，「嶼方而赤，東西凸而中凹，凹中又有小峰二」[1]。然赤尾嶼面積也很小，只有0.0609平方公里，海拔81米，是中、琉航路顯著的指標。

釣魚列嶼四周沿海的深處不足200米，位處中國大陸礁層邊緣，為中國大陸架的自然延伸部分，愈靠近中國大陸，其深度愈淺，但在釣魚島及大南小島以南向琉球方向三公里外，因斷層關係，其深度則驟增，與琉球的宮古、八重山、沖繩各群島之間有一海溝相隔，海溝深及2,000米，叫「琉球海溝」，亦稱「黑水溝」。從中國去琉球，海水是綠色的，但是過了釣魚島最東的赤尾嶼，直到琉球那霸，海水由綠色變成了黑色。明夏子陽著《使琉球錄》，其「使事紀」曰：「連日所過水皆深黑色，宛如濁溝積水，或又如靛色，憶前《使錄補遺》稱：『去由滄水入黑水』，信者言矣」[2]。清周煌著《琉球國志略》，其「山川」曰：琉球「環島，皆海也。海面西距黑水溝，與閩海界。福建開洋至琉球，必經滄水過黑水，古稱滄溟。溟與冥通，幽元之義，又曰東冥」[3]。黑水溝非常險惡，明、清冊封使去琉球有「過溝祭海」求平安之舉，是中國與琉球之間的天然界線。

（二）物產資源

釣魚列嶼周圍是一個廣大而豐富的漁場，盛產鯖鰺等多種魚類。鯖魚是中等的魚，肉脆味美，適宜於加工做鯖魚肉鬆和罐頭。如1969年，台灣宜蘭縣魚產總額56,000噸中，鯖魚占17,000噸，而在釣魚列嶼漁場捕獲的鯖魚約12,000噸[4]。釣魚列嶼這片漁場，不僅魚多，而且一年四季都能捕到魚，即使在魚汛期之外，亦有大量的鯖、鰺魚群，雖然潛入深海，但用釣鉤捕魚，每釣五百隻鉤，經常是釣無虛鉤。因此，整年都有台北漁民在釣魚列嶼四周活動，故釣魚列嶼為台灣北部漁民的生命線。此外，在釣魚島、黃尾嶼、南小島沿岸的礁石窟中還盛產龍蝦，龍蝦很大。釣魚島的西南部，還有一處山泉，雖然流量不大，但也足夠200人飲用。南小島雖小，但蛇很多，故有「蛇島」之名，蛇色淺黃，背有污點，最大的有二、三公尺長，無毒，能食用。釣魚列嶼上還有成群的海鳥，十分壯大，展翅達二尺半，毛色黑灰，肉厚筋壯，每隻重達三市斤。該島嶼上的海鳥數量驚

人，每當起落時，成千上萬，黑壓壓的使天空變色。由於鳥多，因此鳥蛋也很多，沿海岸布滿鳥蛋，俯拾即是，鳥糞厚積島上，走在島上如踩地氈，而鳥糞又是上好的肥料。除魚類和海鳥之外，還生長著植物，如釣魚島、黃尾嶼、南小島上遍生棕櫚類、仙人掌類、灌木及野草藤蔓，根部都特別發達，最強烈的颱風也不易連根拔去。釣魚島與黃尾嶼上更產有一種人類非常需要的植物，叫海菊花，也叫海芙蓉、石芙蓉，是專治高血壓和風濕病極其珍貴的中藥材。

　　最重要的是近幾十年來，發現釣魚列嶼周圍海底蘊藏著豐富的石油資源。據海上地球物理的勘測，證實了陸地地質構造向海底延伸，在中國東海和黃海的海底地質構造是一連串東北——西南走向的突起，將海底分成若干個沉積盆地。這些盆地大多數被新第三紀沉積物所堆積。石油很可能蘊藏在黃海和東海大陸礁層上的沉積岩中，這些地區屬長江、黃河的出口，通常大河流的入海處，是沉積物最多又最迅速地沉澱堆積在一起的地區。而黃河每年排出的沉積物，約為20億8千萬噸，占世界第一位。長江為5億5千萬噸，列第四位。這些大量沉積物的快速沉積，有助於有機物的保存，為後來石油形成之要素。這類由河流帶入的沉積物，營養素質含量高，生物繁殖茂盛，故專家們一致強調最可能含大量石油的地區是台灣東北方，即釣魚列嶼附近20萬平方公里的地區[5]，有關釣魚島與東海的石油蘊藏量到底有多少，各種說法不一，據已宣布的資料，有下列六種：一、聯合國亞洲與遠東經濟委員會宣布44億桶；二、日本政府宣布1,095億桶；三、蘇聯地質學家薩馬洛夫宣布75億至112億桶；四、美國中央情報局宣布390億桶；五、美國前能源部長勒辛格宣布500億桶；六、中國宣布737億桶至1,574億桶[6]。石油蘊藏量如此之多，為舉世關注。

釣魚島等島嶼自古以來就是中國領土

（一）早在 15 世紀初已爲中國發現定名和使用

　　《順風相送》是中國古代航海經驗的書，是1403年（明永樂元年）奉差前往西洋等國開詔，據已有的航海針路「累次校正針路」的成果加以編整而成的，原抄本現藏英國牛津大學鮑德林圖書館，1961年中華書局把《順風相送》和《指南正法》合刊爲《兩種海道針經》。在《順風相送》中記載「福建往琉球」的針路：

> 太武放洋，用甲寅針七更船取烏丘。用甲寅並甲卯針正南東牆開洋。
> 用乙辰取小琉球（按，即台灣）頭。又用乙辰取木山。北風東湧開
> 洋，用甲卯取彭家山。用甲卯及單卯取釣魚嶼。南風東湧放洋，用乙
> 辰針取小琉球頭，至彭家、花瓶嶼在內。正南風梅花開洋，用乙辰取
> 小琉球。用單乙取釣魚嶼南邊。用卯針取赤坎嶼。用艮針取枯美山。
> 南風用單辰四更，看好風單甲十一更取古巴山，即馬齒山，是麻山赤
> 嶼。用甲卯針取琉球國爲妙。[7]

　　據上述可見，釣魚嶼、赤坎嶼等名稱在1403年或1403年以前，早已被中國發現定名使用，而且明清以來一直延續使用這些名稱，如：

　　明鄭開陽（1522-1566年）《使倭針經圖》記日：「十更船取釣魚嶼……四更船至黃麻嶼……黃麻嶼北邊過船便是赤嶼……」[8]。

　　明陳侃於1534年（嘉靖十三年）奉使去琉球，其所著《使琉球錄》記日：「舟行如飛……過釣魚嶼，過黃尾嶼，過赤嶼……。」[9]

　　清徐葆光於1719年（康熙五十八年五月）出使琉球，其所撰《中山傳信錄》記日：二十二日日中，乘潮出五虎門，放洋，二十四日未中，過米糠洋，是夜「當見雞籠山、花瓶、棉花等嶼及彭家山，皆不見」。二十七日「天將明，應見釣

魚台、黃尾、赤尾等嶼，皆不見。……六月朔（壬寅），日未出，遂入港（即那霸港）。[10]」同書還引了程順則《指南廣義》一書云：「福州往琉球由閩安鎮出五虎門東沙外開洋，用單（或作乙）辰針十更，取雞籠頭（見山，即從山北邊過船，以下諸山皆同）、花瓶嶼、彭家山；用乙卯並單卯針十更，取釣魚台；用單卯針四更，取黃尾嶼；用甲寅（或作卯）針十（或作一）更，取赤尾嶼。用乙卯針六更，取姑米山（琉球西南方界上鎮山）；用單卯針取馬齒，甲卯及甲寅針收入琉球那霸港（福州至琉球姑米，共四十更船）。[11]」程順則琉球人，1707年（康熙四十六年）奉使入貢，1720年（康熙五十九年）又以紫金大夫再次入貢並謝封。程順則初次入貢在1707年，必是身歷其境方作《指南廣義》，書當成於1707年之後，1720年之前，徐葆光1719年使琉才能見程書而引其針路。

　　清周煌於1756年（乾隆二十一年六月）出使琉球，其所著《琉球國志略》「針路」曰：「船行海中，以山為準，福州五虎山往琉球姑米山，出五虎門，取雞籠山、花瓶嶼、彭家山（或作平佳）、釣魚台、黃尾嶼、赤尾嶼、姑米山、馬齒山（以上山皆取北過）收入那霸港。[12]」

　　從上引明、清封使的《使錄》中，可知釣魚列嶼各島名稱為中國明清以來延續使用，而且亦為琉球學者程順則所採用。

（二）釣魚列嶼是中國台灣的附屬島嶼

1.釣魚列嶼屬中國疆域

　　明清冊封使者的《使錄》中屢有明確的記載。如明陳侃《使琉球錄》其「使事紀略」曰：「五月朔，予等至廣石，……至八日，出海口，方一望汪洋矣。……九日，隱隱見一小山，乃小琉球也。十日，南風甚迅，舟行如飛，然順流而下亦不甚動。過平嘉山，過釣魚嶼，過黃尾嶼，過赤嶼，目不暇接，一晝夜兼三日之程，……十一日夕，見古米山，乃屬琉球者，夷人（指在冊封使船上的琉球人）鼓舞於舟，喜達於家。……又竟一日，始至其山，有夷人駕小舶來問，夷通事與之語而去。[13]」此記載，非常明確地說明了琉球的邊界是姑米山，故隨使船的琉球人望見姑米山情緒激動，非常高興，因為琉球人以姑米山為門戶，周煌《琉球

國志略》卷七《祠廟》條中曾有「姑米爲全球門戶」[14]之說，以致於琉球人見到了姑米山，就認爲到家了。也由此可見，姑米山以西的赤尾嶼等島嶼不屬琉球而屬中國疆域。

明郭汝霖於1561年6月（嘉靖四十年五月）出使琉球，著《使琉球錄》曰：「二十七日，至廣石，二十八日，祭海登舟，別三司諸君，二十九日，至梅花，開洋。幸値西南風大旺，瞬目千里，……過東湧、小琉球，三十日，過黃茅，閏五月初一日，過釣魚嶼，初三日，至赤嶼焉。赤嶼者，界琉球地方山也。再一日之風，即可望古米山矣。[15]」此記載，也非常明確地說明了中國的邊界是赤尾嶼，「赤嶼者，界琉球地方山也。」屬中國的疆域而不屬琉球。

明代冊封琉球十五使，從1404年（永樂二年）行人時中始至1534年（嘉靖十三年）給事中陳侃已是第十一任冊封使。以前使錄已無所考，從陳侃開始皆有使錄，故陳侃、郭汝霖兩使錄是記述釣魚列嶼最早的文獻，不僅値得注意，而且非常重要。陳侃說：「姑米山，乃屬琉球者」；郭汝霖說：「赤嶼者，界琉球地方山也」。姑米山與赤嶼之間，有水深2,000米左右的海溝，沒有任何島嶼。陳侃從福州向那霸航行途中最初到達琉球領土的姑米山時記載說：「姑米山，乃屬琉球者」，這是琉球的領土，郭汝霖在記述中國海域東部邊緣上的島嶼赤尾嶼時說：「赤嶼者，界琉球地方山也」。這個島嶼是中國邊界的地方山，換句話說，赤尾嶼是中、琉分界的界山，赤尾嶼是屬中國疆域的邊界的山。很顯然，陳侃與郭汝霖從兩種不同的角度記載了同一件事，既明確又清楚地說明釣魚列嶼屬中國疆域。

明夏子陽於1605年（萬曆三十三年五月）出使琉球，在其所著《使琉球錄》中記曰：「二十四日黎明，開洋，……次日過雞籠嶼，午後，過小琉球，……二十七日……午後，過釣魚嶼，次日，過黃尾嶼，……二十九日，望見古（姑）米山，夷人喜甚，以爲漸達其家，午後，有小艀乘風忽忽而來，問之爲姑米山頭目，望余舟而迎者，獻海螺數枚，余等令少賞之。夷通事從余舟行者，因令先馳入報。[16]」此記載，再次敘述了隨使船的琉球人，望見姑米山就像到了家的那般高興，姑米山守衛者駕船來歡迎使船，獻上海螺並去通報。凡使船至姑米山，鎭守姑米山的琉球官員，一面歡迎使船獻上海螺表示敬意，一面即向琉球中山通報

準備迎接封使，這在從客胡靖於1633年（明崇禎六年）隨杜三策出使琉球，所撰《琉球記》中，亦有至姑米山獻海螺、舉烽火向中山通報的生動記載：「琉球居南山北山之間，謂之中山，更有姑米、馬齒諸山，皆其所屬，東海中一大島嶼也。……五月二十三日自三山啓行，……六月四日，從廣石解纜，……由五虎門出大門，始掀乘五帆，浪如飛，真有一瀉千里之勢。……八日薄暮，過姑米山，夷人貢螺獻新，乘數小艇滅沒巨浪中，比至，繫纜船旁，左右護駕。……鎮守姑米夷官遠望封船，即舉烽聞之馬齒山，馬齒山即烽聞之中山，世子爰命紫金大夫泊三法司，統通國夷人詣那霸候接。次日，舟到海涯，即那霸港口，遂卸風帆，夷官群擁出迎。」[17] 說明姑米山是琉球的國土，琉球國駐官鎮守。清楚地表明姑米山為琉球國界鎮守要地，因此，如果中國使船為姑米山駐官疏忽，未予通報辦理入境手續過了姑米山，那麼隨從使船的琉球接封陪臣就會懇請冊封使者，請使船暫行停泊，待通報後再行。這在下列使錄中亦有記載：

清汪楫於1683年（康熙二十二年）出使琉球，除著有《使琉球雜錄》、《中山沿革志》外，還有《冊封疏鈔》，在《冊封疏鈔》中記曰：「二十三日辰刻遂出五虎門過東沙山，一望茫茫，更無山影，……二十四日，當過小琉球、花瓶嶼、雞籠、淡水諸山，而是日辰刻已過彭佳山，酉刻已過釣魚嶼，不知諸山何時飛越。二十五日應見黃尾嶼，不知何以遂逾赤嶼。二十六日應見姑米山，又不知何以遂至馬齒山。此時，琉球接封之陪臣惟恐突如入境，國中無所措手，再拜懇求暫泊奧中，容其馳報。乃落篷而篷不得下，抛碇而碇不可留，瞬息已入琉球之那霸港，直達迎恩亭前矣，時方辰刻，距開洋僅三晝夜耳。臣等未經蹈險，視等尋常，而彼國臣民莫不相看咋舌，群言自古迄今，未有神速如此者。」[18] 在其《使琉球雜錄》中又曰：「臣歷稽往籍，皆言西南風大利，七晝夜可到，從未有三日飛渡者，此千古僅事。」[19] 汪楫此行，由於風順而神速，僅三晝夜就到了琉球國的迎恩亭前，以至沿途應見諸山，皆在不知不覺中飛越而過，甚至飛渡了姑米山這一「琉球西南界上鎮山」，而到了馬齒山，這可急壞了隨船的琉球接封陪臣，以「突如入境，國中無所措手」而阻止使船繼續前行到那霸，必須等待通報「舉烽聞之中山」。說明姑米山以東是琉球國境，不能讓中國船隻隨意出入，而姑米山以西

並非琉球國境，乃屬中國疆域。

姑米山為「琉球西南方界上鎮山」、「全球之門戶」。凡使船抵琉球國境，皆以此山為準，過了黑水溝，若望見姑米山，不僅隨使船的琉球人滿心歡喜，認為將到家了，就是使船的中國人也同樣是滿心歡喜，因為將到目的地了。如清趙文楷於1799年（嘉慶四年）奉使前往琉球，著有《槎上存稿》，其「十一日見姑米山（近中山矣）」詩云：「三日天風便，遙看姑米山；五峰排水面，一線出雲間，遠目真空闊，狂濤若等閒，舟人齊舉目，驚喜破愁顏。[20]」其「舟人齊舉目」之語，除了隨船的琉球人，顯然也包括使船上的中國人，望見姑米山個個歡心鼓舞，憂愁轉化為驚喜。又如清齊鯤於1808年（嘉慶十三年）出使琉球，寫下記行程的《航海八詠》，其七云：「姑米山（原註，此山入琉球界）」詩曰：「忽睹流虹狀，西來第一山，半天峰斷續，八嶺路回環。海霧微茫裡，船風瞬息間，球人欣指點，到此即鄉關。[21]」都表明到了姑米山，始入琉球鄉關，可見姑米山之西的釣魚列嶼則不屬琉球，而屬中國疆域。

姑米山是琉球西南面界山，而隔著姑米山與赤尾嶼之間的黑水溝，則是中琉的天然界線。1683年（清康熙二十二年）封使汪楫記載：「二十五日……無何遂之赤嶼，未見黃尾嶼也。薄暮過郊（或作溝），風濤大作。投生豬、羊各一，潑五斗米粥，焚紙船，鳴鉦擊鼓，諸軍皆甲露刃，俯舷作禦敵狀，久之始息。問郊之義何取？曰中外之界也。……食之復兵之，恩威並濟之義也。[22]」記述了「過溝祭海」之儀式，還指出了「郊」即「黑水溝」的意義為「中外之界也」，是中國與琉球分界之處，也就是說「黑水溝」自古以來是中、琉兩國間的自然國界。在汪楫之後，去琉封使徐葆光著《中山傳信錄》、周煌著《琉球國志略》、齊鯤著《續琉球國志略》等，皆記有「過溝祭海」之事。尤其是1799年（嘉慶四年）使琉的趙文楷在其《槎上存稿》中，不但記「過溝祭海」之事，並且還記述了「黑水溝」險惡萬狀。該書「渡海放歌行」曰：「黑溝之洋不可以徑跨，雷隱隱兮在下。龍之來兮從如雲，天吳（昊）海若爭紛紛。雨翻盆而直注，浪山立而撲人。坎坎兮擊鼓捶，大豕兮投肥豭；兵戈林立炮車轟，長鯨戢尾茹不吐。忽雲霽而天開，見姑米之一柱。[23]」祭海之後，不但雲開天晴，而且已跨過了黑水溝，看到了「姑

米之一桂」，姑米，即琉球邊界之鎮山；桂，此處係指山。凡是福州去琉球，必依此山爲準。趙文楷此記載，又再次指明「黑水溝」是中國與琉球分界之處，是中、琉兩國間的天然國界。

封使從福建梅花所或五虎門開洋，經台灣東北部附屬島嶼花瓶嶼、彭佳山、釣魚島、赤尾嶼、過黑水溝，入琉球西部邊境姑米山，「故支那之船赴琉球者，必取准此山。國人爲舟舶往來，因置烽火舉煙，以便針路」[24]。有關至姑米山始入琉球國境的記載還有很多。如1756年3月（乾隆二十一年二月）奉旨冊封琉球國正使翰林院侍講全魁、副使編修周煌於7月28日（六月初二日）在閩起行後，8月4日（七月初七日）閩浙總督喀爾吉善奏稱：「茲七月初八日據溫州鎮總兵官林洛報稱，有巡洋守備張居佐稟報，六月二十七日巡至東臼洋面，瞭望見有被風船隻，隨經查詢，船已損傷，尚未破爛，船內有福建督標中營都司陳嘉言，據稱奉委帶領弁兵護送欽差前往琉球，六月初二日由省起程，初十日在五虎門放洋，十三日已到琉球之姑米山，因風不順，浮飄洋面，……二十六晚飄流到此」[25]。封使全魁、周煌於1557年4月1日（乾隆二十二年二月十三日）回到福建五虎門後，於4月7日（二月十九日）上「爲冊封事竣，敬陳渡海情形仰祈睿鑑事」摺稱：「竊臣等蒙皇上天恩，簡使琉球，……遂以六月初二日登舟，初十日由福建之五虎門乘風放洋，十四日抵琉球之姑米山，詎意風勢旋轉東北，不得已下碇，候到二十四日夜台颶大作……臣等從驚濤之中齎奉節詔，倚山登岸，隨封二百餘人皆慶生全，中山已隨遣舟來接，臣等於七月初八日進抵彼國，擇吉恭行典禮。[26]」4月23日（二月二十五日）福建巡撫鍾音奏稱：「竊照使臣全魁、周煌自琉球回棹，於二月十三日抵五虎門，十六日進省，臣隨迎會詢其在洋往返情形，告稱：上年六月初十日放洋，歷四日即到琉球之姑米山，遇風寄碇，舟被礁傷，俱賴聖主鴻庥，倚山登岸，七月初八日行抵那霸，恭齎詔敕、恤賞等項，宣付該國王尚穆祇受，仰沐天朝褒寵，感戴欣榮，舉國歡忭」[27]。4月16日（二月二十八日）閩撫鍾音又上「爲恭報冊封使臣回閩日期事」題本稱：「（使臣全魁、周煌）六月初十日放洋之後，俱值順風，六月十三日已見琉球所轄之姑米山，有夷人駕舟迎探」[28]。5月1日（三月四日）閩撫鍾音又奏稱：「茲於三月初七日據

布政使德福呈送琉球國中山王尚穆咨文一件，內稱：頭號寶船於上年六月二十六日在姑米山遭風，碇索盡斷，沖礁破壞，……二號寶船亦在姑米洋面遭颶飄流，……並新造海船一隻，護送欽差回棹，所駕船隻賜還敝國等情。臣查兩船駛抵琉球洋面，或沖礁損壞，或遭颶飄回，該國王兩次撫恤之費，共計銀五萬一千三百六十五兩。……再該國新造來船一隻，係使臣乘坐回棹之艘，據請賜還，可否俯如所請，陪臣回國之日，諭令駕回，以昭聖朝懷柔德意。臣現在咨明禮部，統聽議覆辦理，以便轉行該國知照。[29]」6月7日（四月二十一日）封使全魁、周煌又上「請加封號諭祭疏」稱：「伏念臣等始渡海時，以六月初十日出五虎門，十三日已見琉球之姑米山，十四日近山下碇守風之次，適當暴期，波浪兼天……延至二十四日夜，台颶大作，碇索十餘一時皆斷，舟走觸礁」。7月9日（五月二十四日）禮部覆奏題本，引用全魁、周煌原奏內容中，亦有「六月初十日出五虎門，十三日已見琉球之姑米山」等句[30]。1758年1月27日（乾隆二十二年十二月十八日），副使周煌恭進《琉球國志略》一書，卷五附針路記載：六月初十日，早潮，出五虎門，開洋，至日入，見雞籠山頭，十一日，至日入，見釣魚台，十二日見赤洋，是夜過溝，祭海。十三日行船二更，見姑米山，姑米人登山舉火為號，舟中以火應之，十四日，姑米頭目率小舟數十牽挽，至山西下碇，十五日，小舟又挽至山北下碇，二十二夜，風轉暴，二十三日暴甚，二十四日風愈暴，碇索屢下屢斷，是夜四鼓，碇索十餘一時皆斷，柁走，龍骨觸礁而折，底穿入水。因令解放杉板下水，臣等乃捧詔敕、節印陸續登岸，同舟二百餘人舉慶更生，初八日至那霸港。[31]

從前述所引奏摺中均明確記載「十三日已到琉球之姑米」，「十四日抵琉球之姑米山」，「歷四日，即到琉球之姑米山」，「十三日已見琉球所轄之姑米山，有夷人駕舟迎探」，「姑米山洋面」即「琉球洋面」，「姑米人登山舉火為號，舟中以火應之」。可看出都司陳嘉言、封使全魁、周煌、閩撫鍾音、閩浙總督喀爾吉善，都肯定從釣魚列嶼過黑水溝，進入姑米山，才是琉球西面界山。周煌所進《琉球國志略》，卷四記載「琉球三十九府棋列於中，三十六島星羅於外，」並詳列三十六島島名，均無釣魚列嶼在內，其西部以姑米山為界，「福州至國，必針

取此山爲準」[32]。周煌所繪的《琉球國全圖》[33]，山水形象，絹軸畫，軸長0.84公尺，寬1.73公尺。此圖說明琉球國西面以姑米山爲界，再往西的赤尾嶼、黃尾嶼概未列入，圖中除琉球本島外，共轄三十六島，詳列島名，並無釣魚列嶼。同樣明確說明，姑米山是琉球西面界山，再往西隔黑水溝之赤尾嶼、黃尾嶼等島嶼屬中國疆域內的島嶼。

又如1799年9月（嘉慶四年八月）奉旨遣趙文楷、李鼎元爲正副使前往琉球，於1800年6月（嘉慶五年五月）在福建五虎門開洋，同年12月（十一月）回閩，李鼎元於1801年3月5日（嘉慶六年正月二十一日）所上「奏爲籲請聖恩加封以酬神貺事」摺及所撰《使琉球記》記載：五月初七日午刻開洋，乘潮出五虎門，初九日卯刻見彭家山，申正見釣魚台，初十日辰正見赤尾嶼，「酉時隨遇東北風暴，勢甚猛烈，巨浪如山，實爲危險……子正，風轉西南」[34]。從赤尾嶼行十四更船，十一日午刻見姑米山，「舟中人歡聲沸海，……戌刻，舟中舉號火，姑米山有火應之，……丑刻，有小船來引導，十二日癸巳晴，辰刻過馬齒山，……取那霸港。[35]」亦說明封船到赤尾嶼後，過黑水溝，經十四更船進入琉球界山姑米山，舟人與姑米人互相舉火爲號，由姑米派小船引導入港。

又如1866年（同治五年）差往琉球正使詹事府右贊善趙新，副使內閣中書于光甲同年12月22日（十一月十六日）回到五虎門，旋於12月30日（十一月二十四日）同上「回閩日期仰祈聖鑑事」摺稱：「臣等奉命冊封琉球，於六月初四日自福建省南台開舟駛至五虎門，等候西南風，於初九日放洋，二十二日行抵該國，查照向例，次第擇吉於七月二十日行諭祭禮，八月二十七日行冊封禮，該國王尙泰感激至誠，形於辭色。[36]」趙新、于光甲另在附片中奏稱：「臣等奉命差往琉球，於到閩日遵照舊章，迎接天后、尙書、拿公各行像在船保護詔敕，於五年六月十九日舟抵球界之姑米外洋，連日因風信未順，水深不能下碇，是日適値暴期，……一舟皆驚，臣等謹焚香默禱天后、尙書、拿公並本船所供蘇神各神前，入夜黑雲四散，仰見星月，闔舟額慶。[37]」正使趙新於歸舟余暇纂錄成《續琉球國志略》卷之二「針路條」記載：同治五年六月初九日卯刻放洋，十一日酉刻過釣魚山，十五日辰刻見姑米山，十六日申刻駛近姑米山，酉刻該島有船數十

隻來引，三更進姑米山前寄碇，二十日酉刻抵那霸港收泊。[38]另在同卷「靈蹟條」記載：「臣新等幸膺斯役，……於五年六月十九日舟抵球界之姑米外洋，連日因風帆未順，水深不能下碇。[39]」也都明確認定姑米山為琉球西面界山，再往西之釣魚列嶼屬中國疆域內之島嶼。

2.釣魚列嶼是台灣的附屬島嶼

明清志書及所繪海防圖中亦有明確的記載。如1556年（明嘉靖三十五年）胡宗憲任浙江提督節制七省海域邊防時，根據奏疏、志籍及「訪輿論」等資料所編的《籌海圖編》，「不敢少參意見」，內容極為翔實。該書卷之一即為《福建沿海沙圖》，在「福七」及「福八」兩頁圖上，從左至右，順次註記出「釣魚嶼」、「黃毛山（即黃尾嶼）」、「赤嶼」等島嶼[40]。1605年（明萬曆三十三年）明朝吏部考功司郎中徐必達所進《乾坤一統海防全圖》（山水形象，絹軸畫，十軸，每軸長3.35尺，寬1.9尺），圖中說明釣魚嶼、黃毛嶼均在中國版圖，方位在今台北基隆市之東洋面。[41]1621年（明天啓元年）茅元儀寫有自序的《武備志》，在此書「海防」一章所載《福建沿海沙圖》中，也明確標出「釣魚山」、「黃毛山」、「赤嶼」等島。明末施永的《武備秘書》卷二載《福建海防圖》，其中同樣明確標畫出「釣魚台」、「黃尾山」、「赤嶼」等島嶼[42]，都說明釣魚列嶼在明代已屬福建管轄的防禦倭寇的防區之內，是台灣的附屬島嶼。

中國第一歷史檔案館存有乾隆朝所繪《坤輿全圖》，係著色世界圖，絹畫，軸長3.77公尺，寬1.98公尺，圖中所標「好魚須」（即釣魚嶼）、「歡未須」（即黃尾嶼）、「車未須」（即赤尾嶼）之島，顏色與台灣和中國大陸的黃中帶赤色完全一樣，而與琉球本土及三十六島的暗綠色迥然不同。[43]該館另藏有1863年（清同治二年）刻本《皇朝中外一統輿圖》，本裝黃綾函套。此圖的原則是「名從主人」，即所校地名如屬於「四裔」，要雜用其國家語。圖中卷六、卷七、卷八係中國福建台灣部分，包括釣魚嶼、黃尾嶼、赤尾嶼等島嶼在內，註文全用中國語文，而對琉球所屬姑米山等的註文中，便雜用了琉球語，如「姑米山，譯曰久米島，屬間切二、安河、具志川仲里」。明確說明姑米山為琉球邊界，在它以西的釣魚列嶼是中國台灣的附屬島嶼。[44]

《日本一鑑·桴海圖經》，係鄭舜功於1556年（明嘉靖三十五年）奉使宣諭日本所撰，該書第一卷有《萬里長歌》詩並寫了註。原詩如下：「一自回頭定小東，前望七島白雲峰，……或自梅花東山麓，雞籠上開釣魚目。……」原註為「回頭，地名，……自回頭徑取小東島，島即小琉球。……梅花，所名，約去永寧八十里，自所東山外，用乙辰縫針或辰巽縫針，約至十更取小東島之雞籠山，自山南風用卯乙縫針，西南風正卯針或正乙針，約至十更取釣魚嶼。……釣魚嶼小東小嶼也，盡嶼南風用正卯針，東南風卯乙縫針，約至四更取黃麻嶼。……」[45]。鄭舜功在註中寫明「釣魚嶼」是屬於「小東」，而「小東」即「小琉球」，也就是台灣。該書第二卷有《滄海津鏡》圖，圖中畫了釣魚嶼、黃麻嶼、赤坎嶼等島嶼，並把釣魚嶼畫得緊靠台灣。可見，鄭舜功的詩、註和圖，清楚地表明釣魚列嶼是中國台灣的附屬島嶼。

《台海使槎錄》又名《赤嵌筆談》，係黃叔璥撰，1736年（乾隆元年）魯焜序。該書武備條記載台灣「近海港口」，「哨船可出入者」有鹿耳門、打狗、小雞籠等7個港口；「可通杉板船」者，有鳳山大港、諸羅鹽水港、八里坌等35個港口，「只容秸仔小船」者，有台灣州尾、鳳山喜樹港、諸羅海翁堀等7個港口；「今盡淤塞，惟小魚船往來」者，有鳳山岐後、枋寮等9個港口。接著記曰：「山後大洋，北有山名釣魚台，可泊大船十餘。[46]」明確記載釣魚台屬台灣的港口，而且包括在海上防區之內，也是台灣漁民捕魚區範圍。魯焜序言指出「焜聞先生之言曰，余之訂是編者，凡禽魚草木之細，必驗其形焉，別其色焉，辨其族焉，察其性焉，詢之耆老，詰之醫師，毫釐之疑，靡所不耀，而後即安。嗟呼！……而況島嶼之險易，……先生必務詳審精密……」[47]，可見其記載翔實可靠。

《重修台灣府志》，係清乾隆年間巡視台灣御史范咸等重修，卷二海防條記：「山後大洋，北有山名釣魚台，可泊大船十餘。[48]」表明清政府確認釣魚列嶼屬於台灣。

《台灣志略》，係清李元春著。該書卷一「地志」條也記載了釣魚島。「環台灣皆海，……邑治內優大山之東，曰山後，歸化生番所居，……山後大洋之北，有嶼名釣魚台，可泊巨舟十餘艘」[49]。

從以上志書看，釣魚列嶼早在明朝就屬於中國疆域，受福建管轄，為台灣附屬島嶼。

　　從中國歷史圖、籍記載，足以證明釣魚列嶼屬於台灣附屬島嶼，而從琉球歷史圖、籍記載，亦可證明釣魚列嶼非琉球所屬疆土。琉球人象賢奉國王尚質之命所修之《中山世鑑》明確記載「古米山」為琉球邊界。嗣王尚貞命尚弘德以漢文重修世鑑為《中山世譜》，1701年（康熙四十年）琉球紫金大夫蔡鐸奉命進獻《中山世譜》，明確記載琉球疆域為三府五州三十五郡及三十六島，其中並不包括釣魚列嶼。[50] 1719年（康熙五十八年）徐葆光出使琉球，在其所撰《中山傳信錄》中記載「今從國王所請，示地圖，王命紫金大夫程順則為圖徑丈有奇，東西南北方位略定，然但註三十六島土名而已」。又記載「葆光咨訪五、六月，又與大夫蔡溫遍遊中山、山南諸勝」。徐葆光根據琉球國王所提供地圖加上實地調查，所記琉球所轄三十六島並無釣魚列嶼，而對姑米山則記「琉球西南方界上鎮山」，「由閩中至國，必針取此山為準。」在八重山（石垣）及所屬八島條記「以上八島，俱屬八重山，國人稱之曰八重山，此琉球極西南屬界也。[51]」說明姑米山以西、八重山西北屬中國海域，釣魚列嶼屬中國疆域。

　　清乾隆年間在國子監任教習的潘相，根據採集琉球留學生的所見所聞，於1764年（乾隆二十九年）撰《琉球入學見聞錄》，卷首有《琉球國全圖》，對琉球大小島皆繪出，並標示島名，其中並無釣魚島，也足證明琉球西南屬界姑米山以西、八重山西北之釣魚列嶼非琉球海域，[52] 而屬中國海域。

　　日本的歷史圖、籍記載也不例外，如1719年日本學者新井君美（新井臼石）著《南島志》，記琉球三十六島，其中並無釣魚列嶼。[53] 日本學者林子平於1785年（天明五年）出版的《三國通覽圖說》，亦清楚地表明釣魚列嶼屬中國領土，該書序言中說明，「非本人杜撰」而是「有根據的畫圖」，其附圖均著色顯示國別和地區，圖中琉球標褐色，而花瓶山、彭佳山、釣魚台、黃尾山、赤尾山與中國領土同標為紅色，1801年日人享香元在仿畫著色亦同。此二圖丘宏達教授已在美國發現。1832年法國學者M. J. Klaproth將上述原圖及說明都譯成法文，在巴黎出版，其中花瓶山、彭佳山、釣魚台、黃尾山、赤尾山等五個島嶼也與中國本土一

樣標爲紅色，而琉球則標爲黃色。從上述各圖所標爲色，明白顯示釣魚列嶼屬於中國[54]。

清駐日使館隨員姚文棟根據日人在19世紀70年代有關琉球的地理文章，其中包括1875年（光緒元年）官方編撰的地理書，並參考日本海軍實測圖說，譯成《琉球地理小志》兩卷，又於1882年（光緒八年）將日本文部省所編小學教科書譯成《琉球說略》。「以附於小志後」[55]。其中所列琉球群島各島名稱，並無釣魚島在內，表明日本官方在19世紀70年代並不認爲釣魚列嶼屬於琉球。《琉球說略》明記琉球西南爲宮古、八重山（石垣）、古彌等島，西面爲姑米島，在姑米山條下並記「支那之船赴琉球者，必取準此山，國人爲舟舶往來，因置烽臺舉煙以便針路」[56]。

19世紀英人金約翰編著的《海道圖說》，其中第九卷講台灣，包括和平山（釣魚島）等島嶼。第十卷講琉球，與釣魚島等無關，該書譯文有江南製造局刻本。[57]

從以上所引資料，都足以證明釣魚列嶼不屬於琉球，而從古屬於中國海域，是中國的領土。

關於釣魚列嶼主權歸屬問題之爭，乃是由於1968年發現該島嶼周圍海域蘊藏有豐富的石油資源之後。可是在七年前的1961年9月，中國方面，中華書局出版了《兩種海道針經》一書，即《順風相送》和《指南正法》的合刊本，是經北京大學向達教授嚴謹的校註後出版的。書後附有「兩種海道針經地名索引」（199-282頁），在253頁，關於釣魚台並列有三個地名的註釋，卻有嚴格的區別。一、釣魚嶼：「釣魚嶼在台灣基隆東北海中，爲我國台灣省附屬島嶼，今名魚釣島，亦名釣魚島」；二、釣魚台：「本書釣魚台有二。此指越南靈山與羅灣頭間之釣魚台，今地無考」；三、釣魚台：「此指台灣基隆東北海上之釣魚島，一般作釣魚嶼，亦作釣魚台」。第259頁上的黃尾嶼註釋：「黃尾嶼在我國台灣東北海上，爲台灣省附屬島嶼。」第230頁上的赤坎嶼註釋：「即我國台灣省東北海上的釣魚島東部之赤尾嶼。」第235頁上的花瓶嶼註釋：「花瓶嶼在台灣基隆東北部海上。花瓶、彭佳、棉花三嶼爲台灣至琉球必經之地，與東面的釣魚嶼、赤尾嶼均

爲我國台灣省附屬島嶼。」儘管此時，釣魚列嶼與琉球同一命運還在美國的「託管」之下。然而，向達教授仍是實事求是的按改訂的結果而言之，並在該書序言說：「在《順風相送》和《指南正法》兩書的山形水勢和針路，也詳細地記錄了江蘇、浙江、福建、廣東、台灣等省沿海許多島嶼，說明了這些島嶼三百多年前我國人民就早已來往其間，有著詳細的航程紀錄。這些島嶼，無疑地是我國領土不可分割的一部分。」又說：「這些紀錄都是那些伙長們長年出入於驚濤駭浪中所積累起來的經驗，對於研究地理學史、航海史、中外關係史以及亞洲各國關係史都提供了可貴的資料，其所以可貴，[58] 這些資料都出自普通航海者之手，是勞動人民自己的紀錄，毫無誇飾之詞。」在「《順風相送》的副葉上有拉丁文題記一行，說此書是坎德伯里主教牛津大學校長勞德大主教於1639年（明崇禎十二年）所贈。據說勞德曾收購到歐洲一所耶穌會大學的藏書，有好幾種中文書，《順風相送》即爲其中的一種」。這些塵封在英國牛津大學圖書館已300多年的「紀錄」復活了，重見天日，成爲當今寶書。在釣魚列嶼主權歸屬問題爭端之前——七年前，經過向達教授認眞、嚴密的改訂，提供了釣魚列嶼「爲我國台灣省附屬島嶼」、「是我國領土不可分割的一部分」有力的歷史證據，其貢獻甚大。

日本覬覦和侵占釣魚島等島嶼的經過

(一) 甲午戰爭前日本密謀侵占釣魚列嶼

　　數百年來琉球一直朝貢中國，兩國關係親善，貿易和封、貢交往不斷，作爲中琉往來航標的釣魚列嶼在中國疆域之內，爲中國領土，屬中國防務管轄區域，兩國之間從沒有發生過主權歸屬的任何糾紛。但是，到了近代日本實行明治維新以後，國力日益增強，便開始向外擴張，而琉球首當其衝，在清朝封使趙新、于光甲1866年（同治五年）赴琉冊封尚泰爲國王後五年，1872年日本冊封琉球王尚泰爲「藩主」，1874年藉口琉球船難事件，出兵台灣，1879年又強迫行「廢藩置

縣」，清政府與日本交涉，沒有結果。此後，情況就發生了變化，日本開始覬覦釣魚列嶼，並密謀侵占。

自琉球改為沖繩縣後，日本人古賀辰四郎，即移居那霸，從事海產和出口事業。1884年宣稱「發現」釣魚列嶼，島上有成群的海鳥和滿地的鳥蛋，認為如能加以開發，採集羽毛向歐美輸出，必然獲得巨利。遂於1885年向沖繩縣提出了租借土地的申請，並向日本內務大臣遞呈「租用官地申請書」。內務卿山縣有朋企圖將釣魚列嶼編入沖繩縣轄區，乃向當時在東京的沖繩縣大書記官森長義下令，要求沖繩縣調查散布在沖繩縣和中國福州之間的無人島——釣魚列嶼。從表面看，日本政府注意到釣魚列嶼似乎是因古賀辰四郎的申請，為了開發該島以發展經濟的需要，才著手對釣魚列嶼進行調查。其實，日本政府早就注意到釣魚列嶼的重要性，該島嶼不僅是中琉交往的唯一航標，而且曾是明代防倭的軍事防務要地。因此，對擴張領土、貪得無厭的日本政府來說，當1879年併吞琉球之後，即盯上了釣魚列嶼。當時已引起兩江總督沈葆楨的重視，在其《覆何子峨、張魯生星使》函中指出：「兩姑之間難為婦，球人從此斷無安枕之日。台灣與琉球中間島嶼華離之地尚多，一併置戌，力必不及。棄之，則頗涉忽近圖遠之嫌，終於無所歸宿」[58]。同年12月，日本內務省地理局在其編纂出版的《大日本府縣管轄圖》中，將釣魚列嶼擅自劃入琉球群島的領域範圍。而這時正值中、日為琉球問題而開展交涉之際，日本官方在編纂地圖時，偷偷地將中國所屬的釣魚列嶼編入版圖，日本政府覬覦、侵占釣魚列嶼的野心，昭然若揭。但事實上，日本內務省這一片面侵占企圖，還不是代表日本中央政府或內閣的決議。因此，從法律上來說，還不是日本國家的行為。

到了1885年，中日關係明顯惡化，日本政府因中日關於琉球「分島、修約」談判未獲結果；又因1884年在朝鮮發動政變被中國挫敗。日本便加緊擴軍備戰，在軍事、政治、外交、財政、思想及其他各個方面，傾注全部力量進行對華戰爭的準備。由此可見，日本政府在此時著手對釣魚列嶼進行調查，實質乃是出於擴軍備戰的需要，是侵略中國的步驟之一。而且這個調查是在極其秘密情況下進行的，內務卿山縣有朋給沖繩縣令只是口頭指令，不作文書指令，但日本對釣魚列

嶼秘密勘查的行動還是洩露了。9月6日,《申報》刊登了一則《台灣警信》,揭露了日本的陰謀。文曰:「高麗傳來消息,謂台灣東北邊之海島,近有日本人懸日旗於其上,大有占踞之勢」[59]。9月22日,奉令進行調查的沖繩縣令西村舍三也向內務卿山縣有朋作如下報告:

「關於調查散布本縣與清國福州之間的無人島嶼問題,已遵照先前在京授與本縣森大書記官的秘密指令進行調查。……關於使無人島嶼歸屬沖繩縣下之事,雖不敢有所異議,然其地勢與日前所呈之大東島相異,且其與《中山傳信錄》所載之釣魚台、赤尾嶼、黃尾嶼為同一之物,也無可懷疑。果為同一之物,則其不但既為清朝冊封舊中山王的使船所詳悉,而且也各別附有島名,成為航行琉球的目標,此事甚為明顯。因此,對於此次與大東島建立國標同樣,一經勘查就馬上建立國標之事,不勝擔心之至。……總之暫先實地勘查,至於建立國標之事,尚迄指示」[60]。

據上列報告,說明下列幾個重要問題:

第一,認為被調查的「無人島」在中國史籍中早有記載,與《中山傳信錄》所載之釣魚台、赤尾嶼、黃尾嶼為同一地方,說明早在古賀辰四郎發現這些島嶼之前,中國人徐葆光於1719年(康熙二十八年)已發現了它,並記載於《中山傳信錄》中。其實,中國史籍中最早記載這些島嶼的,當為1403年的《順風相送》一書,「福州往琉球針路」,遠比古賀辰四郎的發現早五百多年,可見西村舍三的調查還是粗淺不深入的,但已確認這些島嶼是《中山傳信錄》中所記載的為「同一之物,也無可懷疑」這一史實。

第二,認為被調查的「無人島」為中國人所使用,是屬於中國的。「為清朝冊封舊中山王的使船所詳悉,而且也各別附有島名,成為航行琉球的目標,此事甚為明顯」。說明這些島嶼早為中國人與琉球交往航行中所使用的針路指標,一一記有島名,成為中琉交往不可缺少的航標,其重要性,在冊封使者紀錄中有見則喜,不見則憂的感人紀載,如夏子陽1605年(明萬曆三十三年)出使琉球,在其所著的《使琉球錄》「琉球過海圖」按語曰:「夫之琉球者,獨異諸島,晝夜淼茫,無可依泊,僅僅恃一指南耳。其取向於寸針與取證於尺幅,二而一者也。遠

而望之，而稍有隆然、蒼然者，曰：是某嶼某山也；或日一見，或間日再見，見則欣然喜，不見則戚，恐迷於所往也。[61]」又如蕭崇業1579年（明萬曆七年）出使琉球，在其《使琉球錄》中的「見山謠」詩曰：「水國迢迢幾萬里，天涯浩浩無窮已，封舟一去淼何之？更憶島中山可指」。在海天一色的茫茫航行中，更加記得島嶼指標。可是在連日航行中見不到指航的島嶼，心中焦急，坐立不安，「平嘉嶺已逾，雞籠嶼安在？花瓶隱不浮，釣魚沈翠黛，……滄海之山何太艱，魂飛思山處，目斷望山時，舟人日日頻指點，謂云是山還復疑？」一旦真正看清楚是航標的山，高興得發狂，「驀看波前鴨頭綠，邈然太倉一粒粟，須與突起喜欲狂。」副使謝傑在「見山謠」詩中也描述在海中航行，見到航標的山頭，宛如孩子見到母親般的高興，「船中惜水勝惜漿，洋中見山如見娘。……萬碧叢中著黑子，舟人指點信復疑？……蒼翠須與應可辨，滿船色喜渾若狂，娘爾何來天一方，七閩連山千百里，處處相看不知喜」[62]。可見，這些島嶼明朝以來一直是中琉交往不可缺少、經常使用的針路指標，是封使心目中的親娘，是安全旅行的精神支柱。

第三，西村舍三的憂慮，認為「一經勘查馬上建立國標之事，不勝擔心之至」。因為西村舍三認為釣魚列嶼不能和已經確定是無主之地的大東島同樣對待，這些島嶼雖是「無人島」，卻是有主之地，為中國所擁有，如果草率從事，「馬上建立國標」，必然會引起中日兩國間的衝突，希望山縣有朋加以慎重考慮，再予指示。

但是內務卿山縣有朋為了將釣魚列嶼強行編入日本版圖，不顧沖繩縣令的調查事實，擬就呈遞當時最高行政長官太政大臣報告書，該報告書宣稱：釣魚列嶼「雖然與《中山傳信錄》所記載的島名為同一之物，但這只是為了掌握針路的方向而已，別無些許歸屬清朝之證跡。而且，一如島名，我與彼各異其稱，又是接近沖繩縣所轄宮古、八重等無人島，因此只要沖繩縣加以實地勘查，建立國標之事，當可無礙。[63]」

據上列報告看，山縣有朋根本無視沖繩縣令的調查結果，硬是將「無人島」擴大為「無主地」，竟然歪曲事實，把屬於中國領土的釣魚列嶼說成只是中琉航海

針路的航標，「別無些許歸屬清朝之證跡」，堅持要沖繩縣令馬上建立國標。但是，這種強詞奪理的說法，自己也明知欠妥，因此在呈遞報告之前，於10月9日先與外務卿井上馨進行磋商，這時日本駐華外交官也將10月13日《京報》刊登的清政府決定建立海軍與台灣建省的諭旨全文稟報外務省，並加以詳細分析，認為這是「清國今日當務之急」[64]。10月21日，井上馨答覆山縣有朋說：

「最近中國報紙等登載日本政府想占據台灣近旁中國所屬島嶼的傳聞，猜疑我國，頻頻催促中國政府注意此事，此際建設國標等措施若遽而公然採行，必遭中國疑慮，目前只宜實地勘查，對港灣之形狀及土地物產開拓可能之有無作詳細報告，至於建設國標，著手開拓等事，宜讓他日另覓機會。……此次勘查之事，在官報及報紙上，均不可登載。」[65]

井上馨與山縣有朋同樣懷有侵占釣魚列嶼為日本領土的野心，所不同的是井上馨狡猾地提出化「公然侵占」為「秘密侵占」的策略。第一，主張繼續進行調查，但要絕對的保密，不在官報及報紙上「登載」消息。第二，不要馬上建立國標，而要「另覓機會」相機行事。

沖繩縣令遵照內務卿指示，再次進行實地勘查，於11月24日報告勘查結果，並請示說：

「該島建設國標之事，正如以前之報告，並非與清國沒有關係，萬一兩國情況不對，則難以善後，此事應當如何處理，請予指示。」[66]

再次調查的結果，釣魚列嶼確實與中國有關係，一時無法找到可以合法占領的依據，為慎重處理，內務卿和外務卿不得不於12月5日聯名指示沖繩縣令說：

「關於書面請示的問題，目前無須建設，應請注意。」[67]

可見，正是在中國報紙揭露日本企圖竊占釣魚列嶼的陰謀及清政府決定建立海軍與台灣建省等條件下，迫使山縣有朋和井上馨暫時放棄了密謀侵占釣魚列嶼的野心。此後，1890年新任沖繩縣令丸岡爾及1893年新任沖繩縣令奈良原繁，雖然先後再次向內務卿和外務卿舊事重提，請予指示。但是，總因找不到絲毫明文證據，不能不考慮到中國的態度，不敢輕舉妄動。因此，兩卿既不進行任何磋商，也沒有下達任何指示。

（二）甲午戰爭中日本公然侵占釣魚列嶼

甲午戰爭前，日本密謀侵占釣魚列嶼雖然未達目的，然而並不死心，只是等待時機成熟，日本政府就會毫不猶豫地下手實行侵占。

自1884年在朝鮮政變挫敗於中國之後，日本決心與中國決一死戰，經過十年的擴軍備戰，準備就緒的日本政府，於1894年7月，藉口朝鮮問題，不擇手段地發動了對中國不宣而戰的甲午戰爭，毫無準備的中國，節節敗退。10月，日本陸軍進攻中國本土，深入遼東腹地，11月，攻陷大連旅順，日本海軍占領旅順口。12月伊藤博文即向廣島大本營提出「直衝威海衛並攻略台灣方略」。12月以後，準備海陸夾擊威海衛，殲滅北洋艦隊。至此，日本侵略軍已取得壓倒之勢。戰爭勝負，造成了「中日情勢，今昔大異」的局面，乘機下手侵占釣魚列嶼的「機會」終於來臨。於是，日本政府一改其慎重態度，1895年1月公然決議侵占釣魚列嶼。

首先，內務大臣野村靖準備向內閣會議提出在釣魚列嶼「建設標樁案」，於1894年12月27日為此發出文件就商於外務大臣陸奧宗光，宣稱：

「明治十八年（1885年）中，與貴（外務）省磋商之後，已有指令（不建國標）之事。然今日與當時之事勢相異，如別紙所記，預定在閣議提出此事，故與貴省先行協議」[68]。

關於提交內閣會議「別紙所記」原文如下：

「位於沖繩縣內八重山群島西北之久場島（黃尾嶼）、魚釣島（釣魚島），迄今為無人島嶼，但近來有人欲前往該島從事漁業經營，有加以管理之必要。因此，沖繩縣知事特具文呈請將該島劃歸該縣管轄，並設立標樁等情。查上述島嶼應歸該縣所屬，故擬依其所請，准予設立標樁。可否之處，謹請內閣會議審核。」[69]

其次，1895年1月11日，外務大臣陸奧宗光作了如下答覆：

「關於此事，本省別無異議，請按尊意處理。」[70]

這次外務省沒有提出任何意見，同意內務省的處理。因此，第二天野村靖即

向內閣總理伊藤博文提出召開內閣會議的要求。

第三，同年同月14日，伊藤博文爲此舉行內閣會議，並作出如下決議：

「內務大臣請議位於沖繩縣下八重山之西北，稱爲久場島、魚釣島的無人島事。近來至該無人島嘗試漁業者有之，爲取締之必要，承認同島爲沖繩縣所轄，因以建設標樁之事，當如同縣知事簽報，給以許可。本件因別無障礙，應當如議」[71]。

爲什麼內閣會議順利地解決了這個歷時十年之久的懸案呢？迎刃而解的原因，在於內務省給外務省文書中所說的那個「今日（1895年）與當時（1885年）之事勢相異」這一點。因爲今日的日本已非昔比，自進攻中國以來，勢如破竹，不僅在軍事上已壓倒中國，而且更重要的是清政府無持久作戰的決心，商請各國出面調停，日本確信已取得決定性勝利，在釣魚列嶼設立標樁，中國已無暇顧及，也無力抗爭，即使提出抗議，日本也可置之不理，中國也無可奈何，也就是如伊藤博文所謂的「別無障礙」，不必顧慮中國的干涉了，因此，內閣會議公然作出侵占釣魚列嶼的決定。

事實很清楚，日本政府侵占釣魚列嶼是乘戰爭勝利之機而爲之，是1885年井上馨所寄望等待「另覓機會」的天賜良機，這個良機，使日本政府等待了十年，終於如願以償。不過必須特別指出的是內閣會議雖然公然決議侵占釣魚列嶼，不過所採取的卻是「秘而不宣的侵占」策略。事前事後，日本政府從不向外作過任何宣告，是地道的偷竊侵占，是非法的。

繼日本竊占釣魚列嶼之後，日本即在廣島抽調海陸軍兵員萬人及全部艦隊，組成南進軍，於3月23日向澎湖發起進攻，26日澎湖諸島全部被日本占領。造成既成的占領事實，作爲談判時要求割取台灣的籌碼。1895年4月，中國戰敗求和，中日兩國簽訂《馬關條約》。中國將台灣全島及其所屬諸島嶼割讓與日本，條約中並無釣魚列嶼割讓與日本的明文，從表面看，似乎與《馬關條約》無關，其實不然，二者之間，有著內在聯繫，關係密切。

第一，日本內閣會議決議侵占釣魚列嶼雖然在簽訂《馬關條約》之前，但是在甲午戰爭開戰之後，挾戰爭勝利之軍威而侵占的，故與甲午戰爭有關，是日本

侵華戰爭的一個組成部分。

第二，中日和談時，日本代表伊藤博文所提和約第二款「割地」第二項，為「台灣全島及其所屬諸島嶼」；第三項，為「澎湖列島——散在東經一百十九度起至一百三十度、北緯二十三度起至二十四度之間諸島嶼」[72]。其後正式簽訂的《馬關條約》，即如上列。及至後來中日所立交割台灣文據，亦如此列。值得注意的是割地中，澎湖列島明列經緯度範圍，而台灣及其所屬諸島嶼則未列經緯度範圍。究其原因，與釣魚列嶼有關，因為釣魚列嶼是台灣省附屬島嶼，談判代表伊藤博文老謀深算，心中明白，若把台灣及其所屬諸島嶼亦明列經緯度範圍，豈不把秘密侵占釣魚列嶼一事，明明白白、清清楚楚的告訴中國，從而引起不必要的異議。此時的日本，當然不怕中國異議，但是，事前作了偷竊侵占的手腳，本人又是當事人，畢竟不是光彩的事，竟以「台灣全島及其所屬諸島嶼」含糊一詞，把原屬台灣附屬島嶼——釣魚列嶼也隨之割讓給日本。用偷天換日的手法，企圖使秘密竊占的釣魚列嶼通過《馬關條約》的簽訂而合法化。

同年5月，日本海軍中將有地品之允率領的征台艦隊，奉負責接收台灣島的日本台灣總督海軍大將樺山資紀的命令，於5月29日午前到台灣淡水港北方的90海哩，即北緯25度4分東經123度5分的釣魚島地方為預定集合地點，從此釣魚列嶼繼被日本非法竊占之後，又加以武力非法侵占[73]。

（三）二次大戰後日本企圖再度侵占釣魚列嶼的陰謀活動

1.第二次世界大戰後美國「託管」琉球時將釣魚列嶼列入占領範圍

1941年，日本偷襲珍珠港，美國參戰，同年12月9日，當時代表中國的國民政府主席林森正式宣布對日戰爭，宣戰文公開宣告：「茲特正式對日宣戰，昭告中外，所有一切條約協定合同，有涉及中日間之關係者，一律廢止，特此布告」[74]。據此，日本通過戰爭強迫割讓台灣的《馬關條約》宣告無效，這是中國收回台灣的法理依據。1942年11月1日，日本宣布成立「大東亞省」，把朝鮮、台灣列為本土。3日，國民政府外交部長宋子文在重慶國際宣傳處記者招待會上宣稱：戰後「中國應收回東北四省、台灣及琉球，朝鮮必須獨立」[75]。1943年11

月下旬，中英美三國在開羅舉行會議。12月1日發布《開羅宣言》，明確指出「日本所竊取於中國之領土，如滿州、台灣、澎湖群島等歸還中國」。中國收回台灣得到國際的確認，關於琉球問題，在會議期間，蔣中正曾經對羅斯福總統表示：中國願與美國共同占領琉球，俟該地託管之時，與美國共同管理之。[76] 對於中國的主張，羅斯福曾向蘇聯史達林徵詢意見。1944年1月12日，在美國白宮舉行太平洋會議時，羅斯福曾對駐美大使魏道明表示說：史達林熟悉琉球歷史，他完全同意琉球屬於中國並應當歸還它。[77] 1945年7月26日，中英美三國發布《波茨坦宣言》，指明「《開羅宣言》之條約必須實施，而日本之主權必將限於本州、北海道、九州、四國及吾人所決定之其他小島之內」。國際協定明確規定在日本投降後，被日本掠奪去的中國領土，包括所屬的釣魚列嶼，應立即歸還中國，並依協定，琉球亦應由盟國決定其歸屬。但此時，琉球已於同年4月由美國攻占。8月，日本無條件投降，9月2日簽署投降書，規定日本接受《波茨坦宣言》所開列之條件。10月25日，中國政府接收台灣。因為日本在侵占台灣後，將釣魚列嶼劃歸琉球，所以日本在台灣的官員移交過來的圖冊中自然沒有釣魚列嶼在內。後來又因為釣魚列嶼雖然被美國認為是琉球的一部分，在其「託管」下，而台灣漁民到釣魚列嶼海域捕魚從沒有受到過任何干擾，因此，中國朝野並未注意這個問題，未曾主動向美國交涉要求收回釣魚列嶼，以致於釣魚列嶼也就一直在美國「託管」之下。

戰後，商談對日和約時，對琉球問題，中國曾予以極大關心，又一再對美國表示要託管或收回琉球。如1947年9月23日，國民參政會通過建議，要求在對日和約中規定琉球應託交我國管理。[78] 10月18日，行政院長張群出席國民參政會駐會委員會第七次會議時也表示：「琉球群島與我國關係特殊，應該歸我國。」並主張在對日和約談判時，中英美蘇四大國應有否決權。[79] 但是中國政府這種合理主張，並未獲得實際占領琉球的美國之支持與同情。

1951年，美、日等國背著中國，非法簽訂了《舊金山和約》，日本同意美國託管琉球，根據日本行政區域，美國同時將中國領土釣魚列嶼一併列入占領範圍。對此片面的非法的《舊金山和約》，當時中華人民共和國總理周恩來發表嚴正

聲明，堅決不承認，並指出中國人民準備隨時給予妄圖侵犯我國領土的人們嚴重打擊。

1953年，美國要將琉球北部的奄美大島「交還」日本時，台灣當局曾向美國駐華大使遞送照會抗議：中國「對於美國所作舊金山和約並未使琉球群島脫離日本主權之解釋（即認為日本有剩餘主權）不能同意，蓋此種解釋，將予日本以要求歸還此等島嶼之一項根據，此與1945年7月26日之《波茨坦宣言》之文字及精神相悖，亦決非舊金山和約之本旨」。台灣當局這一照會抗議，不被重視，美國仍然一意孤行，繼續縱容和扶植日本軍國主義的復活。

1969年11月，美日兩國又有協定，美國同意「將琉球於1972年歸還日本」。一旦歸還，日本即恢復其主權，包括釣魚列嶼在內。美國無視中國的主權，無視釣魚列嶼自古以來屬於中國的事實，片面的、非法的援引《舊金山和約》，把釣魚列嶼劃入歸還區域，這是對中國領土主權的公然侵犯。[80]

關於琉球問題，中國歷來以宗主國的關係予以十分關切，無論是在清朝或在第二次世界大戰後，從來不同意琉球歸屬日本，何況原來屬於中國領土的釣魚列嶼，理所當然強烈反對美日相互勾結私相授受侵犯中國主權的片面的、非法的行為。中國政府和《人民日報》為此先後發表嚴正聲明和文章，強烈抗議美日兩國私相授受的非法行為。

1970年12月3日，北京電台播出釣魚列嶼並非琉球群島的一部分，而是中國領土的嚴正聲明。同月4日，《人民日報》發表揭露美日反動派陰謀的文章，指出「佐藤反動政府還在美帝國主義的支持下尋找各種藉口，企圖把釣魚島、黃尾嶼、赤尾嶼、南小島、北小島等島嶼在內屬於中國的一些島嶼與海域，劃入日本的版圖。」對美日反動派的掠奪陰謀，表示我國人民堅決反對。1971年5月1日，《人民日報》發表「中國的領土主權不可侵犯」的評論員文章，再次重申釣魚列嶼「自古以來就是中國領土，對於歸屬問題毫無爭論的餘地」。指明日本甲午戰爭後掠奪了這些島嶼，質問：「由一國從他國暫時掠奪到手的領土，單方面為所欲為地編入自己的版圖之中，這能允許嗎？」堅決表示：「無論日本尋找什麼口實，玩弄什麼花招，都不能把中國領土變為日本領土。」

1971年6月12日，台灣當局發表聲明：「該列嶼屬台灣省」，構成中國領土之一部分，「基於地理位置、地質構造、歷史聯繫以及台灣省居民長期繼續使用之理由」，已與中國密切相連，表示「根據其保衛國土之神聖義務，在任何情形之下不能放棄尺寸領土之主權」[81]。12月30日，中華人民共和國外交部發表嚴正聲明：釣魚列嶼「是台灣的附屬島嶼，它們和台灣一樣，自古以來就是中國領土不可分割的一部分，美日兩國政府在『歸還』沖繩協定中，把我國釣魚島等島嶼列入『歸還區域』，完全是非法的，這絲毫也不能改變中華人民共和國對釣魚島等島嶼的領土主權，中國人民一定要解放台灣，中國人民也一定要收復釣魚島等台灣的附屬島嶼。」[82]

中國政府的嚴正聲明，充分表達了中國人民的心聲，表示了中國人民「一定要收復釣魚島等台灣的附屬島嶼」的堅定決心。

2.第二次世界大戰後日本企圖再度侵占釣魚列嶼

1968年10月，「聯合國亞洲經濟開發委員會」調查研究台灣海峽以北的海底資源，經勘測後的報告說，釣魚列嶼周圍海域蘊藏著十分豐富的石油。這一發現，使一向缺乏石油的日本激起了企圖再度侵占釣魚列嶼的野心。一方面積極向美國「索還」琉球，同時對釣魚列嶼進行一系列的輿論和行動的侵占活動。企圖造成「既成事實」，實現再度侵占釣魚列嶼的目的。

首先，刻意製造輿論。外務省設立「尖閣列島領有權紛爭檢討研究機關」，南方同胞援護會設立「尖閣列島研究會」組織，規模龐大，擁有60多個教授，從事研究我國有關釣魚列嶼的著作和彙集過去天皇敕令、官方文書中有利於日本證據的資料，公布於眾。在國家教育電視台安排一個「領有權思想、領土問題的認識」的特別節目，加強日人對「尖閣列島」的認識和重視。又通過琉球政府於1970年9月17日發表「關於尖閣列島的領有權」聲明。[83] 1972年3月8日，日本外務省以「關於尖閣列島的領有權問題」為題，代表日本政府，正式發表官方主張。妄稱：釣魚列嶼是日本對無主地先占，否認日本從甲午戰爭中侵占該島嶼的事實。[84] 至於其他多數政黨也都發表了「尖閣列島」是日本領土的主張。如《朝日新聞》等大大小小的報紙也都一起揮筆上陣，大肆喧嚷和政府相同的主張。[85]

日本軍事評論家小山宏內在《經濟學人》刊物發表文章，論「尖閣列島」對日本國防上的重要性，指出「尖閣列島」位於日本自衛隊防範識別圈的西端，揚言該島嶼既適合設置規模適度的電子警戒裝置，又可成爲地對空的飛彈基地。1972年4月12日，日本防衛局長久保氏，在眾議院答詢時，公開提出將「尖閣列島」放入防空識別圈是妥當的。[86] 總之日本政府動用各方力量，製造輿論，捏造事實，歪曲歷史，使日人堅信釣魚列嶼是日本的領土。

其次，橫蠻的侵占活動。1969年5月間，在日本的指使下，琉球政府派出水警和工程隊在釣魚列嶼的每個島上建立一塊鋼筋水泥的標碑。「以釣魚島爲例，標碑的正面寫著『八重山尖閣群島釣魚島』，背面爲『沖繩縣石垣市宇登野三二九二番地』，側面爲『石垣市建立』等字樣。[87]」事實上這時樹立這樣的標樁是不具備法律依據的，是蓄意侵占中國領土主權的行爲。因爲1895年1月21日內閣總理伊藤博文雖然批准沖繩縣在釣魚列嶼建設標樁，但是日本內務省實際上並未對沖繩縣下達建設標樁的命令書，所以沖繩縣政府也沒有到釣魚列嶼著手建設標樁，當然更沒有去建設國標。所以關於標樁，雖有內閣決議，卻沒有付之實行。日本學者井上清教授指出：「其後經過了若干年，也一直沒有設立過。現在的標樁，實際上是在1969年5月5日設立的。更準確地說，就是以估計到所謂『尖閣群島』的海底蘊藏有豐富的油田爲開端，而且是在這塊陸地的領有權問題已經成爲日、中兩國間的爭端之後，琉球的石垣市才首次設立了這個標樁。……樹立這樣的標樁，從法律上來說也不是日本國家的行爲。[88]」與此同時，琉球政府派出的水警和工程隊，還負責毀滅了中國人在釣魚列嶼上所留下的一切標記，台灣漁民曾在各島建立的孤魂廟、天后宮等，統統被蠻橫地拆除無存。[89] 自1970年起，日本開始以「海上保安廳」艦船嚴密巡邏釣魚列嶼海域。同年9月16日，在釣魚列嶼附近作業的台灣漁民遭到日本防衛隊的兩艘巡邏艇的驅逐，公然毆辱和干涉台灣漁民的作業。1974-1978年，日本、南朝鮮竟簽訂並批准《日韓大陸架共同開發協定》，公然侵犯中國海域的主權。1978年4月12日，大陸漁船隊追趕魚群至釣魚島周圍海域作業，日本政府竟然出動巡邏艇和飛機對我漁船進行監視，並毫不知恥地一再向中國提出抗議，理所當然地遭到中國政府的拒絕。1979年5

月下旬，日本海上保安廳所屬的一艘搭載直升飛機的破冰式大型巡視船「宗穀號」，載運人員和器材登上我釣魚島，修建了一座臨時直升飛機場，使日本飛機在島上有了落腳點，進一步加強了對釣魚列嶼的控制，日本還進而向該島嶼派遣調查團和測量船。1990年10月20日，台灣區運會聖火船隊，在將聖火送至釣魚島途中，竟然遭到日本政府派遣海空武裝力量的悍然攔截和驅逐，迫使聖火隊折返台灣。[90]

就日本上述一系列的侵占活動，中國政府為維護釣魚列嶼領土主權，針鋒相對的對日本發出嚴正聲明，台灣當局也提出抗議，並採取相應的措施。

1971年6月27日，《人民日報》刊登新華社電訊，指出日本根據「歸還沖繩協定」，把中國領土的釣魚列嶼編入日本防衛範圍之內，是對我國領土主權的侵犯，也是對中國人民的嚴重挑戰，並揭露其意圖是針對我國的台灣和舟山列島。1972年5月25日，台灣「國民大會」發表聲明，強調釣魚列嶼為中國領土，絕不放棄。同年10月，台灣當局正式把釣魚列嶼劃歸台灣省宜蘭縣，並通知下達到台灣各地各學校[91]。1974年2月3日，我國外交部發言人授權發表聲明：我國政府認為，根據大陸架是自然延伸這原則，東海的大陸架理應由中國和有關國家協商確定如何劃分，現在，日本政府和南朝鮮當局背著中國在東海大陸架上劃定所謂日、韓「共同開發區域」，這是侵犯中國主權的行為，對此中國政府絕不同意，如果日本政府和南朝鮮當局在這一區域擅自進行開發活動，必須對由此而引起的一切後果負全部責任。[92]1977年7月我外交部就日本政府在國會通過《日韓大陸架共同開發協定》一事，再次發表聲明，抗議日本政府侵犯我國主權，指出「所謂《日韓大陸架共同開發協定》完全是非法和無效的」，並重申我國的立場和決心：「任何國家和私人未經中國政府同意，不得在東中國海大陸架上擅自進行開發活動。否則，必須對由此而引起的一切後果承擔全部責任。[93]」1978年6月3日，日韓交換《日韓大陸架共同開發協定》的批准書，我外交部在6月26日又一次發表聲明，指出該協定完全是非法的無效的。[94]東海大陸架與釣魚列嶼，是密切聯繫的兩個問題。所謂大陸架，即是陸地在海底的延伸部分，大陸架的範圍決定於陸地的領土，大陸架應該算多遠，國際間尚無定論。但是，它總是與本國領土相

連的。釣魚列嶼的主權屬於哪一個國家，該島嶼附近的大陸架自然就屬於哪一個國家。釣魚列嶼自古以來是中國的領土，《日韓大陸架共同開發協定》片面劃定開發區，是侵犯中國領土、領海主權的行為，我國當局理所當然要再三提出強烈抗議和嚴重警告。1979年5月29日，我外交部亞洲司司長沈平約見日本駐華使館臨時代辦，就日本在釣魚島修建臨時機場和對該島嶼派遣調查團和測量船事件，進行交涉，希望日方「採取措施制止這種有損於兩國友好和睦鄰合作關係的一切行為」。為維護領土主權行使職權，1991年，中國「霞工緝3號」代表中國主權，在東中國海域巡邏，「光在1991年的一年之中，就在釣魚台海域向私闖海域的日本船隻，實施臨檢及威嚇射擊，共達11次多。[95]」1992年2月25日，中國人大常委會通過《中華人民共和國領海及毗連區法》，該法第二條規定：「中華人民共和國領海為鄰接中華人民共和國陸地領土和內水的一帶海域。中華人民共和國的陸地領土包括中華人民共和國大陸及其沿海島嶼、台灣及其包括釣魚島在內的附屬各島、澎湖列島、東沙群島、西沙群島、南沙群島以及其他一些屬於中華人民共和國的島嶼」。明確指出釣魚列嶼為中國領土的一部分。[96]日本就此曾提出「抗議」，針對日本「抗議」，我外交部發言人於27日重申大量的歷史事實，證明釣魚列嶼屬中國的領土，同時從國際法角度來看，中國的這一立場是無可辯駁的，因此中國《領海法》中重申這一立場是無可非議的，拒絕日方的「抗議」。

從上述一系列針鋒相對的強烈抗議和相應的措施，充分表明為了維護我領土主權的完整，我國政府行使了自己的權力，與日本的侵略活動不斷開展了鬥爭。

海內外中國人民的保釣運動

（一）1971年海內外中國人民的保釣運動

自從釣魚列嶼周圍海域豐富的石油資源被發現以及由此引起的主權歸屬問題見於報章後，在美留學的中國學生對此十分關注。為了保衛中國領土，維護國家尊嚴，發出了中國人民的正義怒吼，於1970年底開始，迄1971年秋間，在美國各地的中國學生自發抗議行動相繼展開，後來影響到英國、香港和台灣等地，形成了聲勢浩大、波瀾壯闊的海內外保衛釣魚島運動，簡稱保釣運動。

1970年11月，美國普林斯頓和威斯康辛大學的中國學生首先集會討論釣魚島問題，成立「保衛中國領土釣魚台行動委員會」，計劃到各校宣傳，使這個保衛國土的運動，在全美各地的中國人群中廣泛開展，正義的號召迅速得到全美各地中國留學生的迴響，紛紛成立保衛釣魚島行動委員會，積極開展各項活動，經過協商和籌備，各行動委員會分別於1971年1月29日和30日，在紐約、芝加哥、西雅圖、舊金山、洛杉磯、華盛頓等城市，進行大規模的示威遊行，強烈抗議日、美勾結侵犯釣魚列嶼主權，這是美國保釣運動的第一個高潮。

其中，紐約的示威遊行是最具規模和最有代表性。遊行目的定為：一、鼓動美國輿論，爭取美國人民支持；二、打擊日本野心分子，國際陰謀分子；三、號召海外中國同胞，團結一致；四、策動當時中國政府堅定立場，保衛國土主權完整。宣言內容定為：一、堅決反對日本軍國主義的再起；二、全力保衛中國對釣魚列嶼的主權；三、反對美國偏祖佐藤政府的陰謀；四、主權未決前拒絕任何國家共同開發行動。1971年1月30日，來自美國東部各地區的中國學生和青年1,500多人在紐約聯合國總部前的廣場集會演說，抨擊日本掠奪釣魚島主權的陰謀，譴責美國偏祖日本的態度，高呼「釣魚島是我們的」，「同胞們團結起來，打倒日本軍國主義」等口號。然後大隊在「釣魚島是中國領土」的大旗前導下，一路高唱

「八年抗戰恥和辱，一寸山河一寸血，……甲午恥，猶未雪！國家恨，何時滅！」的歌聲，深深的激盪著每個中國人的心。遊行隊伍到日本總領事館前停下，群眾的情緒達到最高潮。這支壯大的隊伍和宏亮的吼聲，吸引了不少人圍觀，宣傳組散發傳單和發表演說。在攝氏零度以下進行了三個小時，情緒的高昂激烈，自始至終不變。這次自發組成的示威遊行，使在場的人們深切體會到，在美國的中國人「不再是單獨的個人，而結成了目標相同的群體。[97]」團結就是力量，在美國的中國學子團結一致，無所畏懼，爲保衛祖國領土主權的完整而鬥爭。

此外，西雅圖的示威遊行其宣傳效果最佳。他們的目的是讓美國人瞭解此次「行動」，幾乎所有的電視台和報紙，都錄播了和登載了這次秩序井然的示威遊行，也達到了向日本領事館抗議的目的。[98]

舊金山的示威遊行，突顯他們不但號召中國人保衛釣魚島，而且還邀請了洋教授和日本友人登台演講「反對美、日掠奪釣魚台石油」[99]。

在春寒的四月裡，美國留學生的保釣運動進入第二個高潮。

4月10日，八方風雨會中州，在美京華盛頓舉行了一次大規模的示威遊行，這是一次由分散而趨向集中的示威遊行。參加這次遊行的各個團體，來自美國各地（只有阿拉斯加和夏威夷除外）及加拿大各重要校區。路程最遠的是西岸的舊金山、洛杉磯、西雅圖和溫哥華，他們都是坐飛機趕來的。中西部及西南部的許多同胞，都是坐專車來的。由中西部來，單程需十八小時，由德州來，單程需三十小時以上，他們懷著一顆愛國熱忱的心，長途跋涉，不辭辛勞趕來參加這次空前的壯舉。除華人同胞外，還有少數美國友人、韓國友人甚至日本友人（他們是反對軍國主義者），也參加了這個遊行隊伍。2,500多人參加的一條待飛於天的黃龍，集合在林肯紀念堂附近的廣場上。青年男女爲主的遊行隊伍裡，還有幾對年老夫婦和牽一個抱一個的中年夫婦。有一老先生牽著一位年約十一、二歲的愛子說：「我老了，爲祖國效力之日已經無多，這是我的接棒人，我要讓他從小起就有愛國的思想。」另有一位某大學的教授說：「做了三十多年的中國人，只有今天才盡到了一點做中國人應盡的責任」[100]。愛國思想溢於言表，展示了海外中國人的拳拳赤子之心。遊行隊伍從下午二時出發到六時解散，沿途高呼中英文口

號，分別到美國國務院、日本大使館等處示威抗議。

回應美國留學生風起雲湧的保釣運動，英國倫敦的青年學生也成立了「保衛釣魚台行動委員會」，積極進行宣傳，向英國以及歐陸中國人詳細介紹釣魚島的歷史、地理情況，報導美、日勾結侵略釣魚島的經過，喚醒同胞保衛國土，伸張國際正義的責任，並於7月7日舉行示威遊行，向美、日兩大使館遞送抗議書。在遊行前數星期，行動委員會每天派代表到唐人街散發數以千計的傳單。參加示威遊行的人主要是學生和僑胞，五、六百人的隊伍浩浩盪盪地向美、日大使館進發，沿途高唱「保衛釣魚台戰歌」及「團結就是力量」的歌，高呼「全力保衛釣魚台列嶼」、「打倒日本軍國主義」的口號。出發遊行之前，先在海德公園舉行聲討大會，會上還有三位外國友人發言聲討美、日罪行，二位是英國人，一位是美國人，他們分別代表中國互學會、英中瞭解協會、東亞學會這三個團體。他們的熱情言行，給遊行隊伍帶來了莫大的鼓舞。這次示威遊行，顯示了歐陸中國人愛國的熱情和團結的力量，使漂泊海外的遊子沉重的心情為之一振。[101]

美國留學生保釣運動序幕一拉開，很快就影響到香港。2月4日，由《盤古》、《生活月刊》、《文社線》、《明刊》、《創建學會》的成員發起，成立了「香港保衛釣魚台行動委員會」，領導香港地區的保釣運動，先後舉行了七、八次示威，一次「抵制日貨大會」，以及無數次的論壇和研討會，每次較大的活動，都由各報加以報導。

2月8日的示威遊行是「香港保衛釣魚台行動委員會」第一次公開行動，向日本駐香港總領事遞送抗議書。尤其是8月13日，由「保衛釣魚台臨時行動委員會」、「五四行動委員會」、「中學生行動委員會」組成的「聯合陣線」所發起的和平示威，在維多利亞公園舉行，坐在草地上示威群眾約有2,000餘人，男女老少、士農工商各界都有，站在旁邊圍觀的亦有四、五千人。這是香港保釣運動以來人數最多的一次，除了喊口號及唱「保衛釣魚島戰歌」之外，還演講日本侵華史實，以及由美國回來的留學生報告保釣近況，最後全體向國父遺像宣誓：「誓死保衛釣魚台」，並焚燒日本國旗。和平示威獲得香港警方的合作和輿論界的一致支持，教育了香港居民，示威是表達民意的權利，知道保衛國土的重要。[102]

緊接4月10日華盛頓示威大遊行之後，台灣大專學生也行動起來了。他們示威抗議的對象是美、日兩國駐華「大使館」。據報載（《中央日報》海外版，4月15、16、17、18、19、21、24日）以車輪戰術向美、日「使館」進行抗議。這種戰術，使美、日「使館」人員精神上受到很大衝擊。[103]

1971年4月23日，新華社報導了4月10日美國留學生和華僑在華盛頓舉行大規模示威旅行，並給予了充分肯定和支持。[104]

美國政府的迴響：1971年5月21日，美國國務院代理國務卿威廉布萊代表尼克森總統致函中國留美學生說：「1969年尼克森總統與佐藤首相協定的結果，美國將於1972年將其依和約取得之南西群島之主權歸還日本。然後日本將取得任何原來在行政權轉移前所享有的權利，我們認為對於尖閣列島所有權的任何不同主張，均為當事國所應彼此解決的事項。[105]」就上述答覆，美國政府對釣魚列嶼的立場略有改變，由偏袒日本而轉向中立，這是因為海內外中國人民的保釣愛國運動和中國政府以及台灣當局的抗議的結果。然而，未能阻止美國政府按約把琉球和釣魚列嶼一併「歸還」給日本。

（二）1990年中國人民的第二次保釣運動

日本右翼政治團體「青年社」於1978年間派員到釣魚島，擅自建立電柱式小燈塔。十年後，決定建立永久性新燈塔，於1989年4月以特殊水泥、強力燈泡建成的燈塔發揮正式功能，並向日本海上保安廳申請燈塔登記作為船艇交通安全的正式航線標幟。日本政府擬於1990年9月29日對該燈塔設置予以核准。這一事件為台灣各界矚目和重視，引起強烈的反響。10月20日，台灣區運動會決定選釣魚島作為送聖火的地點，當聖火隊傳送聖火到釣魚島，遭到日本海空武裝力量驅逐返台，深深激怒了台灣人民，從而引發了從台灣到香港的第二次保釣運動。

20日晚，「保衛釣魚台行動委員會」在台北宣告成立，宗旨：一、反對日本貪占我國領土釣魚台；二、長期有組織、有目標、有計劃推展保衛釣魚台的工作；三、推進釣魚台歷史、地理、動植物、地質、海底地質、島上或海域資源的勘探、研究、報告和學術研討；四、推展對日本新擴張主義、新軍國主義之長期

系統的研究；五、團結海內外一切中國的保釣力量，團結包括日本在內的和平主義和反軍國主義力量，制止日本新軍國主義，建設眞實的中日和平與友好，爲亞洲與世界和平、進步與發展做出貢獻[106]。表現了中國人民要把保釣工作長期進行下去的決心。24日上午，「保釣行動委員會」到台北日本交流協會抗議示威，遞交措施嚴屬的抗議書。除了「保釣行動委員會」外，許多民間團體和愛國同胞也紛紛以各種行動來表達強烈的抗議。

影響所及，香港同胞及海外華僑的愛國保釣情緒也很強烈，美國、香港地區均派人到台灣，和台北「保釣會」聯絡，洽商進一步的作法。21日晚，香港銅鑼灣的四家日本百貨公司出現了「不許侵犯中國神聖領土釣魚台」的傳單。22日起，連日有香港市民、工人團體和學生代表到日本駐香港的總領事館遞交抗議文件。到28日，由八個團體組織約有一萬人的示威遊行。[107]正如日本《朝日新聞》所報導的「釣魚台主權問題，永遠會在中國人社會中留存著激發反日感情的火種」[108]。這話不錯，釣魚列嶼的主權屬於中國，中國政府和中國人民立場堅定，絕不放棄，鬥爭不息，既有火種，隨時都會星火燎原，日本軍國主義者，玩火必然自焚。

（三）中國保衛釣魚列嶼主權的行動得到日本國內正義人士的支持

中國人民保衛釣魚列嶼主權的正義行動並不孤立，一切愛好和平，反對侵略的世界友人，也堅定地站在中國這一邊，支持中國的正當要求。就日本國內來講，有不少有識之士，也強烈反對日本政府的擴張主義，譴責侵占釣魚列嶼的不法行爲。

1972年3月23日，以石田鬱夫爲首的日本文化界正義人士曾爲阻止日本侵略釣魚列嶼而發表宣言，指出：「明治政府接二連三搞『琉球處分』、『台灣征討』、『日清戰爭』的侵略活動，更於1895年強占了中國固有的領土──釣魚台。目前，日本政府居然再度公開掠奪釣魚台列島，倘我們再保持緘默，就是默許日帝的掠奪，是肯定了侵略史實，我們絕不能這樣做」，最後呼籲日本人民「希望大

家一起來阻止日帝對釣魚台的侵略。[109]」日本著名學者井上清教授於1972年所著《關於釣魚島等島嶼的歷史和歸屬問題》一書，根據歷史事實，有力地駁斥日本朝野侵奪中國領土釣魚列嶼的各種觀點和侵略行為。該書第十四章為結論章，第一句說：「不論日本政府、日本共產黨怎樣偽造歷史、歪曲歷史、掩蓋事實，並玩弄帝國主義的國際法，中國的領土仍舊是中國的領土，日本偷竊來的東西仍舊是偷竊來的東西」。指出：「從第二次大戰慘敗中復活了的日本帝國主義統治階層，又在美帝國主義的鼓勵、支持和指導甚至是指揮之下正沿著戰前的老路向前狂奔。……釣魚島等島嶼之成為日本掠奪外國領土的開端，這一點也和天皇制軍國主義一模一樣。」並大聲疾呼：「現在我們必須立即粉碎這個開端。這樣做，儘管有偏袒中國之嫌，但這不是為了中國，而是處在日本帝國主義統治下的日本人民對國際主義的貫徹，首先是為了日本人民」[110]。這些具有學術良知的學者們，主要是吸取了第二次世界大戰中，日本軍國主義侵略中國和亞洲的罪惡行為，最終使自己在這場罪惡行為中慘遭失敗，玩火自焚的教訓，深切的感受到尊重歷史事實和堅持真理的重要性，勇敢地站出來，為真理而鬥爭，澄清是非，反對日本軍國主義復活。六年之後的1978年6月1日，日本《現代亞洲》半月刊登載井上清教授對該雜誌的談話，仍然堅持原來的觀點，列舉歷史文獻說明釣魚列嶼是中國的領土。日本明知它是清朝領土，卻藉戰爭勝利之機加以奪取，而且，從法律上說，釣魚列嶼從未編入過日本領土，他主張將釣魚列嶼歸還中國。同時，他非常贊同中國政府的主張，認為中國說暫時將它擱置起來，簽訂中日條約以後再商量，是有利於亞洲和世界和平，對中日雙方都有利。

　　（本章與張文綺合作，由張文綺執筆）

註釋

[1] （清）李鼎元著，《使琉球記》十四，小方壺齋輿地叢抄，第十帙，181頁。

[2] （明）夏子陽著，《使琉球錄》，卷上，使事紀，台灣文獻叢刊，第287種，《使琉球錄三種》，222頁。

[3] （清）周煌著，《琉球國志略》，卷五，山川條，第81頁，浙江省圖書館藏。

[4] 《明報月刊》資料室，《釣魚台列嶼是我們的》，香港《明報月刊》，1970年10月，第58期。

[5] 黃養志等，《釣魚台千萬丟不得》，《釣魚台論壇》，試刊號，1990年12月，台北，釣魚台論壇雜誌社出版。

[6] 林正傑等，《台灣有沒有參與釣魚台共同開發》，《釣魚台論壇》，第一期，1991年2月，台北，《釣魚台論壇》雜誌社出版。

[7] 向達校註，《兩種海道針經》，第96-97頁，北京中華書局，1961年9月。

[8] （明）鄭開陽，《鄭開陽雜著》，卷七，琉球考，文淵閣四庫全書，584冊，6158頁。

[9] （明）陳侃，《使琉球錄》，「使事紀略」，8頁，浙江省圖書館藏。亦見叢書集成初編620冊25頁。

[10] （清）徐葆光，《中山傳信錄》，《小方壺齋輿地叢錄》，第十帙，143頁。

[11] （清）徐葆光，《中山傳信錄》二，《小方壺齋輿地叢錄》，第十帙，143頁。

[12] （清）周煌，《琉球國志略》，卷五，85頁，浙江省圖書館藏。

[13] （明）陳侃，《使琉球錄》，《使事紀略》，浙江省圖書館藏。

[14] （清）周煌，《琉球國志略》卷七，《祠廟·天妃宮》：「一在姑米山，係新建，茲役觸礁神燈示見；且姑米爲全球門戶，封、貢海道往來標準」，浙江省圖書館藏。

[15] （明）郭汝霖，《使琉球錄》，載嚴從簡輯《殊域周咨錄》卷四，琉球，23頁，1930年故宮博物院圖書館印行。

[16] （明）夏子陽，《使琉球錄》，卷上，《使事紀》，台灣文獻叢刊，287種，《使琉球錄三種》，222-223頁。

[17] （明）胡靖，《琉球記》，3-4頁，北京圖書館，善本室11887號。

[18] （清）汪楫，《冊封疏鈔》，28-29頁，康熙二十三年刊本，浙江省圖書館藏。

[19] （清）汪楫，《使琉雜錄》，卷五，浙江省圖書館藏。

[20] （清）趙文楷，《槎上存稿》，台灣文獻叢刊，第292種，《清代琉球紀錄集輯》，

101頁。

[21] （清）齊鯤，《航海八詠》，引自《東瀛百詠》，嘉慶十三年，藏福建省圖書館。

[22] （清）汪楫，《使琉球雜錄》，卷五，5頁，浙江省圖書館藏。

[23] （清）趙文楷，《槎上存稿》，台灣文獻叢刊，第292種，《清代琉球紀錄集輯》，第100頁。

[24] 姚文棟譯，《琉球說略》，第6頁，浙江省圖書館藏，光緒九年刊本。

[25] 中國第一歷史檔案館（簡稱一史館），軍機處錄副奏摺，外交類164-7757-50號。

[26] 一史館，宮中朱批奏摺，外交類264-2號。

[27] 一史館，宮中朱批奏摺，外交類264-3號。

[28] 一史館，內閣禮科題本，外交類25號卷。

[29] 一史館，宮中朱批奏摺，外交類264-4號。

[30] （清）周煌，《琉球國志略》，卷七，《祠廟》，第111頁，浙江省圖書館藏。

[31] （清）周煌，《琉球國志略》，卷五，91-93頁，浙江省圖書館藏。

[32] （清）周煌，《琉球國志略》，卷四上，《疆域》，58頁。叢書集成初編620冊。

[33] 原圖存一史館，亦見周煌，《琉球國志略》，首卷，圖繪。

[34] 一史館，軍機處錄副奏摺，外交類，164-7752-62號。

[35] （清）李鼎元，《使琉球記》，台灣文獻叢刊，第292種，《清代琉球紀錄集輯》，第159-160頁。亦見李鼎元，《使琉球記》十四，小方壺齊輿地叢抄，181頁。

[36] 一史館，軍機處錄副奏摺，外交類，164-7755-111號。

[37] 一史館，軍機處錄副奏摺，外交類，164-7755-109號。

[38] （清）趙新，《續琉球國志略》，卷二，第26頁，浙江省圖書館藏。

[39] （清）趙新，《續琉球國志略》，卷二，第29頁，浙江省圖書館藏。

[40] （明）胡宗憲編，《籌海圖編》，卷一，浙江省圖書館藏。

[41] 圖存北京中國第一歷史檔案館。

[42] 圖存北京中國科學院圖書館，轉引《中國邊疆史地研究報告》，第一輯，第83頁。

[43] 原圖藏北京中國第一歷史檔案館。

[44] 原圖藏北京中國第一歷史檔案館。

[45] （明）鄭舜功著，《日本一鑑・桴海圖經》，卷一，《萬里長歌》，浙江省圖書館藏。

[46] 黃叔璥撰，《台灣使槎錄》，卷二，22-23頁，王雲五主編《叢書集成》，商務印書館發行。

[47] 黃叔璥撰，《台灣使槎錄》，卷二，1頁，王雲五主編《叢書集成》，商務印書館發

行。

[48] 《台灣府志》三種，第1467頁，北京中華書局，1985年5月。

[49] 李元春，《台灣志略》卷一，「地志」條。

[50] 《中國邊疆史地研究報告》，第一輯，第83-85頁，1987年10月。

[51] （清）徐葆光《中山傳信錄》，卷一，12頁，卷四，131-138頁，150頁，台灣文獻
叢刊，第306種。

[52] 《中國邊疆史地研究報告》，第一輯，第83頁，1987年10月。

[53] 《中國邊疆史地研究報告》，第一輯，第86頁，1987年10月。

[54] 丘宏達著，《關於中國領土的國際法問題論集》，第52-53頁，台灣商務印書館，
1975年4月。

[55] 姚文棟譯《琉球地理小志》，附《琉球說略》，第1頁，浙江省圖書館藏。

[56] 姚文棟譯《琉球說略》，第6-8頁。

[57] 《中國邊疆史地研究報告》，第一輯，第86頁。

[58] 《覆何子峨、張魯生星使》，《沈文肅公牘》，福建省圖書館藏。

[59] 《申報》，光緒十一年七月二十八日（1885年9月6日）。

[60] 《日本外交文書》，「別紙甲號第三百十五號」，第18卷，第573-574頁。

[61] （明）夏子陽，《使琉球錄》，台灣文獻叢刊，第287種，第195頁。

[62] （明）蕭崇業，《使琉球錄》，台灣文獻叢刊，第287種，第159頁。

[63] 《日本外交文書》，「官房甲第三十八號，別紙乙號太政官上申案」，第18卷，第
573頁。

[64] 吳天穎，《甲午戰前釣魚列嶼歸屬考》，第109-110頁，北京社會科學文獻出版社，
1994年8月。

[65] 《日本外交文書》，「親展第三十八號」，第18卷，第575頁。

[66] 《日本外交文書》，「秘第二一八號，二（附屬書）」，第18卷，第576頁。

[67] 《日本外交文書》，「秘第二一八號，二」，第18卷，第576頁。

[68] 《日本外交文書》，「秘別第一三三號」，第23卷，第531-532頁。

[69] 《日本外交文書》，「秘別第一三三號（別紙，內閣提出案）」，第23卷，第532頁。

[70] 《日本外交文書》，「秘別第一三三號（附記二）」，第23卷，第532頁。

[71] 《內閣決定書》，東京，明治二十八年一月十四日，轉引張啟雄，《釣魚台列嶼主權
歸屬問題——日本領有主張的國際法驗證》，台北，中央研究院《近代史研究所集刊》
第二十二期，下冊，124頁。

[72] 王鐵崖編，《中外舊約章彙編》（1），第614頁，北京，三聯書店，1957年9月。

〔73〕吳天穎，《甲午戰爭前釣魚列嶼歸屬考》，第五章，第116-121頁，北京社會科學文獻出版社，1994年8月。

〔74〕秦孝儀主編，《抗戰時期收復台灣的重要言論》，第3頁，台北近代中國出版社，1990年6月。

〔75〕重慶《中央日報》，1942年11月4日。

〔76〕梁敬錞《開羅會議與中國》，第41頁，香港亞州出版社，1962年，轉引自張啓雄前引論文。

〔77〕梁敬錞《開羅會議與中國》，第43頁，香港亞州出版社，1962年，轉引自張啓雄前引論文。

〔78〕《天津民國日報》，1947年10月19日，第1頁，轉引丘宏達，《中國對於釣魚台列嶼主權的論據分析》，香港《明報月刊》，1972年6月第78期。

〔79〕《天津民國日報》，1948年2月27日，第10頁，轉引丘宏達前引文。

〔80〕丘宏達，《中國對於釣魚台列嶼主權的論據分析》，香港《明報月刊》，1972年6月第78期。

〔81〕台北《中央日報》，1971年6月12日。

〔82〕《人民日報》，1971年12月31日。

〔83〕《明報月刊》，《釣魚台群島資料》，135頁、119頁。

〔84〕張啓雄，《釣魚台列嶼的主權歸屬問題——日本領有主張的國際法驗證》，台北中央研究院《近代史研究所集刊》，第22期，第114-115頁，1993年6月。

〔85〕（日）井上清，《關於釣魚島等島嶼的歷史和歸屬問題》，第25頁，三聯書店出版，1973年。

〔86〕《明報月刊》，《釣魚台群島資料》，第119-120頁。

〔87〕《明報月刊》，《釣魚台群島資料》，第102頁。

〔88〕（日）井上清，《關於釣魚島等島嶼的歷史和歸屬問題》，第100頁，三聯書店出版，1973年。

〔89〕《明報月刊》《釣魚台群島資料》，第103頁。

〔90〕《把釣魚台還給中國》，《釣魚台論壇》，試刊號，1990年12月，第20頁。

〔91〕轉引丘宏達，《關於「日本對於釣魚台列嶼主權問題的論據分析」一文的補充說明》，《明報月刊》編《釣魚台群島資料》，第54頁。

〔92〕《人民日報》，1974年2月5日。

〔93〕《人民日報》，1977年7月3日。

〔94〕《人民日報》，1978年6月27日。

[95] 張啓雄，《釣魚台列嶼的主權歸屬問題——日本領有主張的國際法驗證》，台北中央研究院《近代史研究所集刊》第22期，第129頁，1993年6月。

[96] 《人民日報》，1992年2月26日。

[97] 黃培莉，《紐約示威記》，《明報月刊》，《釣魚台群島資料》，第229-239頁。

[98] 曲浩然，《回顧「五四」與展望保衛釣魚台運動》，《明報月刊》，《釣魚台群島資料》，第10頁。

[99] 曲浩然，《回顧「五四」與展望保衛釣魚台運動》，《明報月刊》，《釣魚台群島資料》，第11頁。

[100] 姚立民，《中國人的怒吼》，《明報月刊》，《釣魚台群島資料》，第257-276頁。

[101] 《明報月刊》，《釣魚台群島資料》，第277-280頁。

[102] 《明報月刊》，《釣魚台群島資料》，68頁。

[103] 姚立民，《保衛釣魚台運動的回顧與前瞻》，《明報月刊》，《釣魚台群島資料》，第328頁。

[104] 《中國邊疆史地研究報告》，第五輯，1990年4月，第29頁。

[105] 《中國邊疆史地研究報告》，第五輯，1990年6月，第29頁。

[106] 台北，《釣魚台論壇》，試刊號，1990年12月，第13頁。

[107] 台北，《釣魚台論壇》，1991年2月，第1期，第4頁。

[108] 台北，《釣魚台論壇》，試刊號，1990年12月，第4頁。

[109] 《明報月刊》編，《釣魚台群島資料》，第140-141頁。

[110] （日）井上清著，《關於釣魚島等島嶼的歷史歸屬問題》，第106、108、110頁，三聯書店，1973年出版。

參考書目

一、史料、專著

丁日昌，《丁禹生政書》，香港，1987年8月印行。

丁仰高等重修，《白石丁氏古譜》，影印本。

丁紹儀，《東瀛識略》，《文叢》，第2種。

川口長孺，《台灣鄭氏紀事》，《台灣文獻叢刊》（簡稱《文叢》），第5種，台灣銀行經濟研究室印行。

中國史學會主編，《中日戰爭》，上海新知識出版社，1956年。

中國史學會主編，《戊戌變法》，上海神州國光社，1953年。

中國史學會主編，《辛亥革命》，上海人民出版社，1957年。

中國史學會主編，《洋務運動》，上海人民出版社，1961年。

中國史學會主編，《義和團》，上海神州國光社，1951年。

中國政協文史委員會編，《辛亥革命回憶錄（四）》，中華書局，1963年。

中國歷史第一檔案館編，《康熙起居注》，中華書局，1984年8月。

中華民國開國史文獻編委會編，《中國民國開國五十年文獻》，台北正中書局，1963年。

中國社會科學院近代史研究所編，《日本侵華七十年史》，中國社會科學出版社，1992年。

中華全國台胞聯誼會編，《台灣同胞抗日50年紀實》，中國婦女出版社，1998年。六十七，《番社采風圖考》，《文叢》，第90種。

日本外務省，《日本外交文書》，第6卷，7卷，第18卷，第23卷，中國社會科學院近代史研究所存。

王元穉，《甲戌公牘抄存》，《文叢》，第39種。

王夫之，《永曆實錄》，上海古籍出版社，1987年10月。

王必昌，《重修台灣縣誌》，乾隆十七年。

王建竹等纂修，《台中市志》，成文出版社，1983年3月。

王詩琅等重修，《台北市志》，成文出版社，1983 年 3 月。

王先謙，《東華錄》，光緒十年石印本。

王延熙，《皇朝道咸同光奏議》，上海久敬齋石印，1902 年。

王忠孝，《惠安王忠孝公全集（抄本）》，存廈門大學歷史系資料室。

王炳耀編，《中日戰爭選錄》，《文叢》，第 265 種。

王曉波，《台灣史論集》，北京中國友誼出版公司，1992 年。

王鐵崖，《中外約章彙編》，北京三聯書店，1957 年。

方耀鏗等主編，《東山縣誌》，中華書局，1994 年。

北京一史館藏，《總理各國事務衙門、船政大臣沈葆楨、日使柳原、專使大久保等關於
　　台灣問題奏摺、咨、照會、向答節略、輿圖》，北京第一歷史檔案館，硃批奏摺，
　　外務部類檔案，2155 號，共 57 件。

丘宏達，《關於中國領土的國際法問題論集》，台灣商務印書館，1975 年。

丘宏達，《中國對於釣魚台列嶼主權的論據分析》，《香港明報月刊》，1972 年 6 月。

台灣省文獻會編，《重修台灣省通志》，1993 年 1 月出版。

台灣省文獻會編，《台灣史》，1977 年台中出版。

台灣省文獻會編，《余清芳抗日革命案全檔》，1974 年 6 月。

台灣義勇隊編，《台灣先鋒》1-10 期，1940 年 4 月浙江金華印行，1991 年台北世界翻譯
　　社再刊本。

民國年間修，《蘆洲田野美本支世系族譜》。

左宗棠，《左文襄公全集》，湘省萃文堂刊，清光緒十六年。

石再添，《台灣地理概論》，台灣中華書局，1987 年。

伊能嘉矩，《台灣文化志（中譯本）》，台灣省文獻會，1991 年 6 月。

全祖望，《鮚埼亭集選輯》，《文叢》，第 217 種。

向達校注，《兩種海道針經》，北京中華書局，1961 年。

江日昇，《台灣外紀》，福建人民出版社，1983 年。

江樹生，《鄭成功和荷蘭人在台灣的最後一戰及換文締和》，《漢聲》，第 45 期。

佚名，《思文大紀》，《文叢》，第 111 種。

佚名，《清代官書記明台灣鄭氏亡事》，《文叢》，第 174 種。

佚名，《清初海疆圖說》，《文叢》，第 155 種。

何培夫，《台灣地區現存碑碣圖志》（台南市）上篇，台灣中央圖書館台灣分館，1992
　　年 6 月。

何喬遠，《閩書》，福建人民出版社，1994 年 5 月。

余文儀，《續修台灣府志》，乾隆三十九年。

吳子光，《一肚皮集》，《文叢》，第 36 種。

吳天穎，《甲午戰爭前釣魚列嶼歸屬考》，中國社會科學文獻出版社，1994年。

吳文星，《日據時期台灣社會領導階層之研究》，台北正中書局，1992年。

吳光祿，《吳光祿使閩奏稿選錄》，《文叢》，第231種。

吳汝綸編，《李文忠公全集》，金陵付梓，光緒三十一年。

吳偉業，《鹿樵紀聞》，《文叢》，第127種。

吳德功，《割台記》，《文叢》，第56種。

吳德功，《讓台記》，《文叢》，第57種。

吳德潤，《吳氏族譜》，乾隆二十二年修。

吳錫璜總纂，《同安縣誌》，民國修。

宋濂等撰，《元史》，中華書局，1976年4月。

宋轅文，《東村記事》，台灣省文獻委員會，1993年12月。

李元春，《台灣志略》，《文叢》，經18種。

李友邦，《日本在台灣之殖民地政策》，台北世界翻譯社發行，1991年。

李友邦，《台灣革命運動》，台北世界翻譯社發行，1991年。

李光地，《榕村全書》，清道光刻本。

李光地，《榕村語錄續集》，光緒二十年印本。

李光濤編，《明清檔案存真選輯（1-3集）》，台北中研院史語所，1959年。

李光輝修，《兌山李氏煙墩兜族譜》，道光年間修。

李雲漢，《國民革命與台灣光復的歷史淵源》，台北幼獅文化事業公司，1977年。

李鼎元，《使琉球記》，《小方壺齋輿地叢抄》，第十帙。

李瑤，《繹史摭遺》，《文叢》，第132種。

李禮謙補修，《兌山李氏壟尾井下厝二房支譜》，光緒年間修。

李讓禮，《台灣番事》，《文叢》，第46種。

杜受田等輯，《籌辦夷務始末（道光朝）》，台北文海出版社影印，1971年。

杜臻，《粵閩巡視紀略》，上海古籍出版社，1979年2月。

杜臻，《澎湖台灣紀略》，《文叢》，第104種。

沈雲，《台灣鄭氏始末》，《文叢》，第15種。

沈有容，《閩海贈言》，《文叢》，第56種。

汪大淵，《島夷志略》，《文叢》，第119種。

汪楫，《冊封疏鈔》，康熙二十三年刊本，存浙江省圖書館。

汪楫，《使琉雜錄》，康熙二十三年刊本，存浙江省圖書館。

阮旻錫，《海上見聞錄》，福建人民出版社，1982年。

周元文，《重修台灣府志》，康熙五十一年。

周家楣，《期不負齋全集》，光緒二十一年刊。

周凱，《廈門志》，道光十九年鐫，鷺江出版社，1996年2月整理重印。

周煌，《琉球國志略》，《文叢》，第293種。

周鍾瑄，《諸羅縣誌》，康熙五十六年。

周璽，《彰化縣誌》，光緒年間。

季土家，《明清史事論集》，南京出版社，1993年。

東亞同文會編，胡錫華譯，《對華回憶錄》，北京商務印書館，1959年。

林子候，《台灣涉外關係史》，台灣三民書局，1978年。

林幼春等編，《台灣霧峰林氏族譜》，《文叢》，第298種。

林再復，《閩南人》，台北三民書局，1996年增訂八版。

林定均等纂，《漳州府志》，光緒四年修。

林衡道，《台灣寺廟大全》，台北青文出版社，1974年2月。

林衡道，《鯤島探源》，《青年日報》，1988年4月。

林謙光，《台灣紀聞》，《文叢》，第104種。

林繭庵，《荷牐叢談》，《文叢》，第153種。

《明報月刊》資料室編，《釣魚台群島資料》，1971年。

邵廷采，《東南紀事》，《文叢》，第96種。

信夫清之郎，《日本外交史》，北京商務印書館，1980年。

故宮博物院編，《清光緒朝中日交涉史料選輯》，《文叢》，第210種。

南靖縣方志辦整理，《南靖縣誌》，乾隆九年刊，1992年整理出版。

姚文棟譯，《琉球說略》，光緒九年刊本。

姚瑩，《東溟奏稿》，《文叢》，第49種。

姚瑩，《東槎紀略》，《文叢》，第7種。

姚啓聖，《憂畏軒告示》，存北京圖書館善本室。

姚啓聖，《憂畏軒奏疏》，存北京圖書館善本室。

施偉青，《施琅評傳》，廈門大學出版社，1987年。

施琅，《靖海紀事》，福建人民出版社，1983年。

洪棄生，《瀛海偕亡記》，《文叢》，第59種。

胡珠生，《清代洪門史》，遼寧人民出版社，1996年。

胡傳，《台灣日記與稟啓》，《文叢》，第71種。

胡靖，《琉球記》，北京國家圖書館善本室。

范咸，《重修台灣府志》，中華書局，1985年5月。

郁永河，《裨海紀遊》，《文叢》，第44種。

連步廷等總纂，《大清文宗顯皇帝實錄》，中華書局，1986年1月。

卿汝輯，《甲午戰爭以前美國侵略台灣的資料輯要》，《近代史資料》，1954年第3期。

夏子陽，《使琉球錄》，《文叢》，第287種。

夏琳，《海紀輯要》，《文叢》，第22種。

鄂爾泰等纂，《八旗通志》，乾隆四年刊本。

徐子為、潘公展合著，《今日的台灣》，上海中國科學圖書儀器公司，1948年4月。

徐宗幹，《斯未信齋文集》，《文叢》，第17種。

徐葆光，《中山傳信錄》，《小方壺齋輿地叢錄》，第十帙。

徐鼐，《小腆紀傳》，《文叢》，第138種。

秦孝儀主編，《抗戰時期收復台灣之重要言論》，台北近代中國出版社，1990年。

秦孝儀主編，《台籍志士在祖國的復台努力》，台北近代中國出版社，1990年。

馬士，《中華帝國對外關係史》，北京三聯譯本，1958年。

高拱乾，《台灣府志》，中華書局，1985年5月。

涂照彥著，李明俊譯，《日本帝國主義下的台灣》，台北人間出版社，1991年。

張本政主編，《清實錄台灣史料專輯》，福建省人民出版社，1993年。

張廷玉等，《明史，中華書局，1974年4月。

張崇根，《臨海水土異物志輯校》，農業出版社，1981年。

張蒼水，《張蒼水詩文集》，《文叢》，第142種。

戚其章，《甲午戰爭史》，北京中華書局，1991年。

戚其章主編，《中日戰爭》，北京中華書局，1991年。

戚其章主編，《甲午戰爭九十周年紀念論文集》，齊魯書社，1986年。

曹士桂，《宦海日記（校注本）》，雲南人民出版社，1988年。

曹永和，《台灣早期歷史研究》，台北聯經出版事業公司，1979年。

莊英章，《林杞埔》，台北中研院民族學研究所》，1977年6月。

莊寶輿，《莊氏世系譜》，民國九年修。

莊為璣、王連茂編，《閩台關係族譜資料選編》，福建人民出版社，1984年。

郭廷以，《台灣史事概說》，台北正中書局，1954年。

郭輝譯，《巴達維亞城日記》，台灣省文獻會，1989年6月出版。

陳寅恪、朱希祖等編，《明清史料甲編》，北平中研院史語所，1930年。

陳寅恪、朱希祖等編，《明清史料乙編》，北平中研院史語所，1936年。

陳寅恪、朱希祖等編，《明清史料丁編》，上海商務印書館，1951年。

陳壽，《三國志》，中華書局，1959年。

陳鳴鍾等主編，《台灣光復和光復後五年省情》，南京出版社，1989年。

陳三井總纂，《台北市發展史》，台北文獻會，1981年。

陳三井總纂，《鄭成功全傳》，台灣省文獻會，1979年。

陳子龍等選輯，《明經世文編選錄》，《文叢》，第289種。

陳孔立，《清代台灣移民社會研究》，廈大出版社，1990年。

陳孔立主編，《台灣歷史綱要》，九洲圖書出版社，1996年4月。

陳文達，《台灣縣誌》，康熙五十九年。

陳文達，《鳳山縣誌》，康熙五十八年。

陳子波等纂，《高雄縣誌稿》，成文出版社，1983年3月。

陳建章主編，《陳氏大族譜》，新遠東出版社，1963年5月。

陳在正、孔立、朱金甫主編，《康熙統一台灣檔案史料選輯》，福建人民出版社，1983年8月。

陳在正、孔立、朱金甫主編，《鄭成功檔案史料選輯》，福建人民出版社，1985年6月。

陳侃，《使琉球錄》，《文叢》，第287種。

陳培桂，《淡水廳志》，《文叢》，第172種。

陳第，《東番記》，《文叢》，第56種。

陳隆志作，鄭南榕編，《台灣獨立的展望》，1987年台灣出版。

陳漢光，《黃花崗之役與台籍人士》，《台灣風物》，第8卷，第3期。

陳禎祥，《潁川陳氏開漳族譜》，民國五年六月石印本。

陳慶餘編，《台灣侯亭五大派大宗譜》，台北潁川印刷有限公司，1982年12月。

陳澹然編，《劉壯肅公奏議》，《文叢》，第27種。

陸奧崇光著，龔德柏譯，《甲午中日戰爭秘史》，台灣商務印書館，1996年2版。

喜安幸夫，《台灣抗日秘史》，台灣武陵出版社，1984年。

曾迺碩，《國父與台灣的革命運動》，台北幼獅文化事業公司，1978年。

湯子炳，《台灣史綱》，台北台灣印刷紙業公司，1946年。

雲霄陳政陵園董事會印，《潁川陳氏開漳族譜》，雲霄山美存本。

馮自由，《中國革命運動二十六年組織史》，商務印書館，1948年。

馮自由，《中華民國開國前革命史》，上海革命史編輯社，民國十七年。

黃秀政，《台灣割讓與乙未抗日運動》，台灣商務印書館，1992年。

黃典權編，《台灣南部碑文集成》，《台灣文獻史料叢刊》，第九輯。

黃叔璥，《台灣使槎錄》，《文叢》，第4種。

黃宗羲，《賜姓始末》，《文叢》，第25種。

黃昭堂，《台灣總督府》，台北前衛出版社，1994年4月。

黃康顯主編，《近代台灣的社會發展與民族意識》，香港中華書局，1987年。

黃富山，《霧峰林家的中挫》，台北自立晚報文化出版部，1992年9月。

黃富山，《霧峰林家的興起》，台北自立晚報文化出版部，1987年10月。

黃富山、陳俐甫，《霧峰林家之調查與研究》，林本源中華文化教育基金會，1991年12

月。

黃朝琴等著，《國民革命運動與台灣》，台北中華文化出版事業委員會，1995 年 10 月再版。

黃煌雄，《革命家──蔣渭水》，台灣長橋出版社，1978 年。

黃嘉謨，《美國與中國》，1979 年 11 月台北出版。

喇沙里等總纂，《大清世祖章皇帝實錄》，中華書局，1985 年 8 月。

溫睿臨等，《南疆繹史》，《文叢》，第 132 種。

廈大台灣研究所歷史研究室編，《海峽兩岸首次台灣史學術交流論文集》，廈門大學出版社，1990 年。

廈門大學台灣研究所、中國第一歷史檔案館主編，《鄭成功滿文檔案史料選輯》，福建人民出版社，1987 年 9 月。

廈門大學鄭成功歷史調查研究組編，《鄭成功收復台灣史料選編》，福建人民出版社，1982 年。

楊彥傑，《荷據時期台灣史》，江西人民出版社，1992 年。

楊英，《先王實錄（校注本）》，福建人民出版社，1981 年。

楊捷，《平閩記》，《文叢》，第 98 種。

楊碧川，《日據時代台灣人民反抗史》，台灣稻香出版社，1988 年 10 月。

楊緒賢，《台灣區姓氏堂號考》，台灣省文獻會，1979 年 6 月。

賈亦斌主編，《論台獨》，北京團結出版社，1993 年。

閩侯縣方志辦編，《閩侯文史資料》，1989 年 11 月印行。

嘉圖，《法軍侵台始末》，台銀專刊第 73 種。

魁元等總纂，《大清穆宗毅皇帝實錄》，中華書局，1987 年 1 月

漢人，《台灣革命史》，1925 年出版。

福建人著，《閩警》，上海復初書社，1904 年。

趙爾巽等纂，《清史稿》，中華書局，1977 年。

趙文楷，《槎上存稿》，《文叢》，第 292 種。

趙汝适，《諸蕃志》，《文叢》，第 119 種。

趙振績，《台灣區族譜目錄》，台灣省各姓歷史淵源發展研究會發行，1987 年 1 月。

齊鯤，《航海八詠》，引自東瀛百詠，存福建省圖書館。

劉子民，《尋根攬勝漳州府》，華藝出版社，1990 年。

劉良璧，《重修福建台灣府志》，乾隆六年。

劉紹唐主編，《林森紀念集》，台北傳記文學出版社，1969 年。

劉璈，《巡台退思錄》，《文叢》，第 21 種。

劉獻廷，《廣陽雜記》，《文叢》，第 219 種。

樓鑰，《攻瑰集》，商務印書館，1926年。

蔣師轍，《台遊日記》，《文叢》，第6種。

蔣毓英，《台灣府志》，中華書局，1985年5月。

蔣維錟，《媽祖研究論文集》，鷺江出版社，1989年。

蔡人奇，《藤山志》，1948年鉛印本。

諸家，《清代琉球紀錄集輯》，《文叢》，第292種。

諸家，《同治甲戌日兵侵台始末》，《文叢》，第38種。

諸家，《道咸同光四朝奏議選錄》，《文叢》，第288種。

鄭亦鄒，《鄭成功傳》，《文叢》，第67種。

鄭祖蔭，《福建辛亥革命光復史料》，1940年初版。

鄭喜夫、莊世宗輯錄，《光復以前台灣匾額輯錄》，台灣省文獻會，1988年6月。

鄭舜功，《日本一鑒·桴海圖經》，存浙江省圖書館。

鄭開陽，《鄭開陽雜著》，《文淵閣四庫全書》，第584冊。

鄧孔昭，《台灣通史辨誤》，江西人民出版社，1990年。

德齡等纂修，《大清聖祖仁皇帝實錄》，中華書局，1985年9月。

蕭崇業，《使琉球錄》，《文叢》，第287種。

賴國民，《賴氏族譜》，台中，1968年。

賴振聲等編，《平和心田賴氏淵源志》，1994年8月。

錢駿祥等總纂，《大清德宗景皇帝實錄》，中華書局，1987年5月。

薛光前，《近代的台灣》，台北正中書局，1977年。

謝金鑾，《二勿齋文集》，清道光活字印本。

謝金鑾，《續修台灣縣誌》，嘉慶十二年。

藍鼎元，《平台紀略》，《文叢》，第14種。

魏源，《聖武記》，清道光二十六年刻本。

魏徵等纂，《隋書》，中華書局，1973年。

羅秋昭，《羅福星傳》，台北黎明文化事業股份有限公司，1974年。

羅景山，《台灣海防並開山日記（抄本）》，廈門大學圖書館存。

藤村道生著，米慶餘譯，《日清戰爭》，上海譯文出版社，1981年1版。

關山情主編，《台灣古蹟全集（1-4冊）》，戶口生活雜誌社，1980年5月。

嚴從簡，《殊域周咨錄》，1930年故宮博物院圖書館印行。

顧祖興，《讀史方輿紀要》，愼記書社石印本，光緒二十五年。

寶鋆等輯，《籌辦夷務始末（同治朝）》，台北文海出版社影印，1971年。

龔古今等著，《中國抗日戰爭史稿》，湖北人民出版社，1983年11月。

龔柴，《台灣小志》，《文叢》，第216種。

二、論文

王世慶，〈民間信仰在不同祖籍移民的鄉村之歷史〉，《台北文獻》，第23卷，第3期。

王石林，〈永安大逮捕的回顧〉，《福建文史資料》，第11輯。

王兆培，〈廈門辛亥革命的一個據點——救世醫院〉（未刊稿）。

王孝廉，〈以血寫在山崗的名字——霧社起義〉，《夏潮》，第1卷，第7期。

石萬壽，〈台南市寺廟的建置——台南市寺廟研究之一〉，《台南文化》，新第11期。

庄司萬太郎，〈牡丹社之役與李善德之活躍〉，《台灣文獻》，第10卷，第2期。

何培夫，〈台南市寺廟清代匾聯集〉，《台灣文獻》，第35卷，第1期。

宋文薰，〈由考古學看台灣〉，《見中國的台灣》，台北中央文化供應社，1986年。

李仲，〈台灣義勇隊隊長李友邦〉，《台聲》，1986年，第4期。

李棟明，〈台灣大姓人口縣市分佈特點研究〉，《台北文獻》直字第44期，1978年6月。

近代中國雜誌社編，〈國民革命與台灣光復圖輯〉，近代中國，第19期。

季士家，〈略論蔡牽的反清鬥爭〉，《明清史論集》，南京出版社，1993年。

林方庸等，〈林森在青芝〉，《福建文史資料》，第19輯，1988年7月。

林眞，〈台灣義勇隊的籌組及在福建的活動〉，《台灣研究集刊》，1991年，第4期。

林主席治喪委員會，〈林故主席事略〉，福建中央日報，1944年8月2日。

林逸，〈民國青芝老人林子超先生年譜〉，台灣商務印書館，1985年。

林偉功，《林森》，《福州市志》，《人物志》，第二輯。

林朝棨，〈台灣之第四紀〉，《台灣文獻專刊》，第14卷，第2期。

林湘，〈林森與辛亥革命〉，《香港大公報》，1981年9月18日至21日連載。

林雙清，〈晉江縣台灣籍醫生遣送崇安概況〉，《晉江文史資料選輯》，第14輯，1993年3月。

金成前，〈鄭成功南京戰敗與征台之役〉，《台灣文獻》，第25卷，第1期。

南木，〈三百多年前的公案渙然冰釋〉，《讀書》，1993年，第7期。

洪敏麟，〈清代關聖帝廟對台灣政治社會之影響〉，《台灣文獻》，第16卷，第2期。

桐峰，〈台南市廟宇的匾額調查〉，《台南文化》，新第6期，1979年1月。

翁俊明，〈林公子超與台灣〉，《福建新聞》，1943年8月11日。

張一之，〈台灣留閩僑胞組織義勇隊〉，東南日報，1938年12月1日。

張文綺，〈從寺廟區聯碑記看台灣對保生大帝的信仰〉，《吳眞人學術研究文集》，廈大出版社，1990年10月。

張啓雄，〈釣魚台列嶼主權歸屬問題——日本領有主張的國際法驗證〉，《台北中央研究院近代史研究所集刊》，第二十二期，1993年6月。

張畢來，〈台灣義勇隊〉，《革命史資料》，第 8 輯，北京文史資料出版社，1982 年。

張慶璋，〈台灣義勇隊始末〉，《夏潮論壇》，1984 年，7 月號

莊政，〈國父與台灣〉，台灣中央日報，1980 年 3 月 17 日。

莊英章，〈台灣漢人宗族發展的若干問題〉，《台灣中研院民族學研究所集刊》，第 36 期。

莊英章，〈台灣漢人宗族發展的研究述評〉，《中華文化復興月刊》，第 11 卷，第 6 期。

陳少白，〈遊台詩九首〉，《台灣新報》，1897 年 10 月 20 日，11 月 28 日，12 月 8 日。

陳長城，〈介紹宜蘭復興莊梅林陳氏〉，《台北文獻》直字第 69 期，1984 年 9 月。

淩純聲，〈古代閩越人與台灣土著族〉，載《台灣文化論集》，台北中華文化出版事業委員會，1954 年 10 月再版。

楊渡，〈如此痛苦地擁抱祖國〉，《中時晚報》，1992 年 4 月 26 日。

劉本炎，〈翁俊明獻身黨國智仁勇風範長存〉，台灣中央日報，1981 年 2 月 2 日。

劉枝萬，〈台灣省寺廟教堂調查表〉，《台灣文獻》，第 11 期，1960 年 6 月。

劉通，〈林森行略〉，《福建文史資料》，第 5 輯。

潘叔華，〈李總隊長，我們懷念您〉，《台聲》，1991 年第 7 期。

駱耕漠，〈赤誠的愛國主義者〉，《全國政協文史通訊》，1982 年，第 6 期。

戴季陶，〈孫中山與台灣〉，《傳記文學》，第 11 卷，第 5 期。

蘭竹生，〈閩撫移鎮台灣論〉，《申報》，1875 年 7 月 29 日。

嚴中平，〈英國鴉片販子策劃鴉片戰爭的活動〉，《近代史資料》，1958 年，第 4 期。

嚴秀峰，〈台灣義勇隊與抗戰〉，《台灣史研究會會訊》，第 2 期，1987 年 8 月 10 日。

嚴秀峰，〈抗戰時期的台灣義勇隊——駁正藍敏女士的自說自話〉，《台北中外雜誌》，第 32 卷，第 1 期，1982 年 7 月。

台 灣 海 疆 史

著　　　者☞ 陳在正

出 版 者☞ 揚智文化事業股份有限公司

發 行 人☞ 葉忠賢

總 編 輯☞ 林新倫

執行編輯☞ 卓克華

登 記 證☞ 局版北市業字第 1117 號

地　　　址☞ 台北市新生南路三段 88 號 5 樓之 6

電　　　話☞ (02)23660309

傳　　　真☞ (02)23660310

劃撥帳號☞ 19735365

戶　　　名☞ 葉忠賢

法律顧問☞ 北辰著作權事務所　蕭雄淋律師

印　　　刷☞ 偉勵彩色印刷股份有限公司

初版一刷☞ 2003 年 3 月

I S B N ☞ 957-818-480-8

定　　　價☞ 新台幣 600 元

網　　　址☞ http://www.ycrc.com.tw

E-mail ☞ book3@ycrc.com.tw

國家圖書館出版品預行編目資料

台灣海疆史/陳在正著.---初版.--- 臺北市：
揚智文化，2003[民92]
面； 公分
ISBN 957-818-480-8（平裝）

1.臺灣 – 歷史

673.22   92000760